Munich, [illegible]
et Forêt-Noire

ÉDITION ÉCRITE ET ACTUALISÉE PAR

Kerry Christiani, Marc Di Duca

PRÉPARER SON VOYAGE

F.CADIOU / GETTY IMAGES ©

OKTOBERFEST P. 25

SUR LA ROUTE

Sommaire

HOFBRÄUHAUS, MUNICH
P. 83

COMPRENDRE LA BAVIÈRE ET LA FORÊT-NOIRE

BAVIÈRE ET FORÊT-NOIRE PRATIQUE

COUPS DE PROJECTEUR

Bienvenue en Bavière et en Forêt-Noire

Entre châteaux de conte de fées et grosses cylindrées, fermes traditionnelles et constructions avant-gardistes, énergie verte et Biergärten, le sud de l'Allemagne chérit ses traditions tout en affichant la plus pimpante modernité.

Le pays des châteaux

Le patrimoine historique du sud de l'Allemagne est particulièrement riche. Longtemps morcelé en une myriade de principautés, le territoire a hérité de nombre de forteresses, châteaux et résidences baroques, érigés par des princes bâtisseurs qui employèrent les meilleurs artistes de leur temps. La dynastie des Wittelsbach, qui régna plusieurs siècles sur la Bavière, l'a fortement marquée : son rejeton le plus célèbre, l'extravagant Louis II, a impulsé le tourisme par ses constructions féeriques, qui vidèrent les caisses royales mais font aujourd'hui tout l'intérêt de la région.

Air alpin et élégance munichoise

La Bavière est faite pour ceux qui aiment l'air frais. Ses habitants ont su tirer le meilleur parti de leurs sommets, en installant des funiculaires, en sillonnant le paysage de pistes de vélo, de randonnée et de ski de fond, et même en faisant monter un train sur la Zugspitze, la plus haute montagne du pays. Le tout à seulement quelques kilomètres de Munich, une ville séduisante, raffinée et pleine d'assurance, dotée d'une atmosphère nonchalante, presque méditerranéenne.

Confort et bien-être

Les Allemands ont un mot, *Gemütlichkeit*, pour désigner ce mélange de confort, de bien-être et de détente qui imprègne le sud de l'Allemagne, où vous attendent *Biergärten* aux guirlandes électriques, vues alpines, villes médiévales et châteaux merveilleux. La prospérité de la Bavière et du Bade-Wurtemberg s'affiche dans les grosses cylindrées dévalant des *Autobahnen* rutilantes mais aussi dans les restaurants gastronomiques et les spas alpins chics. Mais ces *Länder* se prévalent aussi d'un grand dynamisme, illustré par la scène culturelle florissante de Munich.

Pendules à coucou et Lederhosen

Montagnards en *Lederhose*, jeunes femmes vêtues de *Dirndl* jonglant avec des assiettes de rôti de porc, musiciens de fanfare éméchés, fermes dignes d'*Hansel et Gretel*, le sud du pays sait tenir ses promesses en termes de folklore ! Cela est d'autant plus vrai sur la Route romantique, voie de 350 km de long ralliant Wurtzbourg aux Alpes à travers des villes fortifiées séculaires et pittoresques. Ces clichés ne sont pas bons que pour les touristes, vous vous en apercevrez lors des grandes occasions.

Pourquoi j'aime le sud de l'Allemagne

Par Marc Di Duca, auteur

Est-ce en raison des montagnes et des sentiers boisés et parfumés de Forêt-Noire et de Bavière, de la bière de Franconie, de l'histoire sombre de Nuremberg ou de celle tragique de Louis II ? De mon admiration teintée de jalousie devant les voitures produites sur place et les galeries d'art moderne, ou du respect que j'éprouve à l'égard du génie allemand face à la complexité diabolique d'un distributeur de tickets de la Deutsche Bahn (à moins que je ne me trompe) ? Je suppose que c'est pour tout cela à la fois et pour beaucoup d'autres choses que je retourne encore et toujours dans cette partie de l'Europe.

Pour en savoir plus sur les auteurs, reportez-vous à la page 352

Ci-dessus : Le Geroldsee et le Mont Karwendel (p. 109)

Munich, Bavière et Forêt-Noire

0
50 km
Nuremberg
La ville du sud la plus plaisante avec des enfants (p. 35)
Munich
Découvrez la fascinante capitale de la Bavière (p. 44)
Salzbourg
Visitez la maison de Wolfgang Amadeus Mozart (p. 181)
Alpes bavaroises
Aventures au grand air en pleine montagne (p. 98)
Château de Neuschwanstein
Explorez le château le plus célèbre du monde (p. 99)
THURINGE
SAXE
HAUTE-FRANCONIE
FRANCONIE
RÉPUBLIQUE TCHÈQUE
FORÊT BAVAROISE
BAVIÈRE ORIENTALE
HAUTE BAVIÈRE
AUTRICHE
ALPES BAVAROISES
Parc national de la Forêt bavaroise
Parc naturel d'Altmühltal
Parc national de Berchtesgaden
Zugspitze (2 962 m)
Aéroport international de Munich
MUNICH
Nuremberg
Fürth
Ratisbonne
Augsbourg
Ingolstadt
Landshut
Passau
Salzbourg
Plzeň
Bayreuth
Hof
Bamberg
Danube
Isar
Inn
Lech
Salzach

13 façons

de voir Munich, la Bavière et la Forêt-Noire

1

Munich

1 La capitale de la Bavière est souvent associée à l'Oktoberfest et à sa célèbre équipe de football. Une fois sur place, vous vous apercevrez bien vite qu'elle offre bien d'autres attraits. L'ancien siège des rois de Bavière renferme des monuments de toute beauté, palais et églises baroques au premier chef, sans oublier une profusion de musées célébrant l'art sous toutes ses formes. Mais Munich (p. 44) séduit aussi les accros du shopping avec ses quartiers animés remplis de boutiques et les amateurs de houblon avec ses nombreux *Bierpaläste* et *Biergärten*. Deuxième ville allemande, Munich conjugue à merveille le dynamisme d'une métropole et l'indolence propre à la Bavière.

Oktoberfest

2 Les frontières sociales tombent, des étrangers lient connaissance et tout le monde chante, boit et s'amuse à n'en plus pouvoir lors de la plus grande fête de la bière au monde. Si la manifestation munichoise (p. 25) attire une foule d'hédonistes venus de tous les pays, elle offre aussi un visage plus calme et authentique, quand les tentes à bière tapageuses laissent place à des traditions qui vous ramèneront au temps des premières *Oktoberfeste* du début du XIXe siècle. Enfilez donc votre *Lederhose* ou votre *Dirndl* et rendez-vous au Theresienwiese pour une expérience inoubliable.

MICHAEL FELLNER / GETTY IMAGES ©

2

DENNIS K. JOHNSON / GETTY IMAGES ©

3

EURASIA PRESS / GETTY IMAGES ©

4

CALLE MONTES / GETTY IMAGES ©

5

THOMAS WINZ / GETTY IMAGES ©

Bierpalast et Biergärten

3 Munich et la Bavière sont synonymes de *Bierpalast*, institution hors du temps composée de chopes géantes, de serveuses aux bras musclés et au corset lacé, et de fanfares locales. Si la Hofbräuhaus (p. 83), dans le centre-ville de Munich, est la doyenne des *Bierpaläste*, le Sud compte quantité d'autres établissements tout aussi authentiques et peut-être moins touristiques. Si vous préférez vous désaltérer en plein air, les *Biergärten* munichois existent depuis plus de deux siècles et cette tradition estivale a encore de beaux jours devant elle. Hofbräuhaus, Munich

Route romantique

4 À l'ouest de la Bavière, la Route romantique (p. 117) est une route de 350 km où s'entremêlent villes fortifiées et campagne verdoyante. Vous passerez par de pittoresques bourgades médiévales, le château de Harburg, l'église baroque de Wies, inscrite au patrimoine mondial de l'Unesco, ou encore le château de Neuschwanstein de Louis II. Bien sûr, les touristes sont nombreux et les rénovations font ressembler certains sites à des décors d'opérette. Mais après le départ des bus de visiteurs, vous vous rendrez compte que la Route romantique porte bien son nom. Rothenburg ob der Tauber

Baden-Baden

5 Il y a quelque 2 000 ans, les Romains chantaient les louanges des bains (*baden* signifie se baigner) de Baden-Baden (p. 214). Aujourd'hui, cette élégante ville thermale de la Forêt-Noire n'a rien perdu de ses vertus thérapeutiques. Têtes couronnées, artistes et personnalités mondaines ont contribué à sa célébrité. Mais ses atouts parlent d'eux-mêmes : blottie au pied de collines boisées, Baden-Baden renferme de splendides villas de la Belle Époque, des bains à coupole et des cafés et restaurants chics.

Randonnée

6 Les mordus de *Wanderung* (randonnée) seront aux anges tant le sud de l'Allemagne est rempli de possibilités en la matière. La Forêt-Noire permet d'accéder à une solitude merveilleuse dans les sentiers cheminant à travers des forêts d'épicéas (p. 220). En Bavière, vous pourrez gravir les montagnes mythiques de Berchtesgaden (p. 114) parsemées de lacs scintillants, le Zugspitze, plus haut sommet du pays, à 2 962 m d'altitude (p. 105), ou atteindre de lointains refuges alpestres. Le Zugspitze

Nuremberg

7 Si elle évoque les sombres heures du IIIe Reich à travers certains de ses sites – tel le tribunal de Nuremberg, où furent jugés les dignitaires nazis, ou le Reichsparteitagsgelände, où se tenaient les grandes messes hitlériennes – Nuremberg (p. 135) est une ville des plus accueillante. Sa vieille ville est prétexte à une agréable flânerie tandis que ses musées permettent de découvrir la vie et l'œuvre du grand artiste de la Renaissance Albrecht Dürer. Dernière surprise, de nombreuses activités sont spécifiquement dédiées aux enfants.

6

DENNIS K. JOHNSON / GETTY IMAGES ©

7

SCANRAIL / GETTY IMAGES ©

Château de Neuschwanstein

8 Comme dans un conte de fées, le château le plus célèbre de Bavière (p. 99) surgit des bois au sommet d'une colline au-dessus de Füssen. Commandé par Louis II, roi de Bavière au XIXe siècle, Neuschwanstein reflétait le désir du monarque de se cloîtrer dans un monde chimérique, imprégné de geste romantique et de musique wagnérienne. Il ne passera finalement que 170 jours dans sa résidence, aujourd'hui l'un des sites les plus visités du pays.

Salzbourg

9 Avec son cadre alpin, son architecture baroque et l'ombre de Mozart omniprésente, Salzbourg (p. 183) fait penser à un décor de cinéma. Mais tout cela est bel et bien réel ! La vieille ville aux ruelles labyrinthiques est couronnée d'une superbe forteresse et parsemée de jolies églises. Des sentiers courent le long des berges de la rivière et des crêtes, offrant un beau panorama sur la ville. Le soir, les Salzbourgeois affluent dans des salles de concerts grandioses pour écouter de la musique de chambre, et dans les *Biergärten* pour savourer une chope de bière.

8

PUTT SAKDHNAGOOL / GETTY IMAGES ©

MANFRED GOTTSCHALK / GETTY IMAGES ©

ANKNET / GETTY IMAGES ©

Marchés de Noël

10 Pendant l'Avent, sortez vos lainages, prenez une grande tasse de vin chaud et une tranche de pain d'épices et partez à la découverte des légendaires marchés de Noël du sud de l'Allemagne (p. 24). Sur des places publiques anciennes se déploient illuminations féeriques, décorations artisanales, scènes de la Nativité et gourmandises irrésistibles. L'esprit festif de Noël envahit inévitablement le visiteur, qui ne peut résister à l'envie d'acheter un souvenir authentique. Le marché de Noël de Nuremberg est le plus grand (p. 142), mais il est talonné de près par ceux de Munich (p. 71) et de Fribourg.

11

GLENN VAN DER KNIJFF/GETTY IMAGES ©

12

MARK AVELLINO/GETTY IMAGES ©

BRUCE YUANYUE BI/GETTY IMAGES ©

Lac de Constance

11 Trait d'union aquatique entre l'Allemagne, l'Autriche et la Suisse, le lac de Constance (p. 265), troisième d'Europe occidentale par la taille, est sillonné par de nombreux ferries qui vont de ville en ville et de pays en pays. Si la traversée ne manque pas de charme, on peut aussi arpenter ses rives à vélo ou à pied, pour découvrir un riche patrimoine architectural et des paysages variés : prés, vignobles, vergers, plages, marais... le tout en contemplant le reflet des Alpes dans les flots limpides.

Bamberg

12 Le temps semble s'être arrêté sur les pittoresques villes de la Bavière méridionale. Tours médiévales, places pavées, façades à pignon, églises gothiques ou baroques font la fierté des habitants. Témoin, Bamberg (p. 147), classée au patrimoine mondial de l'Unesco, dont l'hôtel de ville est orné de remarquables fresques en trompe-l'œil. Les badauds ne manquent pas d'être attirés par un angelot peint dont la jambe sculptée émerge du bâtiment... la 3D avant l'heure en quelque sorte.

Église de Wies

13 De la fantaisie baroque à l'austérité de la brique rouge, des cathédrales grandioses aux petites chapelles de village fières de leur clocher à bulbe, le sud de l'Allemagne est parsemé d'innombrables églises. Nombre des plus belles sont désormais inscrites au patrimoine mondial de l'Humanité. Parmi elles, la monumentale église de Wies (p. 102), à l'ornementation exubérante, est sans doute le chef-d'œuvre du rococo bavarois. Elle attire pèlerins et amateurs d'art dans un cadre alpin idyllique depuis le milieu du XVIIIe siècle.

L'essentiel

Pour plus d'informations, consultez le *Carnet pratique* (p. 318)

Monnaie
L'euro (€)

Langue
Allemand

Visas
Pas nécessaire pour les citoyens des pays membres de l'UE, ni pour les Suisses et les Canadiens pour moins de 3 mois.

Argent
Les DAB sont très répandus. Les cartes bancaires sont acceptées dans la plupart des hôtels et magasins, mais pas dans tous les restaurants.

Téléphones portables
Une carte SIM allemande ne vous coûtera que 10 €. Sinon vous aurez à payer des frais d'itinérance.

Heure locale
L'Allemagne est sur le même fuseau horaire que la France, la Suisse et la Belgique, et a 6 heures de décalage avec le Canada.

Quand partir

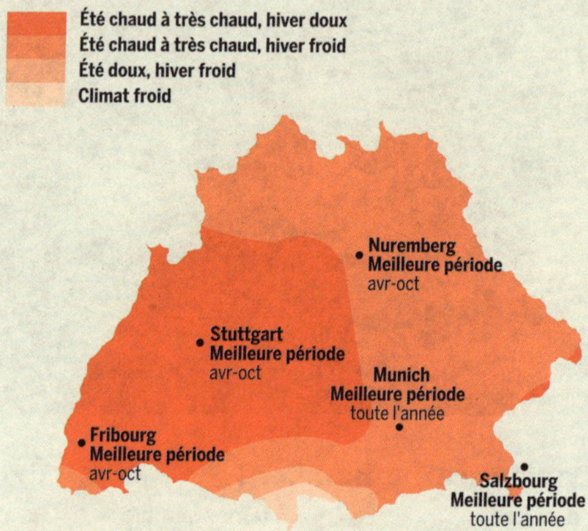

Haute saison
(mai-sept)

➡ La meilleure période pour voyager : ciel clair et températures agréables.

➡ Idéal pour faire de la randonnée et d'autres activités de plein air, traîner dans les *Biergärten* et assister à des festivals.

Saison intermédiaire
(mars-mai et oct)

➡ Touristes moins nombreux, prix en baisse et sites moins bondés.

➡ Climat étonnamment doux et débauche de couleurs : fleurs sauvages au printemps, feuillages en automne.

Basse saison
(nov-fév)

➡ Outre les sports d'hiver, activités principalement axées sur la culture et la vie urbaine.

➡ Horaires réduits ou fermetures saisonnières dans les musées ou autres sites touristiques et dans les petites pensions.

Sites utiles

Ville de Munich (www.muenchen.de). Site officiel du tourisme.

Association touristique de Bavière (www.bayern.by). Site officiel du tourisme bavarois.

Tourisme en Forêt-Noire (www.blackforest-tourism.com). Site officiel du tourisme en Forêt-Noire.

Châteaux de Bavière (www.schloesser.bayern.de). Palais et châteaux de Bavière.

État de Bavière (www.bayern.de). Site officiel du gouvernement de la Bavière.

Lonely Planet (www.lonelyplanet.fr/destinations/europe/allemagne/baviere). Informations, réservations d'hôtels, forum de voyageurs, etc.

Numéros utiles

Inutile de composer l'indicatif régional si vous êtes dans la région en question. Si vous appelez de l'étranger, composez le 0049 puis l'indicatif régional (sans le 0 initial) et enfin le numéro.

Indicatif de pays	☎+49
Indicatif d'accès international	☎00
Urgences (police, pompiers, ambulance, secours en montagne)	☎112

Taux de change

Canada	1 $C	0,64 €
Suisse	1 CHF	0,91 €

Pour connaître les derniers taux de change, consultez le site www.xe.com.

Budget

Moins de 70 €

- Lit en dortoir : 15-30 €
- Nombreux supermarchés relativement abordables pour faire ses courses ; évitez les marchés aux prix excessifs
- À Munich, le dimanche, l'entrée de nombreux musées et galeries est à 1 €

70-200 €

- Chambre double dans un hôtel de milieu de gamme : environ 80 €
- Plat principal dans un restaurant de milieu de gamme : 8-18 €
- Location de voiture économique : à partir de 30 €/jour environ (moins si vous réservez en ligne)

Plus de 200 €

- Chambre dans un hôtel de luxe : à partir de 160 €
- Repas 3 plats dans un bon restaurant : environ 45 €

Heures d'ouverture

Les horaires d'ouverture ne changent pas beaucoup au cours de l'année.

Banques 8h30-16h lun-ven, horaires réduits sam

Restaurants 11h-23h

Cafés 7h30-19h

Bars et clubs 18h-1h minimum

Commerces 9h30-20h lun-sam

Arriver dans la région

Aéroport de Munich (p. 90) L'aéroport de Munich est relié à la gare centrale par le S-Bahn S1 et S8 (10,80 €, 40 min environ), départs toutes les 20 minutes quasiment 24h/24. Comptez 50-70 € pour un taxi jusqu'au centre-ville.

Aéroport de Nuremberg (p. 146) U-Bahn très fréquents (quelques minutes d'intervalle) pour le centre-ville. Comptez 16 € pour un taxi jusqu'au centre-ville.

Aéroport de Salzbourg (p. 206) Bus de ville toutes les 10-20 minutes de 5h30 à 23h pour la gare centrale. Comptez 20 € pour un taxi jusqu'au centre-ville.

Comment circuler

Le système de transports du sud de l'Allemagne est bon mais il est plus au service des habitants que des touristes (il n'y a pas de bus le samedi soir et le dimanche, par exemple). Pour connaître les horaires, consultez le site www.bahn.de.

Train Grâce au réseau dense de lignes et de gares, le train est le moyen de transport le plus efficace.

Voiture Elle permet de se déplacer à son rythme sans les contraintes horaires propres au système de transports publics. Les autoroutes sont bonnes, mais le trafic est beaucoup plus lent sur les autres routes.

Bus La plupart des excursions dans les Alpes et dans certains lieux de la Route romantique se font en bus. Ailleurs, c'est le moyen le moins pratique de visiter la région.

Vélo C'est un moyen bon marché et écologique de visiter les villes de la région. Munich et Nuremberg comptent beaucoup de pistes cyclables.

Pour plus de détails sur **comment circuler**, voir p. 328

Quoi de neuf ?

Parc national de la Forêt-Noire

Ouvert en 2014, le plus récent parc national d'Allemagne, situé entre Baden-Baden et Freudenstadt, protège au cœur de la Forêt-Noire 100 km² de lande, lacs glaciaires, vallées profondes, montagnes et forêts de conifères intactes. Parfaitement adapté aux familles, il est idéal pour la randonnée et le vélo. Le principal centre d'information, à Ruhestein, est un bon point de départ pour s'attaquer à ce magnifique échantillon de paysage européen.

Auberges de jeunesse

De nouvelles auberges de jeunesse fleurissent dans toute la Bavière, avec des adresses particulièrement intéressantes à Nuremberg (Five Reasons ; p. 143), Füssen (Old Kings ; p. 100) et Augsbourg (Übernacht ; p. 132).

Cathédrale Saint-Kilian

Après une restauration complète, le principal temple de Wurtzbourg arbore de beaux éléments modernes dans l'un des intérieurs de cathédrale les plus étonnants d'Allemagne. (p. 120)

KIBALA

Le nouvel espace pour enfants de l'excellent musée de la Deutsche Bahn à Nuremberg est incontournable pour les fans de locomotives en herbe, qui découvriront l'univers des trains de manière interactive et pourront même chevaucher un gigantesque modèle réduit. (p. 137)

Musée Richard-Wagner

Fraîchement rénové de fond en comble, le musée Richard-Wagner est installé à Bayreuth, dans la villa où vivait le grand compositeur. Sa tombe sans nom est dissimulée à l'arrière. (p. 151)

Victuailles végétaliennes

Contrebalançant l'engouement actuel pour les burgers, les nouveaux venus Selly's (p. 177), à Passau, et Bodhi (p. 82), dans le Westend de Munich, sont des oasis végétaliennes dans une Bavière friande de viande de porc.

Mémorial aux victimes du national-socialisme

Ce tout nouveau monument dans le centre-ville de Munich est un mémorial poignant aux victimes des nazis. (p. 56)

Kaiserburg Museum

L'exposition permanente du château médiéval de Nuremberg, le principal site touristique de la ville, a bénéficié d'une rénovation importante, qui rend les explications sur le château et son contexte historique plus vivantes et accessibles à un public de tout âge. (p. 136)

Nouvelle aile de la Lenbachhaus

L'architecte britannique Norman Foster est le créateur de l'aile flambant neuve de la Lenbachhaus, à Munich. (p. 59)

Restaurant BMW

BMW ne fabrique pas que les meilleures voitures du sud de l'Allemagne mais sert aussi une excellente cuisine : ce restaurant étoilé au Michelin perché au-dessus du BMW Welt est vite devenu le meilleur de la ville. (p. 81)

Envie de...

Châteaux et palais

Entre forteresses perchées, palais baroques en plein centre-ville et châteaux de conte de fées du roi Louis II, la Bavière est riche d'édifices qui enflamment l'imagination.

Neuschwanstein Le plus réputé (et sans doute le plus extravagant) château du roi Louis II. Walt Disney s'en inspira pour la *Belle au bois dormant*. Un site incontournable. (p. 99)

Résidence de Munich L'ancienne résidence de la famille royale de Bavière est une visite incontournable dans la capitale bavaroise. (p. 55)

Linderhof Inspiré de Versailles, le château de Linderhof occupe un site isolé, entouré de sommets enneigés et de forêts de pins. (p. 103)

Herrenchiemsee Autre "Versailles en miniature" de Louis II, qu'il fit construire sur une petite île. (p. 112)

Nymphenburg L'édifice le plus majestueux de Munich est réputé pour sa "Galerie des beautés" et ses jardins prestigieux. (p. 68)

Résidence de Wurtzbourg L'ancienne résidence des princes-évêques locaux. Elle renferme la fresque de plafond la plus vaste du monde. (p. 118)

Voitures et trains

Le Bade-Wurtemberg et la Bavière ont été précurseurs en matière de chemins de fer et l'industrie automobile joue un rôle certain dans la réussite économique de ces *Länder*. Plongez-vous dans l'univers des vieilles locos et des grosses cylindrées dans ces musées ébouriffants.

BMW Welt et musée BMW Découvrez l'univers de BMW puis traversez le pont jusqu'au passionnant musée automobile de l'entreprise. (p. 67)

Musée de la Deutsche Bahn Un merveilleux témoignage du passé ferroviaire de l'Allemagne, avec certaines de ses plus célèbres locomotives. (p. 137)

Audi Forum Ingolstadt est le berceau d'Audi et le musée de la marque enchantera les férus de mécanique. (p. 166)

Musée ferroviaire de Bavière Pour admirer les vieilles locomotives à vapeur de la Deutsche Bahn. (p. 128)

Musée Mercedes-Benz Un tour d'horizon des musées de voitures de luxe ne serait pas complet sans un saut à Stuttgart, dans le temple des Mercos de jadis. (p. 245)

Musées

Les membres de la dynastie régnante des Wittelsbach furent de grands amateurs d'art, comme en témoignent les splendides collections de Munich. L'histoire du sud de l'Allemagne est également racontée avec brio dans de magnifiques musées.

Musée de la ville (Munich) Un riche panorama du passé de la capitale bavaroise, conçu de manière novatrice en 2008, pour marquer le 850e anniversaire de la ville. (p. 49)

Ancienne Pinacothèque La plus belle collection d'art issue des innombrables biens de la famille Wittelsbach. C'est le joyau du Kunstareal de Munich. (p. 56)

Pinacothèque d'Art moderne Meubles design et tableaux majeurs de l'art du XXe siècle garnissent les salles de ce vaste musée à l'architecture minimaliste. (p. 57)

Musée allemand Expériences et autres démonstrations y réveillent le chercheur qui sommeille en chacun de nous, en particulier chez les enfants. (p. 61)

Musée national germanique Un voyage à travers le passé culturel de l'Allemagne. (p. 139)

ALLAN BAXTER / GETTY IMAGES ©

Antiquarium, Résidence de Munich (p. 55)

Musée des Rois de Bavière Un emplacement superbe au bord de l'Alpsee et un must pour tous les adorateurs de la famille royale de Bavière. (p. 100)

Musée de la Deutsche Bahn Un des meilleurs musées ferroviaires d'Europe, avec de quoi divertir les enfants. (p. 137)

Musée de Salzbourg Aménagé dans le palais baroque de la Neue Residenz, ce musée emblématique vous entraîne dans un voyage à travers l'histoire de Salzbourg. (p. 188)

Héritage de la Seconde Guerre mondiale

De son sinistre passé nazi, l'Allemagne du Sud a conservé plusieurs lieux de mémoire dans lesquels on peut méditer sur les plus sombres heures du XXe siècle.

Nid d'aigle d'Hitler Ce chalet haut perché à la vue spectaculaire fut le refuge de montagne d'Hitler. (p. 114)

Camp de concentration de Dachau Le premier camp de concentration nazi est un mémorial émouvant qui relate les tragiques histoires des prisonniers. (p. 91)

Mémorial du procès de Nuremberg C'est à Nuremberg qu'un tribunal international a jugé et condamné plusieurs nazis haut gradés pour crimes contre l'humanité. (p. 138)

Reichsparteitagsgelände Les vociférations d'Hitler visibles dans les films de propagande ont été filmées dans ce lieu de triste mémoire. (p. 139)

Dokumentation Obersalzberg Découvrez comment Obersalzberg, dans le Berchtesgadener Land, est devenu le quartier général des nazis. (p. 114)

Mémorial de la Rose blanche Ce petit mémorial érigé dans la Ludwig-Maximilians-Universität de Munich rend hommage aux étudiants exécutés pour leurs activités anti-nazis. (p. 60)

Églises

De l'exubérance baroque à la sobriété gothique, des arcs de plein cintre du style roman aux merveilles en brique rouge, l'inébranlable tradition catholique du sud de l'Allemagne a doté la région d'une myriade d'édifices de toute beauté, souvent agrémentés de sublimes œuvres d'art.

Cathédrale de Fribourg Un colosse en grès qui domine le

centre historique de Fribourg. Du haut de la tour, le panorama s'étend jusqu'en France. (p. 229)

Église de Wies Sa profusion d'ornementations baroques lui a valu d'être inscrite au patrimoine mondial de l'Unesco. L'église de Wies occupe un site idyllique dans les prairies alpines. (p. 102)

Église Saint-Jean-Népomucène Le chef-d'œuvre baroque de Munich a été créé par les frères Asam comme leur chapelle privée. (p. 48)

Église Notre-Dame Aucun édifice du centre-ville de Munich ne dépasse la hauteur des dômes de cette église de facture gothique. (p. 48)

Église Saint-Martin Culminant à 130 m, la flèche de la basilique de Landshut est la structure en brique la plus haute du monde. (p. 169)

Cathédrale d'Ulm Les dimensions de cet édifice ne manqueront pas de vous impressionner. (p. 260)

Église Saint-Michel C'est dans la crypte de cette église fraîchement rénovée que repose Louis II de Bavière. (p. 53)

Cathédrale de Salzbourg La cathédrale de Salzbourg apparaît comme un chef-d'œuvre d'art baroque. (p. 188)

Bains et piscines

La Forêt-Noire et la Bavière offrent un nombre étonnant d'endroits où se faire chouchouter, s'ébrouer dans les vagues ou se baigner tranquillement.

Baden-Baden Cette ville thermale séduit encore les têtes couronnées et les stars. (p. 214)

Alpamare Bad Tölz accueille le plus grand toboggan aquatique d'Europe et une piscine à vagues couverte. (p. 111)

Watzmann Therme Environné de superbes paysages alpins, le complexe thermal de Berchtesgaden est synonyme de bien-être, de sport et de sauna. (p. 115)

Badeparadies Des palmiers dans la Forêt-Noire ? Ce n'est pas la seule surprise qui vous attend dans ce spa et parc aquatique. (p. 236)

Müller'sches Volksbad La piscine la plus pittoresque de Munich, encore agrémentée de sa décoration *Jugendstil* (Art nouveau) d'origine. (p. 70)

Saveurs locales

Il semblerait que le sud de l'Allemagne compte une bière et une saucisse pour chaque jour de l'année. Et rien de tel pour terminer un festin allemand qu'un délicieux gâteau.

Bière Tous les alcools ont leur berceau : le whisky vient d'Écosse, le vin de France et la bière de Bavière. (p. 308)

Saucisses Dans le sud de l'Allemagne, on peut facilement imaginer un circuit sur le thème des saucisses. (p. 306)

Boules de neige et pain d'épices Les Schneeball saupoudrées de sucre à Rothenburg et le pain d'épices à Nuremberg sont deux des péchés mignons fabriqués dans la région. (p. 307)

Forêt-noire Ce gâteau consiste en une appétissante combinaison de génoise au chocolat, crème fouettée et griottes, agrémentée d'une touche de kirsch. (p. 307)

Vin Les meilleurs vins du sud de l'Allemagne proviennent des coteaux orientés au sud autour de Wurtzbourg. (p. 310)

Viktualienmarkt De loin le meilleur marché en plein air du sud de l'Allemagne, en plein cœur du centre-ville de Munich. (p. 49)

Lacs et montagnes

Les Alpes font une courte incursion en Bavière, donnant à la région certains de ses paysages les plus ensorcelants. Entre les sommets scintillent des lacs de glaciers, offrant des vues à couper le souffle et de nombreuses possibilités d'activités aquatiques.

Zugspitze Nul besoin de crampons pour vaincre le plus haut sommet d'Allemagne : un billet de train suffit ! (p. 105)

Starnberger See Ce lac est une destination prisée des Munichois pour le week-end. C'est ici que le roi Louis II trouva la mort. (p. 93)

Garmisch-Partenkirchen La première station des Alpes allemandes possède la plus longue saison de ski et de nombreux chemins de randonnée. (p. 105)

Königssee Le lac le plus pittoresque de Bavière est un point de départ idéal pour explorer les Alpes bavaroises. (p. 114)

Lac de Constance Ses rives sont fréquentées chaque année par des millions de touristes, à la fois en Allemagne, en Suisse et en Autriche. (p. 265)

Achats

Dans le sud de l'Allemagne, on trouve autant de grands centres commerciaux et de chaînes internationales que de boutiques indépendantes et de commerces familiaux vendant des articles introuvables ailleurs.

Marchés de Noël Envahissant les centres-villes de Munich, Nuremberg et Salzbourg, entre autres, les marchés de Noël de la région sont légendaires. (p. 142)

Dirndl et Lederhose Si vous prévoyez de goûter aux plaisirs d'une brasserie, autant revêtir l'habit de circonstance. (p. 298)

Décorations de Noël C'est Noël tous les jours au Käthe Wohlfahrt Weihnachtsdorf (magasin de Noël) de Rothenburg. (p. 126)

Pendules à coucou Triberg est la capitale du coucou, mais vous pourrez acquérir ces horloges typiques partout dans la région. (p. 239)

Équipement sportif Munich possède certaines des meilleures boutiques de matériel de plein air de la région alpine. (p. 88)

Jouets L'humanité doit au sud de l'Allemagne les puzzles Ravensburger, le monde de Playmobil et les poupées Käthe Kruse. (p. 142)

Musique et littérature

Certains des plus grands noms de la littérature et de la musique germaniques sont originaires du sud de l'Allemagne ou y ont passé de longues périodes.

Wagner Le compositeur le plus controversé d'Allemagne a fait construire la salle du Festival à Bayreuth spécialement pour ses opéras. (p. 151)

Mozart Salzbourg rime avec Mozart, mais des associations se multiplient dans d'autres endroits à travers le sud de l'Allemagne. (p. 183)

Goethe Faites un tour à la Cottahaus, à Tübingen, l'ancienne demeure du premier éditeur de Goethe. (p. 256)

Mélodie du bonheur Suivez une visite guidée des lieux de tournage du film *La Mélodie du bonheur* dans le centre-ville de Salzbourg. (p. 194)

Festival de Bayreuth Bayreuth accueille en août la plus grande manifestation au monde consacrée à Wagner. (p. 152)

Brecht Visitez la maison d'Augsbourg où est né le plus grand dramaturge et poète allemand du XXe siècle. (p. 132)

Mois par mois

LE TOP 5

Fête de la Bière, sept

Festival Tollwood, juil

Marchés de Noël, déc

Festival de Salzbourg, août

Festival de Bayreuth, juil

Janvier

Après les ripailles des fêtes de fin d'année, on élimine et on s'aère l'esprit sur les pistes alpines. Mais couvrez-vous, janvier étant le mois d'hiver le plus froid.

Hornschlittenrennen

Le 6 janvier, place aux luges d'antan sur les pentes de Garmisch-Partenkirchen ! Une belle course des habitants sur ces anciens traîneaux à foin et à bois (www.hornschlitten.de).

Mozartwoche

Depuis le bicentenaire de sa naissance, un 27 janvier, Salzbourg fête chaque année son enfant prodige. La Semaine Mozart (p. 194), à l'affiche prestigieuse, attire chefs d'orchestre, solistes, formations... et mozartiens du monde entier.

Février

Les pistes ne désemplissent pas, les files s'allongent aux remontées, c'est la pleine saison dans les stations. Pourtant, dans la vallée, le printemps pointe le bout de son nez.

Fasching (Carnaval)

Les six semaines qui précèdent le Carême, c'est la fête en Bavière jusqu'au mercredi des Cendres. Débauche de déguisements, défilés endiablés, spectacles satiriques sibyllins et festivités arrosées rythment la vie, en particulier à Munich (p. 70).

Mai

Le printemps a bel et bien chassé la froidure. Les skieurs font place aux randonneurs dans les téléphériques, la saison des *Biergärten* débute sous les châtaigniers en fleur et les asperges figurent sur tous les menus.

Maifest

La veille du 1er mai, tous les villages s'activent autour du *Maibaum* (arbre de mai) que l'on peint, grave et décore avant de le dresser pour fêter la fin de l'hiver.

Juin

L'été est presque là et le mois de juin est l'un des plus agréables pour voyager avant les grosses chaleurs. Le 21, jour du solstice, des grands feux sont allumés au sommet des montagnes en Bavière.

Africa Festival

Bongos, rythmes chauds et costumes fantaisie transforment les berges du Main à Wurtzbourg en l'un des plus grands festivals de musique africaine en Europe. L'événement (p. 120), qui se tient fin mai ou début juin, attire quelque 100 000 visiteurs.

Juillet

Un court trajet en train permet d'échapper à la touffeur urbaine. Vive l'air frais des cimes alpines ! Le soir, retour en ville, car c'est la saison des festivals.

Festival Tollwood

L'Olympiapark de Munich et son festival des cultures du monde (p. 71) drainent les foules. Concerts, théâtre, cirque, lectures... s'enchaînent de fin juin à fin juillet. Et, en décembre, on recommence.

Christopher Street Day

Deux jours durant, à la mi-juillet, gays, lesbiennes, hétéros et transgenres se réunissent joyeusement. La version munichoise de la Marche des fiertés (p. 71) séduit quelque 50 000 fêtards. Tenues plus provocantes les unes que les autres, drapeaux arc-en-ciel, rythmes techno et torses nus à foison !

Samba Festival

Cette orgie de musique et de danse attire à la mi-juillet un quart de million de personnes à Cobourg, une ville habituellement calme, pour trois jours de musique endiablée, de costumes de carnaval aussi colorés qu'exotiques et de popotins déchaînés (p. 154).

Festival de Bayreuth

Événement phare du calendrier wagnérien, ce prestigieux festival (p. 152) est un must des mélomanes. Les amateurs d'opéra du monde entier s'arrachent les billets.

Août

C'est le cœur de l'été : les enfants sont en vacances, les caravanes venues d'un peu partout envahissent les campings. Il ne reste qu'à aller courir en montagne au milieu des pâturages tout fleuris.

Sommerfest

Début août, les rives du Neckar à Stuttgart (p. 248) accueillent jusqu'à un demi-million de visiteurs pour quatre jours de concerts, de festins et autres réjouissances.

Festival de Salzbourg

Ce festival de musique classique célébrissime (p. 195) se déroule de fin juillet à fin août. Le programme éclectique de cette manifestation de haute volée, qui va de Mozart à la musique contemporaine, propose aussi opéra et théâtre, sans oublier les spectacles pour enfants.

Gäubodenvolksfest

La modeste bourgade de Straubing s'encanaille dès le deuxième vendredi d'août. Sa spectaculaire fête de la bière est l'occasion de festivités endiablées pour le 1,2 million de visiteurs qui afflue alors. Pendant 11 jours, musique et costumes traditionnels donnent le ton, et les enfants adorent la fête foraine (p. 177).

Weindorf

À partir du dernier week-end d'août, pendant 10 jours, les vignerons de la région vendent les millésimes de l'année sur des centaines de stands sur la Schlossplatz et dans l'Oberer Schlossgarten, à Stuttgart (p. 248).

Septembre

En altitude, c'est les premiers frissons. Écoliers et étudiants retrouvent leurs bancs, les petites villes allemandes renouent avec leurs habitudes.

Fête de la Bière

Contre toute attente, c'est davantage en septembre qu'en octobre que se tient la fameuse Oktoberfest (p. 25). Événement phare de l'année en Bavière, cette belle occasion de ripailler attable chaque année pas moins de 5 millions d'amateurs venus lever en chœur leur chope : *Prost !*

Cannstatter Volksfest

Dans la même veine que l'Oktoberfest, c'est la plus grande fête de la bière de Stuttgart (p. 248). De fin septembre à mi-octobre, des défilés, une fête foraine et un gigantesque feu d'artifice rythment ces deux semaines de festivités.

Marathon de Munich

Organisée dans la foulée de l'Oktoberfest, la plus grande course bavaroise (p. 71) oblige les coureurs à faire abstinence les semaines qui précèdent. L'itinéraire traverse le centre historique avant une arrivée au Stade olympique.

Décembre

Le ski, c'est parti ! Le 5 décembre, voici saint Nicolas et son âne, et le 31 chacun en Bavière lance sa fusée d'artifice.

Marchés de Noël

De fin novembre au 24 décembre, préparez les fêtes de fin d'année en plongeant dans la magie des marchés de Noël bavarois, entre vin chaud, pain d'épices et décorations brillant de mille feux. Ceux de Munich (p. 71), Nuremberg (p. 142), Fribourg et Salzbourg sont les plus connus.

Préparer son voyage

L'Oktoberfest

Plus grande beuverie au monde, et clou du calendrier festif de la Bavière, l'Oktoberfest est l'une des fêtes les plus connues de la planète. Aucun autre événement ne parvient à faire cohabiter un tel mélange de visages rubiconds et hilares, débauche d'alcool et consommation excessive de bière avec autant de traditions, d'histoire et de flonflons.

Bacchanales modernes

Dès la mi-juillet, les équipes des grandes brasseries s'affairent pour monter les tentes sur la "Wiesn", immense place à l'ouest du centre-ville de Munich, la Theresienwiese. Une fois les chapiteaux en place, des millions de litres de bière sont acheminés jusqu'aux tireuses, et des dizaines de milliers de poulets embrochés dans leurs rôtissoires. La Wiesn peut enfin accueillir les millions de personnes qui viennent chaque année lever leur chope à la santé de la capitale de la bière durant ces 16 jours de festivités.

La plupart des touristes restent quelques jours, voire une semaine, alternant *Masse* (imposantes chopes d'un litre) et visites de Munich, voire d'un château ou deux. Quels que soient vos projets, pensez à tout réserver jusqu'à un an à l'avance. Si vous ratez l'Oktoberfest, la région est tout l'été et l'automne le théâtre d'innombrables fêtes du genre, souvent plus traditionnelles et moins commerciales. Outre des tarifs de chope plus abordables, les fêtes d'Erding et de Straubing sont tout aussi réjouissantes.

L'essentiel

Où ?

Sur la Theresienwiese, à l'ouest du centre-ville de Munich. Poccistrasse et Theresienwiese sont les stations d'U-Bahn les plus proches.

Quand ?

Les 16 jours qui précèdent le premier (ou parfois le second) dimanche d'octobre.

2016 : du 17 septembre au 3 octobre

2017 : du 23 septembre au 8 octobre

2018 : du 22 septembre au 7 octobre

Horaires ?

Service de 10h à 22h30 du lundi au vendredi, et de 9h à 22h30 le samedi et le dimanche.

Les horaires sont plus larges sur certains sites.

Combien ça coûte ?

Entrée à l'Oktoberfest : gratuit.

Mass d'un litre de bière : environ 10 €.

Demi-poulet rôti : environ 9 €.

Quelques chiffres

Entre 6 et 7 millions de visiteurs.

Entre 6 et 7 millions de litres de bière consommés.

35 tentes (14 grandes, 21 petites).

Un peu d'histoire

L'Oktoberfest a pour ancêtre une simple course de chevaux organisée en 1810 aux portes de Munich par le prince héritier, futur Louis Ier de Bavière, en l'honneur de sa jeune épouse Thérèse de Saxe-Hildburghausen. Lors de ces festivités nuptiales, la course remporta un tel succès qu'on décida d'en faire un rendez-vous annuel qui finit par se prolonger sur plusieurs jours et prendre place plus tôt dans la saison pour bénéficier d'un ensoleillement plus long. La course hippique, qui s'était doublée d'une fête en l'honneur des saveurs houblonnées, a disparu en 1960, mais une foire agricole a toujours lieu durant l'Oktoberfest.

Ozapft ist's!

Le premier jour de la fête débute à 10h45 avec le défilé des brasseurs, le Festzug. Des attelages de chevaux superbement harnachés mènent pour chaque brasserie les tonneaux de l'Isar jusqu'au champ de foire, dans une marée de chapeaux de feutre. À leur arrivée sur la Wiesn, tout le monde se tourne vers la tente de la brasserie Schottenhamel. À midi pile, le maire de Munich frappe de son maillet le premier tonneau pour le mettre en perce et proclame dès que la bière se met à couler : "*O'zapft is*!' (en bavarois, "elle est tirée"). Venez dès 9h pour assister à la cérémonie.

L'"or liquide"

Venons-en à ce qui attire la plupart des visiteurs à l'Oktoberfest : la munichoise. Toutes les bières servies lors de la fête doivent avoir été brassées sur le territoire municipal de Munich, ce qui limite à six le nombre de brasseurs autorisés à vous désaltérer : Hofbräu-München (le fabriquant de la Hofbräuhaus), Paulaner, Löwenbräu et Augustiner, connus dans le monde entier, ainsi que Hacker-Pschorr et Spaten, moins célèbres.

La fameuse *Mass* d'un litre qu'on apporte à votre table contient une bière généralement plus alcoolisée que la moyenne, les brasseries fabriquant des crus pour l'occasion, souvent appelés *Oktoberfestbier*. La teneur en alcool minimale est d'environ 5,8%. Traditionnellement, c'est la brasserie Hofbräu qui sert la bière la plus forte, celle d'Hacker-Pschorr étant la moins alcoolisée.

La bière n'est pas tout

L'Oktoberfest ne détient pas le titre de plus grande kermesse du monde pour rien, et, bien que la plupart des visiteurs soient là pour la *Bier,* il se passe beaucoup de choses en dehors des tentes de brasseurs.

BON À SAVOIR

- Sous les tentes, pas d'argent ! On ne règle sa consommation qu'en *Biermarken*, des jetons métalliques qu'on achète à l'entrée et qui restent ensuite valables dans certaines tavernes de Munich.
- Pas de bouteilles en verre non plus pour remédier aux rixes et aux blessés constatés auparavant.
- Manger à l'Oktoberfest coûte aussi cher que boire. On est autorisé à croquer son en-cas en terrasse, mais pas sous la tente.
- Samedi et dimanche, on est au coude-à-coude. L'après-midi en semaine, il y a plus de place, tout comme en soirée, mais uniquement jusqu'au 1er vendredi soir.
- Inutile de sortir vos cigarettes : la législation interdit de fumer sous peine d'amende et d'expulsion.
- Aux heures d'affluence, qui va à la chasse perd – définitivement – sa place.
- Attention à la teneur en alcool des bières, généralement plus forte que ce que vous avez coutume de consommer.
- Après 22h30, on ne prend généralement plus de commandes.
- La Wiesn a son bureau de poste, sa consigne à bagages et son service de garde d'enfants.
- Certaines brasseries pratiquent la réservation, notamment par Internet. Mais soyez prévoyant : un an à l'avance, ce n'est pas trop tôt !

DENNIS K. JOHNSON / GETTY IMAGES ©

EURASIA PRESS / GETTY IMAGES ©

Ci-dessus : Hofbräu-Festzelt à l'Oktoberfest

À droite : Chevaux et char, défilé de l'Oktoberfest

La fête foraine, sa grande roue, ses bons vieux jeux de force et ses manèges ultramodernes à vous retourner l'estomac, ne sont pas les moindres attractions avec les spectacles de magie. Outre la foire agricole (plus intéressante qu'il n'y paraît), il existe pléthore de stands où acheter à peu près tout et n'importe quoi, du petit souvenir siglé Oktoberfest à la gaufre. Le 1er dimanche est marqué depuis 1835 par un impressionnant défilé costumé dans le centre de Munich, tandis que la messe traditionnelle de l'Oktoberfest se tient sous la tente Hippodrom le 1er jeudi. Une fanfare de cuivres met de l'ambiance au pied de la statue de Bavaria le 2e dimanche matin, non loin du site où, le dernier dimanche, est tirée la salve d'honneur. Ces manifestations surtout suivies par les habitants offrent un panorama plus historique et plus traditionnel.

Où se loger

Après le coup d'envoi, vos chances de trouver un hébergement sont quasi nulles, ou bien à un prix astronomique. Cependant, Munich étant excellemment bien reliée au reste de la Bavière et la gare centrale se trouvant non loin de la Theresienwiese, il est tout à fait envisageable de "faire" l'Oktoberfest en séjournant à Augsbourg, Garmisch-Partenkirchen ou Ingolstadt, voire Salzbourg ou Nuremberg. Certes, tous les hôteliers de Bavière font grimper leurs tarifs dès la mi-septembre, mais moins que ceux de Munich. Dans l'idéal, il faut réserver pour l'année suivante dès l'Oktoberfest terminée. Si vous décidez de vous installer en dehors de Munich, assurez-vous de l'heure du dernier train.

Le camping est un moyen sympa et relativement bon marché de contourner la pénurie d'hébergements. Le Wiesn Camp (www.munich-oktoberfest.com) investit chaque année le centre équestre olympique de München-Riem, à 20 minutes de la gare centrale. La location d'une tente pour 4 personnes y coûte entre 59 et 79 € la nuit. Sinon, The Tent (www.the-tent.com) propose une place sous un grand chapiteau commun, la FloorTent, pour la modique somme de 15 € la nuit.

En famille

Le jeudi après-midi (de midi à 18h) est la "journée famille". Parents et enfants bénéficient de réductions sur les billets de manège et plusieurs manifestations sont organisées pour les familles. Sinon, les enfants sont certes acceptés dans toutes les tentes, mais l'Augustiner Festhalle paraît la plus adaptée. Au-delà de 20h, tous les jours, les moins de 6 ans ne peuvent rester. Le volume sonore ayant été réduit (avant 18h) et le tabac interdit, la présence d'enfants se comprend un peu mieux.

DES CHIFFRES ENIVRANTS

- Le record de la plus grande tente est détenu depuis 1913 par la Bräurosl, qui pouvait alors accueillir quelque 12 000 buveurs.
- Le grand raout munichois a été annulé 24 fois, le plus souvent à cause d'une épidémie de choléra ou en raison des guerres mondiales. En 1923 et 1924 c'est l'inflation qui a eu raison des festivités.
- Si vous êtes désigné "capitaine de soirée" contraint à l'abstinence, ne vous croyez pas tiré d'affaire en matière de budget : le litre d'eau coûte presque aussi cher que la *Mass* de bière !
- Le vin a aussi son succès : 90 000 litres sont engloutis en 16 jours.
- Le montage des tentes des brasseurs ne nécessite pas moins de 10 semaines et leur démontage la moitié de ce temps.
- Près de 12 000 serveurs et serveuses vont et viennent entre les rangs pendant l'Oktoberfest.
- La seule Oktoberfest compte pour 75% dans les interventions de la Croix-Rouge sur un an.
- Environ 900 passeports sont remis chaque année au bureau des objets perdus.

NUMÉROS (TRÈS) UTILES

Attention : quand vous appelez d'un téléphone portable, l'indicatif de Munich est le 089.

- **Centre de sécurité** ☎5022 2366
- **Poste de police de l'Oktoberfest** ☎500 3220
- **Poste de secours** ☎5022 2424
- **Service des objets trouvés de l'Oktoberfest** ☎2338 2825
- **Taxis** ☎21 610
- **Visites guidées de l'Oktoberfest** ☎232 3900

Dirndl et Lederhose

L'ambiance de la Wiesn, ce sont aussi les costumes bavarois traditionnels : la *Dirndl* au corselet lacé sous la poitrine pour les dames, et la *Lederhose* (culotte de cuir à bretelles) plus le chapeau de feutre pour les messieurs. Robe et tablier soulignant bien la taille, corsage décolleté à dentelles et corselet ajusté : la *Dirndl* est censée être le costume traditionnel des paysannes bavaroises. Taillés sur mesure, ces *Trachten* (costumes traditionnels) peuvent coûter les yeux de la tête, mais un vent de jeunesse souffle depuis quelques années sur la *Dirndl*, qui a été dépoussiérée par les stylistes et plus ou moins démocratisée. Holareidulijö (p. 88) propose même *Dirndl* et *Lederhosen* d'occasion.

Les meilleures tentes de brasseurs

Nos chapiteaux préférés sur la Wiesn :

- **Hippodrom** (www.hippodrom-oktoberfest.de). Fort courue, cette tente de 3 200 places draine une clientèle jeune et parfois quelques célébrités allemandes. Au menu, bières Spatenbräu et Löwenbräu, ainsi qu'une cuisine bavaroise très soignée.
- **Hofbräu-Festzelt** (www.hb-festzelt.de). Entre son *Biergärten* et les places debout, ce chapiteau accueille près de 10 000 fêtards.
- **Schottenhamel** (www.festzelt.schottenhamel.de). C'est là que le maire de Munich inaugure la fête à grands coups de maillet sur un tonneau.
- **Käfers Wiesen Schänke**. La qualité de sa cuisine, sa vaste plage horaire (jusqu'à 1h) et la Paulaner en font le rendez-vous des VIP.
- **Glöckle Wirt** (www.gloeckle-wirt.de). C'est la plus petite des tentes. Antiquités et bibelots anciens font que le cadre sort de l'ordinaire, assurant charme et un peu plus d'intimité.

Sites Internet

- **Oktoberfest** (www.oktoberfest.de). Le site complet, vraie mine d'infos et de plans.
- **Municipalité de Munich** (www.oktoberfest.eu). Les pages officielles de l'Oktoberfest sur le site de la municipalité de Munich.
- **Oktoberfest-TV** (www.oktoberfest-tv.de). Pour suivre l'événement par webcam interposée et dénicher une foule d'informations.
- **Portail touristique de Bavière** (www.bavaria.by). Des informations générales fournies par l'office du tourisme de Bavière (en anglais).
- **Wiesn Countdown** (www.wiesn-countdown.com). Compte à rebours, à la seconde près, avant la prochaine Oktoberfest.

Désagréments et dangers

L'ivresse et ses à-côtés constituent le principal danger. Tout se passe plutôt bien sous les tentes des brasseurs, mais c'est plus tard dans la nuit, quand les foules enivrées titubent entre autres vers la gare centrale que cela risque de dégénérer. Tenez-vous à l'écart des bagarres.

L'Oktoberfest possède sa propre police, son service des objets trouvés, son poste de secours et sa brigade de pompiers.

Aktion Sichere Wiesn für Mädchen und Frauen (www.sicherewiesn.de) offre sur l'Oktoberfest une assistance gratuite et multilingue aux femmes, notamment en cas d'agression sexuelle. Ouvert de 18h à 1h, le bureau de l'organisation se trouve en contrebas de la statue de Bavaria, au Servicezentrum.

L'Oktoberfest a enregistré quelques rares cas de "drink spiking" (ajout d'une drogue dans la boisson de la victime, à son insu).

Itinéraires

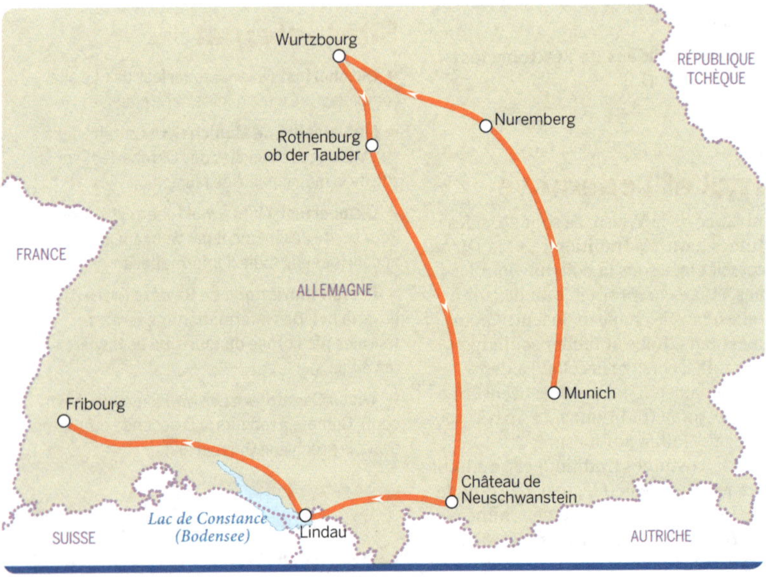

10 JOURS Les incontournables de l'Allemagne du Sud

Vous pourriez passer plusieurs mois à explorer l'Allemagne du Sud, mais ce circuit rapide de 10 jours vous permettra d'en découvrir les plus beaux sites.

Parfaite introduction à votre aventure germanique, trois jours à **Munich** donnent le temps de goûter la richesse artistique et les saveurs houblonnées qui font la fierté de la capitale bavaroise. Un court trajet en train vers le nord mène à la très active **Nuremberg**, capitale franconienne aussi appréciée pour ses "vieilles" pierres que pour sa bière brune. De là, filez par le chemin de fer vers une autre cité historique, la ville universitaire de **Wurtzbourg**, aussi célèbre pour son vin que pour la Résidence des princes-évêques. Ici démarre la Route romantique, qui couvre 350 km avant d'atteindre, au sud, la frontière autrichienne. Charmante halte entre toutes, **Rothenburg ob der Tauber** déploie un patrimoine architectural médiéval inattendu dans ce dédale de ruelles serrées. Fruit de l'imagination débordante du roi Louis II, le féerique **château de Neuschwanstein**, incroyable folie du XIXe siècle, marque la fin du parcours romantique. Après un arrêt à **Lindau**, sur les rives du lac de Constance, rejoignez **Fribourg-en-Brisgau** et sa formidable cathédrale. Vous serez alors arrivé en Forêt-Noire, pays du célèbre gâteau au kirsch coiffé de cerises !

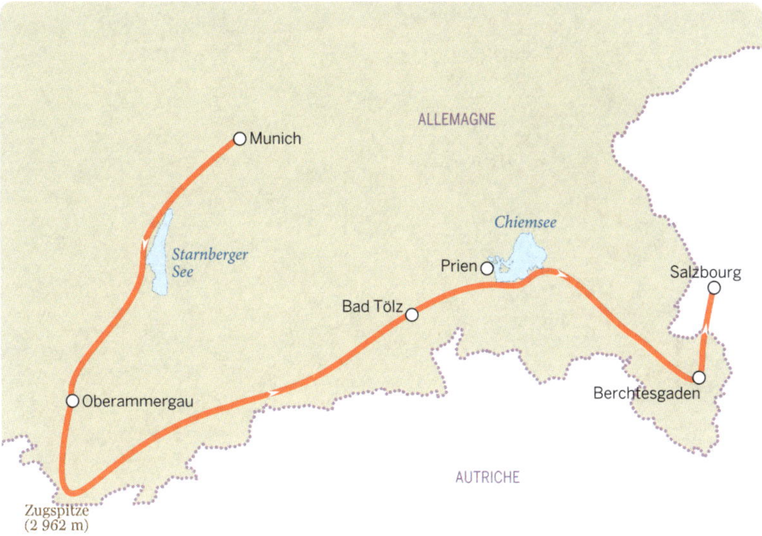

10 JOURS Munich et les Alpes

Les Alpes sont l'un des principaux atouts de la Bavière, et presque tous les visiteurs effectuent au moins une excursion dans ces célèbres montagnes. Cet itinéraire propose des escales pour découvrir les plus beaux trésors de la région, notamment les lacs situés au pied du massif et un trajet en train jusqu'à son plus haut sommet.

Cet itinéraire complet peut être scindé en différentes excursions au départ de Munich. De la capitale bavaroise, les Alpes allemandes ne sont jamais loin : il suffit de sauter dans un train ! Trois jours à **Munich** constituent le minimum pour saisir l'âme de cette métropole vibrante, y compris à travers ses magasins et des sites moins courus comme l'Olympiapark ou le BMW Welt. Si votre planning le permet, filez en S-Bahn jusqu'au majestueux **lac de Starnberg**. Célèbre pour la Passion (*Passionspiele*) qu'on y donne une fois par décennie, la charmante **Oberammergau** – à deux bonnes heures de train (avec changements) de la gare principale de Munich – est le point de départ d'une belle randonnée de 12 km jusqu'au château de Linderhof de Louis II. L'heure est alors venue de grimper sur le toit de l'Allemagne, le **Zugspitze**, qui surplombe Garmisch-Partenkirchen. À moins d'être motorisé, il vous faudra repasser par Munich pour rejoindre ensuite la station thermale **Bad Tölz**, dotée du meilleur parc aquatique de la région, Alpamare. Vers l'est, le rail vous conduira en quelques correspondances au **Chiemsee**. Tous les plaisirs nautiques y sont réunis mais c'est le milieu du lac et son île d'Herreninsel qui attirent tous les regards. Au milieu des eaux se dresse un autre palais de Louis II, le château d'Herrenchiemsee, accessible en ferry depuis la ville de **Prien**. Quittez le lendemain ces rives pour prendre de la hauteur à la pointe sud-est de l'Allemagne, sur les sommets qui entourent **Berchtesgaden**, tristement célèbre pour le fameux Nid d'aigle d'Hitler, devenu un restaurant saisonnier. Véritable lac de carte postale au cœur du parc national de Berchtesgaden, le Königssee distille une certaine mélancolie que ne viennent guère troubler les bateaux électriques qui sillonnent ses eaux au départ de Berchtesgaden. De là même, une petite incursion en Autriche est permise pour goûter aux charmes de **Salzbourg**, patrie du divin Mozart.

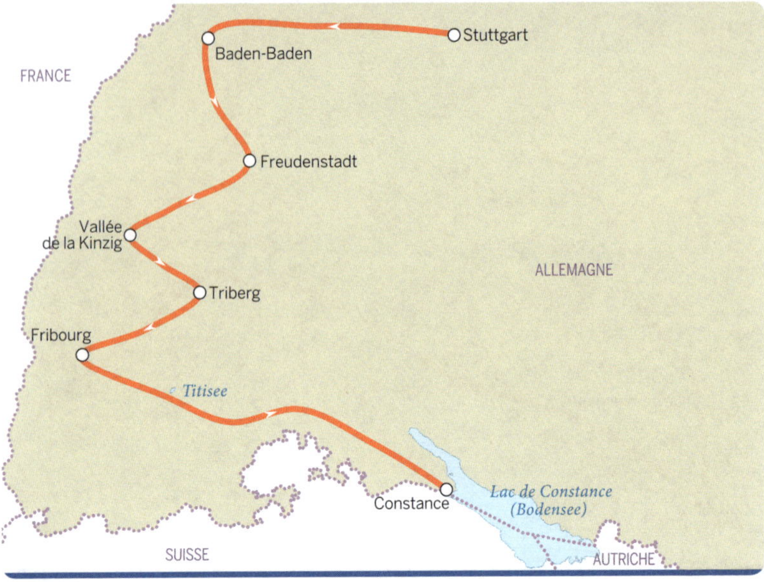

1 SEMAINE

Stuttgart et la Forêt-Noire

Cet itinéraire fait la part belle à la diversité : il mêle découverte des horloges à coucou traditionnelles, musées automobiles ultramodernes, villages composés de maisons à colombages et atmosphère effrénée dignes des plus grandes villes, à Stuttgart.

Offrez-vous deux jours pour explorer les musées, les majestueuses places et la vie nocturne de **Stuttgart**. La Schlossplatz, royal cœur battant de la ville, les trésors artistiques de la Galerie nationale et une soirée à découvrir les rieslings de la région dans une *Weinstube* sont autant de musts, tout comme les bars lounges de Theodor-Heuss-Strasse. Les fanas d'automobile ne manqueront pas les musées Mercedes-Benz et Porsche. Le troisième jour, mettez le cap vers l'ouest et **Baden-Baden**, élégante station thermale Art nouveau blottie dans son écrin d'épicéas au pied des montagnes de la Forêt-Noire. Faute d'y prendre les eaux, vous pourrez déambuler entre les sculptures des jardins de la Lichtentaler Allee ou tenter votre chance au casino. Le quatrième jour, lancez-vous sur le ruban sinueux de la Schwarzwald-Hochstrasse, où de superbes panoramas, entre montagnes et forêts, vous attendent à chaque tournant. Faites une halte à **Freudenstadt** pour admirer la plus grande place d'Allemagne avant de rejoindre la somptueuse vallée de la **Kinzig**, où vergers, vignobles et villages à colombages rivalisent de charme et de beauté. Le lendemain, votre itinéraire vous conduira à **Triberg**, qui cumule les superlatifs, avec les plus hautes cascades d'Allemagne, la plus grande horloge à coucou au monde et la meilleure forêt-noire qui soit. Puis enfilez vos chaussures de marche ou vos skis de fond sur les hauteurs boisées de Martinskapelle ou de Stöcklewaldturm. Une heure de route magnifique vous sépare alors de la cité universitaire de **Fribourg-en-Brisgau**, près de la frontière française : la journée passe vite dans l'ambiance décontractée des ruelles sinueuses de sa vieille ville, dominée par une gigantesque cathédrale médiévale. C'est au bord de l'eau que vous terminez ce périple. Vers l'est vous attendent les rives boisées du **Titisee** et, plus loin, le vaste **lac de Constance** qui est entouré de villages pittoresques, de vignes, de marais et de plages. À **Constance**, goûtez un après-midi durant aux charmes de cette cité romaine, dont les venelles de la vieille ville dévalent jusqu'à une belle promenade au bord du lac.

1 SEMAINE La Route romantique

Ce circuit de 350 km, le plus prisé des voyageurs, débute à **Wurtzbourg**, où deux jours devraient suffire à découvrir l'impressionnante Résidence baroque et déguster les vins de la région. De là, vous pourrez filer vers le sud pour rejoindre les ruelles médiévales et la magie de **Rothenburg ob der Tauber**, qui semble fêter Noël 365 jours par an. Faites ensuite halte à l'adorable **Dinkelsbühl**, petit bijou médiéval dans son écrin fortifié. Moins touristique mais pareillement fortifiée, **Nördlingen** occupe la plaine de Ries. Gardez un peu de temps pour admirer le château de conte de fées qui veille sur les colombages du village de **Harburg** et pour flâner dans la coquette **Donauwörth** avant de rallier la dynamique **Augsbourg**, la plus grande ville de la Route romantique qui compte d'innombrables curiosités. De toutes les somptueuses églises qui ponctuent la Route romantique, l'église de Wies, véritable chef-d'œuvre baroque situé au sud d'Augsbourg, est sans conteste la plus impressionnante. Mais le rêve est au bout du chemin, du côté de Fussen, où se dresse l'extravagant **château de Neuschwanstein**, tout droit sorti de l'imagination de Louis II de Bavière.

1 SEMAINE Nuremberg et la Franconie

La Franconie, dont ce parcours vous donne un aperçu, dégage une atmosphère totalement différente de la Bavière du Sud.

La dynamique capitale, **Nuremberg**, ne manque ni de sites d'intérêt – musée de la Deutsche Bahn, mémorial du procès de Nuremberg et Musée national germanique –, ni de bonnes tables où reprendre des forces entre deux escapades dans la région. Juste derrière, au palmarès des musts franconiens, **Bamberg**, classée au patrimoine de l'Unesco, associe ponts séculaires, dédale de rues pavées et maisons au bord de l'eau, le tout dans les effluves des brasseries qui produisent son incomparable *Rauchbier* (bière fumée). Une petite heure de train vous sépare de la Mecque des wagnériens, **Bayreuth**, célèbre pour son festival mais douce aux flâneurs en toute saison. À une centaine de kilomètres au nord de Nuremberg, **Cobourg** est aussi connue pour ses longues saucisses que pour sa forteresse à triple enceinte. Pour finir en beauté, grappillez quelques jours supplémentaires, enfilez vos godillots, enfourchez votre vélo ou louez un canoë pour vadrouiller dans le sublime **parc naturel d'Altmühltal**.

Préparer son voyage

Sports et activités

La Bavière et la Forêt-Noire ont la réputation bien méritée d'offrir des espaces naturels de premier ordre pour s'ébattre en plein air. Vous y trouverez de quoi vous occuper toute l'année. Chaque saison a ses attraits, qu'il s'agisse de randonner dans les pâturages tapissés de fleurs au printemps, de nager dans un lac alpin cristallin réchauffé par le soleil estival, de pédaler sous les frondaisons flamboyantes de l'automne ou de filer dans la poudreuse tombée du ciel hivernal.

Le top 5

Ski

Garmisch-Partenkirchen – Sommets titanesques, pistes soignées et enneigement optimal : un paradis du ski alpin.

Randonnée

Parc national de la Forêt-Noire – Des kilomètres et des kilomètres de sentiers dans l'odeur des pins, des vallées nimbées de brume, des maisons à colombages... Féerique.

Alpinisme

Alpes bavaroises – Partez à l'assaut de ces cimes chéries des alpinistes.

Planche à voile

Lac Walchen – Pour filer sur l'eau émeraude d'un lac serti dans un écrin de montagnes.

Vélo

Altmühltal Radweg – Un circuit façon "best of" de la Bavière, qui longe des rivières, pénètre dans d'épaisses forêts, suit de spectaculaires falaises et traverse des villages dominés par de hautes forteresses.

Randonnée et alpinisme

Der Weg ist das Ziel (le voyage est une destination en soi), voilà qui ferait un slogan parfait pour la Bavière et la Forêt-Noire. La région est un régal pour les marcheurs, qu'ils souhaitent faire l'ascension de sommets alpins, se promener paisiblement avec leurs enfants au milieu des épicéas ou effectuer une randonnée de plusieurs jours dans les vallées boisées.

Les sentiers sont généralement bien balisés, parfois à l'ancienne par des symboles peints sur les troncs d'arbre. Pour concocter un itinéraire adapté à votre endurance et au temps dont vous disposez, faites appel à l'office du tourisme concerné, qui pourra vous fournir bons conseils et cartes, voire un forfait "randonnée sans bagages" comprenant l'hébergement et le transfert de vos effets d'une halte à l'autre.

Les hauts sommets des Alpes bavaroises sont le paradis de l'alpinisme en Allemagne. Envisagez des courses à la journée ou plusieurs jours de refuge en refuge, si vous êtes en bonne condition physique et équipé comme il se doit, cartes topographiques ou GPS compris. Les sentiers sont parfois abrupts et étroits, avec par endroits des passages glacés, même au début de l'été. Vérifiez toujours sur place l'itinéraire de la course, l'équipement nécessaire et la météo. Des prestataires locaux proposent cours, location de matériel et circuits guidés.

Mine d'informations sur la randonnée et l'alpinisme, le **Deutscher Alpenverein** (DAV, club alpin d'Allemagne ; ☎089-140 030 ; www.alpenverein.de, en allemand) possède des antennes jusque dans les petites villes, lesquelles organisent également des cours (escalade, alpinisme, etc.) ainsi que des randonnées avec guide. L'entretien des refuges de montagne où vous pourrez passer la nuit et vous restaurer relève du Deutscher Alpenverein. La carte d'adhérent assure 30 à 50% de réduction sur les prestations en refuge, entre autres avantages, dont une assurance.

Si vous comprenez l'allemand, vous trouverez plus de renseignements sur les sites suivants : www. felsinfo.alpenverein. de, www.klettern.de et www.climbing.de.

Quand partir

L'été est la période idéale. En juillet-août, pic de fréquentation, il vous faudra réserver votre place en refuge longtemps à l'avance. Avec moins de monde et une débauche de couleurs dans les forêts, l'automne a également ses adeptes. Le reste de l'année, l'enneigement ne permet pas de randonner en altitude, mais le réseau de sentiers d'hiver des plus grandes stations offre le bonheur de marcher sous un ciel bleu limpide en écoutant la neige crisser sous ses semelles.

Sites Internet

➡ **Office du tourisme d'Allemagne** (www.germany.travel). Informations en français sur la randonnée en Bavière et en Forêt-Noire pour une première approche.

➡ **Kompass** (www.kompass.de, en allemand). Bonne série de cartes de randonnée au 1/25 000, accompagnées de brochures d'information générale sur les itinéraires.

➡ **Wanderbares Deutschland** (www.wanderbares-deutschland.de). Informations sur des dizaines de sentiers de randonnée, avec en prime une carte interactive très utile. Certains itinéraires sont également détaillés en anglais.

➡ **Wandern ohne Gepäck** (www.wandern-ohne-gepaeck-deutschland.de, en allemand). Renseignements sur les convoyeurs pour une formule "randonnée sans bagages".

Sports d'hiver

Remontées mécaniques modernes, excellentes pistes, itinéraires de ski de fond, chalets en bois, vin chaud et dîners roboratifs au coin du feu, tels sont les ingrédients d'un séjour à la neige en Allemagne.

À seulement une heure de route au sud de Munich, les Alpes bavaroises possèdent d'excellents domaines de ski alpin aux conditions d'enneigement très favorables.

DES ITINÉRAIRES POUR TOUS

➡ **Randonneurs dans les Alpes** Entre hauts sommets et lacs couleur émeraude, vous en prendrez plein les yeux dans le parc national de Berchtesgaden (p. 115) et à Oberstdorf (p. 109).

➡ **Famille de marcheurs** Les enfants adorent les stupéfiantes gorges de la Partnach (p. 106), mais aussi les écureuils roux qu'on aperçoit sur le chemin qui mène aux chutes de Triberg (p. 239), les plus hautes d'Allemagne (163 m).

➡ **Alpinistes expérimentés** Ne cherchez pas plus loin que le Zugspitze (p. 105). Tout est à couper le souffle : la montée, très éprouvante, tout comme le panorama sublime sur quatre pays.

➡ **Randonneurs longue distance** Partez en trek sur les 200 km du bel Altmühltal Panoramaweg (p. 156), en Bavière, ou attaquez-vous aux 280 km de la Westweg (p. 220), le must des circuits en Forêt-Noire.

➡ **Amoureux de la faune** Il faut avancer sans un bruit pour espérer voir cerfs, loutres et pics dans le parc national de la Forêt bavaroise (p. 178), tout comme aigles, chamois, marmottes ou salamandres du parc de Berchtesgaden (p. 115).

➡ **Candidats à l'évasion** Goûtez à la paix qui règne sur les collines couvertes de sapins de la Forêt-Noire et de la Forêt bavaroise (p. 178).

LE TOP 5 DES ITINÉRAIRES À VÉLO

- **Altmühltal Radweg** (160 km). Un itinéraire facile à moyen, qui relie Rothenburg à Beilngries en longeant l'Altmühl à travers le parc naturel de l'Altmühltal.
- **Donauradweg** (434 km). De Neu-Ulm à Passau, un périple des plus agréables (niveau facile à modéré) le long du beau Danube.
- **Romantische Strasse** (359 km). De Wurtzbourg à Füssen, le plus beau moyen de transport pour découvrir la Route romantique (niveau facile à moyen), en dépit d'une forte fréquentation en été.
- **Bodensee-Königssee Radweg** (418 km). De Lindau à Berchtesgaden, un parcours de niveau intermédiaire courant au pied des Alpes et offrant de superbes panoramas.
- **Piste cyclable du Bodensee** (273 km). Un itinéraire en boucle autour du lac de Constance, presque sans dénivelé, bien balisé et traversant trois pays, à travers vignobles, prairies, vergers, marécages, cités historiques et paysages alpins.

La station la plus célèbre et la plus cossue est **Garmisch-Partenkirchen** (☎4931, 74260 ; www.skischule-gap.de ; Am Hausberg 8 ; cours collectif demi-journée à partir de 50 €, tarif dégressif, matériel de ski à partir de 27 €/jour), qui n'est qu'à un jet de boule de neige du point culminant de l'Allemagne, le Zugspitze (2 962 m). Le domaine possède 60 km de pistes, conçues essentiellement pour les skieurs de niveau intermédiaire.

L'adorable Oberstdorf, dans les Alpes d'Allgäu, est le centre névralgique du domaine skiable d'Oberstdorf-Kleinwalsertal, dont les 125 km de pistes sont accessibles via un forfait unique. Les snowboardeurs apprécient ses snowparks et son half-pipe, et les fondeurs disposent de quelque 75 km de pistes, plus 55 km réservés au skating. Pour un séjour moins frime dans un cadre époustouflant, pensez à **Jenner** (p. 115) près de Berchtesgaden, pour ses dénivelés pouvant atteindre 600 m et des panoramas sans égal sur l'émeraude du Königssee, ou encore au Kranzberg, véritable paradis pour les familles à Mittenwald.

Sans atteindre les altitudes alpines, les stations plus familiales du reste de la région pratiquent des prix plus modérés. Moins fréquentées, les pistes de la Forêt bavaroise et de la Forêt-Noire font le bonheur des fondeurs mais aussi des skieurs alpins, sur les versants du Grosser Arber et du Feldberg respectivement.

En plus haute altitude, la saison s'étend de fin novembre/début décembre à mars. Vous n'aurez pas de mal à trouver des loueurs de matériel. Comptez environ 20 € pour l'ensemble skis, chaussures et bâtons pour du ski alpin, 12 € pour le fond. Un cours collectif coûte 30 à 45 € les 3 heures.

Sites Internet

- **Bergfex** (www.bergfex.fr). Un site multilingue (français compris) avec plan des domaines, prévisions d'enneigement entre autres informations sur les stations.
- **Skiresort** (www.skiresort.de). Renseignements sur les stations de ski, les pistes, les tarifs des forfaits de remontées mécaniques, etc.

Cyclotourisme et VTT

À vos casques, prêts, partez ! La Bavière et la Forêt-Noire font le bonheur des amateurs de petite reine, qu'ils aspirent à une promenade tranquille en bordure de lac ou à un circuit aventure de plusieurs jours. Vous trouverez un réseau de pistes cyclables jusque dans les petites villes. Pour une excursion, le personnel des offices du tourisme vous fournira conseils, bonnes idées et cartes.

Le VTT est une activité phare en Forêt-Noire et dans les Alpes, notamment autour de Garmisch-Partenkirchen (p. 106), Berchtesgaden (p. 115) et Freudenstadt (p. 220). La Forêt bavaroise, forte de plus de 450 km de grimpette et autres itinéraires exigeants, est aussi une destination de choix pour les vététistes. L'élite conflue vers la Forêt-Noire à l'occasion de diverses compétitions de VTT, dont en juin le Black Forest Ultra Bike

Marathon (www.ultra-bike.de), en juillet le Worldclass MTB Challenge (www.womc.de) et en août le Vaude Trans Schwarzwald (de.trans-schwarzwald.de).

Le sud de l'Allemagne est sillonné par des dizaines de longs parcours cyclables qui font de la région un paradis du *Radwandern* (tourisme à vélo). Ces itinéraires bien balisés combinent généralement petites routes peu fréquentées, sentiers forestiers et grands axes bitumés avec pistes cyclables protégées.

Location de vélos

Il existe dans la plupart des villes, dans la gare ferroviaire ou à proximité, un loueur proposant généralement toute une gamme de vélos de ville, VTT, vélos électriques et vélos pour enfants. Selon le modèle, comptez de 10 à 40 € la journée ou de 50 à 120 € la semaine, hors caution.

Trouver son itinéraire

En quête d'inspiration et d'idées de parcours ? Rendez-vous sur www.germany-travel, où vous trouverez, en français, une présentation des sentiers cyclables, des astuces d'organisation et des brochures avec cartes et descriptions à télécharger gratuitement. Si vous lisez l'allemand, www.schwarzwald-bike.de, www.foretnoire.info et www.bayernbike.de présentent des itinéraires plus détaillés. Galli Verlag (www.galli-verlag.de) publie toute une gamme de guides du cyclotouriste, vendus en direct par l'éditeur et en librairie.

Cartes et renseignements

Pour des cartes de base, commandez ou téléchargez le guide gratuit *Bayernnetz für Radler* (réseau cycliste bavarois) sur www.bayerninfo.de (également en anglais). L'association cycliste allemande, l'Allgemeiner Deutscher Fahrrad Club (www.adfc.de), en publie de très efficaces : dénivelés, état des routes et ateliers de réparation y sont indiqués. Les utilisateurs de GPS apprécieront aussi leur quadrillage UTM.

Est aussi publié en ligne un répertoire des milliers d'établissements labellisés Bett & Bike (www.bettundbike.de), à savoir dédiés aux cyclistes, dont la version papier est vendue en librairie.

Randonnée en VTT, Garmisch-Partenkirchen

APRÈS L'EFFORT, LE RÉCONFORT

Rien de tel qu'une journée de plaisirs thermaux pour les corps endoloris par la randonnée ou le ski. Chaque ville thermale propose sa gamme de massages et de soins. Les Allemands vont au sauna dans le plus simple appareil : laissez votre pudeur au vestiaire, mais apportez ou louez une serviette.

- **Friedrichsbad** (p. 217). Le must des thermes de Baden-Baden, avec ses bains romano-irlandais et sa piscine en marbre de Carrare.
- **Alpamare** (p. 111). Entre toboggans aquatiques et piscine à vagues pour les petits, bains d'eau thermale, saunas et soins pour les grands, il y en a pour tout le monde !
- **Watzmann Therme** (p 115). Pour prendre les eaux dans les Alpes bavaroises.
- **Sanitas Spa** (p. 239). Des soins de grande qualité, une piscine avec vue sur les collines boisées et surtout une tranquillité hors pair dans ce coin de Forêt-Noire, à Triberg.
- **Kaiser-Friedrich-Therme** (www.wiesbaden.de ; Langgasse 38-40 ; l'heure mai-août 4,50 €, sept-avr 6 € ; 10h-22h, 10h-minuit ven-sam sept-avr, femmes uniquement mar). Hérités des Romains, les somptueux bains de Wiesbaden, où l'eau jaillit de la source à 66,4°C.
- **Rupertustherme** (01805-606 706 ; Friedrich-Ebert-Allee 21 ; billet 4h 14 €, avec sauna 19 € ; 9h-22h). Bains d'eau salée avec vue superbe sur les Alpes.

Sports nautiques

La mer est à des centaines de kilomètres, mais lacs et cours d'eau ravissent les amateurs de sports nautiques. L'eau y est d'une très grande qualité, en particulier celle des lacs alpins. La saison de baignade est plutôt courte (juin à septembre) et la température dépasse rarement les 21°C. Dans le Tölzer Land, l'onde turquoise et les sublimes paysages de montagne autour du lac Walchen, mais surtout la constance des vents, la profondeur et la bonne visibilité font le bonheur des véliplanchistes et des plongeurs. Le superbe cadre naturel qu'offrent les lacs de Starnberg et de Constance, le Schluchsee et ses airs de fjord ou encore le Chiemsee incite à y pratiquer la planche à voile, voire la navigation de plaisance.

Le kayak et le canoë ont un lieu de prédilection, le parc naturel de l'Altmühltal (p. 155), où la douce Altmühl serpente entre falaises abruptes, rives plantées de saules et petites plages.

Le canyoning gagne en popularité dans toute l'Europe et l'Allemagne du Sud ne fait pas exception. De bons sites ont été découverts dans la région – contactez **Xconcepts** (0151 1143 6890 ; www.xconcepts.de), près d'Oberstdorf, pour des excursions guidées de canyoning.

Préparer son voyage

Voyager avec des enfants

Réputé pour sa bière et ses brasseries, ses culottes de cuir et ses fanfares égrillardes, le sud de l'Allemagne ne semble pas a priori l'endroit idéal à visiter en famille. Pourtant, la région, en particulier ses grandes villes, sait se mettre en quatre pour occuper et amuser vos bambins. Leur présence vous aidera même souvent à sympathiser avec la population locale aussi bien, voire mieux, que trois pintes de bière !

Sur le terrain

D'un endroit à l'autre

L'avantage du train sur le bus est de laisser vos enfants bouger un peu. Quant aux poussettes, vélos, fauteuils roulants et bagages encombrants, ils trouvent place dans un demi-wagon dédié.

En ville, la plupart des transports en commun (dont les tramways, trains et métros de Munich) embarquent les poussettes, et vous trouverez des ascenseurs partout. Les réductions accordées aux familles sont multiples.

La majorité des loueurs peuvent équiper votre voiture de sièges bébé ou rehausseurs gratuitement, sur réservation.

Morts de faim

À l'heure de nourrir la meute, l'Allemagne du Sud se prête au jeu plus que toute autre destination en Europe : la plupart des restaurants proposent naturellement des portions adaptées, menus spéciaux... et souvent un ballon en cadeau.

Les moins de 16 ans peuvent entrer dans les pubs et bars à toute heure à condition d'être accompagnés d'un parent. C'est aussi le cas des brasseries comme des *Biergärten*, où l'on peut apporter son

Les meilleures destinations avec des enfants

Nuremberg

Un vaste éventail de curiosités tels le musée de la Deutsche Bahn, un musée de l'École et un zoo.

Munich

Au programme, une foule d'amusements interactifs et de visites, mais aussi un musée du Jouet et de fantastiques trajets en tramway.

Rothenburg ob der Tauber

Des boules de neige qui se mangent et des guirlandes de Noël en plein été ? Le top du top quand on a six ans.

Europa Park

Le plus grand parc d'attractions germanique.

Ulm

Tous les enfants, ou presque, adorent les Lego. Tous les adultes, ou presque, adorent les emmener à Legoland.

Triberg

Sous l'effet de surprise de l'oiseau qui surgit de l'horloge, certains enfants fondent en larmes... Mais beaucoup sont fous du coucou géant.

KINDERLAND BAVARIA

Mis en place par l'office du tourisme de Bavière, le label Kinderland Bavaria (www.bavaria.by) est un gage de qualité des installations pour les enfants et les séjours en famille. Les établissements qui l'ont reçu ont été évalués sur une large gamme de critères, de la sécurité des jouets au local à poussettes.

pique-nique, une aubaine pour les familles. Par ailleurs, il est interdit de fumer dans tous les lieux publics en Allemagne.

Enfin, donner le sein en public ne pose pas de problèmes.

Changer son bambin

En centre-ville, changer un petit est une épreuve. Vous pourrez peut-être trouver une table à langer dans les toilettes des grands magasins, mais elles se situent souvent au tout dernier étage. Les sites touristiques rendent la chose plus aisée et, sur les attractions spécifiques aux enfants, les tables à langer sont de première qualité. En cas d'urgence, n'hésitez pas à aller dans le bar ou le restaurant le plus proche : les serveurs refusent rarement.

Les meilleurs...

La quasi-totalité des sites touristiques pratiquent un tarif famille. Même si rien ne l'indique, faites-en la demande.

Musées

➡ **Musée allemand, Munich** (p. 61). L'interactivité, maître-mot du KinderReich du musée des Sciences.

➡ **Musée de la Deutsche Bahn, Nuremberg** (p. 137). Une section interactive a de quoi réjouir tous les amoureux de la loco.

➡ **Musée des Enfants, Nuremberg** (p. 142). Impossible de rester les mains dans les poches !

➡ **Musée allemand de Noël, Rothenburg ob der Tauber** (p. 123). Incontournable halte sur la Route romantique, ce musée se dévore des yeux. Pas touche, sauf à la boutique voisine !

➡ **Musée du Jouet, Munich** (p. 54). Une caverne d'Ali Baba pour petits et grands, les seconds à la recherche de leurs joujoux de jadis.

➡ **Musée ferroviaire de Bavière, Nördlingen** (p. 128). Paradis des locomotives retraitées. Et l'été, promenade à toute vapeur.

➡ **Musée du Jouet, Salzbourg** (p. 17). Un site qui fait dans la tradition, avec spectacles de Guignol et thé offert aux adultes.

Espaces en plein air

➡ **Parcours des sens, Nuremberg** (p. 142). Un vaste "parc des sens" en plein air où s'amuser et apprendre.

➡ **Jardin anglais, Munich** (p. 60). Grande aire de jeux, crèmes glacées, canotage et pelouse.

➡ **Steinwasen Park, Forêt-Noire** (p. 234). Des manèges et un gigantesque pont suspendu en complément de la découverte de la faune alpine.

➡ **Zoo d'Hellabrunn, Munich** (p. 69). Aires de jeux thématiques, café, séances de nourrissage et zoo dédié aux enfants.

Activités quand il pleut

➡ **Playmobil, Nuremberg** (p. 142). Aux portes de la cité, Zindorf, siège social de la marque et son parc thématique choyé des familles.

➡ **Münchner Marionettentheater, Munich** (p. 69). Le plus beau théâtre de marionnettes de Bavière.

➡ **BMW Welt, Munich** (p. 67). Au volant des derniers modèles BMW, les petits n'ont plus qu'un rêve : passer leur permis !

➡ **Alpamare, Bad Tölz** (p. 111). Amusement en cascades pour toute la famille dans le meilleur parc aquatique de la région.

Organiser son voyage

Quand partir

Privilégiez le printemps et le début de l'automne. La touffeur estivale rend souvent les enfants grognons et personne n'apprécie les visites quand on se gèle !

Hébergement

L'accueil réservé aux bambins est plutôt bon dans la majorité des hôtels et pensions. Plus vous montez en standing, plus les services proposés (baby-sitting, blanchisserie) se multiplient. Les propriétaires de petits établissements installent volontiers un lit supplémentaire, voire un lit de bébé. C'est dans les campings que vos bambins s'amuseront le plus : certains possèdent même des aires de jeux et des clubs.

Les régions en un clin d'œil

Munich

Histoire
Musées
Bière

Sites historiques

De l'opulente Résidence de la maison des Wittelsbach aux sites liés aux sombres heures de la période nazie en passant par l'histoire du sport olympique, vous aurez l'embarras du choix.

Culture facile d'accès

Installations interactives du Musée allemand, chefs-d'œuvre de l'Ancienne Pinacothèque, délire pop art du musée Brandhorst ou bolides du musée BMW... Munich a de quoi remplir tous les jours de pluie, et les journées ensoleillées aussi.

Bières de l'Oktoberfest

Gigantesques tavernes résonnant des flonflons, *Biergärten* à l'ombre des marronniers, brasseries rivales, traditionnel petit-déjeuner bavarois basé sur le trio Weissbier, *Weisswurst* et bretzel, plus la célèbre Oktoberfest : Munich fait plus que mériter son titre de capitale mondiale de la bière.

p. 44

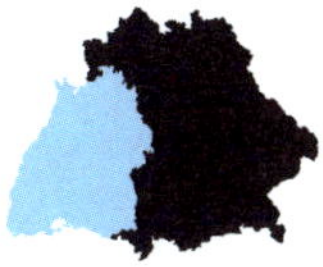

Bavière

Châteaux
Romantisme
Sommets alpins

Châteaux féeriques

Des folies sorties de l'imagination du roi Louis II, comme le château de Neuschwanstein, aux solides bastions médiévaux, tel le château de Nuremberg, la Bavière affiche une prédilection pour les constructions grandioses.

Paysages romantiques

Sur la cime d'un sommet alpin ou au fil de l'eau sur le Danube, les terres bavaroises ensorcellent par la beauté des paysages. Pour un concentré d'émerveillement, mettez le cap sur la Route romantique, qui serpente d'une cité médiévale à l'autre.

Magie alpine

La Bavière ne renferme qu'un tout petit morceau des Alpes, mais ses paysages n'en sont pas moins spectaculaires. Sur ces massifs bien visibles et facilement accessibles de Munich, ski et randonnée ont, selon la saison, les faveurs des visiteurs.

p. 95

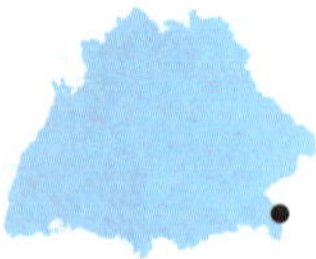

Salzbourg et ses environs

Musique
Art baroque
Plein air

Mozart et Maria

La musique coule dans les veines de la ville qui a vu naître Mozart. Les mélomanes se délectent lors des concerts du festival de Salzbourg et les nostalgiques de *La Mélodie du bonheur* sillonnent la ville sur les lieux de tournage du film.

Trésors baroques

Formidable outil de la contre-Réforme, le style baroque imposé par les influents princes-archevêques de Salzbourg a modelé de fond en comble la cité autrichienne. Pour vous en convaincre, partez à la découverte de la vieille ville, classée au patrimoine mondial de l'Unesco.

Montagnes

Le téléphérique rend accessibles tous les sommets au-dessus de Salzbourg. Non loin, l'Untersberg et le Gaisberg se prêtent à la pratique de la randonnée, du ski et du parapente.

p. 181

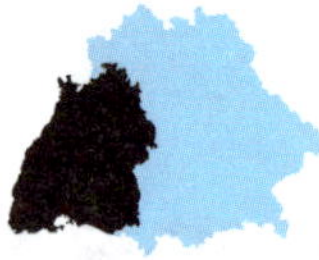

Forêt-Noire et Bade-Wurtemberg

Paysages
Plein air
Culture

Cartes postales grandeur nature

La Forêt-Noire évoque une Allemagne de conte de fées. Ce patchwork de doux sommets, de vallées, de cascades, offre d'excellentes échappées nature. Entre villages à colombages et fermes retirées, aventurez-vous hors des sentiers battus., sans oublier, au sud-est, l'immense lac de Constance et son lot de visions sublimes.

Ski et randonnée

Le Bade-Wurtemberg est fait de grand air, de forêt et de quiétude : magnifiques randonnées, ski de fond dans les forêts enneigées ou vélo autour du lac de Constance, vous avez le choix.

Villes de culture

Si la vie culturelle de Stuttgart vaut le détour pour ses galeries d'art, ses salles de concerts et ses temples de l'automobile, il y a bien d'autres villes d'intérêt, comme la station thermale de Baden-Baden, Constance, ou encore Ulm.

p. 212

Sur la route

Bavière
(p. 95)
Forêt-Noire
et Bade-Wurtemberg
(p. 212)
Munich
(p. 44)
Excursion à Salzbourg
et dans ses environs
(p. 181)

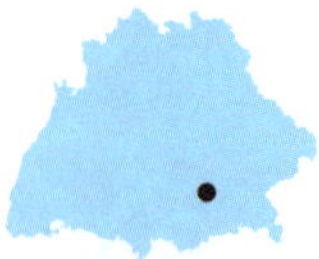

Munich

☎ 089 / 1,38 MILLION D'HABITANTS

Dans ce chapitre ➡

Le top des restaurants

- Fraunhofer (p. 80)
- Königsquelle (p. 76)
- Tantris (p. 80)
- Prinz Myshkin (p. 76)
- Esszimmer (p. 81)

Le top des bars

- Alter Simpl (p. 85)
- Augustiner Bräustuben (p. 86)
- Hofbräuhaus (p. 83)
- Hirschgarten (p. 85)
- Baader Café (p. 84)

Pourquoi y aller

Patrie de riches gens d'affaires à l'allure impeccable comme de joyeux lurons en *Lederhose,* de cafés de style méditerranéen et de *Bierpaläste* typiques de la *Mitteleuropa*, d'art avant-gardiste et d'industries de pointe, la capitale non officielle du sud de l'Allemagne est une cité florissante qui s'épanouit dans ses propres contradictions. Si vous êtes en quête de clichés alpins, vous ne serez pas déçu, mais la métropole bavaroise a plus d'un tour dans la poche de son *Dirndl.*

En tout cas, Munich est populaire. Selon les statistiques, la ville attire plus de visiteurs que jamais, surtout en été, mais également durant l'Oktoberfest : toute la planète semble alors se rassembler pour trinquer.

Le centre-ville, royaume des piétons, dégage une ambiance de petite ville tout en offrant des sites de renommée mondiale, notamment ses musées et galeries d'art. Ajoutez à cela un patrimoine bavarois colossal ainsi qu'un quartier entier hérité des Jeux olympiques de 1972 et vous comprendrez pourquoi cette ville est tant appréciée des visiteurs qui souhaitent combiner passé et présent.

Quand partir

La Stark Bier Zeit (saison de la bière forte) fera la joie des amateurs de bière allemande. Cette fête populaire dure trois semaines en février ou en mars et permet de goûter les bières fortes que les moines brassaient jadis à l'occasion du carême.

Les mois de septembre à octobre sont parfaits pour profiter de l'*Englischer Garten* (Jardin anglais), quand les arbres revêtent leurs couleurs automnales.

En décembre, l'ambiance est festive dans le centre-ville. La ravissante Marienplatz est illuminée et les touristes se bousculent près des stands du marché de Noël.

Histoire

Ce furent des moines bénédictins, attirés par des terres agricoles fertiles et la proximité de l'Italie catholique, qui fondèrent Munich et lui donnèrent son nom. En effet, *Munichen* signifie "moines" en allemand médiéval. En 1158, à Augsbourg, la Diète d'Empire (institution du Saint Empire romain germanique) approuva la nomination de Henri le Lion à la tête de la cité.

En 1240, la ville passa aux mains de la dynastie des Wittelsbach qui régna sur Munich (et la Bavière) jusqu'au XXe siècle. La ville devint un centre de commerce du sel prospère. Elle fut cependant durement frappée par la peste en 1349. Lorsque la pandémie prit fin quelques 150 ans plus tard, les *Schäffler* (tonneliers) inventèrent une danse rituelle, la *Schäfflertanz,* pour rappeler leur chance aux habitants. On la danse tous les sept ans. Toutefois les petits personnages animés du Glockenspiel (carillon de la ville) de la Marienplatz l'interprètent tous les jours.

Au début du XIXe siècle, l'essor de la construction donna à Munich son architecture spectaculaire et ses larges avenues de style italien. La situation se dégrada après l'accession au trône de Louis II de Bavière en 1864. En effet, les projets grandioses de ce dernier (comme l'édification du château Neuschwanstein au sud de la cité) ruinèrent la maison royale et mirent en péril le gouvernement. Paradoxalement, ce sont aujourd'hui eux qui font la prospérité du tourisme bavarois.

Munich vécut des périodes agitées. Le XXe siècle fut particulièrement chaotique. Au cours de la Première Guerre mondiale, la cité connut pratiquement la famine. C'est là que les nazis commencèrent à occuper le devant de la scène. La ville faillit être rayée de la carte au cours de la Seconde Guerre mondiale.

Censés marquer l'avènement d'une nouvelle Allemagne démocratique, les Jeux olympiques de 1972 s'achevèrent sur la mort tragique de 17 personnes à l'issue d'une prise d'otages. La ville redora son blason dans l'histoire du sport en accueillant le match d'ouverture de la Coupe du monde de la FIFA de 2006.

Aujourd'hui, Munich s'affirme bel et bien comme la "capitale secrète" de l'Allemagne. Elle est réputée pour son niveau de vie élevé – elle compte le plus grand nombre de millionnaires par habitants après Hambourg – et rivalise pour la haute couture avec Paris et Milan. Cette grande métropole, qui a fêté son 850e anniversaire il y a un peu moins de dix ans, est entrée avec aisance dans le XXIe siècle.

MUNICH EN...

1 jour

Passez votre premier jour dans la vieille ville. Trouvez vos repères en montant en haut du clocher de l'**église Saint-Pierre**, admirez l'abondance de produits au **Viktualienmarkt** (marché aux Victuailles), puis penchez-vous sur l'histoire de Munich au **musée de la Ville**, où l'exposition sur le IIIe Reich offre une transition poignante avant la visite du **Musée juif** voisin. Pénétrez dans l'église **Saint-Jean-Népomucène** (également connue sous le nom d'église des Frères-Asam), somptueusement baroque, qui contraste avec l'austérité gothique de la célèbre **église Notre-Dame**. Faites une pause pour déjeuner et pourquoi pas un peu de shopping dans la galerie commerciale Fünf Höfe. L'après-midi, visitez l'un des musées de la **Pinacothèque**, puis allez dîner dans un établissement bavarois traditionnel comme l'**Augustiner Bräustuben**.

2 jours

Admirez la splendeur royale de la **Résidence**, puis allez flâner dans le **Jardin anglais**. Enchaînez avec un café dans un établissement de Schwabing avant d'aller écouter un concert au **centre culturel Gasteig**. Terminez par une tournée des bars à Gärtnerplatzviertel.

Plus

Si vous disposez de davantage de temps, allez voir le **château de Nymphenburg**, visitez le **Musée allemand**, parcourez les boutiques originales de Gärtnerplatzviertel et recueillez-vous dans l'ancien camp de concentration de **Dachau**. Pour une escapade loin de la vie urbaine, direction la région des cinq lacs.

À ne pas manquer

❶ Déguster une double pinte de *Bier* dans une brasserie authentique comme l'**Augustiner Bräustuben** (p. 86)

❷ Découvrir les collections d'art de renommée mondiale de **l'Ancienne Pinacothèque** (p. 56)

❸ Admirer les objets précieux du **Trésor de la Résidence** (p. 55)

❹ Adopter le style alpin en achetant une *Lederhose* ou un *Dirndl* dans un magasin de vêtements traditionnels comme **Holareidulijö** (p. 88)

5 Admirer l'architecture ultramoderne du centre d'expositions du **BMW Welt** (p. 67)

6 Savourer un brunch composé de *Weisswurst* (saucisse de veau) traditionnel, d'un bretzel et d'une *Weissbier* (bière blanche) au **Weisses Brauhaus** (p. 77)

7 Contempler les surfeurs téméraires partis à l'assaut de la vague urbaine d'un cours d'eau artificiel, dans le **Jardin anglais** (p. 60)

LES 5 MEILLEURES VUES DE MUNICH

Voici nos cinq lieux préférés d'où l'on peut jouir d'une vue plongeante sur la capitale bavaroise :

- **Statue de Bavaria** (p. 65) – pour voir l'Oktoberfest à travers les yeux de la statue
- **Église Notre-Dame** (ci-contre) – pour avoir les Alpes et la vieille ville à vos pieds
- **Monopteros** (p. 61) – pour découvrir les charmes du Jardin anglais
- **Tour olympique** (p. 67) – pour une vue panoramique s'étendant jusqu'à 100 km
- **Église Saint-Pierre** (p. 49) – pour embrasser du regard tous les sites phares de Munich

À voir

Les principaux sites de Munich sont concentrés dans l'Altstadt (vieille ville). Le quartier des musées est, lui, situé juste au nord de la Résidence (celle des Wittelsbach). Cependant, il faut compter un jour ou deux de plus pour explorer le quartier bohème du Schwabing, le vaste Jardin anglais (*Englischer Garten*) et le quartier branché de Haidhausen à l'est. Au nord-ouest de la vieille ville, vous trouverez le quartier cosmopolite de Neuhausen, l'Olympiapark et le château de Nymphenburg.

Vieille Ville (Altstadt)

Marienplatz PLACE

(carte p. 50 ; SMarienplatz, UMarienplatz). Cœur et âme de la vieille ville, la Marienplatz est un lieu de rassemblement populaire. Malgré sa taille réduite, elle a beaucoup de cachet. Elle est dominée par la **colonne de Marie** (Mariensäule ; carte p. 50), construite en 1638 pour célébrer la victoire des catholiques sur l'armée suédoise lors de la guerre de Trente Ans. C'est le lieu le plus animé de Munich. Les touristes s'y pressent tôt le matin jusqu'à tard le soir.

Nouvel hôtel de ville ÉDIFICE HISTORIQUE

(Neues Rathaus ; carte p. 50 ; Marienplatz ; UMarienplatz, SMarienplatz). La façade noire de suie du nouvel hôtel de ville de style néogothique est ornée de gargouilles et de statues. Un dragon escalade ainsi ses tourelles. L'office du tourisme est situé au rez-de-chaussée. Pour admirer les principaux sites de Munich sans vous essoufler, prenez l'ascenseur menant au sommet de sa **tour** (tarif plein/réduit 2,50/1 € ; 10h-19h tlj) de 85 m.

Le **Glockenspiel** (11h, 12h, 17h et 21h) réunit 43 cloches et 32 statues célébrant deux événements historiques. Le niveau supérieur représente un tournoi qui a eu lieu en 1568 en l'honneur du mariage du duc Guillaume V de Bavière avec Renée de Lorraine, et le niveau inférieur la *Schäfflertanz* (danse des tonneliers).

Église Notre-Dame STYLE GOTHIQUE

(Frauenkirche ; carte p. 50 ; www.muenchner-dom.de ; Frauenplatz 1 ; 7h-19h sam-mer, 7h-20h30 jeu, 7h-18h ven ; SMarienplatz). L'emblématique cathédrale Notre-Dame, construite au XVe siècle, est le cœur spirituel de Munich et la plus grande église de la ville. Aucun autre bâtiment du centre-ville n'est plus haut que ses deux tours à dôme en forme de bulbe, à 99 m au-dessus du sol. Il est possible de monter au sommet de la tour sud mais elle était en cours de restauration au moment de la rédaction de ce guide.

Très endommagée par les bombes au cours de la Seconde Guerre mondiale, cette église haute et lumineuse possède un décor assez sobre. Remarquez le cénotaphe de l'empereur Louis IV juste après l'entrée et les plaques de bronze du pape Benoît XVI et de son prédécesseur Jean-Paul II apposées sur les colonnes voisines.

Église Saint-Jean-Népomucène (église des Frères-Asam) ART BAROQUE

(Asamkirche ; carte p. 50 ; Sendlinger Strasse 32 ; 9h-18h sam-jeu, 13h-18h ven ; Sendlinger Tor, USendlinger Tor). GRATUIT Bien que minuscule, cette église du baroque tardif, construite en 1746, arbore une décoration d'un luxe inouï. Ses créateurs, les frères Cosmas Damian Asam et Egid Quirin Asam, firent preuve d'un grand talent pour orner chaque centimètre de mur de dorures, de chérubins, de faux marbre, et pour créer ses monumentales colonnes torsadées.

Le point d'orgue est la fresque du plafond illustrant la vie de saint Jean Népomucène, à qui l'église est dédiée (allongez-vous sur un banc pour apprécier pleinement la perspective complexe). À l'origine, cette église était la chapelle privée des deux frères, qui vivaient juste à côté ; ils pouvaient voir l'autel principal depuis leur fenêtre.

Église Saint-Pierre ÉGLISE

(St Peterskirche ; carte p. 50 ; Rindermarkt 1 ; église entrée libre, visite du clocher tarif plein/réduit 2/1 € ; ⌚ tour 9h-18h lun-ven, 10h-18h sam-dim ; U Marienplatz, S Marienplatz). Avec ses 306 marches, le clocher de l'église Saint-Pierre, haut de 91 m, offre la plus belle vue sur la vieille ville de Munich. Cette église, la plus ancienne de la ville (1150), donne une vraie leçon d'histoire de l'art. L'autel gothique de Saint-Martin, les fresques baroques signées Johann Baptist Zimmermann et les sculptures rococo d'Ignaz Günther méritent d'être examinés de plus près.

Viktualienmarkt MARCHÉ EN PLEIN AIR

(marché aux Victuailles ; carte p. 50 ; ⌚lun-ven et sam matin ; U Marienplatz, S Marienplatz). Fruits et légumes frais, fromages artisanaux, olives exotiques, jambons, confitures, girolles et truffes : le Viktualienmarkt offre un déluge de saveurs. Il fut déplacé ici en 1807, lorsqu'il devint trop grand pour la Marienplatz. De nombreux stands sont tenus par les mêmes familles depuis des générations.

Achetez de quoi pique-niquer avant de vous rendre au *Biergarten* du marché et pour admirer les marchands à l'œuvre.

Église du Saint-Esprit ART BAROQUE

(Heiliggeistkirche ; carte p. 50 ; Im Tal 77 ; ⌚ 7h-18h ; U Marienplatz, S Marienplatz). Gothique à l'origine, cette église baroque située en bordure du Viktualienmarkt possède un magnifique plafond orné de fresques réalisées par les frères Asam dans les années 1720, représentant la création d'un hospice jadis voisin, lequel fut démoli pour faire place au nouveau Viktualienmarkt.

Musée de la Ville HISTOIRE LOCALE

(Münchner Stadtmuseum ; carte p. 50 ; www.muenchner-stadtmuseum.de ; St-Jakobs-Platz 1 ; tarif plein/réduit/enfant 6/3,50 €/gratuit, audioguide gratuit ; ⌚10h-18h mar-dim ; U Marienplatz, S Marienplatz). Inaugurée en 2008 pour le 850e anniversaire de la ville, l'exposition Typisch München ! (Munich typique) de ce musée incontournable raconte l'histoire de Munich de manière imaginative, claire et engageante. Réparties dans un bâtiment plein de coins et recoins, les différentes sections représentent chacune un aspect caractéristique de la ville. Un livret-audioguide permet de suivre cette histoire longue et complexe de manière condensée et digeste.

L'exposition, organisée de façon chronologique, commence par les moines fondateurs et s'achève sur la période de forte croissance économique des Trente Glorieuses. La première des 5 sections, intitulée **Vieux Munich**, comprend une maquette de la ville à la fin du XVIe siècle (l'une des cinq maquettes commandées par le duc Albert V, les autres étant exposées au Musée national de Bavière, voir p. 61), mais l'élément phare reste les *Danseurs morisques,* un ensemble de statuettes du XVe siècle tournoyant gaiement.

Vient ensuite la section **Nouveau Munich**, qui décrit les transformations des XVIIIe et XIXe siècles, qui firent de Munich une capitale royale prestigieuse, ainsi que la construction de la ville moderne.

LES MEILLEURS MUSÉES DE MUNICH

Munich compte près de 50 musées. Certains sont si vastes et renferment tant de choses qu'ils mériteraient une journée de visite à eux seuls. De nombreux visiteurs éprouvent vite une certaine lassitude, voire une sensation d'overdose. Voici la liste des meilleurs musées : mieux vaut en sélectionner quelques-uns et prendre son temps.

- **Pour les enfants curieux** KinderReich du Musée allemand (p. 61)
- **Têtes dans le cambouis** BMW Welt (p. 67)
- **Mordus de technologie** Musée allemand (p. 61)
- **Fans de design** pinacothèque d'Art moderne (p. 57)
- **Chasseurs de dinosaures** musée de Paléontologie (p. 69)
- **Royalistes inconditionnels** musée de la Résidence (p. 55)
- **Amateurs d'art** Ancienne Pinacothèque (p. 56)
- **Passionnés d'histoire** Musée national de Bavière (p. 61)

Centre de Munich

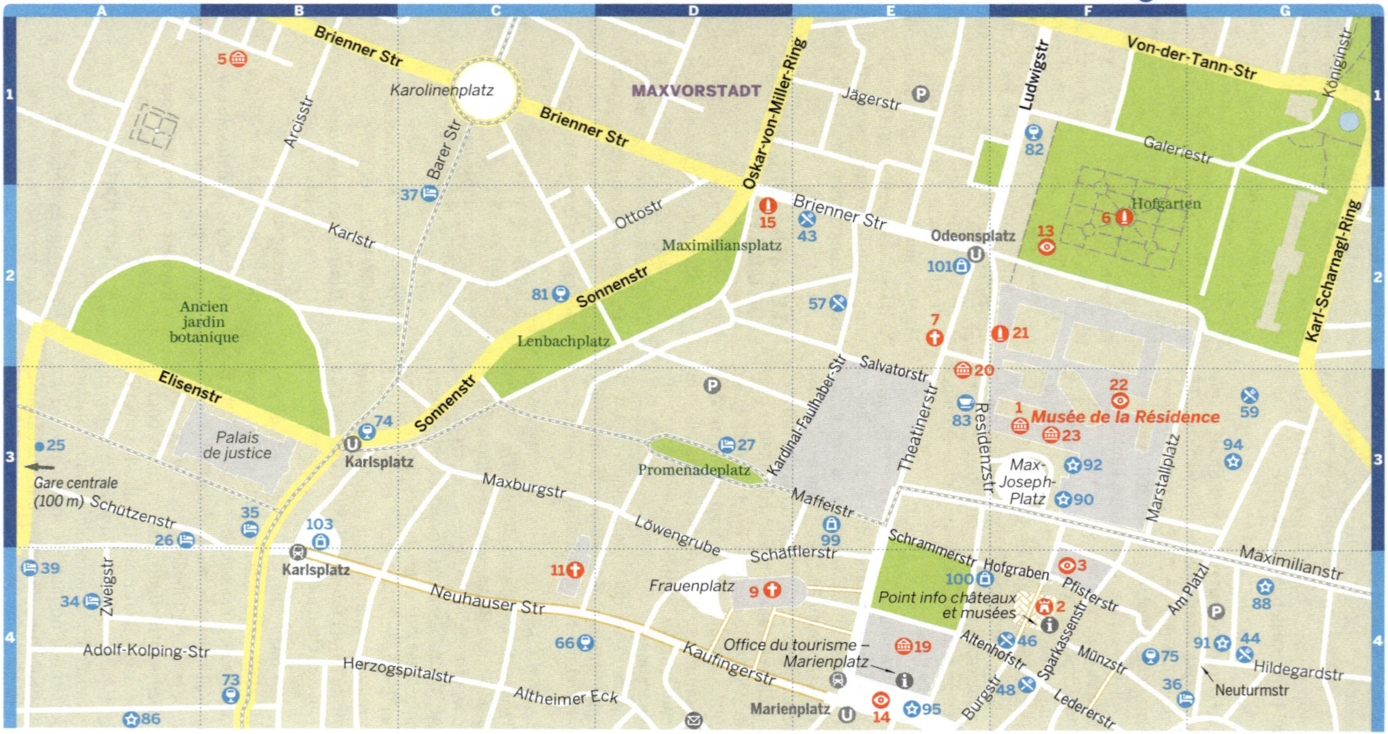

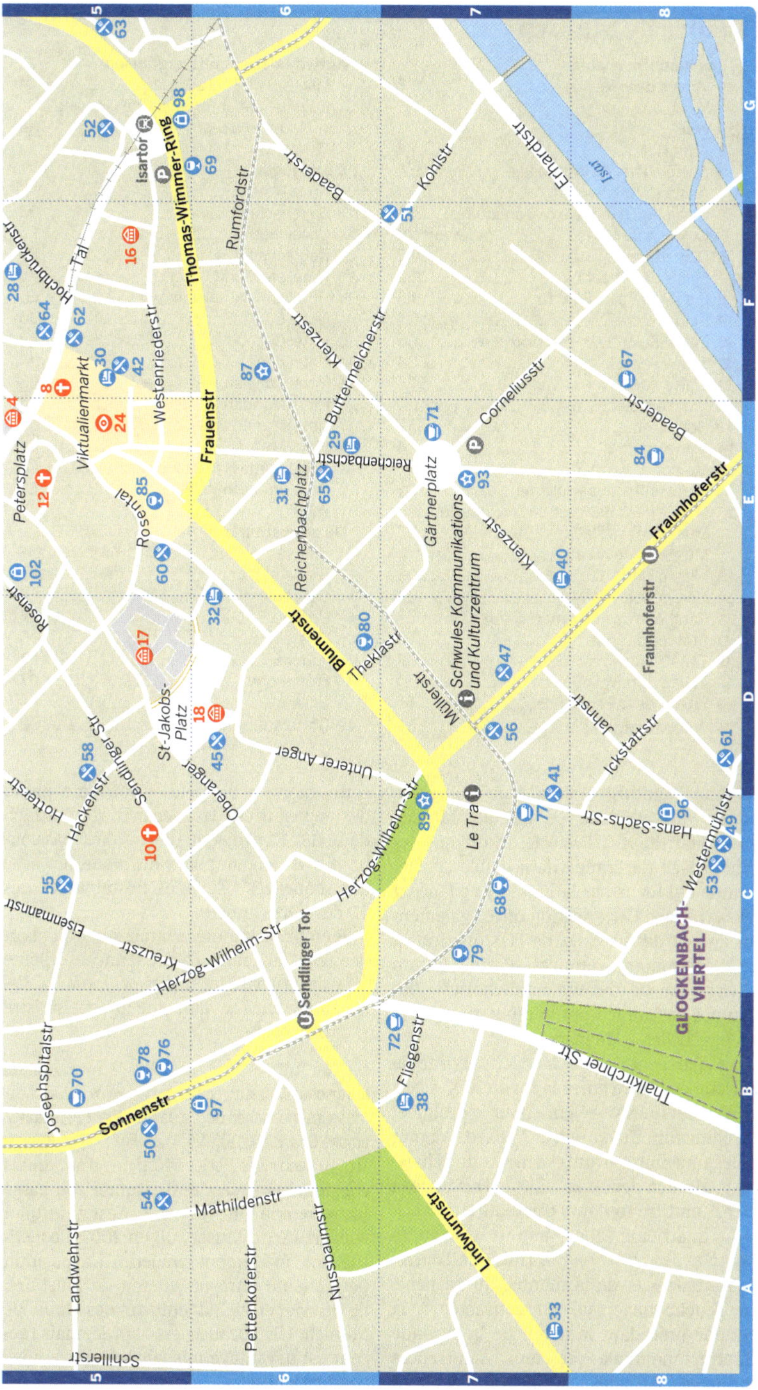
Isartor
Thomas-Wimmer-Ring
Tal
Hochbrückenstr
Westenriederstr
Rumfordstr
Baaderstr
Kohlstr
Erhardtstr
Isar
Viktualienmarkt
Petersplatz
Frauenstr
Klenzestr
Buttermelcherstr
Reichenbachstr
Reichenbachplatz
Corneliusstr
Gärtnerplatz
Rosental
Rosenstr
Blumenstr
Theklastr
Schwules Kommunikations und Kulturzentrum
Müllerstr
Fraunhoferstr
Jahnstr
Ickstattstr
St-Jakobs-Platz
Sendlinger Str
Hackenstr
Hotterstr
Oberanger
Unterer Anger
Le Tra
Hans-Sachs-Str
Herzog-Wilhelm-Str
Westermühlstr
Eisenmannstr
Kreuzstr
Sendlinger Tor
GLOCKENBACH-VIERTEL
Josephspitalstr
Sonnenstr
Fliegenstr
Thalkirchner Str
Mathildenstr
Landwehrstr
Pettenkoferstr
Nussbaumstr
Lindwurmstr
Schillerstr

Centre de Munich

Les incontournables

1 Musée de la Résidence F3

À voir

2 Alter Hof F4
3 Ancien hôtel de la Monnaie F4
4 Ancien hôtel de ville E5
5 Collection nationale des antiquités B1
Colonne de Marie .... (voir 14)
6 Dianatempel F2
7 Église des Théatins E2
8 Église du Saint-Esprit F5
9 Église Notre-Dame D4
10 Église Saint-Jean-Népomucène C5
11 Église Saint-Michel C4
12 Église Saint-Pierre E5
Glockenspiel .... (voir 19)
13 Hofgarten F2
14 Marienplatz E4
15 Mémorial aux victimes du national-socialisme D2
16 Musée de la Bière et de l'Oktoberfest . F5
17 Musée de la Ville D5
Musée du Jouet .... (voir 4)
18 Musée juif D6
19 Nouvel hôtel de ville E4
20 Panthéon des feld-maréchaux E3
21 Statues de lions F2
22 Théâtre Cuvilliés F3
Tour du nouvel hôtel de ville .... (voir 19)
23 Trésor de la Résidence F3
24 Viktualienmarkt E5

Activités et circuits organisés

Mike's Bike Tours .... (voir 4)
25 Point de départ principal de Grayline Hop-on-Hop-off Tours A3

Où se loger

26 Anna Hotel A3
27 Bayerischer Hof D3
28 Cortiina F5
29 Deutsche Eiche E6
30 Hotel am Markt F5
31 Hotel am Viktualienmarkt E6
32 Hotel Blauer Bock D6
33 Hotel Cocoon A7
34 Hotel Eder A4
35 Hotel Königshof B3
36 Hotel Mandarin Oriental Munich F4
37 Hotel Marienbad C2
38 Hotel Müller B7
39 Hotelissimo Haberstock A4
40 Pension Gärtnerplatz E7

Où se restaurer

41 Bamyan D7
42 Bratwurstherzl F5
43 Cafe Luitpold E2
44 Conviva G4
45 Einstein D6
46 Fedora F4
47 Fraunhofer D7
48 Galleria F4
49 Götterspeise C8

La *Vue,* peinture à l'huile de Canaletto, donne une idée de ce qu'était Munich au milieu du XVIIIe siècle, avant que les Wittelsbach (la famille de la noblesse allemande qui régna sur la Bavière) ne lancent leurs travaux. Cette section offre également un aperçu des origines de l'Oktoberfest et de la gastronomie munichoise, ainsi que du phénomène de "beauté munichoise" - les femmes de Munich ont la réputation d'être les plus belles d'Allemagne.

La partie **ville de Munich** aborde la période comprise entre la fin du XIXe siècle et le début du XXe, célèbre pour le design et l'architecture *Jugendstil,* Richard Wagner et les murmures avant-gardistes de Schwabing. Munich devint la "ville de l'art et de la bière", un titre toujours d'actualité.

La quatrième salle, **Kasperl et la lutte des classes, une revue**, traite de l'entre-deux-guerres et de la montée du nazisme. La Feuchtwangersaal est consacrée à la période précédant le début de la Seconde Guerre mondiale et aux souffrances endurées par les Munichois pendant cette guerre ; on peut y voir une photo des signataires des accords de Munich de 1938. S'ensuivent deux salles passionnantes dépeignant la ville moderne, avec des séquences télévisées nostalgiques des 40 dernières années.

Bien que la montée du nazisme soit abordée, elle fait aussi l'objet d'une excellente exposition à part, intitulée *Nationalsozialismus in München* dans une annexe sinistre et sans fenêtres.

Musée juif — MUSÉE

(Jüdisches Museum ; carte p. 50 ; www.juedisches-museum-muenchen.de ; St-Jakobs-Platz 16 ; adulte/enfant 6/3 € ; 10h-18h mar-dim ; Sendlinger Tor, U Sendlinger Tor). Munich n'a jamais considéré la nécessité d'assumer son passé nazi comme une priorité, c'est pourquoi l'ouverture du Musée juif en 2007 a constitué un événement majeur. L'exposition permanente offre un aperçu de l'histoire, de la vie et de la culture des Juifs de Munich. L'Holocauste est abordé, mais l'accent est davantage mis sur la culture juive contemporaine.

50 Hans im Glück B5
51 Königsquelle F7
52 Küche am Tor G5
53 La Bouche C8
54 La Vecchia Masseria A5
55 Lemar C5
56 MC Müller D7
57 OskarMaria E2
58 Prinz Myshkin D5
59 Refettorio G3
60 Schmalznudel E5
61 Sushi & Soul D8
62 Tegernseer Tal F5
63 Vegelangelo G5
64 Weisses Brauhaus F5
65 Wiener Cafe E6

Où prendre un verre et faire la fête

66 Augustiner-Grossgaststätte C4
67 Baader Café F8
68 Bau C7
69 Braunauer Hof G6
70 Café Cord B5
71 Del Fiori E7
72 Edelheiss B7
73 Harry Klein B4
74 Heart B3
75 Hofbräuhaus F4
76 MilchundBar B5
77 Nil C7
78 NY Club B5
79 Ochsengarten C7
80 Prosecco D6
81 Rote Sonne C2
82 Schumann's Bar F1
83 Stereo Cafe E3
84 Trachtenvogl E8
85 Viktualienmarkt E5

Où sortir

86 Deutsches Theater A4
87 Jazzbar Vogler F6
88 Münchner Kammerspiele G4
89 Münchner Marionetten Theater C7
90 Nationaltheater F3
91 Neues Haus G4
Opéra d'État de Bavière .... (voir 90)
92 Residenztheater F3
93 Staatstheater am Gärtnerplatz E7
94 Theater im Marstall G3
95 Zentraler Kartenvorverkauf – Marienplatz E4

Achats

96 7 Himmel C8
97 Foto-Video-Media Sauter B6
98 Globetrotter G5
99 Loden-Frey E3
100 Manufactum E4
101 Porzellan Manufaktur Nymphenburg E2
102 Schuster E5
103 Stachus Passagen B3

Le musée fait partie du centre juif de la St-Jakobs-Platz, qui comprend aussi un centre communautaire avec un restaurant et une synagogue à l'allure massive, rarement ouverte au public. Après Berlin, Munich abrite la plus importante communauté juive d'Allemagne, soit près de 9 300 personnes.

Église Saint-Michel — STYLE RENAISSANCE

(Michaelskirche ; carte p. 50 ; Kaufingerstrasse 52 ; crypte 2 € ; crypte 9h30-16h30 lun-ven, 9h30-14h30 sam-dim ; Karlsplatz, S Karlsplatz, U Karlsplatz). Au beau milieu de la frénésie commerçante de la Kaufingerstrasse se dresse cette église digne et silencieuse, lieu de pèlerinage ultime pour les admirateurs de Louis II de Bavière. En effet, c'est dans sa **crypte** froide et humide que repose le roi tourmenté, dont la modeste tombe croule généralement sous les fleurs.

Achevée en 1597, Saint-Michel était alors la plus grande église Renaissance au nord des Alpes. Elle arbore une impressionnante voûte en berceau non renforcée. L'imposante statue en bronze entre les deux entrées représente l'archange achevant une créature ressemblant à un dragon, symbole classique du catholicisme triomphant sur le protestantisme durant la période de la Contre-Réforme. Ayant fait récemment l'objet d'une restauration complète, elle est plus impressionnante que jamais.

Ancien hôtel de ville — ÉDIFICE HISTORIQUE

(Altes Rathaus ; carte p. 50 ; Marienplatz ; U Marienplatz, S Marienplatz). Le côté est de la Marienplatz est dominé par l'ancien hôtel de ville. Il fut détruit par la foudre en 1460, puis par les bombardements de la Seconde Guerre mondiale ; ce que l'on voit aujourd'hui est donc la troisième incarnation de l'édifice, signée Jörg von Halspach, célèbre concepteur de la cathédrale Notre-Dame de Munich. Le 9 novembre 1938, Joseph Goebbels prononça ici un discours haineux qui déclencha la Nuit de Cristal (*Kristallnacht*), pogrom perpétré à l'échelle nationale.

BON PLAN DOMINICAL

Pour dépenser moins, visitez l'Ancienne Pinacothèque (Alte Pinakothek), la Nouvelle Pinacothèque (Neue Pinakothek), la pinacothèque d'Art moderne (Pinakothek der Moderne), le Musée national bavarois (Bayerisches Nationalmuseum), le musée Brandhorst, la Glyptothèque, la Collection nationale d'archéologie (Archäologische Staatssammlung) ainsi que d'autres musées et galeries moins connus le dimanche, quand l'entrée coûte 1 € symbolique.

Aujourd'hui, on y trouve le charmant **musée du Jouet** (Spielzeugmuseum ; carte p. 50 ; www.toymuseum.de ; Marienplatz 15 ; adulte/enfant 4/1 € ; ⏲ 10h-17h30 ; S Marienplatz, U Marienplatz), qui renferme une vaste collection de jouets rares en provenance d'Europe et des États-Unis.

Musée de la Bière et de l'Oktoberfest — MUSÉE

(Bier und Oktoberfestmuseum ; carte p. 50 ; www.bier-und-oktoberfestmuseum.de ; Sterneckerstrasse 2 ; tarif plein/réduit 4/2,50 € ; ⏲13h-18h mar-sam ; Isartor, S Isartor). Grâce à ce musée très fréquenté, devenez incollable sur la bière bavaroise et sur la beuverie la plus célèbre au monde. Les 4 niveaux renferment cuves de brassage, photos anciennes et costumes datant des premières fêtes de la bière. L'édifice du XIVe siècle est doté de beaux éléments médiévaux, dont des plafonds peints et une cuisine avec cheminée ouverte.

Panthéon des feld-maréchaux — ÉDIFICE HISTORIQUE

(Feldherrnhalle ; carte p. 50 ; Residenzstrasse 1 ; U Odeonsplatz). Délimitant le côté sud de l'Odeonsplatz, ce bâtiment réalisé par Friedrich von Gärnter s'inspire de la Loggia dei Lanzi de Florence. Il rend hommage à l'armée bavaroise. Ne manquez pas les statues du comte de Tilly, qui s'opposa aux Suédois lors de la guerre de Trente Ans, et de Carl Phillip von Wrede, un allié de Napoléon devenu son ennemi.

C'est ici, le 9 novembre 1923, que la police mit fin au putsch de la Brasserie, tentative d'Hitler visant à faire tomber la république de Weimar (nom donné au gouvernement allemand après la Première Guerre mondiale). Les violents affrontements firent 20 morts, dont 16 nazis. Du côté est de la place, une plaque au sol commémore la disparition des policiers qui périrent dans l'incident.

Hitler fut par la suite jugé et condamné à cinq ans d'incarcération mais il ne passa que neuf mois en prison, à Landsberg am Lech, où il écrivit son manifeste haineux, *Mein Kampf*.

Église des Théatins — ART BAROQUE

(Theatinerkirche ; carte p. 50 ; Theatinerstrasse 22 ; S Odeonsplatz). L'église des Théatins de couleur jaune moutarde, érigée en l'honneur de la naissance du prince Maximilien-Emmanuel (1662), fut réalisée par l'architecte suisse Enrico Zuccalli. Également appelée église Saint-Gaëtan, elle se caractérise par des formes voluptueuses et deux tours massives de part et d'autre d'un gigantesque dôme. À l'intérieur, une coupole ornée domine la crypte royale (*Fürstengruft*), dernière demeure de plusieurs dirigeants de la dynastie Wittelsbach, dont le roi Maximilien II de Bavière (1811-1864). Elle était en cours de restauration à l'époque de nos recherches mais restait ouverte au public.

Alter Hof — PALAIS

(carte p. 50 ; Burgstrasse 8 ; S Marienplatz, U Marienplatz). Ce bâtiment du XIIe siècle fut la première demeure de la famille Wittelsbach. Au XVe siècle, les dirigeants bavarois quittèrent ce palais central. Les visiteurs peuvent uniquement voir la cour centrale, dont la façade sud arbore une baie vitrée surnommée tour du Singe en l'honneur, dit-on, d'un primate courageux qui sauva Louis de Bavière, alors qu'il était bébé, de l'emprise d'un cochon féroce du marché. Le folklore local dans toute sa splendeur !

Ancien hôtel de la Monnaie — ÉDIFICE HISTORIQUE

(Münzhof ; carte p. 50 ; Hofgraben 4 ; U Marienplatz, S Marienplatz). Datant de 1567, l'ancien hôtel de la Monnaie est doté d'une jolie cour, particulièrement remarquable pour ses galeries Renaissance sur trois étages. Sur la façade ouest du bâtiment, on peut lire l'inscription *Moneta Regis* ("l'argent est roi"), des mots particulièrement appropriés pour cette région aisée d'Europe. L'édifice abrite aujourd'hui l'organisme chargé de la protection du patrimoine bavarois.

La Résidence et ses environs

La Résidence (*Residenz*) est un palais majestueux qui reflète la splendeur et la puissance des Wittelsbach, dirigeants de la Bavière qui vécurent ici de 1385 à 1918. L'édifice éclipse la Max-Joseph-Platz ainsi que le grandiose Nationaltheater (p. 87), qui abrite l'Opéra d'État de Bavière. Ses musées font partie des fleurons de la culture munichoise et constituent un élément incontournable de l'expérience bavaroise.

Dressées sur des piédestaux ornés d'un visage mi-humain, mi-animal, quatre **statues de lions** (carte p. 50 ; Residenzstrasse ; Ⓤ Odeonsplatz) géantes en bronze gardent l'entrée du palais. Si vous attendez un peu, vous comprendrez la raison de l'éclat de leur museau : des dizaines de personnes passent et frottent avec désinvolture un museau ou les quatre pour s'assurer santé et chance.

♥ Musée de la Résidence — VISITE DU PALAIS

(Residenzmuseum ; carte p. 50 ; ☎ 089-290 671 ; www.residenz-muenchen.de ; Residenzstrasse 1 ; tarif plein/réduit/-18 ans 7/6 €/gratuit ; ⏲ 9h-18h avr à mi-oct, 10h-17h mi-oct à mars, dernière entrée 1h avant la fermeture ; Ⓤ Odeonsplatz). La Résidence, où vécurent les tout-puissants Wittelsbach jusqu'à la Première Guerre mondiale, est le site le plus célèbre de Munich. Des trésors extraordinaires, ainsi que les attributs relatifs à leur statut privilégié conservés au fil des siècles, sont exposés dans le musée de la Résidence, qui occupe à peu près la moitié du palais. Prévoyez au moins 2 heures pour tout voir à grande vitesse.

La visite se fait à l'aide d'audioguides (gratuits) au récit assez longuet, et le bâtiment n'est plus divisé en deux sections (l'une ouverte le matin et l'autre l'après-midi) comme auparavant, ce qui implique une grande surface à couvrir en une seule fois. Accélérez jusqu'au moment où l'on vous donne le choix entre une visite courte et une visite longue ; optez alors pour cette dernière, qui vous fera découvrir les intérieurs les plus spectaculaires. Environ 90 pièces sont en permanence ouvertes au public, mais, du fait des rénovations en cours, attendez-vous à ce que certaines salles phares soient fermées.

Lors de votre visite de la Résidence, gardez à l'esprit que seulement 50 m² du toit du bâtiment résistèrent à la Seconde Guerre mondiale. La majeure partie de ce que vous voyez aujourd'hui est le fruit d'une reconstruction minutieuse datant de l'après-guerre.

Les visites partent de la **cour de la grotte** (Grottenhof), qui abrite la superbe **fontaine de Persée** (Perseusbrunnen), où le héros grec tient la tête de Méduse. À côté, le célèbre **Antiquarium**, orné de voûtes en berceau et de fresques, fut construit pour abriter l'immense collection d'antiquités des Wittelsbach. Il est considéré par beaucoup comme le plus bel intérieur Renaissance au nord des Alpes.

Plus avant dans la visite, l'**église de la cour** (Hofkirche) néobyzantine fut édifiée pour Louis Ier de Bavière en 1826 ; seuls les murs de brique rouge survécurent à la Seconde Guerre mondiale. Depuis 2003, c'est une agréable salle de concerts.

À l'étage se trouvent les **salles des électeurs** (Kurfürstenzimmer), qui comprennent de remarquables portraits italiens et un passage bordé de paysages de l'Italie peints par l'artiste romantique local, Carl Rottmann. À l'étage également, les incontournables **salles d'apparat** (Reiche Zimmer) de François de Cuvilliés sont un ensemble de six somptueuses pièces au style rococo exubérant réalisées par les meilleurs artistes de l'époque en matière de stuc et de fresques. La **galerie des Ancêtres** (Ahnengallerie) offre aussi un concentré de rococo et l'on peut y voir 121 portraits des dirigeants de la Bavière présentés par ordre chronologique.

La **chapelle de la cour** (Hofkapelle), réservée au dirigeant et à sa famille, est vite éclipsée par la magnifique **chapelle d'apparat** (Reichekapelle) avec son plafond bleu et or, ses incrustations de marbre et son orgue du XVIe siècle. Les **salles de pierre** (Steinzimmer), anciens appartements de l'empereur, sont considérées comme les plus beaux intérieurs rococo du sud de l'Allemagne, avec leur débauche de marbre coloré aux formes travaillées.

Trésor de la Résidence — MUSÉE

(Schatzkammer der Residenz ; carte p. 50 ; Residenzstrasse 1 ; tarif plein/réduit/-18 ans 7/6 €/gratuit ; ⏲ 9h-18h avr à mi-oct, 10h-17h mi-oct à mars, dernière 1h avant fermeture ; Ⓤ Odeonsplatz). L'entrée du musée de la Résidence mène également au Trésor, véritable caverne d'Ali Baba emplie d'objets précieux d'antan incrustés de joyaux : cure-dents dorés, épées finement travaillées, miniatures en ivoire ou encore nécessaire de voyage comprenant services de table et affaires de toilette décorés d'or. Les 1 250 objets exposés, incroyables de par leur complexité et

À NE PAS MANQUER

LA MAXIMILIANSTRASSE

C'est un lieu cher et prétentieux, mais aucune visite de Munich ne serait complète sans une balade sur ce boulevard qui est l'un des plus chics de la ville et s'étend sur 1 km de long depuis la Max-Joseph-Platz. Une clientèle aisée y reluque les vitrines de Breguet et Prada, tandis que des gardes du corps se morfondent près des Bentleys et des Rolls Royces. On y trouve aussi les plus grands théâtres de la ville, comme le Nationaltheater, le Kammerspiele et le GOP Varieté Theater.

Construite entre 1852 et 1875, la Maximilianstrasse était en réalité un caprice du roi Maximilien II. Grâce au savoir-faire de l'architecte Friedrich von Bürklein, il créa un mélange stylistique unique, allant du rustique bavarois au style Renaissance italienne, en passant par le gothique anglais. Par la suite, on parla même de "style Maximilien". Au centre (entouré par la circulation bruyante), le roi est représenté sur son perchoir en train de contempler son boulevard. À la base se trouvent quatre statues d'enfants à l'allure plutôt austère portant les blasons de la Bavière, de la Franconie, de la Souabe et du Palatinat (districts de la Bavière).

leur beauté, sont faits de tous les matériaux précieux possibles et imaginables, dont le lapis-lazuli, le cristal, le corail et l'ambre.

Les pièces phares sont indéniablement les insignes de la Couronne bavaroise et les bijoux incrustés de rubis et de diamants de la reine Thérèse (1792-1854).

Théâtre Cuvilliés THÉÂTRE ROCOCO

(Cuvilliés-Theater ; carte p. 50 ; Residenzstrasse 1 ; tarif plein/réduit/- 18 ans 3,50/2,50 €/gratuit ; 14h-18h lun-sam, 9h-18h dim avr-juil et sept à mi-oct, 9h-18h tlj août, 14h-17h lun-sam, 10h-17h dim nov-mars ; Nationaltheater). Cet édifice signé François de Cuvilliés, commandé par Maximilien III au milieu du XVIIIe siècle, est l'un des plus beaux théâtres de style rococo d'Europe. Il est connu pour avoir accueilli la première de l'opéra *Idoménée* de Mozart, et les restaurations réalisées dans les années 2000 ont redonné toute sa splendeur d'antan au monument, qui accueille à nouveau des concerts et opéras de haut vol.

Les visiteurs n'ont accès qu'à l'auditorium où ils peuvent s'asseoir pour admirer à loisir les quatre niveaux de *loggia* (galeries) au riche décor rococo.

Mémorial aux victimes du national-socialisme MONUMENT

(carte p. 50 ; Brienner Strasse ; U Odeonsplatz). Ce monument impressionnant est constitué de quatre T enserrant une cage en forme de bloc dans laquelle brûle une flamme éternelle. Il a été édifié à la mémoire de toutes les personnes qui ont été tuées par les nazis en raison de leurs convictions politiques, de la catégorie raciale à laquelle on les renvoyait, de leur religion, de leur orientation sexuelle ou de leur handicap. Installé ici en 2014, il rappelle un passé qui n'est pas si lointain.

Hofgarten JARDIN

(carte p. 50 ; U Odeonsplatz). Employés de bureau profitant du soleil durant leur pause déjeuner, mères poussant des landaus, seniors à vélo, groupes de religieuses – *tout le monde* vient au Hofgarten. Au nord de la Résidence se déploient ces jardins soignés comportant fontaines, parterres de fleurs, chemins de gravier bordés de tilleuls et bancs à profusion. Les sentiers convergent au **Dianatempel** (temple de Diane, carte p. 50) superbe pavillon octogonal construit en l'honneur de la déesse romaine de la Chasse. L'entrée se trouve sur l'Odeonsplatz.

Maxvorstadt, Schwabing et le Jardin anglais

Il y a fort à parier que les visiteurs ne passant que quelques heures dans la cité se retrouveront à un moment ou à un autre dans le Maxvorstadt qui abrite le Kunstareal (quartier artistique) réputé pour ses superbes musées.

Ancienne Pinacothèque MUSÉE D'ART

(Alte Pinakothek ; carte p. 66 ; 089-23-805-216 ; www.pinakothek.de ; Barer Strasse 27 ; adulte/enfant 4/2 €, dim 1 €, audioguide 4,50 € ; 10h-20h mar, 10h-18h mer-dim ; Pinakotheken, Pinakotheken). Ce sanctuaire des arts est rempli d'œuvres de bon nombre de peintres majeurs ayant vécu entre le XIVe et le XVIIIe siècle. Son écrin, un temple néoclassique conçu par Leo von Klenze, est un régal pour les yeux. La collection jouit d'une renommée mondiale grâce aux œuvres exceptionnelles qu'elle comporte, notamment concernant les maîtres allemands.

Les œuvres les plus anciennes sont des retables, parmi lesquels se distinguent les *Quatre Pères de l'Église* de Michael Pacher et la *Crucifixion* (1503) de Lucas Cranach l'Ancien, interprétation émouvante de la souffrance de Jésus.

À l'étage, la Dürersaal est une salle clé. On peut notamment y voir le célèbre *Autoportrait* (1500) d'Albrecht Dürer, aux allures de Christ, où transparaît le regard d'un artiste plein d'assurance. Sa dernière œuvre majeure, *Les Quatre Apôtres,* représente Jean, Pierre, Paul et Marc comme des hommes assez modestes, conformément aux idéaux de l'après-Réforme. Rien à voir avec le *Saint Érasme et Saint Maurice* de Matthias Grünewald, où les saints sont vêtus somptueusement, à la manière de rois.

Admirez aussi *La Bataille d'Alexandre* (1529) d'Albrecht Altdorfer, représentant de façon détaillée une scène de guerre du VIe siècle opposant les Grecs et les Perses.

Plusieurs peintres flamands sont exposés. On peut admirer le retable *L'Adoration des mages* de Rogier van der Weyden, ainsi que *Les Sept Joies de Marie* de Hans Memling, *Danaé* de Jan Gossaert (dit Mabuse) et *Le Pays de Cocagne* de Pieter Bruegel l'Ancien. L'impressionnant *Jugement dernier* de Rubens était si grand (6 m de haut) que Klenze dut concevoir sur mesure la salle qui l'abrite. Ne manquez pas le portrait d'*Hélène Fourment* (1631), beauté juvénile qui fut la deuxième femme d'un Rubens vieillissant.

Du côté des Italiens sont représentés Botticelli, Raphaël, Titien et bien d'autres, tandis que la collection française comprend des œuvres de Nicolas Poussin, Claude Lorrain et François Boucher. Chez les Espagnols, on trouve des maîtres comme le Greco, Murillo et Velázquez.

Censés s'achever au milieu de l'année 2018, les travaux de restauration en cours entraînent la fermeture de certaines parties de l'édifice à tour de rôle.

Pinacothèque d'Art moderne MUSÉE

(Pinakothek der Moderne ; carte p. 66 ; ☎089-2380 5360 ; www.pinakothek.de ; Barer Strasse 40 ; adulte/enfant 10/7 €, dim 1 € ; 🕙10h-18h mar, mer, ven-dim, 10h-20h jeu ; 🚇Pinakotheken, 🚋Pinakotheken). Le plus grand musée d'art moderne d'Allemagne réunit sous un même toit quatre collections d'envergure consacrées à l'art du XXe siècle, aux arts appliqués du XIXe siècle à nos jours, à l'art graphique et à l'architecture. Il occupe le superbe édifice de Stephan Braunfels. Les quatre niveaux s'articulent autour d'une vaste rotonde en verre. Les galeries aux murs blancs sont ainsi baignées d'une douce lumière naturelle.

La **galerie d'État d'art moderne** renferme des grands noms de l'art moderne comme Picasso, Klee, Dalí, Kandinsky, ainsi que quantité d'artistes moins connus. Y sont également exposés des artistes plus contemporains comme Georg Baselitz, Andy Warhol, Cy Twombly, Dan Flavin et Joseph Beuys.

Dans un monde obsédé par le style rétro, la **Nouvelle Collection** est la partie la plus fréquentée du musée. Située au sous-sol, elle se concentre sur le design appliqué, de la révolution industrielle à aujourd'hui, en passant par l'Art nouveau et le Bauhaus. Coccinelles Volkswagen, fauteuils Eames et premiers Mac Apple côtoient d'autres objets plus mystérieux de l'entre-deux-guerres qui auraient tous leur place dans un clip de musique du groupe allemand Kraftwerk. On y trouve quantité de meubles des années 1960, les derniers enregistreurs à bobine, et les bijoux les plus étranges que vous ayez jamais vus.

La **collection d'État d'arts graphiques** comprend 400 000 œuvres sur papier, notamment des dessins, estampes et gravures d'artistes comme Léonard de Vinci et Paul Cézanne. Du fait de la sensibilité à la lumière de ce type d'œuvres, seule une petite fraction de la collection est exposée à chaque fois.

Enfin, le **musée de l'Architecture** rassemble des ateliers entiers de dessins, plans et photographies et des maquettes réalisées par de grands architectes comme Balthasar Neumann, au style baroque, le spécialiste du Bauhaus Le Corbusier, et l'expressionniste des années 1920 Erich Mendelsohn.

Nouvelle Pinacothèque MUSÉE

(Neue Pinakothek ; carte p. 66 ; ☎089-2380 5195 ; www.pinakothek.de ; Barer Strasse 29 ; adulte/enfant 7/5 €, dim 1 € ; 🕙10h-18h jeu-lun, 10h-20h mer ; 🚇Pinakotheken, 🚋Pinakotheken). La Nouvelle Pinacothèque est dotée d'une belle collection de tableaux et sculptures du XIXe et du début XXe siècle, allant du rococo au *Jugendstil* (Art nouveau). Tous les grands noms sont représentés, notamment des impressionnistes français très prisés comme Monet, Cézanne et Degas, ainsi que Van Gogh, avec ses *Tournesols* (1888).

Schwabing et le Jardin anglais

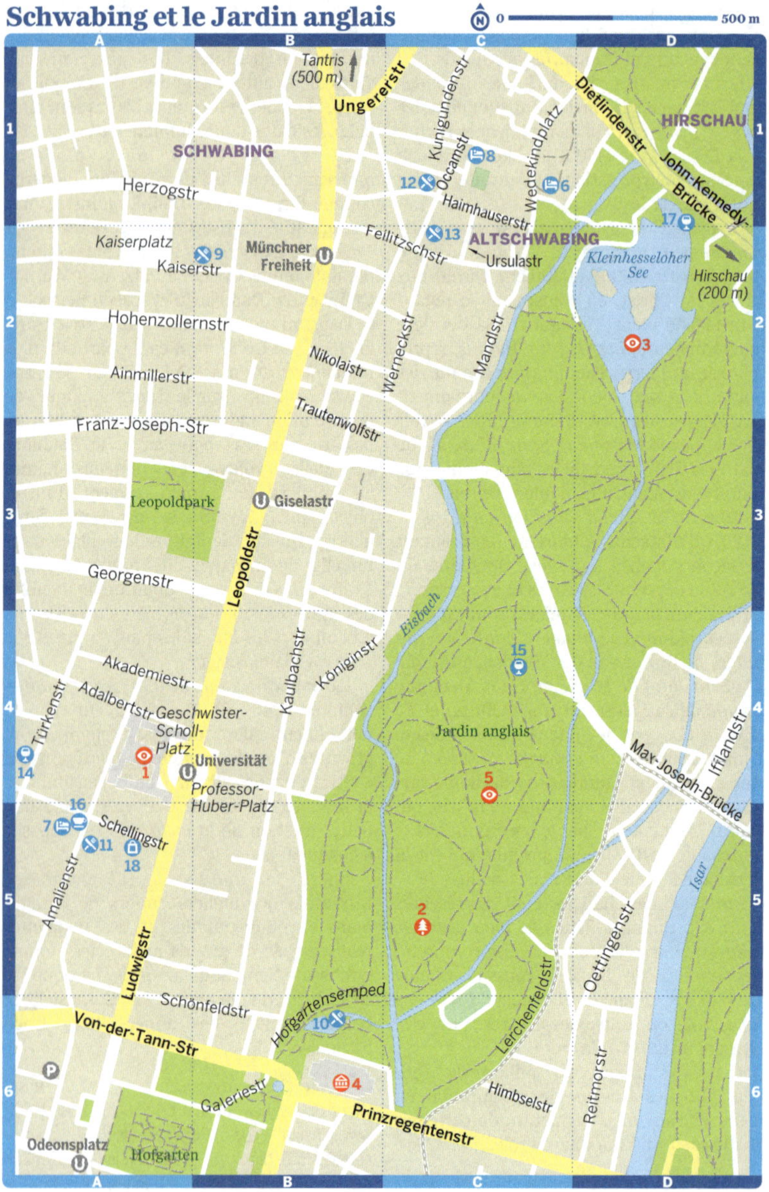

Néanmoins, les tableaux les plus marquants sont peut-être ceux du peintre romantique Caspar David Friedrich, qui affectionnait les paysages sombres et chargés d'émotion.

On trouve aussi plusieurs tableaux de Gauguin, dont les *Paysannes bretonnes* (1894), et de Manet, notamment son *Déjeuner dans l'atelier* (1868). Turner fait une apparition avec son sublime *Ostende* (1844).

Parmi les peintres locaux représentés, notons Carl Spitzweg et Wilhelm von Kobell de l'École de Dachau, et des

Schwabing et le Jardin anglais

À voir
1 DenkStätte A4
2 Jardin anglais C5
3 Kleinhesseloher See D2
4 Maison de l'art B6
5 Monopteros C4

Où dormir
6 Gästehaus Englischer Garten C1
7 Hotel Hauser A5
8 La Maison C1

Où se restaurer
9 Cochinchina B2
10 Japanisches Teehaus B6
11 Pommes Boutique A5
12 Potting Shed C1
13 Ruff's Burger C2

Où prendre un verre et faire la fête
14 Alter Simpl A4
Black Bean .... (voir 11)
15 Chinesischer Turm C4
16 News Bar A5
17 Seehaus D1

Achats
18 Words' Worth Books A5

peintres de la société munichoise comme Wilhelm von Kaulbach, Franz Lenbach et Karl von Piloty. Le musée comprend également des travaux des Allemands de Rome (Deutschrömer), un groupe d'artistes néoclassiques avec en son centre Joseph Anton Koch, qui peignait principalement des paysages italiens.

Musée Brandhorst GALERIE D'ART

(Museum Brandhorst ; carte p. 66 ; www.museum-brandhorst.de ; Theresienstrasse 35a ; adulte/enfant 7/5 €, dim 1 € ; 10h-18h mar, mer et ven-dim, 10h-20h jeu ; Maxvorstadt/Sammlung Brandhorst, Pinakotheken). Dans un vaste bâtiment éclatant et abstrait comme il se doit, entièrement recouvert de tubes de céramiques multicolores, le musée Brandhorst s'est frayé un chemin jusqu'à la Kunstareal au milieu de l'année 2009. Ses murs, son sol et parfois son plafond accueillent des œuvres d'art parmi les plus exaltantes de la ville, dont certaines fameuses images du XXe siècle signées Andy Warhol, qui domine la collection.

Le pape du pop art des années 1960 est omniprésent. Une salle entière est réservée à certaines de ses œuvres comme son *Autoportrait* (1986) punk, sa *Marilyn* (1962) et son *Triple Elvis* (1963).

Cy Twombly est également prédominant dans le musée, qui présente plusieurs de ses tableaux spectaculaires, faits de vives éclaboussures qui coulent vers le bas, notamment le cycle "Lepanto".

Ailleurs, Dan Flavin éclaire divers recoins avec d'éblouissantes installations lumineuses, et d'autres grands noms comme Mario Merz, Alex Katz, Sigmar Polke ou Damien Hirst font également des apparitions.

Lenbachhaus MUSÉE

(Galerie municipale ; carte p. 66 ; 089-2333 2000 ; www.lenbachhaus.de ; Luisenstrasse 33 ; tarif plein/réduit avec audioguide 10/5 € ; 10h-21h mar, 10h-18h mer-dim ; Königsplatz, U Königsplatz). La réouverture en 2013, après quatre années de restauration, de cette superbe galerie et l'ajout d'une nouvelle aile créée par le célèbre architecte Norman Foster ont suscité des commentaires dithyrambiques. C'est à nouveau le lieu où il faut aller pour admirer les superbes toiles de Kandinsky, Franz Marc, Paul Klee et d'autres membres du groupe expressionniste Le Cavalier bleu (Der Blaue Reiter) fondé à Munich en 1911.

L'art contemporain y est également à l'honneur. En témoigne la sculpture en verre et en acier d'Olafur Eliasson qui trône dans le nouvel atrium tout en hauteur. D'autres grands noms sont représentés parmi lesquels Gerhard Richter, Sigmar Polke, Anselm Kiefer, Andy Warhol, Dan Flavin, Richard Serra et Jenny Holzer.

Le billet donne aussi accès à certaines expositions du Kunstbau voisin, un tunnel de 120 m de long au-dessus de la station de métro Königsplatz.

Glyptothèque MUSÉE

(carte p. 66 ; www.antike-am-koenigsplatz.mwn.de ; Königsplatz 3 ; tarif plein/réduit 6/4 €, dim 1 € ; 10h-17h ven-dim, mar et mer, 10h-20h jeu ; Königsplatz, U Königsplatz). Si l'art antique vous passionne, allez tout droit à la Glyptothèque (musée des Sculptures). Ce musée, qui est l'un des plus anciens de Munich, offre un panorama exceptionnel du monde antique grâce à une riche collection d'œuvres d'art et de sculptures grecques et romaines amassée par Louis Ier au cours des premières décennies du XIXe siècle. Le billet permet aussi de voir la Collection nationale des antiquités (Antikensammlungen).

Musée des Cristaux PIERRES PRÉCIEUSES

(Museum Reich der Kristalle ; carte p. 66 ; Theresienstrasse 41 ; tarif plein/réduit 4/2 € ; 13h-17h mar-dim ; Maxvorstadt/Sammlung Brandhorst, Pinakotheken). Ce musée abrite une riche collection de pierres précieuses et de cristaux, comprenant notamment une imposante émeraude de Russie et des fragments de météorite du Kansas.

Collection nationale des antiquités ART ANTIQUE

(carte p. 50 ; www.antike-am-koenigsplatz.mwn.de ; Königsplatz 1 ; tarif plein/réduit 6/4 €, dim 1 € ; 10h-17h ven-dim et mar, 10h-20h mer ; Königsplatz, U Königsplatz). Ce ravissant musée à l'ancienne renferme de superbes antiquités grecques, romaines et étrusques. La collection de vases grecs, tous magnifiquement décorés de dieux, de héros et de scènes de guerre et de mariage, est particulièrement exceptionnelle. Les autres galeries renferment des ornements et bijoux en or et en argent, des figurines en terre cuite et en bronze, et des récipients extrêmement fragiles en verre antique. Le billet donne aussi accès à la Glyptothèque.

Jardin anglais PARC

(carte p. 58 ; U Universität). Faisant partie des plus grands parcs urbains d'Europe, le vaste Jardin anglais rivalise avec Hyde Park à Londres et Central Park à New York. C'est une aire de jeux prisée aussi bien par les habitants que par les visiteurs. S'étendant au nord depuis la Prinzregentenstrasse sur environ 5 km, il fut commandé par l'électeur Charles-Théodore en 1789 et conçu par Benjamin Thompson, scientifique d'origine américaine employé comme conseiller au gouvernement bavarois.

Les allées s'enfoncent au hasard dans des bosquets sombres de chênes et d'érables centenaires avant d'émerger dans des clairières verdoyantes et ensoleillées. Les Munichois, conscients de la popularité du lieu, tolèrent la proximité des cyclistes, marcheurs et joggeurs. Des musiciens de rue esquivent les ballons des enfants tandis que les étudiants se prélassent sur l'herbe.

Vous tomberez forcément sur le **Kleinhesseloher See** (carte p. 58), un joli lac au centre du parc. Promenez-vous sur ses trois petites îles avant de vous offrir une mousse bien méritée au **Biergarten Seehaus** (carte p. 58 ; Kleinhesselohe 3 ; ; S Münchner Freiheit).

Plusieurs constructions historiques excentriques confèrent au parc un charme amusant. La tout à fait inattendue **Tour chinoise** (Chinesischer Turm ; carte p. 58 ; 089-383 8730 ; www.chinaturm.de ; Englischer Garten 3 ; 10h-23h ; Chinesischer Turm, Tivolistrasse), aujourd'hui au cœur du plus ancien *Biergarten* munichois (p. 83), fut construite au XVIIIe siècle, à une

LA ROSE BLANCHE

La résistance ouverte au nazisme fut rare sous le IIIe Reich. Après 1933, l'intimidation et la "justice" immédiate pratiquées par la Gestapo et les SS eurent un effet très dissuasif. La Rose blanche (Weisse Rose) qui avait à sa tête Hans et Sophie Scholl, étudiants de l'université de Munich, fut l'un des mouvements de résistance.

Ce groupe non-violent commença à agir en 1942, ses membres sortant furtivement la nuit pour écrire "Liberté !" et "À bas Hitler !" sur les murs de la ville. Puis ils imprimèrent des tracts antinazis faisant état de l'extermination des Juifs et d'autres atrocités commises par les nazis. On pouvait lire sur l'un d'eux : *Ne restons pas silencieux – nous sommes votre mauvaise conscience. La Rose blanche ne vous laissera pas en paix.*

En février 1943, Hans et Sophie furent pris en train de distribuer des tracts à l'université. Ils furent tous deux arrêtés et accusés de trahison, tout comme leur meilleur ami, Christophe Probst. Après un procès sommaire, ils furent déclarés coupables et décapités dans l'après-midi. Le film *Sophie Scholl, les derniers jours* (2005), de Marc Rothemund, rend hommage à leur courage hors du commun.

Le mémorial à la Rose blanche, **DenkStätte** (carte p. 58 ; Geschwister-Scholl-Platz 1 ; 10h-16h lun-ven, 12h-15h sam ; U Universität), GRATUIT se trouve dans l'université Louis-et-Maximilien de Munich.

période où le style oriental faisait fureur dans toute l'Europe. Plus au sud, au sommet d'une petite colline, se dresse le **Monopteros** (carte p. 58), petit temple grec très photographié de 1838, dont les rebords servent souvent de banc aux visiteurs venus admirer l'horizon munichois.

Une autre touche asiatique vous attend encore plus au sud, avec la **maison de thé japonaise** (Japanisches Teehaus ; carte p. 58 ; Englischer Garten), construite pour les JO de 1972 à côté d'une mare aux canards idyllique. Essayez d'y aller au moment où la cérémonie du thé y est célébrée dans les règles de l'art par un maître de thé japonais.

Musée national de Bavière ART ET ARTISANAT

(Bayerisches Nationalmuseum ; carte p. 62 ; www.bayerisches-nationalmuseum.de ; Prinzregentenstrasse 3 ; tarif plein/réduit 7/6 €, dim 1 € ; 10h-17h mar-mer et ven-dim, 10h-20h jeu ; Nationalmuseum/Haus Der Kunst, Nationalmuseum/Haus Der Kunst). Installé dans un grandiose édifice néoclassique du XIXe siècle conçu spécialement pour l'accueillir, le Musée national de Bavière renferme des objets et œuvres d'art d'une grande diversité témoignant de la richesse de l'art et de l'artisanat bavarois. Il vous faudra au moins deux heures pour arpenter ses 40 salles réparties sur 3 étages.

Le rez-de-chaussée donne un aperçu de l'art et de l'artisanat de l'époque romane à la Renaissance et présente des pièces exceptionnelles, dont un buste en ivoire de mammouth et en or de sainte Cunégonde vieux de 1 000 ans. Le premier étage est consacré aux périodes rococo, *Jugendstil* et moderne, représentées par des collections inestimables de porcelaine de Nymphenburg et Meissen, de l'argenterie d'Augsbourg et des objets précieux ayant appartenu à la famille Wittelsbach. Il comprend aussi une immense maquette circulaire de Munich datant de la première moitié du XIXe siècle, peu après que la ville eut été transformée en capitale digne d'un royaume.

À noter également, au sous-sol du bâtiment, une collection de *Krippen* (crèches). Réalisées en papier, en bois ou en résine, elles proviennent de diverses régions de l'Allemagne méridionale et de Naples. L'excellente boutique du musée se trouve au même niveau.

SURFER SUR LA VAGUE MUNICHOISE

À l'extrémité sud du Jardin anglais, vous apercevrez une foule de gens penchés sur un pont pour encourager des casse-cou en combinaison de plongée exécutant un "hang ten" (figure de surf) sur une vague artificielle au **Surf sur l'Eisbach** (carte p. 62 ; Prinzregentenstrasse ; Nationalmuseum/Haus der Kunst). Il n'y en a qu'une, mais pas des moindres ! C'est une telle attraction que l'office du tourisme l'a incluse dans ses brochures.

Il y a quelques années, les autorités du parc tentèrent d'interdire ce petit jeu qui peut être dangereux, mais les surfeurs menèrent une campagne avec succès.

Pour en savoir plus sur les surfeurs urbains de Munich, consultez le site www.eisbachwelle.de.

Haidhausen et Lehel

Musée allemand MUSÉE

(Deutsches Museum ; carte p. 62 ; 089-217 9333 ; www.deutsches-museum.de ; Museumsinsel 1 ; adulte/enfant 11/4 € ; 9h-17h ; Deutsches Museum). Si vous faites partie de ceux pour qui les sciences paraissent compliquées ou trop abstraites, ce musée vous prouvera que la physique et l'ingénierie sont plus amusantes que vous ne le pensiez. Ce temple de la technologie vous embarquera, l'espace de quelques heures, dans un voyage vers la découverte qui fera certainement également un tabac auprès des jeunes.

Vous y verrez de nombreuses expositions interactives (par exemple sur le soufflage de verre et la fabrication du papier), des démonstrations et expériences en direct, des maquettes de mines de charbon et de sel, et de belles sections sur les peintures rupestres, la géodésie, la micro-électronique et l'astronomie. L'ensemble peut être un peu épuisant au bout d'un certain temps, mieux vaut donc vous concentrer sur ce qui vous intéresse le plus.

Pour divertir les enfants de trois à huit ans, rien ne vaut le fabuleux KinderReich (royaume des enfants) et ses 1 000 activités (de la roue de souris géante aux jeux d'eau

Haidhausen et Lehel

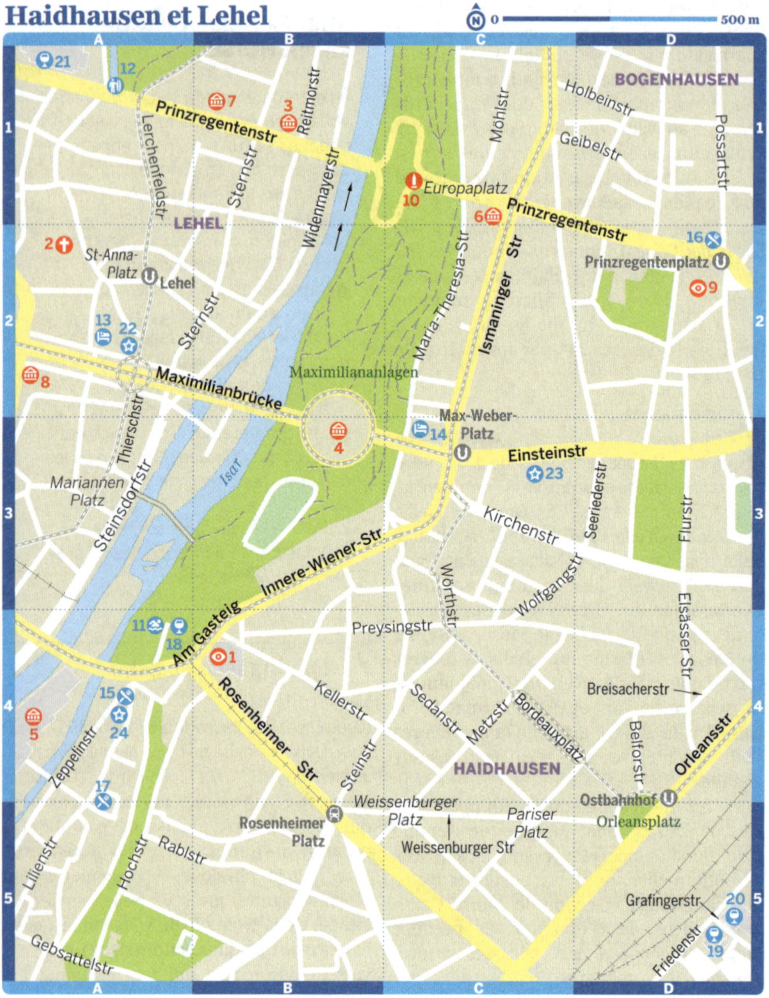

interactifs). Les bambins peuvent escalader une voiture de pompier, jouer avec un Lego géant, construire une voie navigable avec des canaux et des écluses, ou faire du tambour toute la journée dans une salle – heureusement – insonorisée. Le Kinder-Reich ferme à 16h30.

Collection Schack — MUSÉE

(Sammlung Schack ; carte p. 62 ; www.sammlung-schack.de ; Prinzregentenstrasse 9 ; tarif plein/réduit 4/3 € ; 10h-18h mer-dim ; Reitmorstrasse/Sammlung Schack). Le comte Adolf Friedrich von Schack (1815-1894) était un grand amateur des peintres romantiques du XIXe siècle comme Böcklin, Feuerbach et von Schwind. Sa collection occupe l'ancienne ambassade de Prusse. Une visite dans cet espace intime vous plongera dans les univers fantastiques imaginés par ces artistes.

Maison de l'art — MUSÉE

(Haus der Kunst ; carte p. 58 ; www.hausderkunst.de ; Prinzregentenstrasse 1 ; tarif plein/réduit 12/10 € ; 10h-20h ven-mer, 10h-22h mar ; Nationalmuseum/Haus Der Kunst, Nationalmuseum/Haus Der Kunst). Construit en 1937 pour servir de

Haidhausen et Lehel

À voir

1 Centre culturel Gasteig....B4
2 Cloître Sainte-Anne....A2
3 Collection Schack....B1
4 Maximilianeum....B3
5 Musée allemand....A4
6 Musée de la villa Stuck....C1
7 Musée national de Bavière....B1
8 Musée national d'Ethnologie....A2
9 Prinzregententheater....D2
10 Statue de l'Ange de la Paix....C1

Activités

11 Müller'sches Volksbad....A4
12 Surf sur l'Eisbach....A1

Où dormir

13 Hotel Opéra....A2
14 Hotel Ritzi....C3

Où se restaurer

15 Dreigroschenkeller....A4
16 Swagat....D2
17 Wirtshaus in der Au....A5

Où prendre un verre et faire la fête

18 Biergarten Muffatwerk....A4
19 Kultfabrik....D5
20 Optimolwerke....D5
21 P1....A1

Où Sortir

22 GOP Varieté Theater....A2
23 Jazzclub Unterfahrt im Einstein....C3
Münchner Philharmoniker....(voir 5)
24 Museum-Lichtspiele....A4

vitrine à l'art nazi, cet édifice sobre de style Art déco présente aujourd'hui les artistes dont l'art était alors qualifié de "dégénéré" par les nazis (voir encadré p. 65). Les expositions temporaires mettent l'accent sur l'art contemporain et le design.

Musée national d'Ethnologie ARTS PREMIERS
(Staatliches Museum für Völkerkunde ; carte p. 62 ; www.voelkerkundemuseum-muenchen.de ; Maximilianstrasse 42 ; tarif plein/réduit 5/4 €, dim 1 € ; 9h30-17h30 mar-dim ; Maxmonument). Véritable manne d'œuvres d'art et d'objets d'Afrique, d'Inde, des Amériques, du Moyen-Orient et de Polynésie, ce musée propose l'une des plus riches collections ethnologiques au monde. Les sculptures d'Afrique occidentale et équatoriale sont particulièrement impressionnantes, tout comme les céramiques péruviennes, les bijoux indiens, les vestiges de momies et les objets datant de l'époque du capitaine Cook.

Cloître Sainte-Anne ÉGLISE
(Klosterkirche St Anna im Lehel ; carte p. 62 ; St-Anna-Platz 21 ; 6h-19h ; Lehel, U Lehel). L'église des Frères-Asam (Asamkirche) est peut-être plus somptueuse, mais le cloître Sainte-Anne est le fruit de la collaboration de maîtres du style rococo. Il a été conçu par Johann Michael Fischer, et Cosmas Damian Asam est l'auteur de l'extraordinaire fresque du plafond et de l'autel.

Maximilianeum ÉDIFICE HISTORIQUE
(carte p. 62 ; Max-Planck-Strasse 1 ; Maximilianeum). La Maximilianstrasse donne sur le sensationnel Maximilianeum, achevé en 1874, soit dix ans après le décès brutal de Maximilien II. Cet imposant bâtiment, où siège le parlement de Bavière, tombe comme un rideau de théâtre au sommet d'une colline. Il est orné de mosaïques, de peintures et d'autres éléments artistiques. Autour de l'édifice, un parc vallonné appelé le **Maximiliananlagen**, fait le bonheur des cyclistes en été et des lugeurs en hiver.

Centre culturel Gasteig CONCERTS
(Kulturzentrum Gasteig ; carte p. 62 ; 089-480 980 ; www.gasteig.de ; Rosenheimer Strasse 5 ; 8h-23h ; Am Gasteig). Il y a une génération de cela, le design postmoderne de cet édifice carré de verre et de brique avait été controversé. Il abrite l'un des meilleurs centres culturels de Munich. On y trouve 4 salles de concerts, dont la Philharmonie, qui peut accueillir 2 400 spectateurs et sert de résidence permanente au Münchner Philharmoniker.

Bogenhausen

Musée de la villa Stuck MUSÉE
(carte p. 62 ; www.villastuck.de ; Prinzregentenstrasse 60 ; tarif plein/réduit 9/4,50 € ; 11h-18h mar-dim ; Friedensengel/Villa Stuck). Franz von Stuck était un personnage phare de la scène artistique munichoise au tournant du XXe siècle, et sa résidence est l'une des plus belles demeures *Jugendstil* qui soit. Stuck imagina le design complexe, où tapisseries, sols à motifs, plafonds à caissons et autres éléments se conjuguent pour former une

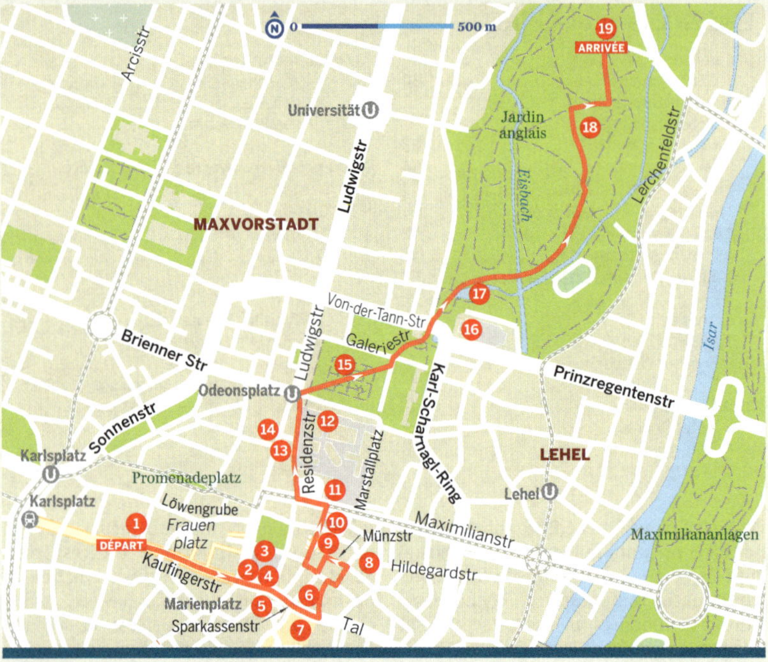

Promenade à pied
Vieille ville de Munich

DÉPART ÉGLISE SAINT-MICHEL
ARRIVÉE TOUR CHINOISE
DISTANCE 5 KM, **DURÉE** 2 HEURES 30

Cette promenade permet de voir les sites clés du centre historique. Partez de 1 **l'église Saint-Michel** (p. 53) où repose Louis II de Bavière. Allez vers l'est le long de la principale rue commerçante, en passant devant l'emblématique cathédrale Notre-Dame. Vous déboucherez sur la Marienplatz dominée par la 2 **colonne de Marie** (p. 48) située en face du 3 **nouvel hôtel de ville** (p. 48) néogothique. La 4 **fontaine aux poissons** bouillonne paisiblement devant l'entrée. Du haut du clocher de 5 **l'église Saint-Pierre** (p. 49), admirez la vieille ville et l' 6 **ancien hôtel de ville** (p. 53). Pour voir les fresques des frères Asam, entrez dans l' 7 **église du Saint-Esprit** (p. 49).

Empruntez la rue Im Tal vers l'est, puis tournez à gauche dans la Maderbräustrasse jusqu'à l'Orlandostrasse où se trouve 8 **Hofbräuhaus** (p. 83), le plus célèbre *Bierpalast* de Munich. De là, prenez la Münzstrasse vers l'ouest, tournez à gauche dans la Sparkassenstrasse puis dans la Ledererstrasse. Une fois dans la Burgstrasse, tournez à droite dans la cour de l' 9 **Alter Hof** (p. 54), première résidence de la famille Wittelsbach à Munich. En sortant, dirigez-vous vers le nord et empruntez l'Hofgraben en passant devant 10 **l'ancien hôtel de la Monnaie** (p. 54). Vous atteindrez la Maximilianstrasse et la Max-Joseph-Platz où se trouvent le grandiose 11 **Nationaltheater** (p. 87) et l'Opéra. La 12 **Résidence** (p. 55) fut pendant plus de quatre siècles le palais des Wittelsbach.

Prenez la Residenzstrasse vers le nord jusqu'à l'Odeonsplatz où eut lieu la première tentative de coup d'État des nazis. C'est ici que se dresse le 13 **panthéon des feld-maréchaux** (p. 54), imposant monument aux héros de guerre. 14 L'**église des Théatins** (p. 54) jaune moutarde abrite la crypte de la famille Wittelsbach. Mettez le cap sur les jardins. Traversez en diagonale le parc néoclassique 15 **Hofgarten** (p. 56), prenez le passage souterrain menant au Jardin anglais et passez devant la 16 **maison de l'Art** (p. 62). L'allée tourne en direction de la 17 **maison de thé japonaise** (p. 61). Une petite colline surmontée d'une folie classique, le 18 **Monopteros** (p. 61) complète le tableau. Au bout du Jardin, asseyez-vous dans le *Biergarten* près de la 19 **Tour chinoise** (p. 60) à plusieurs niveaux.

œuvre d'art harmonieuse. L'endroit est désormais un musée accueillant des expositions temporaires.

Statue de l'Ange de la Paix MONUMENT
(Friedensengel ; carte p. 62 ; Friedensengel/Villa Stuck). À l'est de l'Isar, la statue du *Friedensengel* monte la garde depuis son perchoir, une colonne de 23 m de haut. Elle fut érigée en souvenir du traité de Versailles de 1871, qui marqua la fin de la guerre entre la Prusse et la France, et sa base est ornée de mosaïques dorées chatoyantes.

Prinzregententheater THÉÂTRE
(carte p. 62 ; 089-218 502 ; www.prinzregententheater.de ; Prinzregentenplatz 12 ; S Prinzregentenplatz). C'est l'un des lieux les plus emblématiques de Bogenhausen. Léopold de Bavière commanda ce bâtiment, où se mêlent de manière incroyable les styles Art nouveau et néoclassique, pour accueillir les opéras de Richard Wagner.

Westend et Theresienwiese

Theresienwiese PARC
(carte p. 75 ; U Theresienwiese). C'est au sud-ouest de la vieille ville, dans le vaste Theresienwiese (la Prairie de Thérèse) aussi appelé Wies'n, qu'a lieu l'Oktoberfest. À l'extrémité ouest, on trouve le **Ruhmeshalle** (panthéon ; carte p. 75 ; Theresienhöhe 16 ; U Theresienwiese) GRATUIT qui veille sur les statues solennelles de dirigeants bavarois et la **statue de Bavaria** (Bavariastatue ; carte p. 75 ; Theresienhöhe 16 ; tarif plein/réduit 3,50/2,50 € ; 9h-18h avr à mi-oct, 9h-20h durant l'Oktoberfest ; U Theresienwiese), une amazone de 18 m, dans le style de la statue de la Liberté, une couronne dans une main et un lion à ses pieds.

La statue est conçue de telle sorte qu'elle semble massive, mais il est en réalité possible d'atteindre sa tête en prenant appui sur l'articulation du genou pour avoir une superbe vue sur l'Oktoberfest. Hors festival, la vue n'a pas grand intérêt.

Verkehrszentrum MUSÉE
(carte p. 75 ; www.deutsches-museum.de/verkehrszentrum ; Theresienhöhe 14a ; tarif plein/réduit 6/3 € ; 9h-17h ; S Theresienwiese). Installé dans un édifice qui accueillait autrefois les foires commerciales, le Verkehrszentrum propose de fascinantes expositions interactives sur les avancées de la science et les inventions célèbres, sur les voitures, les bateaux et les trains, ainsi que sur l'histoire des courses automobiles. Une autre section présente toute la collection de véhicules du Musée allemand, des premières automobiles aux trains à grande vitesse ICE (Intercity-Express).

Parc olympique et ses environs

Parc olympique SITE OLYMPIQUE
(Olympiapark ; carte p. 66 ; www.olympiapark.de ; stade adulte/enfant 3/2 €, visite du stade tarif plein/réduit 7,50/5 € ; visites du stade 11h, 13h et 16h avr-oct ; U Olympiazentrum). Le secteur au nord de la ville, où les soldats défilaient autrefois et où le premier zeppelin atterrit en 1909, trouva une nouvelle fonction dans

ART DÉGÉNÉRÉ

Expressionisme, surréalisme, dadaïsme… l'art moderne sous toutes ses formes était considéré comme une abomination par Hitler et ses sbires. Des artistes de renommée internationale comme Klee, Beckmann et Schlemmer furent contraints à l'exil et leurs œuvres furent retirées des musées et confisquées des collections privées. Environ 4 000 d'entre elles furent brûlées publiquement à Berlin et beaucoup furent vendues par les nazis pour engranger des devises étrangères.

En juillet 1937, Goebbels rassembla environ 650 tableaux, sculptures et estampes dans la Galerie am Hofgarten, mal éclairée et pleine à craquer, et déclara qu'il s'agissait d'une exposition d'*Entartete Kunst* ("art dégénéré"). Les différentes sections thématiques (moquerie de Dieu, insulte aux femmes allemandes, etc.) visaient à présenter l'art moderne comme débauché et décadent. L'exposition de propagande ouvrit le 19 juillet 1937, un jour seulement après l'inauguration de la grande exposition de l'Art allemand (comprenant uniquement des œuvres approuvées par le régime) à la maison de l'Art, construite pour l'occasion. Ironiquement, l'art nazi fut largement vilipendé par le public, alors que plus de 2 millions de personnes allèrent voir *Entartete Kunst*, soit plus que pour toute autre exposition d'art moderne de l'histoire.

Nymphenburg, Neuhausen et Olympiapark

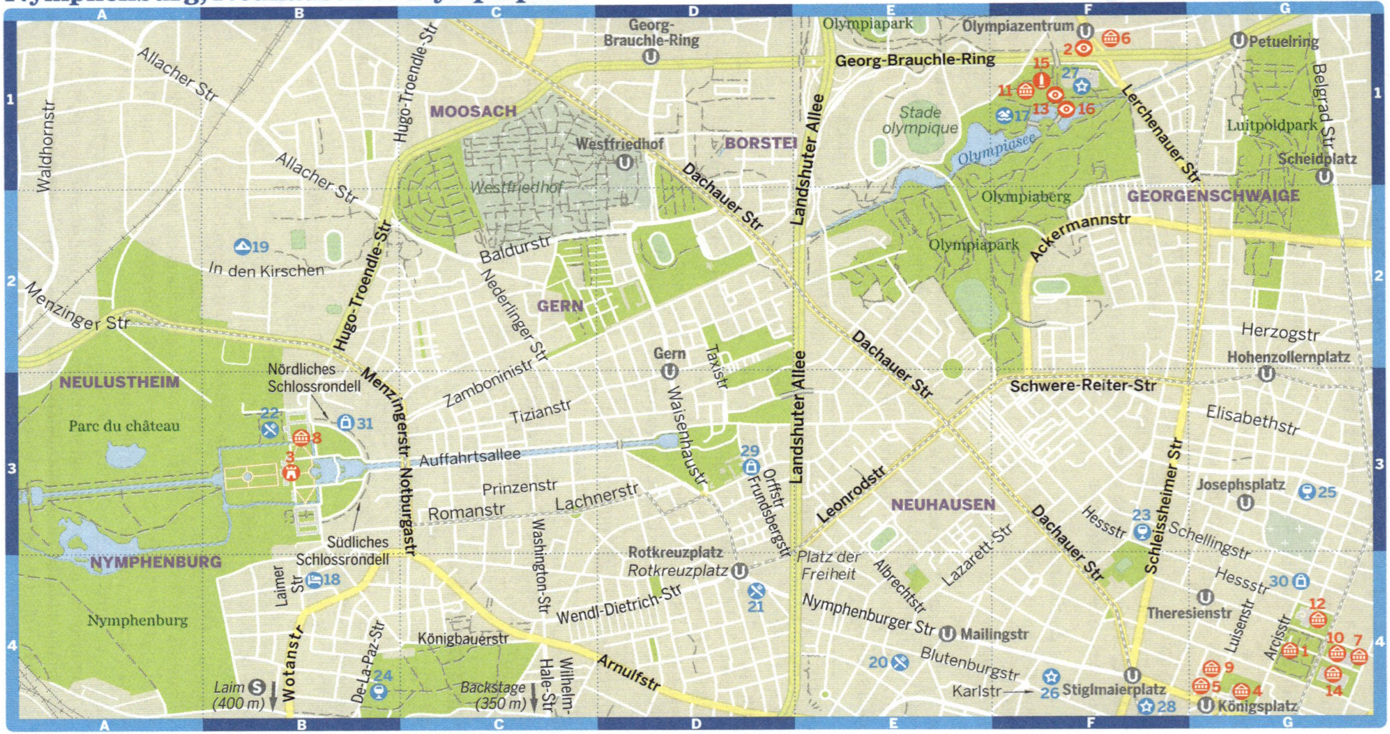

Nymphenburg, Neuhausen et Olympiapark

À voir
1 Ancienne Pinacothèque........G4
2 BMW Welt........F1
3 Château de Nymphenburg........B3
4 Glyptothèque........G4
5 Lenbachhaus........G4
6 Musée BMW........F1
7 Musée Brandhorst........G4
8 Musée de l'Homme et de la Nature........B3
9 Musée de Paléontologie........G4
10 Musée des Cristaux........G4
11 Musée du Rock........F1
12 Nouvelle Pinacothèque........G4
13 Parc olympique........F1
14 Pinacothèque d'Art moderne........G4
15 Tour olympique........F1
16 SeaLife........F1

Activités
17 Piscine olympique........F1

Où dormir
18 Hotel Laimer Hof........B4
19 Tent........B2

Où se restaurer
20 Chopan........E4
21 Eiscafé Sarcletti........D4
Esszimmer........(see 3)
22 Schlosscafé Im Palmenhaus........B3

Où prendre un verre et faire la fête
23 Eat the Rich........F3
24 Hirschgarten........B4
25 Salon Иркутск........G3

Où sortir
26 Cinema........F4
27 EHC München........F1
28 Münchner Theater für Kinder........F4

Achats
29 Brauseschwein........D3
30 Holareidulijö........G4
31 Porzellan Manufaktur Nymphenburg........B3

les années 1960 en devenant l'Olympiapark. Construit pour les Jeux olympiques d'été de 1972, il donne l'impression d'un espace assez petit et on peut avoir du mal à imaginer qu'il ait pu accueillir une manifestation d'une telle envergure.

Le parc attire des visiteurs tout au long de l'année, avec des concerts, des festivals et des rencontres sportives. Le complexe nautique et la patinoire sont également ouverts au public.

Il peut être judicieux de commencer par l'Info-Pavilion, où vous trouverez renseignements, plans, billets pour les visites et maquette du site. Des audioguides MP3 sont également proposés.

Les deux sites les plus connus et les plus spectaculaires sont la **tour olympique** de 290 m de haut (Olympiaturm ; carte ci-contre ; adulte/enfant 5,50/3,50 € ; 9h-minuit ; U Olympiazentrum) et l'Olympiastadion dont le toit rappelle un voile. Les Allemands affectionnent particulièrement ce dernier, car c'est sur sa pelouse bénie qu'en 1974, l'équipe nationale de football – avec à sa tête le *Kaiser* Franz Beckenbauer – remporta la Coupe du monde.

Par temps dégagé, depuis le sommet de la tour olympique, vous pourrez littéralement avoir Munich à vos pieds, avec en toile de fond une vue sur les Alpes à couper le souffle.

BMW Welt — ÉDIFICE REMARQUABLE

(carte p. 66 ; 089-125 016 001 ; www.bmw-welt.de ; Am Olympiapark 1 ; visite adulte/enfant 7/5 € ; 7h30-minuit ; U Olympiazentrum). GRATUIT À côté du parc olympique, le double cône torsadé de verre et d'acier descendant en spirale depuis un nuage sombre de la taille d'un porte-avions abrite le BMW Welt, espace d'exposition ultra-moderne du célèbre constructeur automobile où l'on peut notamment admirer les derniers modèles de la marque.

Enfourchez une puissante moto, extasiez-vous devant des berlines et des breaks pleins de gadgets, parcourez la boutique ou suivez la visite guidée de 1 heure 20. Il existe également un espace pédagogique, où l'on explique aux enfants comment marche une voiture et où ils pourront se prendre pour des ingénieurs automobiles en concevant leur propre véhicule dans le cadre d'ateliers.

Musée BMW — MUSÉE

(carte p. 66 ; www.bmw-welt.de ; Am Olympiapark 2 ; tarif plein/réduit 10/7 € ; 10h-18h mar-dim ; U Olympiazentrum). Ce musée en forme de saladier argenté compte 7 "maisons" thématiques consacrées au développement de la gamme des produits de BMW, avec des sections sur les motos et les courses automobiles. Même si vous ne distinguez pas un joint de culasse d'un vilebrequin, allez

À NE PAS MANQUER

VISITE DE L'USINE BMW

Si vous aimez les voitures, ne ratez pas la visite de l'usine BMW dernier cri. **BMW Plant Tours** (☎089-125 016 001 ; www.bmw-welt.com ; tarif plein/réduit 8/5 € ; ⊙9h-18h15 lun-ven ; Ⓤ Petuelring) propose une visite de 2 heures 30 en anglais et en allemand qui présente tout le processus de production. Il est essentiel de réserver longtemps à l'avance, surtout l'été.

le visiter pour son architecture aux courbes rétro, ses ponts futuristes, ses places et ses écrans muraux rétro-éclairés.

Il est relié à deux autres édifices tout aussi remarquables : le siège social (fermé au public) de la marque et le BMW Welt.

Musée du Rock MUSÉE

(carte p. 66 ; www.rockmuseum.de ; Besucherplattform des Münchner Olympiaturms ; adulte/enfant 4,50/3,50 € ; ⊙9h-minuit ; Ⓤ Olympiazentrum). Le billet pour l'ascenseur de la tour olympique donne aussi accès à ce musée petit mais original. La guitare d'Ozzie Osbourne portant sa signature, un poème écrit par Jim Morrison et le jean à paillettes de Britney Spears côtoient quantité de lettres, photos et billets de concert, amassés pendant trois décennies par deux fans de rock.

Quartiers périphériques

Château de Nymphenburg PALAIS

(Schloss Nymphenburg ; carte p. 66 ; www.schloss-nymphenburg.de ; tarif plein/réduit 6/5 € ; ⊙9h-18h avr à mi-oct, 10h-16h mi-oct à mars ; 🚋Schloss Nymphenburg). Ce palais majestueux et ses magnifiques jardins se trouvent à environ 5 km au nord-ouest de la vieille ville. Commencé en 1664 en tant que villa pour Henriette Adélaïde de Savoie, épouse du prince-électeur Ferdinand Marie de Bavière, l'édifice fut agrandi au cours du siècle suivant pour devenir la résidence d'été de la famille Wittelsbach. Le duc François de Bavière, à la tête de l'ancienne famille royale, y occupe toujours un appartement.

Le bâtiment principal se compose d'une grande villa et de deux ailes renfermant de somptueuses pièces d'époque. Le clou de la visite, la **galerie des Beautés** (Schönheitengalerie), dans les anciens appartements de la reine Caroline, se trouve au tout début du parcours. Quelque 38 portraits de femmes séduisantes choisies par Louis Ier de Bavière ornent les murs. Le plus célèbre est celui d'Helene Sedlmayr, fille de cordonnier, vêtue d'une superbe robe que le roi lui avait donnée pour poser. Vous verrez aussi Lola Montès, la maîtresse de Louis Ier, Jane Elizabeth Digby, dont la vie sentimentale fit scandale au XIXe siècle, et la belle Anglaise lady Jane Erskin.

Viennent ensuite la **chambre de la reine**, où trône toujours le lit bateau dans lequel Louis II vit le jour, et la **chambre du roi**, dont le plafond est orné de magnifiques fresques.

Dans le même bâtiment, le **musée des Carrosses** (Marstallmuseum) renferme des carrosses royaux et autres véhicules d'apparat, notamment la calèche de parade rococo de Louis II (elle est dotée de lampes à huile pour ses sorties nocturnes). À l'étage est exposée la plus grande collection au monde de porcelaine ancienne fabriquée par la manufacture de Nymphenburg. Également appelée Sammlung Bäuml, elle contient toute la gamme de produits de l'entreprise depuis sa création en 1747 jusqu'à 1930.

Munichois et visiteurs aiment se rendre dans le vaste parc à l'arrière du château de Nymphenburg pour se promener, faire du jogging ou lézarder. Ce superbe jardin à l'anglaise est parsemé de pièces d'eau, dont un grand lac, une cascade et un canal où l'on vient nourrir les cygnes et dont les eaux gelées, en hiver, sont idéales pour faire du patin ou du curling.

L'**Amalienburg**, d'un luxe inouï, est l'élément le plus excentrique du parc. Il s'agit d'un petit pavillon de chasse dégoulinant de cristal et de dorures ; ne manquez pas l'extraordinaire salle des Miroirs (Spiegelsaal). Le pavillon **Pagodenburg**, sur 2 niveaux, fut construit au début du XVIIIe siècle pour servir de maison de thé chinoise ; il est couvert de carreaux de céramique où sont représentés paysages, personnages et motifs floraux. Le **Badenburg** est un pavillon de bain ; le système de chauffage est toujours d'origine. Enfin, le **Magdalenenklause** se voulait une imitation d'ermitage dans un faux style délabré.

Allianz Arena STADE

(☎visites 089-6993 1222 ; www.allianz-arena.de ; Werner-Heisenberg-Allee 25, Fröttmaning ; visite adulte/enfant 10/6,50 € ; ⊙visites 11h, 13h, 15h, 16h30 en allemand et 13h en anglais ;

U Fröttmaning). Les inconditionnels de foot et les amateurs d'architecture ne regretteront pas le détour dans la banlieue nord de Fröttmaning pour voir le superbe stade du Bayern Munich. Les visites d'une durée de 1 heure 15 ont beaucoup de succès (pas de visites les jours de matchs). Il est possible de réserver une place en ligne.

Ce stade est surnommé "la bouée" ou "le canot de sauvetage" : ses murs sont faits de coussins d'air pouvant être éclairés individuellement aux couleurs de l'équipe hôte (rouge pour le FC Bayern, bleu pour le TSV 1860 et blanc pour l'équipe nationale).

Zoo d'Hellabrunn EN FAMILLE

(Tierpark Hellabrunn ; ☎089-625 080 ; www.hellabrunn.de ; Tierparkstrasse 30 ; adulte/enfant 14/5 € ; 9h-18h avr-sept, 9h-17h oct-mars ; 52 depuis la Marienplatz, Tiroler Platz, U Thalkirchen). À 6 km du centre, ce zoo est peuplé de 5 000 amis à poils, à plumes et à nageoires qui ne manqueront pas de fasciner les petits. Le zoo fut l'un des premiers à rassembler les animaux par continents, en tentant de recréer leurs habitats d'origine.

Activités

Canotage

Le Kleinhesseloher See (p. 60), dans l'Englischer Garten, est un lac charmant, idéal pour une balade amoureuse. Location de bateaux à rames ou de pédalos : environ 8 €/30 minutes pour jusqu'à 4 pers. On peut aussi louer des bateaux à l'Olympiapark (p. 65).

MUNICH POUR LES ENFANTS

Munich est une ville formidable pour les enfants et propose quantité d'activités qui plairont même aux bambins ayant de gros problèmes d'attention. Elle offre de nombreux parcs pour s'ébattre, des piscines et des lacs pour se rafraîchir, et les aires de jeux des *Biergärten* pour se faire des amis.

Musée allemand (p. 61). De nombreux musées proposent des programmes spécifiques pour les enfants, et le **KinderReich** ("royaume des enfants"), section interactive du Musée allemand, les séduira à coup sûr.

Zoo d'Hellabrunn (ci-dessus). Les enfants pourront caresser des chevreaux, nourrir des pélicans, observer des démonstrations de vol de faucons, et même enfourcher un chameau !

SeaLife München (carte p. 66 ; www.visitsealife.com ; Willi-Daume-Platz 1 ; adulte/enfant 16,95/13,50 € ; 10h-19h ; S Olympiazentrum). Pour une immersion avec les poissons, allez à cette nouvelle attraction au parc olympique.

Musée de Paléontologie (Paläontologisches Museum ; carte p. 66 ; www.palmuc.de ; Richard-Wagner-Strasse 10 ; entrée libre ; 8h-16h lun-jeu, 8h-14h ven ; Königsplatz, U Königsplatz). GRATUIT Pour les fans de dinosaures.

Musée de l'Homme et de la Nature (Museum Mensch und Natur ; carte p. 66 ; www.mmn-muenchen.de ; Schloss Nymphenburg ; adulte/enfant 3/2 € ; 9h-17h mar, mer et ven, 9h-20h jeu, 10h-18h sam et dim ; Schloss Nymphenburg). Les scientifiques en herbe auront matière à s'extasier dans ce musée du château de Nymphenburg.

Musée du Jouet (p. 54). Même s'ils ne sont pas autorisés à toucher aux objets du musée du Jouet, les enfants prendront sûrement plaisir à découvrir les jouets de l'époque de leurs grands-parents.

Münchner Marionettentheater (carte. 50 ; ☎089-265 712 ; www.muema-theater.de ; Blumenstrasse 32 ; 15h mer-dim, 20h sam). Les adorables marionnettes chanteuses et danseuses de ce théâtre enchantent les tout-petits depuis des générations.

Münchner Theater für Kinder (carte p. 66 ; ☎089-594 545 ; www.mtfk.de ; Dachauer Strasse 46). Ce théâtre offre aux apprentis comédiens la possibilité de découvrir des contes et des classiques dans le style de *Pinocchio* et de *Max et Moritz*.

Brauseschwein (carte p. 66 ; Frundsbergstrasse 52 ; 10h-13h et 15h-18h30 lun-ven, 11h-14h sam). On trouve de tout dans ce magasin de jouets farfelu près du château de Nymphenburg, des bonbons à un sou aux articles de farces et attrapes, en passant par les trains en bois.

Vélo

Avec ses 1 200 km de pistes cyclables, Munich se prête très bien au cyclisme, en particulier au bord de l'Isar.

Natation

Bien que de nombreux Munichois le fassent, il est déconseillé de se baigner dans l'Isar du fait de courants forts et imprévisibles (en particulier à l'Englischer Garten). Mieux vaut vous éloigner du centre pour vous rendre à l'un des nombreux lacs voisins, notamment au **Feringasee** (en voiture, prenez la S8 pour Unterföhring puis suivez les panneaux), très apprécié par les chaudes journées d'été, au joli **Feldmochinger See**, encadré de buttes et doté d'une zone pour les baigneurs en fauteuil roulant (en voiture, prenez la S1 pour Feldmoching) ; et à l'**Unterföhringer See**, où l'eau est chaude et auquel on accède facilement à vélo par l'Isarradweg (piste cyclable) ou par la S8 pour Unterföhring.

Les meilleures piscines publiques, toutes deux en intérieur, sont la **piscine olympique** (Olympia Schwimmhalle ; carte p. 66 ; www.swm.de ; Coubertinplatz 1 ; forfait 3 heures tarif plein/réduit 4,60/3,40 € ; 7h-23h ; S Olympiazentrum), où l'Américain Mark Spitz remporta ses 7 médailles d'or lors des Jeux de 1972, et le spectaculaire **Müller'sches Volksbad** (carte p. 62 ; www.swm.de ; Rosenheimer Strasse 1 ; adulte/enfant 4,30/3,30 € ; 7h30-23h ; Am Gasteig), où vous pourrez nager dans un splendide décor Art nouveau.

Circuits organisés

Pour faire un circuit culturel à petits prix, montez dans le **bus n°100 (Museenlinie)** qui relie la gare centrale (Hauptbahnhof) à la gare de l'Est (Ostbahnhof) en passant par 21 musées et galeries d'art, dont les plus beaux. Comme c'est une ligne régulière, cela vous coûtera le prix d'un ticket normal.

Radius Tours & Bike Rental — CIRCUITS

(carte p. 75 ; 089-543 487 7720 ; www.radius-tours.com ; Arnulfstrasse 3 ; S Hauptbahnhof, Hauptbahnhof, U Hauptbahnhof). Les circuits en anglais sont amusants et instructifs. "Discover Munich" (également en allemand et en espagnol) dure 2 heures (13 €) ; "Hitler and the Third Reich" est un circuit fascinant de 2 heures 30 (15 €) ; "Bavarian Beer" dure 3 heures (29,50 €). L'agence organise aussi des excursions populaires à Neuschwanstein, Salzbourg et Dachau et loue des centaines de vélos (14,50 €/jour).

Mike's Bike Tours — CIRCUITS À VÉLO

(carte p. 50 ; 089-2554 3987 ; www.mikesbike-tours.com ; Bräuhaus Strasse 10 ; circuits à partir de 30 € ; S Marienplatz, U Marienplatz). Cette agence propose des visites à vélo de la ville avec un guide et deux ou trois excursions à thème. Le circuit standard dure environ 4 heures (avec une pause de 1 heure dans un *Biergarten* ; déjeuner non compris) et le circuit " deluxe" dure 7 heures et couvre 16 km.

New Europe Munich — CIRCUITS PÉDESTRES

(www.newmunichtours.com ; circuits 10h, 10h45 et 14h ; S Marienplatz, U Marienplatz). Au départ de la Marienplatz, ces circuits à pied vous permettront de passer en revue tous les sites phares du centre-ville en 3 heures. Les guides, anglophones, sont amusants et connaissent leur sujet, mais semblent un peu sous pression à la fin de la visite pour récolter le plus de pourboires possible. L'agence organise aussi des visites (payantes) à Dachau (22 €) et Neuschwanstein (37 €).

Grayline Hop-On-Hop-Off Tours — CIRCUITS EN BUS

(www.grayline.com/Munich ; adulte/enfant 15/10 € ; toutes les heures). Cette agence propose 3 itinéraires, allant de 1 heure à 2 heures 30, ainsi que des excursions pour les châteaux de Louis II de Bavière, sur la Route romantique, à Dachau, à Berchtesgaden, à la Zugspitze et à Salzbourg. Possibilité de réserver sur Internet et bus récents. Le **point de départ principal** (carte p. 50 ; S Hauptbahnhof, U Hauptbahnhof) se trouve à l'extérieur du grand magasin Karstadt, en face de la gare centrale (Hauptbahnhof).

Fêtes et festivals

Il y a toujours des fêtes à Munich. Pour de plus amples informations, consultez le site www.muenchen-tourist.de.

Fasching — CARNAVAL

Carnaval se déroulant du 7 janvier au mercredi des Cendres, et comprenant toutes sortes de réjouissances comme des défilés costumés et des bals masqués.

Starkbierzeit — BIÈRE

Salvator, Optimator, Unimator, Maximator et Triumphator ne sont pas des noms de gladiateurs, mais de bières fortes et nourrissantes appelées *Doppelbock*, que l'on sort des fûts uniquement entre Mardi gras et Pâques. Un grand nombre de brasseries de Bavière prennent part à cette fête.

Frühlingsfest BIÈRE
(www.fruehlingsfest-muenchen.de). Vers la mi-avril, ce mini-Oktoberfest marque le coup d'envoi de la saison des festivals en plein air avec deux semaines de tentes à bière et d'animations.

Maidult CULTUREL
C'est la première des trois "Dulten" (foires traditionnelles avec attractions et stands de nourriture) se déroulant sur la Mariahilfplatz. Elle débute le dernier samedi précédant le 1er mai.

Filmfest München CINÉMA
(www.filmfest-muenchen.de). Ce festival du film présente d'intéressantes productions, réalisées aussi bien par des débutants que par des grands noms du monde entier.

Tollwood Festival CULTUREL
(www.tollwood.de). Important festival consacré aux cultures du monde, avec concerts, théâtre, cirque, lectures et autres divertissements de fin juin à fin juillet. Également pendant le mois de décembre à la Theresienwiese.

Christopher Street Day GAY ET LESBIEN
(www.csd-munich.de). Festival et défilé gays se terminant par une grande fête sur la Marienplatz. Généralement le deuxième week-end de juillet.

Jakobidult CULTUREL
La seconde "Dult" (foire traditionnelle) de l'année commence le premier samedi qui suit le 25 juillet et dure une semaine.

Opernfestspiele MUSIQUE
(festival d'opéra ; www.muenchner-opern-festspiele.de). En juillet, l'Opéra d'État de Bavière fait venir de grands talents du monde entier pour ce festival d'un mois qui se déroule dans plusieurs salles de la ville.

Oktoberfest BIÈRE
(www.oktoberfest.de). Fête légendaire des buveurs de bière de mi-septembre au premier dimanche d'octobre, sur la Theresienwiese.

Marathon de Munich SPORTS
(www.muenchenmarathon.de). Mi-octobre, plus de 10 000 coureurs du monde entier envahissent les rues et achèvent leur course de 42 km au Olympiastadion.

Christkindlmarkt MARCHÉ DE NOËL
(www.christkindlmarkt.de ; fin nov-veille de Noël). Magnifique marché de Noël traditionnel sur la Marienplatz.

Où se loger

Les tarifs des chambres à Munich ont tendance à être élevés, et à monter en flèche durant l'Oktoberfest, mieux vaut donc réserver bien à l'avance. Les touristes disposant d'un petit budget auront l'embarras du choix près de la gare centrale (Hauptbahnhof) où sont concentrées la plupart des pensions. Les hôtels les plus chics se trouvent dans la vieille ville (Altstadt). Les pensions ne manquent pas, mais ce sont souvent de grands établissements sans cachet.

Vieille ville (Altstadt) et ses environs

Hotel Blauer Bock HÔTEL €€
(carte p. 50 ; 089-231780 ; www.hotelblauerbock.de ; Sebastiansplatz 9 ; s/d à partir de 47/79 € ; ; U Marienplatz, S Marienplatz). À deux pas du Viktualienmarkt, cet hôtel simple a su résister à l'embourgeoisement du quartier et offre le meilleur rapport qualité/prix du centre-ville. Les chambres les moins chères, non rénovées, ont des sanitaires communs ; les chambres rénovées avec salle de bains privée sont modernes. Toutes sont calmes, malgré l'emplacement. Superbe restaurant.

Hotel am Viktualienmarkt HÔTEL €€
(carte p. 50 ; 089-231 1090 ; www.hotel-am-viktualienmarkt.de ; Utzschneiderstrasse 14 ; s/d à partir de 59/129 € ; ; U Marienplatz, S Marienplatz). La propriétaire Elke et sa fille Stephanie gèrent avec panache et bonne humeur cet établissement d'un bon rapport qualité-prix. Les meilleures des 26 chambres rénovées offrent parquet et affiches d'art encadrées. Ajoutez à cela un emplacement central, et vous obtenez une excellente affaire !

Hotel am Markt HÔTEL €€
(carte p. 50 ; 089-225 014 ; www.hotel-am-markt.eu ; Heiliggeiststrasse 6 ; ch à partir de 112 € ; ; S Marienplatz, U Marienplatz). Cet édifice, on ne peut plus central, au style médiéval avec ses pignons et tourelles, domine le Viktualienmarkt. Ses chambres rappellent celles d'un hôtel moyen pour clientèle d'affaires. Dans certaines, les meubles sont en kit et bon marché, dans d'autres ils ont l'air vaguement anciens. Tout aussi diversement aménagées, les salles de bains sont correctes. Restaurant sur place.

Bayerischer Hof HÔTEL €€€
(carte p. 50 ; ☎089-21 200 ; www.bayerischerhof.de ; Promenadeplatz 2-6 ; ch 250-450 € ; ; Theatinerstrasse). Depuis environ 1841, cet établissement est l'un des grands hôtels de Munich. Les chambres arborent des styles variés, allant d'un style chargé au cosmopolite minimaliste. En plus de son personnel irréprochable, on apprécie son emplacement central et sa piscine. Marbre, antiquités et peintures à l'huile abondent et vous pourrez vous rassasier dans l'un de ses cinq restaurants.

Cortiina HÔTEL €€€
(carte p. 50 ; ☎089-242 2490 ; www.cortiina.com ; Ledererstrasse 8 ; s 120-269 €, d 150-309 € ; P; U Marienplatz, S Marienplatz). Oscillant entre le branché et le haut de gamme, cet établissement plaira aux voyageurs tendance et soucieux du design. Le bar niveau rue est généralement plein de beaux jeunes gens sirotant des cocktails, mais toute trace d'animation s'évapore une fois franchie la porte de votre chambre minimaliste d'inspiration feng shui. Le petit-déjeuner est au prix peu appétissant de 22,50 €.

Hotel Mandarin Oriental Munich HÔTEL €€€
(carte p. 50 ; ☎089-290 980 ; www.mandarin-oriental.com ; Neuturmstrasse 1 ; d à partir de 625 € ; P@; U Marienplatz, S Marienplatz). Ce magnifique établissement néo-Renaissance attire célébrités, grandes fortunes et personnalités influentes du monde entier avec ses chambres raffinées et luxueuses et son service de haut vol. Le service est poli presque à l'excès. Aussi incroyable que cela puisse paraître, le petit-déjeuner et l'accès Internet sont en supplément.

Gärtnerplatzviertel et Glockenbachviertel

Pension Gärtnerplatz PENSION €€
(carte p. 50 ; ☎089-202 5170 ; www.pensiongaertnerplatz.de ; Klenzestrasse 45 ; s/d 82/130 € ; ; U Fraunhoferstrasse). Fuyez le raffut urbain pour cette pension pleine de charme où les chambres sont dotées de boiseries sculptées, de cadres de lit peints, de tapis en laine et de literie pimpante et de qualité. Dans l'une des chambres, un portrait de Louis II vous regarde dormir. Petit-déjeuner vraiment bio.

Deutsche Eiche HÔTEL €€
(carte p. 50 ; ☎089-231 1660 ; www.deutsche-eiche.com ; Reichenbachstrasse 13 ; s/d à partir de 99/159 € ; ; Reichenbachplatz). Le drapeau arc-en-ciel s'agite gaiement aux côtés des drapeaux internationaux devant cet hôtel apprécié de la communauté gay, où les amateurs de raffinement de toutes orientations sexuelles viennent profiter des chambres élégantes et du restaurant de haut vol. Comprend un sauna.

Près de l'Hauptbahnhof

Wombats City Hostel Munich AUBERGE DE JEUNESSE €
(carte p. 75 ; ☎089-5998 9180 ; www.wombats-hostels.com ; Senefelderstrasse 1 ; dort 23-32 €, d 84 € ; P@; Hauptbahnhof, U Hauptbahnhof). La meilleure auberge de Munich, tenue avec professionnalisme, compte quelque 300 lits en dortoir et des chambres individuelles. Située dans le centre-ville, près de la gare, elle comporte des dortoirs aux joyeux tons pastel, dotés de parquets, de salles de bains attenantes, de casiers en bois solides et de lits en pin confortables. Un verre de bienvenue est offert au bar. Le buffet du petit-déjeuner coûte 4,30 €.

Meininger's AUBERGE DE JEUNESSE, HÔTEL €
(carte p. 75 ; ☎089-5499 8023 ; www.meininger-hostels.de ; Landsbergerstrasse 20 ; dort/s/d sans petit-déj à partir de 16/50/66 € ; ; Holzapfelstrasse). À 800 m à l'ouest de la gare centrale, cet auberge-hôtel dynamique dispose de chambres basiques, propres et claires avec de grands dortoirs divisés en deux pour plus d'intimité. Les prix varient énormément en fonction de la date, des manifestations et de la fréquentation. Petit-déjeuner 6,90 €, location de vélos à partir de 8 €/jour.

Hotel Cocoon HÔTEL DESIGN €€
(carte p. 50 ; ☎089-5999 3907 ; www.hotel-cocoon.de ; Lindwurmstrasse 35 ; s/d à partir de 69/89 € ; ; Sendlinger Tor, U Sendlinger Tor). Cet hôtel central ravira les amateurs de design rétro. Avec son faux placage des années 1970 et ses fauteuils boule des années 1960, la réception donne le ton. Les chambres, toutes identiques, aux tons orange et verts, sont équipées d'une TV LCD, d'une station iPod et d'un coin pour ordinateur portable. Le petit-déjeuner coûte 9 €.

Les douches vitrées sont littéralement dans les chambres. Seul un paysage de prairie alpine kitsch offre un peu d'intimité.

Hotel Eder HÔTEL €€

(carte p. 50 ; ☎089-554 660 ; www.hotel-eder.de ; Zweigstrasse 8 ; s 55-180 €, d 65-230 € ; ; Hauptbahnhof, S Hauptbahnhof, U Hauptbahnhof). Dans le secteur un peu miteux du sud de la gare centrale, cette oasis rustique semble avoir été téléportée d'une petite ville bavaroise : rideaux à carreaux, fauteuils en bois sculpté et portraits de Sissi et de Louis II, pour ceux qui ne seraient pas venus ici pour les cocktails. Les chambres, de tailles variables, sont plutôt banales, mais vu le prix, c'est une bonne affaire.

Hotelissimo Haberstock HÔTEL €€

(carte p. 50 ; ☎089-557 855 ; www.hotelissimo.com ; Schillerstrasse 4 ; s/d à partir de 74/104 € ; ; Hauptbahnhof, S Hauptbahnhof, U Hauptbahnhof). Le décor joyeux de cet endroit d'un bon rapport qualité/prix est à l'image de ses propriétaires, un couple passionné de couleurs, de tissus et de design. Les chambres de bonnes dimensions des niveaux inférieurs mêlent harmonieusement or, brun et crème, tandis que celles du haut arborent une palette de couleurs méditerranéennes plus vive.

Hotel Müller HÔTEL €€

(carte p. 50 ; ☎089-232 3860 ; www.hotel-mueller-muenchen.de ; Fliegenstrasse 4 ; s/d à partir de 79/109 € ; ; S Sendlinger Tor). Cet hôtel accueillant propose de grandes chambres claires et fonctionnelles d'un bon rapport qualité/prix, avec petit-déjeuner cinq étoiles. Le personnel est très poli. Dans une petite rue assez calme, malgré un emplacement en centre-ville.

Hotel Königshof HÔTEL €€€

(carte p. 50 ; ☎089-55 1360 ; www.koenigshof-hotel.de ; Karlsplatz 25 ; ch à partir de 190 € ; ; Karlsplatz, S Karlsplatz, U Karlsplatz). Un luxe délirant et un souci obsessionnel du détail font de cet hôtel un lieu divin. Cela va des chambres standards d'hôtels pour clientèle d'affaires un cran au-dessus de la moyenne aux somptueuses suites Belle Époque. Certaines donnent sur la Karlsplatz (Stachus) et son animation, d'où l'impression d'être au cœur de l'action. Le restaurant a une étoile au Michelin et le bar est chic.

Anna Hotel HÔTEL DESIGN €€€

(carte p. 50 ; ☎089-599 940 ; www.geisel-privathotels.de ; Schützenstrasse 1 ; s 160-215 €, d 175-235 € ; ; Karlsplatz, U Karlsplatz, S Karlsplatz). Les citadins raffinés aiment ce fleuron du design bien situé comprenant des chambres aux somptueux coloris ornées de meubles Donghia sensuels ou au décor minimaliste avec teck, marbre et mosaïques. Le bar-restaurant chic est très animé.

Schwabing

La Maison HÔTEL DESIGN €€

(carte p. 58 ; ☎089-3303 5550 ; www.hotel-la-maison.com ; Occamstrasse 24 ; s/d à partir de 110/125 € ; P ; U Münchner Freiheit). À la fois rétro et immaculé, dans des tons violet impérial et gris profond, cet hôtel chic impressionne avec ses chambres design dotées de parquets en chêne chauffés et de lavabos noir de jais. Bar sympathique au rez-de-chaussée.

Gästehaus Englischer Garten PENSION €€

(carte p. 58 ; ☎089-383 9410 ; www.hotelenglischergarten.de ; Liebergesellstrasse 8 ; s 75-205 €, d 87-205 € ; P@ ; U Münchner Freiheit). Confortablement installée dans un bâtiment couvert de lierre vieux de 200 ans, cette petite pension en bordure de l'Englischer Garten est la version bavaroise du B&B britannique. Les chambres n'ont pas toutes de salle de bains privée, mais le petit-déjeuner est copieux et on peut louer des vélos (12 €/jour).

Hotel Marienbad HÔTEL €€

(carte p. 50 ; ☎089-595 585 ; www.hotelmarienbad.de ; Barer Strasse 11 ; s 55-135 €, d 120-155 € ; ; Ottostrasse). Au XIXe siècle, Wagner, Puccini et Rilke séjournèrent dans ce qui était jadis l'un des plus beaux hôtels de Munich. Le lieu reste convivial et bien entretenu. Ses 30 chambres offrent un touchant méli-mélo de styles entre décor Art nouveau, style campagnard bavarois ou kitsch fonctionnel des années 1960. Les équipements, eux, sont bien plus contemporains.

Hotel Hauser HÔTEL €€

(carte p. 58 ; ☎089-286 6750 ; www.hotel-hauser.de ; Schellingstrasse 11 ; s 80-165 €, d 118-225 € ; ; U Universität). Les chambres lambrissées vieillissantes, petites mais impeccables, datent de l'époque optimiste du miracle économique (les années 1950). De petites surprises vous attendent, comme un sauna et un solarium.

Nymphenburg, Neuhausen et les environs

Tent CAMPING €

(carte p. 66 ; 089-141 4300 ; www.the-tent.com ; In den Kirschen 30 ; dort/matelas mousse 10,50/7,50 €, empl tente à partir de 11 € ; juin-nov ; Botanischer Garten). Situé à 1 kilomètre au nord du château de Nymphenburg, ce camping destiné à une clientèle jeune propose des emplacements classiques, mais aussi un dortoir de 160 lits et des matelas en mousse pour les personnes disposant d'un budget restreint. C'est de loin le point de chute le moins cher durant l'Oktoberfest.

Hotel Laimer Hof HÔTEL €€

(carte p. 66 ; 089-178 0380 ; www.laimerhof.de ; Laimer Strasse 40 ; s/d à partir de 65/75 € ; P@ ; Romanplatz). À 5 minutes à pied du château de Nymphenburg, ce superbe refuge tranquille est tenu par une équipe accueillante qui prend le temps de discuter avec sa clientèle. Les 23 chambres sont toutes différentes, en dehors de touches anciennes, tapis orientaux et lits dorés. Location gratuite de vélos. Thé et café dans le hall. Le petit-déjeuner est à 10 €.

Haidhausen et Lehel

Hotel Ritzi HÔTEL €€€

(carte p. 62 ; 089-414 240 890 ; www.hotel-ritzi.de ; Maria-Theresia-Strasse 2a ; s/d à partir de 100/149 € ; ; Maxmilianeum). Dans ce charmant hôtel conceptuel, proche d'un petit parc, l'escalier en bois grinçant (pas d'ascenseur) mène à des chambres qui vous transporteront aux Caraïbes, au Maroc ou vers d'autres pays d'Afrique et destinations exotiques. Cependant, ce sont les éléments *Jugendstil* de l'édifice qui impressionnent, ainsi que le restaurant prisé du rez-de-chaussée, réputé pour son brunch dominical et sa carte de vins bien choisis.

Hotel Opéra HÔTEL €€€

(carte p. 62 ; 089-210 4940 ; www.hotel-opera.de ; St-Anna-Strasse 10 ; d à partir de 230 € ; ; Maxmonument, U Lehel). La double porte d'entrée blanche s'ouvre après avoir appuyé sur un minuscule bouton de laiton. Derrière vous attend un élégant petit cocon de calme et de raffinement, avec des sols en marbre pêche et crème, un lustre récupéré du Vatican et des chambres au décor exceptionnel.

Westend et Theresienwiese

Pension Westfalia B&B €

(carte p. 75 ; 089-530 377 ; www.pension-westfalia.de ; Mozartstrasse 23 ; s/d à partir de 38/50 € ; ; U Goetheplatz). À deux pas du site de l'Oktoberfest, cette imposante villa sur 4 niveaux dissimule une pension douillette et calme tenue par une famille, une base idéale pour faire du tourisme (en dehors de l'Oktoberfest). L'accès aux chambres se fait par un ascenseur ; les moins chères ont les sanitaires dans le couloir.

Hotel Mariandl HÔTEL €€

(carte p. 75 ; 089-552 9100 ; www.mariandl.com ; Goethestrasse 51 ; s 68-98 €, d 88-128 € ; ; Sendlinger Tor, U Sendlinger Tor). Si vous aimez mêler l'histoire au bizarre, cette charmante demeure néogothique pleine de coins et de recoins est faite pour vous. Les chambres de caractère rappellent indéniablement la période *Jugendstil* avec leur mobilier ancien sélectionné avec soin et leurs plafonds décorés. Petit-déjeuner servi jusqu'à 16h dans le café de style viennois, en bas, qui propose chaque soir des concerts de jazz ou de musique classique.

Hotel Uhland HÔTEL €€

(carte p. 75 ; 089-543 350 ; www.hotel-uhland.de ; Uhlandstrasse 1 ; s/d avec petit-déj à partir de 75/95 € ; P ; U Theresienwiese). Le Uhland jouit depuis longtemps d'une clientèle fidèle qui aime se sentir comme chez elle lorsqu'elle est à l'hôtel. Le parking gratuit, le buffet du petit-déjeuner et ses produits bio ainsi que le minibar garni de boissons peu onéreuses font partie des atouts du lieu. Il est possible d'ajouter des couchages supplémentaires dans les chambres.

Où se restaurer

L'acteur viennois Helmut Qualtinger qualifia un jour la nourriture munichoise de "garniture pour la bière". Si cela est encore vrai pour les *Bierpaläste* et restaurants traditionnels, où la carte s'aventure rarement au-delà du rôti de porc et de la saucisse, la ville peut se targuer d'avoir la meilleure scène culinaire du sud de l'Allemagne. Les cuisines munichoises bouillonnent d'innovation, et les meilleurs plats sont réalisés à partir de produits frais régionaux, de saison et bio. La capitale bavaroise est également un très bon endroit pour goûter à une cuisine aux

Westend et Theresienwiese

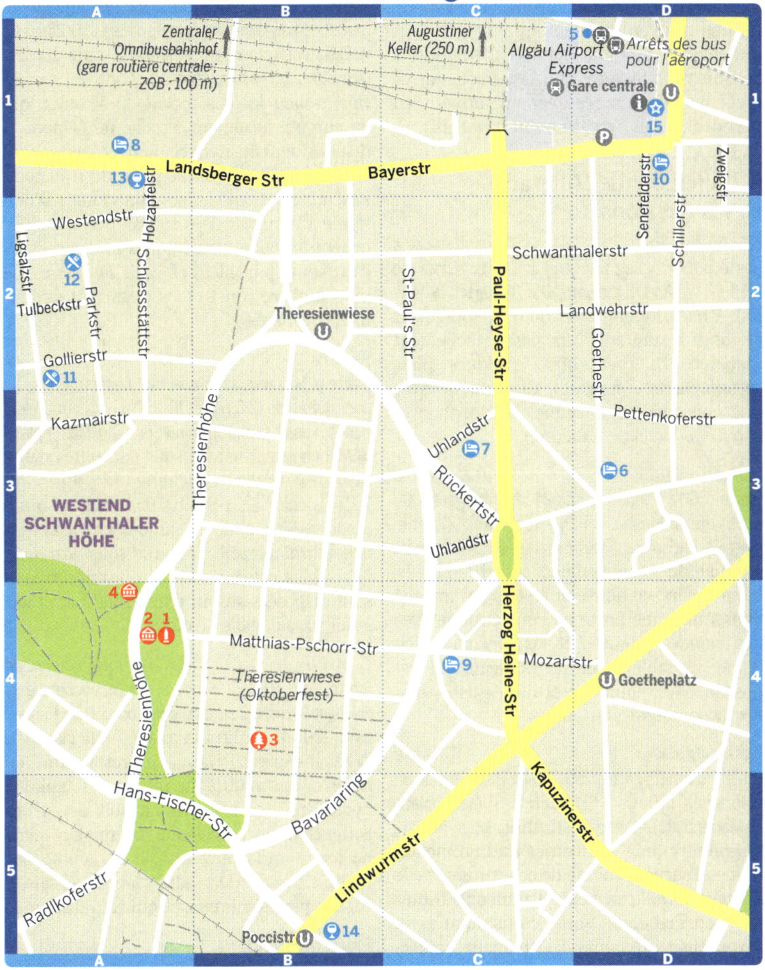

Westend et Theresienwiese

À voir

1 Statue de Bavaria A4
2 Ruhmeshalle A4
3 Theresienwiese B4
4 Verkehrszentrum A4

Circuits organisés

5 Radius Tours & Bike Rental D1

Où dormir

6 Hotel Mariandl D3
7 Hotel Uhland C3
8 Meininger's A1
9 Pension Westfalia C4
10 Wombats City Hostel Munich D1

Où se restaurer

11 Bodhi A2
12 Marais A2

Où prendre un verre et faire la fête

13 Augustiner Bräustuben A1
14 Substanz B5

Où sortir

15 München Ticket D1

saveurs internationales, en particulier italiennes, afghanes et turques, et les végétariens trouveront mieux que des pâtes et des salades. La mode est actuellement aux hamburgers. Si votre choix se porte sur ce mets peu typique, essayez au moins d'en prendre un fait avec du bœuf bavarois.

Vieille ville (Altstadt) et ses environs

Küche am Tor ALLEMAND, ITALIEN €
(carte p. 50 ; Lueg Ins Land 1 ; plats autour de 8,50 € ; 12h-17h lun-ven ; ; Isartor, S Isartor). À midi, les employés du coin apprécient ce bon restaurant qui passe facilement inaperçu. La carte offre quelques plats réconfortants, surtout allemands, avec une note méditerranéenne : pesto, thon et *salsiccia* (saucisse italienne).

Hans im Glück HAMBURGERS €
(carte p. 50 ; Sonnenstrasse 24 ; hamburgers 8 € ; 11h-minuit lun-jeu, 11h-2h ven et sam ; Karlsplatz, S Karlsplatz, U Karlsplatz). Représentant typique de l'engouement actuel pour les hamburgers, ce nouveau restaurant installé dans l'ancienne poste en confectionne avec des viandes juteuses et les sert au mileu d'une véritable forêt de bouleaux. Il est possible d'en emporter et il en existe aussi des variantes végétariennes.

Schmalznudel CAFÉ €
(Cafe Frischhut ; carte p. 50 ; Prälat-Zistl-Strasse 8 ; pâtisseries 1,70 € ; 8h-18h ; U Marienplatz, S Marienplatz). Cette institution très prisée, qui ne sert que 4 pâtisseries traditionnelles, doit son surnom à l'une de ces dernières – le *Schmalznudel* (un beignet huileux). Toutes les gourmandises sont croustillantes et savoureuses, toujours fraîchement confectionnées. En hiver, accompagnez-les d'un café fumant.

Königsquelle EUROPÉEN €€
(carte p. 50 ; 089-220 071 ; www.koenigsquelle.com ; Baaderplatz 2 ; plats 9-21 € ; 17h-1h dim-ven, 19h-1h sam ; Isartor, Isartor). Cette institution est appréciée pour son service attentif, ses plats savamment préparés et son bar en bois dur bien achalandé contenant probablement le meilleur choix de whiskys pur malt de Munich. La carte, écrite à la main de manière peu lisible, comporte des spécialités bavaroises et italiennes, où le *Schnitzel* (escalope viennoise) côtoie *linguine*, fromage de chèvre et cannellonis.

Refettorio ITALIEN €€
(carte p. 50 ; 089-2280 1680 ; www.refettorio-muenchen.de ; Marstallplatz 3 ; plats 11,50-28,50 € ; 12h-minuit mar-ven, 10h-minuit sam, 10h-18h dim ; ; Nationaltheater). C'est le restaurant italien le plus récent de Munich, qui en compte beaucoup. Proche de l'Opéra et du Residenztheater, ce lieu coloré, ancré dans le XXIe siècle, est plein de fraîcheur. Les tables et les chaises sont toutes d'une teinte différente. Des mosaïques grecques ornent les coins stratégiques et des œuvres d'art sont éparpillées çà et là. Le menu a le mérite d'être court et les plats sont savamment préparés.

Fedora ITALIEN €€
(carte p. 50 ; www.fedorabar.de ; Ledererstrasse 3 ; plats autour de 12 €, pizzas 10-15 € ; 10h-1h lun-jeu, 10h-2h ven et sam, 16h-minuit dim ; U Marienplatz, S Marienplatz). Installé sous les voûtes d'une Zerwirkgewölbe (boucherie de gibier) du XIIIe siècle, ce restaurant italien nommé ainsi en l'honneur du fameux chapeau sert une pizza correcte préparée sous vos yeux. Les tables couvertes de nappes à carreaux sont disposées autour d'un grand bar et sur la terrasse installée côté soleil.

Conviva INTERNATIONAL €€
(carte p. 50 ; www.conviva-muenchen.de ; Hildegardstrasse 1 ; menu déj 3 plats 8-10 €, plats dîner 10-15 € ; 11h-1h lun-sam, 17h-1h dim ; ; Kammerspiele). Dans ce restaurant de théâtre, les murs sont nus et les tables à peine dressées car rien ne doit détourner l'attention de l'excellente chère. Les plats au menu, qui changent tous les jours, sont réalisés à partir de produits locaux de saison et sont peu nombreux, ce qui est rassurant.

Prinz Myshkin VÉGÉTARIEN €€
(carte p. 50 ; 089-265 596 ; www.prinzmyshkin.com ; Hackenstrasse 2 ; plats 10-19 € ; 11h-12h30 ; ; U Marienplatz, S Marienplatz). Le meilleur établissement sans viande de Munich vous apportera la preuve, si besoin en était, que le végétarisme n'est plus l'apanage d'une minorité excentrique. L'ancienne brasserie qu'il occupe offre un espace voûté, ouvert mais intime. Les adeptes d'une alimentation saine viennent savourer des plats originaux : soupe curry-orange-carottes, savoureux currys et desserts "bien-être".

Bratwurstherzl FRANCONIEN €€
(carte p. 50 ; Dreifaltigkeitsplatz 1 ; plats 7-16 € ; 10h-23h lun-sam ; U Marienplatz, S Marienplatz). Les boiseries cosy et l'ancienne cave

voûtée en briques donnent le ton de cette taverne du Vieux Munich axée sur la Franconie (région du nord de la Bavière). Les saucisses bio faites maison sont grillées à la perfection sur un feu de bois de hêtre et servies dans des assiettes en étain en forme de cœur. Dégustez-les de préférence avec une bière fraîche de la marque Hacker-Pschorr.

OskarMaria INTERNATIONAL €€

(carte p. 50 ; www.oskarmaria.com ; Salvatorplatz 1 ; plats 8-26 € ; 10h-minuit lun-sam, 10h-19h dim ; U Odeonsplatz). Ce café du centre culturel Literaturhaus est très chic avec ses hauts plafonds, ses petites tables alignées typiques des cafés d'Europe centrale et ses serveurs empressés. L'atmosphère plaira à ceux qui préfèrent les lieux peu touristiques (en principe). Le menu propose des plats internationaux et plusieurs spécialités bavaroises.

Cafe Luitpold CAFÉ €€

(carte p. 50 ; www.cafe-luitpold.de ; Briennerstrasse 11 ; plats 11-20 € ; 8h-19h lun, 8h-23h mar-sam, 9h-19h dim ; U Odeonsplatz). Les tables et chaises rouge vif disposées côté rue donnent le ton de cet établissement élégant mais pas ultrabranché composé de 3 espaces – un bar animé, un café à colonnades moins bruyant et un agréable atrium planté de palmiers. Parfait pour un café et une part de gâteau ou pour un dîner un peu chic.

Weisses Brauhaus BAVAROIS €€

(carte p. 50 ; 089-290 1380 ; www.weisses-brauhaus.de ; Tal 7 ; plats 7-20 € ; U Marienplatz, S Marienplatz). En soirée, cette brasserie munichoise typique est remplie de clients alcoolisés hilares à la face rubiconde qui accompagnent les flonflons de l'orchestre d'une voix tonitruante. La *Weisswurst* (saucisse de veau) donne une idée de ce que l'on sert ici. À arroser d'une *Schneider Weissbier*. C'est un lieu à juste titre très populaire. Il est préférable de réserver après 19h.

Tegernseer Tal BAVAROIS €€

(carte p. 50 ; Tal 8 ; plats 9-20 € ; 9h30-1h dim-mer, 9h30-3h jeu-sam ; ; U Marienplatz, S Marienplatz). Avec son intérieur en bois blond éclairé par une immense lucarne, ce lieu se distingue des tavernes lambrissées de bois sombre de Munich. Il sert une bière pression de la région alpine de Tegernseer et une cuisine régionale originale dans un cadre plus lumineux et calme que la normale et dans une ambiance moins bruyante.

Einstein JUIF €€

(carte p. 50 ; St-Jakobs-Platz 18 ; plats 10-19 € ; 12h-15h et 18h-minuit sam-jeu, 12h30-15h ven Marienplatz, U Marienplatz). Ce restaurant, qui se reflète dans les vitres du Musée juif, est le seul établissement casher du centre-ville. Son décor épuré, ses tables élégamment dressées, son ambiance paisible et son menu composé de plats israéliens bien préparés vous feront oublier le contrôle d'identité et la fouille à l'entrée.

Lemar AFGHAN €€

(carte p. 50 ; 089-2694 9454 ; Brunnstrasse 4 ; plats 12,50-15 € ; 18h-23h ; Sendlinger Tor, U Sendlinger Tor). Le Lemar est idéal pour se familiariser avec cette cuisine savoureuse mais peu connue. Les spécialités, comme la soupe de lentilles épicée, les kebabs de poulet, le riz basmati aux raisins secs et aux pistaches, et les *mantu* (gros raviolis à la viande et au yaourt), sont délicieuses. Tous ceux qui ont pris place sur les coussins traditionnels du restaurant ne tarissent pas d'éloges à son sujet. Mieux vaut donc réserver.

Galleria ITALIEN €€€

(carte p. 50 ; 089-297 995 ; www.ristorante-galleria.de ; Sparkassenstrasse 11 ; 2/3 plats 16/25 € ; 12h-14h30 et 18h-23h ; S Marienplatz, U Marienplatz). Il y a une multitude de restaurants italiens à Munich, mais le Galleria est un cran au-dessus. Sa salle encombrée surprend avec son mélange éclectique et bigarré d'art contemporain et de tables serrées. Les plats réservent des surprises comme le turbot au curry de lentilles et à la mousse à la noix de coco. Réservation impérative en soirée.

Gärtnerplatzviertel et Glockenbackviertel

Götterspeise CAFÉ €

(carte p. 50 ; Jahnstrasse 30 ; en-cas à partir de 3 € ; 8h-19h lun-ven, 9h-18h sam ; Müllerstrasse). Le nom signifie "nourriture des dieux", mais la nourriture en question y est des plus diabolique, puisqu'il s'agit de chocolat ! Il est disponible sous diverses formes, aussi bien liquides que solides. Des thés, cafés et gâteaux sont également servis.

Wiener Cafe CAFÉ €

(carte p. 50 ; angle Reichenbachstrasse et Rumfordstrasse ; en-cas 1,50-5 € ; 8h30-18h lun-ven, 8h-17h sam ; Reichenbachplatz). Ce charmant café d'Europe centrale à l'ancienne est décoré de tables en marbre.

1

2

TIM GRAHAM / CONTRIBUTOR / GETTY IMAGES ©

PEARL BUCKNALL / GETTY IMAGES ©

1. Rothenburg ob der Tauber (p. 123) 2. Le Nid d'aigle d'Hitler (p. 114)
3. Intérieur de l'église de Wies (p. 102)

ALTRENDO TRAVEL / GETTY IMAGES ©

Voyage dans l'histoire

C'est essentiellement l'histoire qui incite la plupart des touristes à se rendre dans le sud de l'Allemagne. Tout le monde y trouve son compte car la région renferme à la fois des églises, des palais, de hauts lieux du nazisme et des villes médiévales merveilleusement conservées.

Passé nazi

Derrière son décor de carte postale, la Bavière dissimule un sombre passé. Le camp de concentration de Dachau, le Nid d'aigle d'Hitler, le tribunal et le Reichsparteitagsgelände de Nuremberg, le centre de documentation de l'Obersalzberg de Berchtesgaden sont autant de rappels du chapitre le plus sinistre de son histoire.

Route romantique

Si vous avez envie de voir défiler devant vous des sites historiques pittoresques, bien conservés et variés, empruntez la Route romantique, le circuit touristique le plus populaire d'Allemagne. De Wurtzbourg jusqu'aux Alpes, cette route de 350 km permet d'admirer des villes fortifiées médiévales, des églises baroques, des palais, des maisons à colombages et quelques-uns des plus beaux châteaux d'Allemagne.

Maison Wittelsbach

La famille Wittelsbach a dirigé la Bavière pendant plus de sept siècles et lui a donné de nombreuses merveilles architecturales et artistiques ainsi qu'un roi "fou", Louis II de Bavière. L'essor du secteur touristique doit beaucoup aux folies architecturales et à l'engouement de ce dernier pour Wagner.

Églises splendides

Que vous aimiez la sobriété du style roman, l'excentricité rococo, l'ornementation baroque ou la pompe néogothique, vous trouverez une église à votre goût dans le sud de l'Allemagne. Parmi les plus beaux édifices religieux citons l'église de Wies, l'église des Frères-Asam de Munich, les cathédrales de Fribourg et d'Ulm ainsi que la colossale église en briques de Landshut.

Fraunhofer BAVAROIS €€

(carte p. 50 ; 089-266 460 ; www.fraunhofer-theater.de ; Fraunhoferstrasse 9 ; plats 7-25 € ; 16h30-1h lun-ven, 10h-1h sam ; ; Müllerstrasse). Avec son parquet grinçant, ses plafonds en stuc, ses lambris et l'absence presque totale de traces du siècle dernier, cette auberge est l'un des meilleurs endroits où explorer la région à la fourchette. Le menu réunit les spécialités du sud de l'Allemagne adaptées au gré des saisons ainsi qu'au moins une douzaine de plats végétariens et des plats exotiques et étranges.

Le minuscule théâtre à l'arrière accueille de bons spectacles et fut l'un des premiers lieux à promouvoir un style moderne de *Volksmusik* (musique traditionnelle) dans les années 1970-1980.

Bamyan AFGHAN €€

(carte p. 50 ; www.bamyan.de ; Hans-Sachs-Strasse 3 ; plats 8-16 € ; 15h-1h lun-sam, 18h-1h dim ; Müllerstrasse). On n'associe pas souvent les termes "*happy hour*", "cocktail" et "atmosphère décontractée" au mot "afghan". Ce restaurant exotique, qui tire son nom des statues du Bouddha détruites par les talibans en 2001, allie pourtant les trois. Soupes, kebabs, riz et agneau d'Asie centrale et grandes salades sont servis sur des tables finement ouvragées.

MC Müller HAMBURGERS €€

(carte p. 50 ; www.mcmueller.org ; angle Müllerstrasse et Fraunhoferstrasse ; hamburgers 7,20-15,50 € ; 18h-2h lun-jeu, 18h-4h ven-sam ; Müllerstrasse). Ce bar au look des années 1960, qui accueille aussi des DJ, sert des hamburgers et reste ouvert jusqu'au petit matin.

Sushi & Soul SUSHI €€

(carte p. 50 ; Klenzestrasse 21 ; plats 12-20 € ; 18h-1h ; Reichenbachplatz). Dans ce restaurant populaire, vous dégusterez des bouchées au poisson et des cocktails originaux en écoutant de la pop japonaise.

La Bouche FRANÇAIS €€€

(carte p. 50 ; 089-265 626 ; www.restaurant-la-bouche.de ; Jahnstrasse 30 ; plats 14,50-30 € ; midi-15h lun-ven, 18h-minuit lun-sam ; U Fraunhoferstrasse). Attendez-vous à une bonne ambiance à la française dans ce restaurant aux tables serrées qui met l'accent sur une cuisine imaginative mais sans artifices (raviolis aux truffes, foie de veau aux pommes caramélisées et poissons variés). L'endroit est bien plus grand qu'il n'en a l'air (il y a une 2e salle à l'arrière).

Schwabing et Maxvorstadt

Pommes Boutique RESTAURATION RAPIDE €

(carte p. 58 ; Amalienstrasse 46 ; frites 3,20 € ; 10h-22h lun-sam, midi-20h dim ; U Universität). Cet établissement sympathique, idéal pour un déjeuner rapide, sert des frites à la belge bon marché faites avec des pommes de terre bio, à accompagner de l'une des 30 délicieuses sauces et d'une *Currywurst* (saucisse au curry) à tomber.

Chopan AFGHAN €€

(carte p. 66 ; Elvirastrasse 18A ; plats 7-17,50 € ; 18h-minuit ; U Maillingerstrasse). Ce célèbre restaurant est très prisé de l'importante communauté afghane munichoise. Le décor rappelle les caravansérails d'Asie centrale avec ses somptueux tissus, ses lanternes en verre multicolores et ses formes géométriques. Vous découvrirez une carte exotique comprenant agneau, lentilles, riz, épinards et pain plat dans diverses combinaisons. Ne sert pas d'alcool.

Potting Shed HAMBURGERS €€

(carte p. 58 ; Occamstrasse 11 ; plats 6-17 € ; à partir de 18h ; U Münchner Freiheit). Ce restaurant à l'ambiance détendue sert tapas, hamburgers gastronomiques et cocktails à une clientèle du soir sympathique. Le menu hamburger vous fera voyager autour du monde, mais c'est la spécialité de la maison, le "Potting Shed Special" (hamburger de bœuf bio flambé au whisky) qui attire l'attention sur la carte, simple mais bien concoctée.

Ruff's Burger HAMBURGERS €€

(carte p. 58 ; Occamstrasse 4 ; hamburgers 7-15 € ; 11h30-23h lun-mer, 11h30-minuit jeu-sam, 11h30-22h dim ; U Münchner Freiheit). En ce moment, les *buns* à la viande sont populaires à Munich. Dans ce restaurant de Schwabing, ils sont faits avec de la viande bavaroise, sauf, bien sûr, la variante végétarienne proposée à titre symbolique. On les déguste avec des bières Erdinger et Tegernseer. La plupart des tables sont en terrasse.

Tantris INTERNATIONAL €€€

(089-361 9590 ; www.tantris.de ; Johann-Fichte-Strasse 7 ; menu à partir de 80 € ; midi-15h et 18h30-1h mar-sam ; ; U Dietlindenstrasse). Comme l'indique le site du restaurant, le tantrisme symbolise la "quête de la perfection" et ce restaurant, qui est l'un des plus réputés d'Allemagne, n'en est pas loin. Le design intérieur est empreint des années 1970 – tout n'est que rouge vif et noir ébène, ponctué de luminaires jaunes –, la nourriture est sublime, et le service aussi discret qu'efficace. La cave à vin est probablement la meilleure du pays. Réservation indispensable.

Cochinchina ASIATIQUE €€€
(carte p. 58 ; ☎089-3898 9577 ; www.cochinchina.de ; Kaiserstrasse 28 ; plats autour de 20 € ; ⏲11h30-14h30 et 18h-minuit ; U Münchner Freiheit). Portant le nom qui désignait jadis le sud du Vietnam, ce restaurant cosmopolite spécialisé dans la cuisine asiatique fusion est le meilleur endroit de Munich pour déguster des mets vietnamiens et chinois. Ces derniers sont servis dans une salle sombre au décor exotique vouant un culte aux lucioles, où les seules touches de couleur sont celles des vases chinois et des lampes. On y savoure une excellente soupe *pho*.

Nymphenburg, Neuhausen et leurs environs

Eiscafé Sarcletti GLACIER €
(carte p. 66 ; www.sarcletti.de ; Nymphenburger Strasse 155 ; ⏲9h-23h30 mai-août, horaires réduits sept-avr ; 🚋Volkartstrasse). Les amateurs de glaces fréquentent cette institution munichoise depuis 1879 qui propose plus de 50 parfums alléchants : de la vanille (loin d'être quelconque) au citron vert et au lait de coco.

Schlosscafé Im Palmenhaus CAFÉ €€
(carte p. 66 ; www.palmenhaus.de ; Schloss Nymphenburg 43 ; plats 9-15 € ; ⏲11h-18h mar-ven, 10h-18h sam-dim ; 🚋Schloss Nymphenburg). Cette palmeraie vitrée de 1820, où Louis II gardait ses plantes exotiques au chaud en hiver, est aujourd'hui un café haut de plafond à l'odeur agréable. On y sert des soupes, des salades, des sandwichs et des repas légers. Situé juste derrière le château de Nymphenburg.

Esszimmer MÉDITERRANÉEN €€€
(carte p. 66 ; ☎089-358 991 814 ; www.bmw-welt.com ; BMW Welt, Am Olympiapark 1 ; 4/5 plats 90/110 € ; ⏲à partir de 16h mar-sam ; ❄📶 ; U Olympiazentrum). Il a fallu seulement deux ans à Bobby Bräuer, chef de ce restaurant gastronomique du BMW Welt, pour décrocher une étoile au Michelin. Ce lieu très chic est parfait pour goûter des plats légers français et méditerranéens à l'indice d'octane élevé dans une salle ornée de placages en bois sombre tendance, au-dessus de BMW de série 8 et 7. C'est la formule 1 de la gastronomie.

Haidhausen et Lehel

Wirtshaus in der Au BAVAROIS €€
(carte p. 62 ; ☎089-448 1400 ; Lilienstrasse 51 ; plats 10-16 € ; ⏲17h-minuit lun-ven, 10h-minuit sam-dim ; 🚋Deutsches Museum). "Bière et boulettes depuis 1901", voici le slogan simple de cette taverne bavaroise. Ces boulettes qui ont résisté à l'épreuve du temps sont bien sa spécialité (des cours en anglais pour apprendre à les faire sont d'ailleurs dispensés). La vaste salle, une ancienne brasserie, est dotée d'un sol au carrelage grand format, d'un haut plafond et d'une cheminée crépitante en hiver. Au printemps, le *Biergarten* fait le plein.

Dreigroschenkeller BAVAROIS €€
(carte p. 62 ; Lilienstrasse 2 ; plats 10-19 € ; ⏲17h-1h dim-jeu, 17h-3h ven-sam ; 🚋Deutsches Museum). Pub aménagé dans une cave en briques, douillette et labyrinthique, dont les pièces, allant d'une cellule de prison à un salon rouge satiné, font référence à l'*Opéra de quat'sous* (*Die Dreigroschenoper*) de Bertolt Brecht. Neuf bières au choix et large choix de copieux plats internationaux et bavarois.

Vegelangelo VÉGÉTARIEN €€
(carte p. 50 ; ☎089-2880 6836 ; www.vegelangelo.de ; Thomas-Wimmer-Ring 16 ; plats 10-19 €, menu 24-30 € ; ⏲12h-14h mar-jeu, 18h-tard lun-sam ; 🖉; 🚋Isartor, S Isartor). Réservation obligatoire dans ce petit restau végétarien où les babioles indiennes, le piano et la petite cheminée victorienne détournent peu l'attention de l'excellente cuisine sans viande, qui peut être adaptée aux végétaliens. Menu obligatoire le vendredi et le samedi. Les poussettes ne sont pas admises.

Swagat INDIEN €€
(carte p. 62 ; Prinzregentenplatz 13 ; plats 10,50-22,50 € ; ⏲11h30-14h30 et 17h30-1h ; 🖉; 🚋Prinzregentenplatz, U Prinzregentenplatz). Bien qu'un peu miteux de l'extérieur, le Swagat affiche à l'intérieur une allure de cave intime dont chaque recoin est orné de tissus indiens, de dieux hindous faisant des cabrioles et de nappes blanches immaculées. Le curry est épicé à la limite de ce que peuvent supporter les Bavarois et les plats végétariens ne manquent pas.

Westend

Marais CAFÉ €
(carte p. 75 ; Parkstrasse 2 ; plats 5-13 € ; 8h-20h mar-sam, 10h-18h dim ; ; Holzapfelstrasse). Installé dans une ancienne mercerie, le café le plus curieux du Westend fait à la fois office de bazar, de café et d'atelier de couture, et tout ce que vous y voyez (bibelots, gâteaux, et la chaise ancienne sur laquelle vous êtes assis) est à vendre.

Bodhi VÉGÉTALIEN €€
(carte p. 75 ; Ligsalzstrasse 23 ; plats 10-17 € ; à partir de 17h lun-ven, à partir de 12h sam, 10h-14h dim ; ; U Schwanthalerhöhe). Ce nouveau restaurant végétalien possède un décor dépouillé où le bois prédomine. Les adeptes d'une alimentation saine y dégustent des pâtes, des hamburgers, des salades, des steaks de soja et des plats à base de tofu. Nous ne saurons jamais s'ils boivent aussi les nombreux cocktails et whiskys qui sont offerts.

La Vecchia Masseria ITALIEN €€
(carte p. 50 ; Mathildenstrasse 3 ; plats 9-18 €, pizzas 7-8,50 € ; 11h30-0h30 ; Sendlinger Tor, S Sendlinger Tor). Ce lieu chaleureux au décor campagnard est l'une des plus anciennes

MUNICH GAY ET LESBIEN

Si la scène gay et lesbienne munichoise est la plus vivante de Bavière, elle reste timide comparée à celle de Berlin, de Cologne ou d'Amsterdam. Le drapeau arc-en-ciel flotte fièrement le long de la Müllerstrasse et dans le secteur attenant de Glockenbachviertel-Gärtnerplatzviertel. Pour vous tenir au courant des événements, guettez les magazines gratuits *Our Munich* et *Sergej*, qui contiennent des infos à jour et des actualités sur la communauté homosexuelle et sur les établissements *gay friendly*. Le site www.gaytouristoffice.com est une autre source d'information.

Sub (carte p. 50 ; 089-856 346 400 ; www.subonline.org ; Müllerstrasse 14 ; 19h-23h dim-jeu,19h-minuit ven et sam ; Müllerstrasse) est un centre de services et d'information.
LeTRa (carte p. 50 ; 089-725 4272 ; www.letra.de ; Angertorstrasse 3 ; 14h30-17h lun et mer, 10h30-13h mar ; Müllerstrasse) est réservé aux lesbiennes.

Les principales gay prides sont le Christopher Street Day (p. 71), qui a lieu sur la Marienplatz le second week-end de juillet, et le Schwules Strassenfest (www.schwules-strassenfest.de), qui se tient à la mi-août dans la Hans-Sachs-Strasse dans le quartier de Glockenbachviertel. Lors de l'Oktoberfest, les lesbiennes et les gays prennent d'assaut la tente Bräurosl le premier dimanche et la tente Fischer-Vroni le deuxième lundi.

Quelques adresses :

Ochsengarten (carte p. 50 ; www.ochsengarten.de ; Müllerstrasse 47 ; Müllerstrasse). C'est le tout premier bar "cuir" de la capitale bavaroise. Hommes gays uniquement.

Edelheiss (carte p 50 ; www.edelheiss.de ; Pestalozzistrasse 6 ; Sendlinger Tor, U Sendlinger Tor). L'ambiance est décontractée dans la journée, mais débridée le soir.

Nil (carte p. 50 ; www.facebook.com/CafeBarNil ; Hans-Sachs-Strasse 2 ; plats 3,50-8 € ; 15h-3h ; Müllerstrasse). Avec son décor en bois et marbre au style vaguement égyptien, ce café-bar à l'ambiance détendue est ouvert jusqu'à 3h du matin. C'est un lieu idéal pour recharger les batteries après une soirée.

NY Club (carte p. 50 ; www.nyclub.de ; Sonnenstrasse 25 ; ven et sam ; Sendlinger Tor, U Sendlinger Tor). Après une rénovation complète, le temple de la danse gay a rouvert et l'on se déchaîne à nouveau comme à Ibiza sur la principale piste rétro-éclairée.

Bau (carte p. 50 ; www.bau-munich.de ; Müllerstrasse 41 ; Müllerstrasse). Bar à deux niveaux fréquenté par des hommes virils vêtus de cuir, de Levi's et d'uniformes. Soirées mousse dans la petite backroom au sous-sol.

Prosecco (carte p. 50 ; www.prosecco-munich.de ; Theklatstrasse 1 ; Müllerstrasse). Excellente adresse pour danser, draguer et boire, qui attire une clientèle variée de fêtards avec son décor original et sa musique kitsch (principalement années 1980 et hit-parade).

osterie de Munich. Tables en bois massives, vieux seaux en étain, corbeilles et fers à repasser composent le décor qui évoque l'ambiance d'une ferme des Apennins. Il y a un *Biergarten* devant, mais il n'ouvre qu'à partir de 21h30.

Où prendre un verre et faire la fête

Ceux qui aiment lever le coude seront aux anges à Munich : bruyants *Bierpaläste*, bars d'hôtel chics, *Biergärten* sous les marronniers, bars à DJ branchés, temples du cocktail design – le choix est si vaste que vous n'aurez aucun mal à trouver votre bonheur. De manière générale, les bars pour étudiants abondent dans les quartiers de Maxvorstadt et de Schwabing, tandis que les brasseries et tavernes traditionnelles sont concentrées dans la vieille ville. Le quartier de Haidhausen attire une clientèle branchée et c'est dans le Gärtnerplatzviertel et le Glockenbachviertel que l'on trouve bars gays animés et repaires de hipsters.

Où que vous soyez, vous trouverez toujours un établissement attrayant où prendre un café revigorant. Ils proposent souvent aussi une nourriture légère et de délicieux gâteaux maison.

Testez les bières bavaroises dans une authentique *Bierkeller* (cave à bière) ou dans un *Biergarten* (brasserie en plein air). On y vient principalement pour boire, même si on y sert parfois à manger. Dans les *Biergärten*, il est généralement permis d'apporter son pique-nique, à condition de s'installer à des tables sans nappes et de commander à boire. Des orchestres bavarois jouent parfois de la musique. Ne pensez même pas à vous asseoir à une *Stammtisch,* table réservée aux habitués (reconnaissable à une plaque en laiton ou autre) ! Les brasseries en plein air réservent en général un bon accueil aux familles et proposent des aires de jeux et des menus pour enfant.

Munich ne manque pas de boîtes de nuit et quels que soient vos goûts musicaux, vous trouverez forcément un endroit où aller vous trémousser. Pour connaître les derniers endroits à la mode, passez au crible les magazines ou les nombreux prospectus que vous trouverez dans les boutiques, cafés et bars. Comme il se doit à Munich, la sélection est assez rude à l'entrée. Les *dance floors* s'animent rarement avant 1h ; en arrivant tôt, vous augmenterez donc vos chances de rentrer sans devoir attendre pour savoir si vous passerez la sélection. Si vous faites jeune (moins de 30 ans), prenez votre carte d'identité. Les prix d'entrée dépassent rarement 15 €.

Vieille ville (Altstadt) et ses environs

Hofbräuhaus BRASSERIE

(carte p. 50 ; ☎ 089-290 136 100 ; www.hofbraeuhaus.de ; Am Platzl 9 ; 1 litre de bière 8 €, plats 10-20 € ; 9h-23h30 ; Kammerspiele, S Marienplatz, U Marienplatz). Tout visiteur se doit de faire au moins une fois un pèlerinage à l'ancêtre de toutes les brasseries. L'endroit est idéal pour déguster une chope de bière : il comprend un jardin ombragé par les marronniers, une salle principale à côté de l'orchestre bavarois, des tables en face d'une cuisine de type industriel et des recoins plus calmes.

Harry Klein CLUB

(carte p. 50 ; www.harrykleinclub.de ; Sonnenstrasse 8 ; à partir de 23h ; Karlsplatz, S Karlsplatz, U Karlsplatz). Empruntez le passage indiqué par une ligne dorée près de la Sonnenstrasse pour trouver ce qui passe pour être l'un des meilleurs *Elektro-clubs* au monde. Ici, les soirées sont une alchimie stupéfiante de visuels et de sons électro, avec des vidéos artistiques style Kraftwerk projetées en live sur les murs et qui, combinées à la musique, créent un effet des plus impressionnant.

MilchundBar CLUB

(carte p. 50 ; www.milchundbar.de ; Sonnenstrasse 27 ; Sendlinger Tor, U Sendlinger Tor). Ce club relativement nouveau est l'un des plus cotés du centre-ville. Entre le dîner et le petit-déjeuner, les amateurs s'y trémoussent en écoutant un mélange éclectique de vieux hits en semaine ou des DJ réputés le week-end.

Rote Sonne CLUB

(carte p. 50 ; www.rote-sonne.com ; Maximiliansplatz 5 ; à partir de 23h jeu-dim ; Lenbachplatz). Baptisé d'après un film culte munichois de 1969 avec la séduisante Uschi Obermaier, le “Soleil rouge” est un nirvana ardent pour les fans d'électro. Les DJ tiennent éveillée une foule en sueur jusqu'au lever du jour.

Viktualienmarkt BIERGARTEN

(carte p. 50 ; Viktualienmarkt 6 ; 9h-22h ; U Marienplatz, S Marienplatz). Après une journée de visites et de shopping, allez faire le

CITY TOUR CARD

La **City Tour Card** (www.citytourcard-muenchen.com ; 1/3 jours 10,90/20,90 €) permet d'utiliser tous les moyens de transport public dans l'*Innenraum* (ville de Munich – zones 1 à 4 ; en blanc sur les plans de transports) et offre également des réductions (entre 10 et 50 %) dans plus de 50 sites, restaurants et théâtres, y compris le musée de la Résidence (p. 55), le musée BMW (p. 67) et le musée de la Bière et de l'Oktoberfest (p. 54). En vente dans certains hôtels, dans les offices de tourisme, dans les bureaux de l'autorité de transports publics munichoise (MVV) et aux machines des stations de U-Bahn, S-Bahn et DB.

plein de bons produits au Viktualienmarkt et trouvez une table dans ce *Biergarten* ombragé de marronniers, une institution munichoise depuis 1807. Les brasseries s'y relaient, on ne sait donc jamais ce qui est servi à la pression.

Schumann's Bar BAR

(carte p. 50 ; ☎089-229 060 ; www.schumanns.de ; Odeonsplatz 6-7 ; 🕒8h-3h lun-ven, 18h-3h sam-dim ; Ⓢ Odeonsplatz). À la fois urbain et raffiné, le Schumann's pimente les nuits munichoises avec ses fantaisies libatoires déclinées en breuvages. Sert de bons petits-déjeuners en semaine.

Braunauer Hof PUB

(carte p. 50 ; Frauenstrasse 42 ; 🕒11h30-23h lun-sam ; 🚊Isartor, Ⓢ Isartor). Dans cet établissement proche de l'Isartor, vous avez le choix entre la salle au décor typiquement bavarois et le jardin situé à l'arrière qui, bien qu'en centre-ville, est très calme. On y va pour siroter une Paulaner le soir. À midi, le menu de 8,50 € est d'un excellent rapport qualité-prix.

Stereo Cafe CAFÉ

(carte p. 50 ; www.stereocafe.de ; Residenzstrasse 25 ; 🕒10h-20h lun-sam ; 🚊Theatinerstrasse). Situé en face de la Résidence, ce café vaguement portugais (on y sert du porto, des *pastels de nata* et du poisson de l'Atlantique) est un joyau avec ses tabourets placés près d'immenses fenêtres côté ouest. Il est parfait pour un apéritif avant le théâtre ou une pause après des visites ou des achats. On y accède par le magasin d'accessoires masculins situé au rez-de-chaussée.

Café Cord CAFÉ

(carte p. 50 ; ☎089-5454 0780 ; www.cafe-cord.tv ; Sonnenstrasse 19 ; plats 10-20 € ; 🕒11h-1h lun-sam ; 📶; 🚊Karlsplatz, Ⓢ Karlsplatz, Ⓤ Karlsplatz). À l'écart de l'animation de la Sonnenstrasse, dans un quartier moderne, ce café très soigné est idéal pour prendre un déjeuner léger ou un café, ou pour faire une pause avant une tournée des clubs. En été, la succulente nourriture internationale est encore meilleure dégustée dans la cour romantique illuminée.

Heart CLUB

(carte p. 50 ; www.h-e-a-r-t.me ; Lenbachplatz 2a ; 🚊Lenbachplatz). Ce club sélect conçu à la fois pour dîner, danser et flirter occupe l'ancienne bourse. Il attire des clients aisés de plus de 25 ans prêts à déguster un steak de bœuf à 5h du matin. Revêtez vos plus beaux atours pour pénétrer dans le hall illuminé orné de miroirs au plafond et dans les autres espaces au design superbe.

Gärtnerplatzviertel et Glockenbackviertel

Baader Café CAFÉ

(carte p. 50 ; Baaderstrasse 47 ; 🕒9h30-1h ; 📶; 🚊Fraunhoferstrasse). Créé au milieu des années 1980, ce café littéraire attire une clientèle variée (les mini-jupes côtoient les vestes en tweed) buvant sans se presser un café ou un cocktail au milieu de la nuit. Prisé pour son brunch dominical, il est généralement bondé, même le mercredi matin en hiver.

Trachtenvogl CAFÉ

(carte p. 50 ; Reichenbachstrasse 47 ; 🕒10h-1h dim-jeu, 10h-2h ven et sam ; 📶 ; 🚊Fraunhoferstrasse). Le soir, il vous faudra jouer des coudes dans ce repaire animé qui attire une foule bavarde et alcoolisée de fêtards, d'artistes et d'étudiants. L'ambiance est plus calme en journée, idéale pour se délecter de l'un des chocolats chauds à la carte et admirer les pendules à coucou et les bois de cerf de l'époque où c'était un magasin de vêtements traditionnels.

Del Fiori CAFÉ

(carte p. 50 ; Gärtnerplatz 1 ; 🕒10h-minuit ; 📶; 🚊Reichenbachplatz). Ce café italien animé dispose de tables en terrasse sur la

Gärtnerplatz, prises d'assaut du printemps à la fin de l'automne. On peut y observer les passants à tout moment de la journée.

Schwabing et Maxvorstadt

Alter Simpl PUB

(carte p. 58 ; www.eggerlokale.de ; Türkenstrasse 57 ; 11h-3h lun-ven, 11h-4h sam-dim ; Schellingstrasse). Thomas Mann et Hermann Hesse venaient souvent boire quelques verres dans ce pub patiné et lambrissé. L'endroit est toujours empreint d'une atmosphère intellectuelle, idéale pour dévorer un bon livre en dégustant des bières irlandaises. Le nom fait référence à l'ancien hebdomadaire satirique allemand *Simplicissimus*.

Hirschau BIERGARTEN

(Gysslingstrasse 15 ; 11h30-23h lun-ven, 10h-23h sam-dim ; U Dietlindenstrasse). En été, cet immense *Biergarten* de 1 700 places organise des concerts presque tous les jours. Les enfants pourront profiter de l'aire de jeux ou du mini-golf adjacent tandis que vous dégusterez quelques chopes.

Salon Иркутск BAR

(carte p. 66 ; www.salonirkutsk.de ; Isabellastrasse 4 ; 17h-tard ; U Josephsplatz). Oubliez les cocktails sucrés et les mousses faisant gonfler le ventre pour l'un des bars les plus culturels de Munich, qui se décrit comme un bistrot du soir franco-slave. Vous verrez vite que ce n'est pas l'endroit où l'on vient se saouler à l'éthanol russe ou à la piquette française : le lundi, c'est soirée piano, le mercredi, soirée française, et la salle lambrissée et peinte en vert accueille des expositions d'artistes locaux.

Black Bean CAFÉ

(carte p. 58 ; Amalienstrasse 44 ; 7h-19h lun-ven, 8h-19h sam-dim ; ; U Universität). Si vous pensez que les Bavarois ne sont bons qu'à concasser du malt, cet établissement aux faux airs de Starbucks vous fera changer d'avis. Le café bio y est excellent, tout comme les muffins.

Eat the Rich BAR

(carte p. 66 ; www.eattherich.de ; Hessstrasse 90 ; 19h-1h mer et jeu, 19h-4h ven et sam ; U Theresienstrasse). Les cocktails corsés servis dans des verres d'un demi-litre désinhibent rapidement. Une bonne adresse où aller quand l'ambiance retombe partout ailleurs. Nourriture servie jusqu'à 3h le week-end.

Nymphenburg, Neuhausen et les environs

Hirschgarten BIERGARTEN

(carte p. 66 ; www.hirschgarten.de ; Hirschgarten 1 ; 11h30-1h ; Kriemhildenstrasse, S Laim). Le plus grand *Biergarten* de Munich peut accueillir jusqu'à 8 000 amateurs d'Augustiner, sans pour autant paraître bondé. Il jouit d'un joli cadre dans une ancienne réserve de chasse royale, à côté d'un enclos à cerfs et d'un manège. Allez-y après avoir visité le château de Nymphenburg, situé à quelques minutes à pied au nord.

Augustiner Keller BIERGARTEN

(Arnulfstrasse 52 ; 10h-1h avr-oct ; ; Hopfenstrasse). Chaque année, ce *Biergarten* arboré de 5 000 places, à 500 m à l'ouest de la gare centrale, étanche la soif de sa clientèle sous un éclairage féerique dès les premiers signes du printemps. Les vieux marronniers sont assez épais pour servir d'abri lorsqu'il pleut ; sinon, prenez votre chope et descendez dans la cave à bière. Petite aire de jeux.

Haidhausen et Lehel

Biergarten Muffatwerk BIERGARTEN

(carte p. 62 ; www.muffatwerk.de ; Zellstrasse 4 ; à partir de midi ; Am Gasteig). *Biergarten* "alternatif" où l'on préfère le reggae à l'orchestre bavarois, où l'on boit de manière civilisée, où l'on fait griller des viandes, poissons et légumes bio, et où l'on peut s'affaler dans des fauteuils. En outre, les horaires sont flexibles, d'où des fermetures parfois très tardives.

P1 CLUB

(carte p. 62 ; www.p1-club.de ; Prinzregentenstrasse 1 ; Nationalmuseum/Haus der Kunst). Si vous ne vous faites pas refouler à l'entrée de la boîte la plus grandiose de Munich, vous découvrirez une clientèle composée de joueurs de réserve de la Bundesliga (championnat professionnel de football allemand), de VIP et de russophones trop occupés à voir et être vus pour vraiment profiter de la soirée. Mais cela fait partie du charme, et le décor et la terrasse d'été ne manquent pas d'intérêt.

Kultfabrik CLUB

(carte p. 62 ; www.kultfabrik.de ; Grafingerstrasse 6 ; S Ostbahnhof). Située du mauvais côté de l'Ostbahnhof, cette ancienne fabrique de boulettes de pomme de terre abrite plus d'une douzaine de salles, principalement grand public, ainsi que de nombreux fast-foods. C'est donc un lieu parfait pour les noctambules.

Optimolwerke CLUB
(carte p. 62 ; www.optimolwerke.de ; Friedenstrasse 10 ; S Ostbahnhof). Juste derrière la Kultfabrik, l'Optimol est un autre nirvana du clubbeur et compte une dizaine de salles. Les Latinos dans l'âme iront au **Do Brasil**, tandis que le **Die Burg** fait résonner les tubes jusqu'à 6h.

Westend

Augustiner Bräustuben BRASSERIE
(carte p. 75 ; 089-507 047 ; www.braeustuben.de ; Landsberger Strasse 19 ; 10h-minuit ; Holzapfelstrasse). En fonction de la direction du vent, un arôme de houblon vous enveloppe à proximité de ce *Bierpalast* situé dans la brasserie Augustiner. La cuisine bavaroise y est succulente, surtout le *Schweinshaxe* (jarret de porc). En raison du lieu, l'ambiance, le soir, est un peu plus authentique que dans le centre-ville, et les touristes sont moins nombreux.

Backstage CLUB
(www.backstage.eu ; Reitknechtstrasse 6 ; S Hirschgarten). Cette boîte génialissime sort agréablement des sentiers battus et propose un *Biergarten* nocturne rafraîchissant et une programmation changeante de punk, nu métal, hip-hop, dance hall et autres sons alternatifs, en live ou non.

Substanz CLUB
(carte p. 75 ; www.substanz-club.de ; Ruppertstrasse 28 ; U Poccistrasse). Membre de la scène alternative munichoise, ce club discret passe aussi bien de la house que du rock indé et de la soul. Les amateurs de slam de la ville s'y produisent régulièrement. Il accueille aussi des manifestations inhabituelles comme des marchés aux puces de vinyles et des tournois de football.

Où sortir

Les billets pour les manifestations culturelles et sportives sont disponibles dans les lieux concernés et dans les billetteries officielles comme **Zentraler Kartenvorverkauf** (carte p. 50 ; 089-5450 6060 ; www.zkv-muenchen.de ; Marienplatz ; 9h-20h lun-sam ; U Marienplatz). Il est aussi possible de réserver en ligne dans les points de vente comme **München Ticket** (carte p. 75 ; 089-5481 8181 ; www.muenchenticket.de ; Bahnhofplatz 2 ; 10h-20h lun-sam ; U Hauptbahnhof) qui partage les locaux de l'office du tourisme dans la gare centrale (Hauptbahnhof).

Les sites www.munig.com, www.munichx.de, www.ganz-muenchen.de et www.muenchengehtaus.com donnent un bon aperçu de la scène munichoise. Ils sont tous en allemand, mais vous vous en sortirez facilement avec des connaissances linguistiques de base. *In München* (www.in-muenchen.de), un journal gratuit disponible dans les bars, restaurants et magasins, est la ressource papier la plus détaillée sur les manifestations munichoises. *Munich Found* (www.munichfound.de) est un magazine en anglais s'adressant aux expatriés et aux visiteurs. Pour avoir des hebdomadaires de luxe sur les loisirs et les spectacles, consultez *Prinz München* (http://prinz.de/muenchen).

Cinémas

Pour savoir ce qui est à l'affiche, consultez les magazines. Les films en V. O. sont signalés par les mentions OF *(Originalfassung)* ou OV *(Originalversion)*. Ceux qui sont sous-titrés en allemand sont signalés par la mention OmU *(Original mit Untertiteln)*.

Museum-Lichtspiele CINÉMA
(carte p. 62 ; 089-482 403 ; www.museum-lichtspiele.de ; Lilienstrasse 2 ; Deutsches-Museum). Ce cinéma au décor loufoque projette le film *The Rocky Horror Picture Show* (23h vendredi et samedi). On peut aussi y voir des films en anglais.

Cinema CINÉMA
(carte p. 66 ; 089-555 255 ; www.cinema-muenchen.de ; Nymphenburger Strasse 31 ; U Stiglmaierplatz). Ce cinéma culte ne projette que des films en anglais.

Jazz

Jazzclub Unterfahrt im Einstein CONCERTS
(carte p. 62 ; 089-448 2794 ; www.unterfahrt.de ; Einsteinstrasse 42 ; U Max-Weber-Platz). Ce club intimiste établi de longue date rassemble une clientèle éclectique venue assister à des concerts variés, allant du be-bop à l'expérimental avant-gardiste. La jam-session du dimanche est légendaire.

Jazzbar Vogler JAZZ
(carte p. 50 ; www.jazzbar-vogler.com ; Rumfordstrasse 17 ; Reichenbachplatz). Ce bar à l'ambiance intimiste accueille les meilleurs

SONS OLYMPIENS

Les étés munichois ne seraient pas ce qu'ils sont sans les concerts gratuits de l'Olympiapark. Pendant tout le mois d'août, le **Theatron MusikSommer Festival** (www.theatron.de) fait venir des groupes internationaux allant du hip-hop au gospel, en passant par la pop et le punk, dans l'amphithéâtre près du lac olympique. Le **Lilalu Umsonst und Draussen Festival** (www.lilalu.org) propose, pendant environ 2 semaines à la fin du même mois, des numéros de cirque, des concerts de groupes principalement locaux et régionaux, et des lectures ; de quoi occuper vos bambins.

Vous n'avez pas trouvé de billet (abordable) pour un concert des Rolling Stones, de U2 ou de Robbie Williams au stade olympique ? Pas de panique : il vous suffit de monter sur l'**Olympiaberg** pour pouvoir les écouter gratuitement ! À 564 m de haut, ce *Trümmerberg* (colline artificielle, plantée d'herbe, constituée des décombres de la Seconde Guerre mondiale) est situé juste en face du stade olympique à ciel ouvert, et le son franchit sans problème le petit lac qui les sépare. Apportez une couverture et des boissons et joignez-vous à la foule de Munichois pour un concert gratuit à la belle étoile.

jazzmen de Munich. On ne sait jamais qui sera à la jam-session du lundi. Du mardi au jeudi, c'est le piano qui est à l'honneur. Les meilleurs musiciens se produisent le vendredi et le samedi.

Musique classique et opéra

Opéra d'État de Bavière OPÉRA

(Bayerische Staatsoper ; carte p. 50 ; ☎089-218 501 ; www.staatsoper.de ; Max-Joseph-Platz 2 ; Nationaltheater). Cet Opéra est occupé par l'une des meilleures compagnies au monde, qui joue à guichets fermés au **Nationaltheater** (carte p. 50 ; www.staatstheater.bayern.de ; MaxJoseph-Platz 2 ; Nationaltheater) de la Résidence et interprète surtout Mozart, Strauss et Wagner. En été, il accueille le prestigieux festival Opernfestspiele (p. 71). L'orchestre de l'Opéra est le **Bayerisches Staatsorchester**, créé en 1523, ce qui en fait l'orchestre le plus ancien de Munich.

Orchestre philharmonique de Munich MUSIQUE CLASSIQUE

(Münchner Philharmoniker ; carte p. 62 ; ☎089-480 985 500 ; www.mphil.de ; Rosenheimer Strasse 5 ; mi-sept à juin ; Am Gasteig). Le premier orchestre de Munich se produit souvent au centre culturel Gasteig (p. 63). Réservez car il affiche souvent complet.

BR-Symphonieorchester MUSIQUE CLASSIQUE

(www.br-so.com). Le charismatique chef russe d'origine lettone Mariss Jansons a redonné un coup de jeune au répertoire de cet orchestre et se produit souvent avec son chœur dans des lieux comme le Gasteig (p. 63) et le Prinzregententheater (p. 65).

Staatstheater am Gärtnerplatz MUSIQUE CLASSIQUE

(carte p. 50 ; ☎089-2185 1960 ; www.gaertnerplatztheater.de ; Gärtnerplatz 3 ; Reichenbachplatz). Rénové en novembre 2015 à l'occasion de son 150e anniversaire, ce superbe théâtre est spécialisé dans les opérettes, les comédies musicales et les spectacles de danse.

Théâtre

Bayerisches Staatsschauspiel THÉÂTRE

(☎089-2185 1940 ; www.residenztheater.de). Malgré un côté conservateur, cette compagnie majeure parvient toujours à être pertinente lorsqu'elle joue Shakespeare, Schiller et d'autres dramaturges célèbres. Représentations au **Residenztheater** (carte p. 50 ; Max-Joseph-Platz 2 ; Nationaltheater), au **Theater im Marstall** (carte p. 50 ; Marstallplatz 4 ; Kammerspiele) et au Cuvilliés-Theater (p. 56), désormais entièrement rénové.

Münchner Kammerspiele THÉÂTRE

(carte p. 50 ; ☎089-2339 6600 ; www.muenchner-kammerspiele.de ; Maximilianstrasse 26 ; Kammerspiele). Ce vénérable théâtre apprécie les œuvres branchées et un tantinet populistes, privilégiant les interprétations provocatrices des classiques ou les œuvres contemporaines. Les spectacles se déroulent dans un théâtre Art nouveau merveilleusement rénové au n°26 de la Maximilianstrasse et dans le **Neues Haus** (carte p. 50 ; Falckenbergstrasse 1), cube de verre situé à côté.

Deutsches Theater THÉÂTRE
(carte p. 50 ; ☎089-5523 4444 ; www.deutsches-theater.de ; Schwanthalerstrasse 13 ; U Hauptbahnhof, S Hauptbahnhof). Le pendant munichois du West End londonien accueille des spectacles en tournée comme *The Rocky Horror Picture Show, Spamalot* (tiré des Monty Python) et *Mamma Mia*.

GOP Varieté Theater THÉÂTRE
(carte p. 62 ; ☎089-210 288 444 ; www.variete.de ; Maximilianstrasse 47 ; Maxmonument). Programme toutes sortes de spectacles : magie, comédies légères, comédies musicales, etc.

Sports de spectacle

FC Bayern München FOOTBALL
(☎089-6993 1333 ; www.fcbayern.de ; Allianz Arena, Werner-Heisenberg-Allee 25, Fröttmaning ; U Fröttmaning). L'équipe allemande la plus brillante au niveau national et au niveau européen joue ses matchs à domicile dans l'impressionnant Allianz Arena construit pour la Coupe du monde 2006. Billets en vente sur Internet.

EHC München HOCKEY SUR GLACE
(carte p. 66 ; www.ehc-muenchen.de ; Olympia Eishalle, Olympiapark ; U Olympiazentrum). Il ne s'agit pas de la meilleure équipe de hockey sur glace allemande, mais ses matchs à la patinoire olympique sont intéressants à regarder. En outre, elle compte plusieurs joueurs canadiens et américains.

Achats

Munich offre de multiples possibilités en termes de shopping, qui sont loin de se résumer aux chaînes et aux grands magasins. Ces derniers sont concentrés dans la Neuhauser Strasse et la Kaufingerstrasse. Au sud-est, la Sendlinger Strasse abrite des magasins plus petits et un peu moins impersonnels, dont quelques temples de l'occasion et du rétro.

Le secteur de Gärtnerplatzviertel et Glockenbachviertel est le bastion des belles boutiques indépendantes et de créateurs. L'Hans-Sachs-Strasse et la Reichenbachstrasse sont particulièrement prometteuses. Maxvorstadt, principalement la Türkenstrasse, abrite des magasins intéressants proposant des marchandises que vous ne trouverez sûrement pas chez vous.

Globetrotter ÉQUIPEMENTS DE LOISIRS EN PLEIN AIR
(carte p. 50 ; www.globetrotter.de ; Isartorplatz 8-10 ; 10h-20h lun-sam ; U Isartor, S Isartor). Le meilleur magasin d'articles de sport et de randonnée mérite un coup d'œil même si nous n'avez jamais porté de chaussures de marche. Il comporte un bassin au sous-sol pour tester les kayaks, ainsi qu'un café, une agence de voyages et même une filiale d'Alpenverein, ainsi que tous les accessoires dont vous pouvez avoir besoin pour voyager.

Manufactum ARTICLES MÉNAGERS
(carte p. 50 ; www.manufactum.de ; Dienerstrasse 12; 9h30-19h lun-sam ; S Marienplatz, Marienplatz). Que tous ceux qui admirent le design de grande qualité d'Allemagne et d'ailleurs se précipitent ici. Les articles ménagers indémodables y côtoient les jouets rétro, les lampes Bauhaus et la papeterie d'antan. Les marchandises se renouvellent en fonction de la saison.

Munich Readery LIVRES
(carte p. 66 ; www.readery.de ; Augustenstrasse 104 ; 11h-20h lun-ven, 10h-18h sam ; U Theresienstrasse). Comprenant la plus grande collection de livres d'occasion en anglais d'Allemagne, la Readery est le lieu où aller en Bavière pour lire pendant les vacances. Elle invite aussi des auteurs à lire leurs œuvres et un cercle de lecture s'y réunit une fois par mois. Consultez le site Internet pour avoir plus d'informations.

Holareidulijö VÊTEMENTS
(carte p. 66 ; www.holareidulijoe.com ; Schellingstrasse 81 ; 12h-18h30 mar-ven, 10h-13h sam ; Schellingstrasse). Même si vous ne comptez rien y acheter, l'unique magasin de vêtements traditionnels d'occasion de Munich (dont le nom est la transcription phonétique d'un chant tyrolien) vaut le coup d'œil. Apparemment, porter une *Lederhose* de seconde main réduit considérablement les risques d'irritation due aux frottements...

Porzellan Manufaktur Nymphenburg PORCELAINE
(carte p. 66 ; www.nymphenburg.com ; Nördliches Schlossrondell 8 ; 10h-17h lun-ven ; Schloss Nymphenburg). De très belles pièces traditionnelles et contemporaines de la manufacture de porcelaine de la maison royale de Bavière. Autre enseigne dans la vieille ville, à **Odeonsplatz 1** (carte p. 50 ; ☎089-282 428 ; Odeonsplatz 1 ; 10h-18h30 lun-ven, 10h-16h sam ; U Odeonsplatz).

7 Himmel VÊTEMENTS
(carte p. 50 ; Hans-Sachs-Strasse 17 ; 11h-19h lun-ven, 10h-18h sam ; Müllerstrasse). Les chasseurs

de tendances seront au "septième ciel" (du nom de la boutique) en découvrant les nouveautés et les accessoires de marques indépendantes, le tout à des prix étonnamment abordables.

Flohmarkt Riem MARCHÉ
(www.flohmarkt-riem.com ; Willy-Brandt-Platz ; 6h-16h sam ; U Messestadt-Ost). Prenez-vous pour un archéologue urbain et passez au tamis tout un tas de camelote et de bric-à-brac à la recherche d'un trésor dans le plus grand marché aux puces de Bavière. Situé à l'extérieur du centre-ville, près du parc des expositions à Riem. Prenez le U2 pour Messestadt-Ost.

Schuster ÉQUIPEMENT SPORTIF
(carte p. 50 ; Rosenstrasse 1-5 ; 10h-20h lun-sam ; S Marienplatz, U Marienplatz). Équipez-vous pour tous les sports dans ce grand magasin comprenant 7 niveaux rutilants et vendant notamment tout le matériel nécessaire pour la pratique du cyclisme, du ski et du camping.

Loden-Frey VÊTEMENTS
(carte p. 50 ; www.lodenfrey.com ; Maffeistrasse 5-7 ; 10h-20h lun-sam ; Theatinerstrasse). Ce célèbre fabricant dispose d'un grand choix de tenues bavaroises et d'habits chics. Ses *Lederhosen* et *Dirndln* sont de meilleure facture que ceux proposés pour une soirée déguisée, mais leurs prix sont aussi plus élevés.

Foto-Video-Media Sauter ÉLECTRONIQUE
(carte p. 50 ; Sonnenstrasse 26 ; 9h30-20h lun-ven, 9h30-19h sam ; U Sendlinger Tor). Le plus grand magasin d'appareils photo et vidéo en ville.

Stachus Passagen CENTRE COMMERCIAL
(carte p. 50 ; www.stachus-passagen.de ; Karlsplatz/Stachus ; 9h30-20h lun-sam ; Karlsplatz, S Karlsplatz, U Karlsplatz). Le plus grand centre commercial souterrain d'Europe comprend 36 escalators et 58 magasins des grandes chaînes. Chaque jour 250 000 personnes y font leurs emplettes.

Renseignements

ACCÈS INTERNET

Comme dans le reste de l'Europe, les cybercafés appartiennent généralement au passé. Le Wi-Fi est répandu mais rarement gratuit. La plupart des bibliothèques publiques autorisent l'accès à Internet aux non-résidents. Pour plus de détails, consultez le site www.muenchner-stadtbibliothek.de (en allemand).

ARGENT

Les DAB ne manquent pas en centre-ville, mais toutes les cartes ne sont pas forcément acceptées.

Reisebank (Bahnhofplatz 2 ; 7h-22h ; Hauptbahnhof, U Hauptbahnhof, S Hauptbahnhof). Le meilleur endroit pour échanger et retirer de l'argent à la gare centrale.

DÉSAGRÉMENTS ET DANGERS

Pendant l'Oktoberfest, la criminalité et l'alcool sont les principaux problèmes, en particulier autour de la gare centrale. Ceci n'est pas à prendre à la légère : on compte chaque année une centaine d'agressions. Partez tôt ou faites preuve de beaucoup de prudence.

Du fait de courants forts et imprévisibles, se rafraîchir dans l'Eisbach au niveau de l'Englischer Garten est plus dangereux qu'il n'y paraît. Des personnes y ont laissé la vie.

Même les plus fervents adeptes du vélo l'admettront : les cyclistes roulant à toute allure dans le centre de Munich sont une menace. Faites attention à ne pas marcher sur les pistes cyclables, surtout quand vous attendez pour traverser la rue ou pour prendre le bus ou le tramway.

OFFICES DU TOURISME

Office du tourisme – Marienplatz (carte p. 50 ; 089-2339 6500 ; www.muenchen.de ; Marienplatz 2 ; 10h-20h lun-ven, 10h-16h sam, 10h-14h dim avr-déc, fermé dim jan-mars ; U Marienplatz, S Marienplatz). Il existe une seconde antenne à la **gare centrale** (carte p. 75 ; 089-2339 6500 ; www.muenchen.de ; Bahnhofplatz 2 ; 9h-20h lun-sam, 10h-18h dim ; Hauptbahnhof, U Hauptbahnhof, S Hauptbahnhof).

Point info châteaux et musées (carte p. 50 ; 089-2101 4050 ; www.infopoint-museen-bayern.de ; Alter Hof 1 ; 10h-18h lun-sam ; U Marienplatz, S Marienplatz). Guichet d'information central sur les musées et palais de toute la Bavière.

POSTE

Bureau de poste (carte p. 50 ; Sattlerstrasse 1 ; 9h-18h lun-ven, 9h-12h30 sam ; U Marienplatz, S Marienplatz). Pour les autres bureaux, consultez le site de www.deutschepost.de.

SERVICES MÉDICAUX

Vous trouverez sur le site du consulat général de France à Munich (www.ambafrance-de.org) une liste de médecins francophones.

Ärztlicher Hausbesuchdienst (☎089-555 566 ; www.ahd-hausbesuch.de). Visites de médecins à domicile et à l'hôtel.

Bereitschaftsdienst der Münchner Ärzte (☎089-116 117 ; ⏱24h/24). Services médicaux hors urgences le soir et le week-end avec médecins anglophones.

Chirurgische Klinik (☎089-856 931 234 ; www.chkmb.de ; Nussbaumstrasse 20 ; U Sendlinger Tor). Service d'urgences.

Hôpital Schwabing (☎089-30 680 ; Kölner Platz 1 ; U Scheidplatz). Service d'urgences.

Pharmacie d'urgence (www.apotheken.de). En ligne, vous indique la pharmacie ouverte la plus proche. On pourra vous renseigner dans un anglais passable dans la plupart des pharmacies, de même que dans les pharmacies internationales où le personnel parle couramment anglais, notamment la **Ludwigs-Apotheke** (Neuhauser Strasse 11 ; ⏱8h-18h30 lun-ven, 8h30-13h sam ; U Marienplatz) et la **Guten Tag Apotheke** (Bahnhofplatz 2 ; ⏱7h-20h lun-ven, 8h-20h sam ; 🚊 Hauptbahnhof, U Hauptbahnhof, S Hauptbahnhof).

Soins dentaires d'urgence (☎089-7233 093).

Depuis/vers Munich

AVION

L'**aéroport international de Munich** (☎089-975 00 ; www.munich-airport.de), alias Flughafen Franz-Josef Strauss, est le deuxième après Francfort pour les liaisons internationales et intérieures. Le principal transporteur est Lufthansa, mais environ 80 autres compagnies opèrent depuis les deux pistes de l'aéroport.

BUS

Europabus relie Munich à la Route romantique. Pour connaître les horaires et tarifs de cette compagnie et des autres autocars nationaux et internationaux, contactez **Sindbad** (☎089-5454 8989 ; www.sindbad-gmbh.de ; Hackerbrücke 4-6 (gare routière centrale) ; S Hackerbrücke).

La nouvelle et audacieuse **Zentraler Omnibusbahnhof** (gare routière centrale ou "ZOB" ; www.muenchen-zob.de ; Arnulfstrasse 21 ; S Hackerbrücke) près de la station de S-Bahn Hackerbrücke, centralise la vaste majorité des services de cars internationaux et intérieurs. Les bus partent du rez-de-chaussée. Au 1er niveau, on trouve un guichet Eurolines/Touring, un supermarché et plusieurs restaurants.

La principale compagnie de bus est **Meinfernbus/Flixbus** (☎0180 515 9915 ; www.meinfernbus.de ; Zentraler Omnibusbahnhof, Arnulfstrasse 21), une compagnie low cost qui relie Munich à un grand nombre de villes allemandes et étrangères. Elle est située à l'extérieur de la ZOB.

Un car spécial Deutsche Bahn express part pour Prague (61 €, 5 heures, 4 bus/jour) depuis le ZOB.

VOITURE ET MOTO

Des autoroutes rayonnent autour de Munich dans toutes les directions. Prenez la A9 pour Nuremberg, la A8 pour Salzbourg, la A95 pour Garmisch-Partenkirchen et la A8 pour Ulm ou Stuttgart.

Toutes les grandes enseignes de location de voitures sont présentes à l'aéroport. Réservez en ligne à l'avance pour bénéficier des meilleurs tarifs.

TRAIN

Les liaisons ferroviaires depuis Munich vers le reste de la Bavière sont excellentes ; de nombreuses autres villes plus éloignées en Allemagne et en Europe sont également desservies. Tous les trains partent de la Hauptbahnhof (gare centrale).

Euraide (www.euraide.de ; Bureau 1, Reisezentrum, Hauptbahnhof ; ⏱10h-19h lun-ven mars-avr et août-déc, 10h-20h mai-juil ; 🚊 Hauptbahnhof, U Hauptbahnhof, S Hauptbahnhof) agence accueillante de la gare centrale tenue par des anglophones, vend tous les produits de la DB (Deutsche Bahn), gère les réservations et peut créer des circuits en train personnalisés en Allemagne et au-delà.

Quelques destinations au départ de Munich :

- **Augsburg** 13,30-20,50 €, 30 minutes, 3 trains/heure
- **Baden-Baden** 87 €, 4 heures, 1 train/heure (changement à Mannheim)
- **Berlin** 130 €, 6 heures 30, 1 train/heure
- **Cologne** 142 €, 4 heures 30, 1 train/heure
- **Francfort** 101 €, 3 heures 15, 1 train/heure
- **Fribourg** 93 €, 4 heures 30, 1 train/heure (changement à Mannheim)
- **Nuremberg** 19-55 €, 1h à 1h 40, 2 trains/heure
- **Paris** à partir de 142 €, 6 heures, 1 train/jour
- **Prague** 74 €, 6 heures 15, 3 trains/jour
- **Regensberg** 27,50 €, 1 heure 45, 1 train/heure
- **Vienne** 93 €, 4 heures 30, 1 train/2 heures
- **Wurtzbourg** 71 €, 2 heures, 2 trains/heure
- **Zurich** 83 €, 4 heures 15, 3 trains/jour

Comment circuler

Le centre de Munich est suffisamment compact pour pouvoir être exploré à pied. La grande banlieue est facilement accessible grâce au réseau des transports publics, étendu et efficace, même s'il montre des signes de vieillesse.

DEPUIS/VERS L'AÉROPORT

L'aéroport de Munich est à environ 30 km au nord-est de la ville. Il est relié à la gare centrale par le S-Bahn (S1 et S8). Le trajet coûte 10,80 € et dure presque 40 minutes, avec des départs toutes les 20 minutes quasiment 24h/24.

De 5h15 à 19h55, des navettes Lufthansa font le trajet toutes les 20 minutes entre l'aéroport et l'Arnulfstrasse, près de la gare centrale. Le voyage dure 45 minutes et coûte 10,50 € (aller-retour 17 €).

Si votre avion part de l'"autre" aéroport de Munich, Memmingen (à environ 125 km à l'ouest), sachez que l'**Allgäu Airport Express** (carte p. 75 ; www.aaexpress.de ; aller simple 17 €, 12 € si vous avez réservé en ligne) fait la navette 7 fois par jour depuis l'Arnulfstrasse, près de la gare ferroviaire centrale. Le trajet dure 1 heure 40 et coûte 13 € (aller-retour 19,50 €).

Comptez environ 50-70 € pour un taxi depuis l'aéroport de Munich jusqu'à la vieille ville.

VOITURE ET MOTO

Conduire dans le centre de Munich peut être un vrai cauchemar : rues à sens unique ou piétonnes, contraventions exorbitantes et stationnement très compliqué. Les parkings (indiqués sur le plan de l'office du tourisme) coûtent environ 1,70-2,20 €/heure.

TRANSPORTS PUBLICS

Le réseau efficace de transports publics munichois comprend bus, tramways, U-Bahn (métro) et S-Bahn (train de banlieue). Il est géré par le **MVV** (www.mvv-muenchen.de), qui dispose de bureaux dans les stations de métro Marienplatz, Hauptbahnhof, Sendlinger Tor, Ostbahnhof et Poccistrasse. Le personnel fournit renseignements, plans du réseau gratuits et horaires, et vend des billets. Pour une planification automatique de votre trajet (possible également en anglais), préférez Internet. Les U-Bahn et S-Bahn fonctionnent presque 24h/24, avec parfois un creux de 2h à 4h. Les bus de nuit et les tramways couvrent le centre-ville.

Billets et tarifs

L'agglomération de Munich est divisée en 4 zones. La plupart des sites d'intérêt pour les visiteurs (à l'exception de Dachau et de l'aéroport) se trouvent dans la zone blanche de l'*Innenraum* (zone intérieure).

Les trajets courts (*Kurzstrecke* ; 4 arrêts de bus ou de tramway, ou 2 arrêts de U-Bahn ou de S-Bahn) coûtent 1,40 € ; les trajets plus longs coûtent 2,70 €. Les enfants de 6 à 14 ans paient un prix fixe de 1,30 €. Les pass d'une journée sont à 6,20 € pour 1 personne et à 11,70 € pour 5 personnes maximum voyageant ensemble. Le pass d'1 semaine (IsarCard) revient à 14,10 €. Le transport d'un vélo coûte 2,60 €. Il n'est autorisé que dans les trains U-Bahn et S-Bahn et en dehors des heures de pointe (6h-9h et 16h-18h).

Les chauffeurs de bus vendent les billets à l'unité et les pass journée ; vous devrez acheter les billets pour le U-Bahn et le S-Bahn et autres pass aux machines dans les stations ou aux bureaux du MVV. Billets de tramway en vente aux machines à bord. La plupart des tickets doivent être validés aux entrées des stations et à bord des bus et des tramways avant usage. L'amende en cas d'absence de ticket valide est de 40 €.

TAXI

Les taxis appliquent un prix de base de 3,50 €, plus 1,50-1,80 €/km. Ils ne sont pas vraiment plus pratiques que les transports publics. Les bagages sont facturés 1,20 €/unité. Réservation de taxi au ☎216 10 ou au ☎194 10. Bornes indiquées sur le plan touristique de la ville.

ENVIRONS DE MUNICH

Dachau

KZ-Gedenkstätte Dachau MÉMORIAL

(Site du mémorial du camp de concentration de Dachau ; ☎08131-669 970 ; www.kz-gedenkstaette-dachau.de ; Peter-Roth-Strasse 2a, Dachau ; musée entrée gratuite ; ⏲9h-17h jeu-dim). Bâti en mars 1933 par Heinrich Himmler, Dachau ou KZ-Gedenkstätte Dachau (son nom officiel) fut le 1er camp de concentration nazi. Il était destiné aux prisonniers politiques. Plus de 200 000 détenus y furent internés, et au moins 43 000 d'entre eux n'en sortirent pas vivants. C'est aujourd'hui un mémorial bouleversant. Prévoyez 2 à 3 heures de visite pour consacrer le temps nécessaire à l'intégralité du site. L'expérience peut s'avérer très éprouvante pour les enfants.

Commencez par le centre d'accueil des visiteurs qui comprend une librairie, un café et un guichet de réservation de visites avec des audioguides (3 €), sur votre gauche après la porte principale. Des visites de 2 heures 30 (3 €) débutent au même endroit du mardi au dimanche à 11h et 13h (visite supplémentaire à 12h15 le dimanche, d'août à septembre).

On entre dans l'enceinte par le poste de garde (Jourhaus), qui était à l'origine l'unique entrée. La devise "*Arbeit macht frei*" (Le travail rend libre) en fer forgé frappe le visiteur à l'approche du portail.

Environs de Munich

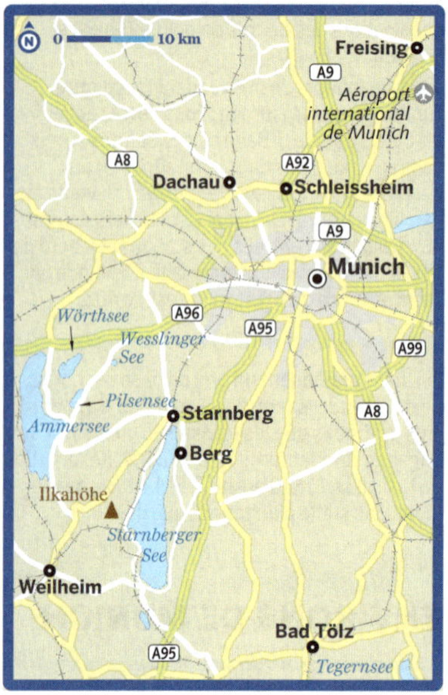

Le **musée** se trouve à l'extrémité sud du camp. Un documentaire de 22 minutes y est diffusé (à 13h en français, 5 fois par jour en anglais) ; il comprend principalement des séquences filmées après la libération. De chaque côté du petit cinéma se déploie une exposition sur la pénible histoire du camp, de la prison relativement ordonnée pour les prisonniers religieux, les gauchistes et les criminels, au camp de concentration surpeuplé ravagé par le typhus, et à sa libération par l'armée américaine en avril 1945.

Certains éléments sont choquants, notamment les photographies du camp, des officiers et des prisonniers (uniquement masculins jusqu'en 1944), et les effroyables "expériences scientifiques" menées par les médecins nazis. L'exposition comprend aussi une table à bastonnade, un graphique sur le système de catégorisation des détenus (juifs, homosexuels, témoins de Jéhovah, Polonais, Roms, Noirs, personnes handicapées et autres types "asociaux") et des documents sur la persécution des auteurs dits "dégénérés" interdits par le parti. Vous y trouverez des informations sur la montée du nazisme, sur les différents camps de concentration d'Europe, une maquette du camp, et de nombreux uniformes et objets de la vie quotidienne ayant appartenu aux détenus et aux gardiens.

À l'extérieur, sur l'ancienne place de l'appel, le **mémorial international** (1968) porte l'inscription "Plus jamais" en français, anglais, yiddish, allemand et russe. Le **bunker** à l'arrière du bâtiment de l'exposition était la prison tristement célèbre où les détenus étaient torturés. Les exécutions avaient lieu dans la cour de la prison.

Les détenus vivaient dans des baraquements, aujourd'hui démolis, qui bordaient la route principale au nord de la place de l'appel. Dans l'angle nord-ouest du camp se trouvent le **four crématoire** et la chambre à gaz, camouflés en salles de douche. On trouve plusieurs sanctuaires religieux à proximité, dont une église russe orthodoxe en bois.

Dachau est à environ 16 km au nord-ouest du centre de Munich. Le S2 relie la gare centrale de Munich à la gare de Dachau en 21 minutes (billet 2 zones à 5,20 €). De là, prenez le bus n°726 (direction Saubachsiedlung) jusqu'au camp. Montrez votre billet validé au chauffeur. En voiture, prenez la Dachauer Strasse jusqu'à Dachau puis suivez les panneaux "KZ-Gedenkstätte".

Schleissheim

Si vous avez épuisé toutes les possibilités dans le centre de Munich, sachez que la banlieue nord de Schleissheim mérite bien le court trajet en S-Bahn pour ses trois élégants palais et son musée de l'aviation de haut vol, de quoi occuper vos enfants par une après-midi pluvieuse.

Pour aller à Schleissheim, prenez la ligne S1 (en direction de Freising) jusqu'à Oberschleissheim (5,20 €), puis marchez environ 15 minutes dans la Mittenheimer Strasse pour rejoindre les palais. En semaine, seul le bus n° 292 s'arrête dans la Mittenheimer Strasse.

En voiture, prenez la Leopoldstrasse vers le nord jusqu'à ce qu'elle devienne l'Ingolstädter Strasse. Prenez ensuite l'A99 jusqu'à la sortie "Neuherberg", à l'extrémité sud de la piste d'atterrissage.

À voir

Château Neuf de Schleissheim PALAIS

(Neues Schloss Schleissheim ; ☎315 8720 ; www.schloesser-schleissheim.de ; Max-Emanuel-Platz 1 ; tarif plein/réduit 4,50/3,50 €, les 3 palais 8/6 € ; 9h-18h avr-sept, 10h-16h oct-mars, fermé lun toute l'année ; Mittenheimer Strasse). Le plus beau des trois palais est le château Neuf de

Schleissheim (Neues Schloss Schleissheim). Cette résidence pompeuse fut imaginée par le prince-électeur Maximilien-Emmanuel en 1701 en prévision de son accession au titre d'empereur... qui n'eut jamais lieu. À la place, il fut contraint à l'exil pendant plus de dix ans et ne revint dans son palais qu'en 1715. Des problèmes de trésorerie l'obligèrent à revoir à la baisse ses plans d'origine, mais, étant donné les dimensions colossales et le somptueux intérieur du palais, on a du mal à imaginer ce qui a pu être sacrifié.

Les plus grands artistes de l'époque participèrent à la création de ce ravissant palais, comprenant l'escalier d'honneur, la salle des Victoires et la Grande Galerie. On peut admirer d'extraordinaires meubles d'époque, notamment le lit à baldaquin de l'électeur, des tables finement marquetées, et une fresque au plafond particulièrement impressionnante de Cosmas Damian Asam.

Le palais abrite la **galerie d'État** (Staatsgalerie), une sélection d'art baroque européen issue de la Collection d'État de Bavière, dont des œuvres de grands maîtres comme Rubens, Van Dyck et Carlo Saraceni. La salle la plus impressionnante est la Grande Galerie.

Musée de l'Aviation MUSÉE

(Flugwerft Schleissheim ; www.deutsches-museum.de/flugwerft ; FerdinandSchulz-Allee ; adulte/enfant 6/3 € ; 9h-17h ; Mittenheimerstrasse). Le Flugwerft Schleissheim, filiale du musée allemand consacrée à l'aviation, offre un contraste appréciable avec l'esthétique des châteaux de Schleissheim. Vous pourrez notamment y admirer un MiG-21 soviétique, le F-4E Phantom de l'époque du Vietnam, et la reproduction du planeur d'Otto Lilienthal de 1894 avec son aile révolutionnaire imitant celle d'un oiseau. Les enfants pourront grimper dans un vrai cockpit et même prendre une leçon de pilotage sur un simulateur.

Ancien Château de Schleissheim PALAIS

(Altes Schloss Schleissheim ; www.schloesser-schleissheim.de ; Maximilianshof 1 ; tarif plein/réduit 3/2 €, les 3 palais 8/6 € ; 9h-18h avr-sept, 10h-16h oct-mars, fermé lun toute l'année ; Mittenheimer Strasse). L'Altes Schloss Schleissheim n'est plus que l'ombre de ce qu'il était à la Renaissance. Il a été remanié au cours des siècles. Il renferme des peintures et des sculptures relatives à la culture et aux fêtes religieuses à travers le monde, dont une collection de plus de 100 crèches de Noël.

Château de Lustheim PALAIS

(Schloss Lustheim ; www.schloesser-schleissheim.de ; tarif plein/réduit 3,50/2,50 €, 3 palais 8/6 € ; 9h-18h avr-sept, 10h-16h oct-mars, fermé lun ; Mittenheimer Strasse). Pendant la construction du château neuf de Schleissheim, le prince-électeur Maximilien-Emmanuel résidait avec son escorte dans ce pavillon de chasse fantaisiste, sur une petite île située dans l'est du parc du château. Le lieu sert aujourd'hui d'écrin aux chefs-d'œuvre en porcelaine de Meissen.

Starnberg

Le splendide lac de Starnberg (Starnberger See) s'étire à environ 25 km au sud-ouest de Munich. Cet ancien lieu de villégiature de la famille royale de Bavière est une aire de loisirs facile d'accès pour tous ceux qui veulent échapper à l'effervescence de la capitale.

Au nord du lac, Starnberg est une ville centenaire opulente qui constitue la porte d'entrée nord de la région des lacs. Comme elle manque de cachet, la plupart des visiteurs se rendent directement dans d'autres villes ou sites. La gare ferroviaire se trouve juste à quelques pas de la rive, près de l'embarcadère des bateaux de croisière, où vous trouverez des loueurs de pédalos et beaucoup de promeneurs venus pour la journée. La région abrite aussi le lac d'Ammersee et ceux plus petits de Pilsensee, Wörthsee et Wesslinger. Elle draine évidemment des amateurs d'activités nautiques, mais possède une histoire assez riche pour intéresser les touristes qui aiment les vieilles pierres.

À voir

Berg VILLAGE

(Starnberger See). Si vous empruntez le sentier du roi Louis II de Bavière, allez jusqu'à ce minuscule village sur la rive est du lac Starnberg. Le roi s'y serait mystérieusement noyé avec son psychiatre dans quelques centimètres d'eau. Le lieu où son corps a été découvert est signalé par une grande croix près de laquelle se dresse une chapelle votive (*Votivkapelle*). Berg est à 5 km de Starnberg. Il faut 1 heure environ pour s'y rendre à pied.

Musée du lac de Starnberg MUSÉE

(Museum Starnberger See ; www.museum-starnberger-see.de ; Possenhofener Strasse 5, Starnberg ;

VAUT LE DÉTOUR

LE MUSÉE BUCHHEIM

À l'entrée, une statue de bronze d'une BMW d'où surgissent des tentacules de pieuvre donne le ton de l'extraordinaire **musée Buchheim** (Buchheim Museum ; www.buchheimmuseum.de ; Am Hirschgarten 1 ; tarif plein/réduit 8,50/3,50 € ; 10h-18h mar-dim avr-oct, 10h-17h nov-mars), au bord du lac de Starnberg, à environ 1 km au nord de la ville de Bernried. La structure moderniste signée Günter Behnisch, l'architecte du stade olympique de Munich, renferme la collection privée de Lothar-Günther Buchheim, auteur du roman *Das Boot (Le Styx)*, qui inspira le célèbre film *Le Bateau*. Les éléments phares du musée sont les œuvres des artistes allemands membres du mouvement *Die Brücke*, fondé à Dresde en 1905. Les toiles lumineuses et teintées d'émotion de Ludwig Kirchner, Emil Nolde, Max Beckmann, Otto Dix et Karl Schmidt-Rottluff marquèrent le début de l'art moderne en Allemagne.

D'autres galeries présentent une collection d'art populaire du monde entier, qui donne tout son sens au sous-titre du lieu, "musée de l'Imagination" : beaux vases Art nouveau, masques africains, gravures sur bois japonaises, bijoux d'Inde et une superbe collection de quelque 3 000 presse-papiers.

On jouit de la plus belle vue sur le musée en y accédant en bateau depuis Starnberg (1 heure). Sinon, prenez la ligne S6 ou le Regionalbahn pour Tutzing, prenez un autre train RB (Regionalbahn) jusqu'à Bernried, puis marchez vers le nord pendant environ un quart d'heure.

adulte/enfant 3/2 € ; 10h-17h mar-dim). Vous devrez sans doute baisser la tête pour visiter cette ferme. Bâtie il y a quatre siècles, elle donne une idée de la vie que l'on menait au bord du lac. Elle abrite aussi une précieuse sculpture d'Ignaz Günther dans sa petite chapelle. L'annexe moderne renferme une étonnante barge et une salle consacrée à sa construction.

Renseignements

Office du tourisme de Starnberger Fünf-Seen-Land (08151-906 00 ; www.sta5.de ; Wittelsbacherstrasse 2c, Starnberg ; 8h-18h lun-ven toute l'année, 9h-13h sam mai à mi-oct). Au nord de la Bahnhofsplatz de Starnberg, cet office du tourisme aide gratuitement les visiteurs à trouver un hébergement et à organiser leurs excursions dans d'autres villes au bord du lac. Son site Internet propose des liens vers tous les offices du tourisme des localités environnantes.

Depuis/vers Starnberg

Un train (ligne S6) relie la gare centrale (Hauptbahnhof) de Munich à Starnberg en 30 minutes (5,20 €).

De Pâques à la mi-octobre, **Bayerische-Seen-Schifffahrt** (www.seenschifffahrt.de) propose des liaisons en bateau entre Starnberg et d'autres villes de la région des lacs, ainsi que des croisières plus longues. L'embarcadère se trouve derrière la gare S-Bahn à Starnberg.

Si vous préférez faire le tour du lac en utilisant votre propre énergie, l'agence Bike It loue des vélos. **Paul Dechant** (08151 121 06 ; Hauptstrasse 20), situé près de la gare S-Bahn, loue des barques, des pédalos et des bateaux électriques à partir de 15 €/heure.

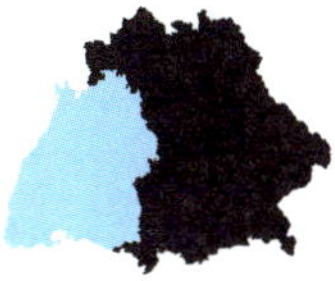

Bavière

12,6 MILLIONS D'HABITANTS

Dans ce chapitre ➡

Le top des restaurants

- Albrecht Dürer Stube (p. 144)
- Le Ciel (p. 116)
- Bürgerspital Weinstube (p. 121)
- Mittermeier (p. 126)
- August (p. 133)

Le top des hébergements

- Hotel Herrnschlösschen (p. 126)
- Petit Hotel Orphée (p. 162)
- Dom Hotel (p. 132)
- Hotel Deutscher Kaiser (p. 143)
- Elements Hotel (p. 162)

Pourquoi y aller

Des sommets des Alpes aux plaines fertiles du Danube, l'État libre de Bavière cultive sa réputation éternelle. De ses forêts profondes émergent des châteaux de contes de fées nés de l'imagination bouillonnante d'un roi excentrique. Le son des clarines emplit les prairies en fleurs. Dans les tavernes, les choppes de grès moussantes s'entrechoquent et les mains claquent de contentement sur les bonnes vieilles culottes de cuir. Derrière leurs remparts, les cités médiévales semblent suspendues dans le temps.

Au-delà du poids des traditions, la Bavière est aussi une terre d'une grande diversité. L'industrie automobile de pointe de la région se raconte à Ingolstadt, tandis que Nuremberg ou Berchtesgaden replongent les visiteurs dans les pires heures de l'histoire allemande. On peut savourer d'excellents vins à Wurtzbourg et partir sur les traces de Wagner à Bayreuth, mais aussi profiter en famille des nombreuses attractions pour enfants de la région.

Quel que soit votre choix, il y a fort à parier que vous ressentirez cet ineffable sentiment de *Gemütlichkeit* (bien-être) qui rend la visite de la Bavière si agréable.

Quand partir

C'est en hiver que la Route romantique, désertée par les touristes et recouverte d'un manteau neigeux, fait le mieux honneur à son nom. Le printemps offre l'occasion de profiter des produits de saison, en particulier l'asperge, à l'honneur pendant le *Spargelzeit* (saison des asperges ; à partir de fin mars). Le *Biergarten* est la star de l'été, dont la douceur se prête à la dégustation des excellentes bières bavaroises. Propice à des escapades dans la mystérieuse Forêt bavaroise, l'automne mène tranquillement à la découverte de villes animées, revigorées après la pause estivale.

À ne pas manquer

1 Le rêve fou du **château de Neuschwanstein** (p. 99), véritable château de conte de fées

2 L'ascension en train à crémaillère du plus haut sommet d'Allemagne, le **Zugspitze** (p. 105)

3 Le Nid d'aigle de **Berchtesgaden** (p. 114) et son fantastique panorama sur les Alpes

4 Une randonnée au milieu de la nature sauvage paisible du **parc national de la Forêt bavaroise** (p. 178)

5 Le tour des remparts de la pittoresque **Dinkelsbühl** (p. 127)

6 Une balade en bateau sur le magnifique lac de Constance ou **Königssee** (p. 114)

7 Les traces du passé nazi à **Nuremberg** (p. 135)

8 Les douces sensations du buveur de bière dans les mille et un **Biergärten et brasseries** de la région (p. 145)

0
40 km
Kronach
Münchberg
Rehau
Selb
Lichtenfels
Kulmbach
A70
Marktredwitz
Waldsassen
Bayreuth
A93
Plzeň
Pegnitz
Neustadt an
der Waldnaab
Weidin
Forchheim
Eckental
A9
Röthenberg
7 Nuremberg
Amberg
A6
Forêt
de Bohème
Schwandorf
Neumarkt
Forêt
bavaroise
Cham
Roding
Lam
RÉPUBLIQUE
TCHÈQUE
A9
A3
Bayerisch
Eisenstein
Dietfurt
Bodenmais
Zwiesel
Parc naturel
d'Altmühltal
Beilngries
Ratisbonne
Donaustauf
Regen
Frauenau
Finsterau
Riedenburg
4
Parc national
de la Forêt bavaroise
Dollnstein
Kipfenberg
Kelheim
Eichstätt
Straubing
A3
Deggendorf
Grafenau
Breitenfurt
Wellheim
Ingolstadt
A93
Plattling
Danube
Tittling
A92
Landau
Schrobenhausen
Landshut
Passau
Pfaffenhofen
A9
Aichach
Moosburg
Eggenfelden
Pocking
Freising
A92
Marktl
am Inn
Simbach
Neufahrn
Erding
Dorfen
Dachau
Schleissheim
A3
Mühldorf
Altötting
Fürstenfeldbruck
MUNICH
Puchheim
Vaterstetten
AUTRICHE
Wasserburg
Tittmoning
Herrsching
Starnberg
Andechs
Ammersee
Chiemsee
Prien
Traunreut
Starnberger
See
Rosenheim
Bernau
A8
Sachsenkam
A8
Freilassing
Salzbourg
Bad Reichenhall
Bad Tölz
A95
Murnau
Alpes bavaroises
Berchtesgaden 3
Oberammergau
Watzmann
(2 713 m)
Parc national
de Berchtesgaden
6 Königssee
Garmisch-
Partenkirchen
2 Zugspitze
(2 964 m)
AUTRICHE

Histoire

La Bavière a été pendant de nombreux siècles un duché du Saint Empire romain germanique, ensemble de principautés qui s'étendait de l'Italie à la mer du Nord. Au début du XIXe siècle, une alliance, aussi éphémère qu'opportune, passée avec Napoléon, permit à la Bavière de se constituer en tant que monarchie et de doubler sa superficie. Sujet de convoitise pour la Prusse et l'Autriche, le nouvel État souffrit de leurs luttes de pouvoir avant d'être intégrée dans le giron du IIe Reich allemand créé par Bismarck en 1871.

Après la guerre, la Bavière a été le seul *Land* (État) à refuser de ratifier la Loi fondamentale, Constitution souhaitée par les puissances alliées. Décidant de revenir à leur statut d'avant-guerre, celui d'État libre, les députés du Landtag ont alors rédigé une Constitution spécifique à la Bavière. Depuis lors, le *Land* a été dirigé pratiquement en continu par la Christlich-Soziale Union (CSU), le très conservateur pendant bavarois du grand parti de la droite allemande, la CDU. Une telle hégémonie politique dans un *Land* est un cas unique dans l'Allemagne d'après-guerre (sur les 50 dernières années, le parti n'a dû former une coalition que durant 5 ans). Elle collabore avec son parti frère, la CDU, qui opère dans le reste du pays.

Comment s'y rendre et circuler

Munich est la principale plaque tournante de la région ; seule Francfort accueille plus de trafic aérien et ferroviaire. Le train est le moyen le plus pratique pour arriver à Munich depuis d'autres régions et pour se rendre un peu partout en Bavière depuis la capitale régionale. Les liaisons aériennes locales sont bien moins développées.

Si vous vous rendez dans l'est de la Bavière et dans les Alpes sans voiture, vous devrez composer avec des transports en commun rares en soirée et le week-end. La Route romantique se parcourt aisément en bus d'excursion, mais un moyen autonome de locomotion facilite les choses. Le nombre de véloroutes et des aménagements cyclables urbains parmi les meilleurs du monde favorisent une découverte à bicyclette.

L'avantage de voyager en groupe est que le Bayern-Ticket (23 € plus 5 €/passager supplémentaire) permet une journée de voyages illimités à un maximum de 5 adultes circulant ensemble, valable en semaine de 9h à 3h du jour suivant et dès minuit les samedis et dimanches. La version individuelle (23 €), au fonctionnement identique, est également une bonne affaire. Les deux sont valables dans les trains 2e classe de toute la Bavière (trains régionaux uniquement, ni IC ni ICE) et dans la plupart des transports en commun.

ALPES BAVAROISES

Superbe barrière naturelle le long de la frontière autrichienne, les Bayerische Alpen s'étendent des contrées isolées du sud-est de l'Allemagne à la région de l'Allgäu, près du lac de Constance. Le massif est moins haut que d'autres chaînes plus au sud, mais les dénivelés abrupts des montagnes produisent un effet spectaculaire.

Pittoresques villages aux maisons peintes et bienfaits de l'eau déclinés en spas et autres centres de remise en forme concurrencent autant d'activités sportives que le ski ou le snowboard, la randonnée, le canoë et le parapente pratiqué toute l'année ou presque. La saison de ski court de fin décembre à avril, et les activités d'été se pratiquent de fin mai à novembre.

La station de Garmisch-Partenkirchen est l'une des plus grandes et des plus appréciées. Berchtesgaden, Füssen et Oberstdorf constituent également de bons camps de base.

Comment circuler

Le petit nombre de liaisons ferroviaires directes entre les cités alpines invite à circuler en bus, moyen de transport le plus pratique dans la région. En voiture, passer par l'Autriche réduit souvent la distance, par exemple entre Garmisch-Partenkirchen et Füssen ou Oberstdorf.

Füssen

08362 / 14 600 HABITANTS

Nichée au pied des Alpes, la très touristique Füssen est, par sa proximité avec les célèbres châteaux de Neuschwanstein et de Hohenschwangau, le point d'orgue de la partie méridionale de la Route romantique. Une fois visités les palais chimériques de Louis II et parcourue la plus grande route touristique d'Allemagne, Füssen n'est pas la moindre des invitations à rester dans la région. Si une demi-journée suffit à la visiter, ses environs offrent maintes occasions de sortir des sentiers battus.

À voir

Château de Neuschwanstein

BELLE AU BOIS DORMANT

(Schloss Neuschwanstein ; billets 08362-930 830 ; www.neuschwanstein.de ; Neuschwansteinstrasse 20 ; tarif plein/réduit 12/11 €, Hohenschwangau inclus 23/21 € ; 9h-18h avr à mi-oct, 10h-16h de mi-oct à mars). Apparaissant tel un mirage au milieu des sommets, le château de Neuschwanstein servit de modèle au château de la Belle au bois dormant de Disney. Le roi Louis II dessina lui-même les plans de cet édifice féerique, aidé d'un décorateur de théâtre (et non d'un architecte). Il le voyait comme une immense scène destinée à recréer le monde de la mythologie germanique, inspiré des œuvres lyriques de son ami Richard Wagner. Pièce maîtresse du château, la **salle des Chanteurs** (Sängersaal) est ornée de fresques représentant des scènes de l'opéra *Tannhäuser*.

Le château d'inspiration médiévale et romantique plonge ses racines dans les rêves mêmes du jeune roi. Les travaux débutèrent en 1869 mais, comme beaucoup des grands chantiers de Louis II, ne furent jamais achevés. Malgré les sommes faramineuses dépensées sur sa cassette personnelle, le roi n'y résida finalement qu'à peine plus de 170 jours.

Autre pièce achevée, la chambre à coucher de Louis II, hommage à l'opéra wagnérien *Tristan et Isolde*, s'organise autour d'un lit néogothique aux allures de cathédrale avec son ciel de lit hérissé de pinacles. Le roi vit réalisées également la fausse grotte (identique à celle de *Tannhaüser*) et la byzantine **salle du Trône** (Thronsaal) au sol recouvert de plus de 2 millions de tesselles composant une mosaïque. Autre château rêvé par le roi mais jamais construit, celui qui apparaît sur le tableau face à la plateforme vierge qui devait accueillir le trône. Chaque fenêtre ou presque offre une vue imprenable sur la plaine environnante.

La visite s'achève par la projection d'un film de 20 minutes sur le château et son créateur. Difficile d'éviter les boutiques de souvenirs à la sortie, mais le café aux tarifs raisonnables permet de se remettre de tant d'émotions !

À 10 minutes de marche, au-dessus, le **pont de Marie** (Marienbrücke), qui surplombe la spectaculaire cascade de la Pollät, offre un spendide panorama sur le château et la vallée. On dit que Louis II adorait venir à la nuit tombée observer d'ici les lueurs des chandelles de la Sängersaal.

> **CHÂTEAUX MODE D'EMPLOI**
>
> Seules les visites guidées (en allemand ou en anglais) donnent accès aux châteaux de Neuschwanstein et de Hohenschwangau. Chacune dure environ 35 minutes et l'on commence par Hohenschwangau. La **billetterie** (08362-930 830 ; www.hohenschwangau.de ; Alpenseestrasse 12 ; 8h-17h30 avr à mi-oct, 9h-15h30 mi-oct à mars) au pied des châteaux délivre les tickets avec créneaux horaires. L'été, venez dès 8h pour être sûr d'obtenir une place le jour même.
>
> Un intervalle suffisant est prévu entre les deux visites pour parcourir les 30 à 40 minutes de marche en pente de l'un à l'autre. Vous pouvez aussi vous faire conduire dans une calèche tirée par des chevaux, ce qui va à peine plus vite.
>
> Les tickets pour le **musée des Rois de Bavière** (p. 100) sont en vente à la billetterie et au musée.
>
> Tous les tour-opérateurs de Munich organisent des excursions de la journée aux châteaux.

Château de Hohenschwangau

CHÂTEAU NÉOGOTHIQUE

(Schloss Hohenschwangau ; 08362-930 830 ; www.hohenschwangau.de ; Alpseestrasse 30 ; tarif plein/réduit 12/11 €, Neuschwanstein inclus 23/21 € ; 8h-17h30 avr à mi-oct, 9h-15h30 mi-oct à mars). Louis II grandit dans le château de Hohenschwangau, caractérisé par sa façade jaune étincelante, et y passa ensuite ses étés jusqu'à sa mort en 1886. Son père, Maximilien II, fit construire ce palais de style néogothique sur des ruines du XIIe siècle laissées par des chevaliers de Schwangau. Bien moins flamboyant que Neuschwanstein, Hohenschwangau est aussi plus chaleureux. Chaque meuble présent a toujours appartenu aux murs. La principale retouche opérée par Louis II à la mort de son père consista à faire peindre des étoiles sur le plafond de sa chambre, illuminées par des lampes à huile dissimulées.

Ici eut lieu la première rencontre entre Louis II et Richard Wagner. Sur le piano de la **Hohenstaufensaal**, le compositeur

À NE PAS MANQUER

LE MUSÉE DES ROIS DE BAVIÈRE

Après sa visite des palais de Füssen, le visiteur néglige souvent le **musée des Rois de Bavière** (Museum der Bayerischen Könige ; www.museumderbayerischenkoenige.de ; Alpseestrasse 27 ; tarif plein/réduit 9,50/8 € ; 10h-18h), préférant rejoindre directement l'arrêt de bus, le parking ou le débit de bières le plus proche. Pourtant, ce musée dédié à l'histoire de la première famille bavaroise, installé dans un ancien hôtel à la sublime architecture, au bord du lac Alpsee, à 400 m de la billetterie des châteaux, mérite amplement le déplacement.

La vue qu'offrent les larges baies vitrées sur le lac (excellent lieu de pique-nique) et les Alpes est tout aussi éblouissante que les somptueuses pièces des Wittelsbach exposées, notamment la fameuse robe bleu et or de Louis II.

Audioguide détaillé inclus dans le prix du ticket.

désargenté venait jouer au roi des extraits de ses dernières œuvres. Les fresques de certaines pièces content les mythologies allemandes, notamment celle de Lohengrin le chevalier au cygne, élégant oiseau qui revient en thème récurrent dans tout le château.

Haut-Château CHÂTEAU GOTHIQUE

(Hohes Schloss ; Magnusplatz 10 ; tarif plein/réduit 6/4 € ; galeries 11h-17h mar-dim avr-oct, 13h-16h ven-dim nov-mars). Le petit centre historique de Füssen est un dédale de ruelles sur lequel veille le Hohes Schloss, château gothique qui servit de retraite aux évêques d'Augsbourg. La **Staatsgalerie** (Galerie d'État), créée dans l'aile nord, expose toiles et sculptures des XVe et XVIe siècles. Au niveau inférieur, la **Städtische Gemäldegalerie** (galerie de peinture de la ville) est consacrée aux artistes du XIXe siècle.

La cour intérieure (1499) est un chef-d'œuvre d'illusion architecturale : pas évident de s'apercevoir tout de suite que pignons, oriels et fenêtres sont en trompe-l'œil !

Musée de Füssen MUSÉE

(Museum Füssen ; Lechhalde 3 ; tarif plein/réduit 6/4 € ; 11h-17h mar-dim avr-oct, 13h-16h ven-dim nov-mars). En contrebas du château, les collections réunies dans l'ancienne abbaye Saint-Magne rappellent les riches heures de la lutherie à Füssen au XVIe siècle. Outre ses flamboyantes salles baroques, l'abbaye recèle dans sa crypte l'une des plus anciennes fresques de Bavière et une *Danse macabre* de 1602 dans la chapelle de Sainte-Anne (830).

Tegelbergbahn TÉLÉPHÉRIQUE

(www.tegelbergbahn.de ; aller/retour 12,40/19,40 € ; 9h-17h). Relié à la vallée par téléphérique, le sommet du Tegelberg (1 730 m), très fréquenté par les adeptes de deltaplane et de parachute ascensionnel, offre une vue imprenable sur les Alpes et le lac Forggensee. Les 2 à 3 heures de descente à pied jusqu'aux châteaux sont un vrai bonheur (suivre les panneaux Königschlösser). Pour accéder à la station de départ, prenez le bus RVO n°73 ou n°78 (www.rvo-bus.de) depuis la gare de Füssen.

Où se loger

Les hébergements dans la région sont étonnamment bon marché. L'office du tourisme peut vous trouver des chambres d'hôtes à partir de 30 €/personne.

Old Kings Hostel AUBERGE DE JEUNESSE €

(08362-883 7385 ; www.oldkingshostel.com ; Franziskanergasse 2 ; dort 22 €, d 52-58 €). Parfaitement entretenue, cette auberge de jeunesse au design moderne est nichée dans le dédale de ruelles de la vieille ville. Ses deux dortoirs et ses trois chambres doubles présentent une décoration originale sans être trop excentrique. Sur place, cuisine, petit-déjeuner continental (5 €), service de blanchisserie et bière locale.

Steakhaus MAISON D'HÔTES €

(08362-509 883 ; www.steakhouse-fuessen.de ; Tiroler Strasse 31 ; s/d 30/74 € ; P). Ces chambres économiques, situées au-dessus d'un restaurant, à 10 minutes à pied au sud du centre-ville de Füssen, en direction de la frontière autrichienne, ne se distinguent nullement par leur décoration, ni leur caractère. Elles bénéficient en revanche d'une situation exceptionnelle donnant sur les chutes du Lech (Lechfall) et d'une vue imprenable sur les Alpes, le Lech et les forêts environnantes.

Hotel Sonne HÔTEL DESIGN €€
(☎08362-9080 ; www.hotel-sonne.de ; Prinzregentenplatz 1 ; s/d à partir de 89/109 € ; P 📶). Qui devinerait derrière cette façade traditionnelle un hôtel si design ? Les chambres à thème présentent notamment lit à baldaquin, papier peint à gros imprimés, immenses décorations murales ou encore somptueuses étoffes. Les œuvres d'art, costumes d'époque et éléments design qui encombrent les parties communes forment un ensemble étonnant et peu commun dans cette région d'Allemagne.

Altstadthotel Zum Hechten HÔTEL €€
(☎08362-916 00 ; www.hotel-hechten.com ; Ritterstrasse 6 ; s 59-69 €, d 94-100 € ; P 📶). Cet hôtel est à la fois l'un des plus anciens et l'un des plus accueillants de Füssen. Si les parties communes sont de style traditionnel, les chambres sont quant à elles lumineuses, modernes et très colorées, dotées de parquet aux magnifiques motifs et de grands lits. Petit mais élégant, le spa est idéal pour se détendre après une journée de marche.

Fantasia HÔTEL DESIGN €€
(☎08362-9080 ; www.hotel-fantasia.de ; Ottostrasse 1 ; s 39-79 €, d 49-99 € ; @ 📶). Cet hôtel au design atypique occupe une ancienne maison de vacances pour moines et nonnes de la fin du XIXe siècle. Le salon semble tout droit sorti d'un magazine design. Légèrement moins extravagantes, les chambres présentent néanmoins d'immenses imprimés du château de Neuschwanstein et un mobilier singulier. L'agréable jardin invite à la détente après une longue journée de visites.

Où se restaurer

Vinzenzmurr BAVAROIS €
(Reichenstrasse 35 ; tous les plats à moins de 6 € ; ⌚8h-18h lun-ven, 8h-13h sam). Filiale füssenoise de la boucherie munichoise, cette cantine en libre-service propose des portions raisonnables de *Leberkäse* (pain de viande) dans un petit pain, de goulasch, de *Saures Lüngerl* (poumon de chèvre ou de bœuf aux quenelles), de saucisses et de *Schnitzel*, ainsi que quelques options pour ces marginaux de végétariens. Ni café, ni desserts.

Beim Olivenbauer AUTRICHIEN, ITALIEN €€
(Ottostrasse 7 ; plats 6,50-16 € ; ⌚11h30-23h30). À la rencontre Tyrol et Allgäu, voici une table originale dans un décor un rien hétéroclite. On se régale d'une pizza et d'un verre de vin autrichien ou bien d'une assiette bien locale de *Maultaschen* (ravioles souabes à la viande et aux épinards) arrosée d'une bière locale.

Coin enfants et *Biergarten* ensoleillé à l'entrée. Pizzas à emporter.

Zum Hechten BAVAROIS €€
(Ritterstrasse 6 ; plats 8-19 € ; ⌚10h-22h). Le meilleur hôtel-restaurant de Füssen met l'accent sur les mets typiques de l'Allgäu : *Schnitzel* (escalope viennoise) et pâtes, plats bavarois à base de porc, et spécialités locales comme le goulasch de chevreuil de l'Ammertal. Pour la digestion, laissez-vous tenter par la König Ludwig Dunkel, une des meilleures bières brunes allemandes, brassée par les héritiers de la famille Wittelsbach.

Zum Franziskaner BAVAROIS €€
(Kemptener Strasse 1 ; plats 6-19,50 € ; ⌚12h-23h). Ce restaurant réaménagé propose des spécialités de *Schweinshaxe* (jarret de porc) et de *Schnitzel*, dont d'innombrables variétés sont servies. Quelques options sont prévues pour les végétariens, notamment des *Käsespätzle* (pâtes au fromage) et des salades. Lorsque le soleil brille, les places extérieures partagent le trottoir avec la statue figurant le "lavement des pieds".

Renseignements

Office du tourisme (☎08362-938 50 ; www.fuessen.de ; Kaiser-Maximilian-Platz ; ⌚9h-18h lun-ven, 10h-14h sam, 10h-12h dim). L'office du tourisme vous aide volontiers à vous loger.

Depuis/vers Füssen

BUS

On prend le **Deutsche Touring** (www.touring.de, www.romantic-road.com), le Romantic Road Coach (p. 117), devant la gare ferroviaire de Füssen, à 8h. Il arrive à Füssen à 20h30.

TRAIN

Pour visiter les châteaux dans la journée au départ de Munich, il faut partir tôt. Le premier train quitte Munich à 5h53 (26,20 €, correspondance à Buchloe), pour atteindre Füssen à 7h52. Ensuite, il y a des trains directs toutes les 2 heures.

Comment circuler

Les toutes nouvelles gares routière et ferroviaire se trouvent à quelques minutes à pied du centre historique. Les châteaux, à environ 3,5 km au-delà du Lech, sont théoriquement accessibles à pied également.

BUS

Les **bus RVO nos 78 et 73** (www.rvo-bus.de) desservent les châteaux depuis la gare ferroviaire de Füssen (4,40 € aller-retour, 8 minutes, au moins 1/heure). Tickets vendus par le chauffeur.

TAXI

Pour les châteaux, comptez 10 € par trajet. Taxis disponibles à la gare de Füssen.

Église de Wies

Église de Wies ÉGLISE

(Wieskirche ; ☎08862-932 930 ; www.wieskirche.de ; ⏲8h-20h avr-oct, 8h-17h nov-mars). GRATUIT Situé dans le village de Wies, à proximité immédiate de la B17 reliant Füssen à Schongau, cet édifice classé par l'Unesco est l'une des églises baroques les plus célèbres de Bavière. Environ un million de visiteurs viennent chaque année admirer cette œuvre monumentale que l'on doit aux légendaires frères artistes Dominikus et Johann Baptist Zimmermann.

LOUIS II, LE CRÉPUSCULE D'UN ROI

Chaque 13 juin, à Berg, une frêle embarcation, portant une simple couronne de fleurs, glisse silencieusement sur les eaux du lac de Starnberg, vers une croix placée sur sa rive est. Seul le son d'une trompette solitaire rompt le recueillement tandis que le bateau s'éloigne, marquant la fin de ce rituel rendu au plus aimé des rois de Bavière, Ludwig.

La croix marque le lieu où Louis II se noya dans des circonstances mystérieuses en 1886, point final d'une vie en décalage par rapport aux réalités d'un monde moderne qui rejetait l'idée d'un monarque romantique et idéaliste.

Fasciné par les récits épiques et romantiques, l'architecture et la musique, le jeune prince héritier Otto Ludwig Friedrich Wilhelm reste incompris de ses parents, Maximilien II et Marie. À peine sorti d'une enfance solitaire et triste, il devient roi à 18 ans, en 1864. Très attaché à sa cousine, la fantasque Sissi, il est fiancé à la jeune sœur de l'impératrice d'Autriche, mais préfère la compagnie des garçons. Richard Wagner le fascine et le jeune monarque fera tout pour attirer le compositeur en Bavière, y compris financer la dispendieuse construction de l'Opéra de Bayreuth.

Souverain enthousiaste, Louis II ne parviendra pas néanmoins à sauvegarder la Bavière face à Bismarck et à la Prusse, il devient un roi fantoche après la création du Reich allemand en 1871. Seuls avantages : les sommes importantes reversées par le Reich. Louis II se réfugie dans la fête, la conception de châteaux, les concerts et opéras privés. Fasciné par Louis XIV et la création française du Grand Siècle, il se lance dans la construction de **Neuschwanstein** (p. 99), **Linderhof** (ci-contre) et **Herrenchiemsee** (p. 112), autant de folies architecturales qui font grossir les rangs de ses ennemis, insensibles à sa vision totale de l'art.

Quoique ses projets extravagants fussent financés sur sa cassette personnelle, sa montagne de dettes et son comportement erratique excèdent son cabinet qui décide d'"encadrer" le roi. En janvier 1886, un examen psychiatrique sommaire commandé par ses ministres et ses proches le déclare mentalement inapte à régner (d'autant plus aisément que son frère même avait été déclaré fou en 1872). En juin, il est interné au château de Berg, au bord du lac de Starnberg. Ce même mois, le vieux garçon déchu et son médecin font une promenade au clair de lune le long du lac. Quelques heures plus tard, on les retrouve mystérieusement noyés dans quelques centimètres d'eau !

Pas de témoins, pas de véritable enquête... Les indices retrouvés se révèlent contradictoires et parcellaires. Rapports et documents sont falsifiés, détruits ou égarés. La théorie du complot enfle. Cet été-là, on décida d'ouvrir le château de Neuschwanstein au public pour aider à éponger les dettes du souverain. Louis II était mort, le mythe naissait avec son flot d'exploitation touristique.

Si la personnalité hors norme de Louis II vous intéresse, une vision du chef-d'œuvre de Luchino Visconti, *Ludwig ou le Crépuscule des dieux* (1972), qui dresse un fascinant portrait du souverain bavarois, s'impose !

Un miracle semble être survenu en 1730 à Steingaden, à 30 km au nord-est de Füssen : plusieurs fidèles virent un simple christ de bois verser des larmes. L'effigie du Christ attirant un nombre croissant de pèlerins, le père abbé des Prémontrés de Steingaden décida d'édifier un sanctuaire nouveau. Sa forme ovale, ses huit piliers blancs coiffés de chapiteaux dorés richement décorés, son impressionnante coupole ornée d'une fresque représentant la résurrection du Christ, les trompe-l'œil, tout est intact !

De Füssen, le bus régional RVO n°73 (www.rvo-bus.de) dessert l'église 4 fois par jour. Le Romantic Road Coach (p. 117) s'y arrête suffisamment longtemps, que ce soit dans un sens ou dans l'autre, pour vous laisser le temps de faire une brève balade alentour. En voiture, prenez la B187 vers le nord-est puis obliquez à droite (vers l'est) à Steingaden.

Château de Linderhof

Château de Linderhof CHÂTEAU

(Schloss Linderhof ; www.schlosslinderhof.de ; tarif plein/réduit 8,50/7,50 € ; 9h-18h avr à mi-oct, 10h-16h mi-oct à mars). Véritable caverne d'Ali Baba, le Schloss Linderhof fut le plus petit mais aussi le plus somptueux palais de Louis II, et le seul achevé de son vivant, en 1878. Perché sur une colline abrupte dans un paysage onirique de jardins à la française, de fontaines et de folies, ce fut le refuge de Louis II, qui n'accepta de recevoir ici que très peu de monde. Inspiré de Versailles, Linderhof est comme un hommage au Roi-Soleil.

Mythes et pierres précieuses se mêlent à profusion dans les somptueuses salles du château, révélant ce goût de l'emphase qui inquiétait tant à Munich le cabinet du roi. Pièce maîtresse du château, la **chambre à coucher** au somptueux décor Louis XIV est éclairée par les 108 feux du gigantesque lustre de cristal. Une cascade artificielle aménagée devant la fenêtre rafraîchissait la pièce en été. L'ingénieuse table escamotable de la **salle à manger** permettait aux domestiques de servir et desservir à loisir par un système de poulies qui préservait le monarque de tout contact, comme il le souhaitait.

Aménagés par le célèbre paysagiste de la cour Carl von Effner, les jardins et dépendances, ouverts d'avril à octobre, sont tout aussi fascinants que le château proprement dit. Dans le remarquable **pavillon mauresque**, Louis II présidait aux réjouissances nocturnes en habit oriental juché sur un trône flanqué d'un paon. Seul dans son extraordinaire barque en forme de cygne (tristement attachée aujourd'hui au quai), Ludwig aimait promener ses rêves parmi les stalactites artificielles de la **grotte de Vénus**, au décor tiré du *Tannhäuser* de Wagner.

Linderhof se trouve à 13 km à l'ouest d'Oberammergau et à 26 km au nord-ouest de Garmisch-Partenkirchen. Le bus n°9622 relie 9 fois par jour Oberammergau à Linderhof. De Garmisch-Partenkirchen, prenez une correspondance à Ettal ou Oberammergau. Le dernier bus quitte Linderhof peu avant 18h mais une agréable marche de 13 km dans les sous-bois permet de rejoindre Oberammergau en jouissant de beaux panoramas.

Oberammergau

08822 / 5 100 HABITANTS

Au cœur d'une large vallée entourée par de sombres forêts et les pics enneigés des Alpes d'Ammergau, ce village pittoresque et tranquille, aux maisons baroques peintes et aux exceptionnels sculpteurs sur bois, est mondialement connu pour la *Passion* qui y est jouée toutes les dernières années d'une décennie depuis une terrible épidémie de peste au milieu du XVIIe siècle. Oberammergau est aussi une base abordable et très pratique pour la randonnée et le ski de fond dans les Alpes.

À voir et à faire

Passionstheater THÉÂTRE

(08822-945 8833 ; www.passionstheater.de ; Othmar-Weis-Strasse 1 ; visite du théâtre et entrée Oberammergau Museum tarif plein/réduit 8/7 € ; visites 10h et 14h en allemand, 11h en anglais avr-oct et déc). La visite guidée du Passionstheater, qui accueille la *Passionspiele*, vous permet de découvrir l'histoire de la pièce et de jeter un coup d'œil aux costumes et aux décors.

Renseignez-vous auprès de l'office du tourisme pour connaître les concerts, les pièces de théâtre et les opéras qui y sont organisés durant l'été.

Pilatushaus ÉDIFICE REMARQUABLE

(Ludwig-Thoma-Strasse 10 ; 13h-17h mar-sam mi-mai à mi-oct). GRATUIT Outre la *Passion*, le village est réputé pour ses façades aux

CARTE D'HÔTE DES ALPES

Tout séjour dans un hôtel ou une maison d'hôtes de Garmisch-Partenkirchen ou Oberammergau donne droit à une *Gästekarte* gratuite. Outre la liberté de circuler gracieusement sur la ligne routière Garmisch-Partenkirchen/Füssen, vous bénéficiez de nombreuses autres réductions.

étonnantes fresques en trompe-l'œil de style Lüftlmalerei. Ne manquez pas de découvrir la Pilatushaus, dont les colonnes peintes prennent vie en trois dimensions lorsque vous vous en approchez. Cette maison abrite une galerie et plusieurs ateliers.

Oberammergau Museum MUSÉE
(08822-941 36 ; www.oberammergaumuseum.de ; Dorfstrasse 8 ; entrée musée et visite du Passionstheater tarif plein/réduit 8/7 € ; 10h-17h mar-dim avr-oct). Il s'agit de l'un des meilleurs endroits pour admirer de merveilleux exemples de la sculpture sur bois d'Oberammergau, renommée pour son raffinement. Le village possède une longue tradition d'artisans, capables aussi bien de produire une scène complète de la Nativité sur une simple coquille de noix qu'une Vierge grandeur nature. Si vous souhaitez absolument acquérir l'une de ces œuvres, nombre de boutiques alentour en vendent à des prix élevés.

Fêtes et festivals

Passionspiele THÉÂTRE
(www.passionplay-oberammergau.com). Mélange d'opéra, de rituel et d'épopée hollywoodienne, la *Passionspiele* réunit la moitié du village. Les acteurs se laissant pousser cheveux et barbe pour leur rôle (les perruques ne sont pas autorisées), chacun s'active pour répétitions et costumes.

Les prochaines représentations auront lieu entre mai et octobre 2020, mais la visite guidée du Passionstheater permet de jeter un coup d'œil aux costumes et aux décors à tout moment. Le théâtre accueille concerts, pièces de théâtre et opéras l'été : renseignez-vous à l'office du tourisme.

Où se loger et se restaurer

DJH Hostel AUBERGE DE JEUNESSE €
(08822-4114 ; www.oberammergau.jugendherberge.de ; Malensteinweg 10 ; dort à partir de 22,90 €). Chambres avec salle de bains impeccable, cuisine en libre accès et petit-déjeuner alpin nourrissant.

Gästehaus Richter B&B €
(08822-935 765 ; www.gaestehaus-richter.de ; Welfengasse 2 ; s/d 39/70 € ;). Meilleur rapport qualité/prix d'Oberammergau, cette maison d'hôtes tenue par une famille propose des chambres bien entretenues et agrémentées d'éléments alpins traditionnels, une cuisine commune et un copieux petit-déjeuner.

Hotel Turmwirt HÔTEL €€
(08822-926 00 ; www.turmwirt.de ; Ettalerstrasse 2 ; s/d à partir de 75/99 € ;). Récemment rénové, cet hôtel, situé près de l'église, loue des chambres de type hôtel d'affaires. Certaines ouvrent sur les Alpes par un balcon et sont décorées de sculptures sur bois.

Mundart BAVAROIS €€
(08822-949 7565 ; www.restaurant-mundart.de ; Bahnhofstrasse 12 ; plats 11,60-17,90 € ; 11h-23h mer-dim ;). D'appétissants classiques bavarois revisités au goût plus raffiné du XXIe siècle vous attendent dans ce restaurant tendance à la décoration gris et bleu pastel, non loin de la gare. Carte dépouillée comprenant un choix de plats végétariens, des prix raisonnables et le meilleur service du village.

Renseignements

Office du tourisme (08822-922 740 ; www.ammergauer-alpen.de ; Eugen-Papst-Strasse 9a ; 9h-18h lun-ven, 9h-13h sam-dim, fermé sam-dim nov-mars). L'office du tourisme vous aide volontiers à vous loger.

Depuis/vers Oberammergau

Des trains circulent toutes les heures entre Munich et Oberammergau (correspondance à Murnau, 19,80 €, 1 heure 45). Le bus RVO n°9606 dessert au même rythme Garmisch-Partenkirchen via Ettal ; pour aller à Füssen, changez de bus à Echelsbacher Brücke.

Ettal

Kloster Ettal ABBAYE
(www.kloster-ettal.de ; Kaiser-Ludwig-Platz 1 ; 8h30-12h et 13h15-17h45 lun-sam, 9h-10h45 et 14h30-17h30 dim). GRATUIT Ettal est sortie de l'anonymat grâce à sa célèbre abbaye, dont la basilique rococo renferme un trésor jalousement gardé par des moines : une madone

de marbre rapportée de Rome en 1330 par l'empereur Louis de Bavière. Les moines distillent l'Ettaler Klosterlikör, un digestif aux herbes.

Ettal se trouve à 5 km au sud d'Oberammergau. La marche le long de l'Ammer est facile, mais on peut aussi prendre le bus n°9606 depuis Garmisch-Partenkirchen ou Oberammergau.

Garmisch-Partenkirchen

☎08821 / 26 000 HABITANTS

Destination extrêmement prisée des amateurs d'activités de plein air, des mordus de poudreuse et des excursionnistes au départ de Munich, la double station de Garmisch-Partenkirchen jouit d'un fabuleux cadre à la porte des Alpes. Du reste, son domaine skiable fait partie des meilleurs du pays, et les pistes du Zugspitze (2 964 m), le plus haut sommet allemand, sont le cadre de compétitions internationales.

Initialement indépendantes, Garmisch et Partenkirchen ont fusionné lors des Jeux olympiques d'hiver de 1936. Chacune a son caractère propre : Garmisch est plus moderne, tandis que Partenkirchen conserve une atmosphère de village alpin d'antan.

La double station est un port d'attache fort pratique pour partir à la découverte des palais de Louis II : non loin, Linderhof (p. 103), la plus méconnue Maison royale de Schachen, ou encore Oberammergau (p. 103), voire les châteaux de Neuschwanstein (p. 99) et de Hohenschwangau (p. 99).

À voir

Zugspitze POINT CULMINANT

(www.zugspitze.de ; aller-retour adulte/enfant 51/29,50 € ; ⏲train 8h15-14h15). Par temps dégagé, la vue qu'offre le toit de l'Allemagne porte sur quatre pays différents. L'ascension débute à Garmisch, à bord d'un train à crémaillère (Zahnradbahn) qui longe le pied de la montagne jusqu'à

Environs de Garmisch-Partenkirchen

> **SKI À GOGO**
>
> Le forfait **Top Snow Card** (2 jours, adulte/enfant 82,50/43,50 €) donne accès à toutes les pistes de la région de Garmisch et du Tyrol voisin, au-delà de la frontière ; soit, au total, pas moins de 207 km de pistes et 89 remontées.

Eibsee, un lac de forêt idyllique. De là, le vertigineux téléphérique Eibsee-Seilbahn mène au sommet, à 2 962 m. Après avoir pleinement profité du panorama, empruntez le téléphérique Gletscherbahn jusqu'au glacier du Zugspitze, à 2 600 m, puis le train à crémaillère pour redescendre à Garmisch.

Mémorable, l'ascension du Zugspitze attire les foules : partez de bon matin, si possible en semaine.

Gorges de la Partnach SITE NATUREL

(Partnachklamm ; www.partnachklamm.eu ; tarif plein/réduit 4/2,50 € ; ⏲8h-18h). Site d'intérêt majeur de la région de Garmisch, ces étroites gorges de 700 m de long et de 80 m de profondeur sont de toute beauté. Un sentier taillé dans la roche vous les fait traverser. L'hiver rend le parcours un peu plus impressionnant encore, quand on chemine sous des rideaux de stalactites et des cascades gelées.

Maison royale de Schachen ÉDIFICE HISTORIQUE

(Jagdschloss Schachen ; ☎08822-920 30 ; tarif plein/réduit 4,50/3,50 € ; ⏲visites 11h, 13h, 14h et 15h juin-sept). Un sentier de randonnée fréquenté mène en 4 heures environ (10 km) via les gorges de la Partnach à ce simple chalet voulu par Louis II. La simplicité de l'aménagement du rez-de-chaussée contraste avec le faste du **salon oriental** à l'étage, tout droit sorti des *Mille et Une Nuits* !

Activités

Garmisch possède deux grands domaines skiables : le Zugspitze (2 964 m) et Garmisch-Classic (Alpspitze, 2 628 m ; Hausberg, 1 340 m ; Kreuzeck, 1 651 m ; forfait journée adulte/enfant 39,50/23 €). Des bus locaux desservent toutes les stations de la vallée. Des pistes de ski de fond suivent les principales vallées, un long tronçon reliant Garmisch à Mittenwald. Les leçons de ski alpin sont facturées environ 60 €/pers le cours collectif de 3 heures ou 45 €/heure le cours particulier.

Toute la région autour de Garmisch-Partenkirchen se prête parfaitement aussi à la randonnée et à l'alpinisme. Sur le site Internet de l'office du tourisme, un judicieux outil interactif vous aide à planifier votre itinéraire pédestre à la découverte des sommets, et nombre de brochures et cartes disponibles suggèrent une grande variété d'itinéraires de tous niveaux. Sur place, des guides alpins diplômés répondent à vos questions et fournissent toutes sortes de renseignements entre 16h et 18h les lundis et jeudis. L'ascension du Zugspitze, possible uniquement en été, requiert une bonne technique alpine.

Skischule SKI

(carte p. 107 ; ☎08821-4931 ; www.skischule-gap.de ; Am Hausberg 8). Location de matériel et cours de ski.

Alpensport Total SKI

(carte p. 107 ; ☎08821-1425 ; www.alpensporttotal.de ; Marienplatz 18). Cours de ski et location de matériel l'hiver. Autres activités de plein air le reste de l'année.

Bergsteigerschule Zugspitze RANDONNÉE

(☎08821-589 99 ; www.bergsteigerschule-zugspitze.de ; Am Kreuzeckbahnhof 12a). Cette école d'alpinisme propose des randonnées avec guide et des cours. Elle se trouve à la station inférieure de l'Alpspitzbahn, au sud-ouest de la localité.

Deutscher Alpenverein RANDONNÉE

(carte p. 107 ; ☎08821-2701 ; www.alpenverein-gapa.de ; Carl-Reiser-Strasse 2 ; ⏲14h-18h lun-mar, 10h-12h et 16h-19h mer-jeu, 8h-13h ven). Le Club alpin allemand propose des cours et des randonnées guidées. Son site Internet – hélas en allemand uniquement – est une mine d'informations détaillées et actualisées sur la région.

Où se loger

Un panneau situé à l'extérieur de l'office du tourisme indique l'état des réservations 24h/24.

Hostel 2962 AUBERGE DE JEUNESSE €

(carte p. 107 ; ☎08821-909 2674 ; www.hostel2962-garmisch.com ; Partnachauenstrasse 3 ; dort/d à partir de 20/60 € ; wifi). L'atmosphère de l'Hostel 2962, qui possède sept dortoirs, tient plus d'un hôtel typique de Garmisch que d'une

Garmisch-Partenkirchen

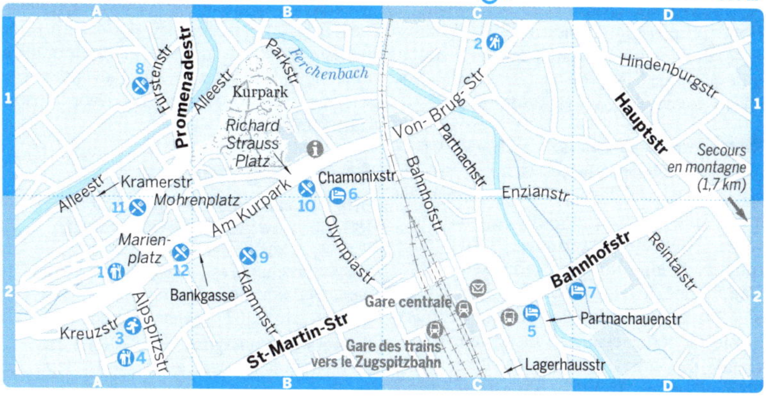

auberge de jeunesse. C'est néanmoins une bonne adresse : les chambres à 4 ou 5 lits sont les moins chères de la ville. Comptez 6 € de supplément petit-déjeuner si vous optez pour le dortoir.

DJH Hostel AUBERGE DE JEUNESSE €
(☎08821-967 050 ; www.garmisch.jugendherberge.de ; Jochstrasse 10 ; dort à partir de 24,90 € ; P@🛜). Située à 4,5 km au nord de la ville, cette auberge de jeunesse impeccablement tenue n'a rien à envier à certains hôtels de chaîne. Chambres au mobilier style IKEA et aux coloris fruités. Si les Alpes ne vous suffisent pas, on trouve des murs d'escalade à l'intérieur et à l'extérieur ! Transfert depuis la gare organisé gratuitement.

Hotel Garmischer Hof HÔTEL €€
(carte ci-dessus ; ☎08821-9110 ; www.garmischer-hof.de ; Chamonixstrasse 10 ; s 59-80 €, d 98-138 € ; 🛜🏊). Cette auberge accueillante tenue par la famille Seiwald depuis 1928 a hébergé nombre d'alpinistes, skieurs et aventuriers de haute montagne. Chambres élégantes et confortables, agrémentées de touches alpines traditionnelles, petit-déjeuner buffet préparé sous les voûtes de son café-restaurant et spa avec sauna, idéal pour se détendre après une journée sur les pistes.

Gasthof zum Rassen HÔTEL €€
(☎08821-2089 ; www.gasthof-rassen.de ; Ludwigstrasse 45 ; s 32-53 €, d 52-90 € ; P🛜). Orné de superbes fresques, cet édifice du XIVe siècle réunit des chambres contemporaines, meublées avec simplicité, qui contrastent avec le raffinement traditionnel des salons

Garmisch-Partenkirchen

Activités, cours et circuits organisés

1 Alpensport Total A2
2 Deutscher Alpenverein C1
3 Fahrrad Ostler A2
4 Skischule A2

Où dormir

5 Hostel 2962 .... C2
6 Hotel Garmischer Hof B1
7 Reindl's Partenkirchner Hof D2

Où se restaurer

8 Bräustüberl A1
9 Colosseo B2
Hobi's .... (voir 1)
10 Hofbräustüberl B1
11 Zirbel A2
12 Zum Wildschütz A2

et de la salle des fêtes, plus ancien théâtre populaire de Bavière. L'adresse parfaite pour les bourses modestes.

Reindl's Partenkirchner Hof HÔTEL €€€
(carte ci-dessus ; ☎08821-943 870 ; www.reindls.de ; Bahnhofstrasse 15 ; d avec petit-déj 140-230 € ; P@🛜). Cet hôtel de luxe, dont les cinq étoiles ne sautent certes pas aux yeux de l'extérieur, compte de nombreux atouts, notamment un bar à vins et un excellent restaurant gastronomique. Les chambres allient folklore et élégance. Certaines ont une vue époustouflante sur la montagne.

Où se restaurer

Hobi's BOULANGERIE €
(carte ci-dessus ; Zugspitzstrasse 2 ; en-cas 2-5,50 € ; ⏲5h45-12h30 et 14h30-17h30 lun-ven,

5h45-12h sam, 6h30-11h dim ;). Meilleure boulangerie de Garmisch-Partenkirchen, le Hobi's propose une grande diversité de pâtisseries et de sandwichs, ainsi que de la soupe, tout au long de la journée. Nombreuses places assises et excellent Wi-Fi.

Gasthof Fraundorfer BAVAROIS €€

(www.gasthof-fraundorfer.de ; Ludwigstrasse 24 ; plats 8-19 € ; 7h-minuit jeu-lun, 17h-minuit mer). Une adresse typique à souhait : yodel, danse folklorique, autochtones rougeauds en culotte de cuir, tout y est ! L'ambiance devient de plus en plus endiablée au fil du ballet des chopes de bière brune et des gargantuesques plateaux de viande de porc. Décor hétéroclite : chérubins baroques, trophées de chasse, "coin des sports".

Zum Wildschütz BAVAROIS €€

(carte p. 107 ; Bankgasse 9 ; plats 9-20 € ; 11h30-22h). Appréciée des chasseurs, voici la meilleure table de la ville pour le gibier : chevreuil, lapin, sanglier... Les variantes de *Schnitzel* du Tyrol et du sud de la Bavière ne sont pas mal non plus. Les végétariens passeront leur chemin.

Zirbel PUB €€

(carte p. 107 ; Promenadestrasse 2 ; plats 8-20 € ; 17h-1h). Légèrement à l'écart des touristes, ce pub populaire à la décoration rustique et aux poutres apparentes basses est gardé par un ours en bois d'aspect peu commode. Hélas uniquement ouvert en soirée, il sert des pâtes, des salades et des *Schnitzel*, à arroser de bière Hofbräu.

Bräustüberl ALLEMAND €€

(carte p. 107 ; 08821-2312 ; www.braeustueberl-garmisch.de ; Fürstenstrasse 23 ; plats 6-19 € ; 10h-1h). Cette taverne typiquement bavaroise offre à goûter des spécialités locales apportées par des serveuses en *Dirndl*. Concerts et pièces de théâtre organisés dans la salle située au-dessus.

Hofbräustüberl BAVAROIS, BALKANIQUE €€

(carte p. 107 ; Chamonixstrasse 2 ; plats 11-20 € ; 11h30-15h et 17h-23h). Épices balkaniques et cordialité du sud de l'Allemagne forment une combinaison gagnante dans ce restaurant au nom pourtant *echt-Bayern* (bavarois authentique). Il sert divers mets des Alpes et d'Adriatique dans un cadre feutré et quelque peu formel. Le service est excellent et la carte des vins, en provenance des Balkans, tout simplement exceptionnelle.

Colosseo ITALIEN €€

(carte p. 107 ; Klammstrasse 7 ; pizzas 4-9 €, autres plats 5-20 € ; 11h30-14h30 et 17h-23h30). Ce restaurant couru propose d'innombrables plats de pâtes et des pizzas à savourer avec vue sur la montagne dans un décor d'inspiration antique.

Renseignements

Office du tourisme (carte p. 107 ; 08821-180 700 ; www.gapa.de ; Richard-Strauss-Platz 2 ; 9h-18h lun-sam, 10h-12h dim). Cartes, brochures et conseils fournis par le personnel aimable.

Poste (carte p. 107 ; Bahnhofstrasse 31)

Secours en montagne (08821-3611, 112 ; www.bergwacht-bayern.de ; Auenstrasse 7)

Comment s'y rendre et circuler

Un train dessert toutes les heures Garmisch-Partenkirchen au départ de Munich (20,70 €, 1 heure 20). La gare centrale de Munich propose un forfait train aller-retour et journée de ski au Zugspitze (environ 50 €).

Le bus RVO n°9606 (www.rvo-bus.de) part à 9h40 pour rallier en 2 heures Füssen et les châteaux de Neuschwanstein et Hohenschwangau. Au retour, prenez le bus n°9651 de 16h13, puis le n°9606 à Echelsbacher Brücke, ou prenez le bus direct de 17h18. Le n°9606 dessert aussi Oberammergau toutes les heures (40 minutes).

L'A95 relie directement Munich et Garmisch-Partenkirchen. Proche de l'office du tourisme, le parking le plus central est celui du Kongresshaus.

Le trajet urbain en bus revient à 1,50 €.

Fahrrad Ostler loue des vélos (carte p. 107 ; 08821-3362 ; Kreuzstrasse 1 ; à partir de 10/40 € par jour/semaine).

Mittenwald

08823 / 7 300 HABITANTS

Nichée dans un cul-de-sac à l'ombre des sommets enneigés, à 20 km au sud-est de Garmisch-Partenkirchen, cette belle endormie bénéficie d'un cadre naturel incomparable. Les habitants de ce village tranquille semblent étonnés de la popularité d'un lieu connu dans le monde entier pour ses luthiers. L'air y est incroyablement pur, et le calme qui règne dans la rue principale est à peine troublé par le clapotement d'un ruisseau.

L'**office du tourisme** (08823-339 81 ; www.mittenwald.de ; Dammkarstrasse 3 ; 8h30-18h lun-ven, 9h-12h sam, 10h-12h dim mi-mai à mi-oct, horaires réduits le reste de l'année) vous renseignera sur les sentiers de marche et les pistes cyclables alentour. Le vénérable Alpspitze (2 628 m), comme le Wank, le mont Karwendel ou le Wettersteinspitze attirent nombre de randonneurs d'autant plus qu'un téléphérique raccourcit la distance. L'aller-retour au Karwendel via le deuxième téléphérique le plus haut d'Allemagne revient à 26,50/16,50 € par adulte/enfant.

Le domaine skiable du Karwendel compte l'une des plus longues pistes du pays (7 km), mais s'adresse surtout aux pros du freestyle. Avantageux, le forfait journalier sur le domaine skiable voisin du Kranzberg revient à 27/20 € par adulte/enfant. Pour la location de matériel et les cours de ski/snowboard, contactez l'**Erste Skischule Mittenwald** (08823-3582 ; www.skischule-mittenwald.de ; Bahnhofsplatz 14).

Hors des pistes, le seul site à ne pas manquer du village est le **musée de la Lutherie** (Geigenbaumuseum ; www.geigenbau-museum-mittenwald.de ; Ballenhausgasse 3 ; tarif plein/réduit 4,50/3,50 € ; 11h-16h mar-dim), qui rassemble plus de 200 violons fabriqués ici et divers outils indispensables au travail du luthier. Le musée accueille parfois des concerts.

Derrière la superbe façade de l'**Hotel-Gasthof Alpenrose** (08823-927 00 ; www.alpenrose-mittenwald.de ; Obermarkt 1 ; s 30-59 €, d 77-97 €) se cachent de douillettes chambres traditionnelles et un joli restaurant. Des groupes de musique bavaroise s'y produisent presque tous les soirs. À quelques pas de l'Obermarkt, le **Gaststätte Römerschanz** (Innsbrucker Strasse 30 ; plats 7-17 € ; 10h-minuit mer-lun) sert les mets les plus savoureux de Mittenwald.

Mittenwald est accessible en train depuis Garmisch-Partenkirchen (4,40 €, 20 minutes, toutes les heures), Munich (24,20 €, 1 heure 45, toutes les heures) et Innsbruck, en Autriche (10,10 €, 1 heure, 7/jour). Le bus RVO n°9608 relie aussi Mittenwald et Garmisch-Partenkirchen (30 minutes) plusieurs fois par jour.

Oberstdorf

08322 / 9 570 HABITANTS

Dans le cadre spectaculaire des Alpes occidentales, la région de l'Allgäu semble bien loin du reste de la Bavière, à la fois côté cuisine (on préfère ici les *Spätzle* aux *Knödel*) et de par son dialecte, plus proche du souabe parlé au Bade-Wurtemberg. La destination principale de l'Allgäu est la grande station sans voitures d'Oberstdorf, située à deux pas de l'Autriche.

Activités

Cernée par les hauteurs, Oberstdorf est le royaume de la randonnée. Les skieurs apprécient la station pour sa convivialité, ses prix bas et ses pistes pas trop bondées. Outre 70 km de pistes de ski de fond bien damées, Oberstdorf offre 3 domaines skiables : Nebelhorn, Fellhorn/Kanzelwand et Söllereck. Pour louer du matériel et prendre des cours, adressez-vous à l'**Alpin Skischule** (08322-952 90 ; www.alpinskis-chule.de ; Am Bahnhofplatz 1a) en face de la gare ou à l'**Erste Skischule Oberstdorf** (08322-3110 ; www.skischule-oberstdorf.de ; Freiherr-von-Brutscher-Strasse 4).

Gaisalpseen RANDONNÉE

(aller simple/aller-retour 31,50/24,50 € ; 9h-17h tlj). Une belle idée de randonnée sur la journée : montez en téléphérique jusqu'au sommet du Nebelhorn et redescendez via les Gaisalpseen, deux superbes lacs alpins (6 heures).

Eissportzentrum Oberstdorf PATINAGE

(08322-700 510 ; www.eissportzentrum-oberst-dorf.de/ ; Rossbichlstrasse 2-6). Derrière la station de téléphérique du Nebelhorn, le plus grand complexe du genre en Allemagne réunit trois patinoires.

Où se loger

Oberstdorf regorge de chambres d'hôtes, mais les propriétaires sont souvent peu disposés à louer pour une seule nuit, même en moyenne saison.

DJH Hostel AUBERGE DE JEUNESSE €

(08322-987 50 ; www.oberstdorf.jugendherberge.de ; Kornau 8 ; dort 28,90 € ;). Cette auberge relax de 200 lits établie dans un chalet délivre une vue imprenable sur les Alpes d'Allgäu. Elle est située en banlieue, à Kornau, près du télésiège de Söllereck. Pour y arriver, prenez le bus n°1 en face de la gare jusqu'à l'arrêt Reute.

Haus Edelweiss APPARTEMENTS €€

(08322-959 60 ; www.edelweiss.de ; Freiberg-strasse 7 ; app à partir de 107 € ; P). Propre comme un sou neuf, cette nouvelle résidence-hôtel à deux pas de l'office du tourisme loue 19 appartements avec cuisine équipée, idéaux pour des séjours de 3 nuits ou plus. Tarifs généralement dégressifs.

Weinklause PENSION €€
(08322-969 30 ; www.weinklause.de ; Prinzenstrasse 10 ; s 73 €, d 110-172 € ; P). Accueillant les clients d'une nuit sans rechigner, cette superbe pension propose toute une gamme de chambres et d'appartements. Certains ont un coin cuisine, d'autres bénéficient d'une vue magnifique sur les Alpes. Un petit-déjeuner copieux est servi au restaurant, animé le soir par des groupes locaux.

Où se restaurer et prendre un verre

Weinstube am Frohmarkt TYROLIEN €€
(08322-3988 ; www.weinstube-oberstdorf.de ; Am Frohmarkt 2 ; plats 10-19 € ; 17h-minuit lun-sam). La Bavière paraît loin dans ce bar à vins intimiste où l'air est imprégné d'arômes de vin, de fromage et de jambon fumé du Tyrol. On peut se mêler aux habitants pour déguster un plat de sanglier ou de dinde à la tessinoise, comme se retirer à l'étage pour siroter un verre de vin au calme.

Nordi Stüble SOUABE €€
(08322-7641 ; angle Walserstrasse et Luitpoldstrasse ; plats 9-20 € ; 11h-22h lun-sam). Une adresse familiale et chaleureuse idéale pour se régaler des variantes locales de *Schnitzel* et de *Maultaschen* préparés à la demande (prévoyez un peu d'attente en conséquence). Pour la digestion, laissez-vous tenter par la bière Stuttgart Dinkelacker.

Dampfbierbrauerei BRASSERIE
(www.dampfbierbrauerei.de ; Bahnhofplatz 8 ; 11h-1h). Près de la gare ferroviaire, dégustez une *ale* dans la plus méridionale des brasseries allemandes.

Renseignements

Office du tourisme (08322-7000 ; www.oberstdorf.de ; Prinzregenten-Platz 1 ; 9h-17h lun-ven, 9h30-12h sam). L'office du tourisme principal et son **annexe** (Bahnhofplatz ; 10h-17h tlj) proposent un service d'aide à la réservation.

Depuis/vers Oberstdorf

Un minimum de 5 trains directs relient chaque jour Munich à Oberstdorf (32,70 €, 2 heures 30). Les autres nécessitent une correspondance à Buchloe. La gare se trouve sur la Bahnhofstrasse, à quelques minutes à pied au nord du centre-ville.

Andechs

Abbaye d'Andechs ABBAYE
(Kloster Andechs ; 08152-376 253 ; www.andechs.de ; 8h-18h lun-ven, 9h-18h sam, 9h45-18h dim) Fondée au Xe siècle, la magnifique abbaye d'Andechs, perchée au sommet des collines, est un lieu de pèlerinage de longue date, même si ce sont surtout les bières des moines bénédictins qui attirent les foules aujourd'hui.

Le pèlerinage autour de deux reliques – des branchages censés provenir de la couronne d'épines du Christ et une croix de Charlemagne – est bien antérieur à l'abbaye. L'église initialement gothique a reçu un décor de stucs rococo au XVIIIe siècle, mais la sainte chapelle conserve une belle orfèvrerie gothique. Carl Orff, le compositeur de *Carmina Burana*, est enterré ici.

Profitez de la vue magnifique sur les Alpes et les collines boisées avant de rejoindre la proche **Bräustüberl** (10h-20h) des bénédictins. Sept variétés de bière se dégustent dans la brasserie comme au *Biergarten*, de la Doppelbock, une brune riche et veloutée, à la Weissbier, fruitée et non filtrée. Les week-ends d'été, on y fait la queue.

De Munich, le plus simple est de prendre le S8 jusqu'à Herrsching (49 minutes), puis le bus n°951 ou un bus de la compagnie Ammersee-Reisen (2,20 €, 9/jour). De Herrsching, vous pouvez aussi marcher vers le sud sur 4 km en pleine forêt protégée de la Kiental.

Bad Tölz

08041 / 18 000 HABITANTS

À une quarantaine de kilomètres au sud du centre de Munich, la jolie station thermale de Bad Tölz et ses rues en pente douce longent la rivière Isar. Les fresques sur les façades des maisons et les boutiques pittoresques confèrent beaucoup de charme à la vieille ville. Le week-end, les Munichois affluent au fameux complexe de natation ultramoderne, sur le gigantesque toboggan ou la piste de luge du Blomberg, également friands de promenades en bord de rivière. Bad Tölz est aussi la porte d'entrée de la région du Tölzer Land et de ses lacs vert émeraude, le Walchensee (lac Walchen) et le Kochelsee.

À voir et à faire

Pavée et interdite aux voitures, **Marktstrasse** est flanquée d'imposantes demeures dont les toits richement ornés avancent sur la rue.

Kalvarienberg SITE MAJEUR

Au-dessus de la ville, sur le Kalvarienberg, s'élèvent les tours jumelles du symbole de Bad Tölz, l'église du Calvaire (Kalvarienbergkirche). L'immense édifice baroque côtoie la petite chapelle Saint-Léonard (Leonhardikapelle, 1718), célèbre lieu de pèlerinage de la ville.

Stadtmuseum MUSÉE

(☎08041-793 5156 ; Marktstrasse 48 ; tarif plein/réduit 2/1,50 € ; ⏲10h-17h mar-dim). Culture et histoire locales sont ici présentées sous toutes leurs facettes. On notera entre autres une belle collection d'armoires peintes ou *Tölzer Kasten*, une *Nonnengeige* (trompette marine) à une corde de 2 m de hauteur, des peintures sur verre traditionnelles et une charrette utilisée lors du pèlerinage du Leonhardifahrt.

Alpamare PARC AQUATIQUE

(☎08041-509 999 ; www.alpamare.de ; Ludwigstrasse 14 ; forfait journée adulte/enfant 35/25 € ; ⏲9h30-22h). Premier parc aquatique couvert d'Europe, ce complexe situé dans la partie thermale de la ville, à l'ouest de l'Isar, réunit toute une série de bassins intérieurs et extérieurs, de toboggans aquatiques ébouriffants (dont l'Alpabob-Wildwasser, le plus long d'Allemagne, avec ses 330 m), saunas et solariums, plus son propre hôtel. Le bus n°9570 en provenance de la gare s'arrête à 100 m.

Blomberg RANDONNÉE

Au sud-ouest de Bad Tölz, le Blomberg (1 248 m) est un lieu de sortie familial, avec son toboggan naturel en hiver, des sentiers de randonnée faciles et une joyeuse piste de luge l'été. Si le temps le permet, et à moins de monter à pied, on atteint le sommet par le télésiège **Blombergbahn** (www.blombergbahn.de ; aller-retour au sommet adulte/enfant 9,50/4 € ; ⏲11h-16h sam-dim).

De la station intermédiaire part une piste de luge en fibre de verre de plus de 1 km de long qui, par 17 virages en épingle à cheveux, vous fait dévaler la montagne à une vitesse de 50 km/h dans une luge sur roues munie d'une manette de freinage. Prévoyez un haut à manches longues et un pantalon pour vous protéger. Pour la montée à la station à mi-hauteur et la descente en luge, comptez 5 € par adulte (tarif réduit 4 €). Prix dégressifs selon le nombre de descentes.

Pour accéder au Blomberg, prenez le bus RVO n°9612 à la gare centrale et descendez à l'arrêt Blombergbahn.

Fêtes et festivals

Leonhardifahrt PÈLERINAGE

(www.bad-toelz.de). Chaque année, les habitants rendent hommage au saint patron des chevaux, Léonard, le 6 novembre. Au son des orchestres d'harmonie, les pèlerins en costume traditionnel gagnent la chapelle sur le Kalvarienberg dans des charrettes fleuries tirées par des chevaux.

Où se loger et se restaurer

Posthotel Kolberbräu HÔTEL €€

(☎08041-768 80 ; www.kolberbraeu.de ; Marktstrasse 29 ; s/d à partir de 55/96 € ; 📶). Fort d'une tradition de plus de quatre siècles, cet hôtel au mobilier en bois massif propose 30 chambres très bien aménagées et un restaurant bavarois classique au cœur de l'animation de la rue principale.

Gasthof Zantl BAVAROIS €€

(www.gasthof-zantl.de ; Salzstrasse 31 ; plats 8-18 € ; ⏲11h30-14h30 et 17h-tard, fermé jeu). C'est l'un des plus anciens bâtiments de Bad Tölz et une taverne conviviale dont la carte privilégie sans surprise les plats de porc à base de produits majoritairement locaux. *Biergarten* ensoleillé à l'entrée.

Renseignements

Office du tourisme (☎08041-793 5156 ; www.bad-toelz.de ; Marktstrasse 48 ; ⏲10h-17h mar-dim)

Depuis/vers Bad Tölz

Des trains de la compagnie privée **Bayerische Oberlandbahn** (BOB ; ☎08024-997 171 ; www.bayerischeoberlandbahn.de) circulent au moins toutes les heures entre Bad Tölz et la gare centrale de Munich (12,50 €, 50 minutes). Alternative : prenez le S2 au centre de Munich vers Holzkirchen, puis grimpez dans un train BOB. Assurez-vous bien à Holzkirchen que vous montez dans la rame à destination de Bad Tölz. Le BOB/Alpamare KombiTicket (adulte/enfant 39/28 €) comprend l'aller-retour en 2e classe depuis/vers Munich, le trajet en bus de la gare à Alpamare et une entrée à Alpamare valable quatre heures.

Chiemsee

☎ 08051

La plupart des touristes viennent sur les rives de la "mer bavaroise" – doux nom du lac de Chiem – pour visiter le château de Herrenchiemsee construit par Louis II. La beauté naturelle du lac, le plus grand de Bavière (si l'on ne compte pas le lac de Constance, qui ne se trouve que partiellement sur le territoire bavarois), et les sports aquatiques qui peuvent y être pratiqués en font un lieu de villégiature privilégié des citadins en quête de détente. Nombre de riches Munichois y possèdent une résidence secondaire au bord de l'eau.

Les villes de Prien am Chiemsee et, à 5 km au sud, de Bernau am Chiemsee (toutes deux sur la ligne de train Munich-Salzbourg) sont un bon port d'attache pour rayonner sur et autour du lac. Prien est de loin la plus grande et animée des deux. Les correspondances par les transports en commun sont pratiques et l'on peut visiter Herrenchiemsee. Si vous souhaitez explorer plus avant, une voiture est alors nécessaire.

À voir

Château de Herrenchiemsee PETIT VERSAILLES

(Schloss Herrenchiemsee ; ☎ 08051-688 70 ; www.herren-chiemsee.de ; tarif plein/réduit 10/9 € ; visites 9h-18h avr-oct, 9h40-16h15 nov-mars). Île située à 1,5 km de Prien en traversant le Chiemsee, Herreninsel abrite le Versailles de Louis II. Fasciné par la personnalité du Roi-Soleil et son absolutisme, le roi de Bavière lança le projet fou du château de Herrenchiemsee, où il ne passa finalement que 10 jours.

Le palais est typique des créations de Louis II, reflétant dans sa conception et son apparence les obsessions romantiques et l'imagination débridée du monarque qui dépensa plus d'argent pour ce palais que pour Neuschwanstein et Linderhof réunis. En 1885, un an avant sa mort, les caisses étaient vides et 50 pièces restaient inachevées.

Celles qui ont été achevées rivalisent d'opulence. Le monumental **escalier des Ambassadeurs** (Gesandtentreppe), inspiré de celui de Versailles aujourd'hui disparu, est le premier choc visuel de la visite guidée. Ce n'est rien comparé à l'extraordinaire **galerie des Glaces** (Grosse Spiegelgalerie) donnant sur les jardins, plus longue de 10 m que celle de Versailles. Les 52 candélabres et 33 chandeliers en cristal brillant de 7 000 feux (pas moins de 70 serviteurs étaient nécessaires pour les allumer, en une demi-heure) éclairent ses 98 m de long. La galerie se transforme en salle de concerts d'exception fin juillet.

Cœur du palais – on y tenait audience matin et soir –, la **grande chambre du roi** (Paradeschlafzimmer) s'ordonne autour d'un lit à baldaquin surélevé, tel un trône, derrière une balustrade dorée. La véritable chambre du roi, la **petite chambre bleue** (Kleines Blaues Schlafzimmer), avec ses incrustations de stuc doré et ses sculptures extravagantes, baigne dans une douce lumière bleue qui émane d'un globe en verre posé au pied du lit. Il aurait fallu 18 mois à un technicien pour perfectionner la lampe au goût du roi.

L'entrée au palais inclut la visite du **König Ludwig II Museum**, où l'on peut admirer les tenues du baptême et du couronnement du roi, des plans d'autres édifices extravagants ainsi que son masque mortuaire.

L'accès au palais se fait en ferry : départs une ou deux fois par heure de Prien-Stock (7,60 € aller-retour, 15-20 minutes) ou de Bernau-Felden (7,90 €, 25 minutes, de mai à octobre). De l'embarcadère de l'Herreninsel, comptez 20 minutes de marche à travers de jolis jardins avant d'arriver au château. Les visites, commentées en allemand ou anglais, durent 30 minutes.

Fraueninsel ÎLE

Un tiers de cette petite île est occupé par l'**abbaye de Frauenwörth** (www.frauenwoerth.de) GRATUIT, l'une des plus anciennes de Bavière (VIIIe siècle). L'église du Xe siècle, dont le clocher séparé est reconnaissable à son bulbe (XIe siècle), mérite une visite. En face de l'église, l'édifice carolingien de la **Torhalle** (2 € ; 10h-18h mai-oct) remonte à 860. Il accueille des objets d'art et des sculptures médiévales ainsi que des expositions temporaires de peinture régionale du XVIIIe au XXe siècle.

L'aller-retour en ferry, arrêt à l'Herreninsel compris, coûte 8,60 € depuis Prien-Stock et 8,90 € de Bernau-Felden.

Activités

Les plages les plus accessibles pour se baigner, celles de Chieming et de Gstadt (toutes deux gratuites), se trouvent respectivement sur les rives est et nord du lac. Diverses embarcations sont proposées à la location pour 13 à 25 € l'heure. À Prien, nous recommandons la compagnie **Bootsverleih Stöffl** (www.stoeffl.de ; Strandpromenade).

Prienavera BAIGNADE
(☎08051-609570 ; www.prienavera.de ; Seestrasse 120 ; forfait 4 heures adulte/enfant 11/6 €, journée 13/7 € ; ⏲10h-22h lun-ven, 9h-22h sam-dim). Sous un toit de verre d'aspect futuriste près du port de Prien-Stock, ce complexe de baignade très fréquenté comporte un espace bien-être, des toboggans et un restaurant.

Où se loger

Panorama Camping Harras CAMPING €
(☎08051-904 613 ; www.camping-harras.de ; Harrasser Strasse 135 ; à partir de 5,90/4,60/3 € par personne/tente/voiture). Joliment situé sur une péninsule, ce terrain doté d'une plage privée loue catamarans et planches de surf. Le restaurant possède une superbe terrasse au bord du lac.

Hotel Bonnschlössl HÔTEL €€
(☎08051-961 400 ; www.bonnschloessl.de ; Ferdinand-Bonn-Strasse 2, Bernau ; s 51-64 €, d 88-111 € ; 📶). Construit en 1477, ce minipalais flanqué de tourelles appartint autrefois à la cour royale de Bavière. 21 chambres élégantes mais légèrement encombrées et terrasse très agréable dans le jardin. Sur place, un petit espace spa, une bibliothèque et un bar dans le hall, mais pas de restaurant.

Hotel Garni Möwe HÔTEL €€
(☎08051-5004 ; www.hotel-garni-moewe.de ; Seestrasse 111, Prien ; d 59-128 € ; 📶🏊). Cet hôtel traditionnel bavarois en bord de lac est d'un excellent rapport qualité/prix (en particulier les chambres mansardées). Sur place, vélos et bateaux en location, centre de fitness, et un grand jardin idéal pour les enfants.

Luitpold am See HÔTEL €€
(☎08051-609 100 ; www.herrenchiemsee-schlosshotel.de ; Seestrasse 101, Prien ; s 57-79 €, d 112-150 € ; 📶). Cet hôtel d'excellent rapport qualité/prix vous accueille à Prien, au bord du lac. Offrant une jolie vue, ses 54 chambres sont dotées d'une salle de bains impeccable et de mobilier à dominante bois. On profite également sur place d'un restaurant, d'un *Konditorei* (café-boulangerie) et d'une réception qui vous aide notamment à organiser visites et déplacements.

Où se restaurer

Alter Wirt BAVAROIS €€
(Kirchplatz 9, Bernau ; plats 9,50-17,50 € ; ⏲11h-23h mar-dim). Forte de cinq siècles d'histoire, cette imposante auberge à colombages sur l'artère principale de Bernau concocte des spécialités de viande du sud de l'Allemagne et des classiques internationaux, aussi bien pour les habitants que les touristes. Pour le dessert, goûtez le *Heisse Liebe* (Amour chaud) : de la glace vanille et chocolat agrémentée de crème et de coulis de framboise chaud.

Badehaus BAVAROIS €€
(☎08051-970 300 ; Rathausstrasse 11 ; plats 7-18 € ; ⏲10h-tard). Proche du lac et du Chiem Info-Center, ce restaurant chic avec brasserie et *Biergarten* contemporains présente une décoration originale et sert une cuisine gastronomique abordable. Le soir, le Jazzkeller, aménagé sous le complexe, accueille régulièrement des jams sessions et autres événements musicaux.

Westernacher am See BAVAROIS MODERNE €€
(☎08051-4722 ; www.westernacher-chiemsee.de ; Seestrasse 115, Prien ; plats 7,90-19,50 €). Ce havre de la gastronomie en bord de lac a plusieurs facettes : agréable restaurant, bar à cocktails, café, *Biergarten* et terrasse vitrée d'hiver. Sur l'impressionnante carte de l'établissement se côtoient pizzas, classiques bavarois, pâtes italiennes, currys thaïlandais et plats de poisson de Chiemsee.

Renseignements

Office du tourisme de Bernau (☎08051-986 80 ; www.bernau-am-chiemsee.de ; Aschauer Strasse 10 ; ⏲8h30-18h lun-ven, 9h-12h sam, horaires restreints mi-sept à juin)

Office du tourisme de Chiemsee (☎08051-965 550 ; www.chiemsee-alpenland.de ; Felden 10 ; ⏲10h-12h30 et 13h30-18h30 lun-ven). Sur la rive méridionale du lac, près de la sortie Bernau-Felden de l'*autobahn*.

Office du tourisme de Prien (☎08051-690 50 ; www.tourismus.prien.de ; Alte Rathausstrasse 11 ; ⏲8h30-17h lun-ven, 8h30-16h sam, fermé sam oct-avr)

Comment s'y rendre et circuler

Des trains Meridian relient toutes les heures Munich à Prien (17,90 €, 55 minutes) et à Bernau (19,80 €, 1 heure). Le bus RVO n°9505 assure la liaison Prien-Bernau une fois par heure.

Des bus locaux circulent entre la gare de Prien et le port de Stock. Vous pouvez aussi prendre le **Chiemseebahn** (www.chiemsee-schifffahrt.de ; aller simple/aller-retour 2,70/3,70 €), le plus ancien train à vapeur sur voie étroite du monde (1887).

Au départ de Prien, des ferries de **Chiemsee Schifffahrt** (☎08051-6090 ; www.chiemsee-schifffahrt.de ; Seestrasse 108) desservent toutes les heures ou demi-heures Herreninsel, Fraueninsel, Seebruck et Chieming (horaires variables selon les saisons). On peut faire le tour du lac et s'arrêter partout (en descendant et reprenant un ferry plus tard) moyennant 12,20 €. Les enfants de 6 à 15 ans paient moitié prix.

Chiemgauer Radhaus (☎08051-4631 ; Bahnhofsplatz 6) et **Chiemgau Biking** (☎08051-961 4973 ; www.chiemgau-biking.de ; Chiemseestrasse 84) louent des VTT (12 à 22 €/jour).

Berchtesgaden

☎08652 / 7 800 HABITANTS

À la frontière de l'Autriche et à l'ombre de six majestueux massifs, le Berchtesgadener Land est un somptueux coin de Bavière et une terre de mythes et légendes. Selon le folklore local, les anges chargés de répartir les merveilles du monde furent pris de court par les ordres divins et les laissèrent toutes tomber ici. On compte parmi elles le Watzmann (2 713 m), deuxième plus haut sommet d'Allemagne, et un lac ultraphotogénique aux eaux cristallines, le Königssee.

Une grande partie de la région entre dans la zone protégée du parc national de Berchtesgaden, classée réserve de biosphère par l'Unesco depuis 1990. Le village de Berchtesgaden est une base incontournable pour randonner dans le parc.

Mis à part les sentiers de randonnée, les principaux sites sont le Nid d'aigle, refuge construit au sommet de la montagne pour Hitler, désormais très fréquenté par les touristes, et le Dokumentation Obersalzberg, un musée qui revient sur le sinistre passé nazi de la région.

À voir

Nid d'aigle SITE HISTORIQUE

(Kehlsteinhaus ; ☎08652-2969 ; www.kehlsteinhaus.de ; Obersalzberg ; adulte/enfant 16,10/9,30 € ; ⏲navettes 7h40-16h mi-mai à oct). Ce refuge de montagne fut bâti pour Hitler, qui le reçut en cadeau pour son 50e anniversaire. Il fallut quelque 3 000 ouvriers et à peine deux ans pour construire la route de montagne vertigineuse qui s'étend sur 6 km, aménager dans la roche le tunnel de 124 m et l'ascenseur orné de bronze, et ériger le bâtiment lui-même (qui abrite aujourd'hui un restaurant). Ce dernier est uniquement accessible en navette spéciale au départ de la gare routière de Kehlsteinhaus.

Par temps clair, la vue depuis le sommet est à couper le souffle. Si vous n'êtes pas motorisé, le bus n°838 qui dessert l'arrêt de la navette part toutes les demi-heures de la gare de Berchtesgaden.

À l'arrivée, il vous sera demandé de réserver votre place pour le trajet retour. Comptez au moins deux heures pour passer la file d'attente, explorer l'édifice et le sommet, et éventuellement manger un morceau. Pas de panique si vous manquez la navette ; retournez au kiosque de l'arrêt pour réserver une nouvelle place.

Königssee LAC

La traversée de ce lac de couleur émeraude, entouré d'abruptes parois rocheuses aux allures de fjord, est un moment inoubliable. Situé à 5 km au sud de Berchtesgaden, le Königssee est le plus haut lac d'Allemagne (603 m). L'eau y est si pure qu'on peut la boire. Il est desservi par les bus nos841 et 842 au départ de la gare de Berchtesgaden (1 bus/heure environ).

Pour échapper au brouhaha de Schönau, village touristique animé, offrez-vous une **croisière en bateau électrique** (☎08652-963 696 ; www.seenschifffahrt.de ; Schönau ; aller-retour adulte/enfant 13,90/7 € ; ⏲bateaux 8h-17h15 mai à mi-oct) vers **St Bartholomä**, une jolie chapelle au clocher à bulbe sur la rive ouest. Pendant la traversée, le bateau s'arrête et le capitaine joue un air de trompette dont l'écho est impressionnant. Depuis le débarcadère de St Bartholomä, un sentier facile conduit en 1 heure environ à l'étonnante **Eiskapelle** (chapelle de glace).

Vous pouvez aussi éviter la foule en vous promenant au bord du lac. Une promenade facile et agréable de 3,5 km aller-retour mène au **Malerwinkel** (coin des peintres), un point de vue isolé connu pour sa beauté.

Dokumentation Obersalzberg MUSÉE

(☎08652-947 960 ; www.obersalzberg.de ; Salzbergstrasse 41, Obersalzberg ; tarif plein/réduit 3 €/gratuit, audioguide 2 € ; ⏲9h-17h tlj avr-oct, 10h-15h mar-dim nov-mars, dernière entrée 1h avant la fermeture). En 1933, Obersalzberg, paisible village de montagne à 3 km de

Berchtesgaden, devint le second siège du pouvoir nazi après Berlin. Cet excellent musée fait la lumière sur cette période sombre de l'histoire de la région. On y aborde la réquisition de la zone, la construction du complexe et la vie quotidienne de l'élite nazie. Toutes les facettes sont traitées : le culte d'Hitler, sa politique raciale, le mouvement de résistance, la politique étrangère et les camps de la mort.

Une partie du réseau de bunkers souterrains est ouverte aux visiteurs. Accès par le bus n°838 au départ de la gare de Berchtesgaden (1 bus/heure).

Salzbergwerk SITE HISTORIQUE

(www.salzzeitreise.de ; Bergwerkstrasse 83 ; adulte/enfant 16/9,50 € ; ⏲9h-17h mai-oct, 11h-15h nov-avr). Autrefois grande productrice d'or blanc, Berchtesgaden a ouvert ses mines de sel au public pour de ludiques visites de 90 minutes. Les enfants apprécient en particulier de revêtir les habits des mineurs et de dévaler un toboggan en bois vers les profondeurs de la mine. Clous du spectacle : des grottes de sel aux lueurs mystérieuses et la traversée d'un lac salé souterrain de 100 m de long sur un radeau en bois. Prenez le bus n°848 à la gare de Berchtesgaden (toutes les heures).

Activités

Parc national de Berchtesgaden PARC NATIONAL

(www.nationalpark-berchtesgaden.de). Les 210 km² de ce parc offrent l'un des plus beaux terrains de randonnée d'Allemagne. Bonne mise en jambes, un sentier de 2 km s'élève de la chapelle St Bartholomä, sur la rive du lac Königssee, vers le célèbre Watzmann-Ostwand, où de nombreux alpinistes ont trouvé la mort. Un autre itinéraire populaire relie l'extrémité sud du Königssee à l'Obersee.

Pour en savoir plus sur les itinéraires, rendez-vous au **bureau du parc national** (Haus der Berge ; ☎08652-979 0600 ; Hanielstrasse 7 ; ⏲9h-17h) ou procurez-vous la carte Kompass *Berchtesgadener Land* (n°794).

Jenner-Königssee Area SKI

(www.jennerbahn.de ; forfait journée 31,70 €). Le Jenner-Königssee est le plus grand et le plus varié des cinq domaines skiables de la région. Pour la location de matériel et les cours, adressez-vous à la **Skischule Treff-Aktiv** (☎08652-667 10 ; www.skischule-treffaktiv.de ; Jennerbahnstrasse 19).

Watzmann Therme SPA

(☎08652-946 40 ; www.watzmann-therme.de ; Bergwerkstrasse 54 ; 2 heures/4 heures/journée 10,50/13,90/15,50 € ; ⏲10h-22h dim-jeu, 10h-minuit ven-sam). Le complexe thermal bien-être de Berchtesgaden comprend plusieurs piscines intérieures et extérieures, divers postes de traitement par hydrothérapie et un sauna, le tout avec vue sur les Alpes.

Circuits organisés

Circuits Nid d'aigle CIRCUIT

(☎08652-649 71 ; www.eagles-nest-tours.com ; adulte/enfant 53/35 € ; ⏲13h15 mi-mai à oct). Cette agence très réputée offre un fascinant tour d'horizon de l'héritage nazi de Berchtesgaden. Outre le Nid d'aigle, les participants découvrent les alentours d'Obersalzberg et le réseau d'abris souterrains. Circuit de quatre heures en anglais au départ de l'office du tourisme, au-delà du rond-point, en face de la gare. Réservation recommandée en juillet et août.

Où se loger

DJH Hostel AUBERGE DE JEUNESSE €

(☎08652-943 70 ; www.berchtesgaden.jugendherberge.de ; Struberberg 6 ; dort à partir de 22,90 € ; 📶). Cette auberge de 265 lits située en banlieue, à Strub, offre une vue superbe sur le mont Watzmann. On y accède en marchant 25 minutes depuis la gare ou par un bref trajet dans le bus n°839.

KS Hostel Berchtesgaden AUBERGE DE JEUNESSE €

(☎08652-979 8420 ; www.hostel-berchtesgaden.de ; Bahnhofplatz 4 ; s/d/dort 26/52/22 € ; 📶). Rattachée à la gare, cette auberge de jeunesse basique vous place à proximité immédiate des trains, ainsi que des bus desservant les sites d'intérêt. Chambres spartiates, dépourvues de lits superposés. 10% de réduction au fast-food situé juste en dessous.

Hotel Krone HÔTEL €€

(☎08652-946 00 ; www.hotel-krone-berchtesgaden.de ; Am Rad 5 ; s 47-56 €, d 78-112 €). Accessible à pied depuis le centre, ce superbe hôtel familial jouit d'une vue quasi incomparable sur la vallée et les Alpes. Moulures, lambris, pilastres, petites niches et lits en pin odorant confortent de bonheur l'hôte de ces chambres douillettes. Rien de tel que le petit-déjeuner sur la terrasse ensoleillée pour commencer la journée en beauté.

Hotel Bavaria HÔTEL €€
(☎08652-966 10 ; www.hotelbavaria.net ; Sunklergässchen 11 ; s/d 60/115 € ; P). Il y a plus d'un siècle que le Bavaria bénéficie des soins d'une seule et même famille. Rideaux en dentelle, lits à baldaquin, miroirs en forme de cœur et décor de bois noueux distillent une atmosphère romantique. Cinq chambres parmi les plus chères sont dotées de leur propre bain à remous. Le petit-déjeuner est élaboré, avec du mousseux et divers délices chauds ou froids.

Hotel Vier Jahreszeiten HÔTEL €€
(☎08652-9520 ; www.hotel-vierjahreszeiten-berchtesgaden.de ; Maximilianstrasse 20 ; s 50-69 €, d 79-94 € ; P). Goûtez à la riche histoire de Berchtesgaden en séjournant dans ce refuge traditionnel qui hébergea autrefois la famille royale bavaroise. Les chambres ont été remises au goût du jour au cours de la dernière décennie. Celles donnant sur le sud – les plus chères – offrent une vue spectaculaire sur les montagnes. Terminez votre journée en beauté en dînant au Hubertusstube, restaurant de style pavillon de chasse.

Où se restaurer

Gaststätte St Bartholomä BAVAROIS €€
(☎08652-964 937 ; www.bartholomae-wirt.de ; St Bartholomä ; plats 7-16 € ; ouverture en fonction des horaires des excursions en bateau). Le succès de cet établissement, perché au-dessus des eaux du Königssee et accessible en circuit en bateau, n'a rien retiré à la qualité de ses préparations à base de produits locaux. On y savoure de généreuses assiettes de chevreuil aux champignons avec des *Knödel* (quenelles) et du chou rouge. Grand *Biergarten*.

Bräustübl BAVAROIS €€
(☎08652-976 724 ; www.braeustueberl-berchtesgaden.de ; Bräuhausstrasse 13 ; plats 6,80-16 € ; 10h-1h). Une fois franchie l'arche aux couleurs bavaroises de cette *Bierhalle-Biergarten* tenue par la brasserie locale, attendez-vous à une orgie de viande. Parmi les mets roboratifs les plus appréciés, le rôti de porc et la spécialité maison, la tête de veau panée (meilleure que ce que l'on pourrait penser). Les vendredis et samedis, un orchestre bavarois traditionnel met l'ambiance.

Le Ciel INTERNATIONAL €€€
(☎08652-975 50 ; www.restaurant-leciel.de ; Hintereck 1 ; plats 30-40 € ; 18h30-22h30 mer-sam). Ne laissez pas le cadre de l'Hotel InterConti vous refroidir : sa table bien nommée mérite amplement son étoile au Michelin. Ulrich Heimann travaille à merveille les ingrédients locaux, le service est excellent et la salle à manger circulaire magique. Réservez : il n'y a que 32 couverts !

Renseignements

Office du tourisme (☎08652-896 70 ; www.berchtesgaden.com ; Königsseer Strasse ; 8h30-18h lun-ven, 9h-17h sam, 9h-15h dim, horaires réduits mi-oct à mar). Proche de la gare, cet office du tourisme très pratique fournit des informations détaillées sur toute la région de Berchtesgaden.

Poste (Franziskanerplatz 2)

Depuis/vers Berchtesgaden

En train depuis Munich, descendez du Meridian à Freilassing et prenez le BLB (Berchtesgadener Land Bahn ; 33,80 €, 2 heures 30, au moins une correspondance toutes les heures).

LA RETRAITE D'HITLER

Berchtesgaden a payé un lourd tribut au nazisme. Tombé amoureux dans les années 1920 d'un sommet des environs, l'Obersalzberg, Hitler y acquit une petite résidence secondaire, qui fut ensuite agrandie pour devenir l'imposant Berghof.

Après sa prise de pouvoir en 1933, Hitler y établit un QG où il faisait régulièrement venir les dignitaires du parti. Ils confisquèrent les terres environnantes et démolirent des fermes pour ériger une clôture barbelée de 2 m de hauteur. L'Obersalzberg fut interdit d'accès, abritant désormais le quartier général fortifié sud du NSDAP (Parti national-socialiste des travailleurs allemands). En 1938, le Premier ministre anglais Chamberlain s'y rendit pour des négociations (poursuivies ensuite à Munich) qui débouchèrent sur la fameuse promesse de "paix pour notre temps" au détriment des Sudètes.

Peu de vestiges de la forteresse alpine d'Hitler subsistent. Dans les derniers jours de la guerre, l'Obersalzberg fut pilonné par la Royal Air Force, à la différence du Nid d'aigle. Ces aléas de l'histoire sont abordés dans l'impressionnant centre **Dokumentation Obersalzberg** (p. 114).

Le moyen de transport le plus pratique entre Berchtesgaden et Salzbourg est de prendre à la gare (dans une ville comme dans l'autre) le bus RVO n°840 (45 minutes) avec 1 départ/heure. Berchtesgaden est située au sud de l'*autobahn* A8 Munich-Salzbourg.

La gare de Berchtesgaden se trouve à environ 15 minutes à pied du centre du village. Si vous n'êtes pas motorisé, il vous faudra prendre le bus pour rejoindre le Nid d'aigle, le Königssee et le Dokumentation Obersalzberg. En transport en commun, il est pratiquement impossible de visiter ces trois sites dans la même journée.

ROUTE ROMANTIQUE

Des vignobles de Wurtzbourg jusqu'aux contreforts des Alpes, la Romantiche Strasse court sur près de 400 km. Ses deux millions de visiteurs par an en font le plus fréquenté des itinéraires touristiques allemands. Ambassadrice du patrimoine culturel et historique du sud de l'Allemagne, elle traverse la Franconie et le nord du Bade-Wurtemberg avant d'atteindre la Bavière proprement dite pour aboutir aux châteaux de Louis II. En dépit des cars de touristes, des menus en japonais et du kitsch roi, l'hospitalité de ses habitants et l'atmosphère de *Gemütlichkeit* (bien-être) qui s'en dégage opèrent comme un charme...

Renseignements

La Route romantique traverse l'ouest de la Bavière du nord au sud sur 385 km entre Wurtzbourg et Füssen, près de la frontière autrichienne. Elle est jalonnée d'une trentaine de villes et villages, dont Rothenburg ob der Tauber, Dinkelsbühl et Augsbourg.

Depuis/vers la Route romantique

C'est par Francfort prioritairement que les touristes accèdent à la Route romantique, mais arriver par Munich présente des avantages, surtout si vous décidez de circuler en bus.

Le cadre bucolique et la faiblesse des dénivelés rendent le parcours idéal à bicyclette, d'autant plus que de nombreuses gares permettent la location de vélos et que les hôtels disposant de hangars à vélos sont répertoriés dans les offices du tourisme. Vous pouvez aussi consulter **Bett und Bike** (www.bettundbike.de) avant de partir.

Toutes les 2 heures, un train direct relie Munich à Füssen (26,20 €, 2 heures), à l'extrémité sud de la Route romantique, plus d'autres dessertes avec correspondance à Buchloe. Il existe des liaisons ferroviaires entre Rothenburg et Wurtzbourg (13,30 €, 1 heure), Munich (à partir de 40,60 €, 3 heures), Augsbourg (32,40 €, 2 heures 30) et Nuremberg (22 €, 1 heure 15 à 2 heures), toutes ces destinations exigeant au moins une correspondance à Steinach.

Comment circuler

Il est possible de faire la Route romantique par le train et les bus locaux, mais le voyage est compliqué, pénible et lent en semaine, et pratiquement impossible le week-end. La voiture rend le parcours bien plus aisé et profitable, quoique nombre de voyageurs non germaniques optent pour le **Romantic Road Coach** (www.romanticroadcoach.de), de Deutsche Touring. Souvent bondé à l'extrême en été, ce service spécial circule tous les jours d'avril à octobre, dans les deux sens entre Francfort et Füssen (pour Neuschwanstein). L'intégralité du trajet prend environ 12 heures. Si l'on fait halte en route, on peut reprendre un car le lendemain sans supplément.

Il existe aussi des billets pour des petits tronçons de la Route. Les réservations, nécessaires uniquement le week-end en haute saison, se font auprès des agences de voyages, de **Deutsche Touring** (www.touring.de, www.romantic-road.com) et des guichets Reisezentrum de la Deutsche Bahn dans les gares ferroviaires. Absurde en soi, le parcours ininterrompu de Francfort à Füssen est facturé 110 €. D'un arrêt à l'autre, on compte en moyenne 5 €.

Le transport des vélos est assuré sur réservation trois jours ouvrables à l'avance. Étudiants, enfants, retraités et détenteurs de pass ferroviaires bénéficient de 10% à 50% de réduction.

Consultez www.romanticroadcoach.de pour connaître les horaires et tarifs détaillés.

Wurtzbourg (Würzburg)

☎ 0931 / 133 800 HABITANTS

“Si je pouvais choisir mon lieu de naissance, j'envisagerais Wurtzbourg”, écrivait Hermann Hesse. On le comprend à voir ses rues pavées des deux côtés du Main, ses richesses artistiques et architecturales, son histoire ou ses vins délicats, sans oublier une animation nocturne garantie par une population étudiante nombreuse.

L'histoire veut qu'en 686 trois missionnaires irlandais réussirent à persuader le duc franconien Gozbert de se convertir au christianisme. La coutume païenne lui

Wurtzbourg

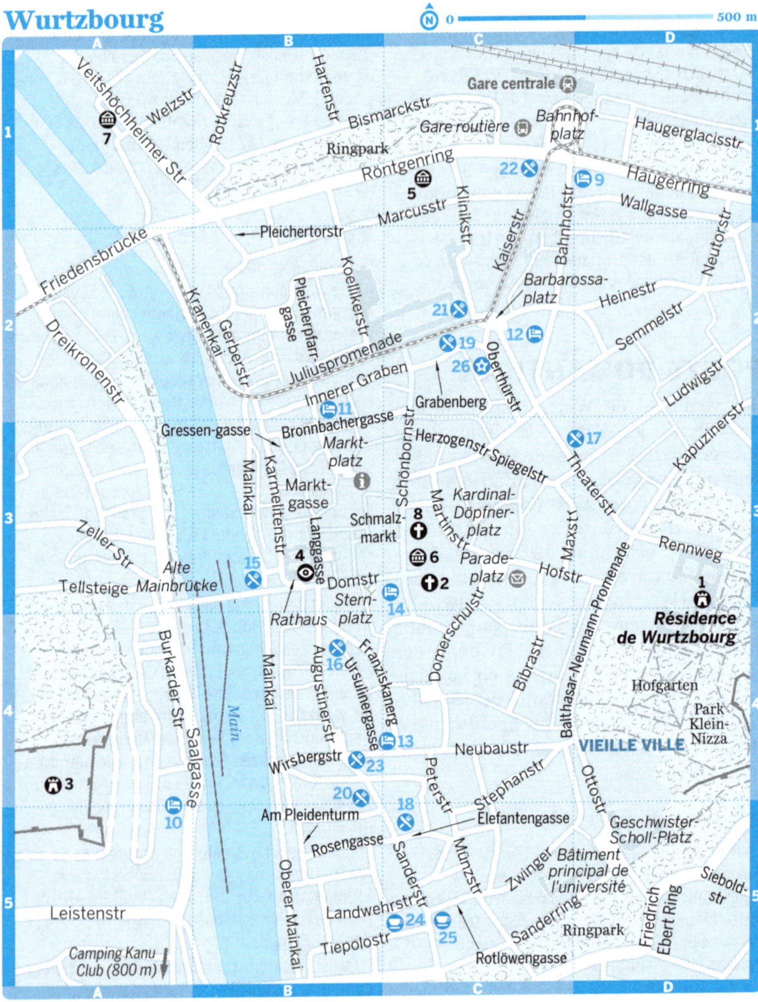

avait fait épouser la veuve de son frère, mariage peu canonique. L'épouse qui devait être répudiée fit assassiner les trois missionnaires qu'on canonisa quelques années plus tard et Wurtzbourg devint ville de pèlerinage, puis évêché en 742.

Les princes-évêques fortunés ont exercé pendant plusieurs siècles un pouvoir immense sur la ville, qui s'est largement enrichie sous leur domination. Cette opulence est incarnée par la Residenz, l'un des plus beaux édifices baroques allemands, classée au patrimoine mondial de l'Unesco.

En mars 1945, les bombardements de la Royal Air Force détruisirent 90% du centre-ville. Si les autorités songèrent dans un premier temps à conserver les ruines en mémoire des horreurs de la guerre, une ambitieuse reconstruction achevée en 1967 permit à Wurtzbourg de renouer avec sa grandeur passée.

À voir

Résidence de Wurtzbourg PALAIS

(www.residenz-wuerzburg.de ; Balthasar-Neumann-Promenade ; tarif plein/réduit/- 18 ans 7,50/6,50 €/ gratuit ; 9h-18h avr-oct, 10h-16h30 nov-mars,

Wurtzbourg

Incontournables
1 Résidence de Wurtzbourg.......D3

À voir
2 Cathédrale Saint-Kilian.......C3
3 Forteresse de Marienberg.......A4
4 Grafeneckart.......B3
5 Mémorial Röntgen.......C1
6 Musée de la Cathédrale.......C3
7 Musée du Kulturspeicher.......A1
8 Neumünster.......C3

Où dormir
9 Babelfish.......D1
10 DJH Hostel.......A5
11 Hotel Dortmunder Hof.......B2
12 Hotel Poppular.......C2
13 Hotel Rebstock.......C4
14 Hotel Zum Winzermännle.......C3

Où se restaurer
15 Alte Mainmühle.......B3
16 Backöfele.......B4
17 Bürgerspital Weinstube.......D3
18 Capri & Blaue Grotto.......C5
19 Denn's Bio Bistro.......C2
20 Eva's.......B4
21 Juliusspital.......C2
22 Starback.......C1
23 Uni-Café.......B4

Où prendre un verre et faire la fête
24 Kult.......C5
25 MUCK.......C5

Où sortir
26 Standard.......C2

visite en anglais 45 minutes 11h et 15h, plus 16h30 avr-oct). Classée par l'Unesco, l'immense Résidence de Wurtzbourg, ancienne demeure des princes-évêques locaux construite par l'architecte du XVIIIe siècle Balthasar Neumann, est l'un des plus importants et plus beaux palais baroques d'Allemagne. Fleuron de l'édifice, le remarquable **Grand Escalier** (Treppenhaus) en lacet est dominé par ce qui est encore de nos jours la plus grande fresque au monde, un chef-d'œuvre signé Giovanni Battista Tiepolo qui représente allégoriquement les quatre continents alors connus (Europe, Afrique, Amérique et Asie).

L'édifice, commandé en 1720 par le prince-évêque Johann Philipp Franz von Schönborn, insatisfait de sa vieille forteresse de Marienberg, fut achevé près de 60 ans plus tard. Ses 360 pièces sont aujourd'hui occupées par des organismes d'État, des bâtiments universitaires et un musée. Les 40 plus impressionnantes ont été restaurées pour accueillir les visiteurs.

Après le Grand Escalier, laissez-vous charmer par la **salle blanche** (Weisser Saal), ornée de stuc blanc, avant de pénétrer dans la **salle impériale** (Kaisersaal), elle aussi décorée d'une impressionnante fresque de Tiepolo. Autre joyau de la Résidence : le **cabinet des Glaces** (Spiegelkabinett), paré de stuc doré et tapissé de remarquables glaces peintes de motifs figuratifs, floraux et animaliers (uniquement accessible dans le cadre de la visite guidée).

Occupant l'aile sud de la Résidence, la **chapelle du château** (Hofkirche) est un autre chef-d'œuvre né de la collaboration entre Neumann et Tiepolo. Par son ampleur et sa splendeur, le décor de colonnes de marbre, de dorures et d'innombrables *putti* rivalise avec la Résidence proprement dite.

Accessible par un portail en fer forgé richement décoré, le **jardin du château** (Hofgarten ; jusqu'au crépuscule) est un doux mélange de jardins à la française et à l'anglaise, agrémentés d'une multitude de malicieuses sculptures d'enfants, dues pour la plupart au sculpteur de cour Peter Wagner. Concerts, fêtes et manifestations y sont organisés aux beaux jours.

L'ensemble abrite également les collections d'antiquités, de peintures et de dessins du Martin-von-Wagner Museum, ainsi qu'une authentique et très appréciable cave viticole, la **Staatlicher Hofkeller Würzburg**, ouverte au public dans le cadre des visites (dégustations proposées).

Forteresse de Marienberg FORTERESSE
(Festung Marienberg ; visite tarif plein/réduit 3,50/2,50 € ; visites 11h, 14h, 15h et 16h mar-dim, et 10h et 13h sam-dim mi-mars à oct, 11h, 14h et 15h sam-dim nov à mi-mars). Magnifiquement illuminée à la tombée de la nuit, cette imposante forteresse offre une vue panoramique sur la ville et les vignobles. Sa construction fut entreprise aux alentours de 1200 par les princes-évêques locaux. Siège de leur pouvoir jusqu'en 1719, l'édifice ne fut pris qu'une seule fois, en 1631, lors de la guerre de Trente Ans, par les troupes suédoises. Il abrite le **musée des Princes-Évêques** (Fürstenbaumuseum ; fermé de novembre à mi-mars), qui montre le fastueux train de vie des anciens résidents, ainsi que le **Musée du Main franconien** (Mainfränkisches Museum), qui présente l'histoire de la

ville et des sculptures de style gothique tardif du maître sculpteur local Tilmann Riemenschneider et d'autres œuvres d'artistes célèbres.

Depuis l'Alte Mainbrücke, une agréable grimpette de 25 minutes environ via le sentier Tellsteige et à travers les vignobles mène à la forteresse.

Neumünster ÉGLISE
(Schönbornstrasse ; ⏲6h-18h30 lun-sam, 8h-18h30 dim). Cette église à la symétrie parfaite marque dans la vieille ville l'emplacement où furent assassinés les trois missionnaires irlandais. De facture romane, elle fut mise au goût baroque par les frères Zimmermann, dont elle constitue une œuvre emblématique. Des bustes des trois martyrs (Kilian, Colonan et Totnan) trônent sur le maître-autel. Saint Kilian est enterré dans la crypte.

Cathédrale Saint-Kilian ÉGLISE
(www.dom-wuerzburg.de ; Domstrasse 40 ; ⏲8h-19h lun-sam, 8h-20h dim). GRATUIT De souche romane, la cathédrale très atypique de Wurtzbourg subit nombre de transformations au fil des siècles. Récemment rénovés, les stucs très travaillés du chœur contrastent fortement avec l'austérité de la nef romane blanchie à la chaux, coiffée d'un plafond qui passerait inaperçu dans une gare routière des années 1960.

L'ensemble hétéroclite de l'intérieur – sans doute le plus insolite des cathédrales allemandes – est du plus bel effet. La **Schönbornkapelle**, œuvre de Balthasar Neumann, redonne un peu d'ordre baroque au tout.

Musée de la Cathédrale MUSÉE D'ART
(Museum am Dom ; www.museum-am-dom.de ; Kiliansplatz ; tarif plein/réduit 3,50/2,50 € ; ⏲10h-18h mar-dim avr-oct, 10h-17h nov-mars). Logé dans un beau bâtiment proche de la cathédrale, cet intéressant musée expose des œuvres d'art moderne aux thématiques chrétiennes. On y admire des tableaux de renommée internationale de Joseph Beuys, Otto Dix ou Käthe Kollwitz, ainsi que des chefs-d'œuvre des périodes romantique, gothique et baroque.

Musée du Kulturspeicher MUSÉE D'ART
(Museum im Kulturspeicher ; ☎0931-322 250 ; www.kulturspeicher.de ; Veitshöchheimer Strasse 5 ; tarif plein/réduit 3,50/2 € ; ⏲13h-18h mar, 11h-18h mer et ven-dim, 11h-19h jeu). Installé dans une ancienne grange le long du Main, ce captivant musée héberge des œuvres d'art du XIXe au XXIe siècle, l'impressionnisme allemand, le néoréalisme et l'art contemporain occupant une place de choix. À voir aussi, les travaux constructivistes d'après-guerre de la collection Peter C Ruppert, alliage stimulant de *computer art*, de sculpture, de peinture et de photographie.

Grafeneckart MÉMORIAL
(Domstrasse). GRATUIT La maquette exposée dans cet édifice de 1659 attenant au Rathaus permet de prendre la mesure des dégâts causés par les 1 000 tonnes d'explosifs larguées sur la ville dans la nuit du 16 mars 1945, ôtant la vie à 5 000 habitants en 20 minutes à peine. Faire cette visite avant l'ascension vers la forteresse qui surplombe la ville permet de mieux prendre la mesure de l'exceptionnel renouveau de Wurtzbourg.

Mémorial Röntgen MUSÉE
(Röntgen Gedächtnisstätte ; www.wilhelmconradroentgen.de ; Röntgenring 8 ; ⏲8h-20h lun-ven, 8h-18h sam). GRATUIT Lauréat du premier prix Nobel en 1901, Wilhelm Conrad Röntgen découvrit les rayons X en 1895. Son laboratoire préservé forme le cœur de ce petit musée, qui propose un film en anglais sur la vie et l'œuvre du physicien.

Fêtes et festivals

Mozart Fest MUSIQUE
(☎0931-372 336 ; www.mozartfest-wuerzburg.de ; ⏲mi-mai à mi-juin). Le plus ancien festival Mozart d'Allemagne investit la Résidence.

Africa Festival FESTIVAL CULTUREL
(☎0931-150 60 ; www.africafestival.org ; ⏲début juin). Wurtzbourg vit 3 jours à l'heure afro dans les prés situés au nord-ouest de la rivière, à Mainwiesen. Marchés, étals de restauration, et, par temps pluvieux, boue en abondance.

Hoffest am Stein VIN, MUSIQUE
(www.hoffest-am-stein.de ; ⏲début juil). Les deux premières semaines de juillet, le domaine viticole Weingut am Stein organise son festival musical sous les auspices de Bacchus.

Où se loger

Babelfish AUBERGE DE JEUNESSE €
(☎0931-304 0430 ; www.babelfish-hostel.de ; Haugerring 2 ; dort 17-23 €, s/d 45/70 €). Cette auberge impeccable au style épuré abrite 74 lits sur deux niveaux. Outre sa terrasse ensoleillée sur le toit, elle présente l'avantage d'une cuisine en libre-service bien

équipée et de salons agréables pour prendre un verre en soirée.

Supplément de 4,90 € pour le petit-déjeuner. Réception ouverte de 8h à minuit.

DJH Hostel AUBERGE DE JEUNESSE €
(☎0931-467 7860 ; www.wuerzburg.jugendherberge.de ; Fred-Joseph-Platz 2 ; dort à partir de 25,90 €). Au pied de la forteresse, cette auberge, bien équipée et accessible aux handicapés, offre plus de 230 places réparties dans des dortoirs de 3 à 8 lits.

Camping Kanu Club CAMPING €
(☎0931-725 36 ; www.kc-wuerzburg.de ; Mergentheimer Strasse 13b ; 4/3€ par personne/tente). C'est le terrain le plus proche du centre-ville, à deux pas de l'arrêt Judenbühlweg du tram n°3 ou n°5.

Hotel Rebstock HÔTEL €€
(☎0931-309 30 ; www.rebstock.com ; Neubaustrasse 7 ; s/d à partir de 92/113 € ; ❄@📶). Meilleur hébergement de Wurtzbourg, cet hôtel au service remarquable occupe une demeure rococo entièrement rénovée de la vieille ville. Il propose 70 chambres élégantes, bien équipées et toutes aménagées de façon différente. Le choix d'oreillers et les très confortables lits "de gel" devraient vous permettre de trouver rapidement le sommeil, pourquoi pas après un excellent repas dans le magnifique bistrot ou dans le charmant restaurant étoilé au guide Michelin.

Hotel Zum Winzermännle HÔTEL €€
(☎0931-541 56 ; www.winzermaennle.de ; Domstrasse 32 ; s 60-79 €, d 90-110 € ; P📶). Tenue par une famille, cette ancienne entreprise viticole est une oasis de bien-être dans le cœur piétonnier de la ville. Les chambres sont bien aménagées, quoique dans un style légèrement désuet. Certaines de celles qui donnent sur la paisible cour possèdent un balcon. Parties communes lumineuses et souvent décorées selon la saison. Supplément petit-déjeuner de 7 €.

Hotel Poppular HÔTEL €€
(☎0931-322 770 ; www.hotelpoppular.de ; Textorstrasse 17 ; ch 72-100 € ; P📶). Au-dessus d'un bar à vins, cet hôtel relativement basique du centre-ville propose des chambres impeccablement entretenues, de style vaguement scandinave. Prix très raisonnables compte tenu de la proximité de la gare centrale et fréquentes remises importantes via les principaux sites de réservation en ligne. Si vous ne réservez pas, attention : la réception ferme à 22h.

Hotel Dortmunder Hof HÔTEL €€
(☎0931-561 63 ; www.dortmunder-hof.de ; Innerer Graben 22 ; s 42-65 €, d 76-100 €). Cyclotouristes, vous êtes ici comme chez vous et pourrez garer non loin votre petite reine. Impeccables, les chambres de ce bâtiment joliment rénové disposent de salle de bains et de la TV câblée. Concerts au bar du sous-sol.

Où se restaurer

Pour une ville de sa taille, Wurtzbourg possède un choix alléchant de pubs, de *Biergärten*, de cafés et de restaurants. La clientèle étudiante les fréquente tous.

Uni-Café CAFÉ €
(Neubaustrasse 2 ; en-cas 3-9 € ; ⌚8h-1h). Les deux niveaux de ce café ne désemplissent pas. Et pour cause ! La carte de burgers et salades à petit prix change tous les jours.

Eva's VÉGÉTARIEN €
(Sanderstrasse 2a ; plats à partir de 4 € ; ⌚8h30-16h lun-ven ; 🥗). On trouve dans cet établissement divers mets équilibrés, notamment végétariens, sans lactose et sans gluten, à déguster à l'une des tables en bois simples. Épicerie spécialisée attenante.

Denn's Bio Bistro ALIMENTATION SAINE€
(Juliuspromenade 64 ; plats 2-6 € ; ⌚9h-20h lun-sam). Ce bistrot en libre-service propose entre autres des sandwichs, quiches, pizzas, soupes et pâtisseries bio et sains. Une fois sustenté, faites un tour au supermarché bio attenant.

Capri & Blaue Grotto ITALIEN €
(Elefantengasse 1 ; pizzas 5,90-8,30 €, autres plats 6,90-10,90 € ; ⌚11h30-14h et 18h-22h30). Cet ambassadeur du *bel paese* mitonne pâtes et pizzas depuis 1952.

Starback BOULANGERIE €
(Kaiserstrasse 33 ; en-cas à partir de 0,79 € ; ⌚7h-19h lun-ven, 7h-18h sam). Pas besoin de maîtriser l'allemand pour se concocter un bon petit-déjeuner ou repas à moindre coût dans cette boulangerie en self-service en face de la gare ferroviaire.

♥ **Bürgerspital Weinstube** BAR À VINS €€
(☎0931-352 880 ; Theaterstrasse 19 ; plats 13-24 € ; ⌚10h-23h). Pour une immersion locale à Wurtzbourg, aucun établissement ne rivalise avec ce labyrinthe médiéval aux recoins douillets et parfumés. Grand choix

de crus de Franconie (certains parmi les meilleurs d'Allemagne) et excellentes spécialités régionales, notamment la *Mostsuppe*, délicieuse soupe au vin.

Backöfele FRANCONIEN €€
(☎0931-590 59 ; www.backoefele.de ; Ursulinergasse 2 ; plats 7-19,50 € ; ⏲12h-minuit lun-jeu, 12h-1h ven-sam, 12h-23h dim). Très fréquenté, ce restaurant à l'exquis parfum du temps jadis sert de généreuses spécialités franconiennes depuis près de 50 ans. Installez-vous à une table de la cour pavée ou dans l'une des quatre salles anciennes, toutes éclairées à la chandelle et aménagées de façon différente dans le style local. Un simple coup d'œil à la carte ouvre l'appétit : *Schnitzel*, escargots, *bratwurst* au vin, soupe au vin agrémentée de croûtons à la cannelle, viandes grillées et autres classiques locaux. Réservation recommandée.

Juliusspital TAVERNE €€
(Juliuspromenade 19 ; plats 11-22 € ; ⏲10h-minuit). Cette *Weinstube* (taverne traditionnelle) sert de remarquables plats de poissons de Franconie et de délicieux vins. L'ambiance et le cadre valent le détour : lumière tamisée, serveurs affairés, peintures à l'huile aux murs.

Alte Mainmühle FRANCONIEN €€
(☎0931-167 77 ; www.alte-mainmuehle.de ; Mainkai 1 ; plats 8-23 € ; ⏲9h30-minuit). Touristes et habitants viennent en nombre dans cet ancien moulin, directement accessible par le vieux pont, pour savourer les classiques franconiens revus au goût du jour (notamment du poisson de la rivière). En été, les deux terrasses – celle du haut offre une jolie vue sur le pont et la forteresse de Marienberg – sont prises d'assaut ; en hiver, leur est préférée la douillette salle à manger lambrissée. En toute saison, les clients débordent sur le pont, un verre de vin à la main.

Où prendre un verre et sortir

Le mensuel gratuit *Frizz* (en allemand) vous fournira d'autres idées. Par ailleurs, ouvrez l'œil en ville : vous verrez peut-être des affiches ou flyers pour les grands concerts organisés sur la Residenzplatz.

Kult CAFÉ, BAR
(Landwehrstrasse 10 ; ⏲18h-1h lun, 10h-1h mar-dim). C'est le café le plus branché de Wurtzbourg et l'on y vient pour prendre un petit-déjeuner à la carte, déjeuner pas cher ou faire la fête jusqu'au petit matin. Soirées costumées, tournois de baby-foot et autres événements décalés y sont régulièrement organisés dans un cadre sans prétention (tables de récup' et vieux bancs beiges). Des DJ se produisent le week-end.

MUCK CAFÉ, BAR
(www.cafe-muck.de ; Sanderstrasse 29 ; ⏲dim-jeu 9h-1h, ven-sam 9h-jusque tard). Ce café établi de longue date, l'un des plus matinaux de la ville, sert un petit-déjeuner anti-gueule de bois. À la tombée de la nuit, il devient le point de ralliement des fêtards.

Standard CONCERTS
(Oberthürstrasse 11a ; ⏲12h-1h lun-jeu, 12h-2h ven-sam, 10h-tard dim). Ce bar distille une ambiance jazzy sous un toit ondulé et des ventilateurs en acier. Au sous-sol, un second bar à l'éclairage tamisé accueille groupes et DJ deux à trois soirs par semaine.

Renseignements

Office du tourisme (☎0931-372 398 ; www.wuerzburg.de ; Marktplatz 9 ; ⏲10h-17h lun-ven, 10h-14h sam-dim, fermé dim nov-avr). Office du tourisme compétent, installé dans la charmante Falkenhaus. Réservations d'hébergements et de visites.

Poste (Paradeplatz 4)

Depuis/vers Wurtzbourg

BUS

Le Romantic Road Coach (p. 117) de la Route romantique s'arrête à la gare routière située près de la gare ferroviaire centrale et sur la Residenzplatz. L'opérateur de bus à bas prix **Meinfernbus** (www.meinfernbus.de) relie Wurtzbourg à diverses destinations allemandes, notamment Nuremberg et Munich, et étrangères.

TRAIN

Sont desservies depuis Wurtzbourg :
- **Bamberg** 20,70 €, 1 heure, 2 trains/heure.
- **Francfort** 30-35 €, 1 heure, 1 train/heure.
- **Nuremberg** 20,90 à 29 €, 1 heure, 2 trains/heure.
- **Rothenburg ob der Tauber** Avec correspondance à Steinach ; 13,30 €, 1 heure, 1 train/heure

Comment circuler

Le bus le plus utile est le n°9 qui fait, toutes les heures environ, la navette entre la Résidence et la forteresse de Marienberg. Wurtzbourg se visite facilement à pied.

Rothenburg ob der Tauber

☎09861 / 10 900 HABITANTS

Principale étape sur la Route romantique, la cité médiévale de Rothenburg ob der Tauber ("au-dessus de la rivière Tauber") est un pur joyau jalousement protégé par une législation stricte. Avec son lacis de rues pavées, ses maisons disparates, ses remparts et ses tours, elle incarne l'Allemagne féerique que les hordes de visiteurs viennent découvrir. C'est une fois la nuit tombée et les derniers bus de touristes partis que la magie opère à plein dans les rues illuminées.

À voir

Église Saint-Jacques ÉGLISE LUTHÉRIENNE

(Jakobskirche ; Klingengasse 1 ; tarif plein/réduit 2,50/1,50 € ; ⏲9h-17h15 lun-sam, 10h45-17h15 dim). L'église de la paroisse luthérienne de Rothenburg, construite du XIVe au XVe siècle, est l'un des seuls lieux de culte de Bavière où l'entrée est payante. Le monument phare de cet édifice aux superbes vitraux anciens est le **retable du Saint-Sang** (Heilig Blut Altar) de Tilman Riemenschneider. Le célèbre reliquaire de Rothenburg, un cristal qui contiendrait trois gouttes du sang du Christ, est incrusté dans la croix dorée qui surplombe la représentation de la Cène.

Musée de la Justice au Moyen Âge MUSÉE

(Mittelalterliches Kriminalmuseum ; www.kriminalmuseum.eu ; Burggasse 3 ; tarif plein/réduit 5/3,50 € ; ⏲10h-18h mai-oct, horaires réduits nov-avr). Morbides collections que celles de ce musée présentant des instruments de punition corporelle typiques du Moyen Âge : ceintures de chasteté, masques de honte pour les colporteurs de ragots, cage pour les boulangers malhonnêtes, minerve pour les femmes querelleuses, enclos en forme de fût de bière pour les ivrognes... Le pilori à disposition vous permet de prendre un selfie !

Musée allemand de Noël MUSÉE

(Deutsches Weihnachtsmuseum ; ☎09861-409 365 ; www.weihnachtsmuseum.de ; Herrngasse 1 ; adulte/enfant/famille 4/2,50/7 € ; ⏲10h-17h tlj Pâques-Noël, horaires réduits jan-Pâques). Le Käthe Wohlfahrt Weihnachtsdorf (p. 126), sorte de supermarché de Noël, abrite aussi ce musée recensant diverses traditions et décorations de Noël, avec 150 modèles de Père Noël, ainsi que quantité de boules et de guirlandes anciennes. Les enfants risquent d'être un peu frustrés : on ne peut rien toucher !

Remparts SITE HISTORIQUE

(Stadtmauer). La promenade de 2,5 km sur les remparts donne une bonne idée de l'importance de la défense au Moyen Âge. Tour est de l'enceinte, le **Röderturm** (Rödergasse ; adulte/enfant 1,50/1 € ; ⏲9h-17h mars-nov) offre une jolie vue, mais c'est de la partie ouest qu'on jouit du plus beau panorama, qui embrasse la vallée de la Tauber et le Doppelbrücke, un pont double.

UN CUL-SEC POUR LA LIBERTÉ

En 1631, la guerre de Trente Ans opposant catholiques et protestants arriva aux portes de Rothenburg ob der Tauber. Forte de quelque 60 000 hommes commandés par le comte de Tilly, l'armée impériale catholique assiégea la cité marchande protestante et demanda sa reddition. La ville résista mais ne put finalement pas endiguer les assauts. Le bourgmestre et des notables furent capturés et condamnés à mort.

Selon la légende, qui prend à ce stade le pas sur l'Histoire, les magistrats de la cité tentèrent d'assouvir la soif de sang de Tilly en lui servant une cruche de 3 litres de vin. Après une ou deux gorgées, Tilly lança un défi étonnant à ces hommes, déclarant : "Si l'un d'entre vous a le courage de se présenter devant moi et de boire cette cruche de vin en une seule gorgée, j'épargnerai cette ville et la vie de ses magistrats !" Le bourgmestre George Nusch releva le défi. Rothenburg fut épargnée, et la richesse de son patrimoine architectural médiéval conservée jusqu'à nous.

Même si l'on sait que la cité s'en tira plus par le versement d'espèces sonnantes et trébuchantes que par ce cul-sec fantastique, le poète local Adam Hörber ne résista pas à l'envie de mettre en scène cette histoire du *Meistertrunk* donnée chaque dimanche de Pentecôte depuis 1881. La légende est également rejouée plusieurs fois par jour par les automates de l'horloge du bâtiment de l'office du tourisme.

Rothenburg ob der Tauber

Ancienne maison des Artisans

ÉDIFICE HISTORIQUE

(Alt-Rothenburger Handwerkerhaus ; Alter Stadtgraben 26 ; tarif plein/réduit 3/2,50 € ; ⏲11h-17h lun-ven, à partir de 10h sam-dim Pâques-oct, 14h-16h tlj déc). Situé au détour d'une ruelle, ce bâtiment abrite depuis plus de sept siècles de nombreux ateliers d'artisans : tonneliers, tisserands, cordonniers, potiers... Dans ce musée-atelier, on peut facilement passer une heure, voire plus, à observer les artisans à l'œuvre.

Musée de la Ville impériale

MUSÉE

(Reichsstadtmuseum ; www.reichsstadtmuseum.rothenburg.de ; Klosterhof 5 ; tarif plein/réduit 4,50/3,50 € ; ⏲9h30-17h30 avr-oct, 1-16h nov-mars). Un ancien cloître dominicain accueille les stations du *Chemin de croix de Rothenburg* (1494), 12 panneaux dus à Martinus Schwarz, une cuisine médiévale, armes et armures... À droite de l'entrée, le tour d'abandon accueillait les bébés abandonnés.

Le **Klostergarten** (jardin du monastère), derrière le musée (accès par le Klosterhof), offre un cadre idéal pour une pause au calme.

Hôtel de ville

ÉDIFICE HISTORIQUE

(Rathausturm ; Marktplatz ; tarif plein/réduit 2/0,50 € ; ⏲9h30-12h30 et 13h-17h tlj avr-oct, 10h30-14h et 14h30-18h tlj déc, 12h-15h sam-dim le reste de l'année). Commencée au XIVe siècle dans le style gothique, la construction du Rathaus de la Marktplatz s'acheva à la Renaissance. La montée des 220 marches qui mènent au belvédère du Rathausturm est récompensée par un vaste panorama sur la Tauber.

Circuits organisés

L'office du tourisme organise des visites guidées de 90 minutes (7 €) en allemand ou en anglais (départ pour les secondes à 14h d'avril à octobre). Chaque soir, un

Rothenburg ob der Tauber

À voir

1 Ancienne maison des Artisans C2
Musée allemand de Noël............ (voir 20)
2 Église Saint-Jacques B2
3 Musée de la Justice au Moyen Âge B3
4 Hôtel de ville B2
5 Musée de la Ville impériale A2
6 Röderturm C2

Où dormir

7 Altfränkische Weinstube............ A1
8 Burg-Hotel A2
9 DJH Hostel............ B4
10 Hotel Herrnschlösschen A2
11 Hotel Raidel............ B3
12 Kreuzerhof Hotel Garni............ C3
13 Pension Birgit............ B3

Où se restaurer

14 Diller's Schneeballen............ B2
15 Gasthof Goldener Greifen B2
16 Mittermeier C1
17 TobinGo B2
18 Weinstube zum Pulverer A2
19 Zur Höll B2

Achats

20 Magasin de Noël Käthe Wohlfahrt B2

Nachtwächter (veilleur de nuit), muni d'une lanterne et vêtu d'un habit traditionnel, mène une amusante visite de la vieille ville. Pour la visite en anglais (7 €), rendez-vous à l'hôtel de ville un peu avant 20h.

Fêtes et festivals

Festival annuel "Der Meistertrunk" THÉÂTRE
(Historisches Festspiel "Der Meistertrunk" ; www.meistertrunk.de ; fin mai). À la pièce de théâtre intitulée *Meistertrunk* ("La Rade du bourgmestre") s'ajoutent défilés, danses et marché médiéval. La pièce elle-même est donnée en trois autres occasions : pour les Reichsstadt-Festtage (début septembre) où toute l'histoire de Rothenburg se rejoue dans les rues, et deux fois pendant le Rothenburger Herbst, la fête d'automne (octobre).

Danse historique des bergers DANSE FOLKLORIQUE
(Historischer Schäfertanz ; www.schaefertanzrothenburg.de ; Marktplatz). Des couples vêtus d'habits bigarrés se retrouvent à plusieurs reprises entre avril et octobre sur la Marktplatz pour cette danse des bergers.

Marché de Noël MARCHÉ
Installé autour de la Marktplatz durant la période de l'Avent, le marché de Noël de Rothenburg est l'un des plus romantiques d'Allemagne.

Où se loger

DJH Hostel AUBERGE DE JEUNESSE €
(09861-941 60 ; www.rothenburg.jugendherberge.de ; Mühlacker 1 ; dort à partir de 25,40 € ;). Deux énormes bâtiments anciens au sud de la ville abritent cette auberge agréablement rénovée et extrêmement bien équipée.

Hotel Raidel HÔTEL €
(09861-3115 ; www.gaestehaus-raidel.de ; Wenggasse 3 ; s/d 45/69 € ;). Poutres vieilles de cinq siècles, meubles anciens et instruments de musique à disposition des clients : voici un nid des plus romantiques. Le propriétaire est de surcroît très accueillant. Petit-déjeuner inclus dans les tarifs.

Pension Birgit B & B €
(09861-6107 ; www.birgit-pension.de ; Wenggasse 16 ; s/d à partir de 30/40 € ;). Cette pension rudimentaire, tenue par la propriétaire, propose les chambres les moins chères du centre de Rothenburg. Petit-déjeuner buffet simple compris dans les tarifs.

Kreuzerhof Hotel Garni PENSION €
(09861-3424 ; www.kreuzerhof-rothenburg.de ; Millergasse 2-6 ; s 45-52 €, d 62-78 € ;). Loin des foules de touristes, ce paisible B & B familial installé dans une demeure médiévale et sa dépendance possède des chambres charmantes, dont la décoration hétéroclite s'agrémente de touches rétro. Petit-déjeuner merveilleusement énergétique, plus thé et café à disposition à toute heure.

Burg-Hotel HÔTEL €€
(09861-948 90 ; www.burghotel.eu ; Klostergasse 1-3 ; s 100-135 €, d 125-195 € ; P). Aménagées avec goût, les 17 chambres de cet hôtel de charme sur les remparts ont toutes leur propre coin salon. Les étages inférieurs abritent un voluptueux spa équipé de bancs solaires, de saunas et de douches tropicales, ainsi qu'une cave où trône un piano Steinway. La salle du petit-déjeuner et la terrasse en pierre jouissent d'une vue exceptionnelle sur la vallée.

Dans l'hôtel situé en face, récemment repris par les propriétaires, un restaurant et 14 chambres modernes supplémentaires sont disponibles.

Altfränkische Weinstube HÔTEL €€
(☎09861-6404 ; www.altfraenkische.de ; Klosterhof 7 ; d 75-118 € ; 📶). Cette auberge de caractère possède une longue histoire de 650 ans. De style rustico-romantique, ses huit magnifiques chambres à colombages comprennent une salle de bains et, pour la plupart, un lit à colonnes ou à baldaquin. À partir de 18h, la taverne sert de copieuses spécialités régionales (plats 8,80-15,50 €) dans une ambiance très médiévale.

♥ **Hotel Herrnschlösschen** HÔTEL €€€
(☎09861-873 890 ; www.herrnschloesschen.de ; Herrngasse 20 ; ch à partir de 210 €). Bientôt millénaire, la demeure gothique qui héberge ce récent établissement conjugue copies de meubles anciens et lits contemporains chics sous ses voûtes ogivales et ses poutres en chêne. Le restaurant s'est imposé comme l'une des tables les plus créatives de la ville.

Où se restaurer

TobinGo KEBAB €
(Hafengasse 2 ; plats 3,50-8 € ; ⏲10h-22h). Un séjour en Bavière ne serait pas complet sans la dégustation d'un kebab dans un cadre médiéval kitsch.

Zur Höll FRANCONIEN €€
(☎09861-4229 ; www.hoell.rothenburg.de ; Burggasse 8 ; plats 6,80-20 € ; ⏲17h-23h). Cette taverne à vins médiévale occupe le plus ancien bâtiment original de la ville, dont certaines parties datent de l'an 900. Plus que pour sa carte de spécialités régionales, peu fournie mais raffinée, il attire surtout pour son excellent choix de vins franconiens.

SPÉCIALITÉ

Une douceur appelée *Schneeballen* (boules de neige) a fait le succès des pâtissiers de la cité. Ce sont des bandes de pâte roulées en boule, frites et recouvertes de sucre, chocolat ou autre friandise. On en recense 27 variétés différentes chez **Diller's Schneeballen** (Hofbronnengasse 16 ; ⏲10h-18h).

Un choix plus limité est disponible un peu partout en ville.

Gasthof Goldener Greifen FRANCONIEN €€
(☎09861-2281 ; www.gasthof-greifen-rothenburg.de ; Obere Schmiedgasse 5 ; plats 8-17 € ; ⏲11h-21h30). Forte d'une histoire de 700 ans, cette ancienne demeure de Heinrich Toppler, l'un des plus célèbres maires médiévaux de Rothenburg (la salle à manger occupe son ancien bureau), est la table du centre touristique la plus prisée des habitants. Les diverses spécialités franconiennes sont servies dans le cadre semi-médiéval austère du restaurant ou dans le jardin intérieur bien exposé.

Mittermeier BAVAROIS, INTERNATIONAL €€
(☎09861-945 430 ; www.villamittermeier.de ; Vorm Würzburger Tor 7 ; plats 12-19 € ; ⏲18h-22h30 mar-sam ; P 📶). Distingué par un Bib Gourmand Michelin mérité, cet hôtel-restaurant adepte du Slow Food associe savoir-faire méticuleux et ingrédients de premier choix, autant que possible issus de la région. Cinq cadres différents sont disponibles, notamment une salle au carrelage noir et blanc, une terrasse et une cave à vin voûtée. La carte des vins est l'une des meilleures de Franconie.

Weinstube zum Pulverer FRANCONIEN €€
(☎09861-976 182 ; Herrngasse 31 ; plats 5-16,50 € ; ⏲17h-tard lun et mer-ven, 12h-tard sam-dim, fermé mar). Les chaises en bois sculpté de ce bar à vins lambrissé (que l'on dit le plus vieux de Rothenburg) sont de véritables œuvres d'art. Les plats simples mais copieux ne sont pas en reste : soupe dans un bol en pain, excellents sandwichs et gâteaux. Un piano est à disposition pour vous permettre d'exprimer votre créativité postprandiale.

Achats

Magasin de Noël Käthe Wohlfahrt DÉCORS DE NOËL
(www.wohlfahrt.com ; Herrngasse 1 ; ⏲9h-18h). Une véritable caverne d'Ali Baba pour les décors de Noël à tout moment de l'année. En grande partie des objets artisanaux soignés, donc d'un certain prix.

Renseignements

Office du tourisme (☎09861-404 800 ; www.tourismus.rothenburg.de ; Marktplatz 2 ; ⏲9h-18h lun-ven, 10h-17h sam-dim mai-oct, 9h-17h lun-ven, 10h-13h sam nov-mars). Office du tourisme pratique, avec connexion Internet gratuite.

Poste (Rödergasse 11)

Depuis/vers Rothenburg

BUS

Le Romantic Road Coach (p. 117) s'arrête à la station routière principale, qui se trouve à la gare ferroviaire, et sur la Schrannenplatz, plus centrale.

VOITURE

L'*autobahn* A7 passe tout près de la ville.

TRAIN

Une correspondance à Steinach est inévitable, par exemple pour se rendre à Wurtzbourg (13,30 €, 1 heure 10). Depuis/vers Munich (à partir de 31 €, 3 heures), on peut avoir à changer deux fois.

Comment circuler

Cinq parkings sont répartis au pied des remparts. Le centre-ville est en grande partie fermé à la circulation automobile, sauf pour les riverains et les clients des hôtels.

Dinkelsbühl

☎09851 / 11 300 HABITANTS

À 40 km au sud de Rothenburg, cette ville superbement conservée se targue d'avoir été une résidence des rois carolingiens à partir du VIIIe siècle. Épargnée par les dommages de la guerre de Trente Ans et les bombes de la Seconde Guerre mondiale, elle constitue sans doute la halte médiévale la plus charmante et authentique de la Route romantique. La promenade sur les remparts, jalonnés de 18 tours et 4 portes, donne un bel aperçu de la cité.

À voir

Musée historique MUSÉE

(Haus der Geschichte ; Altrathausplatz 14 ; adulte/enfant 4/2 €, audioguide compris ; ⏲9h-18h lun-ven, 10h-17h sam-dim mai-oct, 10h-17h tlj nov-avr). L'ancien hôtel de ville accueille un musée sur l'histoire de Dinkelsbühl. Outre l'intéressante section sur la guerre de Trente Ans, une galerie de tableaux donne à voir la ville au tournant du siècle.

Cathédrale Saint-Georges ART GOTHIQUE

(Münster St Georg ; Marktplatz 1). D'aspect plutôt austère extérieurement, la cathédrale Saint-Georges est l'une des plus belles églises-halles gothiques du sud de l'Allemagne, éblouissante par son exceptionnelle voûte en réseau (ou à lacis). Le **vitrail aux Bretzels** (partie haute du dernier vitrail du bas-côté droit) est un don de la confrérie des boulangers.

Musée de la Troisième Dimension MUSÉE

(Museum 3. Dimensium ; ☎09851-6336 ; www.3d-museum.de ; Nördlinger Tor ; tarif plein/réduit/moins de 12 ans 10/8/6 € ; 11h-17h tlj avr- oct, 11h-17h sam-dim nov-mars). Juste à l'extérieur de la porte est de la ville, cet intéressant musée est idéal pour regalvaniser les plus jeunes, lassés des merveilles médiévales de la Route romantique. On y découvre sur trois niveaux hologrammes, vues stéréoscopiques et étonnantes images en 3D. Le prix dérisoire de l'entrée comprend une paire de lunettes teintées en rouge et vert.

Fêtes et festivals

Kinderzeche HISTOIRE, MUSIQUE

(www.kinderzeche.de ; ⏲juil). La troisième semaine de juillet, 10 jours de processions, animations musicales et reconstitutions historiques rappellent que les enfants de Dinkelsbühl ont réussi à persuader les troupes suédoises de renoncer à mettre la ville à sac pendant la guerre de Trente Ans.

Où se loger

DJH Hostel AUBERGE DE JEUNESSE €

(☎09851-9509 ; www.dinkelsbuehl.jugendherberge.de ; Koppengasse 10 ; dort à partir de 22,50 € ; 📶). En cours de rénovation complète au moment de notre visite, cette auberge de jeunesse de Dinkelsbühl occupe une belle grange du XVe siècle dans la partie ouest de la vieille ville.

Campingpark 'Romantische Strasse' CAMPING €

(☎09851-7817 ; www.campingplatz-dinkelsbuehl.de ; Kobeltsmühle 6 ; 9,30/4,40 € par tente/personne). Sur les rives d'un lac ouvert à la baignade, à 1,5 km au nord-est de la Wörnitz Tor (porte de Wörnitz).

♥ **Dinkelsbühler Kunst-Stuben** PENSION €€

(☎09851-6750 ; www.kunst-stuben.de ; Segringer Strasse 52 ; s 60 €, d 80-85 €, ste 90 € ; 🚭@📶). Son charme fou et son service attentionné font de cette pension proche de la Segringer Tor (porte ouest) l'une des meilleures adresses sur la Route romantique. Les meubles Voglauer (dont les lits à baldaquin) sont tous faits main, la bibliothèque est douillette à souhait, et la suite idéale pour les familles.

Gasthof Goldenes Lamm HÔTEL €€
(☎09851-6441 ; www.goldenes.de ; Lange Gasse 26-28 ; s 55-70 €, d 80-105 € ; P ☕). C'est la quatrième génération qui veille sur cette oasis de tranquillité aux chambres agréables avec terrasse-jardin sur le toit. Spécialités franconiennes et souabes ou bien plats végétariens sont servis dans le restaurant attenant, tout lambrissé de bois.

Deutsches Haus HÔTEL €€
(☎09851-6058 ; www.deutsches-haus.net ; Weinmarkt 3 ; s 80-99 €, d 116-129 € ; ☕). Derrière cette haute façade à pignon, qui fait face à la cathédrale, se cachent 19 belles chambres aux touches rétro et aux grandes salles de bains modernes. Au rez-de-chaussée, des plats de gibier et de poisson sont préparés suivant des recettes ancestrales dans le plus grand restaurant de Dinkelsbühl.

Où se restaurer

Haus Appelberg FRANCONIEN, INTERNATIONAL €€
(☎09851-582 838 ; www.haus-appelberg.de ; Nördlinger Strasse 40 ; plats 6-11 € ; 18h-minuit lun-sam). Dans cette taverne de 40 couverts, les gérants s'affairent en cuisine pour concocter des plats traditionnels de poisson local, de saucisses de Franconie ou de *Maultaschen*. Aux beaux jours, préférez à la salle rustique la terrasse intimiste, parfaite pour siroter un verre de blanc franconien.

À l'étage, huit excellentes chambres agrémentées de touches traditionnelles.

Weib's Brauhaus PUB €€
(Untere Schmiedgasse 13 ; plats 5,70-14,60 € ; 11h-1h jeu-lun, 18h-1h mer ;). Une femme maître-brasseur est à la baguette de ce pub-restaurant à l'ambiance bon enfant. Ses habitués apprécient les bières maison, qui servent à accommoder de nombreux plats, dont le très apprécié *Weib's Töpfle* ("marmite de la femme", soit du porc à la bière accompagné de croquettes).

Renseignements

Office du tourisme (☎09851-902 440 ; www.dinkelsbuehl.de ; Altrathausplatz 14 ; 9h-18h lun-ven, 10h-17h sam-dim mai-oct, 10h-17h tlj nov-avr)

Depuis/vers Dinkelsbühl

En dépit de la voie ferrée, Dinkelsbühl n'est pas desservie par les trains de voyageurs. Le bus régional n°501 vers Nördlingen (50 minutes, 8/jour) s'arrête à la nouvelle gare routière ZOB Schwedenwiese. Sans voiture, se rendre à Rothenburg est une épreuve de patience : montez dans le bus n°805 et prenez un train à Ansbach, puis un autre à Steinach. L'Europabus s'arrête en plein cœur de la vieille ville, au Schweinemarkt.

Nördlingen

☎09081 / 19 400 HABITANTS

Moins touristique que ses voisines plus réputées, cette charmante cité médiévale conserve une atmosphère authentique. De plus, elle est située dans la plaine de Ries, très exceptionnel témoin géologique de l'impact d'une météorite tombée il y a plus de 15 millions d'années, d'où ce cratère d'environ 25 km de diamètre, l'un des mieux conservés sur terre. Cette histoire géologique à ciel ouvert explique la création du "géoparc" de Ries. Les remparts du XIVe siècle de Nördlingen, tous d'origine, forment un cercle quasi parfait, à l'image des bords du cratère.

Bon à savoir : si vous avez vu le film *Charlie et la Chocolaterie* (1971), vous avez déjà contemplé Nördlingen depuis un ascenseur de verre !

À voir

Le chemin de ronde (en accès libre) fait le tour de la cité. Prévoyez 1 heure.

Église Saint-Georges ÉGLISE ET TOUR
(St Georgskirche ; tour adulte/enfant 3/1,80 € ; tour 9h-18h tlj, 9h-19h juil-août, 9h-17h nov-mars). Cette immense église gothique domine le centre-ville. Pour mieux vous rendre compte de la forme circulaire de Nördlingen et observer la plaine alentour, grimpez les 350 marches de la tour Daniel, haute de 90 m.

Musée ferroviaire de Bavière MUSÉE
(Bayerisches Eisenbahnmuseum ; www.bayerisches-eisenbahnmuseum.de ; Am Hohen Weg 6a ; adulte/enfant 6/3 € ; 12h-16h mar-sam, 10h-17h dim mai-sept, 12h-16h sam, 10h-17h dim oct-mars). Moitié musée, moitié cimetière pour vieilles locomotives, ce paradis pour amateurs de trains occupe un dépôt désaffecté de l'autre côté des voies (pas d'accès depuis les quais). Le musée organise plusieurs fois par an des trajets en train à vapeur et en vieux train Diesel vers Dinkelsbühl, Feuchtwangen et Gunzenhausen (dates sur les sites Internet).

Musée du Cratère de Ries MUSÉE

(Rieskrater Museum ; Eugene-Shoemaker-Platz 1 ; tarif plein/réduit 4,50/2,50 €, billet valable aussi pour le Stadtmuseum ; 10h-16h30 mar-dim, fermé 12h-13h30 nov-avr). Une vieille grange abrite ce musée unique en son genre, consacré à la formation des cratères de météorite et aux conséquences de ces violentes collisions avec la Terre. Des roches, dont une véritable pierre lunaire (prêt permanent de la NASA), des fossiles… éclairent le mystère des météores.

Musée municipal HISTOIRE LOCALE

(Stadtmuseum ; Vordere Gerbergasse 1 ; tarif plein/réduit 4,50/ 2,50 €, billet valable aussi pour le musée du Cratère de Ries ; 13h30-16h30 mar-dim mars-début nov). Le musée de la Cité invite à un ambitieux voyage dans l'histoire, du paléolithique à l'art du XXe siècle : présence romaine, prospérité commerciale médiévale et moderne, guerre de Trente Ans…

Musée des Remparts MUSÉE

(Stadtmauermuseum ; Löpsinger Torturm ; tarif plein/réduit 2/1,40 € ; 10h-16h30 mar-dim avr-oct). Empruntez l'escalier en colimaçon de la tour Löpsinger pour découvrir ce charmant musée dédié aux défenses de la ville à travers le temps ; idéal pour amorcer le tour des remparts.

Où se loger et se restaurer

Hotel Altreuter HÔTEL €

(09081-4319 ; www.hotel-altreuter.de ; Marktplatz 11 ; à partir de 36/52 €). Surplombant un café-boulangerie fréquenté, cet hôtel loue des chambres anonymes au possible, mais jouit d'un emplacement central imbattable près de la tour. Salles de bains individuelles. Petit-déjeuner servi au café du bas.

Jugend & Familengästehaus PENSION €

(JUFA ; 09081-290 8390 ; www.jufa.eu ; Bleichgraben 3a ; d 50€ ; P @). Au pied des remparts, à l'extérieur, cette spacieuse auberge de jeunesse-pension à 186 lits est toute pimpante. Ses chambres de 2 à 4 lits sont idéales pour les couples ou les familles. Sur place, location de vélos et café avec accès Internet. Dortoirs réservés aux groupes organisés.

Kaiserhof Hotel Sonne HÔTEL €€

(09081-5067 ; www.kaiserhof-hotel-sonne.de ; Marktplatz 3 ; s 55-75 €, d 80-120 € ; P). En pleine place centrale, cet ancien lieu de villégiature des têtes couronnées a quelque peu perdu de sa superbe. Les chambres ne manquent toutefois pas de caractère, alliant confort moderne et charme traditionnel. Le restaurant régional du rez-de-chaussée vaut toujours le détour.

La Fontana ITALIEN €

(Bei den Kornschrannen 2 ; plats 8 € environ ; 11h-23h). Adresse la plus prisée de Nördlingen, ce vaste restaurant italien de pâtes et pizzas occupe la Kornschrannen (grenier à grain), en terre cuite, et déborde sur la Schrannenstrasse. Carte fournie et service rapide. Lieu des plus charmants lorsque le soleil est au rendez-vous.

Cafe-buch.de CAFÉ €

(Weinmarkt 4 ; en-cas à partir de 2 € ; 10h-18h lun-sam, 11h-18h dim). Le savant mélange de café, pâtisseries et livres d'occasion fait de ce nouveau café une halte agréable pour les amateurs de littérature. Personnel non anglophone.

Café Radlos CAFÉ €€

(www.café-radlos.de ; Löpsinger Strasse 8 ; plats 6,50-10 € ; 17h-1h lun-ven, 12h-1h sam-dim ;). En plus de servir de savoureuses pâtes et pizzas, ce café convivial et branché accueille sur ses murs rouge cerise des expositions d'artistes et photographes locaux. Coin enfants plein de jouets, jeux de société, accès Internet et *Biergarten* ensoleillé.

Renseignements

Geopark Ries Infozentrum (www.geopark-ries.de ; Eugene-Shoemaker-Platz ; 10h-16h30 mar-dim). Le centre d'information du Géoparc du Ries.

Office du tourisme (09081-841 16; www.noerdlingen.de ; Marktplatz 2 ; 9h30-18h lun-jeu, 9h30-16h30 ven, 10h-14h sam Pâques-oct, et 10h-14h dim juil-août, fermé sam-dim le reste de l'année). La Nördlinger TouristCard (9,95 €) permet d'économiser environ 8 € si vous visitez tous les sites de la ville.

Depuis/vers Nördlingen

BUS

L'Europabus fait halte à l'hôtel de ville. Bus n°501 vers Dinkelsbühl au départ de la nouvelle gare routière (50 minutes, 8/jour).

TRAIN

Les liaisons avec Munich (26,80 €, 2 heures) et Augsbourg (15,70 €, 1 heure 15) impliquent de changer à Donauwörth.

VAUT LE DÉTOUR

HARBURG

Dominant la Wörnitz, le **château d'Harburg** (www.burg-harburg.de ; adulte/enfant 5/3 € ; ⏲10h-17h mar-dim mi-mars à oct) est un édifice du XIIe siècle dont le donjon, les parapets, tours, tourelles et toits de tuile rouge sont si parfaitement conservés qu'on se croirait dans un décor de cinéma. Des visites guidées retracent la longue histoire de l'édifice, évoquant aussi les fantômes qui hanteraient le château.

Une dizaine de minutes à pied suffisent pour rejoindre la **vieille ville** et ses maisons à colombages. Le trajet inverse, en montée, est un peu plus long. Du **pont de pierre** (1702) qui enjambe la Wörnitz, on jouit d'une vue splendide sur le village et le château.

L'Europabus s'arrête dans le village (devant le Gasthof Grüner Baum) mais pas au château. Des trains desservent toutes les heures Nördlingen (4,40 €, 19 minutes) et Donauwörth (3,70 €, 11 minutes). De la gare, il vous faudra une demi-heure pour atteindre le château à pied. Harburg se trouve sur la route B25.

Donauwörth

☎0906 / 18 550 HABITANTS

Établi sur un site magnifique à la confluence du Danube et de la Wörnitz, ce modeste village de pêcheurs, créé au Ve siècle, a atteint son apogée en devenant ville impériale libre en 1301. Toujours gardée par 3 portes médiévales et 5 tours sur les remparts, Donauwörth n'en a pas moins été reconstruite après son quasi-anéantissement (75 % de la vieille ville médiévale) par les bombardements de la Seconde Guerre mondiale. Ainsi l'axe principal de la Reichstrasse a retrouvé ses hauts toits à pignon aux teintes bigarrées.

On rejoint la ville en un quart d'heure de marche au nord de la gare ferroviaire. Tournez à droite sur la Bahnhofstrasse et traversez le pont vers l'île de Ried.

À voir

Cathédrale Notre-Dame ART GOTHIQUE

(Liebfraukirche ; Reichstrasse). Située à l'extrémité ouest de la Reichstrasse, cette cathédrale gothique du XVe siècle a conservé ses fresques d'époque et un sol qui s'incline de 1,20 m entre le porche et le chœur. La plus grosse cloche de Souabe (6 550 kg), y sonne l'heure.

Musée des Poupées Käthe-Kruse MUSÉE

(Käthe-Kruse-Puppenmuseum ; www.kaethe-kruse.de ; Pflegstrasse 21a ; adulte/enfant 2,50/1,50 € ; ⏲11h-18h mar-dim mai-sept, 14h-17h jeu-dim oct-avr). Un ancien monastère sert d'écrin à la collection de poupées anciennes et de maisons de poupée de Käthe Kruse (1883-1968), créatrice de renommée internationale.

Hôtel de ville ÉDIFICE HISTORIQUE

(Rathausgasse). Les travaux de construction de l'emblématique Rathaus débutèrent en 1236, mais il a depuis connu de nombreux ajouts et retouches au fil des siècles. Tous les jours, à 11h et 16h, le carillon du pignon à créneaux et pinacles joue, outre des mélodies populaires, un extrait de *Die Zaubergeige* (Le Violon magique), opéra composé par le héros local Werner Egk (1901-1983). Le bâtiment héberge aussi l'office du tourisme.

Église de la Sainte-Croix ÉGLISE

(Heilig-Kreuz-Kirche ; Heilig-Kreuz-Strasse). Surplombant les rives herbeuses de la Wörnitz, cette altière église d'un monastère bénédictin attire depuis des siècles les fidèles venus vénérer un morceau de la Sainte-Croix, exposé dans la **chapelle de la Grâce** (Gnadenkapelle) au plafond richement orné.

Où se loger et se restaurer

Drei Kronen HÔTEL €€

(☎09851-706 170 ; www.hotel3kronen.com ; Bahnhofstrasse 25 ; s/d 82/115 € ; P 📶). Face à la gare sur la Bahnhofstrasse, l'hôtel des “Trois Couronnes” possède les chambres les plus confortables de la ville et un restaurant aux tables éclairées par des lanternes. Réception malheureusement fermée le soir et le week-end, mais on peut trouver du personnel au restaurant.

Posthotel Traube BAVAROIS €€

(Kapellstrasse 14-16 ; plats 5,50-17 € ; ⏲11h-14h et 17h-22h lun-ven et dim, fermé sam). Le jeune Mozart séjourna dans cet hôtel-café-restaurant-*Biergarten* agréable en 1777. Nous recommandons la *Schnitzel*, le cordon bleu et la carpe du pays à la bière.

Cafe Rafaello ITALIEN €€
(Fischerplatz 1 ; plats 6-24,50 € ; 10h-minuit tlj). On va sur l'île Ried manger des saveurs marines. Le décor kitsch de cet italien recrée *La Dolce Vita* pour un public du sud de l'Allemagne. Tout le monde trouve son bonheur sur la carte extrêmement complète.

Renseignements

Office du tourisme (09851-789 151 ; www.donauwoerth.de ; Rathausgasse 1 ; 9h-12h et 13h-18h lun-ven, 15h-17h sam-dim mai-sept, horaires restreints lun-ven, fermé sam-dim oct-avr)

Depuis/vers Donauwörth

BUS

Le Romantic Road Coach (p. 117) s'arrête près de la cathédrale.

TRAIN

Quelques liaisons ferroviaires :
- **Augsbourg** 6,60 €, 30 minutes, 2/heure
- **Harburg** 3,70 €, 11 minutes, 2/heure
- **Ingolstadt** 12,10 €, 45 minutes, 1/heure
- **Nördlingen** 6,10 €, 30 minutes, 1/heure

VOITURE ET MOTO

Donauwörth est à l'intersection des routes B2, B16 et B25.

Augsbourg (Augsburg)

0821 / 276 500 HABITANTS

La plus grande ville de la Route romantique (par ailleurs troisième ville de Bavière) est aussi l'une des plus anciennes d'Allemagne. Fondée il y a plus de deux millénaires par Drusus et Tibère, fils adoptifs de l'empereur Auguste, Augsbourg a acquis un statut autonome au XIIIe siècle. Libre de prélever ses propres impôts, elle s'est enrichie considérablement, les comptes publics étant généreusement approvisionnés par les recettes du commerce du textile. Des familles de banquiers comme les Fugger et les Welser ont même soutenu des États et renfloué des monarques en difficulté. À partir du XVIe siècle, les querelles religieuses et le déclin économique affaiblirent la cité. Augsbourg finit par intégrer le royaume de Bavière en 1806.

Façonnée par les Romains, les artisans médiévaux, les banquiers, les commerçants et plus récemment par l'industrie et la technologie, cette jolie ville aux rues pavées dominées par les clochers se visite facilement sur la journée depuis Munich, ou constitue un agréable arrêt sur la Route romantique, même si elle est moins pittoresque que d'autres.

À voir

Fuggerei SITE HISTORIQUE
(www.fugger.de ; Jakober Strasse ; tarif plein/réduit 4/3 € ; 8h-20h avr-sept, 9h-18h oct-mars). L'héritage de Jacob Fugger, dit "le Riche", est bien vivant à la Fuggerei, la plus ancienne cité sociale au monde.

Les 200 locataires bénéficient d'un loyer annuel gelé de 1 florin rhénan (0,88 €), sans compter les charges et les trois prières quotidiennes pour la famille Fugger (dans les statuts). On peut se promener parmi eux dans les rues sans voitures de cette ville dans la ville avec ses 52 maisons proprettes (soit 140 logements) et petits jardins.

L'un des appartements abrite le **Fuggereimuseum** (Mittlere Gasse 14 ; accès inclus dans l'entrée à la Fuggerei ; 9h-20h mars-oct, 9h-18h nov-avr), qui montre comment les habitants vivaient autrefois sans eau courante ni chauffage central. Un logement moderne est ouvert à la visite dans l'Ochsengasse (n°51). Les panneaux d'information sont en allemand, mais n'hésitez pas à demander un dépliant en français ou à le télécharger sur le site Internet au préalable.

Place de l'Hôtel de ville CŒUR DE VILLE
Piétonne, la vaste Rathausplatz s'organise autour de l'**Augustusbrunnen**, fontaine à la gloire de l'empereur Auguste, entourée d'allégories de la force hydraulique dont bénéficie la ville par ses quatre rivières : le Lech, la Wertach, la Singold et le Brunnenbach.

Les tours jumelles à bulbe de l'imposant **hôtel de ville** Renaissance, construit par Elias Holl entre 1615 et 1620, affirment haut dans le ciel augsbourgeois l'importance de ce lieu où se tint à dix reprises entre 952 et 1663 la Diète de l'Empire, à savoir l'assemblée des princes des différents États formant le Saint Empire romain germanique. On peut visiter à l'étage la **Salle dorée** (Goldener Saal ; Rathausplatz ; tarif plein/réduit 2,50/1 € ; 10h-18h), immense salle de banquet dotée d'un superbe plafond à caissons orné de fresques.

On bénéficie d'une vue panoramique sur la place et la ville depuis le sommet de la **tour Perlach** (Perlachturm ; Rathausplatz ; tarif plein/réduit 2/1 € ; 10h-18h tlj avr-nov), elle aussi due à Elias Holl.

Église Sainte-Anne ÉGLISE

(St Anna Kirche ; Im Annahof 2, près d'Annastrasse ; 12h-17h lun, 10h-12h30 et 15h-17h mar-sam, 10h-12h30 et 15h-16h dim). On accède à cet édifice d'apparence simple (et bien caché), souvent considéré comme la première église Renaissance d'Allemagne, par une série de cloîtres bordés de tombeaux. Il regroupe d'innombrables trésors, notamment la somptueuse **Fuggerkapelle**, où sont enterrés Jacob Fugger et certains de ses proches, ainsi que les magnifiques fresques de la **chapelle des Orfèvres** (Goldschmiedekapelle, 1420) – en cours de rénovation lors de notre visite.

En 1518, Martin Luther, venu à Augsbourg pour défendre ses croyances face au légat pontifical, séjourna dans ce qui était alors un monastère carmélite. Ses appartements abritent désormais le **Lutherstiege**, un musée récemment réaménagé, consacré à la Réforme et à la vie de Luther.

Musée Maximilien ARTISANAT

(Maximilianmuseum ; 0821-324 4102 ; www.kunstsammlungen-museen.augsburg.de ; Philippine-Welser-Strasse 24 ; tarif plein/réduit 7/5,50 € ; 10h-17h mar-dim). Deux demeures patriciennes reliées par une cour remplie de statues abritent ce musée Maximilien qui conserve, entre autres, les maquettes en bois d'Elias Holl et une collection de pièces d'or et d'argent à admirer à la loupe. Les remarquables expositions temporaires qui abordent divers thèmes bavarois constituent le point d'orgue de la visite.

Maison Bertolt-Brecht MUSÉE

(Bertolt-Brecht-Haus ; 0821-324 2779 ; Auf dem Rain 7 ; tarif plein/réduit 2,50/2 € ; 10h-17h mar-dim). Pour fêter en 1998 le centenaire de la naissance du dramaturge enfant du pays, on a ouvert sa maison natale (où il a vécu de 1989 à 1900) convertie en musée. À voir entre autres : des affiches de théâtre anciennes, une superbe série chronologique de photos grandeur nature, et la chambre de la mère de l'écrivain. Il se peut que le bâtiment ferme pendant un certain temps dans le cadre de sa rénovation prévue en 2016.

Cathédrale Notre-Dame-de-la-Visitation ART GOTHIQUE

(Dom Mariä Heimsuchung ; Hoher Weg ; 7h-18h). Romane à l'origine, Notre-Dame de la Visitation fut agrandie et "gothicisée" aux XIVe et XVe siècles. Les vitraux des prophètes (David, Daniel, Jonas, Osée et Moïse) réalisés au XIIe siècle comptent au nombre des plus anciens vitraux figuratifs d'Allemagne. Autres curiosités : quatre tableaux d'Hans Holbein l'Ancien, dont une circoncision de Jésus.

Musée juif MUSÉE

(Jüdisches Kulturmuseum ; 0821-513 658 ; www.jkmas.de ; Halderstrasse 6-8 ; tarif plein/réduit 4/2 € ; 9h-18h mar-jeu, 9h-16h ven, 10h-17h dim). À 300 m à l'est de la gare, en direction de la vieille ville, la synagogue d'Augsbourg, édifice Art nouveau construit entre 1914 et 1917, fait désormais office de musée. La vie des Juifs de la région y est évoquée notamment à travers des objets de culte récupérés dans d'anciennes synagogues de toute la Souabe.

Où se loger

Augsbourg constitue une bonne base de repli pour l'Oktoberfest, même si les prix des hôtels enflent tout autant qu'à Munich pendant cette période.

Übernacht AUBERGE DE JEUNESSE €

(0821-4554 2828 ; www.uebernacht-hostel.de ; Karlstrasse 4 ; dort/d à partir de 19/42 € ;). Réparti sur trois étages d'un immeuble de bureaux, cet établissement du XXIe siècle géré de manière professionnelle propose un grand choix de dortoirs, de chambres doubles et d'appartements lumineux, certains avec salle de bains privative. Équipements de standard hôtelier et superbe cuisine commune. Réservez bien à l'avance en été et lors de l'Oktoberfest.

Gästehaus SLEPS MAISON D'HÔTES €

(0821-780 8890 ; www.sleps.de ; Unterer Graben 6 ; s 42-49 € d 59-69 € ;). Rebaptisées "chambres d'hôtes", les chambres simples et doubles de l'auberge de jeunesse d'Augsbourg (*Jugendherberge*) gardent un côté institutionnel. Elles sont cependant lumineuses, propres et calmes. Compte tenu des tarifs, le petit-déjeuner buffet très correct est un vrai plus.

Dom Hotel HÔTEL €€

(0821-343 930 ; www.domhotel-augsburg.de ; Frauentorstrasse 8 ; s 70-150 €, d 95-190 € ; P). Ce fut au XVIe siècle l'auberge où les évêques accueillaient leurs invités (Martin Luther et Maximilien Ier séjournèrent ici) et c'est aujourd'hui le meilleur établissement de la ville. Ses 57 chambres impeccables et raffinées bénéficient toutes d'un aménagement particulier. Certaines ont vue sur la cathédrale. Autres atouts : piscine et centre de fitness-solarium. Parking (6 €).

Hotel am Rathaus HÔTEL €€

(☎0821-346 490 ; www.hotel-am-rathaus-Augsburg.de ; Am Hinteren Perlachberg 1 ; s 69-98 €, d 105-145 € ;). À deux pas de la Rathausplatz et de la Maximilianstrasse, cet hôtel de charme dispose de 31 chambres modernes au décor neutre et d'une petite salle de petit-déjeuner ensoleillée. Attirant plutôt une clientèle d'affaires, il propose parfois des offres spéciales pour le week-end (près d'un tiers de remise sur les tarifs normaux).

Steigenberger Drei Mohren Hotel HÔTEL €€€

(☎0821-503 60 ; www.augsburg.steigenberger.de ; Maximilianstrasse 40 ; ch 125-280 € ;). Cet hôtel, le plus ancien et le plus majestueux d'Augsbourg, hébergea en 1766 Léopold Mozart et ses enfants prodiges qui faisaient sa fierté. Ultradesign, chaleureuses et scrupuleusement entretenues, les chambres sont dotées de salles de bains en marbre et ornées d'œuvres d'art originales.

Le Maximilians est une très bonne adresse pour le brunch du dimanche.

Où se restaurer

En soirée, l'animation se concentre sur la Maximilianstrasse, où la jeunesse d'Augsbourg refait le monde à la terrasse des cafés.

Barfüsser Café CAFÉ €

(☎0821-450 4966 ; Barfüsserstrasse 10 ; en-cas 2-7 € ; 11h-18h lun, mar, jeu et ven, 9h-18h mer et sam). Un petit passage couvert mène de la rue à ce gracieux café au bord du canal. Une équipe de travailleurs handicapés en réinsertion y prépare de délicieux en-cas maison : gâteaux, pâtisseries, salades et déjeuners légers. Le tramway n°1 s'arrête juste devant l'établissement.

Anno 1578 CAFÉ €

(Fuggerplatz 9 ; plats 4,50-10 € ; 9h-19h lun-sam ;). Sous ses voûtes éclairées au néon, ce café tendance vous régale d'un petit-déjeuner gargantuesque, de burgers ou sandwichs au déjeuner. On peut aussi se contenter d'un cappuccino ou d'une glace. La table centrale – une énorme pièce de bois de charpente – est idéale pour faire connaissance avec des habitants et d'autres voyageurs.

Die Extra Veganten VÉGÉTALIEN €

(Frauentorstrasse 4 ; plats 5-7 € ; 11h-19h mar-sam ;). Le propriétaire de ce petit café de 15 places situé non loin de la cathédrale prépare divers mets sans viande, ni produits laitiers : wraps, kebabs, salades, *Käsespätzle* (nouilles aux œufs), pâtisseries et smoothies. Le nom du lieu illustre à merveille l'humour allemand.

Bauerntanz ALLEMAND €€

(Bauerntanzgässchen 1 ; plats 7-17 € ; 11h-23h30). Le personnel chaleureux de cette solide taverne alpine aux rideaux en dentelle et aux nappes à carreaux vous apporte des spécialités bavaroises ou souabes (*Spätzle*, de toutes variétés), servies en quantité et travaillées avec une fantaisie moderne. Terrasse prise d'assaut par temps ensoleillé.

Bayerisches Haus am Dom BAVAROIS €€

(☎0821-349 7990 ; Johannisgasse 4 ; plats 7,20-16,50 € ; 11h-minuit lun-sam, 11h-23h dim). Un lieu convivial où l'on joue des coudes avec les habitants autour de mets bavarois ou souabes, un déjeuner bon marché (6,50 €), voire un sandwich, apportés par des serveuses en *Dirndl*. Les bières Erdinger et Andechser sont les stars des réjouissances nocturnes du Biergarten.

August INTERNATIONAL €€€

(☎0821-352 79 ; Frauentorstrasse 27 ; dîner 130 € ; à partir de 19h mer-sam). La plupart des Augsbourgeois ne se doutent pas que leur ville possède deux étoiles au guide Michelin, toutes deux décernées au chef Christian Grünwald. Découvrez la cuisine la plus innovante de Bavière dans la salle à manger minimaliste de ce restaurant de seulement 16 couverts ; réservation indispensable.

Où prendre un verre

Elements CAFÉ

(Frauentorstrasse 2). Rendez-vous des VIP d'Augsbourg, cet établissement, idéal pour siroter un cocktail, est aussi l'endroit branché où aller bruncher le week-end.

Thing BIERGARTEN

(Vorderer Lech 45). Les totems de ce *Biergarten*, le plus *in* d'Augsbourg, veillent sur une foule particulièrement serrée le soir. Bières et hamburgers excellents.

Où sortir

Augsburger Puppenkiste THÉÂTRE

(☎0821-450 3450 ; www.augsburger-puppenkiste.de ; Spitalgasse 15). Le célèbre théâtre de marionnettes d'Augsbourg donne nombre de représentations de contes modernes et de classiques appréciées y compris par les non-germanophones. Réservation fortement recommandée.

Renseignements

Office du tourisme (☎0821-502 0723 ; www.augsburg-tourismus.de ; Rathausplatz ; ⊙9h-18h lun-ven, 10h-17h sam, 10h-15h dim). Le personnel de ce point d'information également destiné à la population peut se montrer un peu inattentif.

Poste (Halderstrasse 29). Devant la gare.

Depuis/vers Augsbourg

BUS

Le Romantic Road Coach (p. 117) s'arrête à la gare centrale (Hauptbahnhof) et à l'hôtel de ville (Rathaus). L'opérateur de bus à bas prix **Meinfernbus** (www.meinfernbus.de) dessert Munich 11 fois par jour (1 heure).

TRAIN

Quelques liaisons ferroviaires :

- **Füssen** 20,90 €, 2 heures, toutes les deux heures ou changer à Buchloe
- **Munich** 13,30-20 €, 30-45 minutes, 3/heure
- **Nuremberg** 27,50 €, 1-2 heures, 1/heure
- **Ulm** 17,90-24 €, 45 minutes-1 heure, 3/heure

VOITURE ET MOTO

Augsbourg se situe à proximité de l'A8 au nord-ouest de Munich.

Comment circuler

À la gare, prenez le tramway n°3, 4 ou 6 (1,30 €) jusqu'au pôle d'échanges central de la Königsplatz, où convergent toutes les lignes de tramway d'Augsbourg.

Landsberg am Lech

☎08191 / 28 100 HABITANTS

Souvent négligée par les voyageurs de la Route romantique, cette séduisante ville fortifiée sur la rivière Lech se différencie par son aspect moins commercial.

C'est à Landsberg qu'Hitler rédigea son manifeste haineux, *Mein Kampf*, durant ses 264 jours d'incarcération dans la prison de Landsberg après le putsch de la Brasserie (1923). Il s'en vendit environ 7 millions d'exemplaires à l'époque. La même prison, toujours en service, accueillit plus tard des criminels de guerre nazis.

À voir

Les imposants murs défensifs de Landsberg sont ponctués de non moins imposantes portes. Les plus impressionnantes sont à l'est la **Bayertor** (1425) et au nord la **Sandauer Tor**, de style Renaissance. La haute **Schmalztor** qui se dresse désormais seule dans le centre témoigne de l'agrandissement des fortifications au fil des siècles. Elle veille sur la grand-place et les 500 bâtiments classés à l'intérieur des remparts.

Église Notre-Dame de l'Assomption — ART BAROQUE

(Stadtpfarrkirche Mariä Himmelfahrt ; Georg-Hellmair-Platz). On doit cette immense église paroissiale du XVe siècle aux talents de Matthäus von Ensinger, premier maître d'œuvre de la collégiale de Berne. La nef en berceau a été ensuite remise au goût du jour avec de fins stucs baroques. Des dégradés d'arc-en-ciel filtrent par les vitraux gothiques, éclairant ainsi la plus précieuse œuvre d'art de l'église, une délicate *Madone à l'Enfant* du XVe siècle due au sculpteur local Lorenz Luidl.

Église Saint-Jean — ART BAROQUE

(Johanniskirche ; Vorderer Anger). Si vous avez déjà visité l'église de Wies (p. 102) plus au sud, vous reconnaîtrez instantanément dans cette petite église baroque la pâte de son architecte Dominikus Zimmermann, qui vécut à Landsberg et fut même maire de la ville.

Église de la Sainte-Croix — ART BAROQUE

(Heilig-Kreuz-Kirche ; Von-Helfenstein-Gasse). On monte depuis la Schmalztor pour se rendre à cette belle église jésuite baroque. L'intérieur donne le tournis avec ses dorures sombres et son plafond superbement décoré.

Musée municipal — HISTOIRE LOCALE

(Neues Stadtmuseum ; www.museum-landsberg.de ; Von-Helfenstein-Gasse 426 ; tarif plein/réduit 3,50/2 € ; ⊙14h-17h mar-ven, 11h-17h sam-dim mai-jan, fermé fév-avr). Installé dans un ancien collège jésuite, le musée municipal de Landsberg revient sur le passé de la région, de la préhistoire au XXe siècle. Il contient de nombreuses œuvres d'art religieux et profane local.

Où se loger et se restaurer

Stadthotel Augsburger Hof — HÔTEL €€

(☎08191-969 596 ; www.stadthotel-landsberg.de ; Schlossergasse 378 ; s 40-65 €, d 80 € ; P 📶). Vivement recommandée, cette auberge traditionnelle d'un excellent rapport qualité/prix réunit 14 chambres aux lits en pin massif et salles de bains proprettes. Le petit-déjeuner est copieux, l'accueil sympathique et les cyclotouristes sont bienvenus (location de vélos).

Lechgarten BAVAROIS €€
(www.lechgarten.de ; Hubert-von-Herkomer-Strasse 73 ; plats 5-11 € ; 16h-23h lun-ven, 10h-23h sam-dim avr-oct). Sur les rives ombragées du Lech, ce *Biergarten* de 250 places, le meilleur de Lansberg, sert des bières de l'abbaye d'Andechs et de généreuses spécialités de brasserie. Concerts les week-ends d'été et jolie vue sur la rivière toute l'année.

Schafbräu INTERNATIONAL€€
(Hinterer Anger 338 ; plats 6-16 € ; 11h30-23h). La carte internationale de cette douillette taverne de style bavarois met l'accent sur le sud de l'Europe. Quelques chambres à louer à l'étage.

Renseignements

Office du tourisme (08191-128 246 ; www.landsberg.de ; Rathaus, Hauptplatz 152 ; 9h-18h lun-ven mai-oct, 11h-17h sam-dim avr-oct, horaires réduits lun-ven, fermé sam-dim nov-mars)

Depuis/vers Landsberg am Lech

BUS

Le Romantic Road Coach (p. 117) marque un arrêt à la Hauptplatz.

TRAIN

Les villes suivantes sont desservies :
- **Augsbourg** 8,10 €, 50 minutes, 1/heure
- **Füssen** Correspondance à Kaufering ; 15,70 €, 1 heure 30, toutes les 2 heures
- **Munich** Correspondance à Kaufering ; 13,30 €, 50 minutes, 2/heure

NUREMBERG ET LA FRANCONIE

En remontant d'Ingolstadt vers Nuremberg, l'accent bavarois se fait plus doux, les orchestres traditionnels sont un peu plus subtils et le vin vient concurrencer la bière sur les tables. Vous voici en Franconie (Franken) : comme tout le monde vous le dira ici, les Franconiens, qui vivent dans les collines arborées et sur les bords du Main au nord de la Bavière, sont fort différents de leurs exubérants cousins sudistes.

Au nord-ouest, les vignerons de la région produisent d'exceptionnels vins blancs, vendus dans leur bouteille en forme de gourde aplatie, la *Bocksbeutel*. Le parc naturel d'Altmühltal offrira de belles émotions aux adeptes de randonnée, de vélo ou de canoë. Pourtant, c'est toujours grâce à son patrimoine royal et à ses villes magnifiques – Nuremberg, Bamberg et Cobourg – que la Franconie attire les foules.

Nuremberg

0911 / 510 600 HABITANTS

Deuxième ville de la Bavière et capitale officieuse de la Franconie, Nuremberg est une ville dynamique où la vie nocturne est trépidante et la bière aussi noire que du café. Les touristes y viennent tout au long de l'année, et notamment lors de l'emblématique marché de Noël.

Pendant des siècles, Nuremberg fut le siège non déclaré du Saint Empire romain germanique et le lieu de résidence de prédilection de la plupart des monarques, qui y conservèrent les joyaux de la couronne impériale. Sa richesse architecturale et économique attira nombre d'artistes célèbres, mais le plus grand d'entre tous, Albrecht Dürer (1471-1528), naquit ici. "Nuremberg brille dans toute l'Allemagne comme un Soleil parmi la Lune et les étoiles", écrit Martin Luther. Au XIXe siècle, la ville est devenue un fer de lance de la révolution industrielle en Allemagne.

La classe ouvrière nurembourgeoise constitua un terrain de chasse idéal pour les nazis. Ils y organisèrent des meetings enflammés, mirent en œuvre le boycott des commerces juifs et adoptèrent les tristement célèbres lois de Nuremberg retirant la citoyenneté allemande aux Juifs. Le 2 janvier 1945, les bombardements alliés ont réduit la ville à néant et fait 6 000 victimes.

Après la guerre, le tribunal militaire réuni pour statuer sur les crimes de guerre y tint le procès de Nuremberg, du 20 novembre 1945 au 1er octobre 1946. Une reconstruction méticuleuse de la plupart des grands bâtiments de la ville, dont le château et les églises de la vieille ville, en utilisant la pierre d'origine, lui a redonné une partie de sa splendeur d'antan.

À voir

La plupart des principaux sites se trouvent dans la vieille ville.

Château impérial CHÂTEAU
(Kaiserburg ; 0911-244 6590 ; www.kaiser-burg-nuernberg.de ; Auf der Burg ; tarif plein/réduit tour Sinwell incluse 7/6 €, Palais et musée

Nuremberg

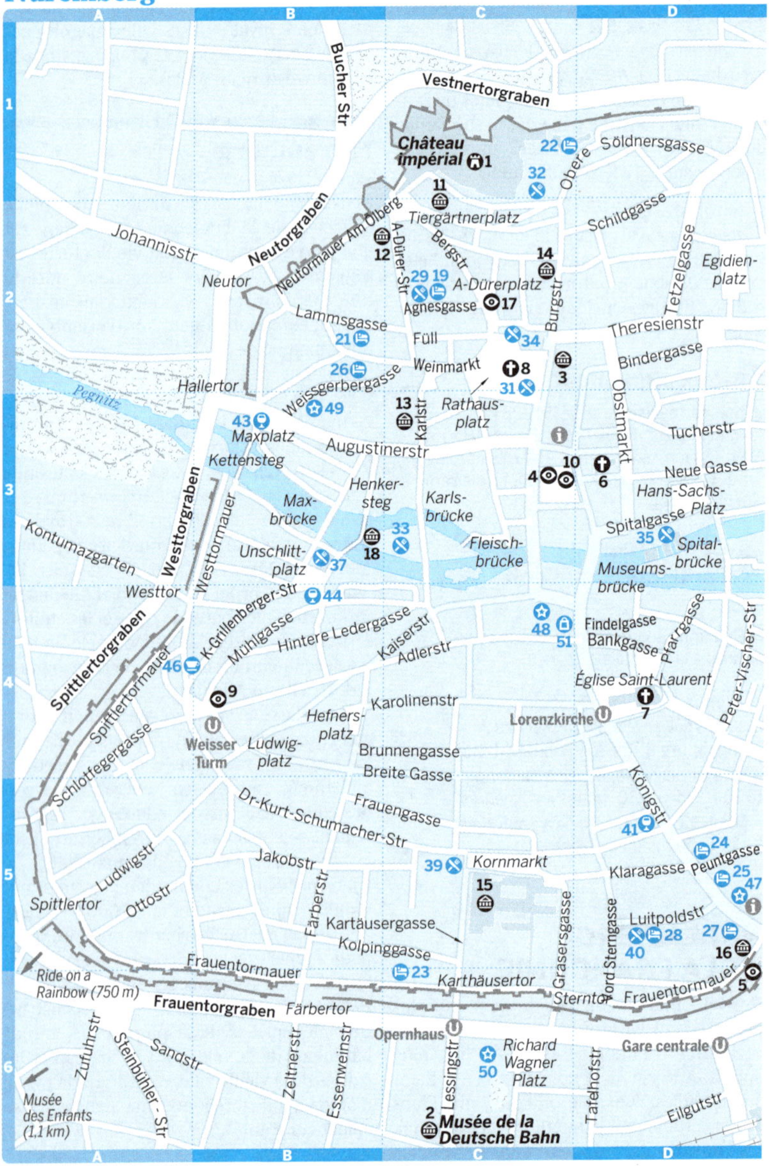

9h-18h avr-sept, 10h-16h oct-mars). Cet immense château qui domine la vieille ville illustre à merveille la puissance de Nuremberg au Moyen Âge. La très prisée visite du **Palas** (l'aile résidentielle), fraîchement rénové, permet de découvrir les somptueux appartements impériaux, la double chapelle romane et une exposition permanente consacrée au fonctionnement interne du Saint Empire romain germanique. Celle-ci est complétée par le **Kaiserburg Museum**, qui retrace l'histoire du château du point de

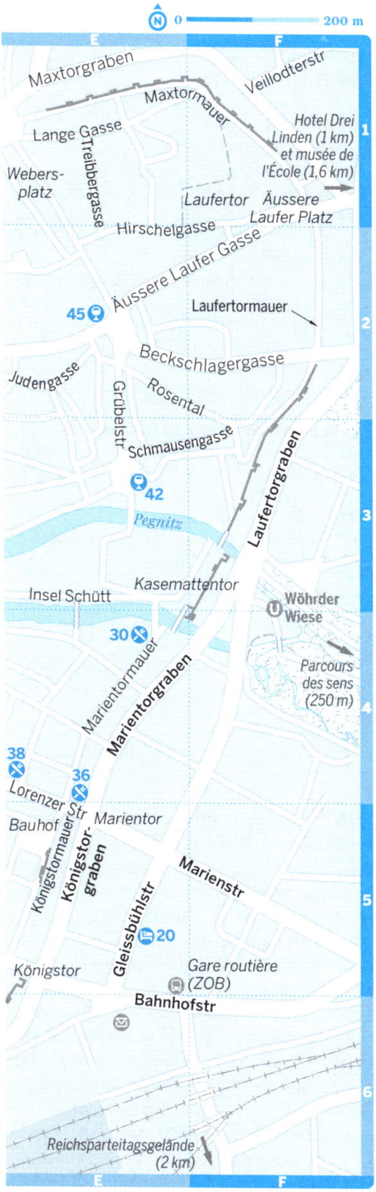

vue militaire et architectural. Par ailleurs, profitez de la vue panoramique depuis la **tour Sinwell** ou plongez le regard dans le **puits profond**, qui descend jusqu'à 48 m.

Durant plusieurs siècles, le château, dont les origines remontent au XIIe siècle, abrita les joyaux de la couronne (couronne, sceptre, orbe, etc.) du Saint Empire romain germanique, aujourd'hui conservés au palais de la Hofburg, à Vienne. Il fut en outre au premier plan lors de l'élaboration de la Bulle d'or de l'empereur Charles IV, document qui modifia le mode d'élection des empereurs du Saint Empire. L'exposition permanente comprend une statue originale provenant du pont Charles de Prague, monument que l'on doit à Charles IV, qui passa beaucoup de temps en Bohême au cours de son règne.

♥ Musée de la Deutsche Bahn — MUSÉE

(Deutsche Bahn museum ; ☎ 0800-3268 7386 ; www.db-museum.de ; Lessingstrasse 6 ; adulte/enfant 5/2,50 € ; ⏲ 9h-17h mar-ven, 10h-18h sam-dim). On le sait peu, mais Nuremberg est avant tout une ville ferroviaire. Ce musée qui retrace l'histoire du réseau ferré du pays nous le rappelle : c'est entre Nuremberg et Fürth que circula le premier train de voyageurs d'Allemagne. Cet immense temple dédié au ferroviaire, qui s'étend au-delà de la route, est un site incontournable de Nuremberg, d'autant plus si vous avez un faible pour tout ce qui est sur rails.

Si des enfants vous accompagnent, dirigez-vous sans hésiter au KIBALA (Kinder-Bahnland ; Monde ferroviaire pour les enfants), une partie récemment réaménagée du musée qui compte nombre d'activités ludiques et interactives autour du train. Un gigantesque modèle réduit, l'un des plus grands d'Allemagne, file sur les voies toutes les heures sous la houlette d'un contrôleur en uniforme.

Les deux siècles d'histoire ferroviaire commencent au rez-de-chaussée pour se poursuivre à l'étage où sont abordées les périodes plus récentes. On s'arrêtera devant le plus ancien wagon d'Allemagne (1835) et la belle collection d'objets de la Deutsche Reichsbahn d'Allemagne de l'Est.

Les deux salles consacrées aux locomotives et au matériel roulant sont le clou de la visite, avec l'incroyable wagon rococo de Louis II, surnommé le "Versailles du rail", ainsi que celle de Bismarck, bien moins ostentatoire. Également remarquable, la plus célèbre loco à vapeur d'Allemagne, l'Adler, construite par les Stephenson à Newcastle pour la ligne Nuremberg-Fürth. Accessible en traversant la route depuis le bâtiment principal, la deuxième salle comporte des locomotives gigantesques, dont certaines sont toujours flanquées d'insignes nazis ou de la Deutsche Reichsbahn.

Nuremberg

Incontournables

1 Château impérial C1
2 Musée de la Deutsche Bahn C6

À voir

3 Ancien hôtel de ville C2
Cachots médiévaux .... (vo ir 3)
4 Belle Fontaine C3
5 Cour des Artisans D6
6 Église Notre-Dame D3
7 Église Saint-Laurent D4
8 Église Saint-Sébald C2
9 Fontaine des affres et joies du mariage.. B4
10 Hauptmarkt C3
11 Historischer Kunstbunker C2
12 Maison d'Albrecht Dürer B2
13 Musée du jouet C3
14 Musée municipal de la maison Fembo .. C2
15 Musée national germanique C5
16 Nouveau Musée D5
17 Souterrains C2
18 Weinstadl et Henkersteg B3

Où dormir

19 Agneshof C2
20 Art & Business Hotel E5
21 Burghotel B2
22 DJH Hostel C1
23 Five Reasons C6
24 Hotel Deutscher Kaiser D5
25 Hotel Drei Raben D5
26 Hotel Elch B2
27 Hotel Victoria D5
28 Probst-Garni Hotel D5

Où se restaurer

29 Albrecht Dürer Stube C2
30 American Diner E4
31 Bratwursthäusle C2
32 Burgwächter C1
33 Café am Trödelmarkt C3
34 Goldenes Posthorn C2
35 Heilig-Geist-Spital D3
36 Marientorzwinger E4
37 Naturkostladen Lotos B3
38 Suppdiwupp E4
39 Sushi Glas C5
40 Wurst Durst D5

Où prendre un verre et faire la fête

41 Barfüsser Brauhaus D5
42 Cafe Katz E3
43 Kettensteg B3
44 Kloster B4
45 Meisengeige E2
46 Treibhaus A4

Où sortir

47 Filmhaus D5
48 Mach1 .... C4
49 Mata Hari Bar B3
50 Staatstheater C6

Achats

51 Magasin de Noël Käthe Wohlfahrt C4

Hauptmarkt GRAND-PLACE

(Hauptmarkt). Au cœur de la vieille ville, cette place animée accueille un marché quotidien, ainsi que le célèbre Christkindlesmarkt (marché de Noël). À l'extrémité est trône l'**église Notre-Dame** (Frauenkirche). Chaque jour à midi, la foule lève les yeux vers sa façade gothique richement ornée pour assister au *Männleinlaufen*, spectacle joué par les figurines de l'horloge. Au centre de la place se dresse, telle une flèche gothique, la **Belle Fontaine** (Schöner Brunnen), parée de sculptures. Touchez l'anneau d'or du beau portail en fer forgé pour vous porter chance.

Mémorial du procès de Nuremberg MÉMORIAL

(☎0911-3217 9372 ; www.memorium-nuremberg.de ; Bärenschanzstrasse 72 ; tarif plein/réduit audioguide inclus 5/3 € ; ⏲10h-18h mer-lun). Göring, Hess, Speer et 21 autres dirigeants nazis furent jugés pour crimes contre la paix et l'humanité par les Alliés dans la **salle 600** (Schwurgerichtssaal 600) du tribunal, toujours en activité de nos jours. Cette salle fait aujourd'hui partie d'une excellente exposition permanente qui présente le contexte, le déroulement et l'impact du procès à travers des films, des photos, des bandes audio et même le banc des accusés original. Pour rejoindre le mémorial, prenez l'U1 vers Bärenschanze et descendez à Sielstrasse.

Le premier procès – le plus célèbre – eut lieu du 20 novembre 1945 au 1er octobre 1946. Il aboutit à trois acquittements, 12 condamnations à mort par pendaison, trois condamnations à perpétuité et quatre longues peines de prison. Pour l'anecdote, Hermann Göring, feld-maréchal du Reich, se joua du bourreau en avalant une capsule de cyanure dans sa cellule quelques heures avant le moment fatidique.

On peut naturellement supposer que la ville de Nuremberg fut choisie comme lieu du procès en raison de son rôle sous le nazisme. En réalité, elle fut retenue pour des raisons pratiques : quasi intact, le palais de justice était en mesure d'accueillir les avocats et le personnel des quatre nations alliées.

La salle d'audience 600, toujours utilisée, peut être fermée aux visiteurs.

Reichsparteitagsgelände SITE HISTORIQUE
(Luitpoldhain ; ☎0911-231 5666 ; www.museen.nuernberg.de ; Bayernstrasse 110 ; accès site gratuit, centre de documentation tarif plein/réduit audioguide inclus 5/3 € ; ⏲site 24h/24, centre de documentation 9h-18h lun-ven, 10h-18h sam-dim). Les images en noir et blanc tristement célèbres d'une foule fanatique de nazis saluant leur Führer furent tournées à Nuremberg. Si le site fut en grande partie détruit dans les bombardements alliés, ce qui en reste donne une idée de la mégalomanie qui inspira le lieu, en particulier après la visite de l'excellent **centre de documentation** (Dokumentationszentrum), desservi par le tramway n°9 depuis la gare ferroviaire.

Dans l'aile nord de la Kongresshalle (salle des congrès), partiellement terminée, le centre de documentation aborde divers aspects historiques, notamment l'ascension du NSDAP, le culte d'Hitler, les rassemblements du parti et le procès de Nuremberg.

À l'est de la Kongresshalle, le **Zeppelinfeld** accueillit la plupart des grands défilés, rassemblements et manifestations nazis. Il était doté d'une tribune de 350 m de longueur, la Zeppelintribüne, où l'on trouve encore de nos jours le balcon duquel Hitler haranguait la foule. Après une réhabilitation controversée, le complexe accueille désormais des compétitions sportives et des concerts de rock.

Le site est coupé en deux par la **Grosse Strasse**, grande rue de 40 m de largeur et 2 km de long, prévue pour le défilé militaire. Exemples représentatifs de l'architecture nazie, le Zeppelinfeld, la Kongresshalle et la Grosse Strasse sont aujourd'hui des monuments protégés.

Le Reichsparteitagsgelände est situé à 4 km au sud-est du centre-ville.

Musée national germanique MUSÉE
(Germanisches Nationalmuseum ; ☎0911-133 10 ; www.gnm.de ; Kartäusergasse 1 ; tarif plein/réduit 8/5 € ; ⏲10h-18h mar et jeu-dim, 10h-21h mer). Doté d'un fonds qui s'étend de la préhistoire au début du XXe siècle, le Musée national germanique est le plus grand musée d'art et de culture du monde germanique : collections archéologiques, armes et armures, instruments de musique, peinture et sculpture allemandes, outils scientifiques, jouets...

Parmi les pièces phare de cette collection éclectique, citons l'*Hercule tuant les oiseaux du lac Stymphale* de Dürer, remarquable par la qualité des détails anatomiques, le globe terrestre et la montre de poche les plus anciens au monde, ainsi que des classiques du design du XXe siècle et des maisons de poupées baroques.

Nouveau Musée MUSÉE
(Neues Museum ; ☎ 0911-240 269 ; www.nmn.de ; Luitpoldstrasse 5 ; adulte/enfant 4/3 € ; ⏲10h-18h ven-mer, 10h-18h jeu, fermé lun). Dédié à l'art et au design contemporains, le bien nommé "nouveau Musée" propose des collections permanentes de peintures, sculptures, photos, art vidéo et installations mettant à l'honneur des artistes de l'Europe de l'Est, ainsi que des expositions itinérantes. Tout aussi digne d'intérêt, le bâtiment lui-même, primé, se distingue par sa spectaculaire façade vitrée incurvée de 100 m, sur laquelle se reflète – au propre comme au figuré – le rempart en pierre en vis-à-vis.

Maison d'Albrecht Dürer MUSÉE
(Albrecht-Dürer-Haus ; ☎ 0911-231 2568 ; Albrecht-Dürer-Strasse 39 ; tarif plein/réduit 5/3 € ; ⏲10h-17h ven-mer, 10h-20h jeu). Dürer, le plus célèbre graveur allemand de la Renaissance, vécut et travailla dans cette demeure de 1509 à sa mort en 1528. La visite audioguidée des 4 étages de la maison, narrée par l'épouse de Dürer, Agnès, est précédée par une exposition permanente interactive. À ne pas manquer : la reconstitution de l'atelier de gravure au 3e étage et, dans les combles, la galerie où sont exposés copies et originaux de Dürer.

Ancien hôtel de ville ÉDIFICE HISTORIQUE
(Altes Rathaus ; Rathausplatz 2). Sous l'ancien hôtel de ville (1616-1622), un édifice massif au superbe intérieur Renaissance, se trouvent de sinistres **cachots médiévaux** (Mittelalterliche Lochgefängnisse ; ☎ 0911-231 2690 ; tarif plein/réduit 3,50/1,50 € ; ⏲visites 10h-16h30 mar-dim). Les 12 cellules et la chambre des tortures se visitent uniquement avec un guide (30 minutes, 2/heure).

Musée municipal de la maison Fembo HISTOIRE LOCALE
(Stadtmuseum Fembohaus ; ☎0911-231 2595 ; Burgstrasse 15 ; adulte/enfant 5/3 € ; ⏲10h-17h

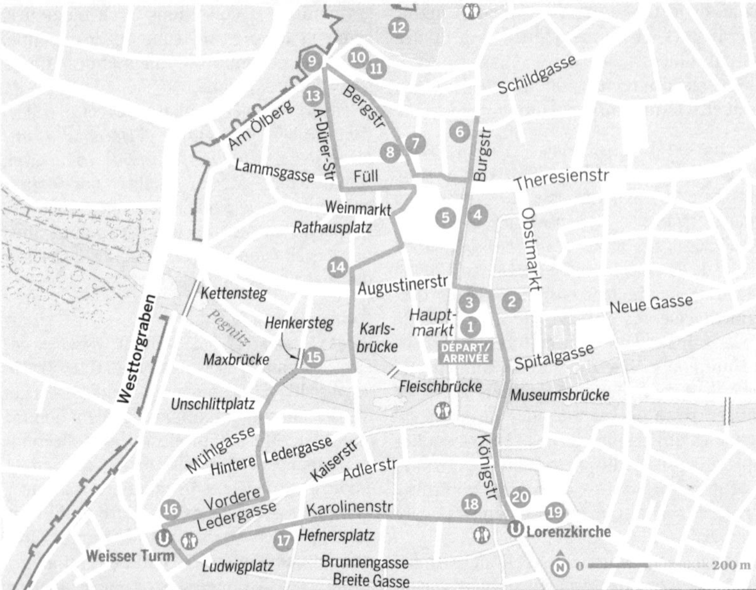

Promenade à pied
Vieille ville de Nuremberg

DÉPART HAUPTMARKT
ARRIVÉE HAUPTMARKT
DISTANCE 2,5 KM, **DURÉE** 2 HEURES

Cette promenade tranquille de 2,5 km couvre les principaux sites du centre historique. Elle débute à la 1 **Hauptmarkt**, la grand-place. À son extrémité est, remarquez l'église gothique 2 **Notre-Dame**, richement décorée. La 3 **Belle Fontaine** (p. 138) jaillit des pavés telle une cathédrale enterrée. Dirigez-vous au nord, vers 4 **l'ancien hôtel de ville** (p. 139) et ses cachots médiévaux. En face se dresse 5 **l'église Saint-Sébald** (p. 141), datant du XIIIe siècle. Un peu plus loin dans la Burgstrasse se trouve le 6 **Musée municipal de la maison Fembo** (p. 139). Repartez au sud via Halbwachsengässchen et obliquez à droite : vous êtes arrivé sur l'Albrecht-Dürer-Platz que domine le 7 **monument Albrecht Dürer**. Sous vos pieds se cache tout un dédale de 8 **souterrains** (p. 141), jadis abris antiaériens.

En remontant la Bergstrasse, vous atteindrez la 9 **Tiergärtnertor**, imposante tour du XVIe siècle, non loin de la 10 **maison Pilate à colombages**. Plus à l'est, 11 **l'Historischer Kunstbunker** a sauvé de précieuses œuvres lors de la Seconde Guerre mondiale. Au-dessus de vous veille le 12 **château impérial** (p. 135). Filez au sud jusqu'à la 13 **maison Albrecht-Dürer** (p. 139). Poursuivez dans la même direction le long de l'Albrecht-Dürer-Strasse, obliquez à gauche sur Füll et longez l'arrière de l'église Saint-Sébald jusqu'à la Karlsstrasse. Vous voici parvenu au 14 **musée du Jouet** (p. 141).

Traversez le Karlsbrücke pour profiter de la vue sur 15 **Weinstadl**, ancien entrepôt à vin donnant sur la rivière. Une fois franchi le pont Henkersteg, gagnez au sud la Vordere Ledergasse, qui mène à l'ouest jusqu'à l'étonnante 16 **fontaine des affres et joies du mariage** (p. 141), qui offre une vision troublante de la vie conjugale. À l'est, rejoignez la Ludwigplatz et la 17 **Peter-Henlein-Brunnen**, fontaine que surmonte la statue du premier horloger, et empruntez la Karolinenstrasse jusqu'à la 18 **maison Nassauer** (au n°2), la plus ancienne maison de la ville, puis continuez jusqu'à l'impressionnante 19 **église Saint-Laurent** (p. 141). Du côté nord de cette dernière, admirez la 20 **Tugendbrunnen** (fontaine des sept vertus). Empruntez la Königstrasse vers le nord pour retrouver la Hauptmarkt.

mar-ven, 10h-18h sam-dim). Le musée de la ville fait revivre le passé de Nuremberg de façon ludique. On apprécie particulièrement les reconstitutions d'époque des pièces de cette demeure de négociants du XVIe siècle. Le spectacle multimédia **Noricama** (en allemand et en anglais) est un véritable voyage en 3D à travers l'histoire de la ville, dans laquelle on est guidé par ses héros.

Musée juif de Franconie MUSÉE
(Jüdisches Museum Franken ; ☎ 0911-770 577 ; www.juedisches-museum.org ; Königstrasse 89 ; tarif plein/réduit 3/2 € ; ⏲10h-17h mer-dim, 10h-20h mar). Dans la ville voisine de Fürth, qui hébergeait autrefois la plus grande communauté juive du sud de l'Allemagne, le musée juif de Franconie évoque, dans un bâtiment joliment restauré, la vie des Juifs de la région, du Moyen Âge à nos jours. On y accède rapidement par l'U-Bahn U1 : descendez à l'arrêt Rathaus de Fürth.

Église Saint-Sébald ÉGLISE
(St Sebalduskirche ; www.sebalduskirche.de ; Albrecht-Dürer-Platz 1 ; ⏲9h30-16h jan-mars, 9h30-18h avr-déc). Construite en grès rose veiné au XIIIe siècle, la plus ancienne église de la ville se distingue par l'abondance de ses sculptures et symboles en façade, telle la **porte des Mariés** côté nord, représentant les vierges sages et les vierges folles. À l'intérieur, la châsse en bronze de saint Sébald (saint patron de la cité) est un chef-d'œuvre gothique et Renaissance qui demanda plus de 11 années de travail à Peter Vischer l'Ancien et à ses deux fils (Vischer lui-même y est représenté coiffé d'une calotte).

Ne prêtez pas attention au panneau sur la porte : l'entrée est libre.

Souterrains SITE HISTORIQUE
(Felsengänge ; www.felsengaenge-nuernberg.de ; Bergstrasse 19 ; visites tarif plein/réduit 6/5 € ; ⏲visites 14h30 tlj, plus 17h30 ven-sam). Les souterrains situés sous le monument à Albrecht Dürer de l'Albrecht-Dürer-Platz sont ouverts au public. En partant de la brasserie-boutique du Bergstrasse 19, des guides vous conduiront dans ce véritable dédale creusé sur 4 niveaux au XIVe siècle, qui abrita autrefois une brasserie et une cave à bière, et servit d'abri antiaérien pendant la Seconde Guerre mondiale. Il y fait frais et il faut au moins constituer un groupe de 3 pour démarrer la visite.

Musée du jouet MUSÉE
(Spielzeugmuseum ; Karlstrasse 13-15 ; adulte/enfant 5/3 € ; ⏲10h-17h mar-ven, 10h-18h sam-dim). Nuremberg est depuis longtemps un centre de l'industrie du jouet. Ce musée en présente une grande variété, de l'innocent hula-hoop aux jeux vidéo les plus violents, en passant par d'anciens jouets en bois et en plomb ou encore Barbie et consorts. Enfants et grands enfants adoreront l'aire de jeux à la conception ingénieuse.

Fontaine des affres et joies du mariage FONTAINE
(Ehekarussell Brunnen ; Am Weissen Turm). Au pied de la Tour blanche fortifiée (le Weisser Turm, qui sert aujourd'hui d'accès à la station d'U-Bahn du même nom), cette grande sculpture (1984) très décriée représente six étapes du mariage (du premier amour aux querelles et à la mort), d'après un poème du maître chanteur Hans Sachs, poète lyrique médiéval dont Wagner fit un des personnages des *Maîtres chanteurs de Nuremberg*.

Église Saint-Laurent ÉGLISE
(Lorenzkirche ; Lorenzplatz). L'atmosphère austère de Saint-Laurent saisit avec ses bas-côtés si étroits par rapport à la nef. On remarquera le tabernacle (fin XVe siècle) d'Adam Krafft dans la nef gauche, dont les sculptures délicates s'élancent vers la voûte, ainsi que les vitraux (dont une rosace de 9 m de diamètre) et l'étonnant groupe sculpté grandeur nature au-dessus du maître-autel, la fameuse *Annonciation* de Veit Stoss (*Engelsgruss*, 1518).

Cour des Artisans MARCHÉ
(Handerwerkerhof ; www.handwerkerhof.de ; Am Königstor ; ⏲9h-18h30 lun-ven, 10h-16h sam mi-mars à déc). GRATUIT Non loin de la Königstor, cette reconstitution d'un quartier d'artisans du vieux Nuremberg est un piège à touristes. Si le lieu manque cruellement de cachet, on y trouve toutefois des objets de qualité correcte. Bonnes *bratwurst*.

☞ Circuits organisés

Old Town Walking Tours CIRCUIT À PIED
(www.nuernberg-tours.de ; adulte/enfant 9 €/gratuit ; ⏲13h30 mai-oct). Visites en anglais de 2 heures organisées par l'office du tourisme. Départ de l'office du tourisme sur Hauptmarkt.

Geschichte für Alle CIRCUITS CULTURELS
(☎ 0911-307 360 ; www.geschichte-fuer-alle.de ; tarif plein/réduit 8/7 €). Cette association

d'utilité publique propose diverses visites à thèmes intéressantes en français. Nous recommandons particulièrement celles consacrées à Albrecht Dürer et au Nuremberg médiéval

Nuremberg Tours CIRCUITS À PIED
(www.nurembergtours.com ; tarif plein/réduit 19/17 € ; ⏲11h15 lun, mer et sam avr-oct). Parcours guidés en anglais de 4 heures à pied et en transport en commun dans le centre-ville et le Reichsparteitagsgelände (p. 139). Les groupes ont rendez-vous à l'entrée de la gare.

Fêtes et festivals

Christkindlesmarkt MARCHÉ DE NOËL
(marché de l'Enfant Jésus ; www.christkindlesmarkt.de). Du vendredi précédant le premier dimanche de l'Avent au 24 décembre, le plus célèbre marché de Noël d'Allemagne s'installe sur l'Hauptmarkt. Les badauds viennent de toute l'Europe dans la "ville de Noël" pour dénicher des cadeaux uniques dans l'un des chaleureux chalets de la place brillant de mille feux.

L'air frais est imprégné d'arôme de vin chaud et de saucisses grillées et diverses festivités ont lieu à travers la ville.

Où se loger

Oubliez l'époque du marché de Noël et celle du salon du Jouet (réservé aux professionnels) fin janvier-début février si vous n'avez pas réservé de longue date ou ne souhaitez pas payer une fortune ! Hors de ces périodes, vous pourrez trouver des hébergements bon marché, surtout en réservant bien à l'avance.

NUREMBERG AVEC DES ENFANTS

Nuremberg est la ville de Bavière qui possède le plus d'activités pour les petits. Leur trouver une occupation est un jeu d'enfant !

Musées

Musée des Enfants (Kinder und Jugendmuseum ; ☎ 0911-600 040 ; www.kindermuseum-nuernberg.de ; Michael-Ende-Strasse 17 ; adulte/famille 7/19 € ; ⏲14h-17h30 sam, 10h-17h30 dim sept-juin). Un lieu éducatif et interactif pour découvrir en jouant les réalités de tous les jours. Dommage qu'il ne soit pas ouvert plus souvent.

Musée de l'École (Schulmuseum ; ☎ 0911-530 2574 ; Äussere Sulzbacher Strasse 62 ; adulte/enfant 5/3 € ; ⏲9h-17h mar-ven, 10h-18h sam-dim). Ce musée est consacré à l'école, du XVIIe siècle au IIIe Reich. Une salle de classe du début du XXe siècle y est reconstituée.

Musée de la Deutsche Bahn (p. 137). Pour les mordus de trains.

Jeux

Parcours des sens (Erfahrungsfeld der Sinne ; www.erfahrungsfeld.nuernberg.de ; Untere Talgasse 8 ; adulte/enfant 8/6,50 € ; ⏲9h-18h lun-ven, 13h-18h sam, 10h-18h dim mai à mi-sept). Quelque 80 "stations" interactives ont été conçues pour apprendre aux enfants les lois de la nature, de la physique et du corps humain. Prenez l'U2 ou l'U3 et descendez à Wöhrder Wiese.

Jouets

Playmobil (☎ 0911-9666 1700 ; www.playmobil-funpark.de ; Brandstätterstrasse 2-10 ; 11 € ; ⏲9h-19h mai-sept, 9h-18h oct). On y découvre des Playmobil grandeur nature. C'est à Zirndorf, à 9 km à l'ouest de Nuremberg. Prenez le S4 jusqu'à Anwanden puis le bus n°151. Le jour de votre anniversaire, l'entrée est offerte. Des petites figurines "Kleine Dürer" sont en vente ici et à l'office du tourisme.

Magasin de Noël Käthe Wohlfahrt (www.wohlfahrt.com ; Königstrasse 8). Filiale locale de cette boutique de Noël ouverte toute l'année.

Musée du Jouet (p. 141). Près de 1 400 m² de Matchbox, Barbie, Playmobil et Lego. Les enfants adorent l'aire de jeux.

Musée national germanique (p. 139). À visiter pour sa section jouets. Visites épisodiques pour les enfants.

Five Reasons AUBERGE DE JEUNESSE €
(☎0911-9928 6625 ; www.five-reasons.de ; Frauentormauer 42 ; dort/d à partir de 23/69 € ; @ wifi). Récemment rénovée et rebaptisée, cette auberge de jeunesse de 90 lits joliment aménagée compte de nombreux atouts : dortoirs impeccables, salles de bains parmi les plus tendance qu'on puisse trouver dans ce type d'hébergement, lits faits à l'arrivée, clés magnétiques, cuisine entièrement équipée, petit bar et personnel très aimable. En supplément, le petit-déjeuner coûte entre 3,10 € et 5,80 €, selon ce que vous choisissez.

DJH Hostel AUBERGE DE JEUNESSE€
(☎0911-230 9360 ; www.nuernberg.jugendherberge.de ; Burg 2 ; dort à partir de 31,90 €). Avec une qualité d'équipements que nombre de quatre-étoiles envieraient, cette auberge de jeunesse ouverte toute l'année donne envie d'y laisser ses valises. Le splendide édifice ancien qu'elle occupe, la Kornhaus, a été entièrement rénové il y a quelques années et arbore aujourd'hui des couloirs branchés. Vous y profiterez d'un personnel très serviable, de dortoirs parfaitement entretenus avec salle de bains ultramoderne, d'une cafétéria et d'un bar.

En été, on peut obtenir sur les principaux sites de réservation en ligne une chambre simple pour le prix d'un lit en dortoir quatre lits.

Probst-Garni Hotel PENSION €
(☎0911-203 433 ; www.hotel-garni-probst.de ; Luitpoldstrasse 9 ; s/d 56/75 € ; wifi). Accessible par un ascenseur grinçant, une pension centrale aux prix raisonnables, gérée par la famille Probst depuis 70 ans et 3 générations. Les 33 chambres joliment rétro sont multicolores et dotées de hauts plafonds. Certaines ont été mieux rénovées que d'autres. Les meubles de la salle du petit-déjeuner sont de fabrication familiale.

Hotel Drei Linden HÔTEL €
(☎0911-506 800 ; www.hotel-drei-linden-nuernberg.de ; Äussere Sulzbacher Strasse 1-3 ; s/d 52/69 € ; wifi). À 1 km à l'est de la vieille ville, cet hôtel reste l'un des moins chers de Nuremberg. Chambres confortables à défaut d'être chics. Café et thé gratuits 24h/24. Supplément petit-déjeuner de 9,50 €. Prenez le tramway n°8 de la gare ferroviaire (Hauptbahnhof) à la Deichlerstrasse.

Knaus-Campingpark CAMPING €
(☎0911-981 2717 ; www.knauscamp.de ; Hans-Kalb-Strasse 56 ; 5,50/7,90 € par tente/personne ; wifi). Ce terrain se trouve non loin des lacs du Volkspark, au sud-est du centre-ville. Prenez l'U1 jusqu'à Messezentrum, puis marchez environ 1 km.

Hotel Elch HÔTEL €€
(☎0911-249 2980 ; www.hotel-elch.com ; Irrerstrasse 9 ; s/d à partir de 57/70 € ; wifi). Occupant une maison à colombages du XIVe siècle non loin du château impérial, l'Elch a connu d'importantes transformations ces dernières années : réception et restaurant entièrement remis au goût du jour, et nouvelle aile de style "hôtel de charme" ajoutée, dont les chambres sont légèrement plus chères que les "féeriques" traditionnelles.

Hotel Deutscher Kaiser HÔTEL €€
(☎0911-242 660 ; www.deutscher-kaiser-hotel.de ; Königstrasse 55 ; s/d à partir de 92/109 € ; @ wifi). Tenu par la même famille depuis le début du XXe siècle, un remarquable hôtel historique en plein cœur de la cité, aux décor et service très aristocratiques. On grimpe des marches en granit dignes d'un château pour accéder à des chambres d'une simplicité raffinée : grands lits, porcelaine italienne, abat-jour en soie et mobilier d'époque (*Biedermeier* et *Jugendstil*).

On feuillette la presse en allemand et en anglais au salon façon club et l'on petit-déjeune dans une salle à l'élégance très recherchée. Travaux en cours.

Art & Business Hotel HÔTEL €€
(☎0911-232 10 ; www.art-business-hotel.com ; Gleissbühlstrasse 15 ; s/d à partir 74/105 € ; wifi). Nul besoin d'être artiste ou homme d'affaires pour séjourner dans cet hôtel dernier cri à quelques pas de la gare ferroviaire. Du coin bar branché aux salles de bains en ardoise, le design est audacieux sans en faire trop. Chambres impeccables, parfaitement calmes malgré l'animation du centre-ville.

Art et design local en Technicolor égayent les parties communes. Petit jardin de sculptures à l'arrière. Les prix chutent le week-end.

Burghotel HÔTEL €€
(☎0911-238 890 ; www.burghotel-nuernberg.de ; Lammsgasse 3 ; s/d à partir de 66/77 € ; @ wifi piscine). La réception gothique un peu toc et les couloirs éclairés à la lanterne donnent le ton de cet hôtel inhabituel. Ses petites chambres simples et doubles disposent de meubles en bois style années 1950, de radios à l'ancienne et de grosses TV. Beaucoup plus grandes,

les chambres "confort" sous les avant-toits affichent un mobilier plus récent et se doublent d'un salon.

Outre sa décoration médiévale, l'attrait majeur du lieu est la piscine chauffée du sous-sol, en accès libre pour les clients.

Agneshof HÔTEL €€

(0911-214 440 ; www.agneshof-nuernberg.de ; Agnesgasse 10 ; s/d à partir de 82/96 € ; P). Dans le cadre tranquille du quartier des antiquaires, non loin de l'église Saint-Sébald (Sebalduskirche), un hôtel aux parties communes très design et aux 74 chambres fonctionnelles avec des murs chaulés et un mobilier des années 1990. En étage, certaines ont vue sur le Kaiserburg. Les hôtes bénéficient de la présence d'un espace bien-être dernier cri et d'un joli jardin d'été agrémenté de transats. Supplément de 7 € pour le petit-déjeuner.

Hotel Victoria HÔTEL €€

(0911-240 50 ; www.hotelvictoria.de ; Königstrasse 80 ; s/d à partir de 82/98 € ; P @). Ouvert depuis 1896, le Victoria est une adresse fiable à l'emplacement central et aux prix raisonnables, appréciée des voyageurs d'affaires. La déco date un peu mais les salles de bains sont modernes, voire très XXIe siècle pour certaines. Le parking revient à 12 €.

Hotel Drei Raben HÔTEL DE CHARME €€€

(0911-274 380 ; www.hoteldreiraben.de ; Königstrasse 63 ; d petit-déj inclus à partir de 150 € ; P). La décoration de cet hôtel tout en charme et élégance est inspirée de la légende des trois corbeaux perchés sur la cheminée du bâtiment, qui évoquent les contes de la Nuremberg d'antan. Les œuvres d'art et les éléments décoratifs des chambres "mythologie" font référence à l'un de ces récits en particulier, de la vie d'Albrecht Dürer à la première voie ferrée.

Voiturier disponible (15 €).

NÜRNBERG + FÜRTH CARD

Si vous séjournez au moins une nuit dans l'une des deux villes, la Nürnberg Card + Fürth (25 €) donne droit à deux jours de gratuité dans les transports en commun, les musées et autres sites (49 en tout) des deux villes. Vous pouvez vous la procurer dans les offices du tourisme ou via le site Internet officiel de Nuremberg.

Où se restaurer

Café am Trödelmarkt CAFÉ €

(Trödelmarkt 42 ; plats 4-8,50 € ; 9h-18h lun-sam, 11h-18h dim). Hyper-agréable par temps ensoleillé, ce café au bord de l'eau réparti sur plusieurs niveaux surplombe le pont couvert de l'Henkersteg. Ses petits-déjeuners ont la cote comme ses excellents gâteaux et bons plats du jour servis entre 11h et 14h.

Naturkostladen Lotos BUFFET BIO €

(www.naturkostladen-lotos.de ; Am Unschlittplatz 1 ; plats 3-6 € ; 9h30-18h lun-ven, 9h30-16h sam ;). Cette boutique d'alimentation bio propose divers plats sains et savoureux : hamburgers aux céréales, soupe à l'épinard, pizzas végétariennes… Le comptoir à pains et fromages frais permet de se mitonner un délicieux pique-nique.

Suppdiwupp CAFÉTÉRIA €

(Lorenzer Strasse 27 ; plats 3,50-7 € ; 11h-18h lun-jeu, 11h-16h ven-sam). Récemment réaménagée, cette halte déjeuner où flottent des effluves épicés propose un menu différent chaque semaine, un espace extérieur et des options non liquides (sandwichs, salades) si vous n'affectionnez pas le bouillon. Le lieu étant très fréquenté en début d'après-midi, veillez à arriver tôt.

Wurst Durst ALLEMAND €

(Luitpoldstrasse 13 ; plats 3-5 € ; 11h-18h mar-jeu, 11h-5h ven-sam). Ce tout petit snack de la Luitpoldstrasse satisfait les petits creux avec des frites belges, des saucisses et des plateaux de *Currywurst*.

Sushi Glas SUSHI €

(Kornmarkt 5-7 ; sushis à partir de 5 € ; 12h-23h lun-mer, 12h-minuit jeu-sam, 18h-22h dim). Prenez place sur un banc dans ce cube vitré contemporain et admirez le chef qui prépare votre commande avec dextérité. Lorsque le mercure grimpe, on déguste nigiris, sashimis et sushis américains sous les immenses auvents du Kornmarkt.

Albrecht Dürer Stube FRANCONIEN €€

(0911-227 209 ; www.albrecht-duerer-stube.de ; angle Albrecht-Dürer-Strasse et Agnesgasse ; plats 7-15 € ; 18h-minuit lun-sam, 11h30-14h30 ven et dim). Ce restaurant intimiste et sans prétention possède une salle à manger mettant Dürer à l'honneur, des tables joliment présentées et un poêle en faïence qui garde les mets au chaud. La carte est composée de saucisses de Nuremberg, de steaks, de poissons de mer, de spécialités de saison, de vins franconiens et de *Landbier* (bière régionale). Nombre de couverts limité : pensez à réserver le week-end.

Goldenes Posthorn FRANCONIEN €€
(☎0911-225 153 ; Glöckleinsgasse 2, angle Sebalder Platz ; plats 9-19 € ; ⏲11h-23h ; 🚭). Il faut pousser une lourde porte cuivrée pour pénétrer dans ce temple de la gastronomie. En activité depuis 1498, il a accueilli membres de la famille royale, artistes et professeurs (notamment Albrecht Dürer). Outre les classiques petites saucisses locales, l'épaule de porc et les joues de bœuf marinées au vinaigre – la spécialité de la maison – sont particulièrement recommandées.

Heilig-Geist-Spital BAVAROIS €€
(☎0911-221 761 ; Spitalgasse 16 ; plats 7-17 € ; ⏲11h30-23h). Installé dans un ancien hôpital, ce restaurant suspendu au-dessus de la Pegnitz distille une ambiance raffinée : bois sculpté sombre en abondance, trophées de chasse, éclairage romantique à la bougie. À l'intérieur ou dans la jolie cour, on y sert de délicieux plats de saison ; une adresse de choix si vous souhaitez vous offrir un dîner traditionnel.

Bratwursthäusle ALLEMAND €€
(www.die-nuernberger-bratwurst.de ; Rathausplatz 1 ; repas 7,20-12,90 € ; ⏲10h-22h lun-sam). Saisies au feu de bois de hêtre, les petites *Rostbratwürste* servies dans cette auberge rustique figurent parmi les meilleures du pays. On les déguste dans la salle boisée du restaurant ou sur une terrasse qui donne sur l'Hauptmarkt. L'affluence rend le service parfois un peu compliqué.

Marientorzwinger ALLEMAND €€
(Lorenzer Strasse 33 ; plats 7-17 € ; ⏲11h30-1h). Le dernier *Zwinger* (tavernes aménagées entre les remparts intérieur et extérieur après l'abandon de leur utilisation militaire) de Nuremberg offre un cadre agréable pour goûter de copieuses spécialités régionales variées, que ce soit la salle à manger lambrissée, aménagée simplement, ou le *Biergarten* arboré. On y sert l'excellente bière Tucher, brassée à Fürth.

Burgwächter FRANCONIEN, INTERNATIONAL€€
(☎0911-222 126 ; Am Ölberg 10 ; plats 9-15 € ; ⏲11h-23h ; 🚭). Aucun autre établissement de Nuremberg n'offre vue semblable de sa terrasse. Remettez-vous sur pied après une visite du Kaiserburg avec un excellent steak, des *Bratwurst* à la salade de pommes de terre ou, si vous êtes végétarien, des pâtes farcies souabes ou une salade. Pour les enfants, optez pour un *Kloss*, simples boulettes en sauce.

American Diner AMÉRICAIN €€
(Gewerbemuseumsplatz 3 ; hamburgers 8-11 € ; ⏲11h-1h). Les hamburgers les plus juteux de Nuremberg vous attendent dans ce *diner* rétro du Cinecitta Cinema, le plus grand multiplexe d'Allemagne.

Où prendre un verre

Kettensteg BIERGARTEN
(www.restaurant-biergarten-kettensteg.de ; Maxplatz 35 ; ⏲11h-23h). À l'extrémité du pont à chaînes, dominé par l'Halletor, ce *Biergarten* bavarois classique au sol en gravier est agrémenté de guirlandes électriques et donne sur la rivière. À l'ombre des arbres, sur une chaise pliante à lattes, vous pourrez déguster des bières pression Zirndorfer, Lederer et Tucher. Certains plats sont servis sur une assiette en forme de cœur.

Treibhaus CAFÉ
(☎0911-223 041 ; Karl-Grillenberger-Strasse 28 ; repas légers 5-10 € ; ⏲9h jusqu'au dernier client ; 📶). Véritable institution à Nuremberg, ce café animé, hors des sentiers battus, est l'un des plus branchés de la ville. Installez-vous au soleil sur un fauteuil de metteur en scène jaune ou à l'immense bar en zinc à l'intérieur pour vous réchauffer avec une boisson forte.

Kloster PUB
(Obere Wörthstrasse 19 ; ⏲17h-1h). Comptant parmi les meilleurs débits de boissons de Nuremberg, cet établissement aux allures de monastère est richement décoré de bibelots ecclésiastiques, notamment des cercueils sortant des murs. Les moines du lieu rendent grâce au dieu de la *Landbier* et ne se lèvent certainement pas à 5h pour les matines.

Cafe Katz BAR
(Hans-Sachs-Platz 8 ; ⏲11h-1h dim-jeu, 11h-2h ven-sam). Avec sa devanture remplie de tables basses des années 1970, de vieux pupitres d'écoliers et de fauteuils à dossier haut des années 1980, cet endroit ressemble de l'extérieur à une broquante. Mais une fois à l'intérieur, on découvre, avec sa machine à expresso La Marzocco, l'un des cafés les plus tendance de Nuremberg, où l'on vient pour voir, être vu et prendre un verre et/ou un

repas végétarien ou végétalien à une table de style rétro.

Barfüsser Brauhaus BRASSERIE
(Königstrasse 60 ; ⌚11h-1h lun-ven, 11h-2h sam). Bien en dessous du niveau de la rue, cette brasserie est très prisée pour sa bière maison, brassée dans les cuves en cuivre qui occupent la cave voûtée. Seul bémol : les polos jaunes du personnel qui détonnent avec le cachet traditionnel de l'immense salle.

Meisengeige BAR
(Am Laufer Schlagturm 3 ; ⌚30 min avant le début du film-minuit dim-mer, jusqu'à 1h jeu, jusqu'à 2h ven-sam). Ce pub attenant à un cinéma de films d'auteur et étrangers est propice à la conversation autour d'un verre, même si vous ne restez pas pour le film.

☆ Où sortir

L'excellent magazine *Plärrer* (www.plaerrer.de), disponible chez tous les marchands de journaux et à l'office du tourisme, est la meilleure source d'information sur les sorties à Nuremberg.

Mata Hari Bar CONCERTS
(www.mataharibar.de ; Weissgerbergasse 31 ; ⌚à partir de 20h mer-dim). Ce bar qui accueille des concerts et des soirées DJ est une véritable institution à Nuremberg. On ne trouve généralement plus de places assises après 21h et la musique résonne jusqu'au petit matin.

Hirsch CONCERTS
(☎0911-429 414 ; www.der-hirsch.de ; Vogelweiherstrasse 66). Cette usine réhabilitée, à 2,5 km au sud de la gare, accueille des concerts alternatifs quasi quotidiennement. Grands noms et artistes locaux alternent. Prenez l'U1 ou l'U2 jusqu'à Plärrer, puis le tram n°4 et descendez à Dianaplatz.

Staatstheater THÉÂTRE
(www.staatstheater-nuernberg.de ; Richard-Wagner-Platz 2). Le magnifique théâtre d'État de Nuremberg affiche un impressionnant programme. La salle d'opéra Art nouveau rénovée accueille opéras et ballets, tandis qu'on joue des pièces classiques et contemporaines dans la Kammerspiele. Le Nürnberger Philharmoniker se produit ici.

Filmhaus CINÉMA
(☎0911-231 5823 ; www.kunstkulturquartier.de ; Königstrasse 93). Cette petite salle indépendante programme des sorties étrangères, des rétrospectives de films allemands cultes et des séances pour les petits.

Loop Club CLUB
(www.loopclub.de ; Klingenhofstrasse 52). Dotée de trois pistes de danse et d'un espace *chill-out* où l'on passe de la musique lounge, cette discothèque attire une clientèle de jeunes et de moins jeunes. Nombreux tubes des années 1980-1990. Soirées étudiantes. Prenez l'U2 jusqu'à Herrnhütte, tournez à droite et marchez 5 minutes.

Mach1 CLUB
(☎0911-246 602 ; www.macheins.club ; Kaiserstrasse 1-9 ; ⌚jeu-sam). Ce légendaire temple de la nuit existe depuis plusieurs décennies, mais son charme opère toujours sur les *fashions victims*. Pour y être accepté, il vous suffit d'arborer votre meilleur look geek-chic et de faire la queue.

ℹ Renseignements

Office du tourisme (☎0911-233 60 ; www.tourismus.nuernberg.de ; Königstrasse 93 ; ⌚9h-19h lun-sam, 10h-16h dim). Cet office du tourisme publie l'excellente brochure *See & Enjoy*, un guide complet de la ville.

Office du tourisme (☎0911-233 60 ; www.tourismus.nuernberg.de ; Hauptmarkt 18 ; ⌚9h-18h lun-sam toute l'année, également 10h-16h dim avr-oct)

Poste centrale (Bahnhofplatz 1)

ReiseBank (Gare)

ℹ Depuis/vers Nuremberg

AVION

À 5 km au nord du centre-ville, l'**aéroport Albrecht Dürer** (www.airport-nuernberg.de) de Nuremberg, desservi par des compagnies régionales et internationales telles que Ryanair, Lufthansa, Air Berlin et Air France, permet de rejoindre plusieurs villes d'Allemagne en vol direct (Berlin, Francfort, Cologne), mais également Paris (via Air France) ou Zurich (via Swiss International Airlines).

BUS

Proche de la gare ferroviaire centrale, la gare routière centrale (ZOB) est le point de départ de nombreuses liaisons routières vers toute l'Europe. Un guichet Touring/Eurolines est situé à proximité. Le **Meinfernbus** (www.meinfernbus.de) relie Nuremberg à bon nombre de destinations allemandes et étrangères. Des cars spéciaux de la Deutsche Bahn à destination de Prague (54 €, 3 heures 30, 9/jour) partent devant la gare ferroviaire centrale.

TRAIN

Quelques liaisons ferroviaires :

- **Berlin** 100 €, 5 heures, minimum 1/heure.
- **Francfort** 55 €, 2 heures 30, minimum 1/heure.
- **Hambourg** 130 €, 4 heures 30, 9/jour.
- **Munich** 36-55 €, 1 heure, 2/heure.
- **Vienne** 103 €, 5 heures, toutes les 2 heures.

Comment circuler

DEPUIS/VERS L'AÉROPORT

L'U-Bahn n°2 circule à intervalles de quelques minutes entre la gare et l'aéroport (2,40 €, 13 minutes). La course en taxi vers l'aéroport revient à 16 €.

TRANSPORTS EN COMMUN

La vieille ville se visite facilement à pied. Les tickets à durée de validité limitée sur les réseaux de bus, de tramway et d'U-Bahn/S-Bahn de VGN coûtent un minimum de 1,80 €. Comptez 5,40 € pour un pass d'une journée. Les pass achetés le samedi sont valides tout le week-end.

VÉLO

Les pistes cyclables le long des rues à fort trafic sont nombreuses et la vieille ville est bien conçue pour les cyclistes. Vous pouvez louer un vélo chez **Ride on a Rainbow** (☎ 0911-397 337 ; www.ride-on-a-rainbow.de ; Adam-Kraft-Strasse 55 ; à partir de 9 €/jour), un très bon prestataire.

Bamberg

☎ 0951 / 71 200 HABITANTS

Chef-d'œuvre architectural à l'élégance désarmante et quasi exempt de verrues modernes, la vieille ville de Bamberg est classée au patrimoine mondial de l'Unesco. Souvent considérée comme l'une des plus belles villes germaniques et site incontournable en Bavière, cette cité traversée par des rivières et canaux fut construite par les évêques sur sept collines, ce qui lui vaut l'inévitable surnom de "Rome franconienne". Si les étudiants animent les cafés, les pubs et la dizaine de brasseries qui servent la fameuse bière fumée (*Rauchbier*) de Bamberg, les touristes émerveillés sont souvent les plus nombreux à arpenter ses étroites rues pavées médiévales. La ville se visite sur la journée depuis Nuremberg, mais il est conseillé d'y séjourner une nuit pour profiter d'une atmosphère plus intime.

À voir

Cathédrale Saint-Pierre et Saint-Georges ARTS ROMAN ET GOTHIQUE

(Bamberger Dom ; www.erzbistum-bamberg.de ; Domplatz ; ⌚8h-18h avr-oct, 8h-17h nov-mars). GRATUIT Sous ses quatre flèches, la cathédrale de Bamberg abrite d'innombrables trésors artistiques, dont le plus célèbre est la statue équestre du **cavalier de Bamberg** (Bamberger Reiter), dont la véritable identité reste un mystère. Elle domine le **tombeau des fondateurs de la cathédrale**, l'empereur Henri II et son épouse Cunégonde, magnifiquement sculpté par Tilmann Riemenschneider. Dans le chœur occidental se trouve le **tombeau en marbre de Clément II**, le seul pape enterré au nord des Alpes. À proximité, le **retable de la Nativité** de Veit Stoss mérite également le coup d'œil.

En 1004, l'empereur Henri II décida de fonder l'évêché de Bamberg et donc de construire cette cathédrale impériale détruite deux fois par le feu au XIIe siècle. L'édifice doit son aspect romano-gothique à deux architectes du début du XIIIe siècle. Les colonnes en grès franconien ont retrouvé leur apparence d'origine grâce au roi Louis Ier, qui fit supprimer tous les ornements post-médiévaux au début du XIXe siècle.

Ancien hôtel de ville ÉDIFICE HISTORIQUE

(Altes Rathaus ; Obere Brücke ; tarif plein/réduit 4,50/4 € ; ⌚9h30-16h30 mar-dim). Perché sur un îlot artificiel sur la Regnitz, tel un navire en cale sèche, l'ancien hôtel de ville de Bamberg aurait été érigé à cet endroit en raison du refus de l'évêque local de céder des terres aux habitants pour sa construction. L'édifice, qui renferme une collection de porcelaines précieuses, impressionne surtout par les fresques extrêmement détaillées qui ornent ses façades. Remarquez la jambe du chérubin qui émerge de la façade est.

Musée d'Histoire MUSÉE

(Historisches Museum ; ☎ 0951-519 0746 ; www.museum.bamberg.de ; Domplatz 7 ; tarif plein/réduit 5/4,50 € ; ⌚9h-17h mar-dim mai-oct, parfois ouvert en hiver pour des expositions temporaires). Le plus grand musée de Bamberg occupe l'Ancienne Résidence (Alte Hofhaltung), ancien palais des princes-évêques tout près de la cathédrale. Sa collection hétéroclite comprend une maquette de la basilique de Vierzehnheiligen et les Bamberger Götzen, de vieilles sculptures de pierre trouvées dans

Bamberg

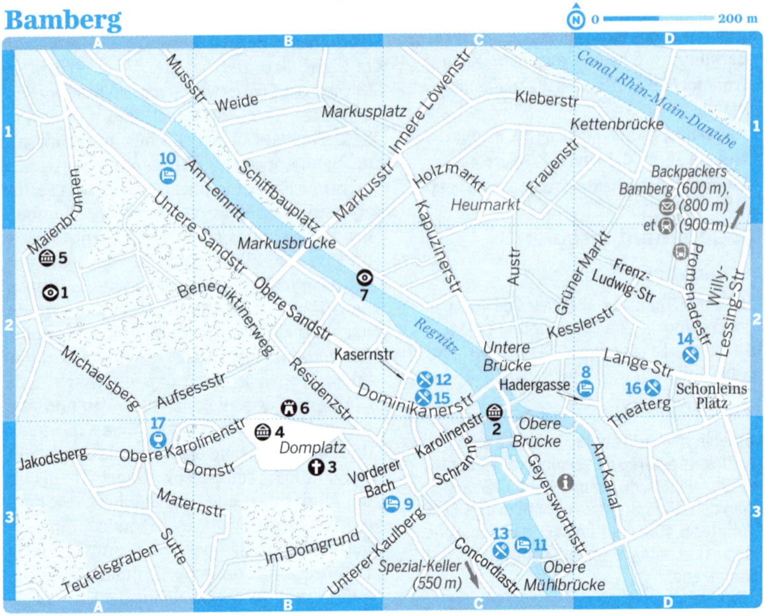

Bamberg

À voir

1 Abbaye Saint-Michel A2
2 Ancien hôtel de ville C2
3 Cathédrale Saint-Pierre et Saint-Georges ... B3
4 Musée d'Histoire B3
5 Musée franconien de la Brasserie A2
6 Nouvelle Résidence B2
7 Petite Venise B2

Où dormir

8 Alt Bamberg D2
9 Barockhotel am Dom C3
10 Hotel Residenzschloss A1
11 Hotel Sankt Nepomuk C3

Où se restaurer

12 Ambräusianum C2
13 Klosterbräu C3
14 Messerschmidt D2
15 Schlenkerla C2
16 Zum Sternla D2

Où prendre un verre et faire la fête

17 Torschuster A3

les environs. Les expositions temporaires, remarquablement conçues, sont souvent plus intéressantes et plus riches en détail sur l'histoire de la région.

Nouvelle Résidence PALAIS

(Neue Residenz ; ☎ 0951-519 390 ; Domplatz 8 ; tarif plein/réduit 4,50/3,50 € ; ⏲ 9h-18h avr-sept, 10h-16h oct-mars). Ce splendide palais épiscopal fournit un excellent aperçu du train de vie fastueux des princes-évêques de Bamberg qui, entre 1703 et 1802, occupèrent ses quelque 40 salles, lesquelles ne se découvrent que dans le cadre des visites guidées de 45 minutes (en allemand). Les billets donnent également accès à la Bayerische Staatsgalerie, où sont exposées des œuvres de Lucas Cranach l'Ancien et d'autres maîtres anciens. La **roseraie** baroque offre une vue imprenable sur l'océan de toits rouges de Bamberg.

Musée franconien de la Brasserie MUSÉE

(Fränkisches Brauereimuseum ; ☎ 0951-530 16 ; www.brauereimuseum.de ; Michaelsberg 10f ; tarif plein/réduit 3,50/3 € ; ⏲ 13h-17h mer-ven, 11h-17h sam-dim avr-oct). Toutes proches de l'abbaye Saint-Michel, les voûtes d'un ancien monastère abritent plus de mille outils et objets d'époque relatifs à la fabrication et à la promotion des bières locales : sous-bocks, chopes, plaques publicitaires émaillées, photos et documents divers. Petit bar sur place.

Abbaye Saint-Michel ABBAYE
(Kloster St Michael ; Franziskanergasse 2 ; 9h-18h avr-oct). Au sommet de Michaelsberg, l'une des sept collines de Bamberg, trône cette abbaye bénédictine devenue maison de retraite. L'église abbatiale est un must de toute visite à Bamberg, à la fois pour ses œuvres d'art baroques et les quelque 600 plantes médicinales et fleurs représentées avec précision sur sa voûte. La terrasse des jardins bien entretenus offre un splendide panorama sur la ville.

Circuits organisés

BierSchmecker Tour CIRCUIT À PIED
(www.bier.bamberg.info ; adulte 22 €). Parmi les nombreuses possibilités offertes à l'office du tourisme, ce circuit en visite libre est particulièrement tentant. Le prix comprend l'entrée au Fränkisches Brauereimuseum (selon l'itinéraire), 5 coupons pour 5 bières différentes à utiliser dans 5 pubs et brasseries, un livret d'informations en anglais, une carte et une chope-souvenir.

Où se loger

Backpackers Bamberg AUBERGE DE JEUNESSE €
(0951-222 1718 ; www.backpackersbamberg.de ; Heiliggrabstrasse 4 ; dort 17-20 €, s/d 29/44 € ; wifi). Une auberge de jeunesse décontractée mais bien tenue : dortoirs propres, cuisine entièrement équipée et ambiance tranquille et familiale. Prévenez le personnel de votre heure d'arrivée : il n'y a souvent personne à la réception.

En venant du Luitpoldbrücke, remontez la Luitpoldstrasse sur 400 m vers le nord.

Alt Bamberg HÔTEL €
(0951-986 150 ; www.hotel-alt-bamberg.de ; Habergasse 11 ; s/d à partir de 45/65 €). Souvent objet d'importantes remises sur les principaux sites de réservation en ligne, les chambres basiques de cet hôtel à l'ancienne bien situé constituent un excellent choix pour les nomades qui surveillent leur budget. Pour certaines chambres, les douches sont communes. Petit-déjeuner gratuit et restaurant grec réputé au rez-de-chaussée.

Campingplatz Insel CAMPING €
(0951-563 20 ; www.campinginsel.de ; Am Campingplatz 1 ; tentes 4-8 €, 6/4 € par adulte/voiture). Bien équipé, le seul terrain de camping de Bamberg occupe un emplacement paisible en bord de rivière. Prendre le bus n°918 jusqu'à Campingplatz.

À NE PAS MANQUER

LA PETITE VENISE

Sur la rive est de la Regnitz, entre le Markusbrücke et l'Untere Brücke, se dressent de modestes maisons à colombages sur pilotis. Il s'agit du quartier de la **Petite Venise** (Klein Venedig), autrefois habité par des pêcheurs et leurs familles, dont les maisons donnent sur des petits jardins et terrasses.

Le quartier mérite une promenade, mais il est tout aussi joli – voire plus – observé de loin, en particulier en été, lorsque les géraniums rouges fleurissent dans les jardinières. Les meilleurs points de vue sont l'Untere Brücke, près de l'ancien hôtel de ville, et l'Am Leinritt.

Hotel Sankt Nepomuk HÔTEL €€
(0951-984 20 ; www.hotel-nepomuk.de ; Obere Mühlbrücke 9 ; s/d à partir de 90/130 € ; P wifi). Un ancien moulin à colombages sur la Regnitz, dont le nom rend hommage au saint patron des ponts, Népomucène. Il réunit un magnifique restaurant (plats 15-30 €) avec terrasse et 24 chambres récentes de style moderne. Supplément de 5 € pour le petit-déjeuner.

Barockhotel am Dom HÔTEL €€
(0951-540 31 ; www.barockhotel.de ; Vorderer Bach 4 ; s/d à partir de 84/99 € ; P wifi). À deux pas de la cathédrale, la façade éclatante de cet hôtel donne un avant-goût de son héritage baroque. Les 19 chambres ont une vue superbe sur la cathédrale ou les toits de la vieille ville. Petit-déjeuner servi sous une voûte du XIVe siècle.

Hotel Residenzschloss HÔTEL €€
(0951-609 10 ; www.residenzschloss.com ; Untere Sandstrasse 32 ; ch à partir de 92 € ; P wifi). Le plus majestueux établissement hôtelier de Bamberg occupe un palais qui fit autrefois office d'hôpital. Le cadre est véritablement très chic, des bains romains à l'éblouissant piano-bar. Alignées sur les standards de l'hôtel d'affaires, les chambres à haut plafond ont moins de charme historique qu'on ne pourrait l'imaginer. Prenez le bus n°916 (qui part de la gare ZOB).

Où se restaurer et prendre un verre

Zum Sternla FRANCONIEN €
(☎0951-287 50 ; Lange Strasse 46 ; plats 5-10 € ; ⊙11h-23h mar-dim). Ouverte en 1380, la plus ancienne *Wirtshaus* (auberge) de Bamberg sert des mets de base à prix modique – porc, steaks, quenelles et choucroutes – et des spécialités. L'endroit, peu touristique, est particulièrement idéal pour déguster un *Brotzeit* (en-cas) traditionnel ou simplement un bretzel accompagné d'une bière. La carte en franconien est (heureusement) traduite en allemand.

Klosterbräu BRASSERIE €
(Obere Mühlbrücke 1-3 ; plats 7-12 € ; ⊙11h30-22h lun-sam, 11h30-21h dim). Ce bel édifice à colombages abrite la plus ancienne brasserie de Bamberg. Elle attire les *Stammgäste* (habitués) comme les touristes, qui arrosent de copieux plats de viande et de quenelles avec d'excellentes *ales* dans la salle à manger sans prétention.

Messerschmidt FRANCONIEN €€
(☎0951-297 800 ; Lange Strasse 41 ; plats 12-25 € ; ⊙11h-22h). Ce repaire gastronomique chic a investi la maison où naquit l'ingénieur en aéronautique Willy Messerschmitt. Il en émane un grand charme rétro, grâce au bois sombre, aux nappes blanches et au service traditionnel très formel. Dégustez un canard rôti au chou rouge sur la terrasse qui domine un joli parc, ou dans la taverne à vins attenante.

Schlenkerla ALLEMAND €€
(☎0951-560 60 ; www.schlenkerla.de ; Dominikanerstrasse 6 ; plats 6,50-13 € ; ⊙9h30-23h30). Habitants et visiteurs viennent dans cette mythique taverne ornée de fleurs non loin de la cathédrale savourer de délicieux plats franconiens sous les poutres aussi sombres que l'excellente *Rauchbier* directement tirée des fûts en chêne.

Kornblume BIO €€
(☎0951-917 1760 ; www.kornblume-bamberg.de ; Kapellenstrasse 22 ; plats 7-22 € ; ⊙17h30-minuit mer-lun, plus 11h30-14h dim). Ne soyez pas découragé par le décor atone de cette adresse familiale à 1,5 km à l'est du centre-ville : on y prépare amoureusement une cuisine goûteuse, 100% bio et respectueuse de l'environnement. La carte a des allures de bible pour végétariens, mais quelques plats contiennent de la viande. Prenez le bus n°905 jusqu'à Wunderburg.

Spezial-Keller ALLEMAND €€
(☎0951-548 87 ; www.spezial-keller.de ; Sternwartstrasse 8 ; plats 6-13 € ; ⊙15h-tard mar-ven, 12h-tard sam, 10h-tard dim). Rien que pour sa *Rauchbier* maltée et la vue panoramique sur la vieille ville qu'il offre, ce charmant *Biergarten* mérite amplement la bonne marche dans les collines, au-delà de la cathédrale. En hiver, l'espace extérieur est abandonné en faveur de l'agréable taverne chauffée au poêle à bois traditionnel.

Ambräusianum PUB €€
(☎0951-509 0262 ; Dominikanerstrasse 10 ; plats 10-14 € ; ⊙11h-23h mar-sam, 11h-21h dim). La seule véritable microbrasserie de Bamberg sert un petit-déjeuner de *Weisswurst* à tomber – des saucisses de veau persillées accompagnées d'un grand bretzel chaud et d'une *Weissbier* – ainsi que des *Schnitzel* (escalopes viennoises), jarrets de porc et *Flammkuchen* (tartes flambées alsaciennes) : vous ressortirez sans nul doute amplement rassasié !

Torschuster BAR
(Obere Karolinenstrasse 10 ; ⊙à partir de 18h mar-dim). Cette adresse réunit tous les ingrédients pour passer l'une des meilleures soirées à Bamberg : des bières issues de toutes les brasseries locales, un large choix de whiskys, de vieux panneaux publicitaires émaillés et surtout la collection éclectique de vinyles de son propriétaire Thomas – qui soit dit en passant s'arrête au milieu des années 1980.

Renseignements

Office du tourisme (☎0951-297 6200 ; www.bamberg.info ; Geyerswörthstrasse 5 ; ⊙9h30-18h lun-ven, 9h30-16h sam, 9h30-14h30 dim). On peut y acquérir la Bambergcard (12 €), laquelle donne libre accès aux bus et aux musées pendant 3 jours.

Poste (Ludwigstrasse 25)

Comment s'y rendre et circuler

BUS

Plusieurs bus, dont les n^os^901, 902 et 931, relient la gare ferroviaire à la gare routière (ZOB).
Le bus n°910 va de la gare ZOB à Domplatz.

TRAIN

Les villes suivantes sont desservies :

- **Berlin** 90 €, 4 heures 15, toutes les 2 heures.
- **Munich** 63 €, 2 heures, toutes les 2 heures.
- **Nuremberg** 21 €, 40-60 minutes, 4/heure.
- **Wurtzbourg** 20,70 €, 1 heure, 2/heure.

Bayreuth

0921 / 71 600 HABITANTS

Si Bayreuth mérite un détour depuis Nuremberg ou Bamberg pour ses rues à l'architecture baroque et ses impressionants palais, c'est bien le festival annuel consacré à Wagner qui pousse 60 000 amoureux d'opéra à faire le pèlerinage dans cette Mecque de l'art lyrique.

La grande époque de Bayreuth débuta en 1735 avec le mariage de la princesse prussienne Wilhelmine, sœur de Frédéric le Grand, au margrave de la principauté de Bayreuth, Frédéric III. Très imprégnée de culture française, cette amie de Voltaire invita les meilleurs artistes, poètes, compositeurs et architectes à la cour. Il reste aujourd'hui de cette période faste quelques édifices flamboyants.

À voir

En dehors du festival de Bayreuth, qui se tient de fin juillet à fin août, la ville se baigne dans une certaine langueur provinciale, même si la forte tradition musicale de la ville fait qu'on peut y assister à de bons concerts tout au long de l'année.

Opéra des Margraves THÉÂTRE

(Markgräfliches Opernhaus ; Opernstrasse 14 ; tarif plein/réduit 2,50/2 € ; 9h-18h avr-sept, 10h-16h oct-mars). Voulu par Wilhelmine et conçu par le talentueux Giuseppe Galli Bibiena, un architecte de Bologne au XVIIIe siècle, l'Opéra de Bayreuth est classé depuis 2012 au patrimoine mondial de l'Unesco. Seul exemple d'Opéra de cour entièrement conservé, c'est aussi un sublime théâtre baroque. Détaché d'un palais, il préfigure le théâtre public et fut le plus grand d'Allemagne jusqu'en 1871. L'intérieur, luxueux, regorge de bois sculptés, dorés et marbrés. Richard Wagner le trouva pourtant trop modeste à son goût et ne dirigea ici qu'un seul opéra. La ville ayant décidé qu'il était temps que cette antiquité subisse un lifting, l'édifice sera en grande partie fermé jusqu'en 2017.

Château Neuf PALAIS

(Neues Schloss ; 0921-759 690 ; Ludwigstrasse 21 ; tarif plein/réduit 5,50/4,50 € ; 9h-18h tlj avr-sept, 10h-16h mar-dim oct-mars). Le château Neuf donnant sur le vaste Hofgarten se trouve à courte distance au sud de la principale artère commerçante, la Maximilianstrasse. Cette résidence de la princesse Wilhelmine, construite en l'espace de deux ans (1753-1754) dans le plus pur style rococo, abrite une importante collection de porcelaines du XVIIIe siècle fabriquées à Bayreuth. La réception VIP marquant l'ouverture du festival de Bayreuth a lieu ici tous les ans, dans la salle du Cèdre. À voir aussi, le **cabinet des Miroirs fragmentés** (Spiegelscherbenkabinett), exemple assez unique de cabinet des glaces où le miroir ne joue pas le rôle de reflet mais entre, sous forme de fragments brisés, dans une composition de stucs et peintures au plafond et non aux murs. Une spécificité rococo propre à Bayreuth.

Musée Richard-Wagner MUSÉE

(Richard Wagner Museum-Haus Wahnfried ; www.wagnermuseum.de ; Richard-Wagner-Strasse 48 ; 8 € ; 10h-18h tlj juil-août, fermé lun le reste de l'année). Au début des années 1870, le roi Louis II finança pour son héros, Richard Wagner, la construction de la petite villa Wahnfried, à l'extrémité nord du Hofgarten. L'édifice abrite aujourd'hui le musée Richard-Wagner, rouvert en 2015 après trois ans de rénovation complète.

Derrière la maison se trouve la tombe sans nom et couverte de lierre où reposent Wagner et son épouse Cosima.

Palais des Festivals OPÉRA

(Festspielhaus ; 0921-787 80 ; Festspielhügel 1-2 ; tarif plein/réduit 7/5 € ; visites 10h et 14h tlj déc-avr, 10h, 11h, 14h et 15h mai, sept et oct, 14h sam nov, fermé juin-août). Située au nord de la gare, la salle du Festival de Bayreuth fut construite en 1872 grâce aux fonds du roi Louis II. Elle fut spécialement conçue pour recevoir les immenses décors de Wagner ; trois étages d'ouvrages mécaniques sont dissimulés sous la scène. Cette salle reste une des plus grandes scènes d'opéra au monde. Pour admirer l'intérieur, il vous vaudra prendre part à une visite guidée. Accès par le bus n°305 (arrêt Am Festspielhaus).

Eremitage PARC

À environ 6 km à l'est du centre, ce parc luxuriant entoure le **Vieux Château** (Altes Schloss ; 0921-759 6937 ; tarif plein/réduit 4,50/3,50 € ; 9h-18h avr-sept), résidence d'été ayant appartenu à Margrave Friedrich et son épouse Wilhelmine au XVIIIe siècle. Le palais se visite uniquement dans le cadre de visites guidées ; on y admire notamment le cabinet des glaces chinois où Wilhelmine rédigea ses mémoires, en français.

La margrave fit également édifier un château en forme de fer à cheval, le **Neues Schloss** (à ne pas confondre avec le château

Neuf en ville), dans le parc. Deux galeries se développent à partir d'un éblouissant temple du Soleil coiffé d'un Apollon doré. Pour vous rendre à l'Ermitage, prenez le bus n°302 depuis ZOH.

Musée de la brasserie et de la tonnellerie des frères Maisel MUSÉE, BRASSERIE

(Maisel's Brauerei-und-Büttnerei-Museum ; ☎0921-401 234 ; www.maisel.com/museum ; Kulmbacher Strasse 40 ; tarif plein/réduit 5/3 € ; ⏲visite guidée tlj 14h). Cet énorme musée qui jouxte la brasserie d'un des plus grands producteurs de bière blanche en Allemagne vous plonge littéralement dans le processus du brassage Maisel. La visite guidée de 90 minutes mène dans les entrailles de cette usine du XIXe siècle, où sont exposées 4 500 chopes de bière entre autres objets amusants. Elle se termine par la dégustation d'un verre de *Weissbier* naturellement trouble.

Où se loger

Inutile de songer à passer une nuit à Bayreuth pendant le festival : les chambres sont réservées plusieurs mois à l'avance et les prix doublent, voire triplent.

Goldener Löwe HÔTEL €

(☎0921-746 06 ; www.goldener-loewe.de ; Kulmbacher Strasse 30 ; s 35-56,50 €, d 73-92 € ; P⊖). À seulement quelques minutes à pied des sites d'intérêt, cet hôtel est un choix avantageux, sauf pendant l'été (les prix montent en flèche de mi-juillet à fin août). Chambres très petites mais impeccablement entretenues, attrayant restaurant cité dans le guide Michelin au rez-de-chaussée et parking gratuit. Les propriétaires semblent avoir une obsession pour la confiture ; chaque client en reçoit un pot gratuitement.

DJH Hostel AUBERGE DE JEUNESSE €

(☎0921-764 380 ; www.bayreuth.jugendherberge.de ; Universitätsstrasse 28 ; dort à partir de 20,40 €). Proche de l'université, cette excellente auberge de 140 lits réunit plusieurs avantages : chambres récentes et confortables, ambiance relax, nombreux services.

Hotel Goldener Hirsch HÔTEL €€

(☎0921-1504 4000 ; www.bayreuth-goldener-hirsch.de ; Bahnhofstrasse 13 ; s 68-85 €, d 85-110 € ; P⊖@). Face à la gare, ce "renne doré" d'apparence un peu guindée vu de l'extérieur loue 40 chambres toutes pimpantes aux impeccables murs chaulés. Meublées de contemporain, elles disposent pour certaines d'une baignoire. Parking gratuit.

Hotel Goldener Anker HÔTEL €€€

(☎0921-787 7740 ; www.anker-bayreuth.de ; Opernstrasse 6 ; s 98-138 €, d 168-235 € ; P⊖). Débordant d'élégance raffinée et situé à quelques mètres de l'Opéra, cet hôtel est la meilleure adresse de Bayreuth. De nombreuses chambres sont décorées dans un style très traditionnel : rideaux drapés, bois sombre et touches anciennes. Restaurant chic au rez-de-chaussée, service impeccable et fruits frais à l'arrivée.

Où se restaurer et prendre un verre

Kraftraum CAFÉ €

(Sophienstrasse 16 ; plats 5,50-9 € ; ⏲8h-1h lun-ven, 9h-1h sam-dim ;). La carte de cette adresse végétarienne a largement de quoi tenter les carnivores les plus endurcis : pâtes, pommes de terre au four, soupes et salades immenses notamment. L'intérieur de style rétro se vide par temps ensoleillé au profit de la terrasse sur la rue pavée.

LE FESTIVAL DE BAYREUTH

Plus grande manifestation au monde consacrée à Wagner, le **Festival de Bayreuth** (www.bayreuther-festspiele.de) se déroule chaque été depuis 140 ans. Il dure 30 jours (de fin juillet à fin août) et chaque concert accueille un peu plus de 1 900 spectateurs. La demande est étourdissante : environ 500 000 amateurs se disputent près de 60 000 billets.

Il y a encore quelques années, les billets étaient attribués selon un obscur système de liste d'attente qui favorisait les mécènes et les initiés des cercles wagnériens. Les simples mortels devaient parfois attendre 5 à 10 ans avant d'obtenir une place. Pour insuffler un peu de transparence dans le processus, les organisateurs du festival ont récemment décidé de proposer au grand public la grande majorité des billets en ligne, lesquels sont écoulés en quelques secondes, au grand dam des sociétés wagnériennes. Une méthode bien plus aléatoire consiste à se rendre à la billetterie 2 heures 30 avant le début de la représentation pour tenter d'obtenir un billet de dernière minute à petit prix.

RICHARD WAGNER

Avec le soutien du roi Louis II, Richard Wagner (1813-1883) fit de Bayreuth une Mecque de l'opéra. La ville a profité de cette chance et ne ménage pas sa gratitude au compositeur.

Né à Leipzig, Richard Wagner vécut une existence bohème aux quatre coins de l'Europe. À Paris, Riga, Dresde ou Zurich, il s'employa à faire connaître son répertoire autant qu'à échapper à ses créanciers. Piètre gestionnaire, il sut profiter de l'adoration que lui vouait le jeune et fantasque roi de Bavière pour financer ses créations dispendieuses. En 1865, la présentation de *Tristan et Isolde* à l'Opéra de Munich fut un triomphe. Mais Wagner dut quitter la ville en raison du scandale provoqué par sa liaison avec Cosima von Bulow, fille de Franz Liszt et femme d'un de ses disciples, qu'il épousa en 1870. En 1872, le couple s'installa à Bayreuth, où Wagner fit construire une salle d'opéra à l'acoustique exceptionnelle : l'orchestre est installé dans une fosse et des structures en bois assurent la réverbération sur la scène et dans la salle. C'est dans cet écrin que le compositeur fit jouer le premier cycle de la *Tétralogie*, lors de la première édition du festival de Bayreuth, en 1876.

Considérant l'opéra comme une œuvre d'art totale, Wagner fut le premier compositeur à en écrire à la fois la musique et les livrets. Il se plaisait à défier un public habitué à des divertissements plus frivoles avec des œuvres monumentales – les représentations de *L'Anneau du Nibelung* s'étendent ainsi sur 4 jours !

Artiste de génie, Wagner a également sa part d'ombre. Nietzsche, qui fut l'un de ses admirateurs, finit par dénoncer le nationalisme et l'antisémitisme virulent de son ancien ami. Quelques décennies plus tard, les nazis utilisèrent l'homme et son œuvre comme un symbole de la puissance aryenne. Hitler fut d'ailleurs un proche de Winifred Wagner, belle-fille du musicien et ancienne directrice du Festival de Bayreuth. Aujourd'hui encore, les mélomanes restent très divisés au sujet de la promotion du compositeur et du festival de Bayreuth.

Les séduisants brunchs du week-end (13,50 €) attirent toujours une clientèle nombreuse.

Rosa Rosa BISTRO €

(☎0921-685 02 ; Von-Römer-Strasse 2 ; plats 4-8 € ; ⏲17h-1h lun-ven, 11h-1h sam, 16h-1h dim ; 📶). Mêlez-vous aux habitants détendus de Bayreuth dans ce bistrot-pub pour déguster des plats roboratifs – salades, pâtes, mets végétariens ou plats de saison affichés sur un grand tableau – ou contentez-vous de siroter une bière Frankenwälder en soirée. Les affiches placardées aux murs annoncent les prochains concerts.

Hansl's Wood Oven Pizzeria PIZZERIA €

(Friedrichstrasse 15 ; pizzas 4,60-9,10 € ; ⏲10h-22h30). C'est en ce lieu minuscule, niché dans un coin de la place près de la Stadthalle, que vous trouverez les meilleures pizzas de la ville. Quasiment aucune chance de trouver une place assise aux heures de repas : demandez à emporter. Pas de paiement par carte bancaire.

Oskar FRANCONIEN, BAVAROIS €€

(Maximilianstrasse 33 ; plats 7-15 € ; ⏲8h-1h lun-sam, 9h-1h dim). Au cœur de l'artère commerçante piétonne, ce bar-café-restaurant ouvert en continu est l'établissement le plus animé de Bayreuth. On peut y profiter d'un copieux petit-déjeuner bavarois, d'un repas léger dans le café couvert du jardin, d'un dîner aux allures de festin dans le restaurant au décor de bois sombre, ou encore d'une *Landbier* accompagnée d'une paire de bonnes *Bratwurst* de Bayreuth à toute heure.

Torten Schmiede CAFÉ

(Ludwigstrasse 10 ; ⏲12h30-18h mar-ven, 10h-18h sam). Avec son mobilier rétro issu de vide-greniers, ses pâtisseries maison et ses murs ornés d'œuvres d'art urbain, cette toute petite halte se démarque des nombreux autres cafés de Bayreuth. Prenez votre dose de caféine et de douceurs sur un fauteuil de salon des années 1960 ou, côté rue, sur une mini-chaise longue.

ℹ Renseignements

La **Bayreuth Card** (72 heures, 12,90 €) donne droit à des trajets illimités dans les bus de la ville, à l'accès à huit musées et à une visite guidée à pied de deux heures dans Bayreuth (en allemand). La carte est valable pour un adulte et deux enfants de moins de 15 ans.

Office du tourisme (☎0921-885 88 ; www.bayreuth-tourismus.de ; Opernstrasse 22 ; ⊙9h-19h lun-ven, 9h-16h sam toute l'année, plus 10h-14h dim mai-oct). Guichet de réservation de billets de train et intéressante boutique de souvenirs.

Poste (Hauptbahnhof)

Depuis/vers Bayreuth

La plupart des liaisons entre Bayreuth et les autres villes bavaroises nécessitent une correspondance à Nuremberg :

- **Munich** Correspondance à Nuremberg ; 23-69 €, 2 heures 30, 1/heure
- **Nuremberg** 19 €, 1 heure, au moins 1/heure
- **Ratisbonne** Correspondance à Nuremberg ; 36 €, 2 heures 15, au moins 1/heure

Cobourg (Coburg)

☎09561 / 41 000 HABITANTS

Les souverains de Cobourg sont passés maîtres dans l'art du mariage comme forme de diplomatie. Quatre siècles durant, les princes et princesses de la famille Saxe-Cobourg se sont immiscés par ce biais dans les dynasties belges, bulgares, danoises, portugaises, russes et surtout anglaises. Leur plus grand coup d'éclat eut lieu en 1857, lorsque Albert de Saxe-Cobourg-Gotha prit pour épouse sa cousine la reine Victoria, acte fondateur de la famille royale britannique actuelle qui adopta discrètement le nom moins germanique de Windsor pendant la Première Guerre mondiale.

Cobourg a rongé son frein dans l'ombre du rideau de fer pendant la guerre froide, encerclée par l'Allemagne de l'Est sur trois côtés, mais la ville a connu une renaissance depuis la réunification. La Veste est l'une des plus belles forteresses médiévales du pays. Par ailleurs, certains prétendent que c'est ici qu'a été inventé le hot-dog !

À voir et à faire

Veste Coburg FORTERESSE, MUSÉE

(Veste Coburg ; www.kunstsammlungen-coburg.de ; tarif plein/réduit 6/3 € ; ⊙9h30-17h tlj avr-oct, 13h-16h mar-dim nov-mars). Veillant sur Cobourg, cette forteresse médiévale dotée d'une triple enceinte fortifiée est l'une des plus impressionnantes d'Allemagne. Et pourtant peu d'étrangers l'honorent de leur visite en dépit de la richesse de ses **collections d'art** (Kunstsammlungen) réunissant des Rembrandt, Dürer ou Cranach l'Ancien. D'un grand raffinement, la salle des marqueteries de scènes de chasse (Jagdintarsien-Zimmer, 1632) rappelle le château ducal.

Banni de l'Empire, Martin Luther trouva refuge dans la forteresse en 1530. Un simple bureau pour écrire et un lit assez spartiate résument l'image de la Réforme.

Place du Marché PLACE

L'épicentre de Cobourg est la magnifique place du Marché (Marktplatz), joliment rénovée, dont il émane un charme pittoresque et aristocratique. Les façades Renaissance et les oriels décorés du **Stadthaus** et de l'**hôtel de ville** (Rathaus) rivalisent de beauté, sous le regard de la statue de bronze verdi du **prince Albert**, l'époux de la reine Victoria, en majestueux chevalier médiéval d'allure plus teutonne que britannique !

Château d'Ehrenbourg CHÂTEAU

(☎09561-808 832 ; www.sgvcoburg.de ; Schlossplatz ; tarif plein/réduit 4,50/3,50 € ; ⊙visites ttes les heures 9h-17h mar-dim avr-sept, 10h-16h mar-dim oct-mars). Ce luxueux château fut la résidence urbaine des ducs de Cobourg. Le prince Albert passa son enfance dans ce somptueux palais orné de tapisseries ; la reine Victoria séjourna dans une pièce équipée des premières toilettes à chasse d'eau d'Allemagne (1860). Le plafond baroque de la splendide **salle des Géants** (Riesensaal) est soutenu par 28 Atlas.

Musée des Poupées MUSÉE

(Coburger Puppenmuseum ; www.coburger-puppenmuseum.de ; Rückerstrasse 2-3 ; adulte/enfant 4/2 € ; ⊙11h-16h tlj avr-oct, fermé lun nov-mars). Ce musée délicieusement rétro expose une collection de 2 000 poupées, maison de poupées, cuisines et porcelaines miniatures réparties dans 33 pièces. Certains objets viennent d'Angleterre ; tous datent d'entre 1800 et 1956. À côté, le café chic opportunément nommé "Hallo Dolly" est idéal pour retrouver la sérénité après avoir été scruté par tant d'étranges yeux de verre.

Fêtes et festivals

Samba Festival MUSIQUE

(www.samba-festival.de). Incroyable mais vrai : c'est à Cobourg que se tient chaque année à la mi-juillet le plus grand festival de samba d'Europe. Cette orgie de musique et de danse attire près de 100 groupes et quelque 200 000 visiteurs qui se trémoussent en tenue légère, parmi lesquels la communauté lusophone est bien représentée.

Où se loger et se restaurer

Il n'y a pas mieux que les stands de la place du Marché pour goûter les célèbres saucisses de Cobourg, longues de 30 cm et grillése à la braise de pomme de pin.

Hotelpension Bärenturm PENSION €€
(☎ 09561-318 401 ; www.baerenturm-hotelpension.de ; Untere Anlage 2 ; s 85 €, d 110-130 € ; P). Un brin d'histoire pour accompagner votre paquet d'oursons en guimauve déposé sur l'oreiller : cet hôtel fut d'abord une tour de défense, élargie au début du XIXe siècle pour accueillir le précepteur du prince Albert. Ses 15 chambres meublées d'ancien sous une hauteur de plafond royale ne manquent pas de charme.

The Square HÔTEL €€
(☎ 09561-705 8520 ; www.hotelthesquare.com ; Ketschengasse 1 ; s 69 €, d 79 € ; P @). Le manque de caractère de cet hôtel de la place du Marché est compensé par son espace et ses équipements. Toutes les chambres sont dotées d'une cuisine ou reliées à une cuisine par un couloir, et certaines possèdent une salle de bains. Le prix des grands appartements, au nombre de trois, est équivalent à celui des chambres doubles. Vous avez également le choix de la vue : un bronze du prince Albert à l'avant ou la jolie Stadtkirche à l'arrière.

Café Prinz Albert CAFÉ €
(Ketschengasse 27 ; en-cas et pâtisseries 2-5 € ; 7h30-18h lun-ven, 8h-18h sam). Entièrement décoré sur le thème de la famille royale britannique, ce café établi de longue date sur l'Albertsplatz, récemment rénovée, constitue une excellente halte pour un en-cas entre deux visites. Les options de la carte du petit-déjeuner portent des noms historiques ; le "Martin Luther" (2,90 €) est modeste comparé au "Prinz Albert" (5,40 €), plus plantureux.

Ratskeller FRANCONIEN €
(Markt 1 ; plats 6-16,50 € ; 10h-minuit). Sous l'imposante voûte de l'hôtel de ville, savourez des spécialités régionales de Thuringe et de Franconie installé dans des banquettes en cuir bien rembourrées.

Tie VÉGÉTARIEN €€€
(Leopoldstrasse 14 ; plats 9-19 € ; à partir de 17h mar-dim ;). À cinq minutes à pied à l'est de la place du Marché, ce restaurant végétarien sert de merveilleux (quoique onéreux) plats élaborés à partir de produits frais et bio. Des classiques végétariens côtoient des mets d'inspiration asiatique. Les non convertis se rabattront sur les rares plats de viande et de poisson. Les tables dressées en fonction de la saison ajoutent de la couleur à la décoration sobre.

Renseignements

Office du tourisme (☎ 09561-898 000 ; www.coburg-tourist.de ; Herrngasse 4 ; 9h-17h lun-ven, 10h-14h sam-dim). Un personnel efficace vend le CObook (14,90 €), un ticket valable 5 jours sur 13 sites de Cobourg et ses environs ainsi que dans les transports en commun locaux. Des audioguides de la ville en anglais (3,50 €) sont également disponibles.

Depuis/vers Cobourg

Cobourg est reliée aux villes suivantes par le train :

- **Bamberg** 12,10 €, 1 heure, 1/heure
- **Bayreuth** 17,90 €, 1 heure 30, 1/heure
- **Nuremberg** 23,50 €, 1 heure 45, 1/heure

Comment circuler

Veste-Express (aller simple/retour 3,50/4,50 € ; 10h-17h avr-oct). Ce train touristique pour Veste Coburg part de l'office du tourisme toutes les 30 minutes. À pied, il faut gravir 3 km de pente.

Parc naturel d'Altmühltal

Le parc naturel d'Altmühltal est l'un des plus grands d'Allemagne. Il englobe certains des plus beaux coins de la Bavière. La rivière Altmühl serpente à travers vallées étroites et collines avant de rejoindre le canal Rhin-Main et de se jeter dans le Danube. Le parc vaut surtout la visite pour ses sentiers pédestres et cyclistes bien balisés ; la rivière est également idéale pour le canoë. On trouve des aires de camping sommaires le long de la rivière, et les hébergements ne manquent pas dans la région.

Le parc occupe 2 900 km² au sud-ouest de Ratisbonne, au sud de Nuremberg, à l'est de Treuchtlingen et au nord d'Eichstätt. La ville de Kelheim marque la limite orientale du parc.

Au nord de la rivière, les activités se concentrent autour des villes de Kipfenberg, Beilngries et Riedenburg.

Activités

Canoë-kayak

La plus belle partie de l'Altmühl se trouve entre Treuchtlingen ou Pappenheim et Eichstätt ou Kipfenberg, soit 60 km à parcourir tranquillement en 2 à 3 jours de canoë ou de kayak. Le parcours est émaillé de nombreux petits barrages, et vous passerez des petits rapides à 10 km au nord-ouest de Dollnstein : soyez prêt à faire un peu de portage. Les panneaux sont alarmistes, mais les habitués assurent qu'il suffit de suivre les consignes indiquant de rester sur la droite pour être en sécurité.

On peut louer des canoës et des kayaks dans presque toutes les villes en bord de rivière. Comptez autour de 15/25 €/jour pour une embarcation de 1/2 personnes (plus pour de plus grands bateaux). L'acheminement des canoës ou kayaks à l'aller ou au retour jusqu'à la rivière ou de celle-ci est possible moyennant quelques euros.

Une liste complète des loueurs de bateaux est disponible à l'office du tourisme du parc (ci-contre).

San-Aktiv Tours CANOË
(☎09831-4936 ; www.san-aktiv-tours.com ; Otto-Dietrich-Strasse 3, Gunzenhausen). La compagnie de location de canoës la plus grande et la mieux organisée du parc : ses véhicules transportent canoës, vélos et personnes dans toute la zone. La saison court d'avril à octobre et vous pouvez faire du canoë seul ou vous joindre à un groupe. Les forfaits comprennent généralement canoë, gilet de sécurité, cartes, instructions et navette retour vers le point de départ.

Vélo et randonnée

Quelque 3 000 km de sentiers de randonnée et 800 km de pistes cyclables font de la découverte du parc à pied ou à vélo de loin la meilleure option. Les longs panneaux bruns rectangulaires portant un logo vélo fléchent très clairement les pistes cyclables, tandis que les sentiers de randonnée sont indiqués par des panneaux jaunes. La véloroute la plus empruntée est l'Altmühltal Radweg, parallèle à la rivière sur 166 km. L'Altmühltal-Panoramaweg, qui couvre 200 km entre Gunzenhausen et Kelheim, est un bel itinéraire de randonnée qui traverse tout le parc d'ouest en est.

On peut louer des vélos dans la plupart des villes à proximité du parc. Les prix varient très peu et la plupart des agences de location disposent aussi de garages à vélos. Demandez la liste des loueurs à l'office du tourisme du parc.

À Eichstätt, **Kanuuh** (☎08421-2110 ; www.kanuuh.de ; Herzoggasse 3) facture la location 12 € la journée et demande un supplément pour le simple convoyage du cycle ou bien celui du cycliste et de son engin jusqu'à n'importe quel point du parc.

Escalade

Les falaises érodées le long de l'Altmüh se prêtent bien à l'escalade pour les amateurs de tous niveaux. La paroi de 45 m de haut du Burgsteinfelsen, entre Dollnstein et Breitenfurt, permet plusieurs escalades de différents niveaux (4 à 8 notamment) qui offrent une vue superbe sur la vallée. Près de la ville de Wellheim, la paroi du Dohlenfelsen est plus abordable pour les enfants. Consultez l'office du tourisme du parc pour d'autres suggestions d'escalade dans la région.

Renseignements

Le point d'information principal du parc se trouve à Eichstätt, à l'extrémité sud. Cette charmante ville ancienne constitue une excellente base pour explorer la région.

Office du tourisme du parc
(Informationszentrum Naturpark Altmühltal ; ☎08421-987 60 ; www.naturpark-altmuehltal.de ; Notre Dame 1 ; ⏲9h-17h lun-sam, 10h-17h dim avr-oct, 8h-12h et 14h-16h lun-jeu, 8h-12h ven nov-mars). Il fournit des informations sur le parc naturel d'Altmühltal et peut vous aider à établir votre itinéraire. Le site Internet est une mine d'informations sur tous les aspects du parc, notamment les activités et les hébergements.

Comment s'y rendre et circuler

Bus et trains circulent entre Eichstätt et les principales villes le long de la rivière, dont d'ouest en est Gunzenhausen, Treuchtlingen et Pappenheim.

BUS

De mi-avril à octobre, le FreizeitBus Altmühltal-Donautal transporte les visiteurs et leurs vélos dans le parc en principe 3 fois par jour. Le n°1 fait le parcours entre Ratisbonne (Regensburg), Kelheim et Riedenburg uniquement le week-end et les jours fériés. Le n°2 relie Eichstätt, Beilngries, Dietfurt et Riedenburg, matin et soir le week-end et les jours fériés, et le soir uniquement les jours de semaine. Vendus par le chauffeur, les tickets journaliers coûtent 10,50/7,50 € par passager avec/sans vélo (ou 23,50/17,50 € par famille avec/sans vélo).

TRAIN

Des trains circulent toutes les heures entre Eichstätt Bahnhof et Treuchtlingen (6,10 €, 25 minutes), et entre Treuchtlingen et Gunzenhausen (4,50 €, 15 minutes). Les trains RE de Munich qui passent à Eichstätt s'arrêtent aussi à Dollnstein, Solnhofen et Pappenheim.

Eichstätt

08421 / 13 150 HABITANTS

L'Altmühl décrit une courbe prononcée au niveau d'Eichstätt, ville paisible dont émane un charme méditerranéen raffiné. Les rues pavées sont bordées d'élégants édifices à l'italienne et entrecoupées de places arborées. Des architectes italiens, notamment Gabriel de Gabrieli et Maurizio Pedetti, ont été appelés à reconstruire la ville rasée par les Suédois pendant la guerre de Trente Ans (1618-1648). Depuis 1980, de nombreux bâtiments baroques de cette cité sortie quasi indemne de la Seconde Guerre mondiale hébergent les facultés de la seule université catholique d'Allemagne.

Eichstätt constitue surtout une base pour visiter le parc naturel d'Altmühltal. Et, si jolie soit la ville, l'envie d'enfiler vos chaussures de marche ou de pagayer se fera vite impérieuse au-delà d'une journée !

À voir

Cathédrale ART BAROQUE

(Dom ; www.bistum-eichstaett.de/dom ; Domplatz ; 7h15-19h30). Le centre d'Eichstätt est dominé par cette cathédrale à la riche façade baroque. À l'intérieur, contemplez l'immense vitrail du XVIe siècle, signé Hans Holbein l'Ancien, et le grès sculpté du retable de Pappenheim (1489-1497), qui décrit un pèlerinage de Pappenheim à Jérusalem. L'homme assis n'est autre que le pèlerin anglais sacré évêque de la ville au VIIIe siècle et devenu saint Guillebaud.

Le **trésor de la cathédrale** attenant (Domschatzmuseum ; 08421-507 42 ; Residenzplatz 7 ; tarif plein/réduit 3/1,50 €, dim 1 € ; 10h30-17h mer-ven, 10h-17h sam-dim avr-nov) conserve les chasubles de saint Guillebaud et des tapisseries des Gobelins de facture baroque.

Château de Willibald CHÂTEAU

(Willibaldsburg ; 08421-4730 ; Burgstrasse 19 ; tarif plein/réduit 4,50/3,50 € ; 9h-18h mar-dim avr-oct, 10h-16h mar-dim nov-mars). L'ascension vers la colline du Willibaldsburg (1355) vaut le détour pour la superbe vue sur la vallée dont on jouit depuis le **Bastiongarten**. Par temps ensoleillé, de nombreux habitants viennent aussi se désaltérer au *Biergarten* tout proche. Des deux musées installés dans le château, le plus intéressant est celui des fossiles, le **Jura-Museum**, notamment pour son archéoptéryx, plus ancien oiseau fossilisé retrouvé dans la région, ainsi que que les aquariums où vivent des specimens vivants des animaux fossilisés.

Abbaye Sainte-Walburge LIEU DE PÈLERINAGE

(Kloster St Walburga ; www.abtei-st-walburg.de ; Westenstrasse). Dans cette abbaye repose la sœur de saint Guillebaud, sainte Walburge, dont le tombeau est l'objet d'un pèlerinage dans la région. Chaque année en effet, entre la mi-octobre et fin février, de l'eau s'écoule des reliques de Walburge, dans la chapelle souterraine, vers un réservoir. Les sœurs mettent en bouteille des versions diluées de la *Walburgaöl* (huile de Walburge), qu'elles distribuent aux fidèles.

Un escalier mène de la chapelle inférieure à la chapelle supérieure, fermée, mais on peut apercevoir à travers la grille de beaux ex-voto et divers objets témoignant de gratitude envers la sainte. Dominant l'abbaye, l'église Sainte-Walburge possède un superbe intérieur rococo.

Résidence PALAIS BAROQUE

(Fürstbischöfliche Residenz ; Residenzplatz ; 1 € ; lun-ven 7h30-12h, 14h-16h lun-mer, 14h-17h30 jeu). Les princes-évêques vécurent avec faste dans cette Résidence baroque construite de 1725 à 1736 par Gabriel de Gabrieli. À l'intérieur, l'époustouflant escalier principal et la salle des Glaces retiennent l'attention. Dehors, une statue dorée (fin XVIIIe siècle) représentant la Madone coiffe une colonne de 19 m de hauteur sur la place.

Où se loger et se restaurer

Fuchs HÔTEL €

(08421-6789 ; www.hotel-fuchs.de ; Ostenstrasse 8 ; s 45-65 €, d 72-80 € ;). Central et familial, cet établissement, qui jouxte une pâtisserie, possède un accès pratique à une rampe de mise à l'eau sur la rivière, et un garage fermé pour ranger votre canoë ou votre kayak.

DJH Hostel AUBERGE DE JEUNESSE €

(08421-980 410 ; www.eichstaett.jugendherberge.de ; Reichenaustrasse 15 ; dort à partir de 19,90 € ;). Cette auberge de jeunesse confortable, d'une capacité de 122 lits, jouit d'une belle vue sur la vieille ville. Les vélos et les canoës sont naturellement les bienvenus.

Camping municipal CAMPING €
(08421-908 147 ; www.eichstaett.info/wohnmobilstellplatz ; Pirkheimerstrasse ; 8 €/empl). Situé sur la rive nord de l'Altmühl, à 1 km au sud-est du centre-ville, ce camping rudimentaire reste ouvert toute l'année, sauf pendant les 10 jours du Volksfest (un mini-Oktoberfest) fin août et début septembre.

Hotel Adler HÔTEL €€
(08421-6767 ; www.adler-eichstaett.de ; Marktplatz 22 ; s 58-67 €, d 80-106 € ; P). Une ambiance magique règne dans cet élégant édifice tricentenaire qui abrite le meilleur hôtel d'Eichstätt. Clarté, gaieté et propreté caractérisent ses chambres volontiers louées aux randonneurs et cyclistes. Le généreux buffet du petit-déjeuner prépare dignement à une journée de marche ou de canoë.

Café im Paradeis CAFÉ €€
(08421-3313 ; Marktplatz 9 ; plats 5-17 € ; 8h-minuit). Ouvert en continu, ce café du Markt est un lieu propice à la détente. Reprenez des forces avec un repas maison ou simplement un café, dans la salle au charme désuet agrémenté d'éléments anciens ou sur la terrasse bien exposée.

Trompete BAVAROIS, ITALIEN €€
(www.braugasthof-trompete.de ; Ostenstrasse 3 ; 7h-1h lun-ven, 7h30-1h sam-dim). À quelques pas au sud-est du centre, cette chaleureuse auberge vous accueille à tout moment de la journée, aussi bien pour le petit-déjeuner que pour un dernier cocktail en fin de soirée. La carte comprend des mets bavarois *echt* (authentiques) tels que l'*Ochsenbraten "Altmühltaler Art"* (rôti de bœuf Altmühltaler) et le *Krustenschäuferl* (rôti de porc avec peau croustillante), ainsi que des pâtes et pizzas italiennes.

Renseignements

Office du tourisme (08421-600 1400 ; www.eichstaett.de ; Domplatz 8 ; 9h-18h lun-sam, 10h-13h dim avr-oct, 10h-12h et 14h-16h lun-jeu, 10h-12h ven nov-mars)
Poste (Domplatz 7)

Depuis/vers Eichstätt

Eichstätt possède deux gares ferroviaires. Les trains grandes lignes s'arrêtent à la Bahnhof, à 5 km du centre, où d'autres attendent pour faire la navette vers la *Stadtbahnhof* (gare de ville). Un train circule toutes les heures entre Ingolstadt et Eichstätt (6,10 €, 25 minutes) et toutes les 2 heures vers Nuremberg (19,80 €, 1 heure 30).

RATISBONNE ET LE DANUBE

Les régions peu peuplées de l'est de la Bavière sont certes moins courues que leurs voisines, mais leurs trésors historiques méritent largement le détour. L'ancienne capitale, Ratisbonne (Regensburg), est une cité jolie et animée. De là, les méandres du Danube mènent à la ville de Passau, de style italien. Fief des Wittelsbach depuis 1253, Landshut fut de fait la capitale de la Bavière. De cette région est également originaire l'ex-pape Benoît XVI, natif de Marktl am Inn. Loin des villes, la secrète Forêt bavaroise cultive son mystère.

L'est de la Bavière était un centre de pouvoir au Moyen Âge : de riches évêques y étaient aux affaires alors que Munich n'était qu'un modeste centre de commerce. Après sa conquête, Napoléon incorpora l'Est bavarois dans divers petits territoires. Le roi de Bavière Louis Ier tenta ensuite de revenir sur ces changements en recréant les frontières d'un duché datant de 1255. Si cette mesure réinsuffla un sentiment identitaire bavarois dans la région, celle-ci est restée résolument à la marge. Elle demeure aujourd'hui un étrange et séduisant patchwork d'anciennes villes romaines, de terres agricoles et de zones sauvages.

Ratisbonne (Regensburg)

0941 / 140 300 HABITANTS

Ce camp romain établi sous le règne de l'empereur Marc Aurèle fut la première capitale de la Bavière et le lieu de résidence de ducs, de rois et d'évêques, jouissant du statut de ville libre d'Empire pendant six siècles. Ses deux millénaires d'histoire ont donné des splendeurs architecturales qui lui ont valu d'être classée au patrimoine mondial de l'Unesco en 2006. Malgré la grandeur toujours palpable de son passé, Ratisbonne est aujourd'hui une ville modeste et détendue, qui constitue un bon tremplin pour explorer la région.

À voir

Château des Thurn et Taxis PALAIS
(Schloss Thurn und Taxis ; www.thurnundtaxis.de ; Emmeramsplatz 5 ; visites tarif plein/réduit 13,50/11 € ; visites toutes les heures 10h30-16h30 fin mars-déb nov, 10h30-15h30 sam-dim nov-mars). Au XVe siècle, Franz von Taxis (1459-1517) entra dans l'histoire en mettant sur pied le

premier réseau postal européen, qui resta en situation de monopole jusqu'au XIXe siècle. En guise d'hommage, on attribua à sa famille l'ancienne abbaye bénédictine Saint-Emmeran, rebaptisée château des Thurn et Taxis. Il devint vite un des palais les plus modernes d'Europe, avec entre autres luxes des toilettes à chasse d'eau, le chauffage central et l'électricité. Les visites guidées comprennent l'accès à la basilique Saint-Emmeran.

Le palais possède un trésor (Schatzkammer) ; les bijoux, porcelaines et objets décoratifs exposés appartinrent longtemps à la plus riche dynastie d'Allemagne. Leur fortune, gérée par le prince Albert II, reste évaluée à plus d'un milliard d'euros.

Cathédrale Saint-Pierre ART GOTHIQUE

(Dom St Peter ; www.bistum-regensburg.de ; Domplatz ; ⌚6h30-19h juin-sept, 6h30-18h avr, mai et oct, 6h30-17h nov-mars). Il faut quelques secondes pour s'acclimater à l'obscurité de l'intérieur du majestueux symbole de Ratisbonne, la cathédrale Saint-Pierre. Avec ses remarquables vitraux kaléidoscopiques et son somptueux autel principal recouvert d'argent, elle compte parmi les cathédrales gothiques les plus grandioses de Bavière.

Le chœur de garçons de la cathédrale, le Domspatzen, dont la tradition est millénaire, accompagne l'office du dimanche, à 10h (uniquement pendant l'année scolaire). Le **trésor** (Domschatzmuseum) regorge entre autres d'objets cultuels, d'ostensoirs et de tapisseries.

Ancien hôtel de ville ÉDIFICE HISTORIQUE

(Altes Rathaus ; Rathausplatz ; tarif plein/réduit 7,50/4 € ; ⌚visites en anglais 15h Pâques-oct, 14h nov-déc, en allemand toutes les 30 min). De 1663 à 1806, le Reichstag (Diète impériale) se réunissait dans la vieille ville de Ratisbonne ; un rôle important que rappelle aujourd'hui une exposition permanente du musée du Reichstag (Reichstagsmuseum). La visite mène à la somptueuse salle impériale et aux salles de torture originales du sous-sol.

Tickets en vente à l'office du tourisme installé dans le bâtiment même. Accès uniquement possible dans le cadre d'une visite guidée. Audioguides en anglais disponibles en janvier et février.

Pont de pierre CONSTRUCTION MÉDIÉVALE

(Steinerne Brücke). Incroyable prouesse technique pour l'époque, ce pont de pierre vieux de 900 ans fut un temps le seul passage fortifié sur le Danube. Négligé et endommagé pendant des siècles (surtout par les bus qui l'empruntaient autrefois), il est en cours de rénovation complète. L'aspect moderne des parties achevées est de mauvais augure.

MUSÉE DE L'HISTOIRE BAVAROISE

Ratisbonne se prépare à accueillir un monument majeur en 2018 : le musée de l'Histoire bavaroise. L'édifice à l'architecture exceptionnelle (certains l'affublent de qualificatifs beaucoup moins flatteurs) sera construit à quelque 250 m à l'est du Steinerne Brücke, modifiant l'aspect historique des rives. Outre le look ultracontemporain de la structure, le choix d'aménager un tel monument en zone inondable fait également polémique.

Musée du Golf MUSÉE

(Golf Museum ; www.golf-museum.com ; Tändlergasse 3 ; tarif plein/réduit 7,50/5 € ; ⌚10h-18h lun-sam). Présenté comme le meilleur musée d'Europe dédié au golf (l'Écosse, qui possède le British Golf Museum, n'est étrangement pas considérée comme faisant partie du continent), cet étonnant entrepôt de clubs, tees et cartes de score (dont une ayant appartenu au roi George V d'Angleterre) vous plonge dans la glorieuse histoire du golf ; intéressant, même pour les néophytes. Accès par une boutique d'antiquités.

Musée historique HISTOIRE LOCALE

(Historisches Museum ; Dachauplatz 2-4 ; tarif plein/réduit 5/2,50 € ; ⌚10h-16h mar-dim). Le musée historique de Ratisbonne est installé dans un beau monastère médiéval. Ses collections embrassent l'histoire de la région, des hommes des cavernes aux Romains, puis des marchands du Moyen Âge aux bourgeois du XIXe siècle.

Église Saint-Jacques ART ROMAN

(Schottenkirche St Jakob ; Jakobstrasse 3). Le portail principal (XIIe siècle) de l'église Saint-Jacques est considéré comme l'un des plus beaux exemples d'architecture romane en Allemagne. L'iconographie de ses sculptures reste un mystère pour les experts. Il est malheureusement protégé de la pollution

Ratisbonne

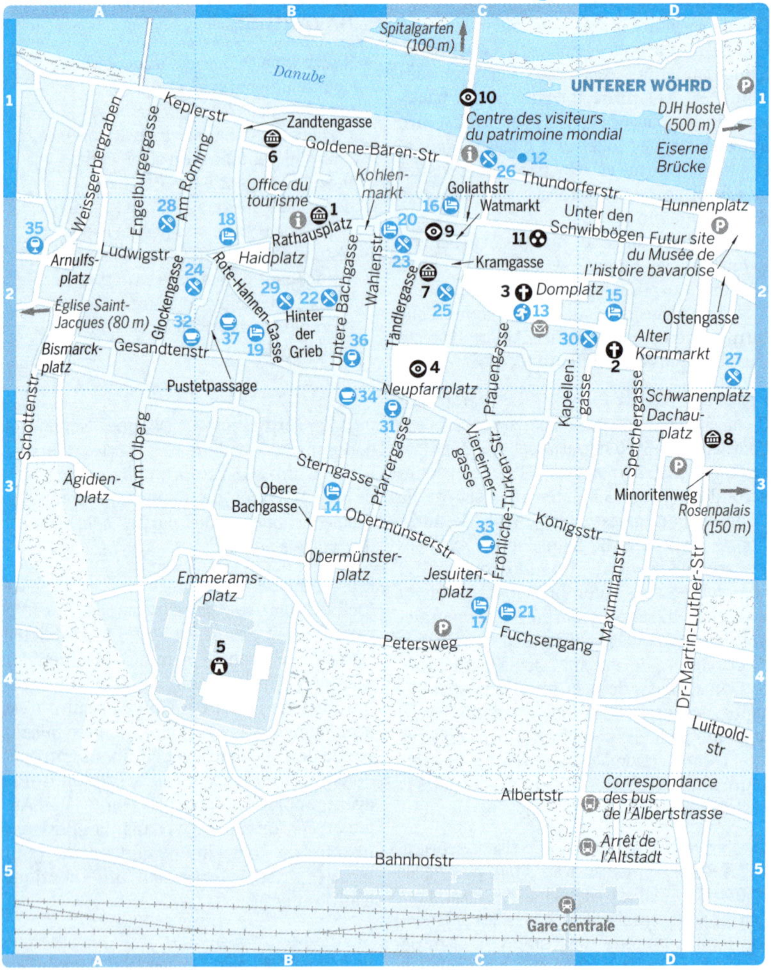

par une verrière vieillissante qui en gâche l'effet. Déception compensée par l'intérieur, où règne une sereine austérité romane.

Centre de documentation de la Neupfarrplatz

SITE HISTORIQUE

(Document Neupfarrplatz ; ☎ 0941-507 3442 ; Neupfarrplatz ; tarif plein/réduit 5/2,50 € ; ⊙ visites 14h30 jeu-sam sept-juin, 14h30 jeu-lun juil-août). Des restes du quartier juif de Ratisbonne, florissant au XVIe siècle, ainsi que des bâtiments romains, des pièces d'or et un bunker nazi ont été retrouvés à la faveur de fouilles sur la Neupfarrplatz au milieu des années 1990. Ce "centre de documentation" souterrain donne seulement accès à une petite partie de la zone archéologique, mais la visite comporte une présentation multimédia bien faite (en allemand) de l'histoire de la place. En surface, une œuvre de l'artiste israélien Dani Karavan marque l'emplacement de l'ancienne synagogue.

Tickets en vente au Tabak Götz (Neupfarrplatz 3).

Mémorial Kepler

ASTRONOMIE

(Kepler-Gedächtnishaus ; Keplerstrasse 5 ; tarif plein/réduit 2,20/1,10 € ; ⊙ 10h30-16h sam-dim).

Ratisbonne

À voir

1 Ancien hôtel de ville B2
2 Ancienne chapelle D2
3 Cathédrale Saint-Pierre C2
4 Centre de documentation de la Neupfarrplatz C2
5 Château des Thurn et Taxis B4
6 Mémorial Kepler B1
7 Musée du Golf C2
8 Musée historique D3
9 Plaque Oskar Schindler C2
10 Pont de pierre C1
11 Porte Prétorienne C2

Circuits organisés

12 Schifffahrt Klinger C1
13 Tourist Train Tours C2

Où dormir

14 Brook Lane Hostel B3
15 Elements Hotel D2
16 Goliath Hotel C2
17 Hotel Am Peterstor C4
18 Hotel Goldenes Kreuz B2
19 Hotel Roter Hahn B2
20 Petit Hotel Orphée C2
21 Zum Fröhlichen Türken C4

Où se restaurer

22 Café Orphée B2
23 Dampfnudel Uli C2
24 Dicker Mann A2
25 Haus Heuport C2
26 Historische Wurstkuchl C1
27 Leerer Beutel D2
28 Spaghetteria Aquino A2
29 Vitus B2
30 Weltenburger am Dom D2

Où prendre un verre et faire la fête

31 Augustiner C3
32 Cafebar A2
33 Félix C3
34 Hemingway's B3
35 Kneitinger A2
36 Moritz B2
37 Paletti B2

Un petit musée consacré à l'astronome et mathématicien Johannes Kepler, installé dans sa maison de Ratisbonne.

Ancienne chapelle ÉGLISE ROCOCO
(Alte Kapelle ; Alter Kornmarkt 8). Au sud de la cathédrale, cette gracieuse chapelle d'apparence modeste ne laisse pas deviner de l'extérieur son sublime décor intérieur. Fondée il y a un millénaire, la chapelle a ensuite reçu des voûtes gothiques, puis ce rutilant habillage rococo. Elle est uniquement ouverte pendant les messes, mais vous pourrez toujours jeter un coup d'œil à travers la grille en fer forgé.

Remparts romains SITE HISTORIQUE
Les vestiges les plus visibles de l'ancienne Castra Regina (forteresse Regen) rectangulaire, qui donna son nom allemand à Regensburg, sont ceux des remparts romains, qui longent Unter den Schwibbögen puis virent au sud vers la Dr-Martin-Luther-Strasse. Plus haute structure romaine de Bavière, la **porte Prétorienne** (Porta Praetoria ; Unter den Schwibbögen), arche dégrossie datant de 179, fit partie des défenses de la cité pendant plusieurs siècles.

Circuits organisés

Schifffahrt Klinger CIRCUITS EN BATEAU
(☎0941-521 04 ; www.schifffahrtklinger.de ; croisières adulte/enfant à partir de 8,50/3,50 € ; ⏱avr-tard oct). Courtes croisières sur le Danube (50 minutes) et vers le majestueux Walhalla, panthéon des gloires allemandes.

Train touristique TRAIN
(départ Domplatz ; adulte/famille 8/19 € ; ⏱8 circuits tlj). Les visites multilingues du centre-ville en petit train durent 45 minutes. Départ côté sud de la cathédrale. Le tarif comprend un café à Haus Heuport.

Fêtes et festivals

Dult FESTIVAL
L'Oktoberfest de Ratisbonne : bières servies sous des tentes, manèges, animations et stands sur la Dultplatz, en mai, puis fin août ou début septembre.

Weihnachtsmarkt MARCHÉ
Amandes grillées, pains d'épices et jouets traditionnels en bois sont vendus dans les chalets de ce marché de Noël qui se tient en décembre sur la Neupfarrplatz et au château des Thurn et Taxis.

Où se loger

Ratisbonne offre un choix étonnamment large pour l'hébergement.

Brook Lane Hostel AUBERGE DE JEUNESSE €
(☎0941-696 5521 ; www.hostel-regensburg.de ; Obere Bachgasse 21 ; dort/s/d à partir de 16/40/50 €, app 55 €/pers ; 📶). La seule

LA PLAQUE DE SCHINDLER

Oskar Schindler, qui inspira à Steven Spielberg *La Liste de Schindler*, résida à Ratisbonne pendant des années. Une **plaque commémorative** (Am Watmarkt 5) apposée sur l'une des maisons qu'il habita lui rend aujourd'hui hommage.

auberge de jeunesse du centre de Ratisbonne a sa propre supérette, qui fait aussi lieu de réception. Elle n'est pas ouverte en continu : prévenez si vous prévoyez d'arriver tard. Les dortoirs se réduisent au strict minimum, mais les appartements et les chambres doubles sont d'excellentes affaires, surtout si vous voyagez à deux ou plus. Cuisines et machines à laver accessibles à tous.

DJH Hostel AUBERGE DE JEUNESSE €
(☎0941-466 2830 ; www.regensburg.jugendherberge.de ; Wöhrdstrasse 60 ; dort à partir de 25,40 €). Cette auberge de jeunesse de 186 lits occupe un beau bâtiment ancien sur une grande île à 10 minutes à pied au nord de la vieille ville.

Hotel Am Peterstor HÔTEL€
(☎0941-545 45 ; www.hotel-am-peterstor.de ; Fröhliche-Türken-Strasse 12 ; s/d 40/50 € ; ⏲réception 7h-11h et 16h-22h30 ; 📶). Certes, le décor gris pâle est sinistre et les horaires de la réception sont trop réduits, mais cet établissement a pour lui un excellent emplacement, un bon rapport qualité/prix et un personnel des plus serviables. Demandez une chambre non-fumeurs : il règne dans certaines une forte odeur de tabac. Supplément de 5 € pour le petit-déjeuner. Règlement à l'arrivée.

♥ **Elements Hotel** HÔTEL €€
(☎0941-3819 8600 ; www.hotel-elements.de ; Alter Kornmarkt 3 ; d à partir de 105 € ; 📶). Quatre chambres exceptionnelles, chacune dédiée à l'un des quatre éléments : une chambre arborant un magnifique rouge chatoyant pour le feu ; une suite bien-être dotée d'un bain à remous pour l'eau ; une chambre légère et lumineuse aux éléments en bois pour l'air ; une chambre de style colonial dominée par la pierre et le cuir pour la terre. Supplément de 15 € pour le petit-déjeuner.

Prestations supplémentaires – massages en chambre, dîner aux chandelles (65 €), petit-déjeuner au lit (25 €) – sur réservation.

Petit Hotel Orphée HÔTEL €€
(☎0941-596 020 ; www.hotel-orphee.de ; Wahlenstrasse 1 ; s 35-125 €, d 75-165 € ; 📶). Une modeste façade dissimule un univers au charme authentique, riche en détails inattendus. Planchers à l'ancienne, lits en fer forgé, lavabos d'autrefois, coussins moelleux et vieux livres à disposition signent une maison amoureusement tenue.

Enregistrement et petit-déjeuner au Café Orphée voisin, au 8 Untere Bachgasse. Chambres également disponibles au-dessus du café.

Hotel Goldenes Kreuz HÔTEL €€
(☎0941-558 12 ; www.hotel-goldeneskreuz.de ; Haidplatz 7 ; s 85-110 €, d 105-135 € ; 📶). D'un rapport qualité/prix absolument imbattable, les 9 chambres féeriques de cet établissement portent toutes le nom d'une tête couronnée et sont dignes d'un empereur. Immenses miroirs, sombre mobilier ancien et Bauhaus, lits à baldaquin, grosses poutres apparentes confèrent au lieu une élégance tout aristocratique où se mêlent cuir, bois, cristal et tissu. Petit-déjeuner servi dans la chapelle.

Hotel Roter Hahn HÔTEL €€
(☎0941-595 090 ; www.roter-hahn.com ; Rote-Hahnen-Gasse 10 ; s 80-105 €, d 100-135 € ; 🅿📶). Le "coq rouge" vous accueille dans une réception aux poutres apparentes massives autour d'un puits de pierre romain vitré (le personnel semble en ignorer la provenance) ; cadre qui contraste avec les chambres épurées et aux équipements modernes. Demandez une chambre au 2e étage pour bénéficier du Wi-Fi gratuit. Parking (12 €).

Zum Fröhlichen Türken HÔTEL €€
(☎0941-536 51 ; www.hotel-zum-froehlichen-tuerken.de ; Fröhliche-Türken-Strasse 11 ; s/d 62/89 €). Des chambres confortables et propres (les plus chères ont une salle de bains individuelle), un personnel agréable et un petit-déjeuner copieux mettent en joie les hôtes de cet établissement appelé le "Turc jovial".

Goliath Hotel HÔTEL €€€
(☎0941-200 0900 ; www.hotel-goliath.de ; Goliathstrasse 10 ; s/d à partir de 130/160 € ; 🅿❄📶). En plein cœur du centre-ville, le Goliath

possède 41 chambres impeccables, toutes différentes. Certaines disposent d'un salon et d'une grande baignoire. Son originalité n'en fait pas tout à fait un boutique-hôtel et le personnel a un petit côté vieux jeu ! Parking (12 €).

Où se restaurer

"À Ratisbonne, nous avons somptueusement déjeuné, nous avions une musique de table divine, un service à l'anglaise et un vin de Moselle excellent", écrivait en 1790 Mozart à Constance son épouse. Déjà servies à l'époque du grand compositeur, mais plus avantageusement arrosées aujourd'hui d'une Kneitinger Pils locale, les *Bratwurst* accompagnées de *Händlmaier's Süsser Hausmachersenf*, une moutarde douce très particulière, sont délicieuses.

Spaghetteria Aquino ITALIEN €
(www.spaghetteria-regensburg.de ; Am Römling 12 ; plats 5,50-10 € ; 11h-14h30 et 17h30-minuit). Pour le prix d'un cocktail à Munich, faites le plein de glucides dans cette ancienne chapelle du XVIIe siècle, où l'on peut choisir parmi six types de pâtes et 24 types de sauce. Les buffets à volonté (5-6,50 €) constituent une option bon marché pour se sustenter au déjeuner et un choix de pizzas, salades et antipasti est disponible.

Historische Wurstkuchl ALLEMAND €
(0941-466 210 ; www.wurstkuchl.de ; Thundorferstrasse 3 ; 6 saucisses 9 € ; 8h-19h). Entièrement submergé à plusieurs reprises par les flots imprévisibles du Danube, ce minuscule local, en activité depuis 1135, est la plus ancienne baraque à saucisses du monde. Grillées au bois de hêtre, les fines *Bratwurst* traditionnelles de Ratisbonne sont servies avec de la choucroute et de la moutarde douce en grains.

Dampfnudel Uli CAFÉ €
(Watmarkt 4 ; plats 5-8 € ; 10h01-18h01 mer-ven, 10h01-15h01 sam). Au pied de la tour Baumburger, cette petite gargote insolite au charme désuet sert d'excellents *Dampfnudel* (beignets à la vapeur) accompagnés de crème anglaise dans une salle gothique aux murs couverts de photos et de chopes.

Dicker Mann BAVAROIS €€
(www.dicker-mann.de ; Krebsgasse 6 ; plats 8-19 € ; 7h-minuit). D'une élégance très traditionnelle et tranquille, le "gros homme" remonterait au XIVe siècle, ce qui en fait l'un des plus anciens restaurants de la ville. Toutes les spécialités bavaroises sont au rendez-vous. Par beau temps, essayez de dénicher une table dans le charmant *Biergarten* à l'arrière.

Café Orphée FRANÇAIS €€
(Untere Bachgasse 8 ; plats 11-24 € ; 8h-1h). Attrayant et toujours débordant de vie, ce bistrot est décoré de velours rouge délavé, de bois sombre et d'affiches Art nouveau. Présenté comme la table la plus française à l'est du Rhin, il nous transporte dans le Paris des années 1920. Sur la carte manuscrite, des petits plats bien français agrémentés de discrètes touches bavaroises.

Haus Heuport INTERNATIONAL €€
(Domplatz 7 ; plats 8,50-20,50 € ; 10h-minuit lun-ven, 9h-minuit sam-dim ;). Pénétrez dans la cour intérieure (flanquée de blocs de pierre où l'on éteignait les flambeaux au Moyen Âge) et gravissez les marches du grand escalier en bois pour accéder à une vaste salle gothique où l'on profite d'une vue imprenable sur la cathédrale et d'un festin de cuisine internationale. Le buffet du petit-déjeuner du dimanche est ouvert jusqu'à 15h. L'endroit est toujours animé.

Vitus FRANÇAIS €€
(0941-526 46 ; Hinter der Grieb 8 ; plats 5,50-13,90 € ; 9h-23h). Des toiles bigarrées égayent la salle à poutres apparentes dans ce lieu animé qui propose des spécialités françaises, dont de délicieuses *Flammkuchen*, des quiches, salades, viandes et poissons ainsi qu'un grand choix de plats végétariens. Prenez place au bar, assez rustique, à une table du restaurant, ou dans la partie café, idéale pour les enfants.

Leerer Beutel EUROPÉEN €€
(0941-589 97 ; www.leerer-beutel.de ; Bertoldstrasse 9 ; plats 10-23 € ; 18h-1h lun, 11h-1h mar-sam, 11h-15h dim). Adepte du Slow Food, ce restaurant sombre installé dans le centre culturel du même nom propose une carte imaginative de plats bavarois, tyroliens et italiens, servis dans la salle ou à l'extérieur, dans la rue piétonne pavée. Du mardi au vendredi, le déjeuner de deux plats pour 6,50 € attire la foule des initiés.

Weltenburger am Dom BAVAROIS €€
(0941-586 1460 ; www.weltenburger-am-dom.de ; Domplatz 3 ; plats 8,40-17,90 € ; 11h-23h). La carte appétissante de ce *gastropub*

souvent bondé comprend d'énormes hamburgers gastronomiques, des saucisses, des classiques de brasserie tels qu'*Obazda* (fromage à la crème sur bretzels) et *Sauerbraten* (viande rôtie marinée), du goulasch à la bière brune et quelques desserts pour la forme. Assurez-vous d'avoir bien faim avant de commander car les portions sont importantes.

Où prendre un verre

Spitalgarten BIERGARTEN
(☎0941-847 74 ; www.spitalgarten.de ; St Katharinenplatz 1 ; ⏲9h-minuit). Un des meilleurs lieux de la ville pour prendre un verre en plein air, avec d'innombrables chaises pliantes et tables en bois installées au bord du Danube. On y brasse de la bière (aujourd'hui la Spital) depuis 1350.

Félix CAFÉ
(Fröhliche-Türken-Strasse 6 ; ⏲9h-2h dim-jeu, 10h-3h ven-sam). Ouvert en continu, cet accueillant café à la façade néobaroque galbée réjouit les lève-tôt d'un bon petit-déjeuner et les oiseaux de nuit de cocktails de toutes sortes. À l'heure du déjeuner, arrivez tôt pour avoir une chance de trouver une place assise.

Kneitinger PUB
(Arnulfsplatz 3 ; ⏲9h-minuit.) Ouverte depuis 1530, voici une microbrasserie bavaroise typique qui vaut le détour pour sa roborative cuisine maison, ses délicieuses bières et son ambiance du cru.

Paletti CAFÉ, BAR
(Gesandtenstrasse 6, Pustetpassage ; ⏲8h-1h lun-sam, 16h-1h dim). Inchangé depuis les années 1960, ce café-bar italien animé, niché dans un passage couvert non loin de la Gesandtenstrasse, vous plonge dans le *Wirtschaftswunder* (miracle économique) des années d'après-guerre.

Cafebar CAFÉ, BAR
(Gesandtenstrasse 14 ; ⏲8h-minuit lun-mer, 8h-1h jeu-ven, 9h-1h sam, 13h-minuit dim). Orné de carrelage *Jugendstil*, de fonte et de verre teinté, cet établissement envahi de caféinomanes liseurs de journaux à l'aube et de gros buveurs au crépuscule semble tout droit sorti du passé.

Hemingway's CAFÉ, BAR
(Obere Bachgasse 5 ; ⏲9h-1h dim-jeu, 9h-2h ven-sam). Les murs de ce séduisant café-bar Art déco tout en bois sombre et grands miroirs sont couverts de photos de "Papa" en personne.

Augustiner BIERGARTEN
(Neupfarrplatz 15 ; ⏲10h-23h30). Très fréquenté, ce restaurant-*Biergarten* éclairé de guirlandes lumineuses jouit d'un emplacement idéal en plein centre-ville. Dans le vaste jardin ou la salle caverneuse, abandonnez un instant votre chope pour déguster des spécialités traditionnelles du sud de l'Allemagne.

Moritz BAR
(Untere Bachgasse 15 ; ⏲7h30-1h lun-sam, 9h-1h dim). Sous une voûte d'arêtes gothique repeinte en orange criard, une clientèle branchée savoure de fameux cocktails.

Renseignements

La **Regensburg Card** (24/48h 9/17 €) donne droit à la gratuité dans les transports en commun et à des réductions sur les sites et dans les commerces de la ville. Disponible à l'office du tourisme.

Centre des visiteurs du patrimoine mondial (Unesco-Welterbe Altstadt Regensburg Besucherzentrum ☎0941-507 4410 ; www.regensburg-welterbe.de ; Weisse-Lamm-Gasse 1 ; ⏲10h-19h). Près du Steinerne Brücke, un office du tourisme tout nouveau dédié aux sites classés à l'Unesco. Intéressantes expositions permanentes interactives.

Office du tourisme (☎0941-507 4410 ; www.regensburg.de ; Rathausplatz 4 ; ⏲9h-18h lun-ven, 9h-16h sam, 9h30-16h dim avr-oct, 9h30-14h30 dim nov-mars ; 📶). Dans l'ancien hôtel de ville historique. Billetterie, visites, hébergements et audioguides pour visites autonomes.

Poste (Domplatz). Un autre bureau se trouve près de la gare.

Depuis/vers Ratisbonne

VOITURE

Ratisbonne est à environ 1 heure de route au sud-est de Nuremberg et au nord-ouest Passau via l'*Autobahn* A3. Au sud, l'A93 rejoint Munich.

TRAIN

Quelques liaisons ferroviaires :

- **Francfort** 71 €, 3 heures, toutes les 2 heures, avec correspondance à Nuremberg ou à Wurtzbourg
- **Landshut** 13,30 €, 40 minutes, 1/heure
- **Munich** 27,50 €, 1 heure 30, 1/heure
- **Nuremberg** 20,70 €, 1 à 2 heures, 1/heure
- **Passau** 24,20-29 €, 1 à 2 heures, 1/heure ou avec correspondance à Plattling

Comment circuler

BUS

En semaine, l'Altstadtbus (1,10 €) se fraie miraculeusement un chemin parmi les rues étroites entre la gare et la vieille ville, toutes les 10 minutes entre 9h et 19h. Le point de correspondance des bus se trouve à un pâté de maisons au nord de la gare, sur l'Albertstrasse. Les tickets pour tous les bus de ville (hormis l'Altstadtbus) coûtent 2,30 € pour les trajets dans le centre. Un pass valable une journée coûte 5 € lorsque vous l'achetez aux automates (3,80 € pour sam-dim réunis le week-end).

VÉLO

Bikehaus (☎0941-599 8808 ; www.bikehaus.de ; Bahnhofstrasse 18 ; vélo 12 €/jour ; ⏲10h-19h lun-sam). À Bikehaus, vous pourrez louer toutes sortes de cycles, des modèles pour enfants aux vélos de randonnée tout équipés, et même un cyclopousse pour une visite originale de la ville.

VOITURE ET MOTO

Le pont de pierre (Steinerne Brücke) et une grande partie de la vieille ville sont fermés à la circulation automobile. Bien indiqués, les parkings du centre facturent 1,50 € l'heure de stationnement.

Environs de Ratisbonne

Walhalla

Walhalla ÉDIFICE REMARQUABLE

(www.walhalla-regensburg.de ; tarif plein/réduit 4/3 € ; ⏲9h-17h45 avr-sept, 10h-11h45 et 13h-15h45 oct-mars). Érigé sur le modèle du Parthénon athénien, le Walhalla est un époustouflant monument que Louis Ier fit édifier en guise d'hommage aux grands hommes de la civilisation germanique. Un immense escalier en marbre mène de la rive du Danube au somptueux temple en marbre et à sa galerie de 127 héros... en marbre.

La présence de certaines personnalités étrangères est discutable, comme celle de l'astronome Copernic, né dans un territoire aujourd'hui polonais. Le dernier venu (2009) est le poète romantique Heinrich Heine, dont les œuvres furent mises en musique par Strauss, Wagner et Brahms.

Pour vous y rendre, empruntez la petite route de la vallée du Danube (non numérotée) qui part à 10 km à l'est de Ratisbonne jusqu'au village de Donaustauf, où vous suivrez les panneaux. Alternatives possibles : la croisière de 2 heures organisée par Schifffahrt Klinger (p. 161), qui comprend un arrêt d'une heure au Walhalla, ou le bus n°5 au départ de la gare de Ratisbonne.

Ingolstadt

☎0841 / 129 100 HABITANTS

Même pour une ville bavaroise, Ingolstadt est incroyablement huppée. Posée sur les rives du Danube, la ville abrite les quartiers généraux du constructeur Audi et une poignée de raffineries de pétrole dans sa périphérie. Ce patrimoine industriel n'est guère visible dans le centre médiéval aux rues pavées, dont les bâtiments anciens ont été astiqués comme des sous neufs ! L'église-musée d'Ingolstadt contient la plus grande fresque sur surface plane du monde. À noter aussi : la ville et son ancienne faculté de médecine ont vu naître le monstre littéraire par excellence, Frankenstein.

À voir

Église Notre-Dame-des-Victoires FRESQUE BAROQUE

(Asamkirche Maria de Victoria ; ☎0841-305 1830 ; Neubaustrasse 11 ; tarif plein/réduit 2/1,50 € ; ⏲9h-12h et 12h30-17h mar-dim mars-oct, 13h-16h mar-dim nov-fév). Ce chef-d'œuvre baroque, réalisé entre 1732 et 1736 par les frères Cosmas Damian et Egid Quirin Asam, est le plus beau joyau de la vieille ville. Six semaines à peine ont suffi à réaliser en 1735 la plus grande fresque sur surface plane du monde, ce plafond en trompe-l'œil qui hypnotise littéralement dès le premier regard.

Les illusions d'optique sont ici légion : tenez-vous sur le petit cercle du carreau en diamant près de la porte et avisez par-dessus votre épaule gauche l'archer au turban rouge vif – où que vous alliez, sa flèche est pointée droit sur vous. Sur la fresque, la corne d'abondance, le bâton de Moïse et le coffre au trésor changent radicalement d'apparence au fil de vos déplacements.

Musée allemand de l'Histoire de la médecine MUSÉE

(Deutsches Medizinhistorisches Museum ; ☎0841-305 2860 ; www.dmm-ingolstadt.de ; Anatomiestrasse 18-20 ; tarif plein/réduit 5/2,50 € ; ⏲10h-17h mar-dim). Installé dans l'imposant bâtiment universitaire de l'Alte Anatomie, ce musée parfois fort éprouvant pour les âmes

LA NAISSANCE DE FRANKENSTEIN

Publié en 1818, le *Frankenstein* de Mary Shelley a marqué un effrayant précédent dans l'histoire des monstres littéraires. L'histoire est bien connue : le jeune scientifique Victor Frankenstein, parti à Ingolstadt étudier la médecine, devient obsédé par l'idée de créer un être humain à partir de restes glanés au cimetière local. La créature qui en résulte se retourne contre lui et se consacre à sa perte.

Shelley fit le choix d'Ingolstadt pour sa célèbre faculté de médecine. Au XIXe siècle, l'Alte Anatomie (aujourd'hui le **musée allemand de l'Histoire de la médecine** ; voir p. 165) hébergeait un laboratoire pour scientifiques et médecins. Professeurs et étudiants y pratiquaient des expériences sur les cadavres... Peut-être l'un d'entre eux eut-il une idée plus diabolique !

sensibles revient sur l'évolution de la médecine et les nombreux instruments (effrayants) et techniques utilisés au cours de son histoire.

Le rez-de-chaussée est consacré au matériel médical : chaises d'accouchement, seringues de lavement, bistouris et autres sympathiques objets ont un effet garanti. C'est pourtant à l'étage que commencent les choses sérieuses : on y rencontre entre autres des squelettes humains, des fœtus de jumeaux siamois, un utérus gravide et un cyclope.

Château Neuf PALAIS, MUSÉE

(Neues Schloss). Cet ostentatoire château fut érigé pour le duc Louis le Barbu en 1418. De retour d'un voyage en France, Louis s'inspira fortement de l'architecture hexagonale et conçut une résidence aux murs de 3 m d'épaisseur, ornée de croisées d'ogives gothiques et de portes sculptées. Parmi ses hôtes de marque ultérieurs : Charles de Gaulle, retenu ici en tant que prisonnier pendant la Grande Guerre.

L'édifice abrite désormais le **musée bavarois de l'Armée** (Bayerisches Armeemuseum ; ☎0841-937 70 ; www.armeemuseum.de ; Paradeplatz 4 ; tarif plein/réduit 3,50/3 €, dim 2 € ; ⏲9h-17h30 mar-ven, 10h-17h30 sam-dim), qui se penche sur des batailles oubliées et réunit une vaste collection d'armes (certaines remontant au XIVe siècle) et de soldats de plomb.

La deuxième partie du musée, consacré à la Première Guerre mondiale et à ses suites en Allemagne, se trouve dans le **réduit Tilly** (tarif plein/réduit/enfant 3,50 €/3 €/gratuit, dim 1 € ; ⏲9h-17h30 mar-ven, 10h-17h30 sam-dim) de l'autre côté de la rivière. Cette forteresse du XIXe siècle dessinée par l'architecte en chef de Louis Ier possède une esthétique frappante. Elle porte le nom du comte de Tilly, ce chef de guerre wallon, également surnommé "le boucher de Magdebourg", qui commandait les armées de la Ligue catholique durant la guerre de Trente Ans.

Le complexe muséal abrite également le **musée bavarois de la Police** (Bayerisches Polizeimuseum ; Donaulände 1 ; tarif plein/réduit 3,50/3 €, dim 1 € ; ⏲9h-17h30 mar-ven, 10h-17h30 sam-dim) dans la Turm Triva, construite à la même époque que le réduit Tilly. Il retrace l'histoire de la police bavaroise et son rôle à diverses périodes, notamment sous le IIIe Reich et durant la guerre froide.

Un billet combiné donne accès aux trois musées, en vente dans ces derniers (tarif plein/réduit 7/5 €).

Museum Mobile AUTOMOBILE

(☎0800-283 4444 ; www.audi.de/foren ; Ettinger Strasse 40 ; adulte/enfant 4 €/gratuit ; ⏲9h-18h). Ce musée de l'auto high-tech fait partie de l'**Audi Forum**. Les trois étages retracent l'histoire d'Audi, des débuts modestes en 1899 aux derniers fleurons de la marque, comme la R8. Quelque 50 voitures et 20 motos sont exposées, dont des prototypes qui défilent devant les visiteurs dans un ascenseur tournant. Pour y accéder, prenez le bus n°11 (toutes les 30 minutes au départ de la gare ferroviaire ou de la gare routière ZOB) et descendez au complexe Audi.

Deux heures complètes de visite guidée de l'**usine Audi** (☎0800-283 4444 ; tarif plein/réduit 7/3,50 € ; ⏲visites lun-ven, 10h30, 12h30 et 14h30 en allemand, 11h30 en anglais) vous mènent à la découverte de toutes les étapes de la production, de l'atelier de presse au contrôle qualité.

Cathédrale Notre-Dame ART GOTHIQUE

(Liebfrauenmünster ; Kreuzstrasse ; ⏲8h-18h). Édifiée par le duc Louis le Barbu en 1425 et agrandie au siècle suivant, cette église-halle gothique, plus vaste sanctuaire d'Ingolstadt, est flanquée d'une paire de tours carrées étrangement obliques. À l'intérieur, des coloris subtils et une nef baignée de lumière subliment la beauté de la voûte et des retables sculptés de plusieurs chapelles latérales.

Sur un panneau arrière du retable d'Hans Mielich (1560), sainte Catherine est représentée en pleine discussion avec les professeurs de la nouvelle université d'Ingolstadt, tentant de convertir la faculté protestante au catholicisme (clin d'œil à la Réforme de Luther). Au fond de l'église, un petit **trésor** (Schatzkammer) expose chasubles précieuses, gobelets et ostensoirs appartenant au diocèse.

Musée d'Art concret MUSÉE

(Museum für Konkrete Kunst ; ☎ 0841-305 1875 ; www.mkk-ingolstadt.de ; Tränktorstrasse 6-8 ; tarif plein/réduit 3/1,50 € ; ⏲ 10h-17h mar-dim). Ce musée unique renferme des œuvres et installations du mouvement concret, toutes extrêmement abstraites. Le courant fut défini et dominé par des artistes de l'entre-deux-guerres comme Max Bill et Theo van Doesburg, dont les travaux figurent ici en nombre.

Porte de la Croix PORTE MÉDIÉVALE

(Kreuztor ; Kreuzstrasse). La Kreuztor gothique (1385) fut l'une des quatre principales portes de la ville jusqu'au XIXe siècle. Sa silhouette en brique rouge est désormais emblématique d'Ingolstadt. La porte principale du château Neuf et la porte de la Croix sont les seuls vestiges des entrées médiévales de la ville, mais d'anciennes fortifications transformées en habitations encerclent toujours le centre.

Lechner Museum MUSÉE

(☎ 0841-305 2250 ; www.lechner-museum.de ; Esplanade 9 ; tarif plein/réduit 3/1,50 € ; ⏲ 11h-18h jeu-dim). Ce musée d'art original met à l'honneur des œuvres réalisées en acier, plus expressives qu'on pourrait l'imaginer, sous la remarquable verrière d'une usine reconvertie de 1953.

Où se loger

DJH Hostel AUBERGE DE JEUNESSE €

(☎ 0841-305 1280 ; www.ingolstadt.jugendherberge.de ; Friedhofstrasse 4 ; dort à partir de 19,20 €). Bien équipée et accessible aux handicapés, cette belle auberge a élu domicile dans une forteresse (1828) de brique rouge rénovée, à 150 m à l'ouest de la Kreuztor.

Enso Hotel HÔTEL €€

(☎ 0841-885 590 ; www.enso-hotel.de ; Bei der Arena 1 ; s/d à partir de 99/129 € ; P 📶). Sis sur l'autre rive du Danube, face au centre-ville, cet hôtel loue 176 chambres d'affaires au décor original : exubérantes teintes de rouge et de noir et faux placage en abondance. Le bruit de la rue est presque inaudible malgré la proximité d'un carrefour très passant. Sur place, excellent bar-restaurant italien et salle de sport.

Hotel Anker HÔTEL €€

(☎ 0841-300 50 ; www.hotel-restaurant-anker.de ; Tränktorstrasse 1 ; s/d 64/94 €). Un établissement familial aux chambres claires et à l'emplacement très central qui constitue une bonne adresse avec ses œuvres d'art surréalistes. Essayez si possible d'éviter d'arriver à l'heure des repas : le personnel est accaparé par le service dans le restaurant traditionnel du bas.

Bayerischer Hof HÔTEL €€

(☎ 0841-934 060 ; www.bayerischer-hof-ingolstadt.de ; Münzbergstrasse 12 ; s 68-85 €, d 87-100 €). Disposées autour d'un restaurant bavarois, voici un ensemble de 34 chambres d'un bon rapport qualité/prix avec mobilier en bois dur, TV et salle de bains moderne. Les tarifs baissent le week-end. Près de la moitié des chambres sont simples, ce qui fait de cet hôtel un excellent choix pour les voyageurs solitaires.

Kult Hotel HÔTEL DESIGN €€€

(☎ 0841-951 00 ; www.kult-hotel.de ; Theodor-Heuss-Strasse 25 ; d 189 € ; P @ 📶). Les chambres de ce séduisant hôtel situé à 2 km au nord-est du centre-ville se distinguent par leurs plafonds peints ; de véritables œuvres d'art aux touches légèrement coquines. Pleines de gadgets ultramodernes, elles sont par ailleurs élégamment meublées et aménagées. Le restaurant dégage une classe tranquille.

Où se restaurer et prendre un verre

Le fait que le décret sur la pureté de la bière en Allemagne fut promulgué à Ingolstadt fait la fierté des buveurs locaux. La ville célébrera le 500e anniversaire de l'événement en 2016. Herrnbräu, Nordbräu et Ingobräu sont d'excellentes bières locales.

Si vous souhaitez casser la croûte rapidement, dirigez-vous vers les stands de fast-food du Viktualienmarkt, tout près de la Rathausplatz. Ingolstadt possède certainement plus de restaurants italiens par habitant que toute autre ville allemande !

Zum Daniel BAVAROIS €€
(☎0841-352 72 ; Roseneckstrasse 1 ; plats 8-17 € ; ⏱9h-minuit mar-dim). La charmante auberge la plus ancienne d'Ingolstadt, véritable institution locale citée dans le guide Michelin, passe pour servir le meilleur rôti de porc et les meilleures spécialités de saison de la ville.

Stella D'Oro ITALIEN €€
(☎0841-794 3737 ; www.stelladoro.de ; Griesbadgasse 2 ; plats 8,20-30,90 € ; ⏱11h30-14h30 et 17h30-23h lun-sam). Ingolstadt compte plus de restaurants italiens que certaines villes de la péninsule. Ainsi, si vous êtes d'humeur dolce vita, optez pour ce qu'il y a de meilleur. Les délicieux mets proposés par cette adresse italienne élégante sont classés en Terra (viande), Il Mare (poisson), L'orot (végétarien) et Dolce (desserts). Les fruits de mer représentent en particulier une alternative rafraîchissante à la viande, omniprésente dans la cuisine bavaroise.

Weissbräuhaus BRASSERIE €€
(☎0841-328 90 ; Dollstrasse 3 ; plats 8,50-17,90 € ; ⏱11h-minuit). On peut commander dans ce bar à bières moderne des spécialités bavaroises telles qu'un délicieux *Weissbräupfändl* (filet de porc avec pâtes maison). Dans l'arrière-cour, le *Biergarten* entoure une jolie fontaine.

Kuchlbauer BRASSERIE
(☎0841-335 512 ; www.biermuseum-ingolstadt.de ; Schäffbräustrasse 11a ; ⏱11h-15h et 17h-1h). L'ambiance chaleureuse de cette immanquable brasserie, aux murs et plafond couverts d'objets rustiques, s'endiable rapidement au son de l'accordéon. Goûtez la *Hefeweissbier* (bière blanche maison) ou une *Mass Goass*, un pichet de 1 litre de bière brune mélangée avec du Coca et 4 cl de liqueur de cerise !

Neue Galerie Das MO CAFÉ, BAR
(☎0841-339 60 ; Bergbräustrasse 7 ; ⏱à partir de 17h). Ouverte le soir uniquement, cette adresse branchée accueille parfois des expositions d'art, mais c'est surtout son *Biergarten* clos à l'ombre des vieux châtaigniers qui attire les habitués. Menu international varié : cheeseburgers, escalopes viennoises, pommes de terre au four, plats végétariens...

Renseignements

Office du tourisme (☎0841-305 3005 ; www.ingolstadt-tourismus.de ; Elisabethstrasse 3, Hauptbahnhof ; ⏱8h30-18h30 lun-ven, 9h30-13h sam). Autre guichet sur la Rathausplatz (☎0841-305 3030 ; Rathausplatz 2 ; ⏱9h-18h lun-ven, 10h-14h sam-dim, horaires restreints et fermé le dim nov-mars).

Poste (Am Stein 8 ; ⏱8h30-18h lun-ven, 9h-13h sam)

Sparkasse (Rathausplatz 6)

Depuis/vers Ingolstadt

Si vous arrivez en train du nord (Eichstätt ou Nuremberg), la gare Ingolstadt Nord est plus proche du centre historique que la gare ferroviaire. Les trains en provenance du sud arrivent à la Hauptbahnhof. Quelques liaisons ferroviaires :

- **Munich** 17,90-28 €, 1 heure, 2/heure
- **Nuremberg** 20-31 €, 30-40 minutes, 1/heure
- **Ratisbonne (Regensburg)** 15,70 €, 2 heures, 2/heure, correspondance à Nuremberg

Comment circuler

Les bus n[os]10, 11 et 18 circulent à brefs intervalles entre le centre-ville et la gare ferroviaire, située à 2,5 km au sud-est.

Landshut

☎0871 / 66 200 HABITANTS

Landshut (à prononcer "*lants*-houte") fut le siège héréditaire de la maison des Wittelsbach au début du XIIIe siècle, et la capitale du duché de Bavière-Landshut pendant plus d'un siècle. Après avoir brièvement été le quartier général de l'Université de Bavière au début du XIXe siècle, la ville est retombée dans l'obscurité provinciale, mais son passé noble se lit sur les façades de ses grandioses édifices historiques dominés par un très haut clocher. Située à proximité de l'aéroport de Munich, à mi-chemin entre Munich et Ratisbonne, elle mérite une demi-journée de visite.

À voir

Si vous arrivez de la gare, vous pénétrerez dans le centre historique en passant sous l'arc brisé gothique de la solide **Ländtor**, pratiquement le seul vestige des défenses médiévales de la ville. De là part l'une des plus impressionnantes artères commerçantes médiévales de Bavière (600 m de long), la Theaterstrasse qui mène vers la **vieille ville** (Altstadt). Les maisons pastel qui bordent la grande rue pavée sont surmontées de pignons tous singuliers, qu'ils soient crénelés ou adoptent la forme d'une cloche.

Château de Trausnitz RÉSIDENCE DUCALE
(Burg Trausnitz ; 0871-924 110 ; www.burg-trausnitz.de ; tarif plein/réduit 5,50/4,50 € ; visites 9h-18h avr-sept, 10h-16h oct-mars). Perché au-dessus de la vieille ville, ce château est le site le plus intéressant de Landshut. Une visite guidée de 50 minutes (en allemand, texte en anglais) mène parmi les salles gothiques et Renaissance pour s'achever sur une terrasse de réception qui offre un superbe panorama sur la ville. Le circuit comprend le **Cabinet des arts et des curiosités** (Kunst und Wunderkammer), où sont exposés les bibelots exotiques rassemblés par les ducs locaux, comme cela se faisait à la Renaissance.

Église Saint-Martin ART GOTHIQUE
(www.st.martin-landshut.de ; Altstadt ; 7h30-18h avr-sept, 7h30-17h oct-mars). Le splendide édifice gothique de Saint-Martin, qui s'élève à l'extrémité sud de la vieille ville, est célèbre pour sa tour de 130,60 m, ni plus ni moins la plus haute construction en brique au monde. Sa réalisation ne prit pas moins de 55 ans. De loin la plus grande église de Bavière, elle dépasse la cathédrale de Ratisbonne de quelque 25 m.

Résidence PALAIS
(Stadtresidenz ; 0871-924 110 ; Altstadt 79 ; tarif plein/réduit 3,50/2,50 € ; visites en allemand ttes les heures 9h-18h avr-sept, 10h-16h oct-mars, fermé lun). Construit par le duc Louis X de Bavière au XVIe siècle, ce palais Renaissance de la vieille ville est dévolu aux expositions temporaires sur des thèmes historiques. Visite possible uniquement avec un guide.

Fêtes et festivals

Noces de Landshut MÉDIÉVAL
(Landshuter Hochzeit ; www.landshuter-hochzeit.de). Tous les quatre ans (prochaines éditions en 2017 et 2021), la ville accueille en juillet l'une des plus grandes fêtes médiévales d'Europe, qui commémore le mariage qui a uni en 1475 la princesse Edwige Jagellon, fille du roi de Pologne, à Georges le Riche, devenu duc de Bavière quatre ans plus tard.

Où se loger et se restaurer

DJH Hostel AUBERGE DE JEUNESSE €
(0871-234 49 ; www.landshut.jugendherberge.de ; Richard-Schirrmann-Weg 6 ; dort à partir de 21 € ;). Dans une jolie villa ancienne sur les hauteurs, près du château, l'auberge de 100 lits, propre et bien tenue, bénéficie d'un beau panorama sur la ville.

Goldene Sonne HÔTEL €€
(0871-925 30 ; www.goldenesonne.de ; Neustadt 520 ; s/d à partir de 70/90 € ; P). Lumineuse demeure de 6 étages au magnifique pignon, ce "soleil d'or" le bien nommé vous loge sous de hauts plafonds dans des chambres aux miroirs raffinés avec TV à écran plat et salle de bains rénovée. Sur place, un luxueux restaurant bavarois.

Zur Insel HÔTEL €€
(0871-923 160 ; www.insel-landshut.de ; Badstrasse 16 ; s 60-95 €, d 75-110 € ;). Simple et rustique, un établissement de 15 chambres d'un bon rapport qualité/prix avec restaurant lambrissé à l'appui.

Augustiner an der St Martins Kirche BAVAROIS €€
(www.landshut-augustiner.de ; Kirchgasse 251 ; plats 7,90-18,90 € ; 10h-minuit). Au pied de la tour de Saint-Martin, cette taverne au décor de bois sombre est la meilleure adresse de Landshut pour s'offrir un plat de viande et de quenelles arrosé d'une bière munichoise.

Alt Landshut BAVAROIS €€
(Isarpromenade 3 ; plats 6-14 € ; 11h-23h). Par beau temps, les habitants aiment à s'attarder au bord de l'Isar en sirotant une Augustiner et en savourant la cuisine locale de cet établissement. L'hiver, on mange dans une salle toute simple aux murs chaulés.

Renseignements

Office du tourisme (0871-922 050 ; www.landshut.de ; Altstadt 315 ; 9h-18h lun-ven, 10h-16h sam mars-oct, 9h-17h lun-ven, 10h-14h sam nov-fév)

Depuis/vers Landshut

DEPUIS/VERS L'AÉROPORT

Le bus qui fait la navette avec l'aéroport (13 €, 35 minutes) part presque toutes les heures à proximité de l'office du tourisme en passant par la gare entre 3h et 22h.

TRAIN

Landshut est un arrêt assez important sur la ligne Munich-Ratisbonne.

- **Munich** 15,70 €, 45 minutes, 2/heure
- **Passau** 23,50 €, 1 heure 30, 1/heure
- **Ratisbonne** 13,30 €, 40 minutes, au moins 1/heure

1

2

1. Château de Linderhof (p. 95) **2.** Résidence de Wurtzbourg (p. 110)
3. Château de Neuschwanstein (p. 92)

Résidences romantiques

Châteaux et palais de contes de fées, vestiges juchés au sommet des collines et splendeurs de la Renaissance – peu d'endroits sur Terre possèdent autant de trésors d'architecture médiévale et aristocratique que le sud de l'Allemagne. La visite de ces monuments constitue le point d'orgue de tout séjour dans la région.

Neuschwanstein

Château parmi les plus romantiques au monde, cette extravagance architecturale du XIXe siècle voulue par Louis II inspira la citadelle de Walt Disney et attire aujourd'hui des millions de visiteurs dans ce coin des Alpes. Avec ses tours et tourelles effilées qui jaillissent comme irréelles des forêts alpines, l'édifice est sans conteste le monument phare de Bavière.

Résidence de Wurtzbourg

Inscrit au patrimoine mondial de l'Unesco, le palais de Wurtzbourg est l'un des monuments baroques aristocratiques les plus somptueux du pays, œuvre du brillant architecte de l'époque Balthasar Neumann. La pièce maîtresse de cet immense édifice est sans aucun doute le grand escalier dominé par la plus grande fresque du monde.

Château de Linderhof

Autre extravagance poétique de Louis II, ce petit mais sublime palais fut la seule de ses créations qu'il put voir achevée. Niché dans les contreforts des Alpes, il impressionne par la symétrie harmonieuse de sa façade et la fantaisie de son intérieur.

Château impérial

Le château impérial de Nuremberg, l'une des forteresses bavaroises les plus importantes du point de vue historique, domine la vieille ville de la deuxième ville du *Land*. La visite guidée vous transporte à l'époque médiévale, lorsque Nuremberg était l'une des cités majeures du Saint Empire romain et le château le coffre-fort des joyaux de l'Empire.

1

2

1. Lac au pied du Wettersteinspitze (p. 109) **2.** Danube, Passau (p. 174)
3. Parc national de la Forêt bavaroise (p. 178)

Paysages spectaculaires

Des hautes Alpes à la Forêt-Noire, des épaisses forêts couvrant l'est de la Bavière aux eaux transparentes des lacs des contreforts alpins, les paysages du sud de l'Allemagne sont tout aussi photogéniques les uns que les autres.

Montagnes

La Bavière n'embrasse qu'une petite portion de la grande chaîne des Alpes, mais elle en tire pleinement parti : filez vers les sommets par l'un des innombrables téléphériques de la région, chaussez vos skis, enfilez vos chaussures de randonnée ou profitez simplement de la vue une bière à la main.

Forêts

Bien qu'il y ait beaucoup d'arbres entre les deux, le sud de l'Allemagne est le récit de deux forêts : la Bavaroise à l'est, la Noire à l'ouest. Région peu peuplée, sombre et mystérieuse, la forêt bavaroise ne fait qu'une avec sa voisine tchèque, la forêt de Bohême. La seconde vient d'être classée parc national (2014).

Lacs

De l'apaisant lac de Constance à l'ouest au lac de Starnberg, le terrain de jeu aquatique des Munichois, en passant par le Titisee de Forêt-Noire ou encore le spectaculaire Königssee de Berchtesgaden, l'Allemagne méridionale déploie une variété de paysages lacustres assez stupéfiante. Des rivages empreints de sérénité comme de majesté, et surtout propices à s'amuser, dans l'eau comme sur l'eau.

Cours d'eau

Voie séculaire à travers l'Europe, le légendaire Danube prend sa source en Forêt-Noire puis traverse la Bavière et le Bade-Wurtemberg avant de poursuivre son long voyage jusqu'à la mer Noire. Moins connue et moins tumultueuse, l'Altmühl se prête à une descente paresseuse en kayak à travers la Franconie.

Passau

☎ 0851 / 49 500 HABITANTS

Cette jolie ville proche de la frontière autrichienne a été littéralement façonnée par l'eau. Sa vieille ville s'élève sur une étroite péninsule à la confluence de trois cours d'eau : le Danube, l'Inn et l'Ilz, qui ont fait de Passau une plaque tournante du commerce pendant plusieurs siècles. Outre la prospérité apportée par le commerce du sel, l'"or blanc" de l'Europe centrale, le prestige de Passau tient aussi à son rôle dans le Saint Empire romain germanique dont Passau fut le plus grand évêché. Si la vieille ville est restée quasi intacte depuis que les puissants princes-évêques ont construit ses rues étroites, ses passages et ses arcades au style italien, la partie ouest (autour de Nibelungenplatz) a été modernisée et les centres commerciaux ont fleuri dans une gare routière (ZOB) en forme de deltaplane.

Les croisières sur le Danube faisant halte à Passau, une certaine frénésie règne en journée avec tous les visiteurs d'un jour. Plusieurs longs itinéraires cyclables convergent également vers la "ville aux trois rivières".

À voir

Cathédrale Saint-Étienne — ART BAROQUE

(Dom St Stephan ; www.bistum-passau.de ; Domplatz ; 6h30-19h). Si le sanctuaire existe depuis le Ve siècle, la cathédrale actuelle est postérieure au grand incendie de 1662 qui ravagea la majeure partie de la ville médiévale, cathédrale gothique comprise. Une équipe d'artistes italiens, dont l'architecte Carlo Lurago et le maître du stuc Giovanni Battista Carlone, a conçu cet intérieur baroque aux plafonds très chargés, où saints et chérubins contemplent les fidèles depuis d'innombrables corniches et chapiteaux.

L'acoustique du bâtiment fait honneur à sa grande fierté, le plus grand orgue du monde, situé au-dessus de l'entrée principale. En action, cet instrument à vent monumental, qui ne compte pas moins de 17 974 tuyaux, offre une expérience acoustique extraordinaire. Des récitals d'orgue de 30 minutes sont donnés tous les jours à midi du lundi au samedi (adulte/enfant 4/2 €) et à 19h30 le jeudi (adulte/enfant 5/3 €) de mai à octobre et pendant une semaine autour de Noël. Venez au moins une demi-heure à l'avance pour vous assurer une place assise.

Forteresse d'Oberhaus — ÉDIFICE MÉDIÉVAL

(Veste Oberhaus ; www.oberhausmuseum.de ; tarif plein/réduit 5/4 € ; 9h-17h lun-ven, 10h-18h sam-dim mi-mars à mi-nov). Construite par les princes-évêques, l'imposante forteresse surplombe Passau depuis le XIIIe siècle. Elle bénéficie d'une vue magnifique sur la ville et l'Autriche voisine.

Musée d'histoire régionale, l'**Oberhausmuseum** qu'elle abrite révèle les secrets des bâtisseurs de cathédrales médiévaux, montre comment on devenait chevalier et revient sur l'époque où Passau était une plaque tournante du commerce du sel. Explications en anglais.

Ancien hôtel de ville — HÔTEL DE VILLE

(Altes Rathaus ; Rathausplatz 2). Une entrée côté Schrottgasse de l'ancien hôtel de ville donne accès à la **grande salle** (Grosser Rathaussaal ; tarif plein/réduit 2/1,50 € ; 10h-16h), où les vastes peintures de Ferdinand Wagner, artiste local du XIXe siècle, décrivent des scènes de l'histoire de Passau à grand renfort de fioritures mélodramatiques. Si elle n'est pas prise par un mariage ou une réunion, jetez un coup d'œil dans la petite salle adjacente à la fresque du plafond, qui représente des allégories des trois rivières.

Grandiose édifice gothique, l'ancien hôtel de ville est flanqué d'une remarquable tour peinte du XIXe siècle, dont le carillon sonne plusieurs fois par jour (les horaires sont indiqués sur le mur près des graduations marquant les niveaux des crues historiques).

Musée du Verre — MUSÉE

(Passauer Glasmuseum ; ☎ 0851-350 71 ; www.glasmuseum.de ; Hotel Wilder Mann, Am Rathausplatz ; tarif plein/réduit 7/5 € ; 10h-17h). Inauguré par Neil Armstrong en personne, ce gigantesque musée du Verre conserve plus de 30 000 pièces inestimables en verre et en cristal des époques baroque, classique, Art nouveau et Art déco. Une grande partie provient des verreries de Bohême, mais vous verrez aussi des œuvres de Tiffany et de célèbres artistes viennois. Pensez à prendre un plan du musée pour ne pas vous égarer.

Dreiflusseck — SITE D'INTÉRÊT

L'extrémité de la péninsule de la vieille ville est connue sous le nom de Dreiflusseck (coin des Trois Rivières). Assombris par les tourbes de la Forêt bavaroise au nord, les flots saumâtres de l'étroit Ilz rejoignent les eaux brunes du Danube en provenance de l'ouest et l'Inn au pâle vert de jade, qui s'écoule du sud, créant ainsi un saisissant dégradé

VAUT LE DÉTOUR

MARKTL AM INN

À 60 km au sud-ouest de Passau, l'Inn forme un petit méandre au niveau de la paisible localité de Marktl. Le village était quasi inconnu en dehors de la région avant le 19 avril 2005, jour où l'enfant du pays, Joseph Ratzinger, fut élu pape. Du jour au lendemain, journalistes, fidèles et badauds affluèrent pour marcher sur les traces du souverain pontife. Des souvenirs tels que des gâteaux en forme de mitre, la *Papst-Bier* (la Bière du pape) ou des jeux de société religieux ont empli les rayons des magasins.

La **maison natale du pape** (Geburtshaus ; ☎ 08678-747 680 ; www.papsthaus.eu ; Marktplatz 11 ; tarif plein/réduit 3,50/2,50 € ; ⏲ 10h-12h et 14h-18h mar-ven, 10h-18h sam-dim Pâques-oct) est une modeste mais jolie demeure bavaroise où Benoît XVI passa les deux premières années de sa vie (1927-1929) avant que sa famille déménage à Tittmoning. La visite débute par la projection d'un film (en anglais) sur la jeunesse du pape, sa carrière, et les symboles qu'il a choisis pour incarner son pontificat. On pénètre ensuite dans la maison proprement dite, où ces thèmes sont approfondis. À l'étage se trouve la modeste pièce où Joseph Ratzinger vit le jour.

Ouvert uniquement sur demande préalable aux groupes de 5 personnes minimum, le **Musée régional** (Heimatmuseum ; ☎ 08678-8104 ; Marktplatz 2 ; tarif plein/réduit 2/1,50 €) abrite un calice doré et une calotte qu'utilisait Joseph Ratzinger dans sa chapelle privée de Rome. Contactez l'**office du tourisme** (☎ 08678-748 820 ; www.marktl.de ; Marktplatz 1 ; ⏲ 10h-12h et 14h-16h tlj) au moins un jour avant. L'**église Saint-Oswald** (Pfarrkirche St Oswald ; Marktplatz 6), ouverte au public sauf pendant les messes, abrite les fonts baptismaux sur lesquels le pape reçut enfant le baptême.

Avec ses chambres impeccables et son excellent restaurant, la **Pension Hummel** (☎ 08678-282 ; www.gasthof-hummel.de ; Hauptstrasse 34 ; s/d 44/63 €), adresse familiale à deux pas de la gare, est le meilleur hébergement de Marktl. Le **Gasthaus Oberbräu** (☎ 08678-1040 ; Bahnhofstrasse 2 ; plats 6-11 € ; ⏲ 10h-minuit) sert des spécialités bavaroises sans chichis, à arroser d'une *Papst-Bier*.

Le train qui suit le cours de l'Inn pour relier Simbach à Mühldorf (6,10 €, 20 minutes) marque un bref arrêt à Marktl. À Mühldorf, des trains directs desservent régulièrement Munich, Passau et Landshut.

de couleurs. Les remparts de la forteresse d'Oberhaus sont le lieu idéal pour observer cet effet.

Musée d'Art moderne MUSÉE D'ART

(Museum Moderner Kunst ; ☎ 0851-383 8790 ; www.mmk-passau.de ; Bräugasse 17 ; tarif plein/réduit 5/3 € ; ⏲ 10h-18h mar-dim). L'architecture gothique du bâtiment contraste avec les œuvres des XXe et XXIe siècles exposées. Une partie de la collection permanente est consacrée à l'art cubiste et expressionniste de Georg Philipp Wörlen, mort à Passau en 1954, dont le fils architecte, Hanns Egon Wörlen, créa ce musée dans les années 1980. Les expositions temporaires mettent généralement à l'honneur de grands noms de l'art allemand ou des styles et figures locales du monde de l'architecture.

Musée romain ANTIQUITÉ

(Römermuseum ; ☎ 0851-347 69 ; Lederergasse 43 ; tarif plein/réduit 4/2 € ; ⏲ 10h-16h mar-dim mars à mi-nov). Les objets de fouilles menées dans la région et à Passau même dressent un tableau très explicite de la période de l'occupation romaine, tant dans le domaine civil que militaire. C'est précisément dans le fort romain, le **Kastell Boiotro** (250-400), qu'ils sont exposés. Quelques tours postérieures sont habitées. Pour les petits, une aire de jeux sur le thème des châteaux se trouve non loin.

Activités

Wurm + Köck BATEAU

(☎ 0851-929 292 ; www.donauschiffahrt.de ; Höllgasse 26). De mars à début novembre, Wurm + Köck vous mène en croisière vers le Dreiflusseeck et toute une série d'autres sites sur le Danube, au départ de l'embarcadère proche de la Rathausplatz. Les navires les plus spectaculaires de la flotte sont les étincelants *Kristallschiff* (bateau de cristal), *Kristallkönigin* (reine de cristal) et *Kristallprinzessin* (princesse de cristal), tous trois décorés de cristaux Swarovski aussi bien à l'intérieur qu'à l'extérieur.

Où se loger

Pension Rössner PENSION €

(☎0851-931 350 ; www.pension-roessner.de ; Bräugasse 19 ; s/d 35/60 € ; P 📶). Presque au bout de la péninsule, cette impeccable pension de 16 chambres à l'ambiance douillette et chaleureuse occupe une très ancienne demeure restaurée. Beaucoup donnent sur la forteresse. Vélos à louer (10 €/jour) et parking (5 €/jour). Réservation conseillée.

Pension Vicus MAISON D'HÔTES €

(☎0851-931 050 ; www.pension-vicus.de ; Johann-Bergler-Strasse ; s 38-44 €, d 62-69 € ; P 📶). Cette lumineuse pension tenue par une famille vous accueille au sud de l'Inn. Les chambres comprennent une petite kitchenette et vous trouverez un supermarché à proximité immédiate. Supplément de 7 € pour le petit-déjeuner. Prenez le bus n°3 ou 4 à la ZOB jusqu'à l'arrêt Johann-Bergler-Strasse.

DJH Hostel AUBERGE DE JEUNESSE €

(☎0851-493 780 ; www.passau.jugendherberge.de ; Oberhaus 125 ; dort à partir de 23,40 €). D'une capacité de 127 lits, cette auberge rénovée avec goût occupe les murs de la forteresse.

HendlHouseHotel HÔTEL €

(☎0851-330 69 ; www.hendlhouse.com ; Grosse Klingergasse 17 ; s/d 50/64 € ; 📶). Lumineuses, décorées avec sobriété et dotées d'une salle de bains bien entretenue, les 15 chambres impeccables de cet hôtel de la vieille ville sont d'un excellent rapport qualité/prix. Buffet du petit-déjeuner servi dans la salle de restaurant du bas.

Camping Passau CAMPING€

(☎0851-414 57 ; www.camping-passau.de ; Halser Strasse 34 ; 9 € par personne ; ⏲mai-sept). Terrain de camping réservé aux tentes, idéalement situé sur l'Ilz, à 15 minutes à pied de la vieille ville. Prenez le bus n°1 ou 2 pour Ilzbrücke.

♥ Hotel Schloss Ort BOUTIQUE HÔTEL €€

(☎0851-340 72 ; www.hotel-schloss-ort.de ; Im Ort 11 ; s 68-121 €, d 97-184 € ; P 📶). Vieux de huit siècles, ce palais médiéval au bord de l'Inn River abrite un hôtel de charme tranquille et élégant : parquets cirés, draps en coton blanc immaculé et lits en fer forgé. Parmi les 18 chambres, beaucoup ont vue sur la rivière. Petit-déjeuner servi dans la salle voûtée du restaurant. Supplément parking de 4 €.

Hotel König HÔTEL €€

(☎0851-3850 ; www.hotel-koenig.de ; Untere Donaulände 1 ; s 69-90 €, d 89-130 € ; P 📶). Cet établissement vous accueille au bord du fleuve, en plein cœur de la vieille ville et à proximité de tous les sites d'intérêt. Riches en boiseries et pour beaucoup immenses, les 41 chambres réparties sur deux bâtiments ouvrent pour la plupart sur le Danube et la forteresse. Parking (10 €/nuit).

Hotel Wilder Mann HÔTEL €€

(☎0851-350 71 ; www.wilder-mann.com ; Höllgasse 1 ; s 55-77 €, d 88-200 € ; P 📶). Cet établissement aux hôtes illustres – de l'impératrice Élisabeth d'Autriche (ou Sissi) à Yoko Ono – partage les mêmes murs que le musée du Verre (p. 174 ; tarif un tout petit peu réduit pour les hôtes), véritable dédale d'escaliers, de passages et de portes. La déco un peu hétéroclite : meubles peints, téléphones du XXe siècle et TV du XXIe siècle offre un joyeux contraste.

Où se restaurer et prendre un verre

Cafe Greindl CAFÉ €

(www.greindl-passau.de ; Wittgasse 8 ; plats 6-10 € ; ⏲7h-18h lun-sam, 11h-18h dim). La société nantie de *Kaffee-und-Torte* se réunit quotidiennement dans ce café lumineux et fleuri débordant de *Gemütlichkeit* bavarois. L'ouverture matinale de cet établissement proclamé l'un des meilleurs d'Allemagne en 2014 par le magazine *Feinschmecker* en fait une valeur sûre pour le petit-déjeuner.

Café Kowalski CAFÉ €

(☎0851-2487 ; www.cafe-kowalski.de ; Oberer Sand 1 ; plats 4-11 € ; ⏲9h30-1h lun-sam, 10h-1h dim ; 📶). Bière et vin coulent à flots dans ce café de style rétro très animé la nuit. Requinquez-vous d'un énorme burger, d'une escalope viennoise ou d'un copieux petit-déjeuner en terrasse face à l'Ilz.

♥ Heilig-Geist-Stifts-Schenke BAVAROIS €€

(☎0851-2607 ; www.stiftskeller-passau.de ; Heilig-Geist-Gasse 4 ; plats 10-20 € ; ⏲11h-23h, fermé mer ; 📶). Cette auberge historique se démarque par ses chambres lambrissées en noyer et chauffées par un poêle en faïence, sa cave éclairée aux chandelles (à partir de 18h) et son jardin à l'ombre des vignes, La carte est tout aussi inspirée : parmi les poissons de

VAUT LE DÉTOUR

STRAUBING

À une trentaine de kilomètres au sud-est de Ratisbonne, Straubing a connu son heure de gloire au XIVe siècle, lorsqu'une alliance boiteuse aboutit à la formation de l'éphémère duché de Bavière-Straubing. Les édifices historiques construits alors donnèrent une nouvelle dimension à la petite ville.

Bordée de maisons pastel de diverses époques, la place piétonne est dominée par une tour gothique, la **Stadtturm** (1316), qui s'élève près de l'**hôtel de ville** à pignon, constitué de deux anciennes demeures de négociants refaites dans un style gothique au XIXe siècle. À l'est de la tour, la **colonne de la Trinité** (Dreifaltigkeitssäule), aux éclatantes dorures, fut érigée en 1709.

Straubing compte près d'une demi-douzaine d'églises anciennes. La plus impressionnante est l'**église Saint-Jacques** (St Jakobskirche ; Pfarrplatz), une église-halle gothique dont les vitraux sont d'origine, et à qui les frères Asam donnèrent un coup de neuf baroque. Ils sont aussi les concepteurs de l'**église des Ursulines** (Ursulinenkirche ; Burggasse), qui marqua leur dernière collaboration. La fresque du plafond décrit le martyre de sainte Ursule, entouré de représentations allégoriques des quatre continents connus alors. Tout près, l'**église des Carmélites** (Karmelitenkirche ; Hofstatt) mérite aussi un coup d'œil.

Plus au nord, l'ancienne résidence ducale du **Herzogsschloss** (Schlossplatz) surplombe la rivière. Plutôt austère, ce château du XIVe siècle héberge aujourd'hui le centre des impôts de la ville.

Un important trésor romain est exposé dans l'intimiste **Gäubodenmuseum** (09421-974 10 ; www.gaeubodenmuseum.de ; Frauenhoferstrasse 23 ; tarif plein/réduit 4/3 € ; 10h-16h mar-dim). Les masques de cavaliers romains exposés, l'une des plus étonnantes découvertes faites en la matière, rappellent la présence dans l'armée romaine d'importants contingents étrangers, telle cette cohorte d'origine orientale qui séjourna dans le fort de Sorviodorum (nom romain de Straubing).

L'**office du tourisme** (09421-944 307 ; www.straubing.de ; Theresienplatz 2 ; 9h-17h lun-mer et ven, 9h-18h jeu, 10h-14h sam) pourra vous aider à trouver une chambre. En août, la **Gäubodenvolksfest** est un raout de 10 jours, qui réunissait autrefois les producteurs céréaliers en 1812, mais attire aujourd'hui plus de 20 000 buveurs de bière.

Straubing est relié à Ratisbonne par un train direct (10 €, 25 minutes, 1/heure). Une correspondance à Plattling ou à Neufahrn est nécessaire pour se rendre à Passau (15,70 €, 1 heure 10, 1/heure) ou à Munich (23 €, 2 heures, 1/heure).

rivière, les steaks et les plats de saison, on trouve des mets raffinés tels que le filet de bœuf à la sauce flambée au cognac. Arrosez le tout d'un des nombreux vins autrichiens et allemands en réserve.

Zum Grünen Baum BIO €€

(0851-356 35 ; Höllgasse 7 ; plats 7,20-13,80 € ; 10h-1h ;). Prenez place dans la salle récemment rénovée pour savourer un risotto, un goulasch, une *Schnitzel* ou une soupe, préparés autant que possible avec des produits bios et locaux. Une adresse agréable nichée dans une des jolies ruelles entre le Danube et la Residenzplatz.

Diwan CAFÉ €€

(0851-490 3280 ; Niebelungenplatz 1, 9e ét, Stadtturm ; plats 7-11 € ; 9h-19h lun-jeu, 9h-minuit ven-sam, 13h-18h dim). Un ascenseur vous amène en un éclair de la rue à ce café-lounge branché perché au sommet du Stadtturm. Bien assis dans un fauteuil de rotin ou un canapé douillet, on profite de la plus belle vue sur tout Passau, qui embrasse la cathédrale Saint-Étienne, les rivières, la forteresse d'Oberhaus, tout en dégustant des plats de saison.

Selly's Vegan Bar VÉGÉTALIEN €€

(Grosse Klingergasse 10 ; plats 8 € ; 11h-2h lun-jeu, 11h-4h ven-sam, fermé dim ;). La décoration épurée très XXIe siècle de ce café, végétalien le jour et bar attrayant le soir, est à mille lieues des auberges médiévales bavaroises. Son propriétaire tchèque sert des hamburgers, currys, pâtes et salades sans viande, ni produits laitiers.

Andorfer Weissbräu BIERGARTEN
(☎0851-754 444 ; Rennweg 2). En haut d'une colline située à 1,5 km au nord de la vieille ville, ce *Biergarten* bucolique qui jouxte la brasserie Andorfer sert de copieuses spécialités bavaroises, mais se distingue surtout par ses excellentes bières maison : *Weizen* et *Weizenbock*. Prenez à la gare ZOB le bus n°7 vers Ries-Rennweg.

Caffè Bar Centrale CAFÉ
(Rindermarkt 7). Si petit qu'il déborde sur les pavés de la Rindermarkt, ce bar vénitien propose un choix incroyable de boissons ; une excellente adresse pour un premier ou dernier verre. La musique de fond italienne s'accorde à merveille avec le cadre italianisant.

Renseignements

Office du tourisme (☎0851-955 980 ; www.tourism.passau.de ; Rathausplatz 3 ; ⊙8h30-18h lun-ven, 9h-16h sam-dim Pâques à mi-oct, horaires réduits mi-oct – Pâques). Principal office du tourisme de Passau, situé dans la vieille ville. Vous en trouverez un autre, plus petit, en face de la gare ferroviaire (Hauptbahnhof ; Bahnhofstrasse 28 ; ⊙9h-17h lun-ven, 10h30-15h30 sam-dim Pâques-sept, horaires réduits oct-Pâques). On peut à ces deux adresses se procurer la PassauCard (par adulte/enfant, 1 jour 16/13,50 €, 3 jours 30/22 €), qui comprend l'accès à plusieurs sites, les transports en commun illimités et une croisière fluviale sur Passau.

Poste (Bahnhofstrasse 1 ; ⊙9h30-20h lun-sam)

Depuis/vers Passau

BUS

Des bus partent à 7h45 et 16h25 en direction du village frontalier tchèque de Železná Ruda (2 heures 30), où l'on peut prendre une correspondance pour Prague. Le **Meinfernbus** (www.meinfernbus.de) relie Passau à Vienne, Berlin, Ratisbonne et Nuremberg.

TRAIN

Quelques liaisons ferroviaires :

- **Munich** 35,70 €, 2 heures 15, 1/heure (correspondance à Mühldorf ou à Ratisbonne)
- **Nuremberg** 48 €, 2 heures, toutes les 2 heures
- **Ratisbonne** 24,20-29 €, 1 heure, toutes les 2 heures ou avec correspondance à Plattling.
- **Vienne** 55 €, 2 heures 45, toutes les 2 heures

Comment circuler

Le centre de Passau est assez compact pour se visiter à pied. Le CityBus fait la navette entre gare et vieille ville (1 €, jusqu'à 4/heure). Comptez 1,80 € pour un trajet plus long dans Passau et 4 € pour un pass d'une journée (5,50 €/famille).

La montée à pied vers la forteresse d'Oberhaus ou le DJH Hostel, via le Luitpoldbrücke et le sentier Ludwigsteig, prend en gros une demi-heure. D'avril à octobre, un bus fait la navette toutes les 30 minutes au départ de la Rathausplatz (1,80 €).

On trouve plusieurs parkings publics près de la gare, mais un seul dans la vieille ville sur la Römerplatz (0,60/8,40 € par 30 minutes/jour).

Forêt bavaroise

Avec la forêt de Bohême côté tchèque, la Forêt bavaroise (Bayerischer Wald) constitue le plus grand espace de montagne boisée en Europe. Les paysages y sont superbes : collines vallonnées et sommets arborés côtoient des vallées secrètes et des étendues de forêt intactes, qui servent d'habitat naturel à des espèces disparues depuis longtemps dans le reste de l'Europe centrale. Le parc national de la Forêt bavaroise (Nationalpark Bayerischer Wald) en protège la partie la plus sauvage et la plus retirée.

Peu connue des touristes étrangers, la région demeure assez traditionnelle et les prix restent très intéressants. L'industrie séculaire du soufflage de verre est toujours en activité dans de nombreuses villes de la **route du Verre** (Glasstrasse), itinéraire de 250 km qui relie Waldsassen à Passau. On peut visiter des ateliers de création, des musées et des boutiques pour acquérir des pièces traditionnelles ou contemporaines.

Zwiesel est une base naturelle de par sa situation centrale, mais, si vous dépendez des transports en commun, privilégiez les localités situées sur l'itinéraire de la Waldbahn comme Frauenau ou Grafenau.

À voir

Parc national de la Forêt bavaroise NATURE
(Nationalpark Bayerischer Wald ; www.nationalpark-bayerischer-wald.de). Paradis des amoureux de la nature, le parc national de la Forêt bavaroise s'étend sur près de 24 250 hectares le long de la frontière tchèque, entre Bayerisch Eisenstein au nord et Finsterau au sud. Sa forêt dense, dominée par l'épicéa, est parcourue par des centaines de kilomètres de sentiers de randonnée, de voies cyclables et de pistes de ski de fond. Certains sont reliés

à un réseau similaire de l'autre côté de la frontière. La région est peuplée de cerfs, de sangliers, de renards, de loutres et d'innombrables espèces d'oiseaux.

À 1 km au nord-est du village de Neuschönau, la **Hans-Eisenmann-Haus** (☎08558-961 50 ; www.nationalpark-bayerischer-wald.de ; Böhmstrasse 35 ; ⏲9h-18h tlj avr-oct, 9h30-17h tlj nov-mars), principal centre d'information aux visiteurs, propose une exposition permanente gratuite, un peu datée, tout en apportant un éclairage interactif sur des sujets tels que la pollution et la croissance des arbres. On y trouve aussi une salle découverte pour les enfants, une boutique et une bibliothèque.

Musée du Verre ARTISANAT
(Glasmuseum ; ☎09926-941 020 ; www.glasmuseum-frauenau.de ; Am Museumspark 1, Frauenau ; tarif plein/réduit 5/4,50 € ; ⏲9h-17h mar-dim). Ce musée ultramoderne de Frauenau couvre quatre millénaires d'histoire de la verrerie, de l'Égypte ancienne à la verrerie d'art moderne du monde entier. Des démonstrations et ateliers pour les petits sont régulièrement organisés.

Village-musée de la Forêt bavaroise MUSÉE EN PLEIN AIR
(Museumsdorf Bayerischer Wald ; ☎08504-8482 ; www.museumsdorf.com ; Am Dreiburgensee, Tittling ; tarif plein/réduit 6/4 € ; ⏲9h-17h avr-oct). Sur quelque 20 hectares, ce musée en plein air situé en limite méridionale de la Forêt bavaroise réunit 150 maisons et fermes en bois typiques de la Forêt bavaroise (du XVIIe au XIXe siècle). Dans les divers bâtiments sont notamment exposés vêtements, meubles, poteries et outils agricoles. De la gare de Passau, prenez le bus RBO n°6124 (départs fréquents) et descendez à Tittling.

Musée de la Forêt TRADITIONS LOCALES
(☎09922-503 706 ; www.waldmuseum.zwiesel.de ; Kirchplatz 3 ; tarif plein/réduit 6/4 € ; ⏲10h-17h mer-lun). Hébergé dans une ancienne brasserie, le musée de la Forêt de Zwiesel est consacré aux traditions locales, à la faune et à la flore, à la verrerie et à la vie dans la forêt.

Activités

Deux sentiers européens de grande randonnée traversent la Forêt bavaroise : l'E6 (de la Baltique à l'Adriatique) et l'E8 (de la mer du Nord aux Carpates). Ils sont jalonnés de refuges de montagne. Le Gläserne Steig (sentier du Verre) mène lui de Lam à Grafenau. Quel que soit votre itinéraire, les cartes publiées par Kompass (n^os^185, 195 et 197) vous seront indispensables. Vous pouvez vous les procurer dans les offices du tourisme et au centre des visiteurs du parc.

La Forêt bavaroise comprend 7 domaines skiables, mais on y pratique peu le ski de descente, même si le plus haut sommet de la région, le Grosser Arber (1 456 m) accueille régulièrement des épreuves de la Coupe d'Europe et de la Coupe du monde de ski. Les skieurs de fond sont en revanche gâtés, avec 2 000 km de pistes damées parmi les massifs.

Où se loger

L'hébergement est vraiment très bon marché dans la région. Les meilleures adresses sont à Zwiesel et Grafenau.

DJH Hostel AUBERGE DE JEUNESSE €
(☎08553-6000 ; www.waldhaeuser.jugendherberge.de ; Herbergsweg 2, Neuschönau ; dort à partir de 21,90 €). La seule auberge de jeunesse sise à l'intérieur du parc national constitue une base idéale pour randonneurs, cyclistes et skieurs de fond.

Ferienpark Arber CAMPING €
(☎09922-802 595 ; www.ferienpark-arber.de ; Waldesruhweg 34, Zwiesel ; 20,50 €/emplacement). Bien équipé, ce terrain pratique se trouve à 500 m au nord de la gare de Zwiesel.

♥ **Das Reiners** HÔTEL €€
(☎08552-964 90 ; www.dasreiners.de ; Grüb 20, Grafenau ; s 66-75 €, d 112-190 € ; P Wi-Fi piscine). Récemment rénové et rebaptisé, ce superbe hôtel de Grafenau offre un excellent rapport qualité/prix. Propices au repos, les chambres sont élégantes, spacieuses et, pour la plupart, dotées d'un balcon. Sur place, piscine, sauna et délicieux buffets. Les prix indiqués correspondent à la demi-pension.

Hotel Zur Waldbahn HÔTEL €€
(☎09922-8570 ; www.zurwaldbahn.de ; Bahnhofplatz 2, Zwiesel ; s 60-66 €, d 80-100 € ; P Wi-Fi). En face de la gare de Zwiesel, une auberge typique gérée par trois générations de la même famille. Beaucoup de chambres ont un balcon avec vue sur la ville. Le buffet du petit-déjeuner, agrémenté de confitures maison, est particulièrement généreux. Le restaurant traditionnel est le meilleur de Zwiesel.

Renseignements

Office du tourisme (☎ 08552-962 343 ; www.grafenau.de ; Rathausgasse 1, Grafenau ; ⏲ 8h-17h lun-jeu, 8h-13h ven, 10h-11h30 et 15h-17h sam, 9h30-11h30 dim)

Office du tourisme (☎ 09922-840 523 ; www.zwiesel.de ; Stadtplatz 27, Zwiesel ; ⏲ 9h-12h et 13h-16h30 lun-ven)

Comment s'y rendre et circuler

Zwiesel est accessible par le train via Plattling depuis Munich, Ratisbonne et Passau. La plupart des trains poursuivent vers Bayerisch Eisenstein, à la frontière tchèque (correspondances pour Prague). Le Waldbahn (train de la Forêt) relie directement Zwiesel avec Bodenmais et Grafenau.

Il existe aussi un réseau de bus régionaux, parfois pas très fréquents. L'Igel-Bus d'**Ostbayernbus** (www.ostbayernbus.de) circule sur 5 lignes dans le parc. Assez utile, le Lusen-Bus (5/12,50 € pour 1/3 jours) part de la gare de Grafenau et dessert la Hans-Eisenmann-Haus, la DJH Hostel et le secteur de randonnée de Lusen.

Généralement avantageux, le Bayerwald-Ticket (8 €/jour) ouvre droit à des trajets illimités en bus et en train dans toute la région de la Forêt bavaroise. Vous pouvez vous le procurer au centre des visiteurs du parc ou bien dans les gares et offices du tourisme de la région.

Excursion à Salzbourg et dans ses environs

Dans ce chapitre ➡

Le top des restaurants

- Esszimmer (p. 201)
- Triangel (p.199)
- Obauer (p. 211)
- Magazin (p. 201)
- The Green Garden (p.199)

Le top des hébergements

- Haus Ballwein (p. 195)
- Pension Katrin (p. 196)
- Hotel Schloss Mönchstein (p. 198)
- Arte Vida (p. 196)
- Hotel & Villa Auersperg (p. 196)

Pourquoi y aller

À quelques encablures de la Bavière, la petite province autrichienne du Salzburgerland présente des attraits dont il serait dommage de se priver. Les princes-archevêques, qui ont régné sur ce territoire montagneux pendant six siècles, lui ont légué un patrimoine architectural exceptionnel et une cité de légende : Salzbourg.

Chef-d'œuvre de l'art baroque et centre spirituel de l'Autriche, Salzbourg demeure étroitement associée à son plus célèbre enfant, Wolfgang Amadeus Mozart, à qui de nombreux hommages sont rendus au fil des mois. Chérie par les mélomanes, la cité berce aussi nos rêves et nos gourmandises d'enfant : strudel fondant en croûte feuilletée, féerie des marionnettes mondialement connues, châteaux de conte de fées... Et, sitôt est-on sorti de la ville, les grottes de glace, les plateaux de karst et les hautes montagnes composent des symphonies d'un autre genre, avec des paysages de toute beauté.

Quand partir

Les orchestres fêtent en musique l'anniversaire de Mozart, la Mozartwoche, en janvier, et l'Osterfestspiele, à Pâques. Les mois de juillet et d'août vivent au rythme du Festival de Salzbourg, qui célèbre en grande pompe l'opéra, la musique classique et le théâtre. Les festivals de jazz, quant à eux, battent leur plein à partir d'octobre, tandis que, fin novembre, les marchés de Noël illuminent Salzbourg.

À ne pas manquer

1 Le Salzbourg baroque vu des hauteurs de la **forteresse de Hohensalzburg** (p. 187)

2 Une descente dans les profondeurs glacées d'**Eisriesenwelt** (p. 209), à Werfen

3 Une incursion dans la vie de l'enfant chéri de Salzbourg à la **Maison de Mozart** (p. 190)

4 Les fabuleux jeux d'eau du **château de Hellbrunn** (p. 207), résidence d'été des princes-archevêques

5 Les jardins et fontaines du **château de Mirabell** (p. 190), à Salzbourg

6 Un grand spectacle de marionnettes au théâtre miniature du **Théâtre de marionnettes de Salzbourg** (p. 203)

7 Le parcours en bleu de travail de la **mine de sel** (p. 208), à Hallein

8 Une belle choppe de grès toute débordante de bière à l'**Augustiner Bräustübl** (p. 202)

SALZBOURG

0662 / 146 630 HABITANTS / 430 M

La vieille ville romanesque nichée en contrebas des collines escarpées n'a quasiment pas changé depuis l'époque de Mozart, il y a 250 ans. Des rives de la vive Salzach, le regard est aimanté par la mosaïque que dessinent dômes et clochers de la vieille ville, puis l'impressionnante forteresse perchée sur son à-pic, et, enfin, les sommets à l'horizon. On comprend mieux la fierté éprouvée par les princes-archevêques à l'égard de leur ville.

Inscrite au patrimoine mondial de l'Unesco, la vieille ville éblouit avec ses églises baroques et ses places monumentales. Mais il vous faudra semer les cohortes de visiteurs remontant la Getreidegasse et les principales artères touristiques pour recueillir les surprises que Salzbourg réserve aux plus curieux. Glissez-vous dans les petites rues, l'oreille à l'affût des mélodies qui s'échappent des fenêtres, savourez un café ou une douceur, et laissez doucement la magie de Salzbourg opérer.

Si Mozart et la comédie musicale de Robert Wise *La Mélodie du bonheur* (avec Julie Andrews) sont les deux piliers de l'économie touristique, la ville cache bien d'autres attraits. À commencer par une scène artistique en plein essor, des restaurants à foison, de nombreux jardins et des salles de concerts qui font vivre 365 jours par an la tradition musicale salzbourgeoise. Les paysages, la ligne d'horizon, la musique, l'histoire… Salzbourg n'a pas son pareil pour élever l'âme.

Histoire

Érigée en municipe romain en l'an 15 av. J.-C., Juvavum se tenait à l'emplacement de l'actuelle cité. Sous les attaques constantes des tribus celtes, ce bastion romain finit par tomber, détruit ou abandonné à la suite d'épidémies.

C'est un missionnaire franc, saint Rupert, qui fonda ici en 696 le premier royaume

SALZBOURG EN…

Deux jours

De bon matin, la foule n'a pas encore envahi la Getreidegasse et ses boutiques : c'est le moment idéal pour un hommage à la **maison natale de Mozart** (p. 189). De là, plongez en plein baroque sur la **Residenzplatz** (p. 190) et dans la **Résidence** (p. 189) des princes-archevêques. Le **Café Tomaselli** (p. 203), très mozartien, requinque le visiteur d'un café, d'un gâteau… avant une plongée dans l'histoire salzbourgeoise au **musée de Salzbourg** (p. 188) ou la découverte du patrimoine monastique de l'**abbatiale Saint-Pierre** (p. 190). Une bière brassée maison sirotée sous les arbres du *Biergarten* **Augustiner Bräustübl** (p. 202) couronnera honorablement ce premier jour.

Le lendemain matin, partez à l'assaut de la **forteresse de Hohensalzburg** (p. 187), histoire de contempler la ville du haut de ses remparts bientôt millénaires avant de vous immerger dans l'avant-garde au **musée d'Art moderne** (p. 189). Déjeunez au **M32** (p. 200) ou picorez quelques spécialités autrichiennes choisies au **Grünmarkt** (p. 202) au milieu des sculptures dans les jardins du **château de Mirabell** (p. 190). Musique de chambre dans la somptueuse **salle des Marbres** du palais ou spectacle de marionnettes au **Théâtre de marionnettes** (p. 203) ? Votre escapade salzbourgeoise mérite cette note ultime.

Quatre jours

Deux jours supplémentaires donneront la liberté aux mélomanes de se joindre à un **circuit Mozart**. Vous pouvez aussi louer un vélo et pédaler le long des belles demeures qui bordent les berges de la Salzach pour gagner le **château de Hellbrunn** (p. 207) et ses jeux d'eau. Dînez ensuite dans une ambiance traditionnelle au **Zum Zirkelwirt** (p. 199) avant une visite nocturne de la rive droite.

Les **mines de sel d'Hallein** (p. 208) ou la vaste étendue glaciaire d'**Eisriesenwelt** (p. 209) à Werfen constituent une excellente excursion pour le quatrième jour. À moins que vous ne préfériez chausser godillots ou skis, selon la saison, pour parcourir les sommets frères de Salzbourg, l'**Untersberg** (p. 207) et le **Gaisberg** (p. 208).

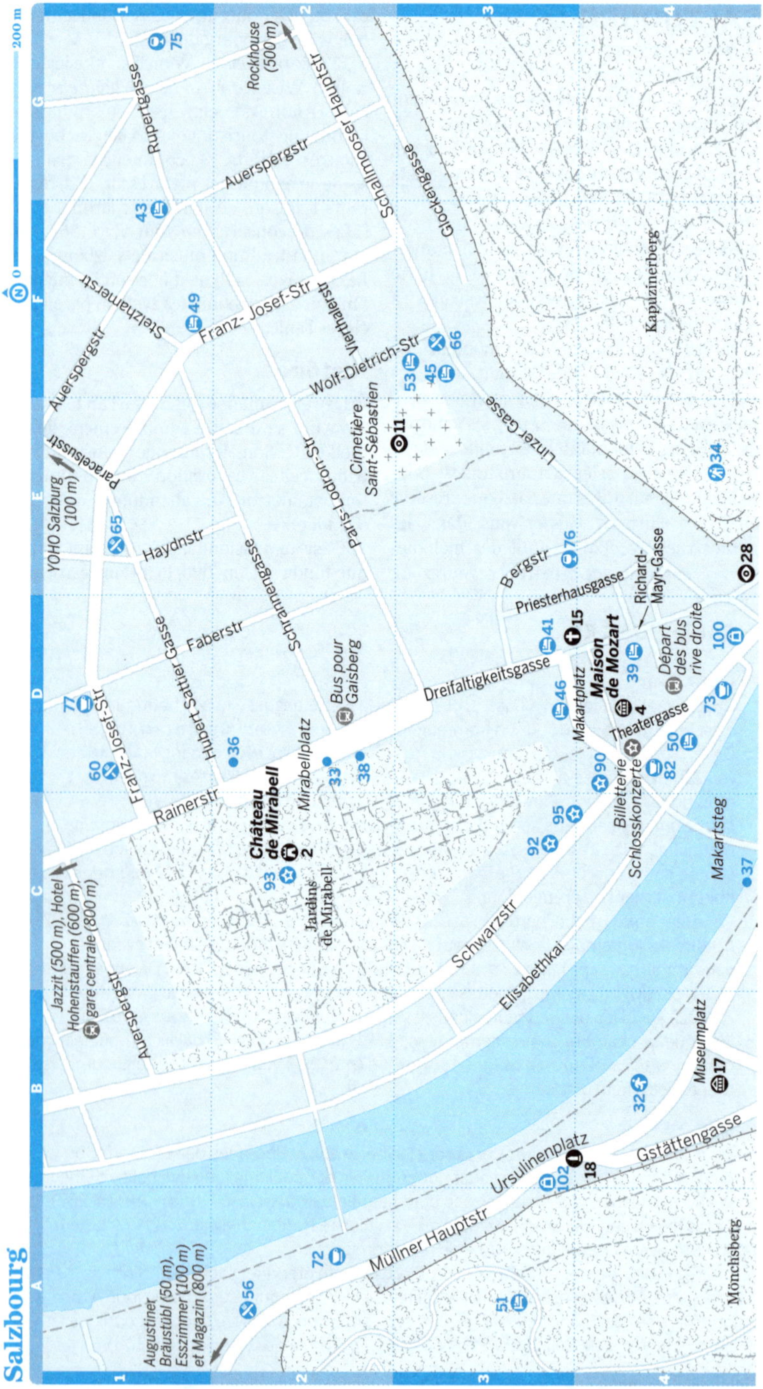

Salzbourg
200 m
Château de Mirabell
Jardins de Mirabell
Mirabellplatz
Maison de Mozart
Cimetière Saint-Sébastien
Makartplatz
Museumplatz
Ursulinenplatz
Kapuzinerberg
Mönchsberg
Makartsteg
Rupertgasse
Auerspergstr
Franz-Josef-Str
Stelzhamerstr
Paracelsusstr
Haydnstr
Faberstr
Hubert Sattler Gasse
Schrannengasse
Paris-Lodron-Str
Wolf-Dietrich-Str
Vierthalerstr
Schallmooser Hauptstr
Glockengasse
Linzer Gasse
Bergstr
Priesterhausgasse
Richard-Mayr-Gasse
Dreifaltigkeitsgasse
Theatergasse
Rainerstr
Schwarzstr
Elisabethkai
Gstättengasse
Müllner Hauptstr
Billetterie Schlosskonzerte
Bus pour Gaisberg
Départ des bus rive droite
Rockhouse (500 m)
YOHO Salzburg (100 m)
Jazzit (500 m), Hotel Hohenstauffen (600 m), gare centrale (800 m)
Augustiner Bräustübl (50 m), Esszimmer (100 m) et Magazin (800 m)

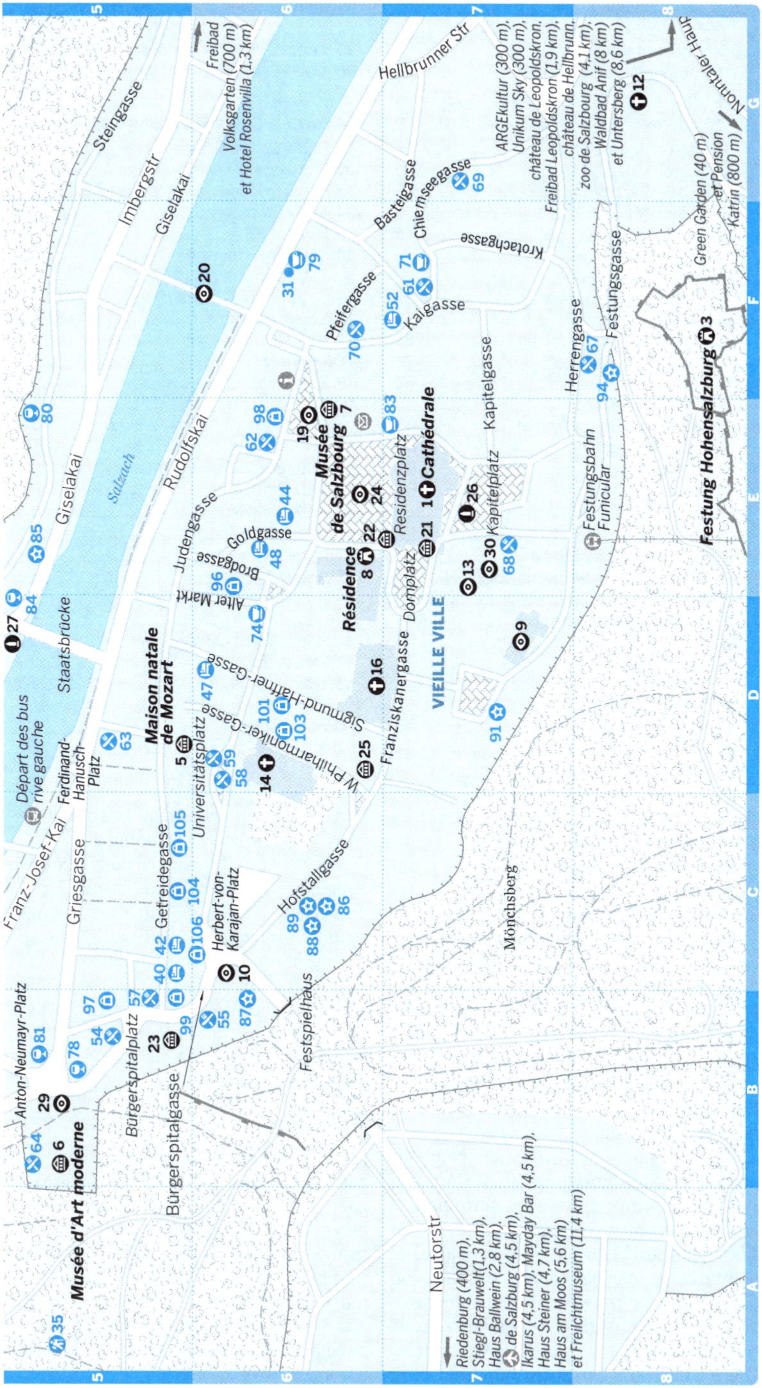

Musée d'Art moderne
Anton-Neumayr-Platz
Bürgerspitalplatz
Bürgerspitalgasse
Franz-Josef-Kai
Griesgasse
Ferdinand-Hanusch-Platz
Départ des bus rive gauche
Staatsbrücke
Giselakai
Salzach
Rudolfskai
Imbergstr
Steingasse
Volksgarten (700 m) et Hotel Rosenvilla (1,3 km)
Freibad
Getreidegasse
Universitätsplatz
Maison natale de Mozart
Herbert-von-Karajan-Platz
Festspielhaus
Hofstallgasse
W Philharmoniker-Gasse
Sigmund-Haffner-Gasse
Franziskanergasse
Alter Markt
Brodgasse
Goldgasse
Judengasse
Résidence
Musée de Salzbourg
Residenzplatz
Domplatz
Cathédrale
Kapitelplatz
Kapitelgasse
VIEILLE VILLE
Mönchsberg
Pfeifergasse
Kaigasse
Krotachgasse
Chiemseegasse
Basteigasse
Hellbrunner Str
Herrengasse
Festungsgasse
Festungsbahn Funicular
Festung Hohensalzburg
Nonntaler Hauptstr
Green Garden (40 m) et Pension Katrin (800 m)
ARGEkultur (300 m), Unikum Sky (300 m), château de Leopoldskron, Freibad Leopoldskron (1,9 km), château de Hellbrunn, zoo de Salzbourg (4,1 km), Waldbad Anif (8 km) et Untersberg (8,6 km)
Neutorstr
Riedenburg (400 m), Stiegl-Brauwelt (1,3 km), Haus Ballwein (2,8 km), de Salzburg (4,5 km), Ikarus (4,5 km), Mayday Bar (4,5 km), Haus Steiner (4,7 km), Haus am Moos (5,6 km) et Freilichtmuseum (11,4 km)

Salzbourg

Incontournables

- **1** Cathédrale ... E7
- **2** Château de Mirabell ... C2
- **3** Forteresse de Hohensalzburg ... F8
- **4** Maison de Mozart ... D4
- **5** Maison natale de Mozart ... D5
- **6** Musée d'Art moderne ... B5
- **7** Musée de Salzbourg ... E6
- **8** Résidence ... E6

À voir

- **9** Abbatiale Saint-Pierre ... D7
- **10** Bassin des chevaux ... C6
- **11** Cimetière Saint-Sébastien ... E3
- **12** Couvent de Nonnberg ... G8
- **13** DomQuartier ... E7
- **14** Église collégiale ... D6
- **15** Église de la Sainte-Trinité ... D3
- **16** Église franciscaine ... D6
- **17** Maison de la nature ... B4
- **18** Mozart – Eine Hommage ... B3
- **19** Mozartplatz ... E6
- **20** Mozartsteg ... F6
- **21** Musée de la Cathédrale ... E7
- **22** Musée des fouilles archéologiques ... E7
- **23** Musée du Jouet ... B5
- Numbers in the Woods ... (voir 64)
- **24** Residenzplatz ... E6
- **25** Rupertinum ... D6
- Sky Space ... (voir 64)
- **26** Sphaera ... E7
- **27** Spirit of Mozart ... D5
- **28** Steingasse ... E4
- **29** Téléphérique du Mönchsberg ... B5
- **30** Vieille ville ... E7

Activités, Cours et circuits organisés

- **31** Bob's Special Tours ... F6
- **32** Franz-Josef-Kai Playground ... B4
- **33** Fräulein Maria's Bicycle Tours ... D2
- **34** Kapuzinerberg ... E4
- **35** Mönchsberg ... A5
- **36** Salzburg Panorama Tours ... D2
- **37** Salzburg Schiffsfahrt ... C4
- **38** Salzburg Sightseeing Tours ... D2
- Segway Tours ... (voir 66)

Où dormir

- **39** Arte Vida ... D4
- **40** Arthotel Blaue Gans ... C5
- **41** Gästehaus im Priesterseminar ... D3
- **42** Goldener Hirsch ... C5
- **43** Hotel & Villa Auersperg ... F1
- **44** Hotel Am Dom ... E6
- **45** Hotel Amadeus ... F3
- **46** Hotel Bristol ... D3
- **47** Hotel Elefant ... D6
- **48** Hotel Goldgasse ... E6
- **49** Hotel Mozart ... F1
- **50** Hotel Sacher ... D4
- **51** Hotel Schloss Mönchstein ... A3
- **52** Weisse Taube ... F7
- **53** Wolf Dietrich ... F3

Où se restaurer

- **54** Afro Café ... B5

chrétien ainsi que le monastère et l'église Saint-Pierre. Au fil des siècles, les archevêques successifs de Salzbourg accrurent leur pouvoir et finirent par recevoir le titre de princes du Saint Empire romain.

Salzbourg doit sa structure baroque à Wolf Dietrich von Raitenau. Le plus influent des princes-archevêques de Salzbourg fit édifier durant son règne (1587-1612) nombre de ses plus beaux palais, églises et jardins. Déchu à la suite d'une violente querelle avec les puissants souverains de Bavière au sujet du commerce de sel, il finit ses jours en prison.

La principauté réussit à se maintenir en dehors de la guerre de Trente Ans qui ravageait l'Europe grâce à un autre prince-archevêque, Pâris Lodron (1619-1653). Un siècle plus tard, Salzbourg conserva aussi sa neutralité pendant la guerre de Succession d'Autriche. La province perdit progressivement ses pouvoirs pour tomber sous la coupe de la France et de la Bavière durant les guerres napoléoniennes. En 1816, Salzbourg intégra l'Empire autrichien et s'orienta peu à peu vers la reprise économique.

Au début du XXe siècle, la population salzbourgeoise s'est renforcée et la ville a créé le prestigieux Festival de Salzbourg, inauguré en 1920. Annexée en 1938 par l'Allemagne, comme le reste de l'Autriche, elle a été fortement endommagée par des bombardements alliés. Détruite à 40%, Salzbourg a entrepris une campagne de restauration qui lui a valu d'être inscrite en 1997 au patrimoine mondial de l'Unesco.

À voir

Les monuments emblématiques sont concentrés dans la vieille ville, désormais zone piétonne, qui s'étend sur les deux berges de la Salzach mais dont le cœur se trouve rive gauche. Les ruelles tortueuses se prêtent à une déambulation paisible, qui vous entraîne vers des cours cachées aux regards, des places médiévales bordées de maisons bourgeoises et des fontaines baroques.

Un grand nombre des sites indiqués ici ferment un peu plus tôt en hiver et restent ouverts une à deux heures de plus pendant le festival de Salzbourg.

Forteresse de Hohensalzburg
CHÂTEAU FORT

(Festung Hohensalzburg ; www.salzburg-burgen.at ; Mönchsberg 34 ; adulte/enfant/famille 8/4,50/18,20 €, avec funiculaire Festungsbahn 11,30/6,50/26,20 € ; 9h-19h). Merveilleusement préservée malgré ses neuf cents ans et plus, cette gigantesque forteresse qui veille sur la ville du haut de son à-pic est le site incontournable de Salzbourg. Prévoyez d'y consacrer au moins une demi-journée. Des remparts, on jouit d'une vue dégagée sur les flèches de la ville, jusqu'à la Salzach et aux montagnes qui s'étirent au-delà. Une montée ardue de 15 minutes y mène depuis le centre-ville, à moins d'emprunter le **funiculaire Festungsbahn** (Festungsgasse 4 ; aller simple/aller-retour adulte 6,70/8,30 €, enfant 3,70/4,50 € ; 9h-20h).

Cette ancienne place forte bâtie en 1077 par Gebhard von Helffenstein, au moment de la querelle des Investitures entre le Saint Empire romain et la papauté, doit sa structure actuelle et toute sa splendeur au

SALZBURG CARD

Si vous prévoyez de visiter plusieurs sites, la **Salzburg Card** (carte 1/2/3 jours 27/36/42 €) vous fera faire de sérieuses économies. Elle ouvre gratuitement les portes des principaux monuments et permet de voyager de façon illimitée par les transports publics, téléphérique de l'Untersberg compris, outre une croisière sur la Salzach. Par ailleurs, elle consent des réductions sur les concerts, les représentations théâtrales et les excursions alentour. Vendue moitié prix pour les enfants, la Salzburg Card coûte 3 € de moins en basse saison.

LE QUARTIER DE LA CATHÉDRALE DE SALZBOURG

Salzbourg rayonne plus que jamais depuis l'ouverture du **DomQuartier** (www.domquartier.at ; adulte/enfant 12/5 € ; ⏲10h-17h mer-lun) en 2014, mettant en valeur les plus beaux monuments baroques et musées du centre historique. Le billet donne accès aux salles d'apparat et à la galerie de la Résidence, aux galeries supérieures de la cathédrale, au musée de la Cathédrale et à l'abbatiale Saint-Pierre. L'audioguide multilingue parcourt le quartier en une heure et demie, même si l'on peut facilement y passer une demi-journée pour s'imprégner de tous les sites.

prodigue Léonard von Keutschach, prince-archevêque de Salzbourg de 1495 à 1519 et dernier souverain féodal de la cité. Ne manquez pas le ciel étoilé de la bien nommée **Salle dorée** pour son plafond. Au **musée des Marionnettes** (même billet d'accès), l'archevêque (sa marionnette, plutôt) Wolf Dietrich accueille les visiteurs. Par ailleurs, le **musée de la Forteresse** (Festungsmuseum) présente une maquette de Salzbourg en 1612, des outils médiévaux, des armures et d'effroyables instruments de torture.

C'est dans la Salle dorée que sont donnés toute l'année des concerts, les **Festungskonzerte**, généralement consacrés aux œuvres de Mozart. Consultez les horaires et les tarifs sur www.mozartfestival.at.

♥ Musée de Salzbourg — HISTOIRE LOCALE

(Salzburg Museum ; www.salzburgmuseum.at ; adulte/enfant 7/3 € ; ⏲9h-17h mar-dim, 9h-20h jeu ; 👪). Aménagé dans le palais baroque de la Neue Residenz, ce musée emblématique vous fait vivre un passionnant voyage à travers le passé et le présent de la cité. Les expositions dans les salles ornées sont variées, allant de trouvailles archéologiques romaines à des portraits de princes-archevêques. Des visites guidées gratuites commencent tous les jeudis à 18h.

La visite débute sous la cour intérieure, dans le **Kunsthalle** richement illuminé, qui accueille des expositions temporaires.

Au premier étage, les portraits des princes-archevêques ornent les murs de la salle **Mythos Salzburg**, hommage à la cité en tant que source d'inspiration artistique et poétique. Ne manquez pas le célèbre *Sonntagsspaziergang* (*Promenade dominicale*, 1841) de Carl Spitzweg, la salle du prince-archevêque décorée de portraits, et la Ständesaal (salle des Souverains), vision opulente d'un stuc polychrome s'enroulant autour de fresques évoquant l'histoire de Rome d'après Tite-Live. Parmi les pièces notables, citons une tapisserie mille-fleurs du début du XVIe siècle, entre autres tapisseries flamandes, et la chaussure pontificale brodée d'or de l'archevêque Wolf Dietrich.

Le **Panorama Passage** offre un aperçu du passé de Salzbourg, avec ses murs romains et son four de potier, ainsi que ses maquettes de la ville à différentes époques de l'histoire.

Sur le flanc ouest de la Neue Residenz, le **Glockenspiel** aux 35 cloches de Salzbourg carillonne toujours les jours à 7h, 11h et 18h.

♥ Cathédrale — ART BAROQUE

(Dom ; Domplatz ; www.domquartier.at ; dons bienvenus ; ⏲8h-19h lun-sam, 13h-19h dim). Élégamment surmontée d'une coupole à bulbes en cuivre et de flèches symétriques, la cathédrale est l'un des chefs-d'œuvre de l'architecture baroque et la première église bâtie dans ce style au nord des Alpes. En entrant, remarquez les portails en bronze dont les motifs symbolisent la foi, l'espérance et la charité. Dans la nef, le regard est subjugué par la richesse des stucs et les fresques peintes au plafond par Arsenio Mascagni sur le thème de la Passion.

À son emplacement s'élevait auparavant une cathédrale fondée au VIIIe siècle par l'évêque Virgile mais qui fut ravagée par un incendie. Confiée à l'architecte italien Santino Solari, la nouvelle cathédrale fut consacrée en 1628.

Visite guidée gratuite à 14h du lundi au vendredi en juillet-août.

Musée de la Cathédrale — MUSÉE

(Dommuseum ; www.domquartier.at ; Kapitelplatz 6 ; DomQuartier adulte/enfant 12/4 € ; ⏲10h-17h mer-lun). Le musée de la Cathédrale conserve des joyaux de l'art sacré. La visite vous entraînera dans un cabinet de curiosités datant de la Renaissance, rempli de cristaux et de coraux, entre autres objets surprenants, comme des tatous et des poissons-globes naturalisés. D'autres salles présentent des ostensoirs incrustés de diamants, des vitraux et des retables.

ODE À L'ART CONTEMPORAIN

Soucieuse de ne pas s'enfermer dans l'image d'une cité baroque et d'afficher son intérêt pour l'art contemporain, Salzbourg a commandé depuis 2002 à des artistes de renommée internationale plusieurs œuvres destinées à des lieux publics, notamment dans la vieille ville.

Sur le Mönchsberg, les 21 **Numbers in the Woods** (Numéros dans les bois, 2003) de Mario Merz sont éclairés aux néons, et l'elliptique **Sky Space** (10h-20h avr-oct, 10h-18h nov-mars), de James Turrell forme un jeu d'ombres et de lumières à l'aube et au crépuscule. En ville, sur Kapitelplatz, l'immense globe doré surmonté d'un homme au physique réaliste est la **Sphaera** (2007) de Stephan Balkenhol. Plus loin, sur l'Ursulinenplatz se dresse le bronze énigmatique de Markus Lüpertz, **Mozart-Eine Hommage** (2005). Autre hommage à Mozart de l'autre côté de la rivière, le **Spirit of Mozart** (Schwarzstrasse), de Marina Abramovic est un ensemble de chaises disposées autour d'un fauteuil de 15 m de haut symbolisant l'esprit du grand compositeur.

Pour plus d'informations, reportez-vous à la **Salzburg Foundation** (www.salzburgfoundation.at), commanditaire de ces installations et sculptures en plein air.

La Long Gallery est ornée de tableaux des XVIIe et XVIIIe siècles, dont *Le Christ et Nicodème* (1739) de Paul Troger.

Outre le fait qu'elle permet d'approcher l'instrument sur lequel jouait Mozart, la galerie de l'orgue donne une vue d'ensemble sur la nef de la cathédrale.

Résidence — PALAIS

(Residenz ; www.domquartier.at ; Residenzplatz 1 ; DomQuartier adulte/enfant 12/5 € ; 10h-17h mer-lun). Couronnement du nouveau DomQuartier de Salzbourg, la Residenz est l'endroit où se réunirent les princes-archevêques jusqu'à ce que Salzbourg soit intégrée à l'empire des Habsbourg au XIXe siècle. La visite (avec audioguide) vous conduit dans les fastueux **appartements d'apparat**, richement ornés de tapisseries, de stucs et de fresques signées Johann Michael Rottmayr. Au 3e étage se trouve la **Residenz Galerie**, une collection de maîtres flamands et hollandais, parmi lesquels Rubens, avec son *Allégorie de Charles Quint*, et Rembrandt, avec sa *Vieille Femme en prière* en clair-obscur.

Nul autre édifice n'incarne autant le faste de Salzbourg que la majestueuse Residenz. L'ambitieux Wolf Dietrich von Raitenau, prince-archevêque de Salzbourg de 1587 à 1612, ordonna l'édification de ce palais baroque à l'emplacement de la demeure épiscopale du XIe siècle.

Musée d'Art moderne — MUSÉE D'ART

(Museum der Moderne ; www.museumdermoderne.at ; Mönchsberg 32 ; adulte/enfant 8/6 € ; 10h-18h mar-dim, jusqu'à 20h mer). Situé tout en haut du Mönchsberg, ce musée contemporain tout en longueur, fait de verre et de marbre, offre un saisissant contraste avec la forteresse. Il présente d'excellentes expositions d'œuvres des XXe et XXIe siècles. Par le passé, le musée a exposé des œuvres d'Alberto Giacometti, de Dieter Roth, d'Emil Nolde et de John Cage. Une visite guidée gratuite est proposée tous les mercredis à 18h30. Le **téléphérique du Mönchsberg** (Gstättengasse 13 ; aller simple/aller-retour 2,10/3,40 €, avec billet d'entrée au musée adulte/enfant 9,70/6,80 € ; 8h-19h jeu-mar, 8h-21h mer) file toute l'année jusqu'au musée.

Du Mönchsberg, dômes et clochers apparaissent plus significatifs que jamais, mais les sentiers de randonnée à travers les bois invitent aussi à se retirer loin du monde une heure ou deux. Le temps d'un café ou d'un déjeuner au **M32** (p. 200), profitez de la vue.

Maison natale de Mozart — MUSÉE

(Mozarts Geburtshaus ; www.mozarteum.at ; Getreidegasse 9 ; adulte/enfant 10/3,50 €, incluant la Mozart-Wohnhaus 17/5 € ; 9h-17h30). L'enfant chéri de Salzbourg est né dans cette belle demeure jaune en 1756 et y a passé 17 années de sa vie. L'actuel musée expose une collection d'instruments, de documents et de portraits. Parmi les curiosités, signalons le petit violon dont jouait Mozart alors qu'il marchait à peine, une mèche de ses cheveux et des boutons d'une veste lui ayant appartenu. Dans l'une des salles, Mozart est représenté comme un

LE TOP DES SITES CULTURELS

- Les salles d'apparat et la galerie de peinture ancienne de la **Résidence** (p. 189), palais des puissants princes-archevêques de Salzbourg.
- Le **musée celtique** (p. 208) d'Hallein pour sa collection celtique et l'histoire de l'extraction du sel.
- La "Rome du Nord" qu'est la **vieille ville de Salzbourg** (p. 188) classée au patrimoine mondial de l'Humanité pour la richesse de son patrimoine baroque précoce.
- Le **musée d'Art moderne** (p. 189) pour ses collections d'avant-garde et son architecture contemporaine au sommet du Mönchsberg.
- La **mine de sel** (p. 208), non loin d'Hallein, source d'un "or blanc" qui fit la fortune des princes de Salzbourg.

nourrisson auréolé d'une lumière bleue… tel le Divin Enfant ?

♥ Maison de Mozart — MUSÉE

(Mozart-Wohnhaus ; www.mozarteum.at ; Makartplatz 8 ; adulte/enfant 10/3,50 €, incluant la Mozarts Geburtshaus 17/5 € ; 9h-17h30). À l'étroit dans la maison de la Getreidegasse, la famille Mozart s'installa en 1773 dans cette vaste demeure, où le prolifique Mozart composa des œuvres comme *Le Roi pasteur* (K.208) ou *Idoménée* (K.366). Emanuel Schikaneder, proche ami de Mozart et librettiste de *La Flûte enchantée,* était un hôte régulier des lieux. Au milieu des portraits de la famille et de multiples témoignages, vous découvrirez le pianoforte sur lequel travaillait le jeune prodige. L'audioguide accompagne votre visite sur fond d'extraits d'opéras mozartiens.

Le **Mozart Ton-und Filmmuseum**, accessible pour le même prix, réunit quelque 25 000 enregistrements audiovisuels. Passionnant !

Residenzplatz — PLACE

Avec ses calèches, son palais et ses artistes ambulants, cette superbe place baroque de la fin du XVIe siècle évoque le Salzbourg des cartes postales. Vaste fontaine de marbre entourée de quatre chevaux crachant de l'eau et surmontée d'un triton portant une conque, la **Residenzbrunnen** en est le joyau. Fortement inspiré par la Rome baroque, le prince-archevêque Wolf Dietrich von Raitenau fit appel à l'architecte italien Vincenzo Scamozzi pour dessiner cet espace si élégant.

Abbatiale Saint-Pierre — MONASTÈRE

(Erzabtei St Peter ; St Peter Bezirk 1-2 ; catacombes adulte/enfant 2/1,50 € ; église 8h-12h et 14h30-18h30, cimetière 6h30-19h, catacombes 10h-18h). Fondation du missionnaire franc Rupert, ce monastère et abbatiale de l'an 700 (environ) est le plus ancien du monde germanophone. En dehors de son authentique portail roman plein cintre, l'église affiche aujourd'hui un style résolument baroque, avec stucs rococo, statues et étonnants retables peints de Martin Johann Schmidt.

Petit musée à ciel ouvert, les allées du **cimetière** sont semées de tombeaux étonnants tant par le travail de la pierre que par la ferronnerie. Le compositeur Michael Haydn (1737-1806), frère cadet de Joseph Haydn, le chanteur d'opéra Richard Mayr (1877-1935) et le célèbre confiseur de Salzbourg Paul Fürst (1856-1941) sont inhumés ici.

Le cimetière abrite des **catacombes**, des chapelles et des cryptes souterraines creusées à même la paroi du Mönchsberg.

♥ Château de Mirabell — PALAIS

(Schloss Mirabell ; Mirabellplatz 4 ; salle des Marbres 8h-16h lun, mer et jeu, 13h-16h mar et ven, jardins 6h-crépuscule). GRATUIT Le prince-archevêque Wolf Dietrich fit édifier ce remarquable palais en 1606 pour sa maîtresse bien-aimée, Salomé Alt, avec laquelle il eut par la suite une quinzaine d'enfants. Johann Lukas von Hildebrandt, architecte du palais du Belvédère, apporta au château son style baroque en 1721. L'opulent intérieur, débordant de marbre, de stuc et de fresques, se visite gratuitement.

La superbe **salle des Marbres** (Marmorsaal) accueille des concerts de musique de chambre.

Ne manquez pas de profiter des jardins, de préférence le matin et en début de soirée, avec leurs roseraies, leurs tonnelles verdoyantes et leurs parterres de fleurs ponctués de statues. La sculpture *Tänzerin* (danseuse) est l'endroit parfait pour photographier les jardins avec la forteresse en arrière-plan.

Rupertinum MUSÉE D'ART

(www.museumdermoderne.at ; Wiener-Philharmoniker-Gasse 9 ; tarif adulte/enfant/famille 6/4/8 € ; 10h-18h mar et jeu-dim, jusqu'à 20h mer). Au cœur de la vieille ville, le Rupertinum, petit frère du **musée d'Art moderne** (p. 189), accueille des expositions d'art contemporain, en mettant l'accent sur les œuvres graphiques et la photographie.

Cimetière Saint-Sébastien CIMETIÈRE

(Friedhof St Sebastian ; Linzer Gasse 41 ; 9h-18h30). Niché derrière l'**église Saint-Sébastien** (Sebastianskirche), de style baroque, ce cimetière paisible et ses cloîtres ont été réalisés par Andrea Berteleto en 1600 dans un style italien. Les membres de la famille Mozart et le fameux médecin du XVIe siècle Paracelse y sont inhumés. Leurs tombes sont toutefois sans commune mesure avec l'impressionnant mausolée recouvert de mosaïques du prince-archevêque Wolf Dietrich von Raitenau.

Couvent de Nonnberg COUVENT

(Stift Nonnberg ; Nonnberggasse 2 ; 7h-crépuscule). En empruntant l'escalier Nonnbergstiege depuis la Kaigasse ou en suivant la Festungsgasse, on rejoint rapidement ce couvent de bénédictines fondé il y a 1 300 ans. On peut visiter la superbe église avec voûte à nervures, mais le reste du couvent n'est pas accessible au grand public. Avec 0,50 €, vous pourrez illuminer les magnifiques fresques romanes.

Steingasse SITE HISTORIQUE

Sur la rive droite de la Salzach, cette étroite rue pavée était, à l'époque médiévale, la principale route pour le commerce vers l'Italie. Repérez la **porte Steintor** du XIIIe siècle et la maison du père **Joseph Mohr**, compositeur du chant de Noël *Douce nuit, sainte nuit*. La rue est encore plus pittoresque en fin de matinée lorsque la lumière du soleil rase les maisons aux teintes pastel.

Église collégiale ART BAROQUE

(Kollegienkirche ; Universitätsplatz ; 8h-18h). Maître du baroque autrichien, Johann Bernhard Fischer von Erlach a dessiné l'étonnante façade concave au centre du sanctuaire de l'université (1696). Les colonnes du maître-autel symbolisent les sept piliers de la sagesse.

Bassin des chevaux FONTAINE

(Pferdeschwemme ; Herbert-von-Karajan-Platz). Conçu par Fischer von Erlach en 1693, ce bassin ravira les amoureux des équidés, avec ses représentations équestres en arrière-plan de la statue d'un dresseur de chevaux par Michael Bernhard Mandl.

Église franciscaine ART RELIGIEUX

(Franziskanerkirche ; Franziskanergasse 5 ; 6h30-19h30). Éclectique, l'église franciscaine de Salzbourg possède une nef romane, un chœur gothique avec une voûte à nervures, ainsi qu'un autel en marbre baroque (œuvre de Fischer von Erlach).

Église de la Sainte-Trinité ART BAROQUE

(Dreifältigkeitskirche ; Dreifaltigkeitsgasse 14 ; 6h30-18h30). Le grand architecte baroque Johann Bernhard Fischer von Erlach a dessiné ce beau sanctuaire de la rive

PLONGEON RAFRAÎCHISSANT

Fuyez la touffeur de Salzbourg et réfugiez-vous dans l'une de ses belles pièces d'eau. Voici notre sélection :

Freibad Leopoldskron (Leopoldskronstrasse 50 ; tarif plein/réduit 4,60/2,60 € ; 9h-19h mai à mi-sept). La plus grande piscine en plein air de Salzbourg, avec des couloirs pour nageurs, des bassins pour enfants, des plongeoirs, des toboggans, des tables de ping-pong, un minigolf et des filets de volley-ball. Le bus n°22 à destination de Wartbergweg s'arrête non loin.

Waldbad Anif (Waldbadstrasse 1 ; tarif plein/réduit 6/4 € ; 9h-21h mai-sept). Au cœur de la forêt, ce superbe lac turquoise invite, outre la baignade, à s'adonner au canoë-kayak, à l'escalade, au volley ou au ping-pong. Prenez le bus n°25 ou 28 jusqu'au Maximarkt, puis marchez 1 km.

Freibad Volksgarten (Hermann-Bahr-Promenade 2 ; tarif plein/réduit 4,60/2,60 € ; 9h-19h mai à mi-sept). Situé juste au sud du Kapuzinerberg, ce parc réunit des bassins de taille raisonnable, de grands espaces où prendre des bains de soleil, un bassin pour enfants, des tables de ping-pong et des filets de volley. Les bus nos 6, 7 et 20 y font halte.

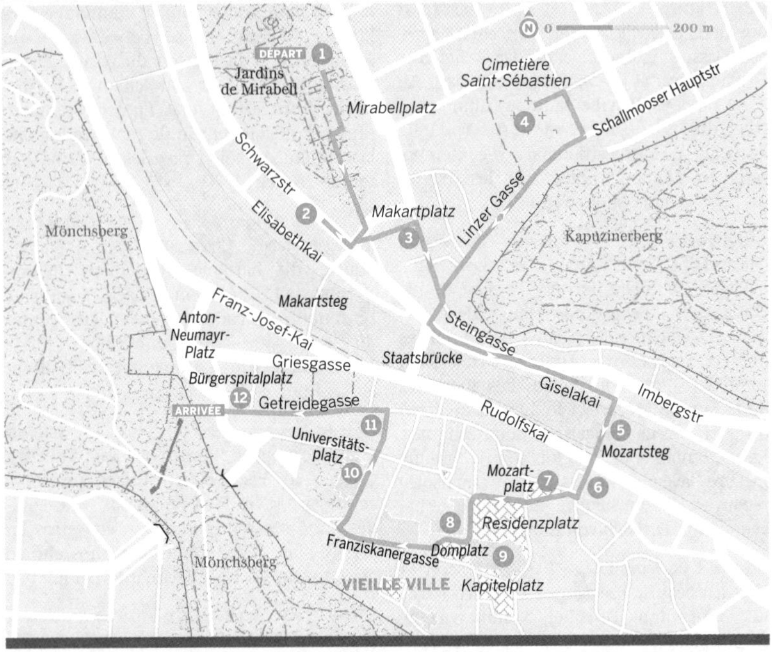

Promenade à pied
Sur les pas de Mozart

DÉPART SCHLOSS MIRABELL
ARRIVÉE FÜRST
DISTANCE 3 KM **DURÉE** 1 HEURE 30

Dès son plus jeune âge, le petit Mozart se révéla un prodige de la musique : à deux ans, il était capable d'identifier le cri d'un cochon comme étant un sol dièse ; à cinq, il commença à composer et à six il joua pour la première fois devant l'impératrice Marie-Thérèse. Ce circuit vous mène sur ses traces à travers Salzbourg.

Partez du 1 **château de Mirabell** (p. 190), où la musique de chambre mozartienne jouée dans la superbe *Marmorsaal,* semble avoir arrêté le temps. Musardez vers le sud à travers les jardins et au milieu des fontaines jusqu'à la fondation du 2 **Mozarteum** (p. 204), vivant hommage à la vie et l'œuvre du compositeur et cadre de la semaine Mozart en janvier. À deux pas de là, sur Makartplatz, la 3 **Maison de Mozart** (p. 190), demeure du XVIIe siècle qu'occupait la famille Mozart, permet d'écouter de rares enregistrements de symphonies. Poursuivez vers le nord le long de la Linzer Gasse jusqu'au 4 **cimetière Saint-Sébastien** (p. 191), où furent inhumés Léopold, le père de Wolfgang, et Constance, son épouse bien-aimée. Revenez sur vos pas en direction de la Salzach, obliquez à gauche dans la médiévale Steingasse et franchissez le 5 **Mozartsteg** (pont Mozart), de style Art nouveau. Une 6 **plaque commémorative** au n°8 marque le lieu où mourut Constance, sur votre chemin en direction de la 7 **Mozartplatz** et de son incontournable statue du génie de la musique. À l'opposé de la place se dresse la somptueuse 8 **Résidence** (p. 189) où le jeune musicien de six ans donna son premier concert à la cour. Voisine, la 9 **cathédrale** (p. 188) – où il fut baptisé en 1756 et où il était l'organiste titulaire – inspira au compositeur bien des morceaux de musique sacrée. Suivez alors la Franziskanergasse jusqu'à l'Universitätsplatz pour pénétrer dans 10 l'**Église collégiale** (p. 191) où fut chantée pour la première fois en 1769 la *Messe brève en ré mineur* (K65). Parallèle, sur la Getreidegasse se dresse la 11 **maison natale de Mozart** (p. 189) où naquit l'enfant prodige. Et pour se sentir un peu plus mozartien encore, on se lèche les babines en savourant les fameuses *Mozartkugeln* ("boules Mozart") au chocolat de 12 **Fürst** (p. 205).

droite, réputé pour sa fresque de la Sainte Trinité peinte sur le dôme par Johann Michael-Rottmayr.

Musée des fouilles archéologiques ARCHÉOLOGIE
(Domgrabungsmuseum ; www.salzburgmuseum.at ; Residenzplatz ; adulte/enfant 2,50/1 € ; ⏲9h-17h juil-août, sur demande sept-juin). Sous la cathédrale, ce circuit archéologique donne un aperçu du passé de la cité. Notons des vestiges de mosaïques romaines, une borne kilométrique taillée dans du marbre d'Untersberg ou encore des briques provenant de l'ancienne cathédrale romane.

Activités

On peut aussi explorer le vaste réseau d'itinéraires de cyclotourisme, qu'il s'agisse de réaliser un circuit facile de 20 minutes le long de la Salzach jusqu'à Hellbrunn ou le Mozart Radweg de 450 km qui vous conduit à travers le Salzburgerland et la Bavière. Pour des cartes et des renseignements, rendez-vous sur www.salzburgrad.at.

Mönchsberg RANDONNÉE
S'élevant à 540 m au-dessus de la ville, le Mönchsberg jouit d'une vue imprenable sur les dômes et les clochers de la vieille ville d'un côté, et sur la forteresse perchée au sommet d'une colline de l'autre. Des chemins de randonnée partent dans toutes les directions, mais le plus pittoresque est sans doute le circuit de 4 km du couvent de Nonnberg à Augustiner Bräustübl, qui passe par la forteresse de Hohensalzburg et le musée d'Art moderne, tout en offrant de beaux panoramas sur la chaîne des Alpes.

Kapuzinerberg RANDONNÉE
Dominant la ville, la montagne boisée et tranquille du Kapuzinerberg (640 m) est sillonnée de chemins de randonnée. Tous mènent à un point de vue dégagé qui s'étend de la rivière à la vieille ville et son château. Notez les six stations baroques du chemin de croix le long de la courte ascension.

Circuits et visites guidées

L'**office du tourisme** (p. 206) loue des audioguides iTour (9 €) couvrant un itinéraire de 4 heures à la découverte des lieux emblématiques comme la Residenz, le Mirabellgarten, la Mozartplatz…

Fräulein Maria's Bicycle Tours CYCLOTOURISME
(www.mariasbicycletours.com ; Mirabellplatz 4 ; adulte/enfant 30/18 € ; ⏲départ à 9h30 mai-sept, 9h30 et 16h30 juin-août). Circuit à vélo de 3h30 sur les différents lieux de la comédie musicale *La Mélodie du bonheur*, de Robert Wise. Réservation inutile : il suffit de se présenter au point de rassemblement sur la Mirabellplatz.

Segway Tours CIRCUITS
(www.segway-salzburg.at ; Wolf-Dietrich-Strasse 3 ; visite de la ville/autour de *La Mélodie du bonheur* 33/60 € ; ⏲départs à 10h30, 13h et 15h30 mi-mars à oct). Balade de 2 heures 30 en Segway sur les sites mythiques de *La Mélodie du bonheur*. Également, promenade en ville de 1 heure.

Salzburg Schiffsfahrt PROMENADES SUR LA RIVIÈRE
(www.salzburghighlights.at ; Makartsteg ; adulte/enfant 15/7,50 € ; ⏲avr-oct). Une excursion en bateau sur la Salzach constitue une agréable façon de repérer les monuments de Salzbourg. Partant du pont Makartsteg, elles vous font naviguer 1 heure, voire plus si vous poursuivez jusqu'au château de Hellbrunn (adulte/enfant 17/10 €, entrée au château non comprise).

Stiegl-Brauwelt VISITE DE BRASSERIE
(www.brauwelt.at ; Bräuhausstrasse 9 ; adulte/enfant 11/6 € ; ⏲10h-17h). Stiegl est la plus grande brasserie privée d'Autriche, à l'œuvre depuis 1492 ! Après les différentes étapes du brassage, vous serez invités à déguster une Stiegl et vous aurez droit à un petit cadeau. Et une surprise : la plus haute pyramide de bières au monde. À 1,5 km au sud-ouest de la vieille ville, par le bus n°1 ou 10 jusqu'à Bräuhausstrasse.

Bob's Special Tours CIRCUITS EN BUS
(☎84 95 11 ; www.bobstours.com ; Rudolfskai 38 ; ⏲bureau 8h30-17h lun-ven, 13h-14h sam-dim). Plusieurs propositions d'excursions en minibus vous mènent sur les traces de *La Mélodie du bonheur* (48 €), dans les Alpes bavaroises (48 €) et sur la route alpine du Grossglockner (96 €). Pour les circuits avec départ à 9h du matin, ramassage gracieux à votre hôtel. Réservation indispensable.

Salzburg Panorama Tours CIRCUITS EN BUS
(☎87 40 29 ; www.panoramatours.com ; Mirabellplatz ; ⏲bureau 8h-18h). Le choix ne manque guère, qu'il s'agisse de promenades à pied

LA MÉLODIE DU BONHEUR

Couronnée par cinq oscars en 1966, la comédie musicale *La Mélodie du bonheur* (*The Sound of Music*), réalisée par l'auteur de *West Side Story*, Robert Wise, et inspirée de la vie de l'Autrichienne Maria von Trapp, a imprégné l'imaginaire d'innombrables spectateurs, en particulier outre-Atlantique. Petit tour d'horizon des lieux incontournables de ce film culte et des chansons qui y sont associées :

Lacs Salzkammergut Les scènes d'ouverture ont été tournées aux abords de ces lacs. Julie Andrews fait son apparition en chantant *The Hills are Alive*.

Monastère des Bénédictines du Nonnberg La Mère supérieure et les sœurs entonnent le célèbre *Maria*.

Residenzplatz Maria traverse la place (p. 190) et affirme *I Have Confidence*, tout en aspergeant d'eau les chevaux de la fontaine.

Jardins de Mirabell Maria et les enfants von Trapp font leurs vocalises dans le jardin sur le thème de *Do-Re-Mi*.

Parc de Hellbrunn La jeune Liesl Trapp chante *Sixteen Going on Seventeen*, l'une des scènes mythiques du film.

Château de Leopoldskron (www.schloss-leopoldskron.com ; Leopoldskronstrasse 56-58). Les enfants von Trapp disent bonsoir aux invités dans la salle de bal sur fond de *So Long, Farewell*.

Felsenreitschule (Manège des rochers ; Hofstallgasse 1). C'est dans cette salle que se déroule le Festival de Salzbourg. Les petits chanteurs remportent un vif succès avec la chanson *Edelweiss*, suivie encore une fois de *So Long, Farewell*.

Untersberg La famille von Trapp au grand complet quitte le pays en chantant *Climb Every Mountain*.

La plupart des agences citées dans la rubrique *Circuits et visites guidées* (voir p. 193) proposent des circuits dédiés au film.

dans la vieille ville (16 €), de circuits Mozart (25 €) ou d'excursions dans les Alpes bavaroises (40 €).

Salzburg Sightseeing Tours — CIRCUITS EN BUS

(☎88 16 16 ; www.salzburg-sightseeingtours.at ; Mirabellplatz 2 ; ⏲bureau 8h-18h). Valable 24 heures, le billet (adulte/enfant 16/8 €) permet de monter et descendre à sa guise du bus multilingue qui fait le tour des principales curiosités de la cité.

Fêtes et festivals

Semaine Mozart — MUSIQUE

(Mozartwoche ; www.mozarteum.at ; ⏲fin jan). Orchestres, chefs d'orchestre et solistes de renommée mondiale célèbrent chaque année la naissance de Mozart fin janvier.

Osterfestspiele — MUSIQUE

(Festival de Pâques ; www.osterfestspiele-salzburg.at ; ⏲mars/avr). Créé par Karajan et le Philharmonique de Berlin, ce festival qui se déroule au Festpielhaus est dirigé par le renommé Christian Thielemann à la tête de la Staatskapelle de Dresde, désormais en résidence.

Sommerszene — FESTIVAL CULTUREL

(www.sommerszene.net ; ⏲fin juin-début juil). Ce festival interculturel des arts du spectacle se déroule de fin juin à début juillet.

Jazz & the City — JAZZ

(www.salzburgjazz.com ; ⏲fin oct). Salzbourg vibre au son du jazz alors qu'une centaine de concerts gratuits sont proposés à travers la vieille ville à la fin octobre.

Christkindlmarkt — MARCHÉ DE NOËL

(www.christkindlmarkt.co.at ; ⏲déc). Pour une image d'Épinal de Salzbourg, ne manquez pas les marchés de Noël organisés durant l'Avent, lorsque chorales et étals animent la Domplatz et la Residenzplatz.

Où se loger

À Salzbourg, l'hébergement est relativement onéreux par rapport aux normes autrichiennes, mais on peut obtenir un

LE FESTIVAL PAR EXCELLENCE

C'est en 1920 que le trio Hugo von Hofmannsthal (librettiste de Strauss), Max Reinhardt (metteur en scène) et Richard Strauss a inauguré le **Festival de Salzbourg** (Salzburger Festspiele ; www.salzburgerfestspiele.at ; ⏲ fin juil-août). Depuis, l'un des temps forts de cet événement est la représentation sur la Domplatz d'une pièce d'Hofmannsthal intitulée *Jedermann* ("Chacun de nous"), sorte de mystère médiéval sous une forme moderne. Opéras, théâtre et concerts classiques du plus haut niveau ont fait de ce rendez-vous estival s'étirant sur cinq semaines un festival international de renom, qui attire certains des meilleurs chefs d'orchestre, metteurs en scène, orchestres et chanteurs au monde.

Salzbourg déborde d'énergie, et quelque 250 000 personnes envahissent ses rues pour assister à pas moins de 200 productions : premières théâtrales, œuvres d'avant-garde, concerts donnés par l'orchestre en résidence d'été – la Staatskapelle de Dresde (en remplacement du Philharmonique de Vienne) sous la baguette de Christian Thielemann. Le Festspielbezirk (quartier du festival) sur la Hofstallgasse constitue en lui-même une véritable scène avec les parois rocheuses du Mönchsberg en toile de fond. La plupart des représentations ont lieu dans l'immense **Grosses Festpielhaus** (☎ 804 50 ; Hofstallgasse 1), d'une capacité de 2 180 places, dans le **Haus für Mozart** (Maison pour Mozart ; ☎ 804 55 00 ; www.salzburgerfestspiele.at ; Hofstallgasse 1), aménagée dans les anciennes écuries royales, et dans la baroque **Felsenreitschule**.

Si vous prévoyez de visiter Salzbourg durant le festival, organisez-vous au plus tôt – réservez vos billets d'avion, votre hôtel et vos places de spectacle des mois à l'avance. Il peut arriver de trouver des tickets de dernière minute auprès de la **billetterie** (☎ 804 55 00 ; info@salzburgfestival.at ; Herbert-von-KarajanPlatz 11 ; ⏲ 10h-13h et 14h-17h lun-sam début à mi-juil, 10h-18h tlj mi-juil à août), mais cela relève du pur hasard et ils sont fort rares. Le prix d'un billet varie de 11 à 430 €.

tarif plus avantageux en s'éloignant de quelques kilomètres. Demandez la liste des chambres chez l'habitant et des pensions à l'office du tourisme. Si vous comptez loger dans la vieille ville, qui recèle des pensions médiévales pleines de charme, des hôtels contemporains avec vue sur l'eau et des auberges de jeunesse décontractées, il est impératif de réserver.

Les tarifs de haute saison, indiqués ci-dessous, grimpent encore de 10 à 20% pendant le festival. Si la ville affiche complet, on peut se rabattre sur Hallein ou sur un hôtel situé en Bavière, juste de l'autre côté de la frontière.

♥ Haus Ballwein PENSION €

(☎ 82 40 29 ; www.haus-ballwein.at ; Moosstrasse 69a ; s 42-49 €, d 63-69 €, app 98-120 € ; P 📶 👪). Avec ses chambres lumineuses et parquetées, ses vélos en libre-service et son jardin, cette adresse a de quoi séduire. Les chambres les plus vastes et les plus calmes donnent sur l'arrière et disposent d'un balcon et d'une kitchenette. Elle se trouve à 10 minutes de marche de la vieille ville ; prenez le bus n°21 jusqu'à Gsengerweg. Œufs, fruits, muesli, charcuteries et petits pains frais au réveil.

Haus Steiner PENSION €

(☎ 83 00 31 ; www.haussteiner.com ; Moosstrasse 156 ; s/d 37/62 € ; P 📶 👪). Cette pension installée dans un chalet aux teintes jaunes lumineuses, très fleurie en été, est tenue par la douce Rosemarie. Les chambres, plutôt petites, possèdent du mobilier en pin naturel, un réfrigérateur et un balcon donnant sur les montagnes. Les appartements familiaux disposent d'une kitchenette. Petit-déjeuner copieux et vieille ville à un quart d'heure par le bus n°21 ; descendez à Hammerauerstrasse.

Haus am Moos PENSION €

(☎ 82 49 21 ; www.ammoos.at ; Moosstrasse 186a ; s/d 30/60 € ; P 📶 🏊 👪). Au calme de la campagne, à seulement 15 minutes de la ville en bus (n°21), ce chalet de style alpin avec piscine est une pure merveille. De nombreuses chambres ont des balcons qui donnent sur la montagne et certaines sont équipées de lits à baldaquin. Un petit-déjeuner à base de muesli, charcuteries, œufs et pains frais vous aidera à bien démarrer la journée.

YOHO Salzburg AUBERGE DE JEUNESSE €

(☎ 87 96 49 ; www.yoho.at ; Paracelsusstrasse 9 ; dort 19-25 €, s 41 €, d 69-78 € ; @ 📶). Cette auberge de jeunesse a tout pour plaire : Wi-Fi gratuit, casiers sécurisés, lits superposés confortables, ainsi que de la bière et des *Schnitzel* (escalope viennoise, panée) bon marché. La comédie musicale *La Mélodie du bonheur*, tournée à Salzbourg, y est projetée tous les jours à 19h. Le sympathique personnel propose des circuits organisés et des activités comme du rafting ou du canyoning. Location de vélos. Le petit-déjeuner ne coûte que 3,50 €.

Pension Katrin PENSION €€

(83 08 60 ; www.pensionkatrin.at ; Nonntaler Hauptstrasse 49b ; s 64-70 €, d 112-122 €, tr 153-168 €, qua 172-188 € ; P). Avec son jardin fleuri, ses chambres lumineuses et joyeuses, ses excellents petits-déjeuners, cette pension est l'une des plus accueillantes de Salzbourg. L'aimable famille Terler l'entretient à la perfection, et aucun service n'est trop grand pour eux. Ils vous aideront même à porter vos bagages dans les étages. Prenez le bus n°5 depuis la gare jusqu'à la Wäschergasse.

Arte Vida PENSION €€

(87 31 85 ; www.artevida.at ; Dreifaltigkeitsgasse 9 ; s 59-129 €, d 86-140 €, app 150-214 €). L'Arte Vida dégage l'ambiance un peu bohème d'un riad marocain, avec son salon éclairé de lanternes, sa cuisine commune et son jardin apaisant. Équipées de lecteurs DVD et de stations pour iPod, les chambres possèdent une décoration unique, à base de couleurs chaudes et de tissus évoquant d'autres continents. Reinhold fournit de précieux renseignements sur Salzbourg, tout en assurant séances de yoga et activités de plein air.

Hotel & Villa Auersperg BOUTIQUE-HÔTEL €€

(88 94 40 ; www.auersperg.at ; Auerspergstrasse 61 ; s 129-175 €, d 155-225 €, ste 235-325 € ; P @). Des chambres réparties dans une villa et un hôtel datant de la fin du XIXe siècle, mais équipés d'un mobilier très contemporain. On se détend au bord du bassin aux nénuphars dans le jardin envahi par la vigne ou dans l'espace bien-être aménagé sur le toit et doté d'un sauna et d'un bar à thé, avec vue sur les montagnes. Vélos à disposition. Le petit-déjeuner est à base de produits régionaux bio.

Hotel Am Dom BOUTIQUE-HÔTEL €€

(84 27 65 ; www.hotelamdom.at ; Goldgasse 17 ; s 90-160 €, d 130-280 €). Un hôtel de la vieille ville où les voûtes et les poutres d'origine de cette bâtisse vieille de huit siècles offrent un contraste saisissant avec une décoration très contemporaine. Des œuvres d'art inspirées des légendes musicales du Festival de Salzbourg ornent les chambres aux teintes caramel ou champagne, dotées d'éclairages originaux et de salles de bains glamour.

Weisse Taube HÔTEL HISTORIQUE €€

(84 24 04 ; www.weissetaube.at ; Kaigasse 9 ; s 99-109 €, d 125-159 €). Édifice du XIVe siècle classé patrimoine mondial de l'Unesco, dans un secteur tranquille de la vieille ville, la "Colombe blanche" est une valeur sûre. Le personnel se met en quatre pour vous satisfaire et les chambres aux teintes chaleureuses sont spacieuses et bien tenues (certaines ont une vue donnant sur la forteresse). Petit-déjeuner généreux.

Wolf Dietrich HÔTEL HISTORIQUE €€

(87 12 75 ; www.salzburg-hotel.at ; Wolf-Dietrich-Strasse 7 ; s 70-130 €, d 113-250 €, ste 168-310 € ; P). Voici un hôtel central à l'élégance rétro, avec des chambres au mobilier ancien. L'une des suites s'inspire de *La Flûte enchantée* et possède un plafond constellé d'étoiles et une baignoire sur pieds. Le spa et la piscine couverte paraissent ultramodernes en comparaison. Petit-déjeuner à base de produits bio.

Hotel Goldgasse HÔTEL HISTORIQUE €€

(84 56 22 ; www.hotelgoldgasse.at ; Goldgasse 10 ; s 98-160 €, d 165-260 €, ste 225-340 €, qua 270-410 € ; @). Au cœur de la vieille ville, cet ancien hôtel particulier du XIVe siècle dégage un charme fou. Certaines chambres possèdent un lit à baldaquin. La terrasse ensoleillée donne sur les toits de la vieille ville.

Gästehaus im Priesterseminar PENSION €€

(877 495 10 ; www.gaestehaus-priesterseminar-salzburg.at ; Dreifaltigkeitsgasse 14 ; s 65 €, d 116-148 €). Il règne un calme divin dans cet ancien séminaire caché derrière l'église de la Sainte-Trinité. Ses chambres lumineuses en parquet ont récemment été rénovées, mais l'endroit a su garder son charme suranné avec son escalier en marbre, ses meubles anciens, sa cour et sa fontaine. L'adresse est toujours peu connue.

Hotel Elefant HÔTEL HISTORIQUE €€

(84 33 97 ; www.elefant.at ; Sigmund-Haffner-Gasse 4 ; s 129-208 €, d 127-402 €). Aménagé dans une demeure âgée de sept

siècles, cet hôtel Best Western tenu par la sympathique famille Mayr jouit d'un emplacement de charme. Ses couleurs lumineuses apportent une touche moderne aux chambres spacieuses et élégantes. Petit-déjeuner copieux.

Hotel Amadeus HÔTEL HISTORIQUE €€
(☎87 14 01 ; www.hotelamadeus.at ; Linzer Gasse 43-45 ; s 78-137 €, d 128-231 €, qua 192-391 € ; 📶). Jouissant d'un emplacement central sur la rive droite, cet hôtel du XVIe siècle respire le charme avec ses lustres et ses lits à baldaquin installés dans des chambres aux couleurs chatoyantes. Thé ou café offert aux hôtes l'après-midi.

Hotel Hohenstauffen HÔTEL €€
(☎87 21 93 ; www.hotel-hohenstauffen.at ; Elisabeth-strasse 19 ; s/d 107/145 € ; P @). Certes, il ne se trouve pas dans la plus belle partie de la ville (notamment au milieu des boutiques érotiques), mais ne vous y fiez pas. Cet hôtel familial vraiment chaleureux propose des chambres au charme désuet. Tout est prévu pour les cyclistes, comme le confirme la sonnette à vélo à la réception.

Hotel Rosenvilla PENSION €€
(☎62 17 65 ; www.rosenvilla.com ; Höfelgasse 4 ; s 84-114 €, d 116-177 €, ste 166-253 € ; P 📶 👪). Cette pension soignée loue des chambres contemporaines au style raffiné. Le service

SALZBOURG AVEC DES ENFANTS

Avec ses spectacles de marionnettes, ses friandises en chocolat et sa forteresse de conte de fées, Salzbourg semble taillée pour les plus beaux rêves. Et lorsque vous ne tenez plus avec toute la foule, emmenez les bambins sur les **aires de jeux** : la ville en compte 80, celle dans **Franz-Josef-Kai** étant la plus centrale.

Les enfants au-delà de six ans (gratuité pour les plus jeunes) bénéficient généralement de demi-tarif sur les sites. Ateliers ou représentations dédiés aux enfants et familles ne manquent guère. Le **musée d'Art moderne** (p. 189) organise tous les mardis à 15h un atelier (4 €), et le **Théâtre de marionnettes de Salzbourg** (p. 203) donne des représentations en matinée. Les installations interactives du **musée de Salzbourg** (p. 188) permettent notamment de jouer de la harpe ou d'écrire à la plume d'oie. Procurez-vous à l'entrée la brochure (en anglais et en allemand) dans laquelle le loup WoDi (nommé d'après Wolf Dietrich von Raitenau, prince-archevêque des XVIe-XVIIe siècles) guide les enfants à travers le musée tout en leur proposant des jeux.

Les enfants adorent les répliques de dinosaures et les cristaux alpins des salles d'histoire naturelle de la **Maison de la nature** (Haus der Natur ; www.hausdernatur.at ; Museumsplatz 5 ; tarif plein/réduit/famille 8/5,50/20 € ; ⏲9h-17h), tout comme les serpents et les crocodiles du vivarium des reptiles, ou encore les piranhas et les récifs de coraux de l'aquarium. N'oubliez pas les petits poissons-clowns du Kinderstube ! Ou encore le repas des pieuvres, des requins, des piranhas et des toxotes à 10h15 les lundis et jeudis. Les étages supérieurs abritent un centre d'expérimentations, où les scientifiques en herbe peuvent organiser des courses de canots, explorer le corps humain et ressentir – au sens propre – les effets de la musique de Mozart en grimpant dans un étui à violon géant.

Sur la Bürgerspitalplatz entourée d'arcades, le **musée du Jouet** (Spielzeugmuseum ; www.salzburgmuseum.at ; Bürgerspitalgasse 2 ; tarif plein/réduit/famille 4/1,50/8 € ; ⏲9h-17h mar-dim) jette un regard nostalgique sur l'univers du jouet, avec sa collection de maisons de poupée et ses ours en peluche *Steiff*. Les enfants peuvent aussi se déguiser, jouer aux billes et s'amuser dans l'atelier Bosch. Les adultes profitent des zones réservées aux grands et du bar à thé gratuit pendant que les petits s'en donnent à cœur joie.

En dehors de Salzbourg, près de l'Untersberg, l'écomusée **Freilichtmuseum** (www.freilichtmuseum.com ; Hasenweg ; tarif plein/réduit/famille 10/5/20 € ; ⏲9h-18h mar-dim avr-oct) réunit une centaine de fermes autrichiennes typiques, au milieu de tracteurs, de chèvres et d'un immense terrain de jeu.

Enfin, non loin du château de Hellbrunn, le **zoo de Salzbourg** (www.salzburg-zoo.at ; Anifer Landesstrasse 1 ; tarif plein/réduit/famille 10,50/4,50/24,50 € ; ⏲9h fermeture entre 15h30 et 18h30 selon la saison) héberge des lions, des flamants roses et des bouquetins des Alpes. Visite nocturne possible jusqu'à 22h30 les vendredis et samedis d'août.

LA VILLA TRAPP

Envie de vous plonger un peu plus dans le monde enchanté de *La Mélodie du bonheur* ? Considérez donc la possibilité de vous offrir une nuit à la **Villa Trapp** (☎63 08 60 ; www.villa-trapp.com ; Traunstrasse 34 ; s 65-130 €, d 114-280 €, ste 290-580 €), demeure de la célèbre famille dont l'histoire inspira la comédie musicale à succès. Marianne et Christopher ont transformé cette villa du XIXe siècle en une superbe pension, certes moins somptueuse que dans le film, mais qui n'en affiche pas moins une élégance de bon goût. La salle à manger est ornée de portraits de la famille et d'objets ayant appartenu au baron Von Trapp, sans oublier une photo du guitariste des Pink Floyd, David Gilmour, jouant "Edelweiss".

La Villa Trapp est nichée dans un vaste parc privé, dans le quartier d'Aigen, à 3 km à l'est de la vieille ville. De la gare ferroviaire principale, prenez un train ou le bus n°160 pour Aigen.

est impeccable, le petit-déjeuner formidable : pains, céréales, œufs, fruits et pâtes à tartiner. Prenez le bus n°7 jusqu'à Finanzamt ou marchez 15 minutes le long de la rive bordée d'arbres en direction du centre.

Hotel Mozart HÔTEL HISTORIQUE €€
(☎87 22 74 ; www.hotel-mozart.at ; Franz-Josef-Strasse 27 ; s 80-110 €, d 120-190 €, tr 150-220 € ; P 📶 👪). Le hall rempli d'objets anciens conduit à d'impeccables chambres aux lits douillets et spacieuses sdb. Comptez 10 € pour un confortable petit-déjeuner : œufs à la coque, charcuteries, pâtisseries et fruits frais.

♥ **Hotel Schloss Mönchstein** HÔTEL HISTORIQUE €€€
(☎84 85 55-0 ; www.monchstein.at ; Mönchsberg Park 26 ; d 350-650 €, ste 695-1 900 € ; P ❄ 📶). Perché au sommet du Mönchsberg et au cœur de plusieurs hectares de domaine boisé, ce château du XVIe siècle est parfait pour s'offrir une seconde lune de miel. Ses somptueuses chambres sont ornées de tapis persans, de tableaux et de marbre de Calcutta. Un massage au spa ? Un dîner aux chandelles avec vue sur Salzbourg ? Une sortie en hélicoptère ? À vous de choisir.

Hotel Sacher HÔTEL HISTORIQUE €€€
(☎88 97 70 ; www.sacher.com ; Schwarzstrasse 5-7 ; s 226-336 €, d 241-651 €, ste 502-3898 € ; P ❄ 📶 👪). Tom Hanks, le dalaï-lama et Julie Andrews ont séjourné dans cet édifice du XIXe siècle au bord de la Salzach. Décorées de tableaux et de meubles anciens, les chambres possèdent des sdb en marbre rutilantes et ont vue sur la forteresse ou sur les rives. Le club de gym invite à éliminer les excès chocolatés de *Sacher Torte*.

Goldener Hirsch HÔTEL DE LUXE €€€
(☎808 40 ; www.goldenerhirschsalzburg.com ; Getreidegasse 37 ; ch 195-813 € ; P ❄ @ 📶). Une verrière éclaire la cour intérieure sous arcades de cet édifice vieux de six siècles, où séjournèrent la reine Élisabeth et Pavarotti. La comtesse Harriet Walderdorff décora les somptueuses pièces d'objets d'art et de tissus imprimés au cadre. Deux restaurants occupent le rez-de-chaussée : le s'Herzl et le Goldener Hirsch.

Arthotel Blaue Gans BOUTIQUE-HÔTEL €€€
(☎84 24 91 ; www.hotel-blaue-gans-salzburg.at ; Getreidegasse 41-43 ; s 135-209 €, d 145-339 €, ste 269-499 € ; ❄ 📶 👪). La décoration contemporaine se fond harmonieusement avec les voûtes et les poutres d'origine de cet hôtel bâti il y a 660 ans. Chambres simples et épurées, aux lignes sobres et au mobilier design. Le restaurant mérite une halte.

Hotel Bristol HÔTEL DE LUXE €€€
(☎87 35 57 ; www.bristol-salzburg.at ; Makartplatz 4 ; s/d/ste 250/395/690 € ; P ❄ 📶). Le Bristol vous transporte dans une atmosphère d'un autre temps. Entre les salons avec lustres au plafond, le champagne au petit-déjeuner, le mobilier luxueux et le service irréprochable, voici un établissement de grande classe, où l'empereur François-Joseph et Sigmund Freud se sentaient comme chez eux.

Où se restaurer

Salzbourg affiche une scène gastronomique d'une grande diversité, alliant restaurants traditionnels, enseignes branchées et établissements touristiques. Ici, les *Schnitzel* (escalopes panées) se dégustent dans les salles voûtées des tavernes. On peut aussi bien dîner dans un restaurant étoilé au Michelin qu'à côté d'une chanteuse en devenir. Économisez quelques euros en profitant du *Tagesmenü* (menu du jour) proposé au déjeuner dans la majorité des restaurants.

Spicy Spices INDIEN €
(☎87 07 12 ; spicyspices.jimdo.com ; Wolf-Dietrich-Strasse 1 ; plat du jour 7,50 €, avec soupe 9 € ; ⏲11h-21h ; ✎). Un restaurant 100% végétarien et bio, où l'on doit prendre son temps. Chaleureusement servis, les *thali* (amuse-bouches) bon marché et les curries à accompagner de *paratha* (pain plat) méritent l'attente.

IceZeit GLACES €
(Chiemseegasse 1 ; 1,30 €/boule ; ⏲11h-20h). Laissez-vous tenter par un cône chez le meilleur glacier de Salzbourg, qui propose des parfums allant de la cacahuète au caramel salé au fruit de la passion.

Heart of Joy CAFÉ €
(☎89 07 73 ; www.heartofjoy.at ; Franz-Josef-Strasse 3 ; déj 7,90-8,50 €, en-cas et repas légers 4,90-9,90 € ; ⏲8h-19h ; ✎). Ce café d'inspiration ayurvédique affiche un menu végétarien, parfois végétalien, et presque entièrement bio. On y sert de bons bagels, salades, gâteaux maison et jus de fruits frais, petits-déjeuners originaux, ainsi que des plats du jour comme des curries accompagnés de *dhal* et de riz bio.

♥ **The Green Garden** VÉGÉTARIEN €€
(☎841201 ; www.thegreengarden.at ; Nonntaler Hauptstrasse 16 ; plats 9,50-14,50 € ; ⏲12h-15h et 17h30-22h mar-sam ; ✎). Le Green Garden est une bouffée d'air frais pour les végétariens et végétaliens. Le locavorisme (consommation de produits locaux) est le maître mot dans ce restaurant moderne et lumineux, de style cottage, accordant des plats comme la salade aux herbes sauvages, le risotto au safran avec du fenouil braisé ou encore la fondue végétalienne avec des vins bio, le tout dans un cadre décontracté.

♥ **Triangel** AUTRICHIEN €€
(☎84 22 29 ; www.triangel-salzburg.co.at ; Wiener-Philharmoniker-Gasse 7 ; plats 10-32 € ; ⏲11h30-minuit mar-sam). Un bistrot assez bohème qui propose une cuisine du marché au milieu de photos d'artistes ayant participé au Festival de Salzbourg. Au menu : des salades gourmandes, un savoureux goulasch hongrois au bœuf bio, et des glaces maison. Offre spéciale à 6,50 € au déjeuner.

Zum Zirkelwirt AUTRICHIEN €€
(☎84 27 96 ; www.zumzirkelwirt.at ; Pfeifergasse 14 ; ⏲11h-minuit). Une auberge joviale qui sert une bonne cuisine autrichienne traditionnelle, que vous pourrez savourer dans son beau jardin sur la Papagenoplatz en été, ou dans son intérieur lambrissé chaleureux en hiver. Optez pour les classiques comme la *Kaspressknödelsuppe* (soupe aux boulettes de fromage) ou le *Schweinsbraten im Weissbier-Kümmelsafterl* (rôti de porc dans une sauce à la bière blanche et au cumin).

Hagenauerstuben AUTRICHIEN €€
(☎84 26 57 ; www.hagenauerstuben.at ; Universitätsplatz 14 ; déj 2 plats 7,40 €, plats 9-18 € ; ⏲10h-23h lun-sam, 10h-18h dim). Vous pourriez penser qu'un restaurant niché derrière la maison natale de Mozart serait un piège à touristes mais ce n'est pas le cas. Cette adresse baroque contemporaine allie un intérieur voûté élégant à une terrasse donnant sur l'église collégiale. Installez-vous et savourez une bonne cuisine autrichienne traditionnelle faite maison : médaillons de porc accompagnés de purée aux herbes, *Schnitzel* et *Knödel* (boulettes) aux épinards, entre autres spécialités.

Bärenwirt AUTRICHIEN €€
(☎42 24 04 ; www.baerenwirt-salzburg.at ; Müllner Hauptstrasse 8 ; plats 9,50-20 € ; ⏲11h-23h). Ouvert depuis 1663, le Bärenwirt est le restaurant autrichien par excellence. Optez pour le *Bierbraten* (rôti à la bière) aux boulettes, la truite de la région ou une *Bratwurst* bio de sanglier. En hiver, le four couvert de mosaïques réchauffe la salle aux nombreuses boiseries. L'été, la terrasse donnant sur l'eau est prise d'assaut. À 500 m au nord de Museumplatz.

Zwettler's AUTRICHIEN €€
(☎84 41 99 ; www.zwettlers.com ; Kaigasse 3 ; plats 12-21 € ; ⏲11h30-2h mar-sam, 11h30-23h dim). L'ambiance est animée sur la terrasse de ce pub gastronomique. Au menu : des spécialités locales, comme le *Schnitzel* aux pommes de terre persillées ou le ragoût de chevreuil, accompagnées d'une bière blanche Kaiser Karl bien fraîche. Le déjeuner de deux plats à 7,90 € offre un bon rapport qualité/prix.

INTERVIEW

CHRISTIANA SCHNEEWEISS, GUIDE À SALZBOURG

Meilleures périodes Le mois de mai lorsque la ville est en fleurs, mais que les montagnes sont encore saupoudrées de neige. En septembre, la douceur du climat et un nombre de visiteurs en baisse rendent la visite agréable.

Festivals Même sans billet, il est possible de prendre part aux festivités. Lors des Siemens Festival Nights (gratuites) se déroulant sur Kapitelplatz, les plus grands concerts et opéras sont retransmis sur écran géant, avec la forteresse illuminée en arrière-plan. Par beau temps, rien ne vaut une représentation de *Jedermann* sur la Domplatz. Des places de dernière minute sont souvent disponibles.

Excursions Le Kapuzinerberg et le Mönchsberg pour des balades ombragées et un superbe panorama de la vieille ville. Pour un autre type d'évasion, direction l'église Saint-Sébastien ou le Stift Nonnberg, où le chœur de la chapelle abrite de superbes fresques byzantines du Xe siècle, parmi les plus anciennes d'Autriche.

Sur une journée Le Gaisberg et l'Untersberg pour randonner dans un cadre alpin ; les lacs de Bavière, tel le Königsee juste de l'autre côté de la frontière ; Waldbad Anif pour se rafraîchir et s'ébattre dans l'eau au cœur de la forêt.

Conseils de visite Vous éviterez les groupes en rejoignant les principales curiosités après 16h. Pour vous imprégner de l'ambiance du Dom, assistez à l'office du dimanche matin. Ne négligez pas les sites moins connus : le Dommuseum, par exemple, est passionnant et rarement envahi de touristes.

Christiana Schneeweiss est une guide touristique officielle des Salzburg Guides (www.salzburgguides.at) avec plus de 20 ans d'expérience.

Afro Café AFRICAIN €€
(☎84 48 88 ; www.afrocoffee.com ; Bürgerspitalplatz 5 ; déj 8,20 €, plats 12-30 € ; ⏲9h-minuit lun-sam ; 📶). Murs roses, fauteuils Butterfly, ambiance funky et œuvres d'art réalisées à partir de détritus récoltés sur la plage caractérisent ce bar chic. Le personnel, avenant, vous servira des petits-déjeuners (14,60 €), des steaks ou encore des burgers d'autruche. Bon choix de cafés, thés rooibos et douceurs.

Alter Fuchs AUTRICHIEN €€
(☎88 20 22 ; Linzer Gasse 47-49 ; plats 9,50-14,50 € ; ⏲12h-minuit lun-sam ; 🖉👪). Cette institution est fière de sa cuisine autrichienne rustique : *Schnitzel*, rôti de porc aux boulettes, cordon bleu et autres spécialités. Un bar est installé dans la salle voûtée et la cour est ouverte par beau temps. Au charmant *Stube* à l'arrière, vous aurez le droit d'écrire sur les murs (à la craie) ! Service hasardeux.

Gasthof Schloss Aigen AUTRICHIEN €€
(☎62 12 84 ; www.schloss-aigen.at ; Schwarzenbergpromenade 37 ; plats 17-34,50 €, menus 44-54 € ; ⏲11h30-14h et 17h30-21h30 jeu et ven, 11h30-21h30 sam-dim). Ce manoir ancestral au charme rustique et à la cour ombragée concocte une authentique cuisine gastronomique autrichienne. La spécialité de la famille Forstner est le *Wiener Melange*, morceaux de bœuf Pinzgauer (très fondant) servis avec du raifort à la pomme, une sauce à la ciboulette et des pommes de terre rôties, à arroser d'un vin autrichien. Le bus n°7 s'arrête à la gare d'Aigen, à 10 minutes à pied.

M32 FUSION €€
(☎84 10 00 ; www.m32.at ; Mönchsberg 32 ; déj 2 plats 16 €, plats 26-36 € ; ⏲9h-1h mar-dim ; 🖉👪). Les couleurs rutilantes et les innombrables bois de cerf suspendus au plafond dans le restaurant du musée d'Art moderne témoignent du passage de l'architecte et designer italien Matteo Thun. La cuisine varie selon la saison, avec des spécialités comme les tortellinis de bœuf bio au coulis de tomate ou le sorbet piquant à la pomme verte et au cassis. Vue panoramique sur la ligne de crêtes autour de Salzbourg.

Pescheria Backi POISSON ET FRUITS DE MER €€
(☎87 97 78 ; Franz-Josef-Strasse 16b ; plats 9-15 € ; ⏲9h-22h lun-sam). Ce bistrot-poissonnerie installé dans un local au toit de bardeaux sert du poisson de première fraîcheur à une clientèle d'habitués.

K+K AUTRICHIEN €€

(☎84 21 56 ; Waagplatz 2 ; plats 16-30 € ; ⏲11h30-22h ; 👪). Ce restaurant animé, dédale de salles voûtées et lambrissées, concocte des plats excellents allant des queues d'écrevisse aux venaisons avec sauce aux morilles, en passant par la traditionnelle *Bratwurst* aux choux et aux pommes de terre.

St Paul's Stub'n INTERNATIONAL €€

(☎43 33 203 ; Herrengasse 16 ; plats 11-22 € ; ⏲17h-23h lun-sam). Dans la rue pavée Herrengasse, cette splendide taverne d'antan, à l'intérieur en bois sombre rempli de bibelots anciens, attire une clientèle d'habitués. L'été, ils se retrouvent dans le *Biergarten* pour savourer les spécialités authentiques comme le rôti de porc à la bière blanche.

♥ **Esszimmer** FRANÇAIS €€€

(☎87 08 99 ; www.esszimmer.com ; Müllner Hauptstrasse 33 ; menu déj 3 plats 38 €, menus dégustation 75-118 € ; ⏲12h-14h et 18h30-21h30 mar-sam). Dans ce restaurant étoilé au Michelin, Andreas Kaiblinger apporte une touche créative à une cuisine française à base de produits du marché. Art de la présentation, éclairage soigné et sols en verre sous lesquels on aperçoit l'Almkanal couler enchantent les convives. Les bus n^{os}7, 21 et 28 pour Landeskrankenhaus font halte non loin.

♥ **Magazin** EUROPÉEN MODERNE €€€

(☎84 15 84 ; www.magazin.co.at ; Augustinergasse 13a ; menu déj 2 plats 16 €, plats 33-39 €, menus dégustation 68-71 €, cours de cuisine 150 € ; ⏲10h-minuit mar-sam). Installé autour d'une cour en contrebas du Mönchsberg, le Magazin réunit un traiteur, une école de cuisine et un restaurant. Les menus du chef Richard Brunnauer sentent bon les produits de saison : ils marient des plats comme l'omble fumé aux racines marinées ou le râble de chevreuil à la purée de pommes de terre persillée et aux cèpes avec des vins de la cave de 850 bouteilles et servis en plein air ou dans l'intérieur chic de style cave industrielle.

Les cours de cuisine de 3 heures sont suivis d'un dîner de 5 plats. Réservation indispensable.

Ikarus EUROPÉEN MODERNE €€€

(☎21 97 77 ; www.hangar-7.com/de ; menus dégustation 160-185 € ; ⏲12h-14h et 19h-22h). Dans le complexe futuriste Hangar-7 de l'aéroport, ce luxueux restaurant étoilé au Michelin est l'incarnation même du voyage culinaire. Tous les mois, Eckart Witzigmann et Martin Klein invitent une sommité de la gastronomie à préparer un menu de 8 à 12 plats pour des gourmets passionnés.

Carpe Diem Finest Finger Food FUSION €€€

(☎84 88 00 ; www.carpediemfinestfingerfood.com ; Getreidegasse 50 ; menu déj 3 plats 21,50 €, plats 37,50-39,50 € ; ⏲8h30-minuit). Avec une étoile au Michelin, ce restaurant-lounge branché de la Getreidegasse attire une clientèle avertie, séduite par les cocktails et les amuse-bouches servis dans de petits cornets (panna cotta de tomate à l'artichaut et saint-jacques à la rhubarbe).

Riedenburg EUROPÉEN MODERNE €€€

(☎83 08 15 ; www.riedenburg.at ; Neutorstrasse 31 ; plats 20-33,50 €, menu 3/4/5 plats 43/54/65 € ; ⏲midi-14h et 18h-22h mar-sam). Helmut Schinwald est aux commandes de ce restaurant gastronomique doté d'un romantique pavillon de jardin. Ses mets à base de produits de saison, comme les raviolis maison aux cèpes et leur beurre de thym ou le filet de caille au risotto de grenade, sont habilement mariés à d'excellents vins. La formule déjeuner (2 plats) à 15 € est une affaire. À 10 minutes à pied au sud-ouest de la vieille ville par la Neutorstrasse ; prenez le bus n°1, 4 ou 5 jusqu'à la Moosstrasse.

Blaue Gans Restaurant AUTRICHIEN €€€

(☎84 24 91-50 ; www.blauegans.at ; Getreidegasse 43 ; plats 19-25 € ; ⏲12h-1h lun-sam). Les salles voûtées vieilles de 650 ans de l'Arthotel Blaue Gans offrent un cadre raffiné à ce restaurant spécialisé dans une belle cuisine régionale, tel le sandre servi avec une compote de fenouil ou le jarret d'agneau aux *Marillenknödel* (sortes de quenelles aux abricots), accompagnés de vins corsés. La terrasse décorée d'oliviers est appréciée en été.

Alt Salzburg AUTRICHIEN €€€

(☎84 14 76 ; Bürgerspitalgasse 2 ; plats 19,50-30 €, menus dégustation 43-58 € ; ⏲11h30-14h et 18h-22h lun-sam). Situé dans une cour au pied du Mönchsberg, ce restaurant douillet s'enorgueillit d'un service soigné, de copieuses spécialités régionales (venaison, jarret de veau) et de bons vins du terroir.

Faire des courses

Grünmarkt MARCHÉ €
("Marché vert" ; Universitätsplatz ; 7h-19h lun-ven, 7h-15h sam). Sur l'une des plus belles places de Salzbourg, ce marché permet de faire le plein de fromages et de jambons locaux, mais aussi de fruits, de pains et de bretzels géants.

Kaslöchl FROMAGES €
(Hagenauerplatz 2 ; 9h-18h lun-ven, 8h-13h sam ;). Une toute petite fromagerie autrichienne, remplie de variétés crémeuses, d'emmental et de fromages frais aux fines herbes.

Stiftsbäckerei St Peter BOULANGERIE €
(Kapitelplatz 8 ; 7h-17h lun-mar et jeu-ven, 7h-13h sam). Jouxtant le monastère où tourne le moulin à eau, cette boulangerie du XIVe siècle prépare les meilleurs pains au levain de la ville, cuits au feu de bois.

Où prendre un verre

Pub traditionnel, apéritif au bord de la Salzach, bar à vins où apprécier les nuances subtiles des Grüner Veltiner... Salzbourg sait honorer Bacchus ! Si la cité est loin d'être une ville de débauche, elle affiche néanmoins une vie nocturne dynamique. Les bars se concentrent essentiellement sur les rives de la Salzach, les plus branchés se situant autour de la Gstättengasse. Le secteur de Rudolfskai est parfois un peu trop agité le week-end.

Augustiner Bräustübl BRASSERIE
(www.augustinerbier.at ; Augustinergasse 4-6 ; 15h-23h lun-ven, à partir de 14h30 sam et dim). Les moines aussi savent s'amuser. Depuis 1621, cette joyeuse brasserie gérée par un monastère sert de puissants breuvages dans les traditionnelles chopes *Stein* dans la salle voûtée ou sous les châtaigniers du *Biergarten* de 1 000 places.

Remplissez votre chope à la tireuse et arrêtez-vous aux stands de nourriture pour un en-cas copieux comme le *Stelzen* (jarret de porc), la poitrine de porc ou les bretzels géants.

Enoteca Settemila BAR À VINS
(Bergstrasse 9 ; 17h-23h mar-sam). Rafael Peil et Nina Corti tiennent cette merveilleuse boutique et bar à vins avec enthousiasme et passion. Dégustez leur bonne sélection de vins, comprenant des crus autrichiens, bio et biodynamiques, avec des *taglieri* – plateaux de fromage et de charcuterie de petits producteurs italiens.

StieglKeller BRASSERIE
(Festungsgasse 10 ; 11h-23h). L'ambiance de l'Oktoberfest règne 365 jours par an dans cette brasserie caverneuse à la munichoise, réalisée par le même architecte que le Hofbräuhaus de Munich. Sise dans un vaste jardin au-dessus des toits de la ville, elle affiche un menu de plats à base de viande (11-18 €) comme les jarrets de porc et les *Schnitzel* (escalopes panées). La bière est moins chère lorsqu'on se sert soi-même à la pression à l'extérieur.

Die Weisse PUB
(www.dieweisse.at ; Rupertgasse 10 ; pub 10h-minuit lun-sam, Sudwerk 17h-2h lun-sam). Ce vaste établissement de la brasserie Salzburger Weissbierbrauerei est parfait pour siroter une bière blanche, dans le vieux pub tout parqueté ou dans le Biergarten ombragé à l'arrière. Des DJ sont aux platines dans le Sudwerk bar, apprécié notamment pour sa soirée Almrausch mensuelle, où ces dames festoient en *Dirndl* version mini et ces messieurs en *Lederhose*.

Kaffee Alchemie CAFÉ
(Rudolfskai 38 ; 7h30-18h lun-ven, 10h-18h sam et dim). Cette adresse rétro le long de la rivière considère la préparation du café comme un véritable art. Le personnel talentueux sert des expressos, cappuccinos et autres cafés à la perfection, tous à base de grains de qualité issus du commerce équitable. On y propose aussi de très bons gâteaux.

Steinterrasse BAR À COCKTAILS
(Giselakai 3 ; 7h-minuit dim-jeu, jusqu'à 1h ven et sam). Tout le gratin de Salzbourg et tous ceux qui veulent profiter de la vue sur la vieille ville illuminée, avec la forteresse en toile de fond, rejoignent la terrasse de l'Hotel Stein. Les prix sont à la hauteur du panorama visible du 7e étage.

Unikum Sky CAFÉ
(Unipark Nonntal ; 10h-19h lun-ven, 8h-19h sam). Pour une vue à couper le souffle sur la forteresse et tout Salzbourg, direction cette terrasse inondée de soleil en haut du nouveau campus de l'Unipark Nonntal, à 300 m au sud de la Schanzlgasse dans la vieille ville. Une adresse décontractée pour siroter un verre ou grignoter un en-cas à prix doux.

LE CAFÉ, UNE INSTITUTION

Les cafés de Salzbourg offrent, outre leur cadre cosy, l'occasion de connaître un peu mieux les traditions salzbourgeoises. Comptez environ 4 € pour une part de gâteau et 8 € pour un plat du jour. Voici nos six adresses fétiches :

220 Grad (Chiemseegasse 5 ; ⏲ 9h-19h mar-ven, 9h-18h sam). Réputé pour son café fraîchement torréfié, ce café à la fois chic et rétro sert sans doute le meilleur expresso de la ville, ainsi que de délicieux petits-déjeuners.

Café Tomaselli (www.tomaselli.at ; Alter Markt 9 ; ⏲ 7h-20h lun-sam, 8h-20h dim). Institution existant depuis 1705, ce café tout de marbre et de boiseries était jadis fréquenté par Mozart en personne ! On y déguste, paraît-il, les meilleurs strudels et le meilleur *Einspänner* (café à la crème fouettée) de la ville. Bémol : le service bougon.

Sacher (www.sacher.com ; Schwarzstrasse 5-7 ; ⏲ 7h30-minuit). Créateur de la légendaire *Sacher Torte*, le café évoque le faste d'antan, avec ses murs couverts de tableaux et ses banquettes bordeaux. Installez-vous sur la terrasse au bord de la Salzach pour profiter de la vue sur la forteresse.

Fingerlos (Franz-Josef-Strasse 9 ; ⏲ 7h30-19h30 mar-dim). À Salzbourg on raffole de ces petits fours délicats, de ces pâtisseries croustillantes et de ces tartes crémeuses à savourer sous les hauts plafonds. Mêlez-vous à l'élégante clientèle venue prendre son petit-déjeuner ou se détendre l'après-midi autour d'un café, en lisant le journal.

Café am Kai (Müllner Hauptstrasse 4 ; ⏲ 8h30-20h). Sur la rive de la Salzach, un endroit décontracté fort appréciable le temps d'un café, d'une pâtisserie, d'une glace ou d'une bière fraîche.

Café Bazar (www.cafe-bazar.at ; Schwarzstrasse 3 ; ⏲ 7h30-19h30 lun-sam, 9h-18h dim). Lustres et boiseries confèrent au lieu un charme apprécié de la clientèle locale, séduite par la vue sur la rivière. On y vient petit-déjeuner ou prendre une pâtisserie, comme Marlène Dietrich en 1936.

Köchelverzeichnis BAR À VINS

(Steingasse 27 ; ⏲ 17h-23h mar-sam). C'est un petit bar du coin avec de la musique jazzy, des antipasti et de bons vins. Les Grüner Veltliner ont des parfums d'agrumes et les rieslings proviennent des vignobles de la maison dans le Wachau.

Republic BAR

(www.republiccafe.at ; Anton-Neumayr-Platz 2 ; ⏲ 8h30-minuit dim-jeu, jusqu'à 4h ven-sam). Adresse branchée entre toutes avec sa terrasse sur la place, ce bar lounge draine une clientèle de moins de 30 ans venue siroter des cocktails avant d'aller se déhancher sur la piste du club au rythme donné par les DJ invités. Consultez le site Internet pour vous informer sur les manifestations gratuites (petit-déj jazz, latino ou swing) et les soirées salsa du mardi (21h).

Humboldt Stub'n BAR

(www.humboldtstubn.at ; Gstättengasse 4-6 ; ⏲ 11h-3h ; 📶). Récemment rénové, ce bar rustique et branché est, avec son agréable terrasse, redevenu un lieu de rendez-vous apprécié pour déguster une bonne bière.

Mayday Bar BAR À COCKTAILS

(www.hangar-7.com/at ; ⏲ 12h-minuit dim-jeu, jusqu'à 1h ven et sam). Admirez l'extraordinaire musée d'aviation Flying Bulls derrière les baies vitrées de ce bar lumineux, au sein du complexe futuriste Hangar-7 de l'aéroport. Le soir, l'éclairage sur les carlingues en fait un endroit merveilleux pour savourer un cocktail fruité et croquer quelques amuse-bouches.

Salzburger Heimatwerk CAFÉ

(Residenzplatz 9 ; ⏲ 9h-18h lun-ven, 9h-17h sam). En plus de transformer de beaux tissus en *Dirndln* et de vendre des schnaps, confitures et miels autrichiens, le Salzburger Heimatwerk jouit d'une terrasse de café peu fréquentée avec une vue imprenable sur la Residenzplatz.

☆ Où sortir

♥ Théâtre de marionnettes de Salzbourg MARIONNETTES

(Salzburger Marionettentheater ; ☎ 87 24 06 ; www.marionetten.at ; Schwarzstrasse 24 ; 👪). Le rideau rouge se lève sur une scène miniature dans ce théâtre de marionnettes somptueusement décoré de stucs, chérubins et lustres à chandelles, qui a fêté son centenaire en 2013. La vedette du répertoire est *La Mélodie du bonheur,* avec une mère supérieure grandeur nature et un final aux innombrables marionnettes. Parmi les autres productions (toutes surtitrées en plusieurs langues) : *La Flûte enchantée* de Mozart ou encore *La Chauve-Souris* de Strauss. Les billets coûtent entre 15 et 35 €.

Landestheater THÉÂTRE
(☎87 15 12 ; www.salzburger-landestheater.at ; Schwarzstrasse 22 ; 🚸). Scène régulière de l'orchestre du Mozarteum, cet élégant théâtre XVIIIe donne opéras, ballets et comédies musicales. En grande partie au service de la musique mozartienne, cette institution n'oublie pas les enfants. La comédie musicale *La Mélodie du bonheur* séduit toutes les tranches d'âge.

Schlosskonzerte MUSIQUE CLASSIQUE
(www.salzburger-schlosskonzerte.com ; ⏲concerts 20h). Avec ses marbres colorés, ses stucs et ses fresques, la *Marmorsaal* du château de Mirabell est l'écrin idéal pour la musique de chambre. Solistes et ensembles de renommée internationale aiment y jouer Mozart, Haydn et Chopin entre autres grands maîtres. Billets de 31 € à 37 € disponibles en ligne ou au guichet.

Mozarteum MUSIQUE CLASSIQUE
(☎87 31 54 ; www.mozarteum.at ; Schwarzstrasse 26). Inauguré en 1880 et apprécié pour son excellente acoustique, le Mozarteum met l'accent sur la vie et l'œuvre de Mozart par le biais notamment de concerts de musique de chambre (octobre à juin) et d'opéras. Temps fort du Mozarteum : la semaine Mozart en janvier.

ARGEkultur CONCERTS
(www.argekultur.at ; Ulrike-Gschwandtner-Strasse 5). Né dans les années 1980 à la suite de manifestations en réaction au festival de Salzbourg, ce site alternatif, à la fois bar et lieu de spectacle, accueille toutes sortes de manifestations artistiques : concerts, cabarets, soirées avec DJ, spectacles de danse, slam et musiques du monde entier. Sur le campus de l'Unipark Nonntal, soit à 5 minutes à pied à l'est de la vieille ville.

Rockhouse CONCERTS
(www.rockhouse.at ; Schallmooser Hauptstrasse 46). Salle de concerts la plus en vogue de Salzbourg, Rockhouse programme d'excellents concerts de rock, pop, jazz, folk, métal et reggae. Le bar en forme de tunnel accueille des DJ (entrée généralement gratuite) et des groupes musicaux. À 1 km au nord-est de la vieille ville. Prendre le bus n°4 jusqu'à la Canavalstrasse.

Jazzit JAZZ
(☎88 32 64 ; www.jazzit.at ; Elisabethstrasse 11 ; ⏲18h-minuit mar-sam). Réguliers, ses concerts vont du tango à l'électro. Mais il y a aussi des ateliers et des soirées discothèque. Ne manquez pas les jams sessions gratuites du mardi au Jazzit:Bar. À 600 m au nord du Mirabellgarten par l'Elisabethstrasse.

Salzburg Arena CONCERTS
(☎24 04-0 ; www.salzburgarena.at ; Am Messezentrum 1). Sous sa vaste coupole aux arêtes de bois, la plus grande salle de Salzbourg accueille des manifestations sportives comme des comédies musicales ou des concerts de têtes d'affiche (Santana et Bob Dylan s'y sont produits). À 3 km au nord de la ville : prendre le bus n°1 jusqu'à Messe.

Das Kino CINÉMA
(www.daskino.at ; Giselakai 11). Films indépendants ou d'art et d'essai, autrichiens ou étrangers, y sont projetés en VO. En novembre s'y déroule le Bergfilmfestival (festival du film de montagne).

Sound of Salzburg Show SPECTACLES
(☎82 66 17 ; www.soundofsalzburgshow.com ; Festungsgasse 10 ; billet avec/sans dîner 48/33 € ; ⏲dîner 19h30, spectacles 20h30 mai-oct). Spectacles musicaux kitsch mais sympathiques au Sternbräu, avec des œuvres de Mozart et des grands classiques extraits de *La Mélodie du bonheur* ou d'opérettes, le tout en costume traditionnel.

Mozart Dinner DÎNERS CONCERTS
(☎82 86 95 ; www.mozart-dinner-concert-salzburg.com ; Sankt-Peter-Bezirk 1 ; adulte/enfant 54/33 € ; ⏲20h). Dîners à thème, sur fond de musique de Mozart, avec des artistes déguisés et de la cuisine à la façon du XVIIIe siècle (décevante)... On aime ou on déteste ! Dans l'opulente salle du Stiftskeller.

Achats

Derrière toutes ses enseignes traditionnelles, la Getreidegasse offre l'embarras du choix, des créateurs branchés aux traditionnels chapeliers. Vous trouverez accessoires, objets anciens et porcelaine dans la

LES TRACHTEN ONT LA COTE !

Vous feriez bien l'acquisition d'une tenue bavaroise, *Dirndl* (robe) ou *Lederhose* (culotte courte), mais ne serait-ce pas un peu ringard ?... Salzbourg et ses magasins de *Trachten* (costumes traditionnels) auront tôt fait de vous convaincre du contraire. Loin des petites robes en vichy et des chapeaux à plumes, c'est tout une nouvelle mode qui est née autour de ces costumes. Dans la rue comme sur les pistes de discothèque (telle Die Weisse's Almrausch), le *Dirndl* s'affiche version mini, les épaules nues, et le pas se fait léger ballerines aux pieds. Quant aux jeunes gens, ils portent la culotte de cuir avec T-shirt et baskets. Le *Tracht* peut être cool et sexy !

Essayez les boutiques suivantes :

Ploom (www.ploom.at ; Ursulinenplatz 5 ; ⏲ 11h-18h jeu et ven, 11h-17h sam). Très tendance, Ploom revisite et réinvente le *Dirndl* grâce à sa créatrice Pflaum. La boutique est une oasis de féminité : corsages bleu ciel, chemisiers en coton vaporeux, petit tablier turquoise ou robe du soir en soie.

Lanz Trachten (www.lanztrachten.at ; Schwarzstrasse 4 ; ⏲ 9h-18h lun-ven, 9h-17h sam). L'endroit idéal si vous recherchez un *Dirndl* près du corps ou un chapeau chic en feutre.

Stassny (www.stassny.at ; Getreidegasse 30 ; ⏲ 9h30-18h lun-ven, 9h30-17h sam). Cette adresse haut de gamme de confection de *Trachten* allie un savoir-faire à des tissus de qualité et des modèles anciens (motifs avec des cerfs, à pois, carreaux vichy, etc.).

Forstenlechner (www.salzburg-trachtenmode.at ; Mozartplatz 4 ; ⏲ 9h30-18h lun-ven, 9h30-17h sam). À mi-chemin entre tradition et modernité, on trouve les créations colorées (variations infinies) de Forstenlechner, enseigne de milieu de gamme.

Wenger (www.wenger.at ; Getreidegasse 29 ; ⏲ 10h-18h lun-ven, 10h-17h sam). Wenger vend des *Lederhosen* moulants pour les dames et des *Dirndln* longs sous le genou ou courts, décorés de rubans et de dentelle.

Goldgasse, tandis que la Linzer Gasse se prête idéalement au lèche-vitrines.

♥ Fürst CONFISERIE
(www.original-mozartkugel.com ; Getreidegasse 47 ; ⏲ 10h-18h30 lun-sam, 11h-17h dim). À la pistache, au nougat et au chocolat noir, les *Mozartkugeln* ("boules Mozart") sont toujours préparées selon la recette originale de 1890 de Paul Fürst et coûtent 1 € pièce. Parmi les autres spécialités : les *Bach Würfel* ("cubes Bach"), à savoir des truffes café-noix-pâte d'amande.

Musikhaus Katholnigg MUSIQUE
(Sigmund-Haffner-Gasse 16 ; ⏲ 9h-18h lun-ven, 9h30-17h sam). Installé dans une maison du XVIe siècle, ce magasin de musique créé en 1847 recèle plus d'un enregistrement remarquable des grandes heures du festival. Vaste choix de CD et DVD de musique classique, de jazz, de chansons et de musiques folkloriques.

Zotter CHOCOLATS
(Herbert-von-Karajan-Platz 4 ; ⏲ 10h-18h lun-ven, 9h30-18h sam). Maison autrichienne, Zotter propose un succulent chocolat bio et équitable, à des parfums aussi inattendus que citrouille, carotte-gingembre ou fromage-noix. Plongez une cuillère dans la fontaine à chocolat et dégustez les crus mis en avant sur le tapis roulant.

Alte Hofapotheke PHARMACIE
(Alter Markt 6 ; ⏲ 8h-18h lun-ven, 8h-midi sam). Le temps d'une bouffée de nostalgie, glissez-vous entre les murs lambrissés de la plus ancienne pharmacie de Salzbourg (1591). Ses pastilles à la sauge soignent le mal de gorge.

Salzburg Salz CADEAUX
(Wiener-Philharmoniker-Gasse 6 ; ⏲ 10h-18h lun-ven, 10h-16h sam). Ici tout est sel, en priorité de provenance locale puisque Salzbourg est terre de sel – Salzburgerland –, mais aussi d'Himalaya. Pour la cuisine le sel est aromatisé, pour la déco il se présente sous forme de lampes en cristal de sel.

Drechslerei Lackner CADEAUX
(Badergasse 2 ; ⏲ 9h30-18h30 lun-ven, 9h30-17h sam). Casse-noix sculptés à la main, santons ou étoiles de Noël en filigrane assurent la

renommée de cette boutique d'artisanat traditionnel.

Spirituosen Sporer VINS
(Getreidegasse 39 ; ⏲9h30-19h lun-ven, 8h30-17h sam). Dans la maison la plus étroite de la Getreidegasse, cette boutique tenue en famille vend depuis 1903 des vins autrichiens, des liqueurs végétales et le célèbre schnaps *Vogelbeer* (baie de sorbier).

Renseignements

AGENCES DE VOYAGES

STA Travel (☎45 87 33 ; www.statravel.at ; Rainerstrasse 2 ; ⏲9h-18h lun-ven, 10h-14h sam). Parfaite pour étudiants et petits budgets.

ARGENT

On trouve des *Bankomaten* (DAB) un peu partout. Les bureaux de change à l'aéroport sont ouverts tous les jours sans interruption. Il y a également de nombreux bureaux en ville, mais les taux de commission peuvent être élevés.

POSTE

Poste principale (Residenzplatz 9 ; ⏲8h-18h lun-ven)

Poste de la gare ferroviaire (Südtiroler Platz 1 ; ⏲8h-20h30 lun-ven, 8h-14h sam)

OFFICE DU TOURISME

Office du tourisme (☎889 87 330 ; www.salzburg.info ; Mozartplatz 5 ; ⏲9h-18h). Serviable. Service de réservation de billets.

Salzburgerland Tourismus (☎6688-0 ; www.salzburgerland.com ; ⏲8h-17h30 lun-jeu, 8h-17h ven). Renseignements sur le reste de la province.

URGENCES

Hôpital (☎44 82 ; Müllner Hauptstrasse 48). Juste au nord du Mönchsberg.

Hôtel de police (☎63 83 ; Alpenstrasse 90). Hôtel de police.

Depuis/vers Salzbourg

AVION

De l'**aéroport de Salzbourg** (☎858 00 ; www.salzburg-airport.com/de ; Innsbrucker Bundesstrasse 95), situé à 20 minutes du centre par le bus (voir ci-contre), des vols réguliers desservent de nombreuses villes d'Autriche et d'Europe. Cependant, depuis la France, la Belgique ou la Suisse, vous devrez probablement passer par Vienne ou Francfort.

BUS

Les bus partent de la gare centrale sur Südtiroler Platz, où les horaires sont affichés. Les billets sont vendus aux points d'information du hall principal. Pour plus d'informations sur les bus de Salzbourg et des environs, dont leurs horaires, consultez www.svv-info.at ou www.postbus.at.

TRAIN

Salzbourg offre de très bonnes liaisons ferroviaires avec la Bavière voisine en Allemagne et le reste de l'Autriche au départ de sa gare centrale récemment rénovée.

Des trains EC (Eurocity) directs relient Munich (36 €, 1 heure 45, au moins 1/heure) et Stuttgart (79 €, 4 heures, environ 1 train toutes les 2 heures). Des trains S-Bahn (le réseau de métro) assurent 2 liaisons par heure entre la gare centrale et le Bad Reichenhall (6 €, 40 minutes). Consultez les horaires sur www.svv-info.at.

Pour gagner Innsbruck (44,90 €, 2 heures), le plus rapide consiste à emprunter le train "corridor" qui traverse l'Allemagne : il y a des départs toutes les 2 heures au moins avec arrêt à Kufstein. Les liaisons pour Vienne (51,10 €, 2 heures 30) et Linz (25,50 €, 1 heure 15) sont régulières. Klagenfurt (38,90 €, 3 heures) est desservie à raison de 2 trains/heure.

Plusieurs trains quotidiens relient Salzbourg à Berlin (142 €, 8 heures), Budapest (88 €, 5 heures 45), Prague (73 €, 7 heures) et Venise (49,40-97,60 €, 6 heures 30 à 9 heures).

VOITURE ET MOTO

Trois autoroutes convergent vers Salzbourg et forment une boucle autour de la ville : l'A1/E60 depuis Linz, Vienne et l'Est, l'A8/E52 depuis Munich et l'Ouest, et l'A10/E55 depuis Villach et le Sud. Le plus rapide pour rejoindre le Tyrol est de prendre la route en direction de Bad Reichenhall (Allemagne) et de continuer vers Lofer (B178) et St Johann au Tyrol.

Comment circuler

DEPUIS/VERS L'AÉROPORT

L'aéroport de Salzbourg se trouve à 5,5 km à l'ouest du centre par l'Innsbrucker Bundesstrasse. Les bus n[os]2, 8 et 27 (2,50 €) partent du terminal toutes les 10 minutes environ et marquent plusieurs arrêts dans le centre près de la vieille ville ; les bus n[os]2 et 27 ont pour terminus la gare centrale. Les liaisons sont assurées de 5h30 à 23h. Comptez 15-20 € pour la course en taxi entre l'aéroport et le centre.

BUS

Des billets à l'unité (2,50 €) ou valables 24 heures (5,50 €) peuvent être achetés auprès des conducteurs, ou en machine (20% moins chers). Il est néanmoins plus avantageux de les acheter par 5 (1,80 € l'unité) chez un *Tabak* (buraliste) ou de faire l'acquisition d'un billet hebdomadaire (15 €), disponible également chez un *Tabak* ou en machine. Les enfants de moins de 6 ans voyagent gratuitement, les autres paient demi-tarif.

Les itinéraires des bus sont indiqués aux arrêts de bus et sur certains plans de la ville ; le bus n°1 part de la gare centrale et contourne la partie piétonne de la vieille ville. Hanuschplatz constitue un autre arrêt central.

CALÈCHE

La location d'une calèche (*Fiaker*) pour 4 personnes au maximum revient à 44 € les 25 minutes ou 88 € les 50 minutes. Les cochers patientent sur Residenzplatz. Attention, c'est une promenade, non une visite guidée ! Vous serez peut-être confrontés à la barrière de la langue. Tous les chevaux sont bien traités.

TAXI-BUS

Des taxis-bus circulent de 23h30 à 1h30 (3h le week-end) sur certains itinéraires établis, prenant ou laissant des voyageurs en chemin, moyennant un tarif de 4,50 €. Ferdinand-Hanusch-Platz est le point de départ des taxis-bus en direction de la banlieue sur la rive gauche, et la Theatergasse, celui des taxis-bus longeant la rive droite.

VÉLO

Salzbourg est l'une des villes d'Autriche les plus propices au cyclotourisme, grâce à un vaste réseau de belles pistes cyclables rayonnant un peu partout, notamment le long de la Salzach. Le site www.movelo.com (en allemand) recense tous les points de location de vélos électriques.

A Velo (Mozartplatz ; demi-journée/journée/semaine 12/18/55 €, vélo électrique 18/25/120 € ; 9h-18h mi-avr à oct). Juste en face de l'office du tourisme.

VOITURE ET MOTO

Les places de stationnement sont limitées et une grande partie de la vieille ville se parcourt uniquement à pied. Il est plus commode de laisser votre véhicule dans l'un des trois lieux de stationnement situés à l'ouest, au nord et au sud de la ville. Dans le centre, le plus grand parc de stationnement est l'Altstadt Garage, en contrebas du Mönchsberg (18 €/j, tarif parfois réduit avec tampon du restaurant sur le ticket). En zone bleue, où les rues sont équipées d'horodateurs, on paie un peu moins (3 € ou 0,60 €/30 min, de 9h à 19h en semaine) mais le stationnement est limité à 3 heures.

Avis (www.avis.com ; Ferdinand-Porsche-Strasse 7)

Europcar (www.europcar.com ; Gnigler-strasse 12)

Hertz (www.hertz.com ; Ferdinand-Porsche-Strasse 7)

ENVIRONS DE SALZBOURG

Château de Hellbrunn

Château de Hellbrunn PALAIS

(Schloss Helbrunn ; www.hellbrunn.at ; Fürstenweg 37 ; adulte/enfant/famille 10,50/5/25 € ; 9h-17h30, 9h-21h juil-août ;). Désireux d'échapper l'été aux obligations dues à sa charge, le prince-archevêque Markus Sittikus fit ériger le château de Hellbrunn au début du XVIIe siècle. D'inspiration italienne, cette villégiature est vite devenue un lieu de prédilection pour les puissants maîtres de ces terres, qui venaient festoyer au milieu d'une faune exotique, de citrus et de jeux d'eau. Domenico Gisberti, poète à la cour de Munich, déclara un jour : "J'ai vu la quintessence de Venise dans ces eaux, Rome réduite à une silhouette esquissée."

Si l'intérieur très original du palais mérite le coup d'œil – en particulier le Salon chinois et les fresques de la Festsaal, les incroyables **jeux d'eau** (Wasserspiele) constituent la principale attraction en été. Attendez-vous à vous faire arroser dans le faux théâtre romain, dans la grotte de Neptune et dans la grotte des Oiseaux. Aucune des statues n'est tout à fait ce qu'elle paraît être, tel ce fameux masque de Germaul qui tire la langue (la réponse de Sittikus à ses détracteurs). La visite guidée (deux par heure) s'achève par le Théâtre mécanique du XVIIIe siècle dont les 200 personnages en bois de tilleul s'animent grâce à la force de l'eau, reconstituant la vie d'une cité baroque.

Parsemés d'étangs, de jardins et d'allées verdoyantes, les jardins du palais sont gratuits et ouverts toute l'année jusqu'au coucher du soleil.

Depuis/vers le château de Hellbrunn

Hellbrunn est à 4,5 km de Salzbourg. On peut donc aisément gagner le château au sud de la ville à vélo (20 minutes le long de la Salzach principalement) ou par le bus n°25 (12 minutes, 2,50 €, toutes les 20 minutes) depuis Mozartsteg/Rudolfskai dans la vieille ville.

Untersberg

Untersberg MONTAGNE

(www.untersbergbahn.at ; téléphérique montée/descente/aller-retour 14/12,50/22 €, gratuit avec la Salzburg Card ; ⏱8h30-17h30 juil-sept, horaires restreints le reste de l'année, fermé début nov à mi-déc). À cheval sur la frontière allemande, le pic montagneux de l'Untersberg (1 853 m) domine Salzbourg. Le sommet offre des vues spectaculaires sur la ville et la vallée de Rositten, ainsi que sur les massifs alpins du Tyrol, de Salzbourg et de la Bavière. Skieurs en hiver, randonneurs, alpinistes et parapentistes en été apprécient énormément ses pentes. Depuis le terminus du téléphérique, des sentiers courts et faciles mènent vers les points de vue du Geiereck (1 805 m) et du Salzburg Hochthron, tandis que d'autres s'enfoncent davantage dans les Alpes.

Les températures sont parfois bien plus fraîches que dans la vallée et les chemins sont accidentés, donc équipez-vous d'une veste ou d'une polaire et de bonnes chaussures de randonnée si vous prévoyez de faire un peu de marche.

Un téléphérique rallie le sommet toutes les demi-heures. Pour regagner la gare du téléphérique dans la vallée, prenez le bus n°25 de la gare centrale de Salzbourg ou sur Mirabellplatz jusqu'à St Leonhard.

Gaisberg

Gaisberg MONTAGNE

Une route serpente jusqu'au mont Gaisberg (1 287 m), d'où l'on jouit d'une vue somptueuse sur la vallée de Salzbourg, les lacs de Salzkammergut, la chaîne calcaire du Tennengebirge et la Bavière voisine. Le sentier de randonnée de 5 km à travers la montagne permet d'apprécier au mieux ce panorama. Les Salzbourgeois aiment s'adonner à des activités de plein air dans ce cadre, qu'il s'agisse de VTT ou de ski de fond. En été, le bus n°151 (3,40 €, 18 minutes) assure une liaison directe deux fois par jour entre Mirabellplatz et le Gaisberg. Autre possibilité : prendre le bus n°2 (4,70 €, 30 minutes), qui part toutes les heures de Mirabellplatz, et changer à Obergnigl. De novembre à mars, le bus ne va pas au-delà de Zistelalpe, qu'une distance de 1,5 km sépare du sommet.

Hallein et Bad Dürrnberg

☎06245 / 20 380 HABITANTS / ALTITUDE 460 M

Les rares visiteurs s'aventurant jusqu'à Hallein sont agréablement surpris. Qui pourrait soupçonner, une fois passée la banlieue industrielle, une cité médiévale intacte avec d'étroites ruelles ponctuées de cours, de galeries d'art et de cafés ? Les hôtels y sont moins chers et moins prisés qu'à Salzbourg, à 25 minutes en train – ce qui peut s'avérer intéressant pendant le festival de Salzbourg. La principale attraction touristique de Hallein, la mine de sel de Salzwelten, se situe en réalité à Bad Dürrnberg, à 6 km au sud-ouest de la ville.

À voir

♥ Mine de sel EXPÉDITION SOUTERRAINE

(Salzwelten ; www.salzwelten.at ; Ramsaustrasse 3, Bad Dürrnberg ; tarif plein/réduit/famille 19/9,50/48,50 € ; ⏱9h-17h ; 👪). L'âge d'or de Salzbourg s'explique en grande partie par l'apanage qu'eurent les princes-archevêques sur l'exploitation des mines de sel dont la plus grande ouverte au public se trouve ici. Après avoir enfilé le costume du mineur, vous descendrez dans les entrailles de la terre à bord d'un train bringuebalant le long de tunnels déconseillés aux claustrophobes, franchirez même la frontière allemande et dévalerez une glissoire de 27 m – ne freinez pas, levez les jambes et demandez au guide de cirer le revêtement pour aller encore plus vite ! Après la traversée d'un lac de sel sur un radeau en bois, un toboggan de 42 m vous entraîne au point le plus bas de la mine (210 m sous terre) et vous ramène en Autriche. Des visites guidées sont proposées toutes les demi-heures. Le bus n°41 part de la gare ferroviaire d'Hallein toutes les heures en semaine, moins souvent le week-end.

Musée celtique MUSÉE

(Keltenmuseum ; www.keltenmuseum.at ; Pflegerplatz 5 ; tarif plein/réduit 6/2,50 € ; ⏱9h-17h ; 👪). Surplombant la Salzach, visible derrière les baies vitrées, les jolies salles voûtées de ce musée présentent de façon chronologique la civilisation des Celtes à travers de nombreux objets : casques, char reconstitué grandeur nature, fibules, pendentifs et broches en bronze. Le premier étage est consacré à l'histoire de l'extraction du sel à Hallein. Outre le *Mannes im Salz* ("homme dans le sel") momifié, découvert en 1577, il existe une glissoire miniature rappelant le transport de l'"or blanc". Une brochure en anglais est disponible.

Fêtes et festivals

Deux semaines durant, en plein mois de juin, musiciens et artistes de premier plan

DOUCE NUIT

Hallein est fière d'avoir abrité les dernières années de Franz Xaver Gruber (1787-1863). Son héros a mis en musique un poème écrit en 1816 par le prêtre Joseph Mohr, *Stille Nacht* (*Douce Nuit*), devenu le chant de Noël le plus chanté. Gruber, alors enseignant, composa la mélodie à la guitare, laquelle est exposée dans l'ancienne demeure du compositeur devenue le **Stille Nacht Museum** (www.stillenachthallein.at ; Gruberplatz 1 ; adulte/enfant 2/0,70 €, gratuit avec le billet du Keltenmuseum; ⏲15h-18h tlj juil-août, 15h-18h ven-dim le reste de l'année), voisin de l'église paroissiale. Le musée relate l'histoire du chant à travers des documents et des effets personnels.

honorent de leur présence la **Halleiner Stadtfestwoche**. De concerts de musique classique ou de jazz en spectacles de comédie, lectures et expositions, ce festival marque l'un des temps forts des manifestations estivales du Salzburgerland. Pour plus d'informations, voir sudhaus-hallein.at (en allemand).

Où se loger

Hallein peut faire l'objet d'une excursion d'une journée depuis Salzbourg. La ville dispose néanmoins de nombreux hôtels bon marché, une option qui peut se révéler avantageuse pendant le Festival de Salzbourg. L'office du tourisme vous aidera à réserver une chambre chez l'habitant.

Pension Sommerauer PENSION €
(☎800 30 ; www.pension-hallein.at ; Tschusistrasse 71 ; s 43-57 €, d 69-92 €, tr 92-120 €, qua 117-152 € ; P). Auberge depuis trois siècles, la pension Sommerauer offre désormais une piscine chauffée, un jardin d'hiver, une salle de jeux, un bac à sable et des balançoires. Des chambres de toute simplicité et d'un fort bon rapport qualité/prix.

Pension Hochdürrnberg PENSION €
(☎751 83 ; Rumpelgasse 14, Bad Dürrnberg ; s/d/tr/qua 45/60/70/100 € ; P). Cette ferme entourée de prés vous reçoit dans de douillettes chambres meublées de pin. Lapins, moutons et vaches auront tôt fait de captiver les enfants.

Hotel Auwirt HÔTEL €€
(☎804 17 ; www.auwirt.com ; Salzburgerstrasse 42 ; empl camping adulte/enfant/tente 8,50/6/5 €, s 60-88 €, d 90-145 €, tr 120-170 €, qua 140-220 € ; P). Les chambres lumineuses de l'Auwirt sont un peu datées mais confortables (demandez-en une avec balcon). L'hôtel est idéal pour les familles avec son jardin ombragé et son aire de jeux. Vous pouvez également y planter votre tente.

Renseignements

Office du tourisme (☎853 94 ; www.hallein.com ; Mauttorpromenade 6 ; ⏲9h-17h lun-ven). L'office du tourisme se situe sur la petite île Pernerinsel jouxtant le Staatsbrücke.

Depuis/vers Hallein

Proche de la frontière allemande, Hallein se trouve à 18 km au sud de Salzbourg via la B150 et l'A10/E55 en direction de Graz/Villach. Comptez 25 minutes de trajet en bus ou en train depuis Salzbourg, avec un départ toutes les demi-heures environ (2,40 €).

Werfen

☎06468 / 2 960 HABITANTS / ALTITUDE 525 M

Parmi les principaux atouts de Werfen : la plus vaste grotte de glace accessible au monde, les tourelles en calcaire de la chaîne du Tennengebirge et une superbe forteresse médiévale. Autant d'attraits qui n'ont pas échappé aux producteurs hollywoodiens. Werfen est le lieu où fut tournée l'opération commando pour récupérer un général américain en 1944 du film *Quand les Aigles attaquent* (1968) de Brian G. Hutton.

À voir et à faire

♥ **Eisriesenwelt** GROTTE DE GLACE
(www.eisriesenwelt.at ; adulte/enfant 11/6 €, avec téléphérique 22/12 € ; ⏲8h-15h45 mai-oct, 8h-16h45 juil-août). Présentée comme la plus grande grotte glaciaire ouverte au grand public, l'Eisriesenwelt s'étire sur 30 000 m² et 42 km d'étroits passages s'enfonçant dans les profondeurs de la montagne.

La visite de ces chambres de glace bleue est une expérience unique. En montant les marches en bois puis en descendant des couloirs obscurs, à la lueur de lampes à carbure, on devine de fériques sculptures de glace, dont les contours évoquent des ours ou des éléphants, tandis que des colonnes de glace et des lacs surgissent entre les ombres. Ne manquez pas le vaste

HORS DES SENTIERS BATTUS

UN RAVIN ROYAL

En dehors des sentiers battus, le **Liechtensteinklamm** (gorges du Liechtenstein ; www.liechtensteinklamm.at ; adulte/enfant 5,50/3,50 € ; 8h-18h mai-sept, 9h-16h oct ;), l'un des ravins les plus profonds et les plus longs des Alpes, vaut le détour. Le gouffre impressionnant s'est formé au cours de la dernière période glaciaire et doit son nom à Jean II, prince du Liechtenstein. Ce dernier a en effet versé beaucoup d'argent pour rendre les gorges accessibles au XIXe siècle. Suivant le cours des eaux tumultueuses flanquées de falaises hautes de 300 m, un chemin traverse des ponts et des tunnels creusés dans les parois d'ardoise veinées de granit blanc.

Les blocs couverts de mousse et les rochers, qui brillent éclaboussés par les eaux, sont des plus impressionnants en fin d'après-midi, lorsque la lumière du soleil les rend bleu opale. Le chemin atteint son point culminant à une cascade spectaculaire de 50 m. Comptez au moins 1 heure pour la balade.

Des trains circulent fréquemment entre Werfen et St Johann im Pongau (3,70 €, 18 minutes), à 4 km de marche des gorges, où se trouve aussi un parking gratuit.

palais des glaces (Eispalast), où les cristaux de glace brillent lorsque l'on approche une fusée éclairante au magnésium. Un tunnel calfeutré mène à une volée de 700 marches qui redescend jusqu'à l'entrée. Même lorsque le thermomètre grimpe à l'extérieur, ces grottes conservent leur froid glacial – prévoyez des vêtements chauds et de bonnes chaussures.

En été, des minibus (aller-retour adulte/enfant 6,50/4,10 €) partent à 8h18, 10h18, 12h18 et 14h18 de la gare de Werfen pour le parking d'Eisriesenwelt, situé à 20 minutes à pied de la gare de départ du téléphérique. Le dernier bus de retour part à 16h32. Comptez environ 3 heures d'excursion (la visite plus l'aller-retour). Effectuer tout le trajet à pied est possible : il s'agit d'une rude ascension de 4 heures, à 1 100 m au-dessus du village.

Château de Hohenwerfen FORTERESSE

(Burg Hohenwerfen ; adulte/enfant/famille 11/6/26,50 €, avec ascenseur 14,50/8/34,50 € ; 9h-17h avr-oct ;). Situé au sommet d'un escarpement boisé, en contrebas des hauteurs majestueuses de la chaîne du Tennengebirge, Burg Hohenwerfen se repère de très loin. Cette forteresse veille sur la vallée de Salzach depuis neuf siècles et son apparence actuelle remonte à 1570. On vient surtout admirer la vue panoramique sur Werfen depuis le beffroi du XVIe siècle, même si les donjons (où sont exposés les habituels instruments de torture) méritent également une visite.

Le billet d'entrée permet d'assister au **spectacle de fauconnerie** dans les jardins (11h15 et 15h15 tous les jours, commentaires en allemand et en anglais). Vêtus comme au Moyen Âge, les fauconniers libèrent à leur tour aigles, hiboux, faucons et vautours qui partent tournoyer devant les remparts.

Une excursion d'une journée au départ de Salzbourg suffit à visiter à la fois la forteresse et les grottes de glace. Arrivez de bonne heure, commencez par la grotte glaciaire et assistez au dernier spectacle de fauconnerie de la journée. Comptez 20 minutes de marche d'un bon pas depuis le village.

Où se loger et se restaurer

Faites un saut à l'office du tourisme pour obtenir la liste des B&B, des chambres chez l'habitant et des terrains de camping à proximité.

Camping Vierthaler CAMPING €

(565 74 ; www.camping-vierthaler.at ; Reitsam 8 ; empl camping adulte/enfant/tente 6/3/6 €, bungalows d/tr/qua 28/37/46 € ; mi-avr à sept ;). Cet agréable camping au bord de la Salzach ravira les amoureux de la nature. Parmi les équipements : un snack-bar et une aire de jeux. Des bungalows avec kitchenette, patio et barbecue sont aussi disponibles.

Mariannenschlössl PENSION €

(420 93 80 ; Poststrasse 10 ; d 60-64 €). Quelle vue ! À cinq minutes de marche du centre du village, cette pension familiale offre, depuis son jardin et ses jolies chambres impeccables, une vue ravissante sur la forteresse et les magnifiques tourelles et pinacles en calcaire du Tennengebirge. Un petit-déjeuner copieux est servi dans une salle ornée de trophées de chasse.

Obauer EUROPÉEN MODERNE €€€
(☎52 12 ; www.obauer.com ; Markt 46 ; menu déj 3 plats 35 €, menus dîner 40-120 € ; ⏲12h-14h et 19h-21h mer-dim ; 👪). Formant un excellent tandem aux fourneaux, Karl et Rudi Obauer tiennent ce restaurant très réputé, à la fois chic et champêtre. En saison, on peut dîner dans le jardin, où poussent la plupart des fruits et légumes utilisés en cuisine. Parmi les spécialités, l'agneau fondant de Werfen ou le strudel à la truite, à accompagner de bons crus autrichiens.

Oedlhaus AUTRICHIEN €€
(Eishöhlenstrasse ; en-cas 3,50-8 €, plats 8-12,50 € ; ⏲9h-15h45 mai-oct, 9h-16h45 juil et août). À côté du terminus du téléphérique de l'Eisriesenwelt, cette hutte dans les bois à 1 574 m d'altitude ravitaille les randonneurs avec des spécialités montagnardes comme le *Gröstl* (pommes de terre sautées, porc et oignons, le tout recouvert d'un œuf au plat). La vue depuis la terrasse est à couper le souffle : elle s'étend de la vallée de la Salzach jusqu'aux sommets de calcaire ciselé de la chaîne du Hochkönig.

Renseignements

Office du tourisme (☎53 88 ; www.werfen.at ; Markt 24 ; ⏲9h-17h lun-ven). Le personnel, aimable, dispense des renseignements et distribue des cartes.

Depuis/vers Werfen

Werfen se trouve à 45 km au sud de Salzbourg par l'A10/E55. Des trains rallient régulièrement Salzbourg (8,60 €, 40 minutes).

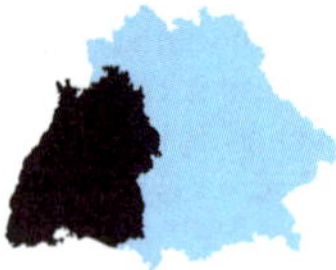

Forêt-Noire et Bade-Wurtemberg

Dans ce chapitre ➡

Le top des restaurants

- Valentin (p. 273)
- Olivo (p. 250)
- Kreuzblume (p. 232)
- Zur Forelle (p. 263)
- Weinstube im Baldreit (p. 218)

Le top des hébergements

- Hotel Scholl (p. 259)
- Hotel Schiefes Haus (p. 262)
- Weysses Rössle (p. 226)
- Die Reichstadt (p. 227)
- Parkhotel Wehrle (p. 240)

Pourquoi y aller

Facilement accessible depuis l'Alsace ou la Suisse, la Forêt-Noire (*Schwarzwald* en allemand) est depuis toujours une terre pétrie de légendes. Hormis quelques villes, dont la station thermale de Baden-Baden au luxe suranné ou Fribourg l'écolo, cette région boisée se compose de villages aux maisons à colombages, de collines couvertes d'épaisses forêts de mélèzes et d'épicéas et de lacs aux eaux miroitantes. La féerie de ses paysages, que l'on dirait sortis des contes de Grimm, se révèle au gré de routes panoramiques ou de sentiers de randonnée, que l'on peut ponctuer d'agréables escales dans des bains.

Les attraits du Bade-Wurtemberg ne se limitent pas cependant à sa région sylvestre. Plus au sud, l'immense lac de Constance, frontalier de l'Autriche et de la Suisse, est un terrain idéal pour les activités de plein air, tandis qu'à l'est la région du Jura souabe est essaimée de cités historiques comme Tübingen, Ulm ou Schwäbisch Hall. Et pour retrouver les plaisirs urbains, faites halte à Stuttgart, ville moderne bien ancrée dans son temps, dotée de musées de grand intérêt et joliment environnée de vignobles.

Quand partir

De janvier à fin février, il neige sur les hauteurs. Les villes et villages de la région accueillent les carnavals de la *Fasnacht* (Mardi gras) avant le carême. Randonnées en forêt, balades à vélo au bord de l'eau, activités sur le lac de Constance et festivals en plein air animent l'été. L'automne est propice aux balades dans les bois, à la cueillette des champignons et au repos dans les fermes de Forêt-Noire.

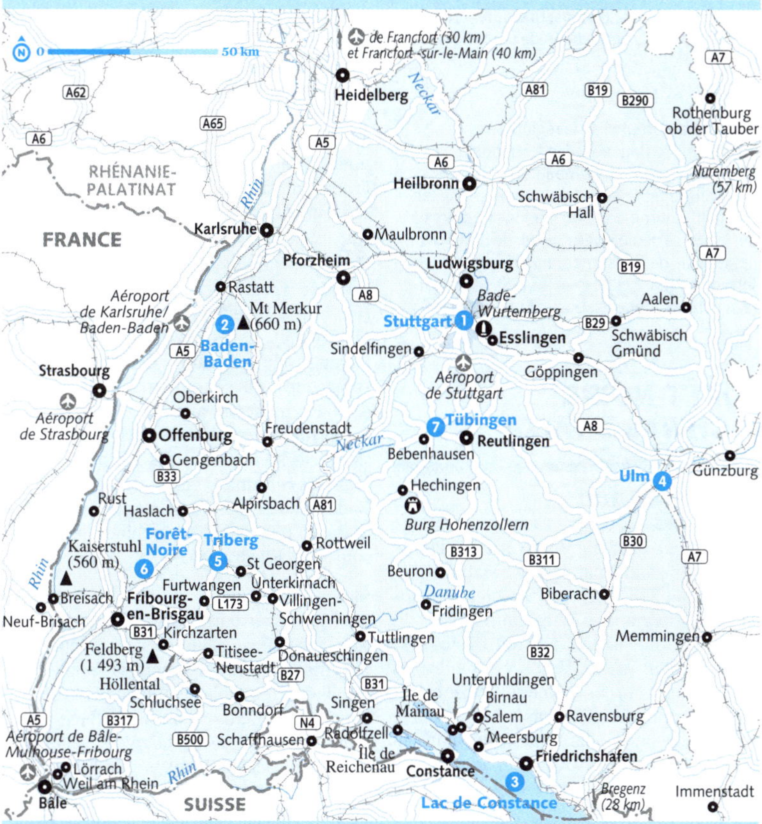

À ne pas manquer

1. La ville moderne de **Stuttgart** (p. 244)
2. Les eaux thermales et les splendeurs Art nouveau de **Baden-Baden**, la belle de la Forêt-Noire (p. 214)
3. Le **lac de Constance** (p. 265), à cheval entre la Suisse, l'Allemagne et l'Autriche
4. **Ulm** (p. 260), la ville natale d'Einstein sous le plus haut clocher de cathédrale au monde
5. Les horloges, le gâteau forêt-noire et les cascades de **Triberg** (p. 239)
6. Des kilomètres de collines et de vallées boisées en **Forêt-Noire** (p. 214)
7. Une balade en bateau sur le Neckar et l'ambiance goethienne de la jolie ville de **Tübingen** (p. 255)

Depuis/vers la Forêt-Noire et le Bade-Wurtemberg

AVION

Les vols pour la région desservent : l'aéroport de Stuttgart (p. 252), plateforme majeure de Germanwings, l'aéroport Karlsruhe-Baden-Baden (p. 219), servant de base à Ryanair, et l'aéroport de Bâle-Mulhouse-Fribourg (p. 233), d'où opère easyJet. Lufthansa est également présent dans les trois.

BUS

Des trains, tramways et/ou bus desservent quasiment tous les villages et villes. Néanmoins, les transports publics en Forêt-Noire peuvent être lents, et les itinéraires longue distance (par exemple, de Fribourg à Constance) comprendre plusieurs correspondances. Consultez les sites www.efa-bw.de et www.bahn.de pour organiser votre trajet.

VOITURE ET MOTO

Parmi les autoroutes de la région, l'A5, conduisant de Baden-Baden à Fribourg et à Bâle, au sud, peut être embouteillée en raison de travaux à répétition ; le site www.swr.de (en allemand) fournit des informations routières à jour. L'A81 se déploie vers le sud, de Stuttgart jusqu'au lac de Constance, via Villingen-Schwenningen, tandis que l'A8 relie Stuttgart à Karlsruhe (à l'ouest), Ulm et Munich (à l'est).

FORÊT-NOIRE (SCHWARZWALD)

Baden-Baden

07221 / 54 500 HABITANTS

Doublement bien nommée (*Baden* signifie se baigner en allemand), cette station thermale fut au XIXe siècle le grand rendez-vous des célébrités et des têtes couronnées : la reine Victoria, Napoléon III ou Dostoïevski pour ne citer qu'eux. Venus y "prendre les eaux", artistes et gens en vue se croisent alors dans la toute dernière capitale mondaine d'Europe depuis le lancement du nouveau casino. Cet âge d'or révolu, Baden-Baden distille toujours cette atmosphère luxueuse et surannée propre aux villes d'eaux : grandes demeures à colonnade, villas Art nouveau disséminées à flanc de colline, thermes néo-Renaissance.

À deux pas de la frontière française, Baden-Baden entretient par son histoire un lien spécial avec l'Hexagone. De la fin de la Seconde Guerre mondiale aux années 1990, la ville a abrité le Commandement des forces françaises stationnées en Allemagne ; plusieurs milliers de Français vivaient alors dans ses quartiers ouest. Et en 1968, c'est au plus fort des événements de mai, que le général De Gaulle disparut mystérieusement pour... Baden-Baden. Une entrevue avec le général Massu le convainc de dissoudre l'Assemblée nationale.

TRANSPORTS MOINS CHERS

Disponible en ligne (www.bahn.de) et dans toutes les gares ferroviaires, le **Baden-Württemberg-Ticket**, d'un excellent rapport qualité/prix, permet un nombre de voyages illimité en 2de classe dans les trains IRE, RE, RB et S-Bahn, ainsi que par les bus de la région. Le billet à la journée coûte 23 € par personne, plus 5 € pour chaque personne supplémentaire. Accompagnés d'un adulte, les moins de 15 ans voyagent gratuitement.

À voir

Buvette d'eau thermale MONUMENT

(Trinkhalle ; Kaiserallee 3 ; 10h-17h lun-sam, 14h-17h dim). Dans un parc soigné, cette buvette de facture néoclassique fut construite en 1839 pour embellir la Kurhaus (établissement thermal). Sur 90 m de long, le portique déroule une série de fresques (XIXe siècle) illustrant des légendes locales. D'après certains, l'élixir de jouvence de Baden-Baden est l'eau minérale curative gratuite qui sort d'un robinet relié à la source du Friedrichsbad.

Maison thermale MONUMENT

(Kurhaus ; www.kurhauscasino.de ; Kaiserallee 1 ; visite 5 €). Des colonnes corinthiennes et une frise de griffons ornent la façade Belle Époque de cet ancien établissement thermal (Kurhaus) au cœur d'un jardin bien entretenu. Une allée de châtaigniers, bordée de boutiques, relie la Kurhaus et la Kaiserallee.

Casino BÂTIMENT HISTORIQUE

(www.casino-baden-baden.de ; 5 €, visite guidée 7 € ; 14h-2h dim-jeu, 14h-3h ven-sam, visites guidées 9h30-11h45). Le magnifique casino cherche à reproduire – et d'ailleurs surpasse – la magnificence de Versailles. Marlene Dietrich l'avait qualifié de "plus beau casino du monde". Veste et cravate sont obligatoires pour les hommes. Si vous n'êtes pas joueur mais souhaitez découvrir l'opulent intérieur, suivez la visite guidée de 40 minutes.

Musée Frieder-Burda ART CONTEMPORAIN

(Museum Frieder Burda ; www.museum-frieder-burda.de ; Lichtentaler Allee 8b ; tarif plein/réduit 12/10 € ; 10h-18h mar-dim). Une sculpture de Joan Miró veille sur ce musée à l'architecture innovante, signée Richard Meier. Picasso, Richter ou encore Pollock comptent au nombre des multiples artistes représentés dans cette collection d'art moderne et contemporain. Des expositions temporaires ouvrent de nouvelles fenêtres, comme l'hommage récent au néo-expressionniste

Forêt-Noire

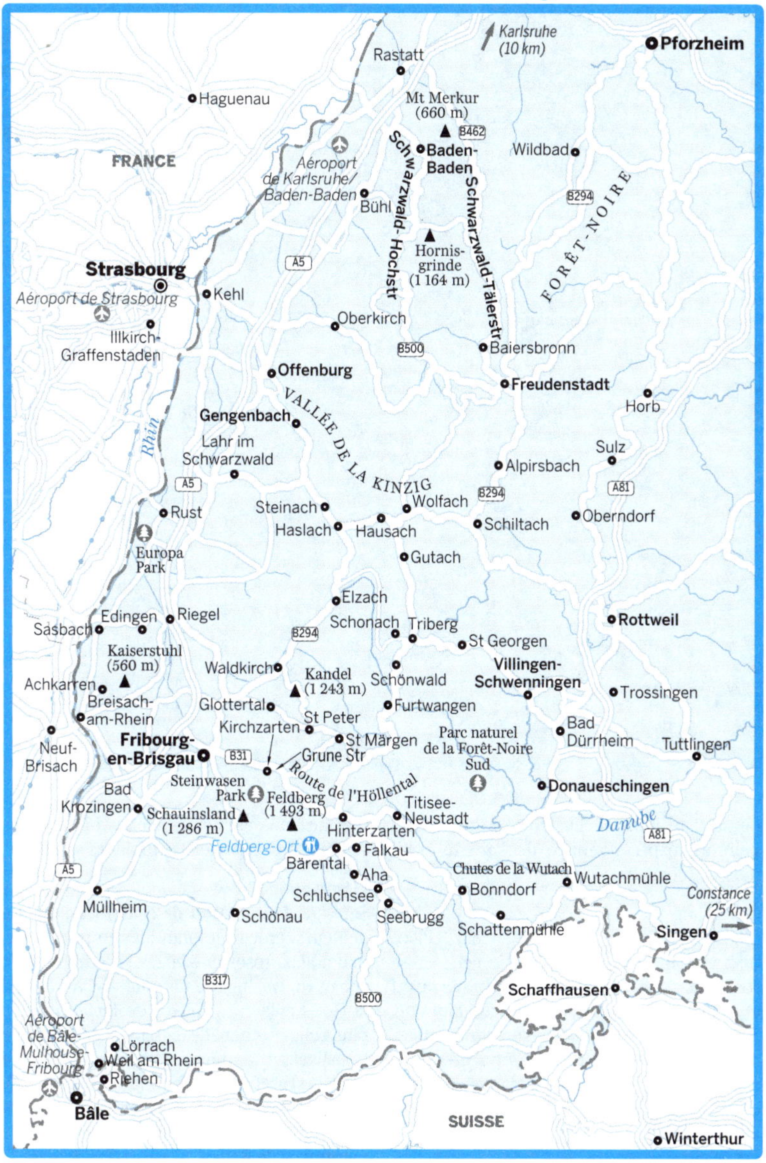

Georg Baselitz ou au travail d'ombre et de lumière de Heinz Mack.

Galerie d'art nationale ART CONTEMPORAIN

(Staatliche Kunsthalle ; www.kunsthalle-baden-baden.de ; Lichtentaler Allee 8a ; tarif plein/réduit 7/5 €, gratuit le ven ; ⏲ 10h-18h mar-dim). Proche du Frieder Burda, cette galerie éclairée par la lumière du jour déploie des expositions temporaires d'art contemporain dans un cadre néoclassique. Récemment, elle s'est intéressée aux œuvres très expérimentales

Baden-Baden

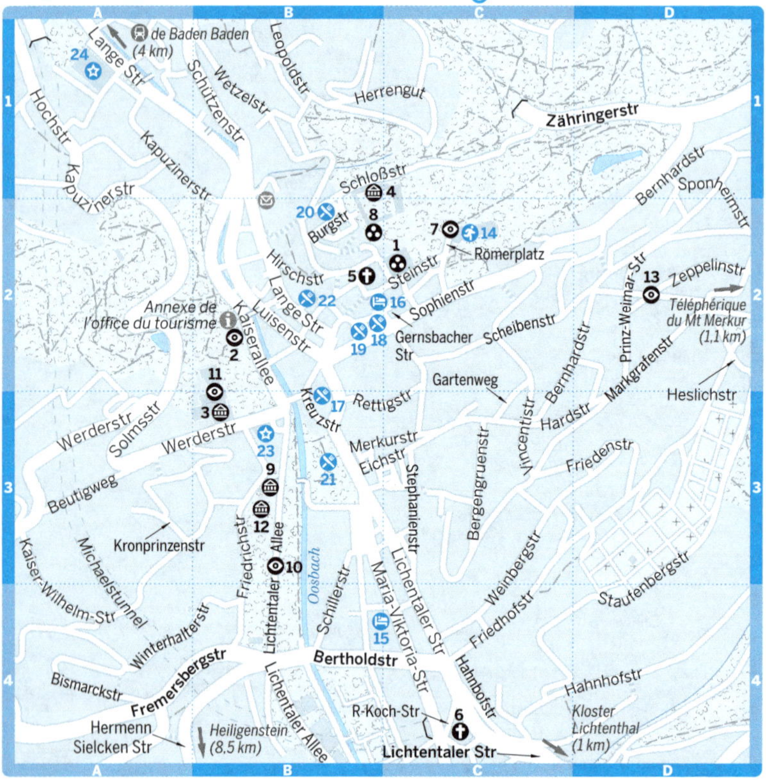

de l'artiste tchèque Eva Kot'átková et à la peinture expressionniste de l'artiste pékinois Li Songsong.

Collégiale ÉGLISE

(Stiftskirche ; Marktplatz ; ⏲8h-18h). Pièce maîtresse de la Marktplatz pavée, cette église rose juxtapose styles roman, gothique tardif et, dans une moindre mesure, baroque. Ses fondations reposent sur les vestiges d'anciens bains romains. Profitez de la très naturelle mise en lumière de la nef en début d'après-midi, lorsque les vitraux y projettent leurs motifs.

Bains romains VESTIGES

(Römische Badruinen ; Römerplatz ; tarif plein/réduit 2,50/1 € ; ⏲11h-12h et 15h-16h mi-mars à mi-nov). Soucieux de leur beauté, les Romains furent les premiers à découvrir les vertus curatives des sources d'*Aquae Aureliae* (actuelle Baden-Baden). Faites un saut deux millénaires en arrière entre les murs des thermes et l'ingénieux système de chauffage sous-jacent (hypocauste) toujours visible.

Lichtentaler Allee JARDINS

Semé de fontaines et de sculptures, tapissé de fleurs (crocus et jonquilles au printemps, magnolias, roses et azalées en été), ce long ruban de verdure se déroule sur 2,3 km de la Goetheplatz à l'abbaye de Lichtental. La plus belle promenade de Baden-Baden longe l'Oosbach et ses ponts. L'avenue se termine au **Kloster Lichtenthal** (Lichtentaler Allee), abbaye cistercienne fondée en 1245 où reposent, dans l'abbatiale, des générations de margraves de Baden.

Église russe ÉGLISE

(Russische Kirche ; Lichtentaler strasse 76 ; 1 € ; ⏲10h-18h). L'église russe de Baden-Baden fut construite en 1882 dans le style byzantin. Surmontée d'une superbe coupole à bulbe doré, elle abrite aussi des fresques somptueuses.

Baden-Baden

À voir

1	Bains romains	C2
2	Buvette d'eau thermale	B2
3	Casino	B3
4	Château Neuf	B1
5	Collégiale	B2
6	Église russe	C4
7	Fettquelle	C2
8	Florentinerberg	B2
9	Galerie d'art nationale	B3
10	Lichtentaler Allee	B3
11	Maison thermale	B3
12	Musée Frieder-Burda	B3
13	Paradies am Annaberg	D2

Activités

14	Caracalla Spa	C2
	Friedrichsbad	(voir 9)

Où dormir

	Hotel am Markt	(voir 12)
15	Hotel Belle Epoque	B4
16	Rathausglöckel	B2

Où se restaurer

17	Café König	B3
18	Kaffeehaus Baden-Baden	B2
19	La Casserole	B2
20	La Provence	B2
21	Rizzi	B3
22	Weinstube im Baldreit	B2

Où sortir

23	Festspielhaus	A1
	Orchestre philarmonique de Baden-Baden	(voir 3)
24	Théâtre de Baden-Baden	B3

Activités

Friedrichsbad SPA

(07221-275 920 ; www.carasana.de/fr/le-friedrichsbad/accueil/ ; Römerplatz 1 ; ticket 3 heures 25 €, massage au savon et à la brosse inclus 37 € ; 9h-22h, dernière entrée 19h). Si c'est le corps de Vénus et le teint de Cléopâtre que vous ambitionnez, abandonnez pudeur (et vêtements) pour les eaux thermales de ce somptueux spa du XIXe siècle tapissé de marbre et de mosaïques. Dans cet univers de vapeur, de gommage, de bains chauds et froids et de détente dans un bain romano-irlandais, vous aurez tôt fait d'oublier votre quotidien.

Caracalla Spa SPA

(07221-275 940 ; www.carasana.de/fr/thermes-caracalla/accueil/ ; Römerplatz 11 ; 2/3/4 heures 15/18/21 € ; 8h-22h, dernière entrée 20h). La façade de verre dévoile un ensemble de bassins intérieurs et extérieurs, de grottes et de jets d'eau, exploitant au maximum l'eau de source riche en minéraux. Ceux qui acceptent de quitter leur maillot pourront profiter des saunas, allant de la "forêt" rustique au "feu" torride à 95°C.

Où se loger

Baden-Baden regorge d'hôtels mais rares sont ceux qui proposent des prix intéressants. Le service de réservation de l'office du tourisme offre 10% de réduction.

Hotel am Markt HÔTEL HISTORIQUE $$

(07221-270 40 ; www.hotel-am-markt-baden.de ; Marktplatz 18 ; s 35-65 €, d 90-120 € ; P). Face à la collégiale, cet établissement fondé il y a deux siècles et demi compte 23 chambres accueillantes et pimpantes. En dehors des carillons du matin, l'endroit est calme et le petit-déjeuner incontournable.

Heiligenstein HÔTEL $$

(07221-961 40 ; www.hotel-heiligenstein.de ; Heiligensteinstrasse 19a ; s 87-91 €, d 119-124 € ; P). Au cœur des vignobles, voici une adresse excentrée qui mérite le détour pour sa situation et ses élégantes chambres aux tons ocre avec balcon sur les vignes, spa et jardin. Très appréciée, la table maison (plats 15-31 €) sert des spécialités de saison, comme la truite fraîchement pêchée ou le chevreuil au cassis et aux asperges.

À NE PAS MANQUER

UNE CURE DE JOUVENCE ?

Fettquelle (Römerplatz ; 24h/24). Rhumatismes, arthrite, problèmes respiratoires et dermatologiques, ainsi que de nombreuses autres maladies, peuvent apparemment être soignés par l'eau de source riche en minéraux de Baden-Baden. Si un bain ne vous dit rien, vous pouvez toujours remplir gratuitement votre bouteille à la fontaine Fettquelle, située au bas d'une volée de marches près de la Römerplatz. Elle aura peut-être un goût d'eau de bain tiède, mais qu'importe si elle vous rajeunit de dix ans ?

Rathausglöckel HÔTEL $$

(☎07221-906 10 ; www.rathausgloeckel.de ; Steinstrasse 7 ; s 80-100 €, d 115-139 €, ste 135-300 € ; P 📶). En plein cœur de la station thermale, cet hôtel familial logé dans une maison de ville du XVIe siècle offre le charme de la vue sur les toits pour certaines chambres, celles du 3e étage découvrant les plus belles vues sur Baden-Baden. Il a bénéficié d'une rénovation élégante avec mobilier en pin et tons sobres. Pain frais, fruits, pâtisseries, confitures maison, bacon et œufs... le petit-déjeuner est généreux.

Hotel Belle Epoque HÔTEL DE LUXE $$$

(☎07221-300 660 ; www.hotel-belle-epoque.de ; Maria-Viktoria-strasse 2c ; s 165-240 €, d 199-275 €, ste 325-695 € ; 📶). Niché dans un parc impeccablement soigné, cet hôtel cinq-étoiles occupe une villa néo-Renaissance. Le décor propre à chaque chambre conjugué au mobilier ancien réveille l'opulence de la grande période des villes d'eaux. Tout comme le thé (accompagné de douceurs) gracieusement servi en terrasse ou au coin du feu.

Où se restaurer

Café König CAFÉ $

(Lichtentaler strasse 12 ; gâteau 3,50-5 € ; 8h30-18h30). Liszt et Tolstoï ont bu leur café dans ce vénérable établissement, où sont préparés depuis 250 ans les meilleurs gâteaux, tartes, pralines et truffes de Baden-Baden. Forêt-noire nappées de crème, tartes aux fruits rouges, moelleux gâteaux aux noisettes... impossible de résister !

Kaffeehaus Baden-Baden CAFÉ $

(Gernsbacherstrasse 24 ; en-cas 3-6 € ; 9h30-18h lun-ven, 10h30-18h sam, 13h-18h dim). Fraîchement torréfié, le café parfume cet établissement décontracté parfait pour prendre un petit noir et une part de tarte. Conserves bio et céramiques maison en vente.

♥ **Weinstube im Baldreit** ALLEMAND $$

(☎07221-231 36 ; Küferstrasse 3 ; plats 12,50-19 € ; 17h-22h mar-sam). Difficile à trouver, ce restaurant qui fait aussi cave à vin se cache dans le lacis de rues pavées. Les plats badois-alsaciens, comme les *Flammkuchen* au jambon de la Forêt-Noire, roquefort et poires, sont savamment accordés aux vins locaux. Cour tapissée de lierre en été, salle voûtée en hiver.

La Casserole FRANÇAIS $$

(☎07221-222 21 ; Gernsbacherstrasse 18 ; plats 12-18 € ; 17h-23h lun, 11h30-23h mar-sam). Rideaux en dentelle, tables au coude à coude et bougies s'accordent pour créer une atmosphère de bistrot intime. Copieuses spécialités alsaciennes, comme la joue de bœuf mijotée au pinot noir, servie avec des *Spätzle*.

La Provence FRANÇAIS $$$

(☎07221-255 50 ; Schlossstrasse 20 ; plats 14-38 €, menu 3 plats 31 € ; 17h-23h mar-ven, 12h-23h sam-dim). Voûtes, miroirs Art nouveau et sens de l'humour dessinent un cadre parfait pour cette table française établie dans la cave à vin du château Neuf. Les spécialités comme les escargots au beurre d'ail et le chateaubriand aux truffes sont délicieuses.

Rizzi INTERNATIONAL $$$

(☎07221-258 38 ; www.rizzi-baden-baden.de ; Augaplatz 1 ; plats 18-48 € ; 12h-1h). Pleine en été, la terrasse ombragée de cette villa rose est l'endroit idéal pour goûter d'excellents vins sur des steaks de choix. Également au menu : délicieux burgers, pâtes maison et sushis "à la Rizzi".

Où sortir

Festspielhaus SALLE DE CONCERTS

(palais des Festivals ; ☎07221-301 3101 ; www.festspielhaus.de ; Beim Alten Bahnhof 2, Robert-Schumann-Platz). Haut lieu de la musique classique, Baden-Baden dispose de cette salle célèbre pour son acoustique. Installé dans une ancienne gare, le Festspielhaus n'est rien moins, avec ses 2 500 places, que la deuxième plus grande salle de concerts et d'opéra en Allemagne. Dirigé par Andreas Mölich-Zebhauser, le Festspielhaus propose une programmation de premier ordre (concerts, opéra et ballet).

Orchestre philarmonique de Baden-Baden MUSIQUE CLASSIQUE

(☎07221-932 791 ; www.philharmonie.baden-baden.de ; Solms-strasse 1). Le vénéré orchestre philarmonique de Baden-Baden se produit régulièrement à la Kurhaus.

Théâtre de Baden-Baden THÉÂTRE

(☎07221-932 700 ; www.theater.baden-baden.de ; Goetheplatz). Version miniature de l'Opéra Garnier de Paris à l'intérieur, le théâtre de Baden-Baden affiche une façade néobaroque en grès blanc et rouge au tout

À NE PAS MANQUER

LE CALME DES HAUTEURS

Fuyez la foule et profitez de la vue depuis ces points beaux panoramas sur Baden-Baden.

Château Neuf (Neues Schloss ; Schlossstrasse). Les marches entourées de vignes conduisent de la Marktplatz au Neues Schloss (Nouveau Château), érigé au XVe siècle. Cette ancienne résidence des margraves de Baden-Baden devrait rouvrir en tant qu'hôtel de luxe fin 2017. De là, on aperçoit les toits et clochers de Baden-Baden et jusqu'à la Forêt-Noire au-delà.

Mont Mercure (Merkurgipfel ; funiculaire aller simple/aller-retour 2/4 € ; 10h-22h). D'une hauteur modeste, ce pic de 668 m découvre toutefois une vue panoramique sur Baden-Baden et la vallée de la Murg. L'endroit est apprécié pour faire du parapente, des petites randonnées et des pique-niques en famille. Les bus nos 204 et 205 s'arrêtent près du funiculaire qui conduit au sommet depuis 1913.

Florentinerberg Les Romains venaient se rafraîchir dans ces bains, aujourd'hui en ruine, au pied de la colline. Sur cette colline, le paisible jardin botanique abrite désormais glycine, cyprès, orangers et citronniers.

Paradies am Annaberg Apaisantes fontaines et cascades rythment doucement le temps dans ces jardins à l'italienne. Parfait pour se détendre, l'endroit offre en outre une belle vue sur la vieille ville et les collines boisées. Le bus no205 en direction de Friedrichshöhe s'arrête à proximité.

début de la Lichtentaler Allee. Programmation éclectique de productions en langue allemande.

Renseignements

Annexe de l'office du tourisme (Kaiserallee 3 ; 10h-17h lun-sam, 14h-17h dim). Dans la Trinkhalle. Vente de tickets de spectacle.

Office du tourisme principal (07221-275 200 ; www.baden-baden.com ; Schwarzwaldstrasse 52 ; 9h-18h lun-sam, 9h-13h dim). Situé à 2 km du centre, sur la route en provenance du nord-ouest (l'A5). Vente de places de spectacle.

Poste (Lange strasse 44). Dans la Kaufhaus Wagener.

Depuis/vers Baden Baden

Sis 15 km à l'ouest de la ville, l'**aéroport de Karlsruhe/Baden-Baden** (Baden Airpark ; 07229-66 20 00 ; www.baden-airpark.de) est relié à Berlin, à d'autres destinations européennes (Espagne, Italie, Royaume-Uni, Hongrie, Roumanie, Grèce) ainsi qu'à la Turquie.

Diverses destinations de la Forêt-Noire sont desservies par bus depuis la gare routière, voisine de la gare ferroviaire.

Baden-Baden se situe à 15 km de la frontière française et à 60 km de Strasbourg (via l'A4, la A35 et, en Allemagne, la route fédérale B500).

Également proche de l'A5 (autoroute Francfort-Bâle), elle constitue le point de départ de la route touristique Schwarzwald-Hochstrasse, qui suit la B500 en Forêt-Noire.

Depuis la France, plusieurs trains relient chaque jour Strasbourg à Baden-Baden. La ville est située sur les grandes lignes ferroviaires nord-sud de l'Allemagne. Fribourg (21-41 €, 45 minutes à 1 heure 30) et Karlsruhe (11-16 €, 15 à 30 minutes), entre autres, sont desservies 2 fois par heure.

Comment circuler

BUS

Dans les bus locaux de la compagnie **Stadwerke Baden-Baden** (www.stadtwerke-baden-baden.de), un ticket à l'unité/24 heures coûte 1,80/6 €. Un pass journalier pour 5 personnes maximum revient à 9,80 €. Le bus no201 (toutes les 10 minutes) et d'autres lignes relient la gare à la Leopoldsplatz. Le no205 circule environ une fois l'heure entre la gare et l'aéroport, moins souvent le week-end.

VOITURE ET MOTO

Le centre-ville étant essentiellement piétonnier, mieux vaut se garer à l'extérieur. Un parc-relais gratuit se trouve à la gare. Plus proche du centre, le parking le moins cher est celui du Festspielhaus (1 €/heure). Le Michaelstunnel, sur la B500, plonge sous terre à l'ouest de la Festspielhaus et remonte à la surface juste au sud de l'église russe, évitant le centre.

À NE PAS MANQUER

RANDONNÉES EN FORÊT-NOIRE

Les habitants vous le diront, c'est en randonnant que l'on découvre véritablement la Forêt-Noire. Voici une sélection de balades dans la région allant de la demi-journée à plusieurs jours. Les offices du tourisme vous fourniront renseignements et cartes. Consultez également l'agenda des visites gratuites de Schwarzwald Verein sur www.wanderservice-schwarzwald.de (en allemand).

Le site de l'association des marcheurs de la Forêt-Noire (www.schwarzwaldverein.de, en allemand), dont les sentiers bien balisés sillonnent les profondeurs de la Forêt-Noire, mérite aussi une visite.

Panoramaweg Pour apprécier Baden-Baden et le nord de la Forêt-Noire sous leurs angles les plus photogéniques, parcourez tout ou partie de ce chemin en hauteur de 40 km conduisant jusqu'à des cascades et des points de vue à travers vergers et forêts.

Gütenbach-Simonswäldertal Situé à 22 km au sud de Triberg, Gütenbach est le point de départ de l'une des plus belles randonnées d'une demi-journée jusqu'à Simonswäldertal, 13 km plus loin. Un chemin forestier conduit à Balzer Herrgott, où un arbre a poussé autour d'une tête de Christ en grès. En descendant dans la vallée de Simonswälder, vous découvrirez des collines couvertes de sapins.

Virez au nord vers la gorge de Teichsschlucht, où un ruisseau s'écoule dans une forêt primaire bordée de falaises à pic et de rochers couverts de mousse. Remontez le cours de l'eau pour revenir à Gütenbach.

Westweg Prêt pour l'aventure ? Ce célèbre sentier de grande randonnée de 280 km, signalé par des losanges rouges, mène de Pforzheim, au nord de la Forêt-Noire, à Bâle, en Suisse. Il parcourt la vallée abrupte de la Murg, les bords du lac Titisee et le mont Feldberg (1 493 m).

Wutachschlucht (www.wutachschlucht.de). Creusée par une rivière et bordée de parois rocheuses presque verticales, cette gorge sauvage proche de Bonndorf n'est guère loin de la frontière suisse et à 15 km à l'est du lac Schluchsee. Elle abrite un microclimat particulier favorable aux orchidées, fougères, papillons rares et lézards. Un sentier de 13 km conduisant de Schattenmühle à Wutachmühle.

Feldberg Steig Le sentier de 12 km qui fait le tour du point culminant de la Forêt-Noire, le Felberg (1493 m), traverse une réserve naturelle tapissée de fleurs sauvages et habitée par les chamois. Par temps clair, la vue sur les sommets montagneux est magnifique. En hiver, il est possible de parcourir une partie du chemin en raquettes.

Martinskapelle Cette boucle pittoresque et facile de 10 km débute à la chapelle Saint-Marin (Martinskapelle) perchée sur une colline à 11 km au sud-ouest de Triberg. Bien balisé, le sentier traverse la forêt jusqu'au Brend (1 149 m). Là, une tour, la Brendturm, permet d'apercevoir, par temps clair, le mont Feldberg, les Vosges et les Alpes. Continuez par Brendhäusle et Rosseck pour jouir d'un éblouissant paysage montagneux et forestier.

Karlsruhe

☎ 0721 / 295 000 HABITANTS

Édifiée en 1715 sur un plan en éventail rayonnant autour du château, la Karlsruhe voulue par le margrave Charles-Guillaume de Bade-Durlach fit figure de modèle urbain. Une structure qui aurait inspiré le Français Pierre L'Enfant lorsqu'il ébaucha le plan de Washington DC à la fin du XVIIIe siècle. Les bombardements de la Seconde Guerre mondiale ont cependant eu raison des édifices anciens de Karlsruhe qui a été reconstruite sur son plan d'origine.

Ville décontractée, aux espaces aérés par de vastes parcs, Karlsruhe s'apprécie également pour ses musées regorgeant d'objets futuristes et de peintures impressionnistes. La France n'est guère loin comme l'évoquent les villas Art nouveau des faubourgs. Ville estudiantine (quelque 20 000 étudiants), Karlsruhe possède une belle ambiance, à apprécier dans les pubs où la bière n'est guère chère, et innove constamment dans le domaine culturel.

À voir et à faire

Château — PALAIS

(Schloss). C'est autour de ce palais central que se déploient, tels des rayons, les 32 rues de la ville. De facture baroque et néoclassique, le "Karlsruhe" (refuge de Charles) commandé par le margrave a été reconstruit après-guerre. Aux beaux jours, les habitants viennent jouer à la pétanque sur la **Schlossplatz** (place du Château) ornée d'une fontaine. Le Musée régional badois (Badisches Landesmuseum) a pris place dans ses murs.

Plus au nord, le jardin du château (Schlossgarten), propice aux balades et aux pique-niques, est fréquenté par les étudiants.

Musée régional badois — MUSÉE

(Badisches Landesmuseum ; www.landesmuseum.de ; tarif plein/réduit 4/3 €, après 14h ven entrée libre ; 10h-17h mar-jeu, 10h-18h ven-dim). Ce musée intérieur au palais expose les joyaux de la couronne des grands-ducs de Bade et les trophées des batailles remportées contre les Turcs au XVIIe siècle. Du sommet de la **tour** on appréciera le plan circulaire de Karlsruhe et la vue sur la Forêt-Noire.

Musée national des Beaux-Arts — ARTS

(Staatliche Kunsthalle Karlsruhe ; www.kunsthalle-karlsruhe.de ; Hans-Thoma-strasse 2-6 ; tarif plein/réduit 12/9 € ; 10h-18h mar-dim). Le remarquable musée national des Beaux-Arts présente une collection de premier ordre, allant des primitifs allemands, comme Matthias Grünewald et Lucas Cranach l'Ancien, aux peintures impressionnistes de Degas, Monet et Renoir. L'orangerie accueille des œuvres modernes et contemporaines, notamment de Georg Baselitz et Gerhard Richter.

Centre d'art et de technologie des médias — ARTS CONTEMPORAINS

(Zentrum für Kunst und Medientechnologie, ZKM ; www.zkm.de ; Lorenzstrasse 19 ; entrée pour les 2 musées 10/6,50 €, gratuit après 14h ven ; 10h-18h mer-ven, 11h-18h sam-dim). Installé dans une ancienne usine de munitions, l'immense centre d'exposition et de recherche ZKM mêle art et technologies des médias électroniques émergents. Le musée des Médias présente des œuvres multimédias interactives, dont une "ville lisible" (Legible City) générée par ordinateur et des simulations de bulles en temps réel. Celui d'Art contemporain propose d'excellentes expositions temporaires d'art postérieur à 1960. Situé à 2 km au sud-ouest du château et à 2 km au nord-ouest de la gare centrale, le ZKM est desservi par le tramway 2E.

Marktplatz — PLACE

Néoclassique, cette vaste place du Marché est dominée par le portique ionique de l'église protestante (Evangelische Stadtkirche) du XIXe siècle et l'hôtel de ville couleur vieux rose. La pyramide en pierre rouge marque l'emplacement de la tombe du margrave Charles-Guillaume.

Musée près du Marché — ARTS APPLIQUÉS

(Museum beim Markt ; Karl-Friedrich-strasse 6 ; tarif plein/réduit 2/1 € ; 11h-17h mar-jeu, 10h-18h ven-dim). Situé à l'extrémité nord de la Marktplatz, ce musée présente une étonnante collection d'arts appliqués depuis 1900, de l'Art nouveau au Bauhaus.

Jardin botanique — PLANTES EXOTIQUES

(Botanischer Garten ; Hans-Thoma-strasse 6 ; jardin entrée libre, serres tarif plein/réduit 2/1 € ; 10h-18h). Parc luxuriant aux plantes exotiques, le Botanischer Garten est parsemé de serres dont l'une renferme un nénuphar géant Victoria d'Amazonie.

Musée de la Majolique — CÉRAMIQUE

(Museum in der Majolika ; Ahaweg 6 ; tarif plein/réduit 2/1 € ; 10h-13h et 14h-17h mar-dim). Depuis 1645, la Blaue Linie, une ligne de carreaux en majolique bleue, relie le château au musée, où sont exposées des céramiques vernissées fabriquées à Karlsruhe depuis 1901.

Où se loger

Principalement orientée vers une clientèle d'affaires, l'offre hôtelière de Karlsruhe ne mise pas sur le charme. L'office du tourisme possède une liste de chambres d'hôtes.

Bed & Breakfast Karlsruhe — B&B $

(0157 850 730 50 ; www.bbkarlsruhe.de ; Karlsstrasse 132a ; dort/s/d 22/37/52 €). Tableaux aux murs et déco originale font de ces chambres au style rétro la meilleure offre bon marché sur Karslruhe. Les salles de bains, comme la cuisine, sont communes. À 10 minutes de marche au nord-ouest de la gare centrale. L'arrêt de tramway le plus proche est Kolpingplatz.

Hotel Rio — HÔTEL $$

(0721-840 80 ; www.hotel-rio.de ; Hans-Sachs-strasse 2 ; s 70-108 €, d 86-125 € ; P wifi). Le service surprend un peu parfois mais c'est l'un des meilleurs hôtels de Karlsruhe, avec des chambres contemporaines et impeccables. Le petit-déjeuner vaut bien le supplément de 6 €. Prendre le tramway jusqu'à Mühlburger Tor.

Acora Hotel HÔTEL $$$
(☎0721-850 90 ; www.acora.de ; Sophienstrasse 69-71 ; s 91-134 €, d 117-169 € ; P 📶). Le personnel jovial vous accueille comme à la maison dans cette résidence-hôtel aux chambres lumineuses, modernes et dotées d'une kitchenette.

Où se restaurer et prendre un verre

Die Kippe PUB $
(Gottesauer strasse 23 ; plats du jour 3,90 € ; 🕒8h-1h, 8h-2h ven-sam). Le "mégot", qui tient son nom du tabac derrière le bar, est un repaire d'étudiants. Les plats du jour bon marché vont de l'escalope de veau panée à la plie (poisson plat) servie avec une salade de pommes de terre. Concerts en semaine. Le *Biergarten* est animé en été. Prendre le tramway n°1 ou n°2 jusqu'à Durlacher Tor.

Casa do José PORTUGAIS $$
(☎0721-9143 8018 ; www.casadojose.de ; Kriegsstrasse 92 ; plats 14-24 € ; 🕒17h-23h mar-ven, 11h30-23h sam-dim). Un petit coin de Portugal au cœur de Karlsruhe, Casa do José vous accueille avec un *bemvindo* sincère. Le style est à la fois moderne et rustique, avec ses poutres apparentes au-dessus des tables de bistrot, le tout dans un intérieur simple. Les *petiscos* (tapas portugais) comme les beignets de morue et les saucisses à l'ail mettent en appétit avant des plats tels que la *cataplana de peixe e marisco* (ragoût de poissons et de crustacés au paprika).

Vogelbräu PUB $$
(Kapellenstrasse 50 ; plats 6,50-13 € ; 🕒10h-1h). Joignez-vous aux habitués près des cuves en cuivre ou dans le *Biergarten* verdoyant de cette microbrasserie. Les bières maison non filtrées accompagnent de copieux plats comme le foie de veau à la berlinoise avec purée et oignons.

Oberländer Weinstuben ALLEMAND $$$
(☎0721-250 66 ; www.oberlaender-weinstube.de ; Akademiestrasse 7 ; déj/dîner 3 plats 28/39 €, plats 18-26 € ; 🕒12h-14h et 18h-22h mar-sam). Taverne lambrissée et cour fleurie donnent le ton de cette adresse alliant talent aux fourneaux et service gracieux. Les bons vins s'accordent parfaitement aux spécialités de saison telles que la queue de bœuf farcie aux poireaux et sa sauce aux échalotes et pinot noir.

Renseignements

Office du tourisme de la gare centrale (Hauptbahnhof ; ☎0721-3720 5383 ; www.karlsruhe-tourism.de ; Bahnhofplatz 6 ; 🕒8h30-18h lun-ven, 9h-13h sam, 10h-13h dim). En face de la gare centrale. L'iGuide (7,50 €) est un guide audiovisuel portable pour une marche de 4 heures dans le centre (disponible en français). Également intéressante, la Karlsruher WelcomeCard (24/48/72 heures 6,50/12,50/17,50 €) offre la gratuité ou des réductions dans des musées et autres sites.

Poste (Poststrasse 3 ; 🕒9h-18h30 lun-ven, 9h-13h sam). Juste à l'est de la gare centrale.

Depuis/vers Karlsruhe

Karlsruhe est reliée quotidiennement à Paris par des trains directs (3 heures) ou comportant un changement à Manheim (4 heures).

Parmi les destinations bien desservies en train figurent Baden-Baden (11-16 €, 15 à 30 minutes) et Fribourg (27-36 €, 1 heure).

Karlsruhe est située sur l'A5 (Francfort-Bâle) et constitue le point de départ de l'A8 en direction de Munich. Les parcs-relais en dehors du centre-ville sont indiqués par des panneaux "P+R".

Comment circuler

La gare centrale est reliée à la Marktplatz, à 2 km au nord, par les tramways et métros légers (Stadtbahn) n[os]2, 3, S1, S11, S4 et S41. Le ticket à l'unité coûte 2,30 € ; un ticket 24 heures (24-Stunden-Karte) revient à 6 € (9,80 € pour 5 personnes maximum).

Le vélo permet de découvrir Karlsruhe de façon écologique. La Deutsche Bahn possède des stations de vélos en libre-service "Call-a-Bike" dans la ville.

Freudenstadt

☎07441 / 23 550 HABITANTS

La capitale construite par le duc Frédéric Ier de Wurtemberg en 1599 a subi les bombardements de la Seconde Guerre. Le centre-ville de Freudenstadt est donc décevant malgré son magnifique emplacement dans la Forêt-Noire. On y découvre néanmoins la plus grande place du pays (216 m par 219 m), divisée par un croisement de routes au trafic dense.

Freudenstadt marque l'extrémité sud de la route pittoresque Schwarzwald-Hochstrasse (route des Crêtes) et constitue le terminus de la superbe route Schwarzwald-Tälerstrasse

À NE PAS MANQUER

PARC NATIONAL DE LA FORÊT-NOIRE

Monde merveilleux de landes tachetées de bruyères, de lacs de cirques glaciaires, de vallées profondes, de montagnes et de forêts de conifères quasi intactes, le **parc national de la Forêt-Noire** (Nationalpark Schwarzwald ; ☎07449-9299 8444 ; www.schwarzwald-nationalpark.de en allemand ; Schwarzwaldhochstrasse 2, Seebach ; ⏲10h-18h mar-dim mai-sept, 10h-17h mar-dim oct-avr) a fini par être reconnu parc national le 1er janvier 2014. Et cela est mérité car il offre le meilleur de la Forêt-Noire à l'état pur. La nature est laissée à elle-même dans ces 100 km² de forêt au nord de la Forêt-Noire, entre Baden-Baden et Freudenstadt, autour de la Schwarzwaldhochstrasse (autoroute de la Forêt-Noire), la vallée de Murgtal et le lac de Mummelsee.

Les sentiers de randonnée et de VTT abondent, tout comme les chemins de découverte destinés aux enfants. Arrêtez-vous au centre d'informations à Seebach pour connaître les dernières actualités et vous procurer des cartes. Des détails sur les randonnées guidées et des cartes en ligne sont également disponibles sur le site Internet.

(route de la Vallée), qui part de Rastatt et passe par Alpirsbach.

À voir

Église protestante CURIOSITÉ ARCHITECTURALE
(Stadtkirche ; ⏲10h-17h). Impérieusement dressée à l'angle sud-ouest de la Marktplatz, la Stadtkirche construite en grès rouge au XVIIe siècle possède une disposition peu commune voulue par le duc : ses deux nefs sont en équerre. Ses fonts baptismaux (XIIe siècle) sculptés de masques et d'animaux évoquent le style clunisien, ses fenêtres sont gothiques, ses portails Renaissance et ses clochers baroques.

Activités

Les profondes vallées boisées aux alentours de Freudenstadt méritent d'être explorées. Un pittoresque sentier de randonnée grimpe par exemple sur 12 km jusqu'à **Kniebis**, situé sur la route touristique Schwarzwald-Hochstrasse, d'où l'on bénéficie d'un magnifique panorama sur la vallée de la Kinzig. Renseignez-vous à l'office du tourisme.

Divers itinéraires sont propices au VTT, tels les 85 km du **Kinzigtal-Radweg** qui traverse des paysages enchanteurs et des villages bordés de maisons à colombages, ou bien les 60 km du **Murgtal-Radweg** qui conduit à Rastatt à travers les collines. Les deux vallées de Murg et de la Kinzig sont couvertes par des sentiers cyclables et il est aussi possible de regagner Freudenstadt par le train.

Intersport Glaser LOCATION DE VÉLOS
(Katharinenstrasse 8 ; 14-24 €/jour ; ⏲9h30-18h30 lun-ven, 9h30-16h sam). Installée à quelques rues au nord de la Marktplatz, cette agence loue des VTT et des vélos électriques.

Panorama-Bad CENTRE DE LOISIRS
(www.panorama-bad.de ; Ludwig-Jahn-strasse 60 ; 3 heures tarif plein/réduit 6,70/5,80 € ; ⏲9h-22h lun-sam, 9h-20h dim). Piscines, bains à vapeur et saunas se répartissent bien au large derrière la façade de verre.

Où se loger et se restaurer

Au cœur de Freudenstadt, les arcades de l'immense Marktplatz abritent boutiques et cafés avec terrasse.

Camping Langenwald CAMPING $
(☎07441-2862 ; www.camping-langenwald.de ; Strasburger strasse 167 ; empl personne/tente 8/9 € ; ⏲Pâques-oct ; 🏊). Verdoyant et respectueux de l'environnement, un beau site avec piscine chauffée à l'énergie solaire et sentier nature. Prendre le bus n°12 en direction de Kniebis.

Warteck HÔTEL $$
(☎07441-919 20 ; www.warteck-freudenstadt.de ; Stuttgarterstrasse 14 ; s 60-78 €, d 98-105 € ; P 📶). L'experte famille Glässel veille depuis 1894 sur cet établissement aux chambres modernes et propres. Son véritable atout est sa table appréciée pour ses plats (14,50-39 €) à base de produits du marché, comme les tortellinis aux betteraves et le carré de chevreuil aux champignons sauvages.

Hotel Adler HÔTEL $$
(☎07441-915 20 ; www.adler-fds.de ; Forststrasse 15-17 ; s 54,50-81 €, d 80-105 € ; P 📶). Proche de la Marktplatz, un hôtel familial rénové récemment et aux chambres bien tenues. Location de vélos

VAUT LE DÉTOUR

À LA TABLE DES CHEFS ÉTOILÉS

À 6 km au nord de Freudenstadt, une petite route conduit à Baiersbronn. À première vue, cette localité, blottie parmi les prés et les collines boisées, ne se distingue en rien des autres villes de Forêt-Noire. Mais deux des meilleurs restaurants du pays, détenteurs de 3 étoiles au Michelin, se trouvent dans les parages.

Schwarzwaldstube (☎07442-4920 ; www.traube-tonbach.de ; Tonbachstrasse 237, Baiersbronn-Tonbach ; menus de 5/7 plats 80/210 €, cours de cuisine environ 170 € ; ⏲19h-minuit mer, 12h-16h30 et 19h-minuit jeu-dim). Ouverte sur la forêt, la salle conjugue élégance et charme campagnard. Aux fourneaux, Harald Wohlfahrt pratique un art puisant dans le répertoire culinaire français, avec un doigté magique et des ingrédients méticuleusement sélectionnés. Le menu dégustation évolue au fil des saisons : vous pourrez par exemple déguster une variation de maquereau et sa sauce concombre-huîtres, suivie d'un râble de chevreuil en croûte de genièvre accompagné d'endives caramélisées.

Si vous souhaitez passer à la réalisation, inscrivez-vous à l'un des cours de cuisine, dont le thème évolue autour des crustacés, asperges, oie ou truffe, voire autour de tours de main spécifiques pour préparer pâtes ou pâtés.

Restaurant Bareiss (☎07442-470 ; www.bareiss.com ; Gärtenbühlweg 14, Baiersbronn-Mitteltal ; menu déj 95 €, menus dîner 168-210 € ; ⏲12h-14h et 19h-21h30 mer-dim). Authentique maestro maintes fois primé, Claus Peter Lumpp, ancien élève de Ducasse, compose ses variations culinaires sur fond de gastronomie française. Sur le papier, des plats comme les langoustines poêlées à la crème d'amande ou le filet de veau de lait sauté aux ris et aux girolles semblent trompeusement simples. Dans l'assiette, ils révèlent des œuvres d'art soigneusement présentées, riches en textures et en arômes.

électriques (demi-journée/journée 9/16 €). Le restaurant sert d'appétissants plats régionaux (12-17 €) du genre *Zwiebelrostbraten* (entrecôte aux oignons).

Turmbräu ALLEMAND **$$**
(Marktplatz 64 ; plats 8-28 € ; ⏲11h-minuit, 11h-3h ven-sam). Une microbrasserie pleine d'ambiance, dotée en sus d'un *Biergarten*. Dans cette vieille taverne, savourez des *Maultaschen* (ravioles) accompagnés de bière – le baril de 5 l coûte 14 € !

ℹ Renseignements

Office du tourisme (☎07441-8640; www.freudenstadt.de ; Marktplatz 64 ; ⏲9h-18h lun-ven, 10h-15h sam, 10h-13h dim ; 📶). Service gratuit de réservation d'hôtel.

ℹ Depuis/vers Freudenstadt

La Marktplatz, située sur la B28, est le point de convergence de Freudenstadt. La ville possède 2 gares ferroviaires : la Stadtbahnhof, à 5 minutes à pied au nord de la Marktplatz, et la gare centrale (Hauptbahnhof), à 2 km au sud-est de la Marktplatz, au bout de la Bahnhofstrasse.

Les trains de la ligne de l'Ortenau, desservant Offenburg et Strasbourg, partent toutes les heures de la gare centrale et sont compris dans l'Europass (pass de 24h, personne/famille 11,50/18,40 €). Des trains partent environ toutes les heures pour Karlsruhe (17,90 €, 1 heure 30 à 2 heures) depuis les deux gares de Freudenstadt.

Vallée de la Kinzig

La vallée de la Kinzig (Kinzigtal) a la forme d'un fer à cheval renversé : suivant le cours de la Kinzig, qui se jette dans le Rhin à 95 km en aval, peu avant Strasbourg, elle dévale la Forêt-Noire entre Freudenstadt et Schiltach avant de remonter au nord entre Haslach et Offenburg. Ses habitants ont longtemps vécu de l'exploitation minière et du transport de marchandises par radeau.

Le paysage se caractérise ici par des collines couvertes d'épaisses forêts de mélèzes et d'épicéas, ponctuées de villages aux maisons à colombages. Le printemps, saison des fleurs, et l'automne, lorsque le feuillage se pare de couleurs flamboyantes, sont les périodes les plus propices pour profiter de cette vallée d'une rare beauté.

ℹ Depuis/vers la vallée de la Kinzig

La B294 suit la Kinzig de Freudenstadt à Haslach, puis la B33 conduit au nord jusqu'à

Offenburg. Si vous allez vers le sud, empruntez la B33 en direction de Triberg, en passant par Hausach.

Toutes les heures, le train relie Freudenstadt à Offenburg (15,70 €, 1 heure 15) avec arrêts à Alpirsbach (3,65 €, 16 minutes), Schiltach (6,10 €, 27 minutes), Hausach (8,10 €, 42 minutes), Haslach (10 €, 50 minutes) et Gengenbach (13,30 €, 1 heure). À Hausach, vous trouverez à peu près toutes les heures des trains en direction du sud-est, à destination de Triberg (6,10 €, 20 minutes), Villingen (12,10 €, 47 minutes) et Constance (29,60 €, 2 heures).

Alpirsbach

☎07444 / 6 580 HABITANTS

Alpirsbach tient son nom d'un ecclésiastique qui s'exclama : *All Bier ist in den Bach!* (Toute la bière est dans le ruisseau !), après avoir fait tomber par mégarde son verre de bière dans la rivière. Ce fut, semble-t-il, une prophétie car, aujourd'hui, l'Alpirsbacher Klosterbräu est brassée avec une eau de source pure. Les **visites de la brasserie** (☎07441-670 ; www.alpirsbacher.de/brauwelt.html ; Marktplatz 1 ; visite guidée 2 bières incluses 7 € ; ⌚14h30 tlj) se déroulent en allemand, les guides donnant parfois quelques explications en anglais.

À proximité, observez la fabrication du chocolat et savourez des pralines à la bière dans la **Schau-Confiserie Heinzelmann** (Ambrosius-Blarer-Platz 2 ; ⌚9h-12h et 14h-18h lun-ven, 9h-12h et 14h-17h sam).

Juste en face se dresse l'**abbaye d'Alpirsbach** (Kloster Alpirsbach ; Klosterplatz 1 ; tarif plein/réduit 5/2,50 € ; ⌚10h-17h30 lun-sam, 11h-17h30 dim) fondée au XIe siècle par les Bénédictins. Son immense abbatiale romane au toit plat, ses cellules spartiates et son paisible cloître gothique, qui accueille des concerts éclairés à la bougie (www.kreuzgangkonzerte.de) de juin à août, traduisent toute la simplicité de la vie monacale après la réforme clunisienne. Le musée dévoile toutes sortes d'objets découverts sous le plancher : vêtements du XVIe siècle, caricatures (d'étudiants artistes) et lignes (d'étudiants punis).

L'**office du tourisme** (☎07444-951 6281 ; www.stadt-alpirsbach.de ; Krähenbadstrasse 2 ; ⌚9h-12h et 14h-18h lun, 9h-12h et 14h-17h mar et jeu, 9h-12h mer, 9h-13h et 14h-17h ven, 10h-12h sam) fournit des cartes de randonnée et renseigne sur les 85 km de cyclotourisme, la Kinzigtalradweg, qui va de Offenburg à Lossburg.

Schiltach

☎07836 / 3 880 HABITANTS

Postée au pied de collines boisées à la confluence de la Kinzig et de la Schiltach, cette ville médiévale est un petit bijou. Soigneusement restaurées, les maisons à colombages qui appartenaient autrefois aux tanneurs, marchands et constructeurs de radeaux, se parent de géraniums rouges en été.

À voir et à faire

Cette situation au confluent de deux rivières conféra à Schiltach une belle prospérité jusqu'au XIXe siècle du fait de l'acheminement par grands radeaux des coupes opérées dans la région et envoyées ainsi jusqu'aux Pays-Bas. Les rives bordées de saules attirent désormais les hérons cendrés et les enfants pataugent dans l'eau peu profonde en été.

Marktplatz PLACE

Commencez votre balade sur la triangulaire et pentue Marktplatz, très pittoresque avec sa fontaine. Observez les fresques de l'hôtel de ville Renaissance à pignons, qui dépeignent des scènes de l'histoire locale.

Schlossbergstrasse RUE

En grimpant la Schlossbergstrasse, au sud, vous remarquerez les plaques indiquant les métiers des anciens résidents, comme le *Strumpfstricker* (tisseur de bas) au n°6, et les toits pentus sur lesquels les tanneurs faisaient sécher leurs peaux. D'en haut, vous aurez vue sur les toits rouges de Schiltach.

Musée de la place du Marché ARTS ET TRADITIONS POPULAIRES

(Museum am Markt ; Marktplatz 13 ; ⌚11h-17h avr-oct, sam-dim uniquement nov-mars). GRATUIT Le musée recèle toutes sortes d'objets, des rouets anciens aux costumes Biedermeier. Ne manquez pas l'atelier du cordonnier et l'espace interactif racontant la légende du Diable de Schiltach.

Musée Schüttesäge MONDE DU BOIS

(Schüttesäge Museum ; Gerbegasse ; ⌚11h-17h tlj avr-oct, sam-dim uniquement nov-mars). GRATUIT Sur les berges, musée consacré au bois, de la coupe à son exploitation en passant par le flottage. Atelier reconstitué, moulin à eau générant de l'énergie hydroélectrique et zone interactive présentant aux enfants des animaux de la forêt et diverses sortes d'écorces.

Où se loger et se restaurer

Campingplatz Schiltach CAMPING $
(☎ 07836-7289 ; Bahnhofstrasse 6 ; empl personne/tente/voiture 5,50/3,50/3 € ; avr-oct). Merveilleusement situé sur les rives de la Kinzig, ce terrain respectueux de l'environnement possède une aire de jeux et un bac à sable.

Weysses Rössle PENSION $$
(☎ 07836-387 ; www.weysses-roessle.de ; Schenkenzeller strasse 42 ; s 55-59,50 €, d 78-96 € ; P). Rosemarie et Ulrich sont la 19e génération à la tête de cette auberge du XVIe siècle. Chambres rustiques avec bois de rose, tissus floraux, salle de bains chics et Wi-Fi. Le restaurant sert une cuisine régionale bio.

Zur Alten Brücke PENSION $$
(☎ 07836-2036 ; www.altebruecke.de ; Schramberger strasse 13 ; s/d/app 60/90/110 € ; P). Cette chaleureuse pension tenue par Michael et Lisa loue de lumineuses chambres sur la Schiltach. Michael concocte en cuisine des spécialités locales de saison et l'on prend volontiers le soleil sur la terrasse le long de la berge.

Renseignements

Office du tourisme (☎ 07836-5850 ; www.schiltach.de ; Marktplatz 6 ; 9h-12h et 14h-16h lun-jeu, 9h-12h ven). Situé dans l'hôtel de ville, l'office du tourisme aide à trouver un hébergement et dispose d'un accès Internet gratuit. Les randonnées sont indiquées sur un panneau juste en face.

À NE PAS MANQUER

TOILETTES GÉANTES

À Hornberg, à quelques minutes au sud de Gutach sur la B33, se tient, dans toute sa splendeur sanitaire, le cabinet géant imaginé par Philippe Starck. Si le mobilier de salle de bains ou les Jacuzzis ne vous passionnent pas, le **Duravit Design Center** (www.duravit.fr/website/homepage_fr/entreprise/emplacements/duravit_design_center.fr-fr.html ; Werderstrasse 36 ; 8h-18h lun-ven, 12h-16h sam) mérite tout de même le détour pour la vue imprenable sur la Forêt-Noire qu'on a du haut de cette lunette perchée à 12 m du sol !

Gutach

☎ 07831 / 2 180 HABITANTS

À 4 km au sud de la vallée de la Kinzig, l'**écomusée de la Forêt-Noire** (Schwarzwälder Freilichtmuseum ; ☎ 07831-935 60 ; www.vogtsbauernhof.org ; tarif plein/réduit/enfant/famille 9/8/5/25 € ; 9h-18h fin mars-début nov, 9h-19h août, dernière entrée 1h avant la fermeture) vous initiera aux traditions de cette région rurale. Autour de la ferme locale Vogtsbauernhof (début du XVIIe siècle), on a regroupé sept fermes et maisonnettes déplacées de leur emplacement d'origine et remontées bois par bois avec leurs toits de chaume et leurs lambris intérieurs. Ainsi ont été conservées les différentes architectures typiques de Forêt-Noire. Avec des animaux peu farouches, des artisans expliquant leur métier et des démonstrations fréquentes allant de la tonte des moutons à la fabrication du beurre, l'endroit se prête idéalement à une visite en famille.

À 1,5 km au nord de Gutach, une **piste de luge d'été** (Schwarzwald Rodelbahn ; Singersbach 4 ; adulte/enfant 2,50/2 € ; 10h-18h avr-début nov) vous permettra de dévaler à toute allure un circuit aménagé, surtout si vous lâchez les freins !

Haslach

☎ 07832 / 6 980 HABITANTS

De retour dans la vallée de la Kinzig, l'ancien monastère capucin de Haslach (XVIIe siècle) attirera votre attention pour son formidable **musée des Costumes de la Forêt-Noire** (Schwarzwälder Trachtenmuseum ; www.trachtenmuseumhaslach.de.vu ; Im Alten Kapuzinerkloster ; tarif plein/réduit 2/1,50 € ; 10h-12h30 et 13h30-16h mar-ven). De flamboyants costumes et d'extravagants chapeaux, accessoires indispensables des femmes dans les années 1850, sont exposés. Remarquez le *Bollenhut* de la Forêt-Noire, un chapeau de paille surmonté de pompons (rouges pour les jeunes femmes, noirs pour les femmes mariées) et la *Schäppel*, une sorte de couronne constituée de centaines de perles et pesant jusqu'à 5 kg.

Gengenbach

☎ 07803 / 11 020 HABITANTS

Cernée par des vignobles et des vergers, Gengenbach est sans conteste l'une des villes les plus pittoresques de Forêt-Noire.

Elle le doit notamment à sa superbe *Altstadt,* dont les maisons à colombages ont inspiré jusqu'au réalisateur Tim Burton, qui y a filmé plusieurs scènes de *Charlie et la Chocolaterie* (2005) d'après Roald Dahl.

À voir et à faire

Le meilleur moyen de découvrir le centre historique de Gengenbach est de se balader dans ses rues étroites. Légèrement incurvée, la rue Engelgasse, qui part de la Hauptstrasse, est bordée de maisons à colombages habillées de vignes et de géraniums rouges.

Entre les deux portes de la ville surmontées de tours se trouve la **Marktplatz** triangulaire, dominée par l'**hôtel de ville**, une construction rose et crème du XVIIIe siècle. La statue de chevalier de la fontaine souligne le statut de ville impériale libre de Gengenbach au Moyen Âge.

Flânez vers l'est le long de la Klosterstrasse pour admirer l'ancien **monastère bénédictin** où se niche un paisible jardin des simples (Kräutergarten, herbes aromatiques).

L'office du tourisme vous renseignera sur le chemin viticole **Weinpfad**. Cette promenade d'une heure démarre dans la vieille ville et traverse des vignobles en terrasses jusqu'à la Jakobskapelle (XIIIe siècle) d'où se découvre toute la campagne alentour, y compris Strasbourg par temps clair.

Si vous passez la nuit à Gegenbach, ne manquez pas de faire la **promenade du veilleur de nuit** (Nachtwächterrundgang, gratuit), éclairée aux lanternes, qui part de l'hôtel de ville les mercredi et samedi, à 22h de mai à juillet, et à 21h d'août à octobre.

Où se loger et se restaurer

DJH Hostel AUBERGE DE JEUNESSE **$**
(☎07803-317 49 ; www.jugendherberge-schloss-ortenberg.de ; Burgweg 21 ; dort 23-29 €). Le Schloss Ortenberg, château du XIIe siècle reconstruit dans un style néogothique fantaisiste, dispose d'une tour d'observation et d'une salle à manger lambrissée. Un escalier conduit aux dortoirs donnant sur la vallée de la Kinzig. Depuis la gare de Gengenbach, prenez le bus n°7134 ou n°7160 en direction d'Ortenberg et descendez à l'arrêt Schloss/Freudental.

Pfeffermühle B&B **$$**
(☎07803-933 50 ; www.pfeffermuehle-gengenbach.de ; Oberdorfstrasse 24 ; s/d 54/84 €). Proprette et bon marché, cette maison d'hôtes occupe une maison à colombages de 1476, près de l'une des portes de la vieille ville. Objets anciens et boiseries aux murs dessinent le cadre d'une des meilleures tables en ville (plats 14-22 €) pour savourer les spécialités locales que sont la truite de Forêt-Noire et le *Sauerbraten* (marinade de bœuf à l'aigre-douce).

À NE PAS MANQUER

SURPRISE DE NOËL

En décembre, l'hôtel de ville de Gengenbach devient le plus grand calendrier de l'Avent du monde. Tous les jours, à 18h, une foule nombreuse assiste à l'ouverture d'une des 24 fenêtres, qui dévoile alors une saynète féerique. Dans le passé, des dessins de Marc Chagall ou de l'illustrateur Tomi Ungerer ont été utilisés pour illuminer la façade de l'hôtel de ville.

Entre la fin du mois de novembre et le 23 décembre, un marché de Noël, avec vin chaud et chorales, s'installe sur la Marktplatz.

♥ **Die Reichstadt** BOUTIQUE-HÔTEL **$$$**
(☎07803-966 30 ; www.die-reichsstadt.de ; Engelgasse 33 ; s 140-160 €, ste 190-210 €, demi-pension 4 plats 35 €/pers ; P 📶). Ce superbe boutique-hôtel sur Engelgasse a des airs de paradis. Derrière une façade du XVIe siècle se cache une esthétique contemporaine sans prétention : lignes pures, matériaux naturels, subtils tons crème et caramel, petits détails accrocheurs. Un spa, un verre de vin pétillant à l'arrivée, une corbeille de fruits dans la chambre et l'un des meilleurs restaurants en ville, avec un menu de saison, complètent ce beau tableau.

Holzofen-Bäckerei Klostermühle BOULANGERIE **$**
(Klosterstrasse 7 ; ⏲7h-18h lun-ven, 7h-12h sam). En face du monastère bénédictin, comme figé dans le temps, le Holzofen-Bäckerei Klostermühle emplit les ruelles d'effluves de pain cuit au four à bois. À aller croquer tout croustillant au milieu des herbes aromatiques du jardin monacal.

Renseignements

Office du tourisme (☎07803-930 143 ; www.stadt-gengenbach.de ; Im Winzerhof ; ⏲9h-17h lun-ven). L'office du tourisme se trouve dans une cour, en retrait de la Hauptstrasse.

Fribourg-en-Brisgau (Freibourg im Breisgau)

☎ 0761 / 224 190 HABITANTS

Au pied des pentes boisées et des vignobles de la Forêt-Noire, Fribourg est une agréable ville universitaire. Sa vieille ville médiévale se compose de maisons à pignons, de ruelles pavées et de places bordées de cafés. La vie nocturne est animée par les étudiants fêtards.

Avec près de 1 800 heures d'ensoleillement annuel, Fribourg passe pour la ville la plus chaude d'Allemagne. Quand les villages voisins, au sommet des collines, déneigent encore les routes, les arbres de Fribourg sont déjà fleuris et les habitants profitent des *Biergarten* près du canal. Pionnière en matière d'écologie, Fribourg a su exploiter ingénieusement cette ressource. Générant presque autant d'énergie solaire que le Portugal et la Grèce réunis, elle est la ville allemande la plus verte.

À voir

Si Fribourg a souffert des bombardements de la Seconde Guerre mondiale, son passé médiéval transparaît dans les petites rues comme la Konviktstrasse, ornée de glycines,

Fribourg-en-Brisgau

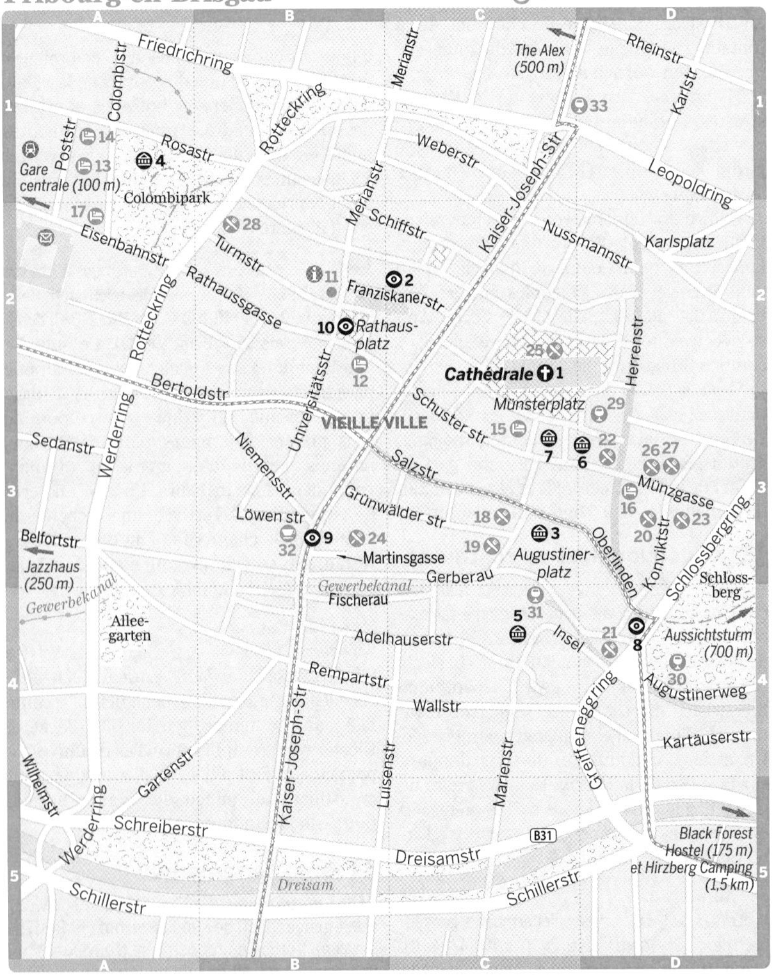

et dans Fischerau et Gerberau, les anciens quartiers des pêcheurs et des tanneurs au bord du canal. La rivière Dreisam borde le côté sud de la vieille ville.

En battant le pavé, remarquez au sol les mosaïques signalant des boutiques : une vache pour la boucherie, un bretzel pour la boulangerie, un diamant pour la bijouterie, etc.

Cathédale de Fribourg ART GOTHIQUE

(Freiburger Münster ; ☎0761-202 790 ; www.freiburgermuenster.info ; Münsterplatz ; tour tarif plein/réduit 2/1,50 € ; ⏲9h30-17h, tour 9h30-16h45 lun-sam, 13h-17h dim). Impérieusement dressés au-dessus de la grand-place du marché, ses hautes flèches, ses gargouilles effrontées et son grand portail sculpté dessinent une cathédrale résolument gothique sur des bases initialement romanes (XIe siècle). Ses éblouissants vitraux kaléidoscopiques renvoient au rôle important joué au Moyen Âge par les guildes qui les firent réalisés. Le magistral retable du maître-autel (Couronnement de la Vierge) est l'œuvre d'un protégé de Dürer, Hans Baldung Grien.

À droite du portail principal, l'imposante tour surmontée d'une flèche tout en dentelle de pierre (116 m de haut) passe du plan carré à l'octogonal. Par temps clair, la vue au sommet porte jusqu'au massif des Vosges. Plus près du sol, les différentes encoches gravées sur le mur médiéval permettaient de s'assurer de la taille réglementaire des marchandises (comme les miches de pain).

Consultez les horaires des messes au bureau d'information à l'intérieur car l'édifice est alors fermé à la visite.

Musée des Augustins ART RELIGIEUX

(Augustinermuseum ; ☎0761-201 2531 ; Auginerplatz 1 ; tarif plein/réduit/- 18 ans 6/4 €/gratuit ; ⏲10h-17h mar-dim). Le monastère a fait peau neuve pour présenter sa remarquable collection d'art médiéval, Renaissance, baroque et du XIXe siècle. Au rez-de-chaussée, vous pourrez admirer les sculptures médiévales et les chefs-d'œuvre d'artistes de la Renaissance comme Hans Baldung Grien et Lucas Cranach l'Ancien. Rendez-vous à l'étage pour voir les gargouilles de plus près.

Le café donnant sur le cloître permet de prendre un verre en s'imprégnant de l'atmosphère monastique. Il existe un pass musées de Fribourg valable partout, y compris pour les expositions temporaires, au tarif plein/réduit de 7/5 €.

Maison des Marchands BÂTIMENT HISTORIQUE

(Historisches Kaufhaus ; Münsterplatz). Face au portail sud de la cathédrale, ce vaste bâtiment à arcades en brique rouge encadré de deux tourelles à toit en tuiles polychromes date du début du XVIe siècle. Les blasons

Fribourg

Incontournables
1 Cathédale de Fribourg ... C2

À voir
Colombischlössle ... (voir 4)
2 Maison de la Baleine ... C2
3 Maison des Marchands ... C3
4 Musée archéologique ... A1
5 Musée d'Art moderne et contemporain ... C4
6 Musée historique de la ville ... D3
7 Musée des Augustins ... C3
8 Porte de Souabe ... D4
9 Porte Saint-Martin ... B3
10 Rathausplatz ... B2

Circuits organisés
11 Freiburg Kultour ... B2

Où dormir
12 Hotel am Rathaus ... B2
13 Hotel Barbara ... A1
14 Hotel Minerva ... A1
15 Hotel Oberkirch ... C3
16 Hotel Schwarzwälder Hof ... D3
17 Park Hotel Post ... A2

Où se restaurer
18 Chang ... C3
19 Edo's Hummus Küche ... C3
20 Englers Weinkrügle ... D3
21 Enoteca Trattoria ... D4
22 Gasthaus zum Kranz ... D3
Martin's Bräu ... (voir 24)
25 Münsterplatz Food Market ... C2
23 Kreuzblume ... D3
24 Markthalle ... B3
26 Rücker Käse und Wein ... D3
27 Wolfshöhle ... D3
28 Zirbelstube ... B2

Où prendre un verre et faire la fête
29 Alte Wache ... D3
30 Greiffenegg-Schlössle ... D4
31 Hausbrauerei Feierling ... C4
Isle of Innisfree ... (voir 19)
32 Schlappen ... B3
33 White Rabbit Club ... D1

SIMPLE RAFRAÎCHISSEMENT OU MARIAGE ?

En parcourant la vieille ville de Fribourg, prenez garde aux *Bächle*, ces petits canaux qui servaient autrefois à faire boire le bétail comme à éteindre les incendies. Aujourd'hui, ils permettent de se rafraîchir les pieds durant les étouffantes journées d'été. D'après la légende, celui qui marche accidentellement dans l'un de ces *Bächle* épousera un Fribourgeois ou une Fribourgeoise dans l'année !

sur les oriels et les 4 statues des empereurs au-dessus du balcon symbolisent l'allégeance de Fribourg à la maison des Habsbourg.

Portes de ville ANCIENNE ENCEINTE
(Kaiser-Joseph-strasse). Fribourg a conservé deux portes de sa muraille : la **porte Saint-Martin** (Martinstor), qui s'élève au-dessus de la Kaiser-Joseph-strasse, et, sur la Schwabentorring, la **porte de Souabe** (Schwabentor) du XIIIe siècle, une porte massive conservant une fresque de saint Georges tuant le dragon et sous laquelle passent les tramways.

Schlossberg POINT DE VUE
(Schlossbergring ; funiculaire aller/aller-retour 3/5 € ; ⏲9h-22h, horaires restreints en hiver). Du haut de cette colline boisée, Fribourg se dévoile toute entière, des toits rouges de ses maisons dominées par la flèche de la cathédrale, jusqu'aux sombres collines de la Forêt-Noire qui l'enserrent.

Pour rejoindre le sommet du Schlossberg et sa tour d'observation conique, l'**Aussichtsturm**, grimpez à travers bois par le sentier qui fait face à la porte de la Souabe, ou bien prenez le **funiculaire** Schlossbergbahn. Si vous aimez la randonnée, de nombreux sentiers partent de là-haut, notamment ceux pour St Peter (17 km) et Kandel (25 km).

Rathausplatz PLACE
(place de l'Hôtel-de-ville). La fontaine de la Rathausplatz, la plus jolie place de Fribourg, offre une halte idéale pour se délasser à l'ombre des châtaigniers. C'est ce que font d'ailleurs les Fribourgeois. Rouge brun, l'ancien hôtel de ville (Altes Rathaus) Renaissance accueille l'office du tourisme. Il contraste avec le nouvel hôtel de ville (Neues Rathaus) construit au XIXe siècle autour de deux anciennes maisons Renaissance à pignons. Enfin il y a aussi sur cette place l'église médiévale Saint-Martin à l'intérieur moderne.

Maison de la Baleine BÂTIMENT HISTORIQUE
(Haus zum Walfisch ; Franziskanerstrasse). Exemple d'architecture civile gothique tardif, l'extravagante maison de la Baleine est ornée de deux gargouilles espiègles.

Musée archéologique ANTIQUITÉ
(Archäologisches Museum ; www.freiburg.de.museen ; Rotteckring 5 ; tarif plein/réduit 3/2 € ; ⏲10h-17h mar-dim). Le **Colombischlössle**, villa néogothique de grès rouge construite pour la comtesse de Colombi, abrite aujourd'hui ce musée dont la collection détaille les trouvailles archéologiques (offrandes celtes, objets romains) faites dans la région.

Musée historique de la ville HISTOIRE
(Museum für Stadtgeschichte ; Münsterplatz 30 ; tarif plein/réduit 3/2 € ; ⏲10h-17h mar-dim). À l'est de la maison des Marchands, la demeure baroque de Christian Wentzinger, artiste du XVIIIe siècle, renferme ce musée consacré au tumultueux passé de Fribourg. À l'intérieur, un escalier en fer forgé porte le regard vers une belle fresque au plafond.

Musée d'Art moderne et contemporain GALERIE
(Museum für Neue Kunst ; Marien-strasse 10 ; tarif plein/réduit 3/2 € ; ⏲10h-17h mar-dim). De l'autre côté du Gewerbekanal, l'expressionnisme et l'art abstrait du XXe siècle sont à l'honneur, avec notamment des œuvres d'Oskar Kokoschka et d'Otto Dix.

☞ Circuits organisés

Freiburg Kultour À PIED
(www.freiburg-kultour.com ; Rathausplatz 2-4 ; tarif plein/réduit 9/7 € ; ⏲10h30 lun-ven, 10h sam en allemand, 11h30 sam en anglais). Kultour assure des visites pédestres (1 heure 30) en français de la vieille ville et de la cathédrale.

Fahrradtaxi EN CYCLOPOUSSE
(☎0172-768 4370 ; www.fahrradtaxi-freiburg.de ; An der Höhlgasse 5 ; ⏲mi-avr à oct). Comptez 7,50 € pour 2 personnes pour 15 minutes de cyclopousse dans la vieille ville. Téléphonez

à l'avance ou trouvez-en un sur la Rathausplatz ou la Münsterplatz.

Où se loger

Les hôtels de caractère abondent dans la vieille ville mais mieux vaut réserver pour l'été. L'office du tourisme propose un service de réservation (3 €) et une liste de chambres d'hôtes d'un bon rapport qualité/prix.

Black Forest Hostel AUBERGE DE JEUNESSE $
(0761-881 7870 ; www.blackforest-hostel.de ; Kartäuserstrasse 33 ; dort 17-27 €, s/d 35/58 €, draps 4 € ; réception 7h-1h ; @). À 5 minutes à pied du centre-ville, une auberge bobo bon marché avec espaces communs agréables, cuisine, grandes douches en inox et location de vélos.

Hirzberg Camping CAMPING $
(0761-350 54 ; www.freiburg-camping.de ; Kartäuserstrasse 99 ; empl adulte/tente/voiture 8,80/4,70/2,70 € ; P). Ouvert toute l'année, ce terrain s'étend sur un site boisé à 1,5 km à l'est de la Schwabentor. Cuisine et location de vélos sur place. Prendre le tramway n°1 jusqu'à Musikhochschule.

The Alex BOUTIQUE-HÔTEL $$
(0761-296 970 ; www.the-alex-hotel.de ; Rheinstrasse 29 ; s 103-142 €, d 112-151 € ; P). Cette nouvelle adresse fribourgeoise à l'esthétique pure et élégante a su combiner verre, bois blond, matériaux naturels et une palette de couleurs neutres. Outre des chambres contemporaines avec douche à effet pluie, il y a un bar, Winery29, où vous pouvez goûter des vins locaux.

Hotel Schwarzwälder Hof HÔTEL $$
(0761-380 30 ; www.schwarzwaelder-hof.com ; Herrenstrasse 43 ; s 68-80 €, d 99-125 € ; @). Ce petit bijou offre un rapport qualité/prix exceptionnel. Un escalier en fer forgé conduit aux luxueuses chambres décorées dans un style classique, moderne ou traditionnel. Certaines ont une magnifique vue sur la vieille ville.

Hotel am Rathaus HÔTEL $$
(0761-296 160 ; www.am-rathaus.de ; Rathausgasse 4-8 ; s 93-95 €, d 110-129 € ; P). En retrait de l'agitation de la Rathausplatz, cet établissement impeccable réunit différentes chambres spacieuses, celles sur l'arrière étant les plus calmes. Tons neutres et lecteurs de CD et DVD bienvenus.

Hotel Minerva HÔTEL $$
(0761-386 490 ; www.minerva-freiburg.de ; Poststrasse 8 ; s 65-95 €, d 130-155 €, tr 165 € ; P). À 5 minutes de la vieille ville, un bâtiment Art déco aux belles fenêtres arrondies et lambris de bois. Les chambres, contemporaines et élégantes, disposent du Wi-Fi gratuit. Le sauna (8 €) est un autre de ses atouts.

Hotel Barbara HÔTEL HISTORIQUE $$
(0761-296 250 ; www.hotel-barbara.de ; Poststrasse 4 ; s 80-94 €, d 110-151 €, app 135-205 €). Horloge comtoise, escalier ondoyant et haut plafond donnent un air nostalgique à cette demeure Art nouveau. L'établissement, familial et accueillant, réunit des chambres pastel à l'ancienne. Confitures maison au petit-déjeuner.

Park Hotel Post HÔTEL HISTORIQUE $$
(0761-385 480 ; www.park-hotel-post.de ; Am Colombipark ; s 109-159 €, d 139-199 € ; P). Cet hôtel raffiné donnant sur le Colombipark ramène aux grâces de la période Art nouveau. Les chambres estivales sont décorées de bleu et jaune. Service attentionné et petit-déjeuner généreux.

Hotel Oberkirch HÔTEL HISTORIQUE $$$
(0761-202 6868 ; www.hotel-oberkirch.de ; Münsterplatz 22 ; s 75-104 €, d 154-174 € ; P). Ouvrez les volets verts : la cathédrale apparaît dans toute sa splendeur. Papier peint à fleurs, confortables lits à l'ancienne (avec tête et pied de lit en bois). Lorsque l'Oberkirch, vieux de 250 ans, prit feu pendant la Seconde Guerre mondiale, l'hôtelier éteignit les flammes à l'aide du vin de sa cave. En bas, on se sustend, à la taverne toute lambrissée, de copieux plats régionaux (13-23 €), tel un ragoût de chevreuil servi avec des *Knödel*.

Où se restaurer

La vieille ville regorge de cafés, bars à vins, brasseries et restaurants, dont beaucoup disposent d'une terrasse. On trouve des établissements bon marché près de la Martinstor et dans la Kartäuserstrasse.

Edo's Hummus Küche VÉGÉTARIEN $
(thehummuscorner.com ; Atrium Auginerplatz ; repas légers 2,50-8,50 € ; 11h30-21h lun-sam). Edo attire les foules à midi en préparant un délicieux houmous maison, accompagné de pain pitta chaud, de salade de lentilles et de falafels. L'assiette de base à 4,30 € est un repas à elle seule.

Chang THAÏ $

(Grünwälderstrasse 21 ; plats 6-9,50 € ; 12h-23h). Plats du jour bon marché, du curry vert au *pad thaï*, dans un charmant petit restaurant.

Marché alimentaire de la Münsterplatz MARCHÉ $

(7h30-13h30 lun-ven, 7h30-14h sam). Pour acheter des produits locaux (miel, fromage, fruits, etc.) ou manger un sandwich saucisse et oignons frits.

Markthalle MARCHÉ $

(www.markthalle-freiburg.de ; Martinsgasse 235 ; repas légers 4-8 € ; 8h-20h lun-jeu, 8h-minuit ven-sam). Parcourez le monde en mangeant – des currys aux sushis, en passant par des huîtres et des antipasti – dans les différents stands de la grande halle qu'on surnomme "Fressgässle".

Rücker Käse und Wein TRAITEUR $

(Münzgasse 1 ; 10h-18h30 lun-ven, 9h-15h sam). Vin et fromage.

Gasthaus zum Kranz ALLEMAND $$

(0761-217 1967 ; www.gasthauszumkranz.de ; Herrenstrasse 40 ; plats 13-24 € ; 11h30-15h et 17h30-minuit lun-sam, 12h-15h et 17h30-minuit dim). Cette taverne typique du pays de Bade est toujours animée. Installez-vous à l'une des tables en bois pour déguster des spécialités régionales bien préparées, telles que le cochon de lait rôti, des *Maultaschen* ou encore du *Sauerbraten* (bœuf en marinade à l'aigre-douce).

Englers Weinkrügle ALLEMAND $$

(0761-383 115 ; Konviktstrasse 12 ; plats 9-19 € ; 11h30-14h et 17h30-minuit mar-dim). Un chaleureux *Weinstube* au décor boisé, à la devanture couverte de glycine, où l'on se régale de cuisine régionale. La truite, au riesling ou au beurre d'amandes, est délicieuse.

Enoteca Trattoria ITALIEN $$

(0761-389 9130 ; www.enoteca-freiburg.de ; Schwabentorplatz 6 ; plats 16-30 € ; 18h-minuit lun-sam). L'Enoteca compte deux établissements, dont voici la trattoria (le restaurant, plus chic, est au Gerberau 21). Le chef prépare d'authentiques plats italiens comme les raviolis au Taleggio sauce Frascati.

Martin's Bräu PUB $$

(www.martinsbräu-freiburg.de ; Fressgässle 1 ; plats 9-18 € ; 11h-minuit, 11h-2h ven-sam). Bières pilsners brassées sur place et en-cas à base de viande comme la salade de langue de bœuf et le demi-mètre de *Bratwurst* (saucisse). Le déjeuner à 5,50 € est une affaire. Près de Kaiser-Joseph-strasse.

♥ **Kreuzblume** INTERNATIONAL $$$

(0761-311 94 ; www.hotel-kreuzblume.de ; Konviktstrasse 31 ; dîner 2/3/4 plats 32,50/39/47 € ; 18h-22h mar-dim). Dans une allée bordée de fleurs, ce petit restaurant à l'éclairage tamisé attire les fins gourmets avec son menu aux saveurs estivales. Les plats savoureux ne contiennent que quelques ingrédients soigneusement sélectionnés. Service excellent.

Zirbelstube FRANÇAIS $$$

(0761-210 60 ; www.colombi.de ; Rotteckring 16 ; plats 45-59 € ; 12h-14h et 19h-minuit lun-sam). Éclairé aux chandelles, ce restaurant chaudement lambrissé de pin helvète est le meilleur émissaire de la scène gastronomique de Fribourg. Les chefs subliment chaque ingrédient dans des spécialités comme le chateaubriand de la Forêt-Noire au vin rouge et girolles ou le filet de turbot breton à la sauce aux artichauts et au poulpe, qui s'accordent avec d'excellents crus.

Wolfshöhle MÉDITERRANÉEN $$$

(0761-303 03 ; Konviktstrasse 8 ; plats 21-36 €, déj/dîner 3 plats 33/54 € ; 18h-22h lun, 12h-14h et 18h-22h mar-sam). Ses tables installées sur une jolie place attirent les clients les soirs d'été. Le menu offre une visite gastronomique de la Méditerranée, avec des plats bien préparés comme le porc ibérique ou le risotto safrané aux langoustines.

Où prendre un verre et sortir

Les étudiants de Fribourg profitent des *Biergarten* et des terrasses de café, et dansent jusque tard dans les clubs.

Schlappen CAFÉ, PUB

(Löwenstrasse 2 ; 11h-1h lun-mer, 11h-2h jeu, 11h-3h ven-sam, 15h-1h dim). Le lieu est historique. En témoigne pléthore d'objets anciens et de posters de théâtre rétro. Plusieurs générations d'étudiants ont passé ici leurs soirées. Ne manquez pas le squelette dans les toilettes des hommes. Terrasse en été.

Alte Wache BAR À VINS

(Münsterplatz 38 ; 10h-21h lun-sam). Ce corps de garde du XVIIIe siècle sert des Müller-Thurgau et des pinots noirs locaux sur des tables de dégustation. S'ils vous ouvrent l'appétit, vous pouvez commander des tapas le jeudi.

Hausbrauerei Feierling BIERGARTEN
(Gerberau 46 ; ⌚11h-minuit, 11h-1h ven-sam mars-oct). Paisible *Biergarten* au bord de l'eau où se désaltérer en été à l'ombre des arbres. Bretzels et saucisses (en-cas 3-9,50 €) accompagnent les bières.

Greiffenegg-Schlössle BIERGARTEN
(Schlossbergring 3 ; ⌚11h-minuit mars-oct). Au sommet du Schlossberg, ce *Biergarten* ombragé domine tout Fribourg. Idéal au coucher du soleil.

Isle of Innisfree PUB
(Atrium Auginerplatz ; ⌚18h-minuit lun-jeu, 17h-2h ven, 16h-2h sam, 19h-minuit dim). Guinness et bonne ambiance dans ce bar irlandais animé où quiz, karaoké et concerts sont organisés toutes les semaines.

White Rabbit Club CLUB
(www.white-rabbit-club.de ; Leopoldring 1 ; ⌚21h-3h lun-jeu, 22h-5h ven-sam). Paradis des étudiants avec ses bières bon marché, la présence de DJ et des concerts. Des bœufs sont organisés le mercredi soir.

Jazzhaus CONCERTS
(☎0761-349 73 ; www.jazzhaus.de ; Schnewlinstrasse 1). Sous les arches en brique d'une cave à vins, cette salle accueille d'excellents concerts de jazz, de rock et de *world music* (20-30 €) à 19h ou 20h, à raison de 2 fois la semaine au moins (consultez le site). Piste de danse de 23h à 3h les vendredi et samedi.

ℹ Renseignements

Disponible à l'office du tourisme, la WelcomeKarte, valable 3 jours sur tous les transports publics et la Schauinslandbahn, coûte 25/15 € par adulte/enfant.

Office du tourisme (☎0761-388 1880 ; www.freiburg.de ; Rathausplatz 2-4 ; ⌚8h-20h lun-ven, 9h30-17h sam, 10h30-15h30 dim). L'endroit où se procurer la WelcomeKarte.

Police (Rotteckring). Le commissariat de police de Fribourg.

Poste (Eisenbahnstrasse 58-62 ; ⌚8h30-18h30 lun-ven, 9h-14h sam). Bureau de poste principal.

ℹ Comment s'y rendre et circuler

AVION

Fribourg partage l'**aéroport de Bâle-Mulhouse-Fribourg** (BSL ; ☎en France 03 89 90 31 11 ; www.euroairport.com) avec Bâle (Suisse) et Mulhouse (France). La compagnie *low-cost* easyJet dessert notamment Bordeaux, Nantes, Nice ou Toulouse. De nombreuses destinations sont desservies par Air France, Lufthansa et bien d'autres.

BUS

La **navette de l'aéroport** (☎500 500 ; www.freiburger-reisedienst.de ; aller/aller-retour 26/42 €) conduit toutes les heures de la gare routière de Fribourg à l'EuroAirport.

Südbaden Bus (www.suedbadenbus.de) et **RVF** (www.rvf.de) gèrent les bus et les trains vers les villes et villages du sud de la Forêt-Noire. Le ticket à l'unité pour 1/2/3 zones coûte 2,20/3,80/5,40 € ; le ticket 24 heures Regio24 coûte 5,50 € pour une personne et 11 € pour 2 à 5 personnes.

Les trajets en bus et tramways dans Fribourg sont gérés par la **VAG** (www.vag-freiburg.de). Les tickets, vendus dans les machines ou par le conducteur, doivent être validés à bord.

TRAIN

Fribourg se trouve sur un important axe ferroviaire nord-sud. Parmi les destinations desservies figurent Mulhouse (12,80 €, 45 minutes), Bâle (19-28,80 €, 45 minutes) et Baden-Baden (18,10-25,80 €, 45 minutes à 1 heure). Fribourg est également le terminus ouest de la ligne Höllentalbahn-Donaueschingen, via Neustadt (5,40 €, 38 minutes, 2/heure). Un train conduit à Breisach (5,40 €, 26 minutes, au moins 1/heure).

VÉLO

Des pistes cyclables longent la rivière Dreisam et conduisent vers l'ouest jusqu'à Breisach et la France.

Dans un kiosque vitré de l'autre côté du pont depuis la gare centrale, **Freiburg Bikes** (☎0761-202 3426 ; Wentzingerstrasse 15 ; vélo 4 heures/1 jour 8/16 €, VTT/vélo électrique 20/25 € ; ⌚ 9h30-13h et 14h-19h lun-sam, 10h-13h et 14h-18h dim, horaires réduits l'hiver) loue des vélos et vend des cartes d'itinéraires à vélo.

VOITURE ET MOTO

À quelques kilomètres de la frontière française, Fribourg se rejoint facilement depuis Mulhouse, à 60 km, via l'A36 et l'A5, axe Francfort-Bâle qui passe juste à l'ouest de la ville. La pittoresque B31 conduit à l'est à travers l'Höllental (vallée de l'Höllen) jusqu'au lac de Constance (Bodensee). La B294 mène au nord dans la Forêt-Noire.

Europcar (☎0761-515 100 ; Lörracher strasse 10) et **Avis** (☎0761-197 19 ; St Georgener strasse 7), entre autres agences, louent des véhicules.

À environ 1,5 km au sud de la Martinstor, certaines rues disposent de places de stationnement gratuit (Türkenlouisstrasse, par exemple). Autrement, mieux vaut se garer dans un parc-relais gratuit, comme celui de la Bissierstrasse, à 10 minutes du centre en tramway n°1.

Schauinsland

Fribourg rétrécit et disparaît parmi les prés et les forêts à mesure que le téléphérique **Schauinslandbahn** (tarif plein/réduit aller-retour 12/11 €, aller 8,50/8 € ; ⏲9h-17h oct-juin, 9h-18h juil-sept) grimpe à 1 284 m, le **sommet du Schauinsland** (www.schauinslandbahn.de). Ce téléphérique permet d'accéder rapidement aux hauteurs de la Forêt-Noire depuis Fribourg.

Au sommet, une tour d'observation offre une magnifique vue jusqu'à la vallée du Rhin et aux Alpes. Des pistes de VTT et de randonnée permettent d'apprécier le paysage depuis différents angles. Vous pouvez également emprunter la **piste de descente** tout-terrain de 8 km (www.rollerstrecke.de ; 22 € ; ⏲14h et 17h dim mai-juin, sam-dim juil et sept-oct, mer-dim août), l'une des plus longues d'Europe ; comptez environ 1 heure pour la parcourir. Pour rejoindre le Schauinslandbahn depuis Fribourg, prendre le tramway n°2 jusqu'à Günterstal, puis le bus n°21 jusqu'à Talstation.

Perché au-dessus des collines ondoyantes de la Forêt-Noire, **Die Halde** (☎07602-944 70 ; www.halde.com ; Oberried-Hofsgrund ; d 124-157 €, plats 16-26,50 € ; P@≋) est un hôtel rustique et chic, avec un bar où le feu crépite, de paisibles chambres meublées de bois et un spa aux parois de verre donnant sur la vallée. Martin Hegar cuisine avec panache des produits du marché, de la truite au sanglier, dans le restaurant lambrissé.

Parc de Steinwasen

Steinwasen Park PARC D'ATTRACTIONS

(www.steinwasen-park.de ; Steinwasen 1 ; tarif plein/réduit 23/19 € ; ⏲9h-18h fin mars-début nov). Au plus profond de la forêt, le Steinwasen Park voué à la connaissance de la nature attire les familles. Un sentier conduit aux enclos abritant des sangliers, des bouquetins et des marmottes. Attraction phare, le pont suspendu court sur 218 m de long (c'est l'un des plus longs au monde). Steinwasen propose également une piste de bobsleigh et plusieurs manèges modernes comme le Gletscherblitz et le River Splash.

Chutes de Todnau

Todtnauer Wasserfall CASCADE

(⏲journée). GRATUIT Sur la route Fribourg-Feldberg, en direction du sud, vous apercevrez une puissante cascade, la Todtnauer Wasserfall. Pas aussi hautes que celles de Triberg, ces chutes tout aussi spectaculaires dévalent 97 m de parois rocheuses abruptes et illuminent les collines de leur éclat. Parcourez à pied la boucle de 9 km jusqu'à Aftersteg pour une vue vertigineuse depuis le haut de la cascade. En hiver, quand elle gèle, soyez très prudent sur les chemins. Le parking se trouve sur la L126.

St Peter

☎07660 / 2 550 HABITANTS

Les habitants du village bucolique de St Peter, installé sur le flanc sud du mont Kandel (1 243 m), sont profondément attachés aux traditions anciennes. Lors des fêtes religieuses, les villageois portent fièrement leurs *Trachten* (costumes folkloriques) colorés et faits main.

L'édifice le plus remarquable est l'**ancienne abbaye bénédictine** (Ehemaliges Benediktinerkloster ; visite guidée tarif plein/réduit 6/2 € ; ⏲visite 11h30 dim, 11h mar, 14h30 jeu), un joyau rococo conçu par l'architecte autrichien Peter Thumb au XVIIIe siècle. D'autres grands artistes ont participé à l'élaboration du somptueux intérieur de l'église aux deux tours de grès rouge. Ainsi, Joseph Anton Feuchtmayer sculpta les statues dorées des ducs de Zähringer apposées aux colonnes. Les visites guidées (en allemand) de l'ensemble monacal incluent celle de l'étonnante bibliothèque rococo.

L'**office du tourisme** (☎07660-910 224 ; www.st-peter-schwarzwald.de ; Klosterhof 11 ; ⏲9h-12h et 15h-17h lun-ven) est situé sous le porche voûté conduisant au *Klosterhof* (cloître de l'abbaye). À côté, un panneau d'information affiche la disponibilité des chambres.

Pour rejoindre St Peter depuis Fribourg par les transports publics, prenez le train jusqu'à Kirchzarten (13 minutes, 2/heure), puis le bus n°7216 (23 minutes, 2/heure).

St Peter se trouve sur la **Schwarzwald-Panoramastrasse**, une route de 70 km de long qui relie Waldkirch (à 17 km au nord-est de Fribourg) à Feldberg et dévoile un vertigineux paysage montagneux.

CARTES DE RÉDUCTION

Dans presque tous les hôtels du Bade-Wurtemberg, payer la *Kurtaxe* (taxe de séjour) donne droit à la **Gästekarte** (carte d'hôte). Elle permet d'accéder gratuitement aux piscines et attractions locales, et d'obtenir des réductions sur de nombreuses activités. La carte comportant le symbole **Konus** inclut la gratuité des transports en commun.

La plupart des offices du tourisme de la Forêt-Noire vendent la **SchwarzwaldCard** (adulte/enfant 35/25 €). Valable trois jours, elle permet l'accès à environ 150 sites en Forêt-Noire. Pour en savoir plus sur les deux cartes, consultez le site www.blackforest-tourism.com.

Vieux-Brisach (Breisach)

07667 / 14 500 HABITANTS

Dressé au-dessus des vignobles et du Rhin, Breisach marque le point de rencontre entre la Forêt-Noire et la plaine d'Alsace. Cet ancien avant-poste français est appelé Vieux-Brisach pour le différencier de Neuf-Brisach, cité fortifiée par Vauban de l'autre côté du Rhin et inscrite au patrimoine mondial de l'Unesco.

Les rues pavées bordées de maison couleurs pastel ne laissent en rien deviner que 85% de la ville fut détruit lors de la Seconde Guerre mondiale, tant la reconstruction est réussie.

À voir et à faire

St Stephansmünster CATHÉDRALE

(9h-17h lun-sam). Dominant le centre, la cathédrale romane et gothique Saint-Étienne, St Stephansmünster, abrite un cycle de fresques estompées, *Le Jugement dernier* (1491), attribué à Martin Schongauer, et un magnifique retable d'autel (1526) sculpté dans du bois de tilleul. À l'extérieur, depuis la place à l'ombre des arbres, le Schänzletreppe conduit à la Gutgesellentor, la porte où l'antipape Jean XXIII, ayant pris la fuite après avoir été déposé par le concile de Constance en 1415, fut rattrapé.

BFS CROISIÈRES FLUVIALES

(www.bfs-info.de ; Rheinuferstrasse ; avr-sept). Des excursions en bateau sur le Rhin sont organisées par BFS. Un tour du port d'une heure coûte 9 €.

Où se loger

DJH Hostel AUBERGE DE JEUNESSE $

(07667-7665 ; www.jugendherberge-breisach.de ; Rheinuferstrasse 12 ; dort 1re nuit/nuits suivantes 30,40/27 €). Sur les rives du Rhin, cette auberge de jeunesse est bien équipée. Elle dispose d'un barbecue, d'un terrain de volley-ball et d'un accès à la piscine voisine.

Renseignements

Office du tourisme (07667-940 155 ; tourismus.breisach.de ; Marktplatz 16 ; 9h-12h30 et 13h30-18h lun-ven, 10h-15h sam). L'office du tourisme peut renseigner sur les dégustations de vin et l'hébergement chez l'habitant dans la région.

Depuis/vers Breisach

La gare ferroviaire de Breisach se trouve 500 m au sud-est de la Marktplatz. Les trains conduisent à Fribourg (5,40 €, 25 minutes, au moins 1/h) et dans les villes du Kaiserstuhl. Des bus desservent Colmar, à 22 km à l'ouest.

Breisach se prête idéalement à la pratique du VTT. Vous pourrez traverser le Rhin jusqu'à la petite Venise alsacienne, Colmar, ou parcourir les vignobles jusqu'à Fribourg. On peut louer un vélo chez **Funbike** (07667-7733 ; Metzgergasse 1 ; 1/3 jours 10/25 € ; 9h-12h et 17h-19h) en face de l'office du tourisme.

Feldberg

07655 / 1 880 HABITANTS

Point culminant de la Forêt-Noire, le Feldberg (1 493 m) est l'un des rares endroits où pratiquer le ski alpin. Le sommet est dénué d'arbres et peu attrayant, mais par temps clair, la vue sur les Alpes, au sud, est magnifique.

Feldberg est également le nom donné à un groupe de 5 villages, dont **Altglashütten** est le centre.

À environ 9 km à l'ouest d'Altglashütten, **Feldberg-Ort** est au cœur d'une réserve naturelle de 42 km² couvrant une grande partie de la montagne. La plupart des remontées mécaniques sont ici, y compris le télésiège panoramique Feldbergbahn menant au Bismarckdenkmal (monument à Bismarck).

Activités

Le domaine skiable de Feldberg possède 28 remontées mécaniques, accessibles avec un même forfait. Il existe également 4 pistes de ski de fond damées. Pour louer des skis, repérez les panneaux "Skiverleih" ou renseignez-vous à l'office du tourisme.

Feldbergbahn TÉLÉPHÉRIQUE, POINT DE VUE
(www.feldbergbahn.de ; tarif plein/réduit aller-retour 9,50/6,60 € ; 9h-17h juil-sept, 9h-16h30 mai, juin et oct). Quelques minutes suffisent pour parvenir à 1 450 m d'altitude, presque au sommet du Feldberg. La vue porte sur les prés et les bois de la Forêt-Noire, puis le massif des Vosges et par temps clair jusqu'aux Alpes suisses et françaises au sud.

Haus der Natur RANDONNÉE
(07676-933 610 ; www.naturpark-suedschwarzwald.de ; Dr-Pilet-Spur 4 ; 10h-17h). Tournée vers l'écologie, la Haus der Natur conseille d'excellentes randonnées dans la région, comme la Feldberg Steig (p. 220), longue de 12 km, jusqu'au sommet du Feldberg. En hiver, les hauteurs enneigées du Feldberg sont propices aux balades en forêt. Louez des raquettes légères à la Haus der Natur (10/5 € par jour par adulte/enfant) pour parcourir les 3 km du Seebuck-Trail ou les 9 km plus éprouvants du Gipfel-Trail.

Où se loger

Naturfreundehaus AUBERGE DE JEUNESSE $
(07655-336 ; www.jugendherberge-feldberg.de ; Am Baldenweger Buck ; dort 15 €). Dans une ferme située à 30 minutes à pied du sommet du Feldberg, cette auberge en pleine nature utilise de l'énergie renouvelable et sert des produits bio et issus du commerce équitable au petit-déjeuner (6 €). Les collines boisées alentour et les confortables dortoirs en pin en font un excellent point de chute été comme hiver.

Landhotel Sonneck HÔTEL $$
(07655-211 ; www.sonneck-feldberg.de ; Schwarzenbachweg 5 ; d 96-116 € ;). Chambres impeccables et lumineuses, avec mobilier en pin et balcons. Le charmant restaurant prépare de copieux plats locaux (8-15 €).

Renseignements

Office du tourisme (Kirchgasse 1 ; 8h-12h et 13h-17h lun-ven). L'hôtel de ville d'Altglashütten abrite l'office du tourisme, lequel fournit des tas d'informations sur les activités et loue des bâtons de marche nordique.

Depuis/vers Feldberg

Bärental et Altglashütten sont desservis par la ligne Dreiseenbahn, qui relie Titisee et Seebrugg (Schluchsee). Depuis la gare ferroviaire de Bärental, le bus n°7300 conduit toutes les heures à Feldberg-Ort (2,20 €, 21 minutes).

De fin décembre à la fin de la saison de ski, des navettes de la compagnie Feldberg SBG relient Feldberg et Titisee aux remontées mécaniques (gratuit avec un forfait ou la Gästekarte).

En voiture, prendre la B31 (Fribourg-Donaueschingen) jusqu'à Titisee, puis la B317. Pour rejoindre Altglashütten, suivre la B500 depuis Bärental.

Titisee-Neustadt

07651 / 11 860 HABITANTS

La commune de Titisee-Neustadt est une agréable base de loisirs. Cerné par la forêt, son lac glaciaire aux eaux bleu-vert miroitantes fait le bonheur des photographes.

Activités

Les sentiers forestiers de Titisee ont la faveur des passionnés de marche nordique, équipés de leur bâtons pour faire travailler simultanément le haut et le bas du corps. La neige transforme Titisee en un merveilleux paysage hivernal propice au ski de fond. Les *Loipen* (pistes) sillonnent collines et bois, et une piste de 3 km est éclairée pour en profiter la nuit. La carte de l'office du tourisme signale les sentiers de marche nordique et de ski de fond.

Seepromenade MARCHE, SPORTS AQUATIQUES
La promenade fleurie de la Seestrasse, loin des foules et des horloges à coucou fabriquées en Chine, conduit rapidement à de petites anses isolées sur le lac (7 km de circonférence), idéales pour faire trempette et pique-niquer. Une agréable manière d'apprécier la beauté du lieu consiste à louer une barque ou un pédalo au bord du lac ; comptez environ 6 € de l'heure.

Strandbad Titisee BAIGNADE
(Strandbadstrasse 1 ; tarif plein/réduit 3,50/1,90 € ; 9h-19h mai-sept). Cette piscine en plein air au bord du lac compte deux bassins (un grand et un pour enfants), un toboggan, un radeau flottant et un terrain de volley-ball, sans oublier les pelouses pour bronzer. On y loue également des kayaks et des planches de stand-up paddle (10/18 € la demi-heure/heure).

Badeparadies SPA
(www.badeparadies-schwarzwald.de ; Am Badeparadies 1 ; 3 heures 18 €, sauna compris 22 € ; 10h-22h lun-jeu, 10h-23h ven, 9h-22h sam-dim). Cet immense centre de loisirs et de bien-être

aux parois et toit vitrés est apprécié toute l'année. Détente et cocktail le long des bassins bordés de palmiers dans le Palmenoase, toboggans à sensations au côté d'enfants survoltés dans le Galaxy, ou saunas à thèmes avec cascades et vue sur la Forêt-Noire dans le Wellnessoase, réservé aux adultes.

Où se loger et se restaurer

Neubierhäusle PENSION $

(07651-8230 ; www.neubierhaeusle.de ; Neustädterstrasse 79 ; d 74-94 €, app 134-174 € ; P). Sur la L156, à 3 km au nord-est de la gare, cette ferme est une retraite campagnarde idéale, avec vue sur la forêt, grand air et pâturages. Bois blond de la région ou bois peint donnent le ton de chambres lumineuses et fort confortables, comme des appartements spacieux pour les familles. Petit-déjeuner copieux, thé et fruits offerts toute la journée.

Action Forest Active Hotel PENSION $$

(07651-825 60 ; www.action-forest-hotel.de ; Neustädter strasse 41 ; s 60-75 €, d 100-130 €, tr 130-180 €, qua 160-230 € ; P). Aisément repérable à son pignon vert pomme, cette pension nichée à l'orée de la forêt est tenue par une famille sympathique. Spacieuses et lumineuses, ses chambres ont un mobilier en pin de style rustique. Idéale pour des vacances sportives, elle propose toutes sortes d'activités : escalade, vélo, ski, randonnée accompagnée ou stand-up paddle.

Alemannenhof HÔTEL $$$

(07652-911 80 ; www.hotel-alemannenhof.de ; Bruderhalde 21, Hinterzarten am Titisee ; d 129-259 € ; P). Sous une apparence de vieille ferme se cache un établissement hôtelier tout confort avec piscine, plage privée sur le lac et chambres contemporaines dotées de cabines de douche transparentes et de balcons donnant sur le Titisee. Tapissé de pin, le restaurant (plats 22-34 €), avec terrasse côté lac, sert une cuisine régionale revisitée, comme le bœuf avec purée de pommes de terre au romarin ou les pâtes à l'ail sauvage.

Renseignements

Office du tourisme (07652-1206 8120 ; www.titisee-neustadt.de ; Strandbadstrasse 4 ; 9h-18h lun-ven, 10h-13h et 15h-18h sam, 10h-13h dim). Installé dans la Kurhaus, à 500 m au sud-ouest de la gare ferroviaire, l'office du tourisme fournit les cartes des randonnées et des voies cyclables.

Depuis/vers Titisee-Neustadt

Titisee-Neustadt est desservie par la ligne ferroviaire Höllentalbahn-Fribourg (5,40 €, 40 minutes, 2/heure). il y a par ailleurs des liaisons toutes les heures pour Donaueschingen (10 €, 50 minutes), Feldberg (2,20 €, 12 minutes) et Schluchsee (2,20 €, 22 minutes).

Au départ de la gare ferroviaire de Titisee, les bus n°7257 pour Schluchsee (2,20 €, 40 minutes) et n°7300 pour Feldberg-Bärental (2,20 €, 13 minutes) circulent régulièrement.

Ski-Hirt (07651-922 80 ; Titiseestrasse 28 ; 9h-18h30 lun-ven, 9h-16h sam) loue des vélos et du matériel de ski fiables. C'est aussi un bon endroit pour se renseigner sur les itinéraires cyclistes des environs.

Schluchsee

07656 / 2 540 HABITANTS

Trônant au-dessus du lac éponyme – le plus vaste de Forêt-Noire – et entourée de bois, Schluchsee se prête idéalement aux activités de plein air : natation, planche à voile, vélo et… découverte des criques isolées des rives ouest. La station est animée l'été, à l'arrivée des vacanciers, et l'hiver, avec les adeptes du ski de fond.

Activités

Aqua Fun Strandbad BAIGNADE

(Strandbadstrasse ; tarif plein/réduit 4/2,70 € ; 9h-19h juin-sept). Apprécié des familles, ce complexe aquatique au bord du lac réunit les avantages d'une piscine chauffée, de toboggans et de rapides, d'une plage de sable et d'un terrain de volley-ball.

T Toth CROISIÈRES LACUSTRES

(www.seerundfahrten.de). Les excursions en bateau sur le Schluchsee font halte à Aha, à Seebrugg et au Strandbad. Une balade d'une heure coûte 7,50 € (moins pour un trajet simple). Barques et pédalos sont aussi proposés à la location pour 4/6 € la demi-heure/heure.

Où se loger et se restaurer

Faute d'hôtels corrects (à quelques exceptions près), il existe à Schlulsee quelques pensions et fermes d'un bon rapport qualité/prix – renseignez-vous à l'office du tourisme.

Gasthof Hirschen PENSION $

(07656-989 40 ; www.hirschen-fischbach.de ; Schluchseestrasse 9 ; s 49-51 €, d 74-92 € ; P).

KAISERSTUHL

Situées entre la Forêt-Noire et les Vosges, ces moyennes montagnes d'origine volcanique dans la vallée du Haut-Rhin produisent de très bons vins, notamment les cépages *Spätburgunder* (pinot noir) fruité et *Grauburgunder* (pinot gris).

La qualité des vignes est due à un microclimat unique, le plus ensoleillé d'Allemagne, et au sol de lœss (argile et sable) fertile qui retient la chaleur durant la nuit. Les amateurs de nature découvriront des espèces rares de lézards des souches, mantes religieuses et guêpiers d'Europe.

L'office du tourisme de Breisach conseille des visites de caves, des dégustations de vin, des itinéraires cyclables, comme les 55 km du **Kaiserstuhl-Tour**, et des chemins tels que le **Winzerweg** (sentier des viticulteurs), une fantastique marche de 15 km d'Achkarren à Riegel.

Le Kaiserstuhlbahn forme une boucle autour du Kaiserstuhl. Parmi les arrêts (où vous devrez peut-être changer de train) figurent Sasbach, Endingen, Riegel et Gottenheim.

Vitra Design Museum (www.design-museum.de ; Charles-Eames-strasse 1, Weil am Rhein ; tarif plein/réduit 10/8 €, visite guidée d'architecture 13/11 € ; ⏲10h-18h). Les angles aigus contrastent avec les délicates ondulations de l'édifice postmoderne conçu par Frank Gehry. D'un blanc éblouissant, le musée accueille d'intéressantes expositions de design contemporain. À proximité du campus Vitra, les bâtiments réalisés par de célèbres architectes tels que Nicholas Grimshaw, Zaha Hadid et Alvaro Siza se découvrent dans le cadre d'une visite guidée d'architecture de 2 heures (tous les jours à 11h, 13h et 15h en allemand, et à 12h et 14h en anglais ; les premiers samedi et dimanche du mois, plus les jours fériés à 14h30 en français).

Europa Park (www.europapark.de ; tarif plein/réduit 42,50/37 € ; ⏲9h-18h avr-début nov, 9h-20h août à mi-sept, 11h-19h fin nov-début jan). À 35 km au nord de Fribourg, près de Rust, le plus grand parc à thème d'Allemagne représente l'Europe en miniature. Naviguez sur les fjords scandinaves avant de piloter sur le circuit automobile de Silverstone en Angleterre, ou de partir en Grèce découvrir les mystères de Poséidon. Outre les manèges à sensations, la section Welt der Kinder (Monde des enfants), avec ses labyrinthes et ses drakkars, amusera les petits. Le parc possède même sa propre mascotte, une souris nommée Euromaus.

Des navettes (toutes les heures le matin) relient le parc à la gare de Ringsheim, sur la ligne Fribourg-Offenburg. En voiture, prenez l'A5 sortie Rust (57b).

Perchée sur une colline à Fischbach, à 4 km au nord de Schluchsee, cette ferme éloignée constitue un point de départ intéressant pour qui veut faire de la randonnée ou du ski. Les chambres sont simples et très paisibles. Sauna, aire de jeux et restaurant de spécialités régionales (plats 13-21 €).

Seehof INTERNATIONAL **$$**
(☎07656-988 9965 ; Kirchsteige 4 ; plats 8-18 € ; ⏲11h30-22h30). Établissement plein de charme, avec sa terrasse sur le lac. La carte propose plats de poisson local et de viande, salades, pizzas et glaces.

ℹ Renseignements

La voie de chemin de fer et la B500 longent la rive orientale, entre le bord du lac et le centre-ville de Schluchsee. La rive occidentale n'est accessible qu'à pied ou à vélo.

Office du tourisme (☎07652-1206 8500 ; www.schluchsee.de ; Fischbacher strasse 7, Haus des Gastes ; ⏲8h-17h lun-jeu, 9h-17h ven). À 150 m en amont de l'église. Cartes et informations sur les activités et les hébergements.

ℹ Depuis/vers Scluchsee

Des trains desservent toutes les heures Feldberg-Altglashütten (2,10 €, 11 minutes) et Titisee (2,10 €, 22 minutes). Le bus n°7257 relie Schluchsee 3 à 4 fois par jour aux gares ferroviaires de Neustadt et Titisee (2,10 €, 40 minutes).

Müllers (An der Staumauer 1 ; ⏲10h-18h avr-oct) loue vélos/VTT/vélos électriques pour 11/12/23 € la journée. Pour 1 heure de pédalo/barque/bateau à moteur, il vous en coûtera 8/8/17 €.

Triberg

07722 / 5 000 HABITANTS

Cet ancien centre horloger, devenu une petite ville touristique, est environné par les plus hautes chutes d'eau du pays, dont les eaux furent exploitées dès 1884 pour alimenter les premiers lampadaires électriques. Ses horloges à coucou et le célèbre gâteau forêt-noire (dont la recette originale aurait été inventée ici en 1915) sont les autres cartes de visites de Triberg.

À voir et à faire

Chutes d'eau SITE NATUREL

(Triberger Wasserfälle ; tarif plein/réduit/famille 4/3,50/9,50 € ; 9h-19h mars-début nov, 25-30 déc). Certes, ce ne sont pas les chutes du Niagara, mais la plus haute cascade d'Allemagne a son charme. Les eaux de la Gutach alimentent les 7 chutes qui dévalent 163 m et sont illuminées jusqu'à 22h.

Un sentier pavé mène aux cascades. Avec de la chance et peu de monde vous pourrez apercevoir les fameux écureuils marrons typiques de la région. Certains hôtels proposent une carte (voir p. 235) pour réduire les frais d'entrée que nos lecteurs trouvent quelque peu excessifs. Parking payant.

Plus grand coucou du monde MONUMENT

(Weltgrösste Kuckucksuhr ; 07722-4689 ; www.1weltgroesstekuckucksuhr.de ; Untertalstrasse 28, Schonach ; tarif plein/réduit 1,20/0,60 € ; 9h-12h et 13h-18h). Le plus grand coucou jamais construit au monde date de 1980. Il a fallu trois ans à l'horloger Joseph Dold pour le réaliser... à la main. Un membre de la famille Dold est généralement présent pour en expliquer le mécanisme.

Maison des 1 000 horloges COLLECTION DE COUCOUS

(Haus der 1000 Uhren ; www.hausder1000uhren.de ; Hauptstrasse 79 ; 9h30-18h l'été, 9h30-17h30 l'hiver). Un glockenspiel joue des mélodies et, à l'heure pile, un coucou vient saluer ses fans à coup de pépiements rauques dans cette maison kitsch, peuplée d'horloges, des traditionnelles aux plus tendance. Le dernier modèle à quartz possède un capteur qui envoie le coucou au lit à la nuit tombée !

Sanitas Spa SPA

(07722-860 20 ; www.sanitas-spa.de ; Gartenstrasse 24 ; forfait 2 heures 15 €, demi-journée 26-30 €, journée 45-50 € ; 9h30-20h). Le magnifique spa du Parkhotel Wehrle a une façade vitrée donnant sur les collines boisées de Triberg. L'endroit est propice à la détente : bassin en forme de haricot à l'éclairage original, hammams au carrelage raffiné, saunas, Jacuzzi et salle de méditation avec lit à eau. Enveloppement au rassoul et reiki figurent parmi les soins. L'entrée est moins chère en semaine. Serviette et peignoir disponibles à la location pour 8 €.

Où se loger et se restaurer

Kukucksnest B&B $

(07722-869 487 ; Wallfahrtstrasse 15 ; d 64 €). La boutique du sculpteur sur bois Gerald Burger est surmontée d'un joli nid qu'il a construit pour ses clients : des chambres au bois clair avec TV à écran plat. Près de

INTERVIEW

LES SECRETS DE CLAUS SCHÄFER, MAÎTRE ÈS FORÊT-NOIRE

Claus Schäfer vous révèle ses secrets pour préparer votre propre forêt-noire à la maison.

Le gâteau La réalisation de la forêt-noire n'a rien de sorcier mais elle requiert du temps, de la pratique et des ingrédients de qualité. Dégustez le gâteau le jour même de sa fabrication, et ne le congelez pas pour ne pas perdre les arômes.

Secrets du mélange Fouettez la crème jusqu'à ce qu'elle soit lisse, ajoutez de la gélatine et 2 doses de kirsch de qualité. Le mien provient d'une distillerie locale et contient 56% d'alcool. La compotée se fait avec des cerises acidulées, du sucre, du jus de cerise et une pincée de cannelle. La génoise du bas doit être deux fois plus épaisse que les deux autres, pour pouvoir supporter la compotée.

Touches finales Recouvrez le gâteau de crème, puis décorez-le de rosettes de crème chantilly, de cerises, de copeaux de chocolat et saupoudrez le tout de sucre glace.

Autres délices de la région En Forêt-Noire, goûtez la truite, le jambon fumé et le kirsch. En les achetant chez les agriculteurs, vous obtiendrez des produits de meilleure qualité et moins chers que partout ailleurs.

À NE PAS MANQUER

ROUTES TOURISTIQUES

La Schwarzwald est très grande et seul un véhicule vous permettra d'accéder aux endroits isolés.

Schwarzwald-Hochstrasse (route panoramique de la Forêt-Noire ; www.schwarzwaldhochstrasse.de). Admirez les montagnes des Vosges couronnées de brume, les forêts de bruyères et les lacs glaciaires comme le Mummelsee, sur cette route d'altitude qui serpente sur 60 km de Baden-Baden à Freudenstadt sur la B500.

Badische Weinstrasse (route des vins du pays de Bade ; www.deutsche-weinstrassen.de). De Baden-Baden à Lörrach, cet itinéraire de 160 km chemine au milieu des vignobles de vin rouge d'Ortenau, de pinot noir de Kaiserstuhl et Tuniberg, et de vin blanc de Markgräflerland.

Schwarzwald-Tälerstrasse (route de la vallée de la Forêt-Noire). Quel panorama ! Entre Rastatt et Alpirsbach, ce parcours de 100 km traverse les collines boisées et les petites villes aux maisons à colombages des vallées de la Murg et de la Kinzig.

Deutsche Uhrenstrasse (route allemande de l'Horlogerie ; www.deutscheuhrenstrasse.de). Depuis Villingen-Schwenningen, une boucle de 320 km retrace l'histoire de l'horlogerie. Furtwangen et Triberg, haut lieu de l'horloge à coucou, comptent parmi les étapes.

Grüne strasse (route verte ; www.gruene-strasse.de). Reliant la Forêt-Noire à la vallée du Rhin et aux Vosges, cette route de 160 km traverse Kirchzarten, Fribourg, Vieux-Brisach, Colmar et Münster.

l'entrée, les *Wurzelsepp* (visages taillés dans des souches de sapin) sont censés repousser les mauvais esprits.

Parkhotel Wehrle HÔTEL HISTORIQUE $$$
(☎07722-860 20 ; www.parkhotel-wehrle.de ; Gartenstrasse 24 ; s 95-105 €, 145-179 € ; P). Quatre fois centenaire, cet établissement abrite un délicieux spa accessible en journée. Spacieuses et joliment décorées de mobilier ancien, avec souvent une touche baroque ou Biedermeier, ses chambres bénéficient, pour les meilleures, d'un Jacuzzi. Le vénérable **restaurant** de l'hôtel (www.parkhotel-wehrle.de ; Gartenstrasse 24 ; plats 13-32 € ; 18h-21h tlj, 12h-14h dim) a été honoré des louanges d'Hemingway qui s'était régalé ici d'une somptueuse truite.

Café Schäfer CAFÉ $
(☎07722-4465 ; www.cafe-schaefer-triberg.de ; Hauptstrasse 33 ; gâteaux 3-4 € ; 9h-18h lun, mar, jeu et ven, 8h-18h sam, 11h-18h dim). Le pâtissier Claus Schäfer utilise la recette originale de la forêt-noire, qui date de 1915, pour préparer ce superbe gâteau composé de couches de génoise au chocolat parfumées au kirsch, de crème fouettée et de cerises, le tout recouvert de plus de crème et de chocolat râpé. Oubliez les calories, il en vaut la peine.

Renseignements

La principale route de Triberg, la B500, suit plus ou moins le cours de la Gutach. Le point central de la ville est la Marktplatz, située à 1,2 km en amont de la gare.

Triberg se présente aux visiteurs comme *Das Ferienland* (la région des vacances ; www.dasferienland.de).

Office du tourisme (☎07722-866 490 ; www.triberg.de ; Wallfahrtstrasse 4 ; 9h-17h lun-ven, 10h-17h sam-dim). À l'intérieur du musée de la Forêt-Noire (Schwarzwald-Museum). Cartes de randonnée (3 €), pistes de ski de fond (2 €) et VTT (6,90 €).

Depuis/vers Triberg

La ligne ferroviaire Schwarzwaldbahn conduit au sud-est à Constance (23,30 €, 1 heure 30, toutes les heures) et au nord-ouest à Offenburg (12,10 €, 46 minutes, toutes les heures).

Le bus n°7150 traverse, au nord, les vallées de la Gutach et de la Kinzig, jusqu'à Offenburg ; le n°7265 conduit à Villingen, au sud, via St Georgen. Des bus locaux circulent entre la gare et la Marktplatz, et jusqu'à la ville de Schonach, non loin (toutes les heures).

Stöcklewaldturm

Les chutes de Triberg sont le point de départ d'une agréable marche de 6,5 km à travers la forêt d'épicéas et les champs, conduisant à la Stöcklewaldturm (1 070 m). Cette **tour d'observation** (0,50 € ; 10h-20h mer-lun) construite au XIXe siècle offre une vue à 360° qui s'étend du Jura souabe jusqu'aux Alpes enneigées. Des sentiers partent dans toutes les directions depuis le sommet, où le **café** (en-cas 2,50-7 € ; 10h-20h mer-lun) est un endroit sympathique pour savourer une bière, un en-cas ou un chocolat chaud. Le parking sur la L175 est à 10 minutes à pied de la tour.

Martinskapelle

Baptisé du nom d'une petite chapelle située à la source de la vallée de la Breg, le site de Martinskapelle est le royaume des fondeurs en hiver puis des randonneurs à la fonte des neiges. Le long de la route en lacets qui mène au sommet, à 1 100 m, vous remarquerez, accrochées aux pentes boisées, nombre de fermes couvertes de bardeaux.

En passant la nuit dans la familiale **Höhengasthaus Kolmenhof** (07723-931 00 ; www.kolmenhof.de ; An der Donauquelle ; s/d 55/88 € ; P), vous profiterez en toute sérénité des paysages qui s'offrent à vous. Située à la principale source du Danube, cette pension réunit divers avantages : des vélos électriques à louer, un agréable sauna pour récupérer après le ski ou la randonnée, un restaurant rustique (plats 9-19 €). La truite fraîche, servie fumée, rôtie au beurre d'amandes ou pochée au vin blanc, est la spécialité.

Vous trouverez quasiment toutes les heures sur la Marktplatz de Triberg un bus n°7270 pour Escheck (2,10 €, 20 minutes), situé à 4,5 km à pied de Martinskapelle. En voiture, prenez la B500 à Triberg et suivez les panneaux indiquant Schwarzenbach, Weissenbach, et la K5730 jusqu'à Martinskapelle.

Villingen-Schwenningen

07721 / 81 020 HABITANTS

Si elles ne forment, depuis 1972, plus qu'une seule ville, Villingen et Schwenningen ont chacune leur histoire. Villingen appartenait autrefois au grand-duché de Bade, quand Schwenningen était une possession du duché de Wurtemberg. Villingen présente plus de charme que sa jumelle.

Encerclée de murs infranchissables, la vieille ville de Villingen transporte le visiteur à l'époque du Moyen Âge tardif avec ses rues pavées et ses riches demeures. Celle qu'on surnomme *Städtle* (petite ville) est célèbre pour son carnaval alémanique, ou *Fastnet*, qui dure une semaine au mois de février.

À voir et à faire

Cathédrale ROMAN, GOTHIQUE

(Münster ; Münsterplatz ; 9h-18h). Le principal site de la vieille ville de Villingen est sa cathédrale de grès rouge aux clochers dépareillés : l'un couvert de tuiles colorées, l'autre hérissé de pics et orné de gargouilles. Les portails romans sculptés représentent de spectaculaires scènes bibliques.

Münsterplatz PLACE

Sur la place de la Cathédrale se dressent l'ancien hôtel de ville (Altes Rathaus) à pignons et la Münsterbrunnen de Klaus Ringwald,

VAUT LE DÉTOUR

LA RÉSERVE NATURELLE DU HAUT-DANUBE

(Naturpark Obere Donau ; www.naturpark-obere-donau.de). Épousant les rives du Danube, au pied de falaises calcaires percées de grottes, et parsemée de pins et de hêtres aux teintes or bruni à l'automne, la réserve naturelle du Haut-Danube déborde de splendeurs sauvages. Sans quitter l'autoroute, vous n'en verrez rien. Pour explorer pleinement la réserve, vous devrez enfiler vos chaussures de randonnée ou enfourcher un VTT et partir sur les sentiers.

L'une des plus belles expériences est une jolie balade de 3 à 4 heures (12,5 km) en ligne de crête entre Fridingen et Beuron. Le sentier, balisé et accessible, parcourt des falaises irrégulières et offre une vue imprenable sur les méandres du Danube, qui parcourt quelque 2 850 km avant de se jeter dans la mer Noire. L'affleurement vertigineux de Laibfelsen est idéal pour pique-niquer. À partir de là, le chemin traverse des bois et des prés tachetés de chardons violets. Fondée en 1077, l'abbaye bénédictine de Beuron, toujours en activité, est l'une des plus anciennes d'Allemagne. Sa somptueuse église, ornée de stucs et de fresques, se visite. Pour plus de détails, rendez-vous sur le site www.beuron.de.

Fridingen et Beuron sont sur la L277, à 45 km à l'est de Villingen.

une fontaine en bronze représentant de manière caricaturale les personnages qui ont fait l'histoire de Villingen. Les mercredis et samedis matin, la place s'anime avec le marché de produits régionaux.

Musée des Franciscains HISTOIRE LOCALE
(Franziskaner Museum ; Rietgasse 2 ; tarif plein/réduit 5/3 € ; ⏲13h-17h mar-sam, 11h-17h dim). Voisin de la Riettor (porte du Riet, XIIIe siècle), l'ancien monastère franciscain fait place à l'histoire de Villingen. Les objets celtes mis au jour à Magdalenenberg (à 30 minutes à pied au sud du centre de Villingen) sont exposés dans ce musée. Ils proviennent de l'une des plus grandes tombes princières du premier âge du fer (Hallstatt) jamais découvertes en Europe, sous un tumulus daté de 616 av. J.-C. où fut exhumée la civière ayant servi à porter le prince entre autres objets majeurs pour connaître cette période de l'histoire celtique.

Spitalgarten JARDIN
Enserré par les anciens remparts, ce parc s'étend à l'arrière du musée des Franciscains. Le regard se porte vers la Romäusturm, une haute tour du XIIIe siècle qui tire son nom du géant local Remigius Mans (Romäus en abrégé).

Kneippbad PISCINE
(Am Kneippbad 1 ; adulte/enfant 4,20/2,80 € ; ⏲6h30-20h lun-ven, 8h-20h sam-dim mi-mai à début sept). À 3 km au nord-ouest de la vieille ville, ce complexe aquatique établi en extérieur dans la forêt attire les familles avec ses bassins, ses toboggans et ses terrains de volley-ball.

Où se loger et se restaurer

Haus Bächle PENSION $
(☎07721-597 29 ; Am Kneippbad 5 ; s/d 16/32 € ; P). Cette maison à colombages à côté du Kneippbad donne sur le parc fleuri Kurgarten. Les chambres, nettes, sont une affaire.

Rindenmühle HÔTEL $$
(☎07721-886 80 ; www.rindenmuehle.de ; Am Kneippbad 9 ; s 78-105 €, d 120-145 € ; P). Également proche du Kneippbad et de sentiers forestiers, cet ancien moulin à eau est devenu l'une des adresses les plus élégantes de Villingen, avec des chambres chics aux tons doux et une table fort réputée (plats 26-36 €). Martin Weisser excelle aux fourneaux autour de produits bio maison, tels que poulet, oie et herbes du jardin.

Zampolli CAFÉ $
(Rietstrasse 33 ; cornets de glace 1 € ; ⏲9h30-23h30 lun-sam, 10h30-23h30 dim fév à mi-nov). Expresso ou glace crémeuse, la terrasse face à la Riettor est un endroit calme pour savourer un petit bout d'Italie ou boire simplement un verre.

Schlachthof ALLEMAND $$
(☎07721-878 7935 ; www.schlachthof-vs.de ; Schlachthausstrasse 11 ; plats 11-22 € ; ⏲11h45-14h et 18h-minuit mar-ven, 18h- minuit sam, 11h45-14h dim ;). Boiseries, tons carmin et globes à l'ancienne dessinent une élégante brasserie dont la carte mêle spécialités régionales et méditerranéennes, avec des plats comme le poulet au beurre de romarin et légumes du marché ou le *Tafelspitz* (bœuf bouilli). Économique menu 2 plats (8,40 €) au déjeuner. À 10 minutes de marche au sud de la vieille ville.

Renseignements

Poste (Bahnhofstrasse 6)
Office du tourisme de Villingen (☎07721-822 525 ; www.tourismus-vs.de ; Rietgasse 2 ; ⏲10h-17h lun-sam, 11h-17h dim). Dans le musée des Franciscains. Audioguide iTour en anglais ou allemand (5 € pour 3 heures). Location de vélos électriques pour 10/20 € la demi-journée/journée.

Depuis/vers Villingen-Schwenningen

Villingen se trouve sur la pittoresque ligne ferroviaire Schwarzwaldbahn reliant Constance (19,80 €, 1 heure 10) à Triberg (6,10 €, 22 minutes) et Offenburg (17,90 €, 1 heure 10). Le trajet vers Stuttgart (27,90-29,50 €, 1 heure 45) implique de changer à Rottweil. Pour Fribourg (19,80-26,90 €, 2 heures), changez à Donaueschingen.

Depuis Villingen, les bus nos 7265 et 7270 se rendent régulièrement vers le nord, jusqu'à Triberg. Des bus fréquents (comme la ligne 1) relient Villingen et Schwenningen.

Villingen-Schwenningen est située juste à l'ouest de l'autoroute A81 Stuttgart-Singen. La B33 en direction de Triberg et la B27 en direction de Rottweil traversent la ville.

Rottweil

☎0741 / 25 660 HABITANTS

Fondée en l'an 73, cette ville aux origines romaines est la plus ancienne du Bade-Wurtemberg. Elle tire néanmoins sa célébrité du rottweiler, chien à la puissante

À NE PAS MANQUER

CÉLÉBRATIONS DU CARNAVAL SOUABE-ALÉMANIQUE

Si le carnaval est répandu dans tout le sud de l'Allemagne, de tradition catholique, il revêt dans le Bade-Wurtemberg des formes spécifiques. Rite séculaire, la **Fasnacht**, ou *Fasnet*, était destinée à chasser la fin de l'hiver et à se défouler avant le début du jeûne de carême. Aujourd'hui comme autrefois, les habitants sortent dans les rues le visage couvert de masques en bois sculptés figurant démons, sorcières ou personnages grimaçants. Les festivités battent leur plein la semaine précédant le mercredi des Cendres. Entre festins, défilés et nuits alcoolisées, cette période de franches libations a bien mérité son surnom de "cinquième saison" ! Pour assister à la *Fasnacht*, rendez-vous dans l'une des villes suivantes :

Rottweil Fasnacht (www.narrenzunft.rottweil.de ; Rottweil). Lors de la Cavalcade des fous (*Narrensprung*), le lundi à 8h, des milliers de bouffons (*Narro*) aux masques baroques défilent dans la ville. Les *Federhannes* ressemblent à des diablotins et le *Guller* monte un coq.

Schramberg Fasnacht (www.narrenzunft-schramberg.de ; Schramberg). Parmi les protagonistes du défilé, ne manquez pas le *hoorige Katz* (chat poilu) et le Hans sautillant. Encore plus spectaculaire, cependant, le *Da-Bach-Na-Fahrt*, où des personnages descendent la rivière dans des baignoires en bois.

Elzach Fasnacht (www.schuttig.info ; Elzach). *Trallaho* ! Affublés d'un masque sculpté à la main et d'un tricorne orné de coquilles d'escargots, les *Schuttige* (personnages masqués terrifiants) parcourent les rues d'Elzach en faisant éclater des *Saublodere* (vessies de porc gonflées) – évitez-les sauf si vous souhaitez beaucoup d'enfants ! Ne manquez pas la parade aux flambeaux du dimanche et le *Schuttigumzug* l'après-midi du mardi gras.

mâchoire élevé ici jusque récemment comme chien de boucher. N'ayez crainte, les habitants de Rottweil sont beaucoup moins effrayants !

L'imposante Schwarzes Tor du XIIIe siècle donne accès à la Hauptstrasse (grand-rue) et à la vieille ville bien préservée. Au nombre de ses maisons pastel aux toits rouges, on remarquera au n°6 la façade de l'Hübschen Winkel qui présente un angle de 45 degrés. À l'ouest, sur la Münsterplatz, la cathédrale Sainte-Croix (Heiliges-Kreuz-Münster), de style roman tardif, arbore d'éblouissants ouvrages de maçonnerie gothiques et une voute à croisée d'ogives. À environ 1 km au sud ont été mis au jour en 1967 les **thermes romains** (Hölderstrasse ; heures du jour) GRATUIT, de 45 m sur 42 m.

L'**office du tourisme** (0741-494 280 ; www.rottweil.de ; Hauptstrasse 21 ; 9h30-17h30 lun-ven, 9h30-12h30 sam) renseigne sur les possibilités d'hébergement, les visites et la piste cyclable Neckartal-Radweg.

Rottweil se trouve en retrait de l'autoroute A81 Stuttgart-Singen. Comptez au moins un train chaque heure pour Stuttgart (22,70 €, 1 heure 30) et Villingen (3,40 €, 25 minutes).

Unterkirnach

07721 / 2 730 HABITANTS

Parmi les collines tapissées de verdure, le discret village d'Unterkirnach attire familles et amateurs d'activités en plein air. Les enfants profiteront du complexe **Spielscheune** (Schlossbergweg 4 ; 4,50 € ; 14h-19h lun-ven, 11h-19h sam-dim) ouvert par tous les temps, à moins de grimper jusqu'à la **ferme**, à la rencontre des chèvres et des vaches Highland (nourries à 15h). L'été, les **randonnées** en forêt bénéficient de 130 km de sentiers balisés, tandis qu'en hiver on glisse sur 50 km de pistes de ski de fond (*Loipen*) ou l'on dévalle de superbes pentes pour la luge.

Perchée au-dessus d'Unterkirnach, la vieille grange **Ackerloch Grillschopf** (www.ackerloch.de ; Unteres Ackerloch ; repas légers 4-11 € ; 11h30-minuit mer-lun) accueille un *Biergarten* donnant sur une vaste vallée. Un cochon de lait cuit parfois à la broche et l'on peut faire griller ses propres steaks et saucisses au barbecue.

Le bus n°61 circule environ toutes les heures entre Unterkirnach et Villingen (3,30 €, 18 minutes).

STUTTGART

0711 / 600 000 HABITANTS

La capitale du Bade-Wurtemberg est souvent associée à l'industrie qui a fait sa richesse, l'automobile. Siège de plusieurs grandes firmes allemandes, Stuttgart est une ville moderne, industrieuse et commerçante. Un cliché fait de ses habitants des gens économes et casaniers qui se tuent à la tâche pour "*schaffe, schaffe, Häusle baue*" ("trimer, trimer et construire une maison").

Cette réputation n'est pourtant pas justifiée. Si les plus aisés affichent leur goût pour les grosses cylindrées et les restos huppés, la plupart des habitants adorent arpenter les coteaux couverts de vignes alentour et se retrouver entre amis dans un *Weinstube* (bar à vins). Outre plusieurs musées d'art de premier plan, Stuttgart est le théâtre de manifestations culturelles variées et possède une scène gastronomique de haut vol. Autant d'expressions d'un art de vivre sophistiqué.

Histoire

Stuttgart fut fondée autour de l'an 950, sous la forme du haras Stuotgarten (*Stutengarten* ou "jardin des Juments"). Dès le XIIe siècle, la ville devint un centre d'échanges commerciaux qui prospéra au siècle suivant. La maison de Wurtemberg décida d'établir son siège dans la cité au début du XIVe siècle. En 1492, le comte Eberhard V, dit le Barbu, fit briller la région souabe en introduisant le règlement de la *Kehrwoche*, la semaine de balayage des parties communes par roulement entre les habitants, toujours appliqué de nos jours.

Le début du XVIe siècle apporta son lot de difficultés, entre guerres paysannes, peste et dirigeants autrichiens (1520-1534). Un siècle plus tard, la guerre de Trente Ans dévasta Stuttgart et tua la moitié de sa population.

En 1818, le roi Guillaume Ier de Wurtemberg lança la première fête de la Bière (*Cannstatter Volksfest*) pour célébrer la fin d'une terrible famine. L'industrialisation vit le jour au tournant du XXe siècle, avec l'invention de la bougie d'allumage par Bosch et le premier moteur à essence de Daimler. Lourdement bombardée pendant la Seconde Guerre mondiale, Stuttgart fut reconstruite avec soin et devint en 1953 la capitale du nouveau *Land* de Bade-Wurtemberg. Elle fait aujourd'hui partie des villes les plus vertes et les plus prospères du pays.

À NE PAS MANQUER

LE QUARTIER DES HARICOTS

Pour mieux connaître Stuttgart, baladez-vous dans ce quartier moins fréquenté par les touristes mais plein de charme. Rejoignez au sud la Hans-im-Glück Platz, où trône une fontaine représentant dans une cage Jean le Chanceux, personnage du conte éponyme des frères Grimm. Vous atteindrez rapidement le **Bohnenviertel** (www.bohnenviertel.net) à l'ambiance bohème. Ce nom de "quartier des Haricots" rappelle que la culture des haricots introduite au XVIe siècle se répandit partout et constitua la nourriture de base des tanneurs, teinturiers et artisans pauvres qui vivaient ici.

Un restauration récente des ruelles pavées et des maisons à pignon a fait naître à l'abri de ce patrimoine architectural toute une série de galeries, ateliers, librairies, bars à vins et cafés. L'atmosphère villageoise y est rafraîchissante après l'agitation du centre-ville.

À voir

La Königstrasse, boulevard commerçant qui s'étend vers le sud depuis la gare centrale, est l'artère principale de Stuttgart. Les dénivelés importants sont fréquents sur les flancs de colline de Stuttgart : plus de 500 rues de la ville se terminent en *Stäffele* (escalier).

Schlossplatz PLACE

(place du Château). Le somptueux château Neuf (Neues Schloss) ferme de ses trois ailes la place à l'est. Sorte de Versailles du duc Charles Eugène II de Wurtemberg, cette résidence royale de style baroque et néoclassique abrite désormais des ministères régionaux. Une statue de bronze de l'empereur Guillaume Ier orne la **Karlsplatz**, non loin.

Galerie nationale de Stuttgart BEAUX-ARTS

(Staatsgalerie Stuttgart ; 0711-470 400 ; www.staatsgalerie.de ; Konrad-Adenauer-strasse 30-32 ; tarif plein/réduit 7/5 € ; 10h-18h mar, mer et ven-dim, 10h-20h jeu). À la fois néoclassique et contemporaine, la galerie nationale porte l'empreinte colorée et incurvée de l'architecte britannique James Stirling. Outre de grandes expositions, elle abrite une incroyable collection d'art permanente, notamment des œuvres de Rembrandt,

Picasso, Monet, Dalí et des chefs de file du pop art, Warhol et Lichtenstein.

Musée d'Art de Stuttgart BEAUX-ARTS

(Kunstmuseum Stuttgart ; ☎0711-2161 9600 ; www.kunstmuseum-stuttgart.de ; Kleiner Schlossplatz 1 ; tarif plein/réduit 6/4 € ; 10h-18h mar-jeu, sam-dim, 10h-21h ven). À l'abri d'un scintilant cube de verre, ce musée réunit des espaces voués à des expositions de qualité et une galerie permanente présentant une collection d'œuvres d'Otto Dix, de Willi Baumeister et d'Alfred Höltzel. Le café-restaurant Cube bénéficie, en outre d'une vue panoramique sur la ville.

Devant le musée, les couleurs primaires et les formes géométriques du mobile *Crinkly avec disque rouge* d'Alexander Calder attirent l'attention.

Jardin du château JARDIN

(Schlossgarten). Parsemé de fontaines, le **jardin intermédiaire du château** (Mittlerer Schlossgarten) draine nombre de promeneurs l'été vers son *Biergarten*. Le **jardin inférieur du château** (Unterer Schlossgarten) déroule son ruban de verdure au nord-est jusqu'au Neckar et au Rosensteinpark abritant le zoo. Au sud, le **jardin supérieur du château** (Oberer Schlossgarten) est entouré de monuments comme le Théâtre national (Staatstheater, p. 251) à colonnes et le très contemporain **Parlement régional** (Landtag), authentique rectangle de verre.

TurmForum PANORAMA

(Hauptbahnhof ; 10h-18h lun-jeu et sam-dim, 10h-21h ven). GRATUIT Le haut de la tour de la gare centrale coiffée de l'étoile tournoyante de Mercedes est accessible gratuitement par ascenseur. Il n'existe guère ailleurs de vue plus complète sur Stuttgart. C'est aussi l'occasion de se projeter dans le futur à travers le vaste projet ferroviaire *TurmForum Stuttgart 21*, largement controversé en raison du remaniement prévu d'une grande partie de la gare historique. Exposition aux niveaux 3, 5 et 7a.

Musée Mercedes-Benz AUTOMOBILE

(Mercedes-Benz Museum ; ☎0711-173 0000 ; www.mercedes-benz.com/en/mercedes-benz/classic/museum ; Mercedesstrasse 100 ; tarif plein/réduit/-15 ans 8/4 €/gratuit ; 9h-18h mar-dim, dernière entrée 17h ; S1 vers Neckarpark). Au fil des rondeurs du bâtiment futuriste qu'occupe le musée de l'iconique firme automobile se dévoilent les modèles de légende, tels la première motocyclette, en bois, construite par Daimler en 1885, le premier véhicule à essence du monde, et la Blitzen Benz de tous les records, qui atteignit les 228 km/h à Daytona Beach en 1911.

À NE PAS MANQUER

UN MUSÉE TRÈS COCHON

Le **musée du Cochon** (Schweinemuseum ; www.schweinemuseum.de ; Schlachthofstrasse 2a ; tarif plein/réduit 5,90/5 € ; 11h-19h30 ; U Schlachthof) se présente comme le plus grand musée du cochon au monde. Plus de 45 000 peintures, babioles, objets anciens, dessins animés, tirelires et une véritable montagne de peluches représentent le cochon sous toutes ses formes. Ce sympathique musée a ouvert en 2010 dans l'ancien abattoir centenaire de la ville. Le *Biergarten* adjacent (plats 12 à 19 €) sert, entre autres, des grillades et du jarret de porc.

Musée Porsche AUTOMOBILE

(Porsche Museum ; ☎0711-9112 0911 ; www.porsche.com/museum ; Porscheplatz 1 ; tarif plein/réduit 8/4 € ; 9h-18h mar-dim ; Neuwirtshaus). Semblable à un vaisseau spatial blanc prêt à décoller, le musée Porsche fait rêver les petits garçons. D'intéressants audioguides racontent l'histoire de la firme depuis ses débuts en 1948. Vous y verrez la 911 GT1 qui a remporté les 24 Heures du Mans en 1998.

Musée régional du Wurtemberg HISTOIRE

(Landesmuseum Württemberg ; www.landesmuseum-stuttgart.de ; Schillerplatz 6 ; tarif plein/réduit 5,50/4,50 € ; 10h-17h mar-dim). Un porche voûté mène au château Vieux (Altes Schloss) du Xe siècle, flanqué de tours, qui abrite ce musée consacré à l'archéologie et l'architecture régionales. Bijoux celtes, poterie néolithique, joyaux de la couronne ornés de diamants et objets rares comptent parmi les pièces historiques. Ne manquez pas la belle collection de statuaire religieuse. Depuis la cour à arcades Renaissance, on aperçoit les béliers s'affrontant à l'heure pile au sommet de la tour de l'horloge.

Parc zoologique et botanique Wilhelma JARDIN, ZOO

(Wilhelma Zoologisch-Botanischer Garten ; www.wilhelma.de ; Rosensteinpark ; tarif plein/réduit 16/10 €, après 16h et en nov-fév 11/7 € ; 8h15-crépuscule ; U Wilhelma). On peut apercevoir okapis, éléphants ou encore pingouins dans ce jardin botanique et zoologique original.

Stuttgart

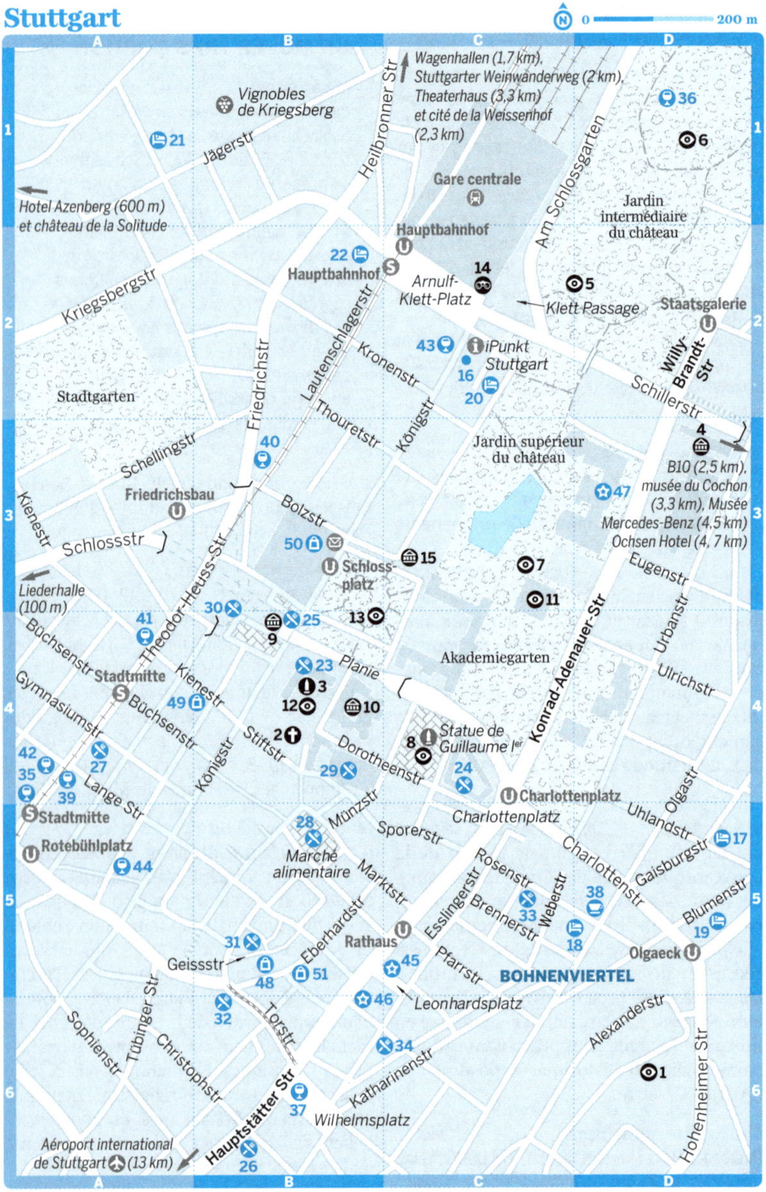

La ferme pédagogique enchantera les enfants. Côté botanique, les magnifiques serres abritant des fougères arborescentes, des camélias et des espèces amazoniennes sont incontournables. Découvrez également l'énorme et malodorante fleur de l'Arum Titan dans la **Villa maure** (Maurisches Landhaus).

Württembergischer Kunstverein ART CONTEMPORAIN
(www.wkv-stuttgart.de ; Schlossplatz 2 ; tarif plein/réduit 5/3 € ; ⏲11h-18h mar-dim, 11h- 20h mer). Reconnaissable à sa coupole en cuivre, cette galerie abrite d'intéressantes expositions d'art contemporain.

Stuttgart

À voir

1 Bohnenviertel ... D6
2 Collégiale ... B4
3 Friedrich Schiller Statue ... B4
4 Galerie nationale de Stuttgart ... D3
5 Jardin du château ... D2
6 Jardin intermédiaire du château ... D1
7 Jardin supérieur du château ... C3
8 Karlsplatz ... C4
9 Musée d'Art de Stuttgart ... B4
10 Musée régional du Wurtemberg ... B4
11 Parlement régional ... C3
12 Schillerplatz ... B4
13 Schlossplatz ... B4
14 Turmforum ... C2
15 Württembergischer Kunstverein ... C3

Circuits organisés

16 CityTour Stuttgart ... C2

Où dormir

17 City Hotel ... D5
18 Der Zauberlehrling ... D5
19 Hostel Alex 30 ... D5
20 Hotel am Schlossgarten ... C2
21 Kronen Hotel ... A1
22 Steigenberger Graf Zeppelin ... B2

Se restaurer

23 Alte Kanzlei ... B4
24 Amadeus ... C4
25 Cube ... B4
26 Délice ... B6
27 Forum Café ... A4
28 Marché alimentaire ... B5
29 Marché couvert de Stuttgart ... B4
30 Ochs'n'Willi ... B3
Olivo ... (voir 22)
31 Platzhirsch ... B5
32 Reiskorn ... B6
33 Weinhaus Stetter ... C5
34 Weinstube Fröhlich ... C6

Où prendre un verre et faire la fête

7 Grad ... (voir 35)
35 Barcode ... A4
36 Biergarten im Schlossgarten ... D1
37 Ciba Mato ... B6
38 Hüftengold ... D5
39 Muttermilch ... A4
40 Palast der Republik ... B3
41 Ribingurūmu ... A4
42 Rohbau ... A4
43 Sky Beach ... C2
44 Zum Paulaner ... A5

Où sortir

45 Bix Jazzclub ... C5
46 Kiste ... B6
47 Staatstheater ... D3

Achats

48 Brunnenhannes ... B5
49 Feinkost Böhm ... B4
50 Königsbau Passagen ... B3
51 Tausche ... B5

Schillerplatz PLACE

Sur cette place pavée se trouve le bronze qui immortalise le poète et dramaturge allemand **Friedrich Schiller**.

Collégiale ÉGLISE

(Stiftskirche ; Stiftstrasse 12 ; 10h-19h lun et jeu, 10h-16h ven-sam, 10h-18h dim). GRATUIT Datant essentiellement du XVe siècle, cette église aux deux clochers dépareillés a des origines romanes mais sa nef tient du gothique flamboyant.

Cité de la Weissenhof et Maison Le Corbusier ÉDIFICE REMARQUABLE ET MUSÉE

(Weissenhofmuseum im Haus Le Corbusier ; www.stuttgart.de/weissenhof ; Rathenaustrasse 1-3 ; visite guidée 5 € ; 11h-18h mar-ven, 10h-18h sam-dim). Les 21 maisons de cette cité (dont 11 seulement sont toujours habitées) ont été créées en 1927 pour l'exposition *Die Wohnung* (l'appartement) par 17 architectes européens, notamment Le Corbusier.

On considère la maison Le Corbusier comme un précurseur de l'architecture moderne. Rénovée et ouverte au public, elle abrite désormais un musée expliquant les origines de la Cité ainsi que l'œuvre de l'architecte. À ne pas manquer : la vue sur Stuttgart depuis la terrasse située sur le toit.

Château de la Solitude CHÂTEAU

(Schloss Solitude ; www.schloss-solitude.de/en ; Solitude 1 ; visite guidée 4 € ; 10h-12h et 13h30-17h mar-sam, 10h-17h dim avr-oct, 13h30-16h mar-sam, 10h-16h dim nov-mars). Situés sur les hauteurs de Stuttgart, le château et son parc offrent un magnifique point de vue sur la région environnante. Édifié par l'architecte français Philippe de la Guêpière entre 1763 et 1768 sur la demande de Charles II de Wurtemberg pour servir de pavillon de chasse, le château tient davantage aujourd'hui d'un palais de style rococo et néoclassique. Des visites guidées en français peuvent être arrangées pour les groupes. Idéal pour un pique-nique.

Circuits organisés

Renseignez-vous à l'office du tourisme sur les visites guidées, allant des promenades dans les vignobles aux balades avec dégustation en début de soirée.

CityTour Stuttgart TOUR DE VILLE EN BUS
(tarif plein/réduit 15/10 € ; ⏲10h-16h). Il part environ toutes les heures de l'office du tourisme un bus promenade à travers les sites clés de Stuttgart : la Schlossplatz, le musée Mercedes-Benz… Chaque billet adulte couvre le transport gratuit de 2 enfants âgés de moins de 14 ans.

Neckar-Käpt'n CROISIÈRES FLUVIALES
(www.neckar-kaeptn.de ; U Wilhelma). De début mai à fin octobre, Neckar-Käpt'n organise des croisières sur le Neckar, au départ du quai du Wilhelma à Bad Cannstatt, sur la ligne U14.

Fêtes et festivals

Sommerfest MUSIQUE
(www.sommerfest-stuttgart.de). Fêtes en bord de rivière, concerts et repas en plein air composent un programme festif de 4 jours au mois d'août.

Weindorf FÊTE DU VIN
(www.stuttgarter-weindorf.de). À partir du dernier week-end d'août, les vignerons vendent pendant 10 jours les millésimes de l'année sur des centaines de stands sur la Schlossplatz et dans l'Oberer Schlossgarten.

Cannstatter Volksfest FÊTE DE LA BIÈRE
(www.cannstatter-volksfest.de). Durant 3 week-ends consécutifs, entre fin septembre et mi-octobre, cette version locale de l'Oktoberfest munichoise est synonyme de bonne humeur avec ses fanfares, ses manèges de fête foraine et ses feux d'artifices.

Weihnachtsmarkt MARCHÉ DE NOËL
(www.stuttgarter-weihnachtsmarkt.de). De fin novembre au 23 décembre, la Marktplatz, la Schillerplatz et la Schlossplatz accueillent l'un des plus grands marchés de Noël d'Allemagne.

Où se loger

L'offre d'hébergement de Stuttgart augmente progressivement, mais les chaînes hôtelières règnent toujours en maîtres. Les hôtels destinés aux voyageurs d'affaires appliquent souvent une réduction de 10% à 20% le week-end. Si vous recherchez du caractère et un accueil familial, vous trouverez une liste de pensions et d'appartements privés à l'office du tourisme.

Hostel Alex 30 AUBERGE DE JEUNESSE $
(☎0711-838 8950 ; www.alex30-hostel.de ; Alexanderstrasse 30 ; dort 25-29 €, s/d 43/64 € ; P 📶). À quelques minutes de marche du centre-ville, cette auberge bon marché et appréciée plaira aux bons vivants. Les chambres sont impeccables, le bar, la terrasse et la cuisine commune parfaits pour échanger avec d'autres voyageurs. Les cloisons étant minces et la rue bruyante, les personnes au sommeil léger prévoiront des bouchons d'oreille. Le petit-déjeuner coûte 8 €.

Hotel Azenberg HÔTEL $$
(☎0711-225 5040 ; www.hotelazenberg.de ; Seestrasse 114-116 ; s 75-120 €, d 85-135 € ; P 📶 🏊 ; 🚌43). Établissement familial avec piscine, jardin ombragé et minispa. Les thèmes des chambres, toutes différentes, vont du manoir anglais à Picasso. Prendre le bus n°43 à la station Stadtmitte jusqu'à la Hölderlinstrasse.

City Hotel HÔTEL $$
(☎0711-210 810 ; www.cityhotel-stuttgart.de ; Uhlandstrasse 18 ; s 87-95 €, d 101-119 €, avec petit-déj ; P 📶). Loin de l'anonymat des chaînes hôtelières, cet établissement intime, en retrait de la Charlottenplatz, propose des chambres claires, propres et modernes, quoiqu'un peu ternes. Petit-déj sur la terrasse en été.

Ochsen Hotel HÔTEL HISTORIQUE $$
(☎0711-407 0500 ; www.ochsen-online.de ; Ulmer strasse 323 ; s 89-140 €, d 119-170 € ; P 📶 ; U Inselstrasse). Un peu excentré certes, mais délicieux, cet hôtel du XVIIIe siècle mérite le détour. Chambres spacieuses aux tons chauds, certaines dotées d'un Jacuzzi. Le restaurant lambrissé sert une appétissante cuisine locale.

Kronen Hotel HÔTEL $$$
(☎0711-225 10 ; www.kronenhotel-stuttgart.de ; Kronenstrasse 48 ; s 115-125 €, d 160-190 € ; P ❄ @ 📶). Près de la Königstrasse, cet établissement se distingue de la plupart des hôtels de Stuttgart par son superbe emplacement, son personnel sympathique et son sauna à l'éclairage funky. Plus qu'honnête, le petit-déjeuner comporte fruits, œufs, bacon, poisson fumé et pâtisseries.

Steigenberger Graf Zeppelin HÔTEL $$$
(☎0711-204 80 ; www.stuttgart.steigenberger.de ; Arnulf-Klett-Platz 7 ; ch 140-311 € ; P ❄ 📶 🏊). La façade en béton ne révèle rien de l'intérieur

SPÉCIALITÉS SOUABES

Le dicton souabe "*Was der Bauer net kennt, frisst er net*" signifie : "Ce que le fermier ne connaît pas, il ne le mange pas." Voici donc quelques éclaircissements avant la dégustation :

Bubespitzle Nouilles de pommes de terre, courtes et épaisses – rappelant vaguement les gnocchis – revenues dans du beurre et servies avec de la choucroute. Leur nom officiel est *Schupfnudeln. Bubespitzle* signifie "pénis de petits garçons".

Gaisburger Marsch Copieux ragoût de bœuf avec pommes de terre et *Spätzle* (pâtes).

Maultaschen Ravioles géantes farcies de porc haché, d'épinards, d'oignons et de bouillie de pain. Le plat est surnommé *Herrgottsbeschieserle* ("arnaque à Dieu"), car il permettait de dissimuler la viande pendant le Carême.

Saure Kuddle Envie de tripes aigres ? Sinon, essayez plutôt le *saure Rädle* (roue aigre) à base de pommes de terre, sans viande.

Spätzle Petites nouilles à base d'œufs. Revenues avec des oignons et surmontées de fromage dans le délicieux mais calorique *Käsespätzle*.

Zwiebelkuche Tarte automnale à l'oignon, au lard, à la crème et aux graines de cumin, qui s'accorde bien avec un *neuer Süsser* (vin nouveau) ou un *Moschd* (cidre).

luxueux de ce cinq-étoiles situé en face de la gare centrale : des chambres chics, un spa relaxant et un restaurant étoilé au Michelin, l'Olivo (p. 250).

Der Zauberlehrling BOUTIQUE-HÔTEL $$$
(☎0711-237 7770 ; www.zauberlehrling.de ; Rosenstrasse 38 ; s 160-250 €, d 180-420 € ; P 📶). Reposantes après une journée de voyage, les chambres au style rêveur de l'"Apprenti sorcier" déclinent toutes un thème différent (sieste méditerranéenne, lever du soleil, 1001 Nuits) par les couleurs, le mobilier et l'équipement. Aperçu : des lits à baldaquin, baignoires sur pieds, tatamis, cheminées... Le petit-déjeuner coûte 19 €.

Hotel am Schlossgarten HÔTEL $$$
(☎0711-202 60 ; www.hotelschlossgarten.com ; Schillerstrasse 23 ; ch 142-220 €, ste 204-600 € ; P ❄ 📶). Tout près du château, les jolies chambres, dont le luxe justifie le prix, donnent sur le parc. Pour un dîner français chic entre lambris et lumière tamisée, réservez au Zirbelstube (menus dégustation 109-139 €), restaurant étoilé au Michelin.

Où se restaurer

Stuttgart met la barre très haut en matière de gastronomie : pas moins de six restaurants ont obtenu une étoile au Michelin. Dans les petites rues et les allées du quartier des Haricots (Bohnenviertel), vous trouverez par ailleurs des établissements de type bistrot.

Platzhirsch INTERNATIONAL $
(☎0711-7616 2508 ; www.platzhirsch-stuttgart.de ; Geissstrasse 12 ; plats 6,20-11,80 € ; ⏱11h-2h). Un brin urbain mais aussi très bucolique, ce restaurant tout de bois vêtu respire une belle ambiance et, l'été venu, sa terrasse ne désemplit pas. Au menu, des plats comme les *Knödel* (boulettes) au parmesan nappés d'une sauce thym et miel ou le risotto safrané aux crevettes. Avantageuses offres spéciales au déjeuner pour 6,80 à 7,80 €.

Forum Café CAFÉ $
(Gymnasiumstrasse 21 ; en-cas 4-7,50 € ; ⏱15h-23h30 lun-ven, 12h-23h30 sam ; 🖉 👪). Branché et largement ouvert aux enfants, le sympathique café du Forum Theatre propose thés aux épices et en-cas bio.

Marché couvert de Stuttgart MARCHÉ $
(Stuttgarter Markthalle ; www.markthalle-stuttgart.de ; Dorotheenstrasse 4 ; ⏱7h-18h30 lun-ven, 7h-17h sam). Olives, fromages régionaux, épices, pâtisseries, fruits et légumes, vins et tapas : sous la grande halle du marché Art nouveau, vous trouverez tout ce qu'il faut pour vous régaler, y compris sur place aux petits snacks.

Marché alimentaire MARCHÉ $
(Marktplatz ; ⏱7h30-13h mar, jeu et sam). De quoi faire ses emplettes pour pique-niquer.

Reiskorn INTERNATIONAL $$
(☎0711-664 7633 ; Torstrasse 27 ; plats 11-15,50 € ; ⏱17h-22h dim-jeu, 17h-23h ven, 12h-23h sam ; 🖉). Dans une déco rétro vert bambou et une

atmosphère détendue, on vient faire un tour du monde culinaire, des *Schnitzel* d'aubergine à la feta au filet de barramundi dans une feuille de riz accompagné d'un curry vert. Nombreuses options végétariennes et végétaliennes.

Ochs'n'Willi ALLEMAND $$
(☎0711-226 5191 ; www.ochsn-willi.de ; Kleiner Schlossplatz 4 ; plats 11-28 € ; ⏲11h-23h30). Délicieusement désuet, ce chaleureux pavillon de chasse sert de copieux plats souabes et bavarois au milieu des lambris. Au menu : jarret de porc accompagné de boulettes et de choucroute, de parfaits *Maultaschen* (ravioles géantes) ou un rassérénant *Gaisburger Marsch* (ragoût de bœuf). Terrasse en été.

Weinhaus Stetter ALLEMAND $$
(☎0711-240 163 ; www.weinhaus-stetter.de ; Rosenstrasse 32 ; en-cas et plats 5-14,50 € ; ⏲15h-23h lun-ven, 12h-15h et 17h30-23h sam). Fort conviviale, cette taverne traditionnelle du quartier des Haricots concocte de simples plats souabes simples, telles les savoureuses *Linsen und Saiten* (lentilles et saucisses) et le rôti de bœuf aux oignons. Le marchand de vin adjacent n'affiche pas moins de 650 crus différents.

Weinstube Fröhlich ALLEMAND $$
(☎0711-242 471 ; www.weinstube-froehlich.de ; Leonhardstrasse 5 ; plats 14-32 € ; ⏲17h30-minuit dim-jeu, 17h30-1h ven-sam). Oubliez qu'il se trouve au cœur du quartier chaud : ce restaurant entièrement décoré de bois et à l'éclairage tamisé offre un cadre enchanteur pour déguster de bons plats souabes tels que les onctueuses *Käsespätzle* (pâtes) au fromage, les *Maultaschen* (avec une salade de pommes de terre) ou le civet de sanglier, à arroser de vins régionaux.

Amadeus INTERNATIONAL $$
(☎0711-292 678 ; Charlottenplatz 17 ; plats 10-26,50 € ; ⏲11h30-23h lun-ven, 9h-23h sam, 10h-21h dim). Dans cet orphelinat où l'on servait du gruau au XVIIIe siècle, on se régale désormais dans une ambiance chic et animée de plats traditionnels souabes comme les *Maultaschen* ou les *Kutteln* (tripes) au riesling. Sinon on choisira des salades et des plats exotiques (nouilles au wok, burritos...). La terrasse est un atout en été.

Alte Kanzlei ALLEMAND $$
(☎0711-294 457 ; Schillerplatz 5a ; plats 11-24,50 € ; ⏲9h30-minuit lun-jeu, 9h30-1h ven-sam, 9h-23h dim). Rares sont les tables inoccupées sous ces hauts plafonds. Avec un peu de chance on trouvera place en terrasse sur la Schillerplatz. Une adresse chaleureuse pour goûter des spécialités souabes comme le *Spanpferkel* (cochon de lait rôti) et la *Flädlesuppe* (soupe de crêpes), accompagnés de vins régionaux.

♥ **Olivo** EUROPÉEN MODERNE $$$
(☎0711-204 8277 ; www.olivo-restaurant.de ; Arnulf-Klett-Platz 7 ; plats environ 40 €, déjeuner/dîner de 4 plats 76/108 € ; ⏲12h-14h et 18h30-22h30 mer-ven, 18h30-22h mar et sam). Jeune chef plein d'entrain, Nico Burkhardt dirige le restaurant étoilé au Michelin de l'hôtel Steigenberger. L'établissement, minimaliste et chic, est apprécié pour ses spécialités d'inspiration française, travaillées avec esprit et délicatement présentées.

Cube INTERNATIONAL $$$
(☎0711-280 4441 ; www.cube-restaurant.de ; Kleiner Schlossplatz 1 ; déj 4 plats 29,80 €, plats 29-35 € ; ⏲10h-minuit dim-jeu, 10h-2h ven-sam). La cuisine est excellente mais on vient surtout pour le décor éblouissant, l'ambiance raffinée et la vue imprenable qu'offre ce cube à la façade vitrée au-dessus du musée d'Art de Stuttgart. Les déjeuners sont décontractés, frais et internationaux, tandis que les dîners présentent un menu plus complexe d'inspiration pacifique. L'offre spéciale du déjeuner à 8,90 € est une affaire.

Délice EUROPÉEN MODERNE $$$
(☎0711-640 3222 ; www.restaurant-delice.de ; Hauptstätterstrasse 61 ; menu dégustation de 5 plats 98 € ; ⏲18h30-minuit lun-ven). Établissement étoilé au Michelin, où sont servies dans la salle voutée des spécialités comme le pot-pourri de thon vinaigrette au citron et l'œuf sur le plat avec panais et truffes du Périgord. Le sommelier vous présentera un choix de rieslings primés.

Où prendre un verre et faire la fête

Ciba Mato BAR LOUNGE
(www.ciba-mato.de ; Wilhelmsplatz 11 ; ⏲17h-1h lun-jeu, 17h-3h ven-sam, 10h-1h dim). Il y a plus qu'un air de Buddha Bar dans cet espace aux murs cramoisis et à l'ambiance asiatique. C'est un endroit chic pour siroter des cocktails. Chichas et cuisine fusion sont servies sous la tente bédouine ou, en été, en terrasse.

Sky Beach BAR

(www.skybeach.de ; Königstrasse 6, dernier étage, Galeria Kaufhof ; ⏲12h-0h30 lun-sam, 11h-minuit dim Pâques-sept). Au coucher du soleil, les Stuttgartois vont sur cette plage de sable urbaine agrémentée de chaises longues. Des DJ mixent des rythmes doux. Superbe vue sur la ville.

Biergarten im Schlossgarten BIERGARTEN

(www.biergarten-schlossgarten.de ; ⏲10h30-1h mai-oct ; 📶). En été, au cœur de la verdure du Schlossgarten, le *Biergarten* le plus apprécié de Stuttgart et ses quelque 2 000 places réunissent les amateurs de bière et de bretzels. Concerts réguliers le dimanche.

Hüftengold CAFÉ

(Olgastrasse 44 ; ⏲7h-minuit lun-ven, 9h-1h sam, 10h-20h dim). Merveilleux café bucolique où alimenter ses *Hüftengold* (poignées d'amour) avec du gâteau et du café torréfié dans la région. Le tabouret en rondin et les peaux de mouton créent une atmosphère cosy pour un brunch ou bavarder à la lumière des chandelles.

Zum Paulaner PUB

(Calwerstrasse 45 ; ⏲10h-minuit dim-jeu, 10h-1h ven-sam). Terrasse animée à l'ombre des arbres servant des bières pression Paulaner.

Palast der Republik BIERGARTEN

(☎0711-226 4887 ; www.facebook.com/PalastStuttgart ; Friedrichstrasse 27 ; ⏲11h-3h ; U Börsenplatz). Le palais en question ressemble davantage à un petit kiosque, mais cela n'empêche pas les étudiants et les banquiers d'en faire *le* point de rendez-vous pour se détendre sous les arbres, une pinte fraîche à la main.

Wagenhallen DISCOTHÈQUE

(www.wagenhallen.de ; Innerer Nordbahnhof 1 ; U Wagenhallen Nordbahnhof). À 2 km au nord du centre-ville, un espace postindustriel original, à la fois discothèque, salle de concerts et ateliers, où les événements vont de la soirée balkanique aux représentations de slam. *Biergarten* l'été.

☆ Où sortir

Pour connaître les événements, procurez-vous le mensuel *Lift Stuttgart* (en allemand, www.lift-online.de), disponible à l'office du tourisme ou chez les marchands de journaux, ou le magazine *Prinz* (www.prinz.de/stuttgart). Les billets sont en vente au **bureau i-Punkt** (☎0711-222 8243 ; Königstrasse 1a ; ⏲9h-20h lun-ven, 9h-18h sam, 11h-18h dim).

À NE PAS MANQUER

TOURNÉE DES BARS DANS LA THEODOR-HEUSS-STRASSE

Idéale pour une tournée des bars tardive, la Theodor-Heuss-strasse regorge de clubs et bars *lounge* très tendance.

7 Grad (Theodor-Heuss-strasse 32 ; ⏲19h-3h mar-sam). Les DJ mixent de la house et de l'électro au 7 Grad d'un noir de jais.

Barcode (Theodor-Heuss-strasse 30 ; ⏲11h-2h lun-jeu, 11h-16h ven, 16h-2h sam). Barcode sert des cocktails décadents dans un environnement élégant.

Rohbau (Theodor-Heuss-strasse 26 ; ⏲21h-4h ven-sam). Rohbau diffuse du disco et du rock des années 1980 dans un cadre rétro décontracté.

Muttermilch (Theodor-Heuss-strasse 23 ; ⏲16h-1h mer-jeu, 16h-5h ven-sam). Des Stuttgartois élégants dansent sur des rythmes soul et funk dans le décor chic alpin du Muttermilch.

Ribingurūmu (Theodor-Heuss-strasse 4 ; ⏲16h30-2h lun-sam). Une clientèle décontractée, des cocktails dans des pots de confiture et une ambiance très vintage.

Liederhalle SALLE DE CONCERTS

(☎0711-202 7710 ; www.liederhalle-stuttgart.de ; Berliner Platz 1). Jimi Hendrix et Sting, entre autres, s'y sont produits. Ce centre culturel et centre de congrès des années 1950 programme concerts de musique classique et de variétés, cabaret et comédies.

Staatstheater ARTS DE LA SCÈNE

(☎0711-202 090 ; www.staatstheater-stuttgart.de ; Oberer Schlossgarten 6). Excellente programmation de ballets, opéras, pièces et musique classique pour le plus grand théâtre de Stuttgart. Le Stuttgart Ballet (www.stuttgart-ballet.de) fondé par John Cranko figure parmi les meilleures compagnies au monde.

Bix Jazzclub CONCERTS

(☎0711-2384 0997 ; www.bix-stuttgart.de ; Leonhardsplatz 28 ; ⏲19h-2h mar-mer, 19h-3h jeu-sam). Concerts de jazz de premier ordre, des grands groupes au blues et à la soul, dans un cadre couleur or et chocolat à l'éclairage tamisé.

Kiste JAZZ
(www.kiste-stuttgart.de ; Hauptstätter strasse 35 ; ⏲18h-1h lun-jeu, 18h-2h ven-sam). Bondé le week-end, ce minuscule bar est la meilleure salle de jazz de Stuttgart. Concerts chaque soir à 21h ou 22h.

Theaterhaus THÉÂTRE, CONCERTS
(☎0711-402 0720 ; www.theaterhaus.com ; Siemensstrasse 11 ; Maybachstrasse). Programmation variée : concerts (rock, jazz et autres styles), pièces de théâtre et comédies.

Achats

Arpentez la Königstrasse bordée d'arbres, l'artère commerçante la plus longue d'Allemagne, pour les grandes enseignes, la Calwer strasse pour les petites boutiques, et la Stifftstrasse pour la haute couture. Objets anciens, galeries d'art, tenues *vintage*, bijoux et objets artisanaux abondent dans le quartier décontracté de Bohnenviertel.

Tausche ACCESSOIRES
(Eberhardstrasse 51 ; ⏲11h-19h lun-ven, 11h-18h sam). Les murs de cette boutique berlinoise de besaces chics sont couverts d'une mosaïque colorée composée de rabats interchangeables représentant, par exemple, l'emblématique tour de télévision (Fernsehturm). À accorder avec la tenue et l'humeur du jour.

Brunnenhannes MODE
(Geissstrasse 15 ; ⏲11h-19h mar-ven, 11h-18h sam). Besoin d'une tenue pour l'Oktoberfest ? Ce magasin propose des *Lederhosen* (culottes de cuir) pour les hommes, la *Dirndl* (robe à corselet ajusté) pour les femmes, ainsi que de la lingerie vichy, à la fois kitsch et cool.

Feinkost Böhm ALIMENTATION
(Kronprinzstrasse 6 ; ⏲10h-20h lun-jeu, 9h-20h ven-sam). Boutique et épicerie pour gourmands proposant vins, bières, chocolats et produits régionaux.

Königsbau Passagen CENTRE COMMERCIAL
Donnant sur la Schlossplatz, le classique Königsbau à colonnes a été transformé en un centre commercial huppé, le Königsbau Passagen.

Renseignements

La Königstrasse compte plusieurs DAB dont un dans l'office du tourisme.

Office du tourisme de l'aéroport (☎0711-222 8100 ; ⏲8h-19h lun-ven, 9h-13h et 13h45-16h30 sam, 10h-13h et 13h45-17h30 dim). Le bureau de l'aéroport international de Stuttgart se trouve au terminal 3, niveau 2 (arrivées).

Coffee Fellows (0,50 €/10 min ; ⏲8h-21h ; Wi-Fi). En haut de l'escalier face à la voie 4 dans la gare centrale. Wi-Fi gratuit.

iPunkt Stuttgart (☎0711-222 8100 ; www.stuttgart-tourist.de ; Königstrasse 1a ; ⏲9h-20h lun-ven, 9h-18h sam, 10h-18h dim). Le personnel réserve les chambres (pour 3 €) et renseigne sur les transports publics. Une liste de vignobles proposant des dégustations est disponible.

Klinikum Stuttgart (☎0711-278 01 ; Kriegsbergstrasse 60). Le plus grand hôpital de Stuttgart.

Poste (Bolzstrasse 3 ; ⏲10h-20h lun-ven, 9h-16h sam). Légèrement au nord-ouest de la Schlossplatz.

CARTES DE RÉDUCTION

Procurez-vous une **StuttCard** (24/48/72 heures sans ticket VVS 5/20/25 €, avec ticket VVS 25/35/45 €) pour bénéficier d'un accès gratuit à la plupart des musées, et de réductions sur les événements, activités et visites guidées. Disponible à l'office du tourisme et dans certains hôtels.

Il existe aussi un pass de 3 jours permettant un nombre illimité de trajets, le **VVS 3-Day Ticket** (72 heures centre-ville/agglomération 12/17 €), réservé aux visiteurs munis d'une réservation d'hôtel.

Depuis/vers Stuttgart

AVION

Aéroport international de Stuttgart (SGT ; ☎0711-9480 ; www.stuttgart-airport.com). L'aéroport international de Stuttgart, principale plateforme de Germanwings, est situé à 13 km au sud de la ville. Les 4 terminaux sont à quelques minutes à pied les uns des autres.

TRAIN

Les trains à grande vitesse desservent Berlin (130 à 154 €, 5 heures 30), Francfort (47 à 63 €, 1 heure 15) et Munich (53 à 57 €, 2 heures 15). Des lignes régionales fréquentes conduisent à Tübingen (13,30 €, 1 heure), Schwäbisch Hall (17,90 €, 1 heure 10) et Ulm (19,80 à 26 €, 1 heure).

VOITURE ET MOTO

L'A8 de Munich à Karlsruhe passe par Stuttgart (souvent indiqué "S" sur les panneaux autoroutiers), comme l'A81 de Singen (près du lac de Constance) à Heilbronn et Mannheim. Stuttgart est une *Umweltzone* (zone verte ; www.umwelt-plakette.de), où les véhicules sont classés en fonction de leur niveau de pollution. Comptez de 6 à 10 € pour une *Umweltplakette* (vignette écologique), obligatoire dans les zones vertes et disponible en ligne.

Comment circuler

DEPUIS/VERS L'AÉROPORT

Depuis l'aéroport, les trains S2 et S3 rejoignent en 30 minutes environ la gare centrale (3,90 €).

TAXI

Commandez un taxi au ☎ 0711-551 0000.

TRANSPORTS PUBLICS

Le réseau de transports publics **VVS** (www.vvs.de) de Stuttgart réunit, du plus lent au plus rapide, un *Zahnradbahn* (train à crémaillère), des bus, un *strassenbahn* (tramway), des lignes de *Stadtbahn* (métro léger, dont les lignes commencent par un U ; souterrain dans le centre-ville), des lignes S-Bahn (trains de banlieue, de S1 à S6) et des lignes *Regionalbahn* (trains régionaux commençant par R). Les vendredis et samedis, des bus nocturnes (commençant par un N) partent de la Schlossplatz à 1h11, 2h22 et 3h33.

Pour les trajets en ville, le ticket à l'unité coûte 2,30 € et la carte de 4 trajets *(Mehrfahrtenkarte)* revient à 8,70 €. Pour des petits trajets de trois arrêts ou moins, un ticket *Kurzstrecken* (1,20 €) suffit. Plus intéressant, le pass journalier pour 2 zones (permettant d'accéder, par exemple, aux musées Mercedes-Benz et Porsche) coûte 6,60 € pour une personne et 11,50 € pour un groupe de 2 à 5 personnes

VÉLO

Rent a Bike (www.rentabike-stuttgart.de ; Lautenschlagerstrasse 22 ; tarif plein 6 heures 30/journée entière 12/18 €, tarif réduit 9/14 €) livre et récupère les vélos. Stuttgart dispose de 50 stations de vélos en libre-service **Call-a-Bike** (☎ 0700 0522 2222 ; www.callabike-interaktiv.de). La première demi-heure est gratuite, puis comptez 4,80 € par heure suivante (15 €/jour). Renseignements et cartes sur le site.

Vous pouvez transporter votre vélo gratuitement sur les lignes *Stadtbahn*, sauf entre 6h et 8h30 et entre 16h et 18h30 du lundi au vendredi. Dans les trains S-Bahn (S1 à S6), il faut payer un *Kinderticket* (ticket enfant) de 6h à 8h30 du lundi au vendredi. Les vélos sont interdits à bord des bus et du *strassenbahn* (tramway).

VOITURE ET MOTO

Le stationnement en parking souterrain est facturé environ 2,50 € la première heure et ensuite 2 € l'heure. Les parcs-relais ("P+R") en périphérie de Stuttgart sont moins chers ; parmi les parkings pratiques figurent Degerloch Albstrasse (sur la B27 ; prendre l'U5 ou l'U6 conduisant dans la ville), à 4 km au sud du centre, et Österfeld (sur l'A81 ; prendre le S1, le S2 ou le S3 jusqu'au centre-ville).

Avis, Budget, Europcar, Hertz, National et Sixt ont des agences à l'aéroport (terminal 2, niveau 2). Europcar, Hertz et Avis ont également un bureau à la gare centrale.

ENVIRONS DE STUTTGART

Lac Max-Eyth

Lac Max-Eyth LAC

Quand les températures grimpent, les Stuttgartois se rendent au Max-Eyth-See, à 9 km au nord-est de la gare centrale de Stuttgart, sur la ligne U14, pour y faire du pédalo et pique-niquer au bord du Neckar. L'eau trouble exclut la baignade, mais la partie de la piste cyclable du Neckar (www.neckarradweg.de) mérite le détour. En hauteur, les vignobles en terrasses sont parsemés de *Wengerter-Häuschen*. Ces cabanes de vigne ont pour certaines plus de deux siècles, elles sont protégées.

Grabkapelle Württemberg

Grabkapelle Württemberg CHAPELLE

Lorsqu'en 1819 l'épouse bien-aimée du roi Guillaume Ier de Wurtemberg, Catherine Pavlovna, fille du tsar Paul Ier, mourut à l'âge de 30 ans, le roi fit démolir le château familial et construire ce mausolée coiffé d'un dôme. Des décennies plus tard, on l'inhuma au côté de son épouse dans cette chapelle russe orthodoxe de style classique perchée sur une colline de vignes. Le site permet d'observer loin dans la vallée.

La Grabkapelle Württemberg est située à 10 km au sud-est de Stuttgart. Prendre le bus n°61 à la station Stuttgart-Untertürkheim desservie par le S1.

Ludwigsburg

☎ 07141 / 87 740 HABITANTS

Cette ville raffinée a vu grandir le dramaturge Friedrich Schiller. Le duc Eberhard-Louis de Wurtemberg la fit connaître au XVIIIe siècle en érigeant un château destiné à éblouir : le sublime Residenzschloss, inspiré de Versailles.

À voir et à faire

Château de Ludwigsburg PALAIS

(Residenzschloss ; www.schloss-ludwigsburg.de ; visite guidée tarif plein/réduit 7/3,50 €, musées avec audioguide 3,50/1,80 € ; 10h-17h). Le "Versailles souabe" est une extravagante construction mêlant décors baroques, rococo et Empire à travers 452 pièces. En haute saison, il y a 2 départs par heure

À NE PAS MANQUER

PARCOURIR LES VIGNOBLES

Les trollingers fruités et les rieslings aux arômes d'agrumes de la région se dégustent dans les vignobles entourant Stuttgart. Le **Stuttgarter Weinwanderweg** (en allemand, www.stuttgart-tourist.de/weinwanderwege-und-touren) comprend divers sentiers de randonnée qui sillonnent les villages vinicoles. L'un d'eux démarre à la station Pragsattel (sur la ligne U5 ou U6) et serpente au nord-est jusqu'au lac Max-Eyth-See, offrant une belle vue du haut de la Burgholzhofturm. Découvrez sur le site d'autres itinéraires, des cartes et une indication des distances.

D'octobre à mars, la présence d'un balai au-dessus de la porte signale les *Besenwirtschaften* (*Besa* en abrégé). Tenues par des viticulteurs, ces auberges rustiques typiques de la région sont de charmants établissements où discuter avec les habitants en dégustant un nouveau millésime et des plats souabes. Peu ouvrent tous les ans ; consultez le Besen Kalender (www.besenkalender.de) pendant les vendanges.

de visites guidées (1 heure 30, en allemand, brochure en français disponible sur le site, 6 visites seulement en basse saison) ; il existe aussi une visite par jour en anglais (départ à 13h, plus deux autres en haute saison).

La décoration de l'appartement de Charles II de Wurtemberg laisse bouche bée. Trois musées présentent notamment de sublimes peintures baroques, des accessoires de mode et des majoliques.

Jardins du BlühendesBarock PARC
(Mömpelgardstrasse 28 ; tarif plein/réduit 8,50/4,20 € ; ⏲jardins 7h30-20h30, Märchengarten 9h-18h, tous 2 ferment de début nov à mi-mars). La balade parfumée parmi les herbes, rhododendrons et fontaines de ces jardins du Blühendes Barock est plus attrayante en été. Le prix comprend l'accès au **jardin des Contes** (Märchengarten ; tarif plein/réduit 8,50/4,20 € ; ⏲9h-18h). Emmenez vos enfants voir la sorcière souabe dans la maison en pain d'épices et le miroir magique de Blanche Neige. Si vous voulez que Raiponce lance ses cheveux du haut de sa tour, entraînez-vous à dire "*Rapunzel, lass deinen Zopf herunter*" – la princesse à la tresse dorée ne comprend que l'allemand prononcé correctement !

Château de la Favorite CHÂTEAU DE PLAISANCE
(Schloss Favorite ; visite de 30 min tarif plein/réduit 4/2 € ; ⏲10h-12h et 13h30-17h mi-mars à oct, 10h-12h et 13h30-16h mar-dim nov à mi-mars). Dans un parc boisé, à 5 minutes à pied au nord du Residenzschloss, ce pavillon de chasse transformé en château baroque est orné de mobilier Empire. Le duc Eugène y organisait de somptueuses réceptions.

ℹ Renseignements

Office du tourisme (☎07141-910 2252 ; www.mik-ludwigsburg.de ; Eberhardtstrasse 1 ; ⏲10h-18h). L'office du tourisme possède d'excellentes informations en français sur l'hébergement, les festivals et autres événements comme le marché de Noël baroque.

ℹ Depuis/vers Ludwigsburg

Des trains S-Bahn en provenance de Stuttgart desservent la gare centrale, située à 750 m au sud-ouest du centre-ville. Le château, dans la Schlossstrasse (route B27), se trouve à 400 m au nord-est de la place centrale Marktplatz.

Depuis Stuttgart, les lignes S-Bahn S4 et S5 conduisent directement à la gare de Ludwigsburg (3,90 €, 9 à 15 minutes), que les bus n[os]421, 425 et 427 relient fréquemment au château, situé à 1 km à pied.

Deux grands parkings se trouvent à 500 m au sud du Residenzschloss, en retrait de la B27.

Maulbronn

Abbaye cistercienne de Maulbronn ABBAYE
(Kloster Maulbronn ; ☎07043-926 610 ; www.schloesser-und-gaerten.de ; tarif plein/réduit/famille 7/3,50/17,50 € ; ⏲9h-17h30 mars-oct, 9h30-17h mar-dim nov-fév). Présentée comme le monastère médiéval le mieux préservé du nord des Alpes, l'abbaye cistercienne de Maulbronn fut fondée par des moines alsaciens en 1147, puis transformée en école protestante en 1556 et inscrite au patrimoine mondial de l'Unesco en 1993. L'astronome Johannes Kepler compte parmi ses célèbres diplômés. Outre le

portail de style roman et gothique de l'église du monastère et la voûte nervurée du cloître, c'est l'aperçu de la vie monastique qui rend le lieu si intéressant.

Maulbronn se trouve à 30 km à l'est de Karlsruhe et à 33 km au nord-ouest de Stuttgart, près de la sortie Pforzheim Ost sur l'A8. Si l'on vient de Karlsruhe, prendre le S4 jusqu'à la gare de Bretten, puis le bus n°700 ; depuis Stuttgart, prendre le train pour Mühlacker, puis le bus n°700.

JURA SOUABE ET ENVIRONS

Tübingen

07071 / 88 360 HABITANTS

Étudiants libertaires, membres des fraternités (*Burschenschaften*) traditionnelles, écolos, artistes et punks, tous ont un faible pour cette ville souabe enchanteresse. Bordées de maisons à colombages, ses ruelles pavées remontent jusqu'au château à tourelles. C'est ici que Joseph Ratzinger, le pape Benoît XVI, enseigna la théologie à la fin des années 1960 ; Friedrich Hölderlin y étudia les strophes ; Johannes Kepler, les mouvements des planètes ; et Goethe, le fond d'un verre à bière.

Les journées s'écoulent paisiblement à Tübingen, que ce soit dans les cafés de la vieille ville, dans une barque voguant sur le Neckar entre les rives ourlées de platanes ou dans un *Biergarten* à l'ombre des châtaigniers.

À voir et à faire

Château de Hohentübingen CHÂTEAU

(Schloss Hohentübingen ; Burgsteige 11 ; 7h-20h). Surplombant Tübingen, ce château à tourelles du XVIe siècle possède une terrasse donnant sur le Neckar, les toits de la vieille ville et les collines couvertes de vignes. Une porte Renaissance ouvragée conduit dans la cour et au laboratoire où Friedrich Miescher découvrit l'ADN en 1869.

Musée du Château de Hohentübingen ARCHÉOLOGIE

(Museum Schloss Hohentübingen ; tarif plein/réduit 5/3 € ; 10h-17h mer-dim, 10h-19h jeu). Aménagé dans le château, ce musée archéologique renferme des figurines sculptées parmi les plus anciennes au monde. Ces minuscules sculptures en ivoire du début du paléolithique supérieur (vers 35 000 av. J.-C.) figurant notamment un mammouth et un petit cheval ont été découvertes dans la grotte Vogelherdhöhle, dans le Jura souabe.

Marktplatz PLACE

(place du Marché). Des maisons à colombages entourent la Marktplatz, grand-place de la vieille ville, grand rendez-vous des étudiants, heureux de se retrouver à l'ombre de l'**hôtel de ville** du XVe siècle, de son étonnante façade baroque coiffée d'une horloge astronomique. En face, quatre statues de femmes représentant les saisons ornent la **Neptunbrunnen** (fontaine de Neptune, Am Markt). Jetez un œil au **n°15**, où une fenêtre blanche identifie la salle secrète où des Juifs se cachèrent pendant la Seconde Guerre mondiale.

À NE PAS MANQUER

FOLLE COURSE SUR LA RIVIÈRE

En été, rien de tel que de pagayer paisiblement sur le Neckar ensoleillé.

Bootsvermietung Märkle (Eberhardsbrücke 1 ; 11h-18h avr-oct, 11h-21h en été). Bootsvermietung Märkle loue barques (9 €), canoës (9 €), pédalos (12 €) et *Stocherkähne* (barques à fond plat pour 12 personnes, 48 €).

Excursion en barque (adulte/enfant 6/3 € ; 13h tlj, plus 17h sam avr-oct). L'office du tourisme propose une excursion d'une heure en barque autour de la Neckarinsel, au départ de l'Hölderlinturm (tour Hölderlin).

Stocherkahnrennen (www.stocherkahnrennen.com). En juin, des étudiants déguisés participent à la Stocherkahnrennen, une course en barque sur le Neckar. Tous les coups sont permis : bousculer, arroser et même casser les rames de ses adversaires ! La première équipe arrivée au Neckarbrücke remporte la course, le titre et une énorme quantité de bière. Les perdants doivent avaler un demi-litre d'huile de foie de morue. Arrivez tôt pour être aux premières loges sur la Platanenallee.

Cottahaus DEMEURE DE L'ÉDITEUR DE GOETHE

La Cottahaus était la demeure de Johann Friedrich Cotta, qui publia les œuvres de Schiller et de Goethe. Durant un séjour d'une semaine, en 1797, Goethe entreprit d'étudier les tavernes de Tübingen. Une plaque "*Hier wohnte Goethe*" (Ici vécut Goethe) commémore le passage du génie fêtard. Autre inscription, plus irrévérencieuse, celle du mur de la résidence universitaire, sur laquelle est écrit "*Hier kotzte Goethe*" (Ici vomit Goethe) !

Collégiale Saint-Georges ART GOTHIQUE

(Stiftskirche St Georg ; Am Holzmarkt ; 9h-17h). GRATUIT L'église de style gothique tardif abrite les tombes des ducs de Wurtemberg et d'éblouissants vitraux de la fin du Moyen Âge.

Platanenallee PROMENADE

(allée de Platanes). Le pont Eberhard (Eberhardsbrücke) conduit à l'îlot appelé insel, avec sa Platanenallee, une allée de platanes laissant voir des maisons à colombages dans un paysage aux tons pastel et des villas à tourelles nichées sur les collines.

Tour Hölderlin MUSÉE

(Hölderlinturm ; Bursagasse 6 ; tarif plein/réduit 2,50/1,50 € ; 10h-12h et 15h-17h mar et ven, 14h-17h sam-dim). On comprend que la ravissante vue sur le Neckar depuis cette tour argentée ait inspiré le poète romantique Friedrich Hölderlin, qui y vécut de 1807 à 1843. Désormais, un musée retrace sa vie et son œuvre.

Kunsthalle GALERIE

(www.kunsthalle-tuebingen.de ; Philosophenweg 76 ; tarif plein/réduit 7/5 € ; 11h-19h mar, 11h-18h mer-dim). Galerie aux lignes modernes proposant d'excellentes expositions d'art essentiellement contemporain. Lors de notre visite, Beuys, Polke et Warhol étaient à l'honneur. Les bus n[os]5, 13 et 17 s'y arrêtent.

Jardin botanique PARC

(Botanischer Garten ; Hartmeyerstrasse 123 ; 8h-16h45 tlj, 8h-18h45 sam-dim en été). GRATUIT À 2 km au nord-ouest du centre-ville, des étudiants à la main verte s'occupent de cèdres de l'Himalaya, de cyprès des marais et de rhododendrons dans le jardin et les serres. Prendre les bus n°s 5, 13, 15 ou 17.

Chapelle de Wurmlingen PROMENADE

(Wurmlinger Kapelle ; chapelle 10h-16h mai-oct). Conduisant à la chapelle de Wurmlingen (XVIIe siècle) située à 6 km au sud-ouest de Tübingen, le *Kreuzweg* (chemin de croix) donne l'occasion d'une belle randonnée. La boucle traverse des vignobles jusqu'à cette chapelle de pèlerinage blanche, d'où l'on voit les vallées de l'Ammer et du Neckar. Brochures disponibles à l'office du tourisme (1 €).

À NE PAS MANQUER

SUR LE POUCE

Pour manger un en-cas, essayez l'un de ces établissements :

- **Die Kichererbse** (Metzgergasse 2 ; en-cas 3,50-5 € ; 11h-21h lun-ven ;). Le "pois chiche" est apprécié pour ses délicieux falafels. Quelques tables.
- **Das "X"** (Kornhausstrasse 6 ; en-cas 2,70-3,50 € ; 11h-1h). Ce minuscule établissement prépare les frites les plus croustillantes de Tübingen, des *Bratwurst* (saucisses grillées) et des hamburgers.
- **Wochenmarkt** (Am Markt ; 7h-13h lun, mer et ven). Superbes fruits et légumes, pain tout juste sorti du four, miel local et herbes au marché fermier de Tübingen.
- **Eiscafé San Marco** (Nonnengasse 14 ; cornets 1 € ; 8h30-23h lun-sam, 10h30-23h dim). Ce café italien vend les meilleures glaces de la ville.

Où se loger

L'office du tourisme distribue gratuitement une liste de chambres d'hôtes, locations, auberges de jeunesse et campings de la région.

Hotel am Schloss HÔTEL HISTORIQUE $$

(07071-929 40 ; www.hotelamschloss.de ; Burgsteige 18 ; s 78 €, d 125-148 €, tr/qua 225/290 € ;). Tout près du château, un bâtiment du XVIe siècle tout couvert de fleurs accueille des chambres soignées. On raconte que Johannes Kepler avait un faible pour le vin d'ici ; goûtez-y avant d'essayer de prononcer le virelangue au-dessus du banc à l'extérieur : *dohoggeddiadiaemmerdohogged* ("les mêmes personnes s'assoient au même endroit"). Et quel bel endroit !

Hotel La Casa HÔTEL $$

(07071-946 66 ; www.lacasa-tuebingen.de ; Hechinger strasse 59 ; d 156-182 € ;). L'hôtel

VAUT LE DÉTOUR

PARC NATUREL DE SCHÖNBUCH

Située à 8 km au nord de Tübingen, cette **réserve naturelle** (www.naturpark-schoenbuch.de) de 156 km² est propice aux randonnées. Vous apercevrez peut-être des pics noirs et des crapauds sonneurs à ventre jaune.

Les hêtres et chênes de la réserve bordent le village de **Bebenhausen** et son **abbaye cistercienne** (www.kloster-bebenhausen.de ; tarif plein/réduit 4,50/2,20 €, avec visite guidée 6/3 €, audioguide 1 € ; 9h-18h avr-oct, 10h-12h et 13h-17h nov-mars, visites guidées 14h et 15h sam-dim avr-oct). Cette fondation de 1183 due au comte Rudolph de Tübingen devint un pavillon de chasse royal après la Réforme. La visite conduit dans le réfectoire d'été orné de fresques, l'abbatiale gothique et le cloître aux voûtes en étoile et aux façades à colombages.

Bebenhausen, à 3 km au nord de Tübingen, permet d'accéder au Naturpark Schönbuch. Des bus y conduisent au moins deux fois par heure (2,30 €, 15 minutes).

le plus chic de Tübingen est à 15 minutes à pied au sud de la vieille ville. Thé, café et boissons de bienvenue dans les chambres contemporaines décorées avec éclat. Petit-déjeuner buffet composé principalement de produits bio. Cerise sur le gâteau : le spa au dernier étage avec vue imprenable sur la ville.

Hotel Hospiz PENSION $$
(07071-9240 ; www.hotel-hospiz.de ; Neckarhalde 2 ; s/d 70/110 € ;). Pension rose bonbon dans la vieille ville, dotée d'impeccables chambres à l'ancienne, dont beaucoup donnent sur les toits de Tübingen. Pâtisseries, poisson fumé et œufs sont inscrits au petit-déjeuner. Parking pour 7 € la nuit.

Où se restaurer

Kornblume VÉGÉTARIEN $
(07071-527 08 ; Haaggasse 15 ; en-cas et repas légers 3-8 € ; 8h30-18h lun-ven, 8h30-15h sam ;). Végétariens et habitants soucieux de ce qu'ils mangent se pressent dans ce minuscule café autour de soupes nutritives, de jus riches en vitamines et de salades bio.

Samphat Thai THAÏ $$
(07071-566 7827 ; samphat-thai.de ; Belthlestrasse 13 ; plats 14-19 € ; 17h-23h mar-sam, 11h30-14h et 17h-23h dim). Habilement décoré dans des tons apaisants de lavande et violet, ce joli petit restaurant thaï est authentique. Le personnel souriant prépare en vitesse curries, nouilles et woks joliment présentés et d'un excellent rapport qualité/prix. Options végétariennes disponibles.

Mauganeschtle ALLEMAND $$
(07071-929 40 ; Burgsteige 18 ; plats 12-21,50 € ; 12h-14h30 et 19h-22h). L'ascension est rude jusqu'au restaurant de l'Hotel am Schloss mais cela en vaut la peine. Dominant les toits de Tübingen, la terrasse est un bel endroit pour déguster les *Maultaschen* (ravioles), spécialité de la maison, avec diverses farces (agneau, truite, cèpes et veau).

Neckarmüller PUB $$
(07071-278 48 ; Gartenstrasse 4 ; plats 7,50-15 € ; 10h-1h lun-sam, 10h-minuit dim). En surplomb du Neckar, cette microbrasserie est agréable en été avec son *Biergarten* ombragé. Bières maison au mètre et plats à la bière allant d'un savoureux rôti souabe au ragoût de tripes.

Wurstküche ALLEMAND $$
(07071-927 50 ; Am Lustnauer Tor 8 ; plats 12,50-18,50 € ; 11h30-23h lun-sam). Dans ce restaurant rustique et lambrissé, les habitants savourent vin, *Schupfnudeln* (nouilles de pommes de terre) et *Spanferkel* (cochon de lait rôti).

Où prendre un verre

Weinhaus Beck BAR
(Am Markt 1 ; 9h-23h). Bar à vins convivial et souvent plein, à côté de l'hôtel de ville, où savourer des crus locaux ou un café et une part de gâteau.

Storchen CAFÉ
(Ammergasse 3 ; 15h-1h, 11h-1h sam). Attention à votre tête dans les escaliers de ce café étudiant décontracté. Entre ses poutres en bois, on vient se régaler d'énormes tasses de café au lait et de bières locales bon marché.

Schwärzlocher Hof BIERGARTEN
(Schwarzloch 1 ; 11h-22h mer-dim ;). Dominant la vallée de l'Ammer, à 20 minutes à pied à l'ouest de la ville, cette ferme est

réputée pour son *Biergarten* et son *Most* (cidre) maison. Les enfants apprécieront chevaux, lapins et paons.

Renseignements

Des DAB sont situés dans la gare centrale, sur le pont Eberhardsbrücke et sur la place du Marché (Marktplatz).

Poste (Beim Nonnenhaus 14 ; 9h-19h lun-ven, 9h-18h sam). Dans la vieille ville.

Office du tourisme (07071-913 60 ; www.tuebingen-info.de ; An der Neckarbrücke 1 ; 9h-19h lun-ven, 10h-16h sam, plus 11h-16h dim mai-sept). Renseignements touristiques.

Depuis/vers Tübingen

Tübingen est facilement accessible en train depuis Stuttgart (13,30 €, 1 heure, au moins 2/heure) et Villingen (23,80 €, 1 heure 45 à 2 heures, 1/heure).

Le centre est un dédale de rues à sens unique où le stationnement est réservé aux habitants – garez-vous dans un parking. Pour conduire dans Tübingen, vous devrez acheter une *Umweltplakette* (vignette écologique).

Radlager (Lazarettgasse 19-21 ; 9h30-18h30 lun, mer et ven, 14h-18h30 mar et jeu, 9h30-14h30 sam). Location de vélos pour 10 €/jour.

Château de Hohenzollern

Château de Hohenzollern CHÂTEAU

(Burg Hohenzollern ; www.burg-hohenzollern.com ; visite guidée tarif plein/réduit 12/8 €, accès au site seul tarif plein/réduit 7/5 € ; visite 10h-17h30 mi-mars à oct, 10h-16h30 nov à mi-mars). Perchés sur un rocher escarpé, des remparts médiévaux coiffés de tourelles grises, souvent voilés par le brouillard, émergent comme dans un mirage. C'est que le Burg Hohenzollern impressionne vu de loin ; de près en revanche, il paraît moins authentique. Élevé en 1867, ce château néogothique est le berceau de la dynastie des Hohenzollern, monarques du court Second Empire allemand (1871-1918).

Les amateurs d'histoire apprécieront la visite de 35 minutes (en allemand) qui mène dans les tours, dans les somptueux salons ornés de vitraux et de fresques, et à l'éblouissant *Schatzkammer* (trésor). Le site offre une vue imprenable sur le Jura souabe.

Des trains relient fréquemment Tübingen, à 28 km, et Hechingen, sis à quelque 4 km au nord-ouest du château.

Schwäbisch Hall

0791 / 37 140 HABITANTS

Isolé dans la campagne, près de la frontière bavaroise, Schwäbisch Hall est un joyau méconnu. Son enchevêtrement de ruelles, ses hautes maisons à colombages construites grâce aux revenus du sel et ses ponts couverts qui enjambent la rivière Kocher évoquent pleinement son passé médiéval.

Cafés animés et musées de premier ordre participent au charme de cette ville, connue pour ses rares porcs à taches noires.

VAUT LE DÉTOUR

LE CHÂTEAU DE SIGMARINGEN

Du haut de son promontoire, cette immense demeure seigneuriale, bâtie au XIIe siècle et maintes fois reconstruite, toise les rives du haut Danube. Des siècles durant, elle fut le siège d'une des branches de la dynastie des Hohenzollern, à la tête d'une petite principauté du Saint Empire ultérieurement rattachée au royaume de Prusse. En septembre 1944, le château fut réquisitionné par les nazis pour accueillir le gouvernement vichyste du maréchal Pétain et les collaborateurs jusqu'au-boutistes, en pleine débâcle face à l'avancée des armées alliées. Parmi ces exilés, l'écrivain Louis-Ferdinand Céline, qui raconta cet épisode dans son roman *D'un château l'autre* (1957).

Le **château de Sigmaringen** (www.schloss-sigmaringen.de ; tlj 9h-17h mars-oct, tlj 10h-16h nov-déc et sam-dim jan-fév, fermé 25 et 31 déc, 1er jan et Mardi gras ; tarif plein/réduit 9/7 €) peut être découvert lors de visites guidées d'une heure (possibilité de visite guidée en français pour des groupes sur réservation). Il comporte un musée présentant des objets issus de la collection des Hohenzollern.

Sigmaringen est à 76 km d'Ulm (via la B31 et la B32) et à 67 km de Tübingen (via la B27 et la B43).

À voir et à faire

Serrées autour de ruelles étroites, les hautes maisons à colombages de la vieille ville (Altstadt) s'étagent à flanc de colline. Pris dans ce lacis, on grimpe imperceptiblement vers les hauteurs dominant la rivière Kocher. Les îles et les parcs au bord de l'eau sont propices aux pique-niques.

Am Markt — PLACE

Tout d'un coup réveillée par le marché fermier des mercredis et samedis matin, Am Markt repose tranquillement le reste du temps sous la gouverne altière de son imposant **hôtel de ville** (Rathaus ; Am Markt) de style baroque, tout en blasons et chérubins. Au n°4 de la place, la Widmanhaus couleur terre rappelle la présence d'un monastère franciscain fondé au XIIIe siècle. Une spectaculaire et large volée de marches mène à l'**église Saint-Michel** (Kirche St Michael ; Am Markt ; 12h-17h lun, 10h-17h mar-sam) de style gotique tardif qui a remplacé une première basilique à trois nefs. Notez également la **Gotischer Fischbrunnen** (Am Markt), grande cuve en fer de 1509 destinée à conserver le poisson avant de le vendre.

Neubau — MONUMENT

Datant du XVIe siècle, le Neubau au toit en pente abrupte domine la Pfarrgasse. Arsenal et grange à l'origine, c'est aujourd'hui un théâtre. Grimpez l'escalier en pierre pour une vue imprenable au-delà des toits rouges jusqu'aux anciennes fortifications de la ville, au pont couvert Roter Steg et au Henkerbrücke (pont du Pendu).

Galerie Würth — BEAUX-ARTS

(Kunsthalle Würth ; www.kunst.wuerth.com ; Lange strasse 35 ; 10h-18h tlj, visites guidées 11h30 et 14h dim). GRATUIT Créée par l'industriel Reinhold Würth, cette galerie contemporaine occupe un étonnant bâtiment en pierre calcaire qui a préservé une partie d'une brasserie centenaire. D'excellentes expositions temporaires ont récemment mis à l'honneur les collections d'orfèvrerie du Victoria & Albert Museum de Londres comme des œuvres d'art cinétique et optique. Visites guidées (en allemand) et audioguides : 6 €.

Musée historique — HISTOIRE LOCALE

(Hällisch-Fränkisches Museum ; tarif plein/réduit 2,50/2 € ; 10h-17h mar-dim). Ce musée soigné retrace l'histoire de Schwäbisch Hall depuis la préhistoire à travers d'étonnantes collections. On notera celle de cibles de tir, de remarquables statuettes d'ivoire et des pièces rares comme le superbe intérieur de synagogue en bois peint à la main (1738).

Musée de plein air du Hohenlohe — ÉCOMUSÉE

(Hohenloher Freilandmuseum ; Wackershofen ; tarif plein/réduit 7/5 € ; 9h-18h mai-sept, 10h-17h mar-dim le reste de l'année ;). Situé 6 km au nord-ouest de Schwäbisch Hall et desservi par le bus n°7, ce musée de la ferme ravira à coup sûr les enfants, entre vergers, bâtiments de ferme et animaux, dont le cochon à taches noires.

Où se loger et se restaurer

Hotel Scholl — HÔTEL $$

(0791-975 50 ; www.hotel-scholl.de ; Klosterstrasse 2-4 ; s 79-109 €, d 124-169 € ;). Derrière la Marktplatz, un charmant hôtel familial aux chambres rustiques et chics avec parquet, TV écran plat et sdb en granite ou en marbre. Le penthouse sous les combles, avec poutres, douche à l'italienne et vue dégagée sur la ville, est exceptionnel. Copieux petit-déjeuner avec charcuteries, fruits et céréales.

Der Adelshof — HÔTEL HISTORIQUE $$

(0791-758 90 ; www.hotel-adelshof.de ; Am Markt 12 ; s 90-95 €, d 125-225 €, plats 15-34 € ; P). Cet hôtel vieux de plusieurs siècles est le plus luxueux de Schwäbisch Hall. Outre son espace bien-être, vous baignerez dans le plus grand confort, de la Chambre rouge très romantique à celle dans la tour (Turmzimmer) avec lit à baldaquin. Sous un plafond de poutres apparentes, le Ratskeller régale ses hôtes de spécialités locales excellentes, comme la selle de veau aux champignons ou le filet de porc aux lentilles et *Spätzle*.

Entenbäck — BISTROT $$

(0791-9782 9182 ; Steinerner Steg 1 ; plats 11,50-29 € ; 11h-14h30 et 17h-23h mar-sam, 11h-20h dim). On y vient en rangs serrés pour son menu souabe et méditerranéen, allant du velouté de riesling aux *Maultaschen* au canard, en passant par le rosbif aux oignons et *Spätzle*.

Brauerei-Ausschank Zum Löwen — MICROBRASSERIE $$

(0791-204 1622 ; Mauerstrasse 17 ; plats 9-15,50 € ; 11h30-14h et 17h30-23h ven-mar). Attirée par les berges toute proches et l'ambiance bon enfant, la clientèle locale se sustente ici de copieux plats comme le porc sauce bière/cumin en buvant des bières *Haller Löwenbrauerei*.

Rebers Pflug INTERNATIONAL **$$$**
(0791-931 230 ; www.rebers-pflug.de ; Weckriedener strasse 2 ; plats 18,50-39 €, menu 4 plats 59-78 € ; 18h30-21h lun et mar, 12h-14h et 18h-21h mer-sam, 11h30-14h dim). Hans-Harald est aux fourneaux de cette gentilhommière du XIXe siècle, l'un des restaurants étoilés au Michelin de Schwäbisch Hall. Il ajoute une touche personnelle inventive à des plats de saison comme la venaison en croûte de pain de seigle avec purée de patate douce, asperges et *Spätzle* aux noisettes. Les végétariens sont également bien reçus. En été, dînez dans le jardin ombragé.

Renseignements

Office du tourisme (0791-751 246 ; www.schwaebischhall.de ; Am Markt 9 ; 9h-18h lun-ven, 10h-15h sam-dim mai-sept, 9h-17h lun-ven oct-avr). Sur la grand-place de la vieille ville.

Depuis/vers Schwäbisch Hall

Il existe deux gares ferroviaires. Si l'on vient de Stuttgart par le train (17,90 €, 1 heure 15, 1/heure), on arrive à Hessental, sur la rive droite, à environ 7 km au sud du centre-ville, accessible par le bus n°1. En revanche, les trains venant de Heilbronn desservent la Bahnhof Schwäbisch Hall, sur la rive gauche, à quelques pas du centre, dans Bahnhofstrasse.

Ulm

0731 / 122 800 HABITANTS

La ville natale du physicien Albert Einstein se targue d'étonnants records : Ulm possède la maison la plus penchée, l'une des plus étroites (4,5 m de large), la plus ancienne sculpture d'animal au monde (plus de 30 000 ans) et la plus haute flèche de cathédrale (161,5 m).

Indéniablement, Ulm séduit, notamment l'été, quand on sillonne les rives du Danube à vélo, ou quand les *Biergärten* du quartier de Fischerviertel résonnent de discussions animées. Une *Helles* de trop et vous risquez d'ailleurs de vouloir impressionner les habitants en essayant de prononcer "*In Ulm, um Ulm, und um Ulm herum*" (à Ulm, autour d'Ulm, tout autour d'Ulm).

À voir et à faire

Cathédrale ART GOTHIQUE
(Münster ; www.ulmer-muenster.de ; Münsterplatz ; concerts d'orgue tarif plein/réduit 8/4 €, flèche tarif plein/réduit 5/3,50 € ; 9h-18h45, 9h-16h45 l'hiver). GRATUIT Les visiteurs se tordent le cou pour apercevoir le sommet de cette superbe cathédrale, d'autres s'allongent sur les pavés pour saisir en un seul cliché la totalité du monument. La construction de cette magistrale église, célèbre pour sa flèche de 161,5 m de haut, la plus élevée au monde, a commencé en 1377. Il a fallu cinq siècles pour l'achever et les marques des tailleurs de pierre sur chacune des pierres témoignent de ce rude labeur où chacun était payé au bloc.

Ce n'est qu'en gravissant les 768 marches jusqu'à la plateforme d'observation de la flèche, située à 143 m de haut, que l'on apprécie la hauteur vertigineuse du monument. D'ici, on voit la Forêt-Noire, et par temps clair, les Alpes.

L'Israelfenster, vitrail placé au-dessus de la porte ouest, honore la mémoire des Juifs victimes de l'Holocauste. Le baldaquin gothique surmontant la chaire élimine l'écho pendant les sermons. Figures bibliques et personnages historiques, comme Pythagore, ornent les stalles en chêne du XVe siècle. D'excellents concerts d'orgue sont donnés.

Marktplatz PLACE
Maître des lieux, l'**hôtel de ville** (Rathaus) du XVe siècle se distingue par ses pignons ajourés et sa façade Renaissance richement peinte et dotée d'une horloge astronomique dorée. Il est conservé à l'intérieur une copie de la machine volante d'Albrecht Berblinger (voir le paragraphe suivant). Sur cette place du Marché, la fontaine **Fischkastenbrunnen** (Marktplatz) servait de vivier aux pêcheurs qui y plongeaient leurs prises les jours de marché. Derrière l'hôtel de ville, une haute pyramide de verre (36 m) abrite la bibliothèque de la ville, la **Zentralbibliothek** (Marktplatz), dessinée par l'architecte allemand Gottfried Böhm.

Stadtmauer REMPARTS
Le long de la rive nord du Danube, au sud du quartier de Fischerviertel, s'étire le Stadtmauer. Ce rempart en briques rouges fut rabaissé par Napoléon après la reddition de la ville suite à la bataille d'Ulm (1805). La balade offre une belle vue sur le fleuve, la vieille ville et la **tour du Boucher** (Metzgerturm), au toit de tuiles colorées et à la verticale chancelante (elle penche de 2 m).

À l'est de l'Herdbrücke, le pont conduisant à Neu-Ulm, une **plaque** en bronze marque l'endroit où l'ingénieux tailleur Albrecht Berblinger se lança pour survoler le Danube avec sa machine volante. Si le "Tailleur d'Ulm" fit en 1811 un embarrassant plongeon faute de courants ascendants ce jour-là, ses plans se révéleraient totalement réalisables plus tard

Fischerviertel QUARTIER
(quartier des Pêcheurs). Pêcheurs et tanneurs d'Ulm occupaient ce charmant quartier situé légèrement au sud-ouest de la cité. Des maisons à colombages joliment restaurées longent les 2 bras du Blau. Entre galeries d'art, restaurants rustiques et cours, les ruelles pavées sont idéales pour une balade. Ne manquez pas la maison la plus penchée au monde – ainsi que l'une des plus étroites.

Musée municipal ART ET HISTOIRE
(Ulmer Museum ; www.ulmer-museum.ulm.de ; Marktplatz 9 ; tarif plein/réduit 5/3,50 €, ven gratuit ; 11h-17h mar-dim, 11h-20h jeu). Ce musée mêle art ancien et moderne, histoire et archéologie. L'art du XXe siècle est remarquablement représenté grâce à la collection Kurt Fried, avec des œuvres de Klee, Picasso et Lichtenstein. La section archéologique conserve les minuscules figurines du paléolithique supérieur, découvertes dans des grottes du Jura souabe. La plus ancienne sculpture zoomorphe au monde, le *Löwenmensch* (homme-lion) en ivoire, remonte à quelque 30 000 ans.

Galerie Weishaupt BEAUX-ARTS
(Kunsthalle Weishaupt ; www.kunsthalle-weishaupt.de ; Hans-und-Sophie-Scholl-Platz 1 ; tarif plein/réduit 6/4 € ; 11h-17h mar-dim, 11h-20h jeu). Derrière cette grande façade de verre se déploie la collection privée de l'industriel Siegfried Weishaupt. Art moderne et pop art sont à l'honneur, avec des peintures vives de Klein, Warhol et Haring.

Musée du Pain ETHNOGRAPHIE
(Museum der Brotkultur ; www.museum-brotkultur.de ; Salzstadelgasse 10 ; tarif plein/réduit 4/3 € ; 10h-17h). Ce musée célèbre le pain en tant qu'essence de la vie depuis des millénaires et à travers les cultures, à l'aide d'objets allant des moulins aux momies égyptiennes en blé.

Stadthaus MONUMENT
Conçue par Richard Meier, l'esthétique contemporaine de la Stadthaus en verre et en béton offre un contraste net avec la cathédrale. L'architecte américain créa la polémique en érigeant un bâtiment postmoderne à côté du géant gothique, mais le résultat est surprenant. L'endroit accueille des expositions, des événements, l'office du tourisme et un café.

ULM À PETITS PRIX

Si vous souhaitez visiter la plupart des sites majeurs, l'intéressante **UlmCard** (1/2 jours 12/18 €) comprend l'accès aux transports publics dans Ulm et Neu-Ulm, une visite guidée gratuite de la ville ou la location de l'audioguide itour, et l'entrée dans tous les musées. Elle donne aussi droit à de nombreuses autres réductions pour des visites, sites et restaurants.

Maison du Serment MONUMENT
(Schwörhaus ; Weinhof 12). Depuis la loggia du 1er étage de la Schwörhaus baroque du XVIIe siècle, le maire jure allégeance à la Constitution de la ville, datant de 1397, le 3e lundi de juillet.

Fontaine d'Einstein et monument MONUMENT
L'amusante fontaine en bronze représentant Albert Einstein, cheveux en bataille et langue tirée, est un hommage de Jürgen Goertz à la célébrité de la ville. Né à Ulm en 1879, Einstein n'y resta qu'un an. Installée face à l'**arsenal** (Zeughaus) du XVIe siècle, la "fusée-escargot" est une représentation satirique des tentatives de manipulation de l'évolution à des fins personnelles de la part de l'Homme. Non loin, au n°14 de la Zeughaus, une unique pierre porte l'inscription *Ein Stein* (une pierre).

Mémorial d'Einstein MÉMORIAL
(Bahnhofstrasse). Max Bill a dessiné en 1979 cet hommage au physicien. Le tas de piliers en granite rouge marque le lieu de naissance d'Einstein.

Legoland PARC À THÈME
(www.legoland.de ; tarif plein/réduit 41,50/37 € ; 10h-18h fin mars-début nov). À 37 km à l'est d'Ulm, à l'écart de l'A8, Günzburg abrite l'onéreux parc Lego. Succès garanti auprès des enfants, avec spectacles, manèges et monde miniature construit à l'aide de 25 millions de Lego.

Ulm

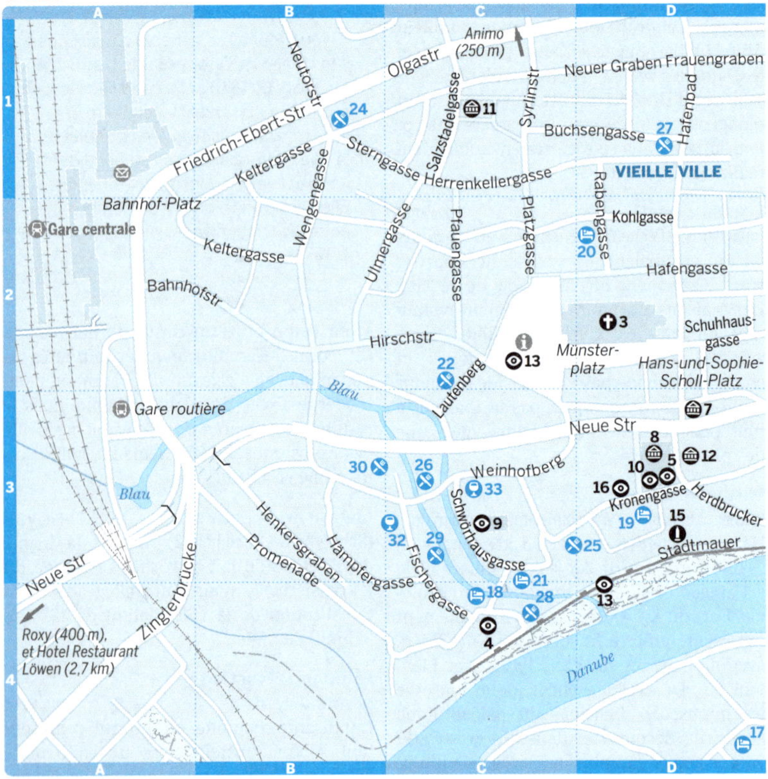

Où se loger

L'office du tourisme possède une liste des appartements et pensions facturés autour de 25 € par personne.

Brickstone Hostel AUBERGE DE JEUNESSE $

(☎0731-708 2559 ; www.brickstone-hostel.de ; Schützenstrasse 42 ; dort 18-22 €, s/d 30/44 € ; 📶). Cette maison Art nouveau joliment restaurée dans Neu-Ulm dissipe une atmosphère des plus accueillantes. Chambres impeccables d'une belle hauteur sous plafond, cuisine équipée avec café et thé gratuits, bar, location de vélos, salon confortable et échange de livres : il suffit de prendre à la gare le bus n°7 jusqu'à la Schützenstrasse.

♥ **Hotel Schiefes Haus** B&B $$

(☎0731-967 930 ; www.hotelschiefeshausulm.de ; Schwörhausgasse 6 ; s 125 €, d 148-160 € ; 📶). Cet hôtel est bien penché... Mais n'ayez crainte, malgré cette bizarrerie, la maison à colombages du début XVIe siècle ne va pas s'effondrer dans la Blau. L'escalier en bois conduit aux chambres douillettes avec poutres apparentes. Les lits, équipés d'un niveau, sont ajustés pour être droits. Si vous voulez vraiment que ça penche, demandez la chambre n°6.

Das Schmale Haus B&B $$

(☎0731-6027 2595 ; Fischergasse 27 ; s/d 119/149 € ; P). Avec ses 4,5 m de large, la “maison étroite” à colombages est unique. L'aimable famille Heides a converti cette demeure élancée du XVIe siècle en une magnifique maison d'hôtes de 3 chambres, avec poutres apparentes, literie moelleuse et parquet.

Hotel Restaurant Löwen HÔTEL $$

(☎0731-388 5880 ; www.hotel-loewen-ulm.de ; Klosterhof 41 ; s 81-91 €, d 116-122 € ; P 📶). Dans un ancien monastère réaménagé, les poutres et la pierre apportent une touche historique aux chambres modernes, dotées de parquet

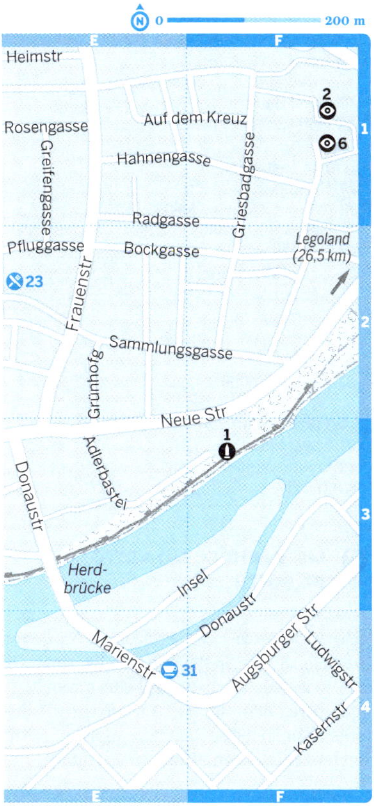

et de TV à écran plat. Le *Biergarten* à l'ombre des châtaigniers est agréable en été. Prendre le tramway n°1 depuis le centre d'Ulm jusqu'à Söflingen.

Hotel Bäumle HÔTEL HISTORIQUE **$$**
(0731-622 87 ; www.hotel-baeumle.de ; Kohlgasse 6 ; s 70-82 €, d 98-112 €, tr 140 € ;). Cet hôtel au charme d'antan est ouvert depuis 1522. Ses chambres élégantes sont impeccables et l'emplacement parfait, sauf si vous n'aimez pas entendre les cloches de la cathédrale. Pas d'ascenseur.

Hotel am Rathaus et Hotel Reblaus HÔTELS **$$**
(0731-968 490 ; www.rathausulm.de ; Kronengasse 10 ; s 76-120 €, d 96-140 €, qua 138-170 €, s/d sans sdb 64/76 € ;). Proches de l'hôtel de ville, ces 2 établissements possèdent de charmantes chambres ornées de stuc et de mobilier Biedermeier. La rue est animée et les cloisons un peu fines.

Où se restaurer

Animo CAFÉ **$**
(0731-964 2937 ; www.cafe-animo.de ; Syrlinstrasse 17 ; plats du jour environ 7 € ; 7h30-18h mar-ven, 9h-18h sam-dim ;). Installé dans un *Topferei* (atelier de potier), ce café décontracté concocte d'excellents gâteaux maison et plats du jour végétariens (salades, pâtes et risottos créatifs, entre autres) – tous servis dans de belles porcelaines. Accueille régulièrement des événements culturels.

Zur Forelle ALLEMAND **$$**
(0731-639 24 ; Fischergasse 25 ; plats 12-25 € ; 11h-15h et 17h-minuit lun-ven, 11h-minuit sam, 11h-22h dim). Depuis 1626, cette taverne toute de bois vêtue régale les voyageurs (notamment Einstein) d'une belle cuisine de saison souabe. Paré de fleurs en été, l'établissement sur les rives de la Blau est fier de sa *Forelle* (truite) éponyme, conservée au frais sous le pont.

Barfüsser PUB **$$**
(0731-602 1110 ; Lautenberg 1 ; plats 8-21 € ; 10h-1h dim-mer, 10h-2h jeu-sam). De copieux plats tels que les *Käsespätzle* (pâtes au fromage) et le rôti de porc accompagnent la bière médaillée, brassée dans cette microbrasserie de Neu-Ulm. Au déjeuner, plat du jour facturé 6,90 €.

Gerberhaus MÉDITERRANÉEN **$$**
(0731-677 17 ; Weinhofberg 9 ; plats 10-22 € ; 11h30-14h30 et 17h30-22h). Cette attrayante et chaleureuse maison cuisine des plats d'inspiration méditerranéenne. Prenez une table face à la rivière pour savourer un carpaccio de saumon fumé maison et une crème brûlée à la citronnelle. Plats du jour à 7 €.

Zunfthaus der Schiffleute ALLEMAND **$$**
(0731-175 5771 ; www.zunfthaus-ulm.com ; Fischergasse 31 ; plats 11-28 € ; 11h-minuit). Derrière ces colombages renouvelés depuis six siècles au bord du fleuve se cache un chef amoureux de sa région. À la carte de spécialités souabes : *Katzagschroi* (bœuf, oignons, œuf et pommes de terre rissolées) et *Schwäbisches Hochzeitssüppchen* (marmite de viande).

Gaststätte Krone ALLEMAND **$$**
(0731-140 0874 ; www.krone-ulm.de ; Kronengasse 4 ; plats 11-22,50 € ; 17h-1h lun-ven, 10h-1h sam-dim ;). En service depuis 1320, la plus ancienne auberge d'Ulm conserve

Ulm

À voir

1 Albrecht Berblinger Plaque F3
2 Arsenal F1
3 Cathédrale D2
4 Fischerviertel C4
5 Fischkastenbrunnen D3
6 Fontaine d'Einstein et monument F1
7 Galerie Weishaupt D3
8 Hôtel de ville D3
9 Maison du Serment C3
10 Marktplatz D3
11 Musée du Pain C1
12 Musée municipal D3
13 Stadthaus C2
14 Stadtmauer D4
15 Tour du Boucher D3
16 Zentralbibliothek D3

Où dormir

17 Brickstone Hostel D4
18 Das Schmale Haus C4
19 Hotel am Rathaus & Hotel Reblaus D3
20 Hotel Bäumle D2
21 Hotel Schiefes Haus C3

Où se restaurer

22 Barfüsser C2
23 Café im Kornhauskeller E2
Café im Stadthaus .... (voir 12)
24 Da Franco B1
25 Gaststätte Krone C3
26 Gerberhaus C3
27 Yamas D1
28 Zunfthaus der Schiffleute C4
29 Zur Forelle C3
30 Zur Lochmühle B3

Où prendre un verre et faire la fête

31 Naschkatze E4
32 Wilder Mann C3
33 Zur Zill C3

ses lambris traditionnels et son chaleureux accueil. La cuisine régionale est incomparable, que vous choisissiez le *Rinderbrühe mit Flädle* (bouillon de bœuf et de crêpes coupées en lanières) ou les *Linsen mit Saitenwürste* (lentilles aux saucisses).

Zur Lochmühle ALLEMAND **$$**
(☎0731-673 05 ; Gerbergasse 6 ; plats 9,50-22 € ;). Le moulin à eau de cette maison rustique à colombages brasse la Blau depuis 1356. Dans son *Biergarten* au bord de l'eau, savourez des spécialités souabes : rôti de porc croustillant, *Schupfnudeln* et truite avec salade de pommes de terre.

Da Franco ITALIEN **$$$**
(☎0731-305 85 ; Neuer Graben 23 ; plats 20-30 € ; 11h-minuit mar-dim). Envie d'un repas italien pour varier les plaisirs ? Des plats authentiques, adaptés à la saison, comme l'espadon aux palourdes et l'escalope de veau aux asperges, sont préparés et présentés avec style.

Yamas GREC **$$$**
(☎0731-407 8614 ; Herrenkellergasse 29 ; plats 13,50-30 €, plats du jour déjeuner 8,90-13,90 € ; 11h30-15h et 17h-minuit mar-dim ;). Cet élégant restaurant grec travaille en cuisine produits du marché et fraîches saveurs marines. Commencez par des sauces maison et du poulpe grillé, avant de passer aux plats comme le bar à la purée de truffes ou les médaillons de porc en sauce au thym et au romarin. Belle cave à vins.

Où prendre un verre et sortir

Naschkatze CAFÉ
(cafenaschkatze.de ; Marienstrasse 6, Neu-Ulm ; 8h-19h lun-ven, 9h-18h sam, 10h-18h dim). Ce café à la fois rétro et branché s'appelle à juste titre "dent sucrée". En effet, les habitants apprécient ses gâteaux maison, outre son bon café et son atmosphère vintage.

Café im Stadthaus CAFÉ
(Münsterplatz 50 ; 8h-minuit lun-jeu, 8h-1h ven-sam, 9h-minuit dim). Profitez de la vue irrésistible sur la cathédrale devant un bon café dans ce cube de verre.

Café im Kornhauskeller CAFÉ
(Hafengasse 19 ; 8h-minuit lun-sam, 9h-22h dim). Ce café avec cour intérieure, où sont programmés divers événements culturels, sert boissons, petit-déjeuner, en-cas et glaces.

Zur Zill BAR
(Schwörhausgasse 19 ; 10h-2h dim-jeu, 10h-4h ven et 9h-4h sam). Mêlez-vous à la joyeuse clientèle pour une bière ou un cocktail au bord de la rivière.

Wilder Mann PUB
(Fischergasse 2 ; 11h30-1h lun-jeu, 11h-3h ven-dim). Le service est aléatoire et la cuisine médiocre, mais ne manquez pas la terrasse pour prendre un verre en observant les passants.

Roxy SALLE DE CONCERTS
(www.roxy.ulm.de ; Schillerstrasse 1). À 1 km au sud de la gare centrale, salle de concerts, cinéma, discothèque, bar et salle de congrès composent l'immense centre culturel occupant une ancienne usine. Prendre le tramway n°1 jusqu'à Ehinger Tor.

Renseignements

Poste (Bahnhofplatz 2 ; 8h30-18h30 lun-ven, 9h-13h sam). À gauche en sortant de la gare centrale.

Office du tourisme (0731-161 2830 ; www.tourismus.ulm.de ; Münsterplatz 50, Stadthaus ; 9h-18h lun-ven, 9h-16h sam, 11h-15h dim)

Depuis/vers Ulm

Situé à quelque 90 km au sud-est de Stuttgart et à 150 km à l'ouest de Munich, Ulm se trouve près de l'intersection entre l'A7, qui traverse le pays du nord au sud, et l'A8, qui le parcourt d'est en ouest.

Ulm est bien desservie par les trains interurbains et à grande vitesse. Stuttgart (19,80 à 26 €, 56 minutes à 1 heure 15, plusieurs par heure) et Munich (30 à 38 €, 1 heure 15 à 2 heures, plusieurs par heure) comptent parmi les principales destinations.

Comment circuler

Le tramway écologique d'Ulm fonctionne à l'énergie renouvelable. Un **comptoir d'information sur les transports locaux** (www.swu-verkehr.de) se trouve dans l'office du tourisme. Un ticket à l'unité/la journée valable dans le bus et le tramway d'Ulm et de Neu-Ulm coûte 2,10/5 €.

À l'exception des parkings publics (0,60 €/demi-heure), toute la ville dispose d'horodateurs. Dans de nombreuses zones, le stationnement est limité à 1 heure (1,80 €). Vous trouverez un parc-relais au Donaustadion, un stade à 1,5 km au nord-est de la cathédrale par le tram n°1.

À 5 minutes à pied au nord-est de la Münsterplatz se trouve un louer de vélos, **Fahrradhandlung Ralf Reich** (0731-211 79 ; Frauenstrasse 34 ; 9 €/jour ; 9h-12h30 et 14h-18h30 lun-ven, 9h-14h sam). Des voies cyclables longent le Danube.

LAC DE CONSTANCE (BODENSEE)

Surnommé la “mer Souabe” (*schwäbische Meer*), le troisième plus grand lac d'Europe chevauche les frontières de l'Allemagne, de l'Autriche et de la Suisse. Formé par le glacier du Rhin pendant la dernière glaciation et toujours traversé par ce même fleuve, cet immense lac mesure 63 km de long sur 14 km de large et ses fonds plongent jusqu'à 250 m. Il a la particularité d'être le seul endroit au monde où l'on peut se réveiller dans un premier pays (en Allemagne), se rendre à vélo dans un deuxième (en Suisse) pour le déjeuner et arriver à l'heure du goûter dans un troisième (en Autriche)... pour manger une part de strudel.

Le lac de Constance juxtapose différents types de paysages : prés, vignobles, vergers, marais, plages et contreforts des Alpes. Le patrimoine architectural n'est pas en reste avec ses forts romains, ses châteaux médiévaux, ses abbayes bénédictines et ses églises baroques.

À NE PAS MANQUER

LES MOINEAUX D'ULM

Il y a des *Spatzen* (moineaux) partout en allemand. On peut manger comme un moineau *(essen wie ein Spatz)* et jurer comme un moineau *(schimpfen wie ein Rohrspatz)* ; il y a des *Spatzenschleuder* (lance-pierres), des *Spätzles* (petits amours) et des *Spatzenhirne* (cervelles d'oiseau). Surnommés *Spatzen*, les habitants d'Ulm seraient, d'après la légende, redevables à ce petit oiseau pour la construction de leur fabuleuse cathédrale.

On raconte que les bâtisseurs, peu futés, essayaient en vain de faire entrer les poutres en bois pour la cathédrale par la porte de la ville, en les plaçant en travers. Puis la vue d'un moineau avec une brindille pour son nid leur donna l'idée de faire passer les poutres en long. Ils achevèrent les travaux et installèrent un moineau en bronze au sommet de la cathédrale pour honorer l'oiseau.

Aujourd'hui, les moineaux sont partout à Ulm : sur les cartes postales, dans les pâtisseries, les matchs de foot (l'équipe SSV Ulm est surnommée *die Spatzen*) et dans la vieille ville sous forme de sculptures colorées.

Si l'été, idéal pour la natation et le camping, draine la plus grosse partie des visiteurs, presque tout est fermé de novembre à février, lorsque la brume descend et que la neige recouvre les Alpes. Préférez les demi-saisons, particulièrement le printemps pour les fleurs, ou l'automne, moins fréquenté, et qui offre une excellente visibilité sur le lac lorsque souffle le fœhn chaud.

Depuis/vers le lac de Constance

La façon la plus agréable de traverser le lac est de prendre le ferry. Constance (Konstanz) est la principale plateforme mais Meersburg et Friedrichshafen ont également de nombreuses liaisons.

Si la plupart des villes ont une gare ferroviaire (à l'exception de Meersburg), certaines localités ne sont desservies que par des bus. **Euregio Bodensee** (www.euregiokarte.com), qui regroupe tous les transports publics de la zone du lac de Constance, publie un *Fahrplan* gratuit indiquant les horaires de tous les trains, bus et ferries.

Le pass journalier **Euregio Bodensee Tageskarte** (www.euregiokarte.com ; 18/24/31 € pour 1/2/toutes les zones) permet d'accéder pendant une journée aux transports routiers autour du lac de Constance, y compris en Autriche et en Suisse. On l'acquiert dans les gares ferroviaires et aux embarcadères des ferries. Les enfants paient moitié prix.

TRANSBORDEURS

Le **transbordeur Constance-Meersburg** (www.sw.konstanz.de ; véhicule 4 m maxi avec conducteur/vélo/piéton 9,30/5,20/2,80 €) circule 24h/24, sauf quand le niveau de l'eau monte et empêche la mise à quai. Il y a un départ toutes les 15 minutes de 5h30 à 20h50, toutes les 30 minutes de 20h50 à minuit, et toutes les heures de minuit à 5h35. La traversée dure 15 minutes et la vue est superbe depuis le pont supérieur.

L'embarcadère de Constance, desservi par le bus local n°1, se trouve à 4 km au nord-est du centre, le long de Mainaustrasse. À Meersburg, les transbordeurs partent d'un quai à 400 m au nord-ouest de la vieille ville.

FERRIES

Gérées par la compagnie allemande **BSB** (www.bsb.de) et la compagnie autrichienne **OBB** (www.vorarlberg-lines.at), des lignes relient Constance à Meersburg (5,90 €, 30 minutes), Friedrichshafen (12,70 €, 1 heure 45), Lindau (16,70 €, 3 heures) et Bregenz (17,80 €, 3 heures 30) ; les enfants de 6 à 15 ans paient demi-tarif. Horaires disponibles en ligne.

Der Katamaran (www.der-katamaran.de ; adulte/6-14 ans 10,20/5,10 €) propose une traversée de 50 minutes de Constance à Friedrichshafen (toutes les heures de 6h à 19h, et de 20h à minuit les vendredis et samedis de mi-mai à début octobre).

Lac de Constance

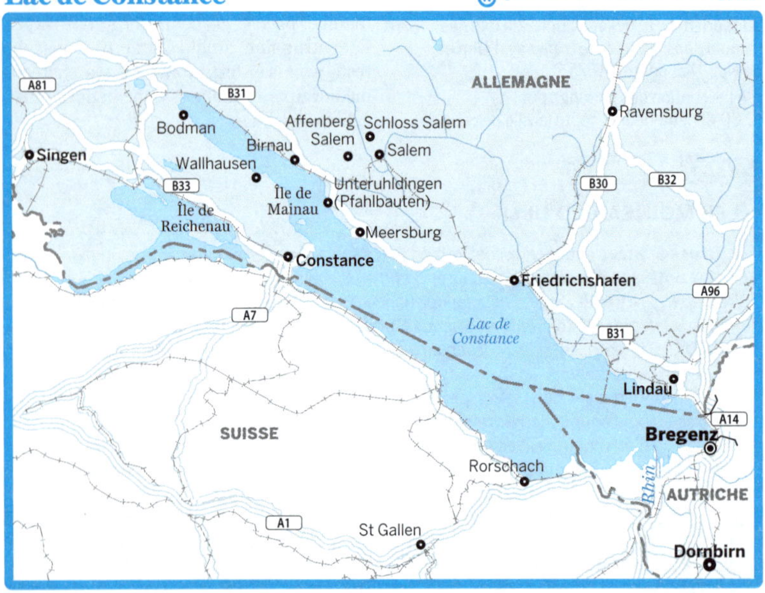

Constance (Konstanz)

07531 / 84 690 HABITANTS

Collée à la frontière suisse, traversée par le Rhin et coiffée par les Alpes, Constance se trouve sur la rive nord-ouest du lac de Constance. Empereurs romains, marchands du Moyen Âge ou évêques du concile de Constance (1414-1418) qui mit fin au grand schisme d'Occident, tous ont laissé leur empreinte dans cette ville sillonnée de ruelles et miraculeusement épargnée par les bombardements de la Seconde Guerre mondiale.

Par beau temps, Constance est une cité universitaire agréable et animée, notamment dans la vieille ville aux rues pavées et sur le port, où tourne la voluptueuse *Impéria*. En été, les *Seehasen* ("lièvres du lac"), comme on surnomme les Constançois, profitent de la promenade arborée et des plages.

À voir

Notre-Dame de Constance CATHÉDRALE

(Münster ; tour adulte/enfant 2/1 € ; 10h-18h lun-sam, 12h30-18h dim, tour 10h-17h lun-sam, 12h30-17h30 dim). Couronnée par une flèche toute en dentelle de pierre, ce témoin millénaire d'histoire religieuse fut le siège de l'évêché de Constance jusqu'en 1821. Le vaisseau de grès commencé à l'époque romane mêle gothique, Renaissance et baroque. Parmi les pièces maîtresses, le Schnegg, un escalier en colimaçon du XVe siècle abrité par une cage en grès taillé et ornée de motifs sculptés, se trouve dans le transept nord ; à sa gauche, une porte conduit à la crypte, qui renferme les quatre disques d'or représentant le Christ en majesté, l'aigle de saint Jean, saint Conrad et saint Pélage. La rotonde Saint-Maurice, ou chapelle du Saint-Sépulcre, est un lieu de pèlerinage sur le chemin de Saint-Jacques-de-Compostelle. Depuis la chapelle polychrome de la crypte, on accède au sublime cloître gothique.

Par temps clair, la tour offre une belle vue sur la ville et le lac.

Römersiedlung VESTIGES ROMAINS

(Münsterplatz ; visite 1 € ; 18h dim). Face à la cathédrale, une pyramide de verre dissimule la Römersiedlung, les vestiges du fort romain de la Constantia du IIIe siècle. Pour les voir de plus près, suivez l'une des visites guidées qui partent de l'office du tourisme et empruntent un escalier qui descend jusqu'aux ruines depuis les pavés.

LA BODENSEE ERLEBNISKARTE

Valable 3 jours, le pass découverte **Bodensee Erlebniskarte** (adulte/enfant 72/37 €, ferries non compris 40/20 €) permet de voyager à bord des bateaux ou des téléphériques du lac de Constance et des alentours (y compris sur les rives autrichiennes et suisses) et d'accéder à plus de 160 musées et sites touristiques. En vente dans les offices du tourisme de la région et aux guichets des ferries de début avril à mi-octobre, il existe également en version 7 jours (adulte/enfant 97/48 €) ou 14 jours (adulte/enfant 140/70 €).

Hôtel de ville BÂTIMENT HISTORIQUE

(Rathaus ; Kanzleistrasse). Au sud de la cathédrale, le superbe hôtel de ville Renaissance, décoré de fresques, occupe l'ancien palais de la guilde des tisserands. À l'arrière se trouve une paisible cour à arcades.

Niederburg QUARTIER

Situé entre la cathédrale et le Rhin, le cœur pavé de Constance s'explore à pied. Ses ruelles sinueuses bordées de maisons à colombages abritent des galeries d'art et des antiquaires.

Musée Rosgarten ART ET HISTOIRE

(Rosgartenmuseum ; www.rosgartenmuseum-konstanz.de ; Rosgartenstrasse 3-5 ; tarif plein/réduit 3/1,50 €, entrée libre 1er dim du mois et mer après 14h ; 10h-18h mar-ven, 10h- 17h sam-dim). Le musée d'art et d'histoire régionaux a élu domicile dans l'ancienne guilde des bouchers. Peintures sur bois et sculptures médiévales sont à l'honneur.

Sea Life AQUARIUM

(www.visitsealife.com/konstanz ; Hafenstrasse 9 ; adulte/enfant 17,50/12,95 € ; 10h- 17h). Cet aquarium onéreux plonge le visiteur dans un univers sous-marin. Ses points forts : une épave où l'on peut toucher des étoiles de mer et observer des raies de près, un tunnel aux requins, des pingouins, et un espace consacré aux curiosités comme le poisson-grenouille et les isopodes géants.

Monastère de Zoffingen GOTHIQUE

(Kloster Zoffingen ; Brückengasse 15). Datant du XIIIe siècle, le dernier couvent de Constance

Constance

Constance

Les incontournables

1 Notre-Dame de Constance B2

À voir

2 Bâtiment du Concile C3
3 Hôtel de ville B3
4 Imperia C3
5 Jardin municipal C2
6 Maison du châpitre B1
7 Monastère de Zoffingen B1
8 Monument à Zeppelin C3
9 Musée Rosgarten B3
10 Niederburg B1
11 Römersiedlung B2
12 Sea Life C4
13 Tour de la porte du Rhin B1
14 Tour de la Poudre B1

Activités

15 Bootsvermietung Konstanz C2

Où dormir

16 Glückseeligkeit Herberge B3
17 Hotel Barbarossa B2
18 Hotel Halm B3
19 Riva D1
20 Villa Barleben D1

Où se restaurer

21 La Bodega B1
22 Maximilian's B3
23 Münsterhof B2
24 San Martino B3
25 Tolle Knolle B4
26 Voglhaus B2
27 Zeitlos B2

Où prendre un verre et faire la fête

28 Brauhaus Johann Albrecht B1
29 Klimperkasten A3
30 nikOlala A3
31 Schwarze Katz B2
32 Seekuh B2

Où sortir

33 K9 .... A3

est toujours occupé par des religieuses dominicaines.

Tour de la porte du Rhin FORTIFICATION
(Rheintorturm ; Rheinsteig). Sur le sentier Rheinsteig, la tour de la porte du Rhin est une tour de défense médiévale au toit pyramidal en tuiles rouges.

Tour de la Poudre FORTIFICATION
(Pulverturm ; Rheinsteig). À environ 200m à l'ouest, le long du fleuve, la tour de la Poudre, plus ramassée, date pour sa part du XIVe siècle.

Maison du châpitre BÂTIMENT HISTORIQUE
(Domprobstei ; Rheingasse 20). Cet édifice brun rougeâtre appartenait au chapitre des prévôts de la cathédrale.

Bâtiment du Concile BÂTIMENT HISTORIQUE
(Konzilgebäude ; Konzilstrasse). Percé de lucarnes, le bâtiment du Concile (1388) fut une grange et un entrepôt avant d'accueillir le conclave qui procéda à l'élection du pape Martin V en 1417. Aujourd'hui, c'est une salle de conférences et de concerts.

Monument à Zeppelin AÉRONAUTIQUE
(Stadtgarten). L'inventeur des dirigeables a été représenté tel Icare. Le comte Ferdinand von Zeppelin est né en 1838 sur l'Insel, un îlot sur le lac.

Jardin municipal PARC
(Stadtgarten). Avec ses parterres de fleurs aménagés, ses platanes et son aire de jeux pour enfants, le jardin municipal invite agréablement à la détente et il y a une vue de rêve sur le lac.

Activités

L'été, prenez votre maillot de bain et direction le lac.

Strandbad Horn PLAGE
(Eichhornstrasse 100 ; mi-mai à sept). GRATUIT
Rivage idéal à 4 km au nord-est du centre, cette plage ourlée de pelouses où s'allonger réunit un bassin pour enfants, une aire de jeux, des terrains de volley-ball et dispose d'une zone naturiste.

La Canoa CANOË
(www.lacanoa.com ; Robert-Bosch-strasse 4 ; canoë/kayak 14/18 € pour 3 heures, 21/27 € la journée ; 10h-12h30 et 14h-18h mar-ven, 10h-16h sam). La Canoa dispose de points de location de canoës dans toutes les grandes villes sur le lac : consultez le site Internet.

À NE PAS MANQUER

LA STATUE D'IMPÉRIA

Au bout de la jetée, Impéria observe les passagers du ferry depuis son piédestal rotatif. Haute de 9 m, la statue de Peter Lenk représente une prostituée plantureuse qui aurait exercé à l'époque du concile de Constance et fut immortalisée par Balzac dans ses *Contes drolatiques*. Elle tient dans ses mains des figures bouffonnes représentant le pape Martin V, nu (et épuisé), et l'empereur Sigismond Ier du Saint Empire romain, symbolisant respectivement les pouvoirs religieux et séculier.

Bootsvermietung Konstanz LOCATION DE BATEAUX
(Stadtgarten ; 12-32 €/heure ; 11h-19h Pâques à mi-oct). Dans le jardin municipal (Stadtgarten). Également des pédalos.

Où se loger

Certains établissements sont fermés entre novembre et mi-mars. L'office du tourisme assure un service gratuit de réservation et dispose d'une liste de chambres chez l'habitant.

Glückseeligkeit Herberge PENSION $
(07531-902 2075 ; www.herberge-konstanz.de ; Neugasse 20 ; s 30-50 €, d 50-70 € ;). Une merveilleuse petite pension aménagée dans un bâtiment d'époque de la vieille ville. Ses toutes petites chambres joliment décorées ont accès au salon, à la cuisine et au patio communs. Petit plus pour la chambre mansardée, donnant directement sur la terrasse, d'où l'on domine les toits de la ville jusqu'à la flèche de la cathédrale. Location de vélos électriques.

Hotel Barbarossa HÔTEL HISTORIQUE $$
(07531-128 990 ; www.hotelbarbarossa.de ; Obermarkt 8-12 ; s 59-79 €, d 99-140 € ;). Une maison patricienne six fois centenaire et dans la famille depuis plus d'un siècle. Toutes parquetées, ses chambres au décor individualisé sont lumineuses et attrayantes, mais un peu petites. La terrasse donne sur les toits et les clochers de Constance.

Hotel Halm HÔTEL $$
(07531-1210 ; www.hotel-halm.de ; Bahnhofplatz 6 ; s 110-145 €, s 130-220 € ;). Un bâtiment fin XIXe, situé non loin du lac et

HORS DES SENTIERS BATTUS

UN LAC, DEUX ROUES, TROIS PAYS

Bodensee Radweg (www.bodensee-radweg.com). Par beau temps, le vélo est le meilleur moyen d'explorer le lac de Constance. La piste cyclable du Bodensee, bien balisée, forme une boucle de 273 km autour du lac. Elle sillonne vignobles, prairies, vergers, marais et villes historiques. De nombreuses petites plages permettent de se rafraîchir dans le lac. Les itinéraires et les cartes sont disponibles sur le site. La plupart des villages proposent des locations de vélos entre 10 et 20 € la journée. La piste entière se parcourt en une semaine environ, mais les ferries et les trains permettent d'effectuer des trajets plus courts, comme Friedrichshafen-Constance-Meersburg, en un week-end.

de la vieille ville, aux chambres chaleureuses élégamment décorées, avec sdb en marbre. Celles de la catégorie supérieure ouvrent par un balcon sur le lac. Petit-déjeuner à 17 € : préférez la boulangerie voisine !

Villa Barleben HÔTEL HISTORIQUE **$$$**
(07531-942 330 ; www.hotel-barleben.de ; Seestrasse 15 ; s 75-165 €, d 95-255 € ;). Élégantes chambres ensoleillées et couloirs décorés d'objets anciens et d'art ethnique caractérisent cette villa du XIXe siècle au vaste jardin en bord du lac. L'idéal pour prendre un verre, somnoler dans une *Strandkorb* (large chaise longue traditionnelle coiffée d'un auvent), ou encore déjeuner en terrasse.

Riva BOUTIQUE-HÔTEL **$$$**
(07531-363 090 ; www.hotel-riva.de ; Seestrasse 25 ; s 110-230 €, d 200-320 € ;). Murs blancs, parois de verre et escalier en colimaçon dessinent un décor très chic. La Piscine sur le toit, spa et salle de gym, restaurant gastronomique et terrasse donnent sur le lac. Les chambres au beau parquet traditionnel et au minibar gratuit invitent à la sérénité.

Où se restaurer

Pizzerias, petits cafés et glaciers abondent sur la Münsterplatz et dans la Markstätte. Attention à ne pas vous faire escroquer aux abords du jardin municipal (Stadtgarten).

Voglhaus CAFÉ **$**
(Wessenbergstrasse 8 ; repas légers 5-8 € ; 9h-18h30 lun-sam, 11h-18h dim ;). Tout en bois et pierre très contemporains, la "maison de l'oiseau" est appréciée des habitants pour son ambiance décontractée et son coin du feu en hiver. Tartines de pain cuit au four à bois, bagels au blé complet, wraps et cupcakes se marient bien avec les smoothies et les cafés spéciaux comme le Hansel et Gretel (au sirop de pain d'épices).

Zeitlos ALLEMAND **$**
(07531-189 384 ; St Stephansplatz 25 ; en-cas 4-10 € ; 10h-1h lun-ven, 10h-18h sam-dim). Poutres apparentes et murs de pierre dessinent le cadre confortable de ce bistrot d'habitués, situé derrière l'église Saint-Étienne (Stephanskirche). Parfait pour un brunch ou un en-cas, comme une *Wurstsalat* (salade de saucisses) ou des *Maultaschen* (ravioles). En été, profitez de la cour habillée de lierre. Également des plats sans gluten.

Maximilian's TRAITEUR **$**
(Hussenstrasse 9 ; gâteaux 2,50 €, formules déjeuner 7,90-12,80 € ; 10h-19h lun-ven, 10h-18h30 sam). Idéale pour acheter de quoi préparer un pique-nique à déguster au bord du lac, cette épicerie du centre vend pain frais, fromage, jambon, vin et autres gourmandises. Rien de mieux non plus pour prendre un café et une part de gâteau, ou manger sur le pouce.

La Bodega TAPAS **$$**
(07531-277 88 ; Schreibergasse 40 ; tapas 5-10,50 € ; 17h-23h mar-sam). Dissimulée dans le quartier de Niederburg, cette bodega colorée à la minuscule terrasse décline sa kyrielle de tapas, allant des *papas canarias* (pommes de terre canariennes) aux calamars farcis.

Münsterhof ALLEMAND **$$**
(07531-363 8427 ; Münsterplatz 3 ; plats 9-22 € ; 11h30-1h dim-jeu, 11h30-2h ven, 11h30-3h sam ;). Face à la cathédrale, cette table d'habitués à l'élégant intérieur de style bistrot est fort animée le midi. Du cordon bleu avec pommes de terre sautées aux *Maultaschen* aux asperges à la sauce ciboulette, on y mange copieusement. Avantageuse formule déjeuner à 7,90 €.

Tolle Knolle INTERNATIONAL **$$**
(07531-175 75 ; Bodanplatz 9 ; plats 10-18 € ; 11h-23h ;). Entre œuvres d'art intérieures et terrasse face aux fontaines de la place, on

sacrifiera à la pomme de terre, spécialité du "Superbe Patate". Les déclinaisons sont nombreuses, en accompagnement d'une escalope ou d'un poisson pané à la bière, ou comme ingrédient de base de la pâte à pizza.

San Martino INTERNATIONAL $$$
(☎07531-284 5678 ; www.san-martino.net ; Bruderturmgasse 3 ; plats 26-36 €, menus 56-115 € ; ⏲11h30-14h et 17h30-22h mar-sam). Étoilée au Michelin, cette adresse proche des remparts honore dans une élégante ambiance feutrée les mets de saison : thon albacore en croûte de sésame aux asperges ou joues de veau braisées au vin accompagnées de polenta crémeuse. La superbe cuisine de Jochen Fecht n'oublie pas non plus les végétaliens.

Où prendre un verre et sortir

La population estudiantine anime la scène nocturne de Constance. Consultez le site www.party-news.de (en allemand) et rendez-vous sur le port pour prendre un verre face au lac.

Klimperkasten BAR
(Bodanstrasse 40 ; ⏲18h-1h lun-jeu, 18h-2h ven-sam). Café rétro fréquenté par des fans de musique indépendante, garage et old-school. Ambiance club en soirée, avec DJ aux platines. Concerts épisodiques.

Schwarze Katz BAR
(Katzgasse 8 ; ⏲9h30-minuit mar-sam, 9h30-18h dim). Ambiance détendue, clientèle sympathique et prix raisonnables (notamment pour la bière Alpirsbacher de Forêt-Noire) : le "chat noir" est un incontournable à Constance.

nikOlala CAFÉ
(Hieronymusgasse 6 ; ⏲11h-18h). Une adresse rétro et branchée au cœur de la vieille ville. Boutique d'artisanat et café à la fois, le lieu invite à souffler entre deux visites, le temps d'un café et d'un *pastel de nata* (tarte portugaise).

Brauhaus Johann Albrecht PUB
(Konradigasse 2 ; ⏲11h30-1h). Pour boire une bière blanche ou une lager, au verre ou au mètre en toute décontraction. Terrasse en été.

Seekuh PUB
(Konzilstrasse 1 ; ⏲17h-1h dim-jeu, 17h-2h ven-sam). Sans façons, la "vache du lac" attire les foules dans son *Biergarten*. Boissons bon marché et concerts occasionnels.

K9 CENTRE CULTUREL
(www.k9-kulturzentrum.de ; Obere Laube 71). Cette ancienne église médiévale est désormais la salle la plus branchée de Constance. La programmation va des soirées salsa et projections de films aux concerts et soirées clubbing. Horaires indiqués en ligne.

Renseignements

Office du tourisme (☎133 030 ; www.konstanz-tourismus.de ; Bahnhofplatz 43 ; ⏲9h-18h30 lun-ven, 9h-16h sam, 10h-13h dim avr-oct, 9h30-18h lun-ven nov-mars). Juste au nord de la gare ferroviaire. Brochure sur les circuits pédestres (1 €) et plan de la ville (0,50 €) à l'intérieur ; tableau de réservation et appels gratuits vers les hôtels à l'extérieur.

ReiseBank (Hauptbahnhof ; ⏲8h-18h lun-ven, 8h-15h sam). Change de devises, francs suisses compris.

Depuis/vers Constance

Constance est la principale plateforme des ferries du lac de Constance.

La B33 mène en ville puis rejoint l'A81 Singen-Stuttgart près de Singen. Sinon, empruntez la B31 jusqu'à Meersburg, puis un ferry.

La gare centrale (*Hauptbahnhof*) de Constance est le terminus sud de la pittoresque ligne Schwarzwaldbahn qui traverse la Forêt-Noire (départs toutes les heures), reliant Offenburg à des villes comme Triberg et Villingen. Pour gagner la rive nord du lac de Constance, il faut généralement changer à Radolfzell. La Schweizer Bahnhof propose des correspondances vers des destinations suisses.

Comment circuler

La circulation en centre-ville est très difficile, surtout le week-end. Mieux vaut se garer dans le parc-relais gratuit, situé à 3 km au nord-ouest de la vieille ville, près de l'aérodrome de la Byk-Guldenstrasse, où l'unique dépense sera un ticket de bus.

Dans les **bus locaux** (www.stadtwerke-konstanz.de), un ticket à l'unité coûte 2,30 €. Pour la journée, comptez 4,50/7,80 € le pass par personne/famille. Le bus n°1 relie l'embarcadère des transbordeurs de Meersburg à la vieille ville. Si vous dormez 2 nuits au moins à Constance, la *Gästekarte* (carte d'hôte) vous confère l'accès gratuit aux bus.

On peut louer un vélo auprès de **Kultur-Rädle** (☎07531-273 10 ; Bahnhofplatz 29 ; 13/70 € par jour/semaine ; ⏲9h-12h30 et 14h30-18h lun-ven, 10h-16h sam toute l'année, et 10h-12h30 dim Pâques-sept), près de l'office du tourisme.

Île de Mainau

Mainau JARDIN

(www.mainau.de ; tarif plein/réduit 19,90/11,50 € l'été, 9,50/5,50 € l'hiver ; ⏲ 10h-19h fin mars-fin oct, 10h-17h le reste de l'année). Troisième île du lac de Constance par la taille, la verdoyante île de Mainau, surnommée "l'île aux Fleurs", est un jardin méditerranéen de 45 ha imaginé par le grand-duc Frédéric de Bade que vint relayer son héritier le comte Lennart Bernadotte, petit-fils du roi de Suède.

Près de 2 millions de visiteurs viennent chaque année admirer la vue sur le lac et les montagnes depuis le château baroque, et se promener à l'ombre des séquoias et dans les serres abritant palmiers et orchidées. Les pièces maîtresses de ce petit paradis sont la **serre aux papillons**, où ils sont des centaines multicolores à voleter parmi les feuillages, l'escalier de fleurs en cascade italienne et la miniferme. Tulipes et rhododendrons fleurissent au printemps, hibiscus et roses en été. Le week-end, le jardin est bondé.

Située à 8 km au nord de Constance, l'île est accessible uniquement aux piétons ; un parking à l'entrée du pont piétonnier qui relie l'île au continent est prévu pour les voitures et les vélos. Vous pouvez également prendre le bus n°4 à la gare ferroviaire de Constance ou arriver directement par le ferry.

Île de Reichenau

Reichenau ÎLE

(www.reichenau.de). L'an 724, un missionnaire du nom de Pirmin fonda un monastère bénédictin sur cette petite île de 4,5 km de long sur 1,5 km de large (et néanmoins la plus grande du lac), située quelque 11 km à l'ouest de Constance. Entre 820 et 1050, l'école de Reichenau a produit d'éblouissantes enluminures et des peintures murales aux couleurs vives. Les trois églises romanes préservées, témoignages de l'âge d'or de Reichenau, ont permis à cet îlot fertile de vergers et de vignobles d'être inscrit au patrimoine mondial de l'Unesco en 2000.

Emportez chaussures de marche et jumelles pour découvrir la **Wollmatinger Ried**, une réserve naturelle marécageuse qui attire papillons, oiseaux migrateurs, martins-pêcheurs, hérons cendrés et coucous, et même quelques castors.

Une chaussée de 2 km de long, bordée d'arbres, relie l'île au continent. L'île est desservie par le bus n°7372 depuis Constance. Les ferries assurant la liaison Constance-Schaffhausen et Constance-Radolfzell marquent un arrêt à Reichenau.

Meersburg

☎ 07532 / 5 630 HABITANTS

S'étageant tranquillement sur les pentes couvertes de vignes au bord du lac de Constance, Meersburg avec son château couronné de tours évoque la chevalerie et l'amour courtois. Dans un enchevêtrement de ruelles pavées se dressent de fières maisons à colombages et les confortables *Weinstuben* dissipent une belle ambiance autour du pinot noir local.

À voir et à faire

Château Vieux MOYEN ÂGE

(Altes Schloss ; tarif plein/réduit 9,50/6,50 € ; ⏲ 9h-18h30 mars-oct, 10h-18h nov-fév). Perché au-dessus d'un bosquet de verdure, ce bastion typiquement moyenâgeux, doté d'un donjon, d'un pont-levis, d'une salle d'armes et de cachots surveille de haut les rives du lac. Il aurait été fondé par le roi franc Dagobert Ier au VIIe siècle, ce qui ferait de cette forteresse l'une des plus anciennes du pays. Entre 1268 et 1803, ce fut la résidence d'été des évêques de Constance.

Château Neuf BAROQUE

(Neues Schloss ; www.schloesser-und-gaerten.de ; tarif plein/réduit 5/2,50 € ; ⏲ 9h-18h30 mai-oct, 11h-16h sam-dim nov-avr). En 1710, le prince-évêque Johann Franz Schenk von Stauffenberg, peut-être las de l'aspect terne et de l'humidité du château Vieux, quitta ce dernier pour ce somptueux édifice rosé de style baroque. La visite du palais, qui appartient désormais à l'État, comprend les appartements des évêques, ornés de stucs et de fresques, l'élégant escalier de Balthasar Neumann, et les jardins sur le lac.

Rives du lac PORT

Profitez du port pour photographier le lac de Constance ou louer un pédalo. Sur la jetée, vous ne pourrez pas manquer la satirique Colonne magique (Magische Säule) de l'artiste allemand Peter Lenk, caricature des personnages qui ont marqué l'histoire de Meersburg, notamment l'aristocrate et propriétaire de vignoble Wendelgart von Halten, et la poétesse Annette von

Droste-Hülshoff (représentée sous la forme d'une mouette).

Meersburg Therme BAINS

(☎07532-440 2850 ; www.meersburg-therme.de ; Uferpromenade 12 ; thermes 2 heures tarif plein/réduit 9/8,50 €, sauna inclus 3 heures 18/17,50 € ; ⌚10h-22h lun-jeu, 10h-23h ven-sam, 9h-22h dim). À 5 minutes à pied à l'est, le long de l'Uferpromenade, ces thermes en bord de lac offrent des eaux thermales à 34°C, des jets d'eau et une vue sur les Alpes suisses. Vous pourrez, si vous l'osez, pénétrer dans le plus simple appareil dans le lac avant de vous rendre dans les saunas, répliques des palafittes d'Unteruhldingen, ces habitations sur pilotis du néolithique et de l'âge du bronze.

Où se loger et se restaurer

Meersburg vivant au rythme des saisons, les établissements ferment souvent de novembre à Pâques. L'office du tourisme propose une liste d'appartements et de chambres chez l'habitant d'un bon rapport qualité/prix.

Des bars à vins bordent l'Unterstadtstrasse, et les pizzerias, cafés et glaciers avec terrasse abondent sur la Seepromenade en bord de lac.

Landhaus Ödenstein PENSION $$

(☎07532-6142 ; www.oedenstein.de ; Droste-Hülshoff-Weg 25 ; s 62-80 €, d 92-150 € ; P). Perchée de façon spectaculaire au-dessus des vignes, cette pension familiale découvre une vue imprenable sur le lac. Chambres impeccables et lumineuses au mobilier en pin, certaines avec balcon. Joli jardin, accueil chaleureux et petits-déjeuners copieux.

Gasthof zum Bären PENSION $$

(☎07532-432 20 ; www.baeren-meersburg.de ; Marktplatz 11 ; s 50 €, d 88-110 € ; P). Non loin de l'Obertor, trois bâtiments datant du XIIIe au XVIIe siècle composent cette pension appréciée pour ses chambres au bois poli, parfois avec plafonds anciens en stuc ou à caissons, ou encore ses armoires en bois peint ; les n[os]13 et 23, dans l'angle, sont les plus romantiques. Le restaurant rustique (plats 9-18 €) sert des spécialités du lac, tel le *Felchen* (un poisson à chair blanche).

Romantik Residenz am See BOUTIQUE-HÔTEL $$$

(☎07532-800 40 ; www.hotel-residenz-meersburg.com ; Uferpromenade 11 ; s 87-122 €, d 150-288 €, app 210-348 € ;). En surplomb de la promenade, une adresse romantique à souhait, où plus on monte, plus la vue est belle dans les chambres aux tons chauds donnant sur les vignobles ou sur le lac. Au piano, le chef Markus Philippi décline avec doigté mille et une saveurs de Méditerranée pour son **Casala** (Uferpromenade 11 ; menus dégustation 78-146 €) étoilé au Michelin.

Valentino PIZZAS $

(☎07532-807 690 ; www.valentino-meersburg.de ; Seepromenade 10 ; pizzas 8-12 € ; ⌚11h-23h). Les pizzas et les *Flammkuchen* légères et croustillantes sont les stars du menu dans ce restaurant italien chaleureux. Terrasse en été.

Winzerstube zum Becher ALLEMAND $$

(☎07532-9009 ; Höllgasse 4 ; plats 10,50-26 € ; ⌚12h-14h et 18h-22h mar-dim). Sous une belle vigne vierge se cache cet établissement tenu par la même famille depuis 1884. Les pinots noirs maison accompagnent les spécialités du lac, comme le poisson au beurre d'amande. La terrasse donne sur l'Altes Schloss.

Badische Weinstube ALLEMAND $$

(☎07532-496 42 ; www.badische-weinstube.com ; Unsterstadtstrasse 17 ; plats 13-25 € ; ⌚17h-23h). Proche du lac, cette taverne à vins allie un intérieur imitation rustique à une terrasse sur le trottoir. Essayez la soupe de poisson maison parfumée au safran et à l'ail, suivie, par exemple du *Felchen* du lac de Constance au beurre d'amande ou du *Zwiebelrostbraten* (rôti de bœuf à l'oignon) aux *Spätzle*.

Renseignements

Office du tourisme (☎07532-440 400 ; www.meersburg.de ; Kirchstrasse 4 ; ⌚9h-12h30 et 14h-18h lun-ven, 10h-15h sam, 10h-13h dim). Installé dans un ancien monastère dominicain.

Depuis/vers Meersburg

Dépourvue de gare ferroviaire, Meersburg se trouve à 18 km à l'ouest de Friedrichshafen.

Du lundi au vendredi, 8 bus express n°7394 conduisent à Constance (3,25 €, 40 minutes) et Friedrichshafen (3,45 €, 26 minutes). Le bus n°7373 relie Meersburg à Ravensburg (5,90 €, 40 minutes, 4/jour du lundi au vendredi, 2 le samedi). Le principal arrêt de bus de Meersburg se trouve à côté de l'église.

Comment circuler

La meilleure et seule façon de se déplacer dans Meersburg est à pied. Même le vaste parking payant près de l'embarcadère des transbordeurs (1,20 €/heure) est souvent complet en haute saison. Vous trouverez peut-être des stationnements gratuits au nord de la vieille ville, dans Daisendorfer strasse.

Hermann Dreher (☎ 07532-5176 ; Stadtgraben 5 ; 5 € /jour ; ⏲ location 8h-12h), au bout de l'allée près de l'office du tourisme, loue des vélos.

Pfahlbauten

Pfahlbauten SITE ARCHÉOLOGIQUE

(habitations sur pilotis ; www.pfahlbauten.de ; Strandpromenade 6, Unteruhldingen ; tarif plein/réduit 9/6,50 € ; ⏲ 9h-18h30 avr-sept, 9h-17h oct, 9h-17h sam-dim nov ; 👪). Les Pfahlbauten sont une reconstitution de l'un des 111 villages protohistoriques sur pilotis (appelés palafittes) répertoriés dans l'espace de l'arc alpin et inscrits au patrimoine mondial de l'Unesco en 2011. Basées sur les découvertes de fouilles de la région, les reconstitutions soignées renvoient le visiteur au néolithique et à l'âge du bronze, de 4000 à 850 av. J.-C, et témoignent du mode de vie préhistorique des éleveurs, pêcheurs et artisans. Les enfants apprécieront les activités proposées, comme fabriquer des haches ou allumer un feu à l'aide de silex.

Birnau

Pèlerinage de Birnau ÉGLISE BAROQUE

(Wahllfahrtskirche Birnau ; Uhldingen-Mühlhofen ; ⏲ 7h30- 19h, 7h30-17h30 l'hiver). L'exubérante église de pèlerinage de Birnau, de couleur rose pâle, est l'un des joyaux architecturaux du lac de Constance. Elle fut construite en 1746 par Peter Thumb, architecte autrichien originaire du Vorarlberg et maître du rococo. À l'intérieur, la décoration est si complexe et riche qu'on ne sait où donner de la tête. La fresque au plafond est de Gottfried Bernhard Göz.

Affenberg Salem

Montagne des Singes ZOO

(Affenberg Salem ; www.affenberg-salem.de ; adulte/enfant 8,50/5,50 € ; ⏲ 9h-18h mars-oct). Pas de cage, ni de spectacle – les macaques berbères, également appelés singes magots, vivent ici en totale liberté, dans un habitat presque naturel : voilà le concept de la montagne des Singes dédié à la préservation des primates. Des sentiers sillonnent les 20 ha de bois, où l'on peut nourrir les singes sans queue d'un seul morceau de pop corn à la fois, observer leur comportement et assister aux repas donnés toutes les heures. Le parc accueille aussi des cigognes : écoutez le claquement de leur bec et repérez leurs nids près de l'entrée.

Château de Salem

Château de Salem ABBAYE, RÉSIDENCE DUCALE

(Schloss Salem ; www.salem.de ; tarif plein/réduit 9/4,50 € ; ⏲ 9h30-18h lun-sam, 10h30-18h dim avr-oct). Cette ancienne abbaye cistercienne, fondée en 1134, forme avec ses bâtiments conventuels un ensemble connu sous le nom de château de Salem. Après sa sécularisation en 1803, elle devint une résidence des grands-ducs de Bade. La propriété a récemment été vendue à l'État, mais on peut toujours imaginer les grands-ducs évoluant dans les jardins et dans les extravagants appartements ornés de stucs. L'aile ouest abrite un internat d'élite que le prince Philip (duc d'Édimbourg et époux de la reine Elisabeth II) fréquenta brièvement.

Friedrichshafen

☎ 07541 / 59 000 HABITANTS

Le zeppelin, ce dirigeable en forme de cigare inventé par l'ambitieux comte Ferdinand von Zeppelin et qui vola pour la première fois en 1900, sera associé pour toujours à Friedrichshafen. La promenade fleurie au bord du lac et le musée célébrant le géant du ciel sont les principales curiosités de cette ville industrielle, qui fut lourdement bombardée lors de la Seconde Guerre mondiale, puis reconstruite dans les années 1950.

À voir et à faire

♥ **Musée Zeppelin** MUSÉE

(Zeppelin Museum ; www.zeppelin-museum.de ; Seestrasse 22 ; tarif plein/réduit 8/4 € ; ⏲ 9h-17h tlj mai-oct, 10h-17h mar-dim nov-avr). Près de l'extrémité est de la promenade au bord du lac, l'ancienne gare Hafenbahnhof de style Bauhaus, construite en 1932, accueille le musée dédié au fameux dirigeable. Sa pièce maîtresse est une reproduction grandeur nature d'une section de 33 m du *Hindenburg* (LZ 129), le plus grand dirigeable jamais construit, atteignant une longueur de 245 m et équipé aussi luxueusement qu'un paquebot. L'engin gonflé à l'hydrogène prit feu tragiquement lors de son atterrissage dans le New Jersey en 1937, faisant 36 victimes.

D'autres éléments offrent des aperçus techniques et historiques, notamment une nacelle à moteur originale du célèbre *Graf Zeppelin,* qui effectua 590 voyages et fit le tour du monde en 21 jours en 1929.

La collection d'art du dernier étage présente notamment des œuvres d'Otto Dix d'un réalisme frappant.

Rives du lac PROMENADE

On traversera le **jardin municipal** (Stadtgarten) qui s'étend entre Uferstrasse et la rive. On s'y promène au milieu des sculptures et c'est l'idéal pour pique-niquer. Le Gondelhafen loue des pédalos et des bateaux électriques (9 à 23 €/heure).

À l'extrémité ouest de la promenade, on parvient à l'**église du Château** (Schlosskirche), édifice baroque dont les deux tours sont coiffées de dômes en forme de bulbe. Il s'agit de l'unique partie accessible du château, toujours habité par la famille des ducs de Wurtemberg.

Où se loger et se restaurer

L'office du tourisme dispose d'une borne de réservation gratuite. Les *Biergärten*, pizzerias et glaciers de la Seestrasse donnent sur le lac.

Gasthof Rebstock PENSION $

(07541-950 1640 ; www.gasthof-rebstock-fn.de ; Werastrasse 35 ; s/d/tr/qua 65/80/95/110 € ;). À 750 m au nord-ouest de la gare Stadtbahnhof, cet hôtel tenu en famille convient fort bien aux cyclistes et loue des vélos (7 €/jour). *Biergarten* et chambres simples et propres, avec mobilier en pin.

Hotel Restaurant Maier HÔTEL $$

(07541-4040 ; www.hotel-maier.de ; Poststrasse 1-3, Friedrichshafen-Fischbach ; s 59-95 €, d 89-160 € ; P). Installé à 5 km à l'ouest de Friedrichshafen et à 8 minutes en train, cet établissement familial aux chambres lumineuses et impeccables invite à la détente : minispa, terrasse sur le lac, hammam et sauna. Défenseur du mouvement "Slow Food", le restaurant lambrissé est reconnu pour sa cuisine régionale.

Brot, Kaffee, Wein CAFÉ $

(Karlstrasse 38 ; en-cas 3-8 € ; 8h30-20h lun-ven, 9h-20h sam, 9h30-20h dim). Élégante épicerie monochrome avec terrasse côté lac où prendre un café, un petit-déjeuner, une glace maison ou un sandwich au pain au levain.

Beach Club TAPAS $

(Uferstrasse 1 ; en-cas 6-8 € ; 9h-minuit avr-oct). Cabane au bord du lac avec terrasse où se détendre, cocktail à la main, et admirer la sculpture *Klangschiff* et les Alpes, toutes proches. Au menu : tapas, salades et antipasti.

À NE PAS MANQUER

VOL EN ZEPPELIN

Zeppelin NT (07541-590 00 ; www.zeppelinflug.de ; vols de 30/45/60/90/120 minutes 200/295/395/565/745 €). Les amateurs de dirigeables s'autoriseront peut-être un voyage à bord du Zeppelin NT de nouvelle génération, pouvant accueillir 12 passagers. Des trajets courts couvrent des destinations du lac comme le Schloss Salem et Lindau. D'autres, plus longs, conduisent en Autriche ou en Suisse. Le décollage et l'atterrissage ont lieu à Friedrichshafen. Les prix sont élevés, mais rien ne vaut un vol au-dessus du lac de Constance avec vue sur les Alpes, à une allure si lente qu'elle permet de réaliser de magnifiques photos.

Renseignements

Office du tourisme (07541-300 10 ; www.friedrichshafen.info ; Bahnhofplatz 2 ; 9h-13h et 14h-18h lun-ven, 9h-13h sam). Sur la place, devant la gare Stadtbahnhof. Réservation de chambres et de vols en ballon dirigeable.

Poste (Bahnhofplatz 1 ; 9h-18h lun-ven, 9h-13h sam). Sur la droite en sortant de la gare Stadtbahnhof.

Depuis/vers Friedrichshafen

Il existe des ferries, dont un catamaran vers Constance. Les horaires sont affichés au bord de l'eau, à l'extérieur du musée Zeppelin.

De lundi au vendredi le bus express n°7394 conduit à Constance (1 heure 15, 7/jour), via Meersburg (30 minutes). Birnau et Meersburg sont aussi desservies presque toutes les heures par le bus n°7395.

Friedrichshafen se trouve sur la ligne ferroviaire Bodensee-Gürtelbahn, qui longe la rive nord du lac de Radolfzell à Lindau. Des trains réguliers de la ligne Bodensee-Oberschwaben-Bahn desservent Ravensburg (4,30 €, 20 minutes).

Ravensburg

0751 / 49 780 HABITANTS

Le nom de cette ville vous sera peut être familier : c'est en effet ici qu'est établie la société Ravensburger, dont les puzzles et les jeux de société garnissent les armoires des chambres d'enfant depuis 125 ans. Avec ses tourelles, ses tours de chevaliers et ses demeures patriciennes à pignons, la vieille ville médiévale n'aurait-elle pas d'ailleurs des airs de plateau de jeux ? Pendant des siècles, ducs et riches marchands ont foulé les pavés de cette ville impériale libre. À votre tour !

À voir et à faire

Marienplatz PLACE

Allongée et piétonne, la Marienplatz est le cœur de la vieille ville. De solides tours se dressent tout autour, telle la **tour Verte** (Grüner Turm), ronde et au toit pointu couvert de tuiles luisantes. Au nombre des demeures patriciennes ornées de fresques, la **maison de la Balance** (Waaghaus) à pignons est de style gothique tardif. La **maison des Tanneurs** (Lederhaus, XVe siècle) à la belle façade Renaissance ouvragée fut jadis le domaine des tanneurs et des cordonniers.

Tour du Veilleur à la trompette TOUR

(Blaserturm ; tarif plein/réduit 1,50/1 € ; 11h-16h début avr-début oct). Ce beffroi carré faisait partie des fortifications. Superbe vue sur la vieille ville du haut de ses 51 m.

Église Notre-Dame ÉGLISE

(Liebfrauenkirche ; Marienplatz). Surplombant la Marienplatz, ce sanctuaire gothique tardif conserve quelques beaux exemples de vitraux du XVe siècle et un autel doré. Ne manquez pas la copie de la Vierge de Ravensburg, désormais conservée à Berlin.

Ravensburger Spieleland PARC D'ATTRACTIONS

(www.spieleland.de ; Mecklenbeuren ; tarif plein/réduit 29/27 € ; 10h-18h avr-oct). À 10 minutes de route au sud de Ravensburg, sur la B467, ce parc pour enfants s'inspire des célèbres jeux de société. Au programme : course de canards géants, traite de vaches en temps record, rodéo et rafting.

Musée Humpis HISTOIRE

(Museum Humpis ; www.museum-humpis-quartier.de ; Marktstrasse 45 ; tarif plein/réduit 4/2 € ; 11h-18h mar-dim, 11h-20h jeu). Sept demeures exceptionnelles du bas Moyen Âge, réparties autour d'une cour au toit de verre, abritent une collection permanente et des expositions tournantes consacrées au passé marchand de Ravensburg. Audioguide gratuit fort instructif.

Tour Mehlsack MONUMENT

La tour surnommée Mehlsack ("sac de farine") est une tour blanche marquant la limite sud de la vieille ville. De là, un escalier abrupt conduit au **Veitsburg**, pittoresque château baroque où a élu le restaurant du même nom donnant sur les toits de tuiles rouges de Ravensburg.

Où se loger et se restaurer

Waldhorn HÔTEL HISTORIQUE $$

(0751-361 20 ; waldhorn.de ; Marienplatz 15 ; s 75-125 €, d 135-150 € ;). Une adresse chargée d'histoire puisque son restaurant occupe l'ancienne guilde des vignerons du XVe siècle, et idéale pour explorer la vieille ville. De lumineuses chambres rénovées et de parfaits plats de saison, comme le poulet nourri au grain avec gnocchis aux herbes à la table du Rebleutehaus (plats 12-25 €).

Gasthof Obertor PENSION $$

(0751-366 70 ; www.hotelobertor.de ; Marktstrasse 67 ; s 75-95 €, d 120-130 € ;). Les aimables Rimpp sont fiers de leur noble demeure couleur citron. Des chambres impeccables, un sauna et un généreux petit-déjeuner qui la classe au-dessus des établissements de même catégorie à Ravensburg.

Mohren INTERNATIONAL $$

(0751-1805 4310 ; www.mohren-ravensburg.de ; Marktstrasse 61 ; plats 9-21,50 € ; 17h-minuit lun, 10h30-14h30 et 17h30-minuit mar-sam). Contemporain et rustique à la fois, entre briques rouges apparentes et tas de bois. Au menu de type Slow Food : antipasti, steaks ou encore currys thaïs. Tous les plats sont présentés de façon ludique et révèlent la fierté du chef à sélectionner ses ingrédients avec soin.

Renseignements

Office du tourisme (0751-828 00 ; www.ravensburg.de ; Kirchstrasse 16 ; 9h-17h30 lun-ven, 10h-13h sam). À un pâté de maisons au nord-est de la Marienplatz.

Depuis/vers Ravensburg

La gare ferroviaire se trouve dans Eisenbahnstrasse, à l'ouest de l'office du tourisme de la Marienplatz. Ravensburg est située sur la ligne ferroviaire reliant Friedrichshafen (4,35 €,

20 minutes, minimum 2/heure) à Ulm (20,90 €, 1 heure 15, minimum 1/heure) et à Stuttgart (36,20 €, 2 heures 30, minimum 1/heure).

Lindau

☎08382 / 24 800 HABITANTS

Les brochures touristiques la présentent comme le "jardin d'Éden" allemand ou la "Côte d'Azur bavaroise". C'est sans doute exagéré, mais il règne tout de même à Lindau (Lindau im Bodensee en allemand) une atmosphère très particulière de ville méditerranéenne. Installée sur la rive sud-est du lac de Constance, tout près de la frontière avec l'Autriche, cette enclave bavaroise est une cité animée, avec un vieux centre pittoresque, une belle vue sur les Alpes par temps clair et des cafés au bord de l'eau.

À voir

Seepromenade PROMENADE

En été, la promenade du port est paisible, avec ses palmiers, ses bateaux et les clients installés aux terrasses de café ensoleillées.

À l'entrée de la rade, face aux Alpes au loin, trône le nouveau phare (Neuer Leuchtturm ; tarif plein/réduit 1,80/0,70 € ; ⏲10h-19h30) haut de 36 m. Une statue monumentale représentant le Lion de Bavière rappelle dans quel *Land* vous vous trouvez. Datant du XIIIe siècle, l'ancien phare (Mangturm) carré au toit de tuiles garde l'extrémité nord du port intérieur.

Ancien hôtel de ville MONUMENT

(Altes Rathaus ; Bismarckplatz). Élément architectural le plus éblouissant de Lindau, l'ancien hôtel de ville à pignon (XVe siècle) arbore des fresques représentant chérubins, joyeux ménestrels et galions.

Musée municipal PEITURE, ARTS DÉCORATIFS

(Stadtmuseum ; Marktplatz 6 ; tarif plein/réduit 7,50/3,50 € ; ⏲10h-18h) Lions et femmes voluptueuses ornent la peinture en trompe-l'œil de la façade de la maison Cavazzen (Haus zum Cavazzen), imposant édifice de style baroque qui abrite le musée municipal. Vous y admirerez une belle collection de meubles, armes et peintures. Excellentes expositions temporaires, comme celles récentes de Picasso, Chagall, Matisse et Emil Nolde.

Église Saint-Pierre FRESQUES

(Peterskirche ; Schrannenplatz ; ⏲tlj). Cette petite église millénaire a été converie en monument aux morts. Elle n'en abrite pas moins une fresque du XVe siècle où Holbein l'Ancien a représenté la Passion du Christ. L'intérieur, frais et faiblement éclairé, se prête à la contemplation. À côté, la tour des Brigands (Diebsturm, XIVe siècle) agrémentée d'échauguettes était autrefois une prison.

Où se loger

Lindau entre en quasi-hibernation de novembre à février, période de fermeture de la plupart des établissements. L'office du tourisme fournit une liste de locations d'un bon rapport qualité/prix.

Hotel Anker PENSION $$

(☎08382-260 9844 ; www.anker-lindau.com ; Bindergasse 15 ; s 55-69 €, d 99-169 € ; 📶). Parquet, tons orangés et œuvres d'art habillent les chambres charmantes et paisibles de cette pension centrale, nichée dans une ruelle pavée. Copieux petit-déjeuner compris.

Hotel Garni-Brugger HÔTEL HISTORIQUE $$

(☎08382-934 10 ; www.hotel-garni-brugger.de ; Bei der Heidenmauer 11 ; s 60-88 €, d 94-130 € ; 📶). Nos lecteurs apprécient cet hôtel du XVIIIe siècle aux chambres lumineuses, avec tissus à fleurs et mobilier en pin. La famille soigne ses clients qui peuvent se détendre dans le petit spa composé d'un hammam et d'un sauna (10 €).

Alte Post HÔTEL $$

(☎08382-934 60 ; www.alte-post-lindau.de ; Fischergasse 3 ; s 70-95 €, d 120-190 €). Ancien relais de poste sur l'itinéraire Francfort–Milan, cette auberge tricentenaire dispose de chambres bien tenues, claires et spacieuses, avec mobilier en chêne. Au rez-de-chaussée se trouvent un *Biergarten* et un restaurant très apprécié (plats 12-23 €) qui sert des plats comme le *Tafelspitz* (bœuf bouilli) et les *Maultaschen* à accompagner de vins locaux.

Reutemann & Seegarten HÔTEL DE LUXE $$$

(☎08382-9150 ; www.reutemann-lindau.de ; Ludwigstrasse 23 ; s 99-183 €, d 142-262 € ; 📶🏊). Quelle vue ! Cet hôtel donne sur le port, le phare et la statue du lion. Chambres somptueuses et spacieuses aux couleurs chaudes, grande piscine, spa, salle de sport et restaurant raffiné.

Où se restaurer et prendre un verre

Les établissements de la Seepromenade bénéficient d'une belle vue. La foule se concentre dans la rue principale, Maximilianstrasse. Évitez-la en empruntant les petites rues voisines, moins chères.

37° CAFÉ **$**
(Bahnhofplatz 1 ; en-cas 4-11 € ; ⏲10h-23h mar-dim). À la fois boutique et café bohème, 37° jouit d'un haut plafond et d'une terrasse côté lac. Installez-vous sur une chaise rose bonbon pour une boisson fraîche et des en-cas de type tapas, quiches et soupes.

Engelstube ALLEMAND **$$**
(www.engel-lindau.de ; plats 13-19 € ; ⏲11h-14h et 17h-23h). Les boiseries sombres donnent une ambiance chaleureuse à cette élégante taverne qui s'étend jusque sur la terrasse en été. Les plats régionaux comme le poisson du lac de Constance aux herbes ou encore le bœuf de Bavière rôti sont cuits à la perfection.

♥ **Valentin** MÉDITERRANÉEN **$$$**
(☎08382-504 3740 ; In der Grub 28 ; plats 20-31 €, plats du jour 11,50-13,50 € ; ⏲12h-14h et 18h-22h mer-lun). Le chef sélectionne soigneusement les ingrédients qui composent les plats méditerranéens de cet élégant restaurant voûté. Ses plats, comme les raviolis aux épinards et pecorino, et la truite de la région à la crème de lentilles, sont joliment cuisinés et présentés.

Weinstube Frey ALLEMAND **$$$**
(☎08382-947 9676 ; Maximilianstrasse 15 ; plats 16-22 € ; ⏲11h30-22h). Bar à vins vieux de 500 ans au charme bavarois, avec lambris et multiples recoins confortables. Les serveuses en *Dirndl* aportent vins et plats régionaux comme le poisson du lac de Constance aux légumes du marché ou le *Zwiebelrostbraten*. Installez-vous en terrasse si le temps est ensoleillé.

Marmor Saal BAR
(Bahnhofplatz 1e ; ⏲10h-2h). Face au lac, la "salle de marbre" accueillait autrefois des rois. Ses hautes colonnes, ses lustres et son mobilier Biedermeier dégagent toujours une atmosphère de grandeur. Aujourd'hui, c'est un café-bar paisible avec terrasse et parfois de la musique live.

Renseignements

Office du tourisme (☎08382-260 030 ; www.lindau.de ; Alfred-Nobel-Platz 1 ; ⏲10h-18h lun-sam, 10h-13h dim, horaires réduits en basse saison)

Poste (Obere Schrannenplatz 4 ; ⏲9h-18h30 lun-ven, 9h-15h sam)

Depuis/vers Lindau

Située sur la B31, Lindau est reliée à Munich par l'A96. La route allemande des Alpes (Deutsche Alpenstrasse), qui serpente vers l'est jusqu'à Berchtesgaden, débute ici.

Lindau est le terminus est de la ligne ferroviaire qui longe la rive nord du lac vers l'ouest, via Friedrichshafen (6,10 €, 20 minutes), jusqu'à Radolfzell, et également le terminus sud de la Südbahn en direction d'Ulm (25,70 €, 1 heure 45), via Ravensburg (10 €, 44 minutes).

Comment circuler

La petite *Insel* (île) qui abrite le centre-ville et le port est reliée au continent par le Seebrücke, pont routier situé à sa pointe nord-est, et par l'Eisenbahndamm, pont ferroviaire ouvert aux cyclistes et aux piétons. La gare centrale (*Hauptbahnhof*) se trouve à l'est de l'île, à une rue au sud de Maximilianstrasse, artère commerçante piétonne.

Les bus n[os]1 et 2 relient la gare centrale à la principale station de bus, appelée ZUP. Un ticket à l'unité coûte 2,10 €, un pass de 24 heures revient à 5,40 €.

Pour rejoindre l'île en voiture, suivre les panneaux "Lindau-Insel". La solution la plus simple et économiqu e est de se garer dans le vaste parking payant (0,80 €/heure) juste avant de traverser le pont menant sur l'île.

Pour louer vélo ou tandem, on s'adressera à **Unger's Fahrradverleih** (Inselgraben 14 ; vélo 6-12 €/jour, tandem 18 €, vélo électrique 20 € ; ⏲9h-13h et 15h-18h lun-ven, 9h-13h sam-dim).

Comprendre la Bavière et la Forêt-Noire

L'Allemagne du Sud aujourd'hui

Entre la forte croissance économique et le folklore en culottes de peau avec claques sur les cuisses, l'énergie verte et la première industrie automobile de luxe au monde, la profusion bio au supermarché et le saucisse-bretzel-bière du petit-déjeuner, l'Allemagne du Sud surprend le visiteur par ses contradictions. Néanmoins tout repose sur trois assises solides : la constance des Bavarois dans leur vote – le parti conservateur est reconduit au pouvoir depuis 1958 –, le pilier économique qu'est la production manufacturière, le respect des traditions.

À lire

Un tueur à Munich : Josef Kaltès (Andrea Maria Schenkel, Actes Sud, 2009). Inspiré d'un fait divers, ce roman noir nous plonge dans les années 1930 à Munich, où sévit un redoutable assassin.
L'Ami retrouvé (Fred Uhlman, Folio Gallimard, 1971). L'émouvant récit d'une amitié contrariée par la montée du nazisme.
Un enfant (Thomas Bernhard, Folio Gallimard, 1994). Au nombre des plus beaux récits du grand écrivain autrichien, celui, implacable, de ses premières années entre Salzbourg et une petite ville de Bavière.
Louis II de Bavière (Jean des Cars, 2010). Une biographie du célèbre monarque.

À voir

Ludwig : le Crépuscule des dieux (Luchino Visconti, 1973) Le règne de Louis II vu par le maestro italien.
Tous les autres s'appellent Ali (Rainer Werner Fassbinder, 1974). Le récit d'une liaison entre un immigré marocain et une veuve allemande. Tourné à Munich.
Scènes de chasse en Bavière (Peter Fleischmann, 1969). Redécouvert il y a peu, ce film dresse un tableau féroce d'une communauté villageoise de Bavière.
Munich (Steven Spielberg, 2005). Un thriller inspiré par le drame des Jeux olympiques de 1972.

Retour à la normale

En septembre 2013, la vie politique a repris son cours habituel après les élections régionales (*Landtagswahl*) qui ont permis à l'Union chrétienne-sociale en Bavière (CSU) de dépasser pour la première fois depuis 1998 les 60% de suffrages. Ces quinze dernières années avaient été marquées par la plus importante "instabilité" politique depuis le début des années 1950. La CSU avait même été obligée de former une coalition avec le Parti libéral-démocrate (*Freie Demokratische Partei*, FDP) entre 2008 et 2013, ce qui n'était jamais arrivé depuis le début des années 1960. Mais, à l'heure où l'Europe entière penche à droite, la CSU est de retour, avec à sa tête le ministre-président de Bavière Horst Seehofer.

Économie, les clés du succès

De l'avis de beaucoup d'observateurs, la Bavière est l'incarnation de la réussite de la libre-entreprise. Une statistique en dit long : si la Bavière était un pays indépendant (et bon nombre d'habitants aimeraient secrètement qu'elle le soit), son économie se classerait au 19e rang mondial (et celle du *Land* de Bade-Wurtemberg, tout aussi influent, au 22e rang), devant la Suède ou l'Autriche. On cuisine au gaz, la plupart du temps sur un fourneau respectueux de l'environnement et fièrement estampillé "*Hergestellt in Bayern*" (fabriqué en Bavière). Même après la chute de l'euro et la crise de la dette publique grecque, l'Allemagne du Sud semble demeurer l'un des meilleurs investissements au monde.

Sur quoi repose le succès économique du sud de l'Allemagne ? Incontestablement, la bonne vieille production manufacturière semble être son pilier le plus solide, grâce notamment à une puissante industrie automobile. Les marques de voitures allemandes les plus prestigieuses – BMW, Audi, Porsche et Mercedes – sont toutes basées dans le Sud, où elles emploient des centaines de milliers de personnes et génèrent un chiffre d'affaires de plusieurs milliards d'euros. Parmi les autres géants industriels de la région, citons Siemens, Allianz, Grundig et Adidas.

Le tourisme représente aussi une manne financière importante pour le sud de l'Allemagne. En 2014, la seule ville de Munich a accueilli plus de cinq millions d'étrangers dans ses hôtels, et des sites majeurs comme le château de Neuschwanstein ou le centre-ville de Ratisbonne, inscrit au patrimoine mondial de l'Unesco, attirent des millions de visiteurs. Le nombre de touristes ne cesse d'ailleurs d'augmenter grâce aux grandes puissances émergentes (Brésil, Russie, Inde, Chine), dont les ressortissants contribuent désormais à une bonne part de la croissance.

Un géant vert

Avec une industrie omniprésente, produisant des bolides automobiles et autres locomotives, on pourrait s'attendre à étouffer dans une atmosphère toxique dès la sortie de l'aéroport. Il n'en est rien. En fait, Munich devrait devenir en 2025 l'une des premières grandes villes du monde alimentées uniquement par des énergies renouvelables, et en campagne, certaines bourgades ont une apparence très différente selon l'angle de vue, car les toits orientés au sud sont couverts de millions de panneaux solaires (c'est depuis le train que l'on observe le mieux cet étrange phénomène). Les agriculteurs ont transformé des surfaces considérables en "champs" de panneaux solaires, les éoliennes font partie du paysage et le vélo est à la mode depuis des décennies. Le projet de fermeture des centrales nucléaires dès 2020 est toujours d'actualité, les dirigeants politiques de Berlin semblant toujours d'accord avec la loi rédigée pour la première fois en 2011.

Mode de vie

Quel est le portrait robot de l'Allemand du Sud moyen ? Si l'on en croit les statistiques, c'est un homme marié, âgé d'une trentaine d'années, qui a fait quelques années d'études supérieures et occupe en location un appartement de 90 m² dans une ville de taille moyenne. Propriétaire d'une voiture de milieu de gamme, il utilise les transports en commun pour aller travailler. Salarié du secteur tertiaire, il gagne environ 3 300 € mensuels, absorbés pour 40% par les charges sociales et l'assurance santé. S'il vote souvent conservateur, l'Allemand du Sud moyen peut se laisser séduire par un autre parti. Il trie et recycle soigneusement ses déchets. Catholique en Bavière, protestant dans le Bade-Wurtemberg, il ne pratique pas de façon assidue. Passionné de randonnée et de ski, il n'est néanmoins pas obsédé par sa forme physique. La famille moyenne est réduite, le taux de natalité étant de 1,38 enfant par femme.

MUNICH ET LA BAVIÈRE

SUPERFICIE : **70 549 KM²**

POPULATION : **12,6 MILLIONS D'HABITANTS**

PIB : **487 MILLIARDS D'EUROS**

TAUX DE CHÔMAGE : **3,1 %**

Sur 100 personnes dans le sud de l'Allemagne

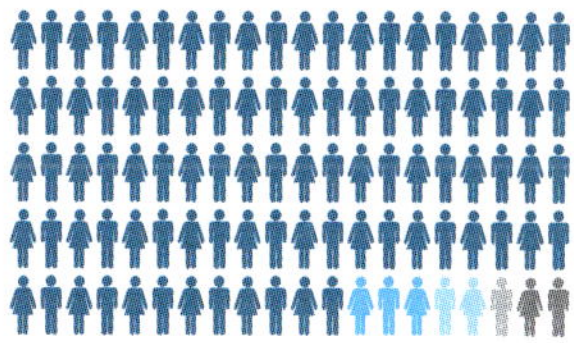

92 sont allemands
3 sont turcs
2 sont originaires de pays de l'ex-Yougoslavie
1 sont italiens
2 ont d'autres origines

Religions

(% de la population)

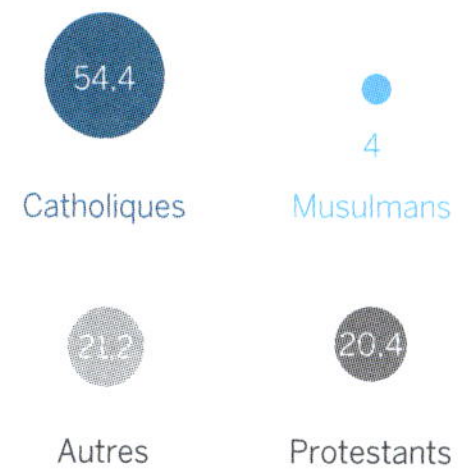

Population au km²

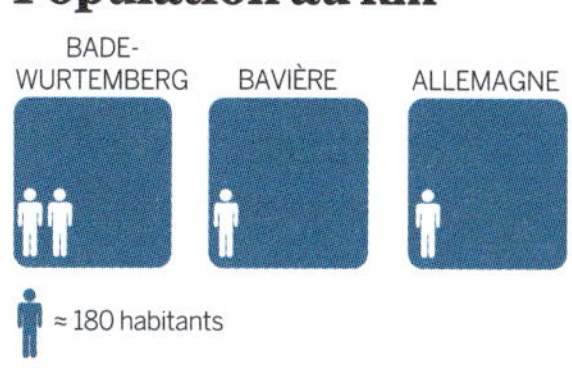

Histoire

Les origines de la Bavière, le plus vaste des *Länder* allemands, situé tout au sud du pays, remontent au VIe siècle. Après avoir connu la guerre et la révolution, été dirigée par des monarques fous et des dictateurs encore plus fous, la Bavière, et l'Allemagne du Sud en général, s'en sort plutôt bien, puisqu'elle figure parmi les lieux les plus prospères et les plus paisibles au monde.

Sous sa forme actuelle, il s'agit d'une entité territoriale relativement récente, ses trois peuples - les *Bajuwaren* (Bavarois), les *Franken* (Franconiens) et les *Schwaben* (Souabes) - ayant évolué de façon indépendante jusqu'à ce qu'ils soient réunis par Napoléon en 1806 au sein du royaume de Bavière. Fondée par le duc Henri le Lion en 1158, la ville de Munich s'est vue reconnaître des droits municipaux en 1175 et a été proclamée capitale du *Land* en 1506. Bien qu'elle n'ait jamais réellement été au cœur de la puissance européenne, la Bavière joue depuis des siècles un rôle essentiel dans la politique du continent. Dirigée par la dynastie des Wittelsbach durant 700 ans, la Bavière a pu développer et entretenir une culture propre, qui continue aujourd'hui encore de façonner son image et son identité. Le plus célèbre des Wittelsbach, Louis II de Bavière, a dilapidé la fortune familiale en se lançant dans l'édification de châteaux exubérants, qui devaient contribuer à développer le tourisme moderne dans la région.

Sur les armoiries de la Bavière, la Bavière ancienne est représentée par une panthère bleue, la Franconie par une herse dont les trois pointes blanches mordent sur le rouge de la partie supérieure, la Souabe par trois lions noirs, et le Haut-Palatinat (qui n'appartient plus à la Bavière) par un lion doré.

La Bavière du XXe siècle est aussi associée à l'ascension d'Hitler et à la montée du nazisme, dont les idées s'épanouirent dans les quartiers ouvriers de Munich et de Nuremberg. La région compte de nombreux sites témoignant de ce passé tragique, lorsque de vastes rassemblements S.S. avaient lieu à Nuremberg et que Dachau devint le premier camp de concentration.

Après la Seconde Guerre mondiale, la Bavière fut le moteur de l'Allemagne sur le plan économique, avec des industries de haute technologie et de production automobile qui en firent l'une des régions les plus prospères d'Europe. Plus récemment, la Bavière a accueilli les tragiques Jeux olympiques de 1972 et a vu un enfant du pays devenir

CHRONOLOGIE

15 av. J.-C.

Le futur empereur Tibère et son frère Drusus triomphent des tribus celtiques au nord des Alpes et baptisent leur nouvelle colonie Raetia (Rhétie). La capitale est Augusta Vindelicorum (l'actuelle Augsbourg).

555-788

Garibald Ier (555-591) fonde le premier duché bavarois. La dynastie des Agilolfinges demeure au pouvoir jusqu'à ce que le duché soit absorbé dans l'empire des Francs par Charlemagne en 788.

VIIe-VIIIe siècles

Des missionnaires venus d'Irlande, d'Écosse et du royaume franc introduisent le christianisme en Bavière. En 738, saint Boniface fonde les diocèses de Salzbourg, Freising, Passau et Ratisbonne.

pape. Le *Land* a également été sur le devant de la scène lors de la Coupe du monde de football en 2006.

Des origines multiples

Premier peuple connu établi en Bavière, les Celtes ne résistèrent pas à l'invasion romaine lorsque les légions franchirent les Alpes au Ier siècle. Les Romains fondèrent la province de Raetia (Rhétie) et choisirent Augusta Vindelicorum (Augsbourg) pour capitale. Au Ve siècle, la situation se renversa : les Romains reculèrent devant les peuples germaniques de l'Est qui remontaient la vallée du Danube en quête de nouvelles terres.

Comme pour de nombreux peuples d'Europe centrale, les origines précises du peuple bavarois demeurent obscures mais on estime qu'il descendrait des unions entre Romains demeurés sur place, Celtes romanisés et nouveaux venus de l'Est. Il se peut que le nom "Bajuwaren" vienne de l'expression "les hommes de Bohême", région voisine de l'actuelle République tchèque.

Les Francs sont apparus au IIIe siècle, après que plusieurs peuples germaniques de l'ouest se furent installés le long des régions du Centre-Rhin et du Bas-Rhin, à la frontière de l'Empire romain. Les Souabes sont un sous-groupe des Alamans (peuples alémaniques), arrivés dans le sud-ouest de l'Allemagne vers le IIe siècle. Au IIIe siècle, ils affrontèrent les Romains et finirent par avancer loin vers l'est jusqu'à la rivière Lech.

Pour une présentation exhaustive de l'histoire de la Bavière (en partie en français), consultez le site www.hdbg.de, de la Maison de l'histoire bavaroise, subventionnée par le gouvernement.

L'influence de l'Église

La religion, essentiellement catholique, a façonné de nombreux aspects de l'histoire et de la culture bavaroises au fil des siècles. Après le déclin de l'Empire romain, des missionnaires venus d'Irlande et d'Écosse se sont répandus à travers l'Europe pour prêcher l'Évangile. Ils rencontrèrent un écho favorable chez les Agilolfinges, la dynastie qui fonda le premier duché bavarois au VIe siècle, et le christianisme prit vite racine. Dès 739, il existait des évêchés à Ratisbonne, Passau, Freising et Salzbourg, et des monastères avaient notamment été fondés à Tegernsee, Benediktbeuern et Weltenburg.

Au cours des huit siècles suivants, l'Église régenta la vie quotidienne des habitants, jusqu'à ce qu'en 1517, le moine et professeur de théologie Martin Luther instaure la Réforme, avec ses 95 thèses dénonçant l'infaillibilité papale, le célibat des prêtres, la vente des indulgences et d'autres aspects de la doctrine catholique.

En dépit des efforts de l'Église, les enseignements de Luther furent largement entendus, en particulier en Franconie et en Souabe. Ils n'eurent toutefois pas de retentissements en Bavière, où les dirigeants réprimaient aussitôt tous ceux qui prétendaient à une conversion.

La Bavière est composée de sept *Regierungsbezirken* (régions administratives) historiques : la Basse-Franconie (Unterfranken), la Haute-Franconie (Oberfranken), la Moyenne-Franconie (Mittelfranken), le Haut-Palatinat (Oberpfalz), la Souabe (Schwaben), la Basse-Bavière (Niederbayern) et la Haute-Bavière (Oberbayern).

962

Le roi saxon Otton Ier est sacré empereur par le pape. C'est la naissance du Saint Empire romain germanique, qui domine l'histoire européenne jusqu'en 1806.

1158

Henri le Lion, duc de Saxe, fonde Munich dans le but de prendre le contrôle du lucratif commerce du sel, appelé l'"or blanc".

1180

Début de 738 ans de règne pour la dynastie des Wittelsbach. Otton de Wittelsbach est nommé duc de Bavière par l'empereur Frédéric Barberousse. De duché, la Bavière devient un État territorial.

1214

L'empereur Frédéric II accorde le fief du Palatinat le long du Rhin au duc Otton II de Wittelsbach, élargissant le territoire de la famille et accroissant ses pouvoirs.

HABEMUS PAPAM !

Rome, par un doux soir de printemps de 2005. Le monde entier – catholiques et non-catholiques – retient son souffle. Qui va succéder au pape Jean-Paul II, resté à la tête de l'Église pendant 27 ans ? Ce sera le cardinal Joseph Ratzinger, désormais connu sous le nom de Benoît XVI, né le 16 avril 1927 à Marktl am Inn, en Bavière. Pour la première fois en près de 500 ans, l'Allemagne voit l'un des siens élu pape. Le lendemain, le tabloïd allemand *Bild* claironne en une : *Wir sind Papst !* (*Nous sommes Pape !*).

L'élection de ce cardinal intransigeant, réputé pour son opposition à l'avortement, à l'homosexualité et à la contraception, fut accueillie avec déception par ceux qui espéraient un pape plus progressiste. Pourtant, même les plus virulents détracteurs de celui qui fut surnommé le "cardinal Panzer" ou le "Rottweiler de Dieu" ne pouvaient nier que Joseph Ratzinger était bien préparé à ses nouvelles fonctions. Théologien émérite, locuteur de sept langues et auteur d'une cinquantaine de livres, cet ancien archevêque de Freising et de Munich s'était fait le gardien de la doctrine de la foi catholique auprès de son prédécesseur, Jean-Paul II.

Si l'élection du pape Benoit XVI fut une surprise, la façon dont il a quitté son poste en fut une encore plus grande. En février 2013, il démissionna, invoquant son grand âge ; ce fut le premier pape à agir ainsi en plus de 700 ans. Le pape jésuite argentin François fut élu à sa suite, mais nombre de personnes s'inquiétaient qu'avoir deux papes en vie en même temps risquait de poser des problèmes. Toutefois, ces craintes semblent, jusqu'à présent, infondées.

Ils encouragèrent l'ordre des jésuites, fondé depuis peu, à faire d'Ingolstadt le berceau de la Contre-Réforme.

Les querelles religieuses se soldèrent par la guerre de Trente Ans (1618-1648), qui fit des millions de morts à travers l'Europe. Pendant le conflit, le duc Maximilien Ier (règne 1598-1651) se battit aux côtés de l'empereur catholique Ferdinand II de Habsbourg, qui lui exprima sa reconnaissance en agrandissant son territoire et en le nommant *Kurfürst* (prince-électeur). Après la signature de la paix de Westphalie en 1648, la Bavière – tout comme une grande partie de l'Europe centrale – était dévastée.

Le traité autorisait chacun des dirigeants à choisir la religion de son territoire et plaçait Églises catholique et luthérienne sur un pied d'égalité. La Bavière demeura résolument catholique, comme en témoignent les nombreuses églises baroques érigées au XVIIe siècle, illustration de la ferveur religieuse d'alors.

Le siècle des Lumières vit naître de profondes réformes à travers l'Europe, dont les conséquences aboutirent à la Révolution française, puis aux guerres napoléoniennes et, plus tard encore, à la fin du Saint Empire romain germanique. La structure de l'Église telle qu'elle existait jusque-là s'effondra, entraînant la sécularisation des

1506

Pour empêcher que la Bavière ne soit morcelée en plusieurs territoires, Albert IV, dit Albert le Sage, introduit la loi de primogéniture par laquelle les possessions sont transmises au fils aîné du souverain.

1516

Le 23 avril, le *Reinheitsgebot* (décret sur la pureté de la bière) est adopté à Ingolstadt et précise les ingrédients utilisés dans le brassage des bières (eau, orge et houblon).

1517

Martin Luther lance la Réforme. Il divise l'Église chrétienne en affichant ses 95 thèses sur la porte de l'église de Wittenberg, en Saxe.

1555

L'empereur Charles Quint signe la paix d'Augsbourg, qui autorise chaque dirigeant local à choisir la religion de sa principauté, mettant ainsi fin à plusieurs décennies de querelles religieuses.

monastères bavarois après 1803 et, enfin, la parité religieuse. Bien que Louis Ier ait rétabli les monastères, les protestants jouissent de droits égaux dans l'ensemble de la Bavière, même si elle demeure aujourd'hui majoritairement catholique.

Pour la plus grande fierté de la population, le cardinal Joseph Ratzinger, né en Bavière, est devenu le pape Benoît XVI entre 2005 et 2013. L'Allemagne n'avait pas donné naissance à un souverain pontife depuis Adrien VI, pape de 1522 à 1523.

Les Wittelsbach

La Maison de Wittelsbach a régné sur la Bavière de 1180 à 1918. Otton de Wittelsbach était un parent éloigné de l'empereur Frédéric Barberousse qui, en 1180, lui attribua le duché de Bavière – un territoire alors peu étendu et de peu d'importance. Les générations suivantes des Wittelsbach s'efforcèrent d'agrandir le duché et d'étendre leur zone d'influence par le biais de mariages, de conquêtes, d'héritages ou de marchandages.

En 1214, la dynastie reçut le fief du Palatinat, situé le long du Rhin au nord-ouest de ses frontières actuelles. La bonne fortune de la famille culmina lorsque l'un des siens, Louis IV de Bavière, devint empereur du Saint Empire romain germanique en 1328. Premier Wittelsbach à accéder au trône impérial, Louis IV usa de ses pouvoirs pour ramener sous contrôle bavarois différents territoires éloignés, dont la Marche de Brandebourg (autour de Berlin), le Tyrol (province de l'Autriche actuelle) et plusieurs provinces hollandaises.

La guerre de Trente Ans causa des dommages considérables à la région mais, en s'associant à l'empereur catholique Ferdinand II, les Wittelsbach parvinrent à agrandir encore leur territoire. De duché, la Bavière devint un *Kurfürstentum* (Électorat), ce qui leur octroyait le droit de participer à l'élection des empereurs.

Toutes les alliances ne furent pas aussi profitables. Dans les années 1680, l'ambitieux mais peu éclairé Maximilien II Emmanuel (règne 1679-1726) se battit contre les Turcs aux côtés des Habsbourg dans l'objectif de renverser l'Empire ottoman. Cette allégeance n'ayant pas reçu les récompenses escomptées, il changea de stratégie et de camp, et s'allia à la France face à l'Autriche dans la guerre de la Succession d'Espagne (1701-1714). Le conflit se solda par la débâcle franco-bavaroise et l'occupation de la Bavière durant dix années par les troupes des Habsbourg. Non seulement Maximilien-Emmanuel avait manqué ses objectifs personnels, mais sa politique versatile affaiblit profondément la puissance politique de la Bavière.

Fils de Maximilien-Emmanuel, Charles Albert (règne 1726-1745) était résolu à venger la double humiliation subie par son père. Au moyen de

Le prince Luitpold de Bavière, le plus célèbre descendant des Wittelsbach, possède sa propre brasserie, la Schlossbraurerei Kaltenberg, et organise chaque année une joute très prisée, le Kaltenberger Ritterturnier. Pour plus de détails, consultez le site www.kaltenberg.com.

Les plus belles demeures des Wittelsbach

Château de Neuschwanstein (p. 99)

Résidence de Munich (p. 55)

Château de Herrenchiemsee (p. 112)

Château de Nymphenburg (p. 68)

Château de Linderhof (p. 103)

1618-1648

De nombreuses nations européennes participent à la guerre de Trente Ans, mais les batailles se déroulent essentiellement sur le sol allemand. Le conflit, la famine et les épidémies déciment la population.

1806

La Bavière devient un royaume et double quasiment de superficie après l'octroi de la Franconie et de la Souabe. Après de grandes réformes, elle adopte sa première Constitution en 1808.

1810

Pour ses noces avec la princesse Thérèse de Saxe-Hildburghausen, Louis Ier organise une fête somptueuse, avec une course hippique – c'est le début de la tradition annuelle de l'Oktoberfest à Munich.

KRZYSZTOF DYDYNSKI / GETTY IMAGES©

» Statue du roi Louis Ier

subtiles manœuvres politiques, il parvint à tirer parti de la confusion causée par la guerre de la Succession d'Autriche et, avec le soutien de la Prusse et de la France, se hissa sur le trône impérial en 1742, sous le nom de Charles VII. Son triomphe fut toutefois de courte durée car la Bavière fut rapidement à nouveau occupée par les troupes autrichiennes. À la mort de Charles Albert en 1745, son fils Maximilien III Joseph (règne 1745-1777) fut contraint de renoncer à jamais aux prétentions des Wittelsbach au trône impérial.

Le tout premier timbre postal allemand émis en Bavière (en 1849) était appelé le *Schwarze Einser* ("Penny noir"). Pas si rare que cela, il se vend aujourd'hui à environ 1 300 € lorsqu'il est mis aux enchères.

Naissance d'un royaume

Les contours de la Bavière moderne, pour ainsi dire tels que nous les connaissons aujourd'hui, ont été établis au début du XIXe siècle par Napoléon. Au début des guerres napoléoniennes (1799-1815), la Bavière fut tout d'abord vaincue par la France. Las des conflits et poussé par son puissant ministre Maximilien de Montgelas, Maximilien IV Joseph (règne 1799-1825) plaça son territoire sous la protection de Napoléon.

En 1803, après ses victoires sur l'Autriche et la Prusse, Napoléon se lança dans une révision des cartes d'une bonne partie de l'Europe. La Bavière doubla presque sa superficie en obtenant le contrôle de la Franconie et de la Souabe. En 1806, Napoléon fonda le royaume de Bavière et Maximilien IV Joseph devint le premier roi de Bavière sous le nom de Maximilien Ier.

En 1813, alors que Napoléon connaissait de sérieux revers, Montgelas décida de changer de camp et de soutenir l'Autriche et la Prusse. Après la défaite de la France, les alliés victorieux redessinèrent les frontières de l'Europe au congrès de Vienne (1814-1815) et la Bavière fut autorisée à conserver une grande partie du territoire qu'elle avait obtenu avec l'aide de Napoléon.

La Bavière et la Grèce avaient autrefois à leur tête un même souverain. En 1832, Otton Ier de Bavière est devenu le premier monarque de la Grèce moderne.

Les réformes

Au XVIIIe siècle, la philosophie des Lumières se propagea à d'autres régions d'Europe sans toutefois trouver d'écho en Bavière, jusqu'à ce que le prince-électeur Maximilien III Joseph (règne 1745-1777) arrive au pouvoir. Désireux de rompre avec la tradition guerrière de ses ancêtres, il fit la paix avec l'Autriche et s'employa à réformer son territoire de l'intérieur. Il modernisa le système judiciaire, fonda l'Académie bavaroise des sciences et rendit la scolarisation obligatoire. C'est sous son règne que fut créée la Manufacture de porcelaine de Nymphenburg et que fut érigé le théâtre Cuvilliés de la Résidence de Munich.

Un mouvement de réformes était en marche et il n'était plus question de revenir en arrière, surtout depuis que la Bavière était devenue royaume en 1806. Le comte Maximilien de Montgelas, ministre du roi Maximilien Ier, est considéré comme le père de la Bavière moderne.

1835

Tiré par une locomotive à vapeur, le premier train allemand relie Nuremberg à la ville voisine de Fürth, avec à son bord des passagers, des journaux et de la bière. La liaison a fonctionné jusqu'en 1922.

1848

Attiré par les arts et les femmes, le roi Louis Ier est contraint d'abdiquer après le scandale provoqué par sa liaison avec Lola Montès.

1865

L'opéra de Wagner *Tristan et Isolde* est joué pour la première fois au Nationaltheater de Munich le 10 juin, durant le séjour de 18 mois du compositeur dans la ville, sous le mécénat de Louis II.

1869

L'architecte Eduard Riedel entame les travaux d'édification du château de Neuschwanstein. Faute d'argent, le chantier s'interrompt en 1892. Le château de conte de fées de Louis II ne sera jamais achevé.

HISTOIRE DE LA FORÊT-NOIRE

La Forêt-Noire doit son nom à ses vastes forêts sombres et denses, si impénétrables que même les Romains n'osèrent les coloniser, même s'ils surent profiter des sources thermales de Baden-Baden, à la lisière des bois. Vers le VIIe siècle, un groupe de moines intrépides commença à s'y établir, mais il fallut attendre 1120 pour que le puissant clan Zähringer fonde la ville de Fribourg. Dans le but de s'approprier les terres, ils firent déplacer des paysans dans les vallées pour déboiser et fonder de petits villages. C'est ainsi qu'ils découvrirent les ressources naturelles de la région et, jusqu'au XVe siècle, l'extraction du fer, du zinc, du plomb et même de l'argent représentait une activité essentielle.

Pendant que les seigneurs s'enrichissaient, le sort des mineurs et des fermiers se dégradait peu à peu. Au XVIe siècle, l'agitation qui couvait dans la Forêt-Noire se solda par la révolte des Paysans qui secoua une grande partie du sud de l'Allemagne. Peu équipés et mal organisés, les fermiers ne résistèrent pas à la répression sanglante des autorités.

Au cours des siècles suivants, les habitants de la Forêt-Noire subirent une succession de lourdes épreuves. La guerre de Trente Ans entraîna le décès de 70% de la population, tandis que la peste et la perte des récoltes décimaient les survivants. Un grand nombre des rescapés partirent rejoindre d'autres régions d'Europe plus hospitalières.

La Forêt-Noire ne fit plus parler d'elle jusqu'à la révolution de Baden en 1848-1849. Inspirés par le mouvement démocratique en France et la proclamation de la République française en février 1848, les dirigeants radicaux-démocrates bavarois Friedrich Hecker et Gustav von Struve conduisirent une rébellion armée contre l'archiduc de Baden en avril 1848, revendiquant le droit à la liberté d'expression, l'éducation pour tous, le suffrage populaire et d'autres idéaux démocratiques. Struve fut arrêté et Hecker s'exila, mais leur combat inspira la population et se propagea à d'autres régions d'Allemagne. Les troupes prussiennes finirent par réprimer les révolutionnaires lors d'une redoutable épreuve de force à Rastatt, en juillet 1849.

Près d'un siècle plus tard, Freudenstadt et Fribourg figurèrent parmi les villes du pays dévastées par les bombardements de la Seconde Guerre mondiale. En 1952, la Forêt-Noire intégra le *Land* nouvellement formé du Bade-Wurtemberg. S'il compte toujours de nombreuses terres agricoles, sa première source de revenus est aujourd'hui le tourisme.

Il œuvra à former un État uni en s'appuyant sur la mosaïque constituée par l'"ancienne Bavière", la Franconie et la Souabe, et en adoptant de vastes changements politiques, administratifs et sociaux, dont la sécularisation des monastères. Ces réformes aboutirent peu à peu à la création de la première Constitution bavaroise en 1808, fondée sur les droits à la liberté, l'égalité et la propriété foncière, et à la promesse d'un gouvernement représentatif. Dix ans plus tard, la Bavière obtint son premier *Landtag* (Parlement à deux chambres).

1870-1871

Grâce à une diplomatie savante et à la guerre franco-prussienne, Bismarck crée une Allemagne unifiée. La Bavière conserve toutefois une grande partie de sa souveraineté et nombre de ses institutions.

1886

Le roi Louis II est écarté du trône et interné au château de Berg. Lui et son médecin sont retrouvés morts dans le lac de Starnberg.

1914-1918

Première Guerre mondiale. L'Allemagne est vaincue, la monarchie renversée et la Bavière proclamée "État libre".

1919

Des intellectuels proclament la République des conseils de Bavière le 4 avril. Le mouvement ne dépasse pas Munich et est réprimé par les forces gouvernementales le 3 mai.

LOLA MONTÈS

Fruit des amours d'un jeune officier britannique et d'une danseuse créole de 13 ans, Eliza Gilbert vit le jour en Irlande en 1818. Elle se prétendit plus tard la fille illégitime de lord Byron ou celle d'un matador. Lorsque son père mourut du choléra en Inde, sa mère se remaria et envoya Eliza, alors âgée de sept ans, en Écosse. Plusieurs années plus tard, la jeune fille monte sur les planches en s'inventant un nouveau personnage, celui de Lola Montès, danseuse espagnole.

Peu douée pour la danse, Lola fascinait par sa beauté et peu d'hommes lui résistaient. Au nombre de ses trophées figurèrent le tsar de Russie, qui lui versa 1 000 roubles après une "audience privée", l'écrivain Alexandre Dumas et le compositeur Franz Liszt.

Mise à pied par le directeur d'un théâtre de Munich, Lola choisit de se plaindre directement au roi de Bavière, Louis Ier. D'après la légende, Louis lui aurait demandé si sa charmante silhouette était une œuvre de la nature ou une œuvre d'art. Lola se serait alors emparée d'une paire de ciseaux et aurait découpé le devant de sa robe pour laisser le monarque vieillissant se faire une opinion. Elle fut aussitôt réembauchée au théâtre, dont le directeur fut limogé.

Louis Ier tomba éperdument amoureux de Lola. Il lui accorda une très généreuse pension, lui fit construire un palais et lui octroya le titre décrié de comtesse de Landsfeld. L'influence de sa maîtresse sur le souverain était telle qu'elle gouvernait presque le pays. Quand des étudiants munichois manifestèrent lors de la révolution de 1848, Lola exigea de Louis qu'il ferme l'université. Pour les habitants, les choses étaient allées trop loin et ils rejoignirent les étudiants dans leur révolte. Louis dut se résoudre à abdiquer et Lola fit ses valises pour quitter la ville.

Lola poursuivit sa carrière à travers le monde en se produisant dans des spectacles de plus en plus scabreux, mais très appréciés des chercheurs d'or californiens et australiens. Elle passa les deux dernières années de sa vie à New York, dans l'indigence, et mourut d'une pneumonie et d'une attaque cardiaque à l'âge de 43 ans en 1861.

Pour en savoir plus sur ce personnage extraordinaire, ne manquez pas le magnifique film de Max Ophüls, *Lola Montès* (1955).

Sous le règne de Louis Ier (règne 1825-1848), fils de Maximilien Ier, la Bavière, qualifiée d'"Athènes sur l'Isar", devint un florissant vivier artistique et culturel. Peintres, poètes et philosophes se rassemblaient à Munich, où Leo von Klenze et Friedrich von Gärtner offraient à la ville son architecture néoclassique. La Königsplatz avec la Glyptothèque et les Propylées, la clinquante Ludwigstrasse avec l'arc de triomphe de la Siegestor et l'université Ludwig-Maximilians ont toutes été érigées sous Louis Ier, tout comme l'Ancienne Pinacothèque. Le roi appréciait aussi les techniques nouvelles et défendit l'idée d'un chemin de fer national. La première ligne sur courtes distances, qui reliait Nuremberg à Fürth, fut inaugurée sous son règne en 1835.

1923

Sa tentative manquée de putsch conduit Hitler en prison, où il ne passe que neuf mois pendant lesquels il rédige *Mein Kampf*. Entre huit et neuf millions d'exemplaires seront vendus.

1933

Devenu chancelier, Hitler instaure la dictature nazie, faisant de Munich la capitale du mouvement et d'Obersalzberg, près de Berchtesgaden, le second siège du gouvernement.

1938

Accords de Munich : la Grande-Bretagne et la France cèdent devant Hitler en lui permettant d'annexer les Sudètes, une région de Tchécoslovaquie essentiellement germanophone.

1939-1945

Seconde Guerre mondiale. Dans les pays conquis par l'Allemagne nazie, les Juifs sont massivement assassinés dans des camps de concentration et d'extermination en Europe de l'Est.

La politique de Louis Ier se caractérisa toutefois par un retour à un régime autoritaire, d'autant plus que la révolte grondait dans d'autres régions d'Europe. Fervent catholique, il restaura les monastères, introduisit la censure de la presse et autorisa les arrestations d'étudiants, de journalistes et de professeurs d'université qu'il jugeait subversifs. La Bavière devenait un royaume étouffant, alors que les idées démocratiques françaises et américaines s'épanouissaient ailleurs en Allemagne.

Le 22 mars 1848, Louis Ier abdiqua en faveur de son fils Maximilien II (règne 1848-1864), qui mit enfin en place un grand nombre des réformes constitutionnelles auxquelles son père s'était refusé, comme la suppression de la censure et l'adoption du droit de réunion. D'autres mesures progressistes furent encore adoptées par son fils Louis II au début de son règne (1864-1886), dont l'assistance sociale aux plus démunis, une législation matrimoniale plus souple et le libre-échange.

Ludwig, le Crépuscule des dieux, réalisé en 1973 par Luchino Visconti, avec Helmut Berger et Romy Schneider, relate la vie de Louis II de Bavière, esthète tourmenté d'un autre temps, dans le style lyrique et sensible dont le réalisateur avait le secret.

Louis II de Bavière

Dans la lignée des rois de Bavière, Louis II occupe une place à part. Âme torturée, ce monarque romantique et éclairé était fasciné par l'architecture et par Richard Wagner. Monté sur le trône à l'âge de 18 ans, il fut tout d'abord un souverain dévolu à sa tâche alors que les jours de la Bavière en tant qu'État souverain étaient comptés. Après son intégration par l'Empire allemand, dirigé par la Prusse, en 1871, Louis n'était guère plus qu'un roi fantoche (recevant de généreuses allocations de Berlin).

Désenchanté, le roi se retira dans les Alpes bavaroises pour s'abandonner à l'ivresse, dessiner les plans de châteaux ou assister à des concerts et à des opéras privés. Sa passion pour la culture française et le roi Louis XIV lui inspira la construction des châteaux de Neuschwanstein, Linderhof et Herrenchiemsee (et il projetait d'en bâtir encore d'autres) – des projets gigantesques qui allaient causer sa perte.

En janvier 1886, plusieurs proches et ministres organisèrent à la hâte un examen psychiatrique qui conclut à l'aliénation mentale de Louis. Destitué de ses fonctions, il fut conduit au château de Berg sur les bords du lac de Starnberg (Starnbergersee). Peu après, le roi célibataire et son médecin partirent en promenade un soir. Ils furent retrouvés morts au bout de plusieurs heures – mystérieusement noyés dans quelques dizaines de centimètres d'eau.

Nul ne sait ce qui s'est véritablement passé ce soir-là. Il n'y eut ni témoin ni enquête sérieuse. Les éléments de preuve étaient contradictoires ou incomplets. Des rapports et des documents furent falsifiés, détruits ou perdus. Les thèses de complot abondent. Ce même été, les autorités ouvrirent au public le château de Neuschwanstein pour aider à épurer les immenses dettes de Louis. Le roi était mort, mais une industrie touristique était née.

En 1923, un timbre coûte 50 milliards de marks, un pain 140 milliards de marks. Un dollar américain vaut alors 4,2 trillions de marks. En novembre est apparu le nouveau Rentenmark, d'une valeur d'un trillion d'anciens marks.

1943

Des membres du groupe de résistance *Die Weisse Rose* (La Rose blanche) sont arrêtés après avoir distribué des tracts hostiles aux nazis. Ils sont exécutés quelques jours plus tard à l'issue d'un procès fantoche.

1945

Hitler se suicide dans son bunker à Berlin. L'Allemagne anéantie se rend aux Alliés et est divisée en quatre zones. La Bavière fait partie de la zone américaine.

1945-1946

Les Alliés organisent à Nuremberg une série de procès contre d'anciens responsables nazis. Dix des accusés sont exécutés par pendaison.

ANDREA SCHULTE-PEEVERS / GETTY IMAGES©

» Camp de concentration de Dachau

Période sombre

Hitler avait appelé son régime le Troisième Reich car il considérait le Saint Empire romain germanique et l'Empire allemand de Bismarck comme respectivement les premier et deuxième Reich.

Si Berlin abrita la tête pensante du gouvernement nazi, c'est en Bavière que battait son cœur. La Bavière fut le berceau du mouvement national-socialiste, né du chaos et de l'inconstance qui régnaient en Allemagne au lendemain de la Première Guerre mondiale, aux prises avec une révolution, des réparations écrasantes et une inflation galopante. Les mouvements d'agitation d'extrême-droite eurent une résonance particulière auprès des Bavarois qui n'avaient guère apprécié de devoir renoncer à leur souveraineté au profit d'un gouvernement national centralisé à Berlin.

À Munich, Adolf Hitler, alors artiste raté et Autrichien ayant servi comme caporal durant la Première Guerre mondiale, s'était rapidement hissé au sommet du parti d'extrême-droite, le Nationalsozialistische Arbeiterpartei (Parti national-socialiste, NSDAP). Le 8 novembre 1923, il entraîna ses sympathisants dans un soulèvement destiné à renverser le gouvernement central, à la suite d'un rassemblement politique au Bürgerbräukeller (à proximité de l'actuel centre culturel Gasteig). Mal préparé et désorganisé, le putsch de Munich se solda par un échec cuisant. Le lendemain, un groupe de révolutionnaires armés défila dans les rues de Munich, sans parvenir à dépasser la Feldherrnhalle : une fusillade éclata avec la police, tuant 16 nazis et quatre policiers.

Sites tragiques de Bavière

Nid d'aigle, Berchtesgaden *(p. 114)*

Camp de concentration de Dachau *(p. 91)*

Reichsparteitags-gelände (site des congrès du parti nazi), Nuremberg *(p. 139)*

Mémorial du procès de Nuremberg *(p. 138)*

Centre de documentation de l'Obersalzberg, Berchtesgaden *(p. 114)*

Le Parti national-socialiste fut dissous, et Hitler condamné à cinq ans d'emprisonnement pour haute trahison. Alors qu'il était incarcéré à la prison de Landsberg, à l'ouest de Munich, il commença à rédiger *Mein Kampf* (*Mon combat*), qu'il dictait à son secrétaire Rudolf Hess. Hitler fut libéré pour bonne conduite en 1924, après seulement neuf mois de détention.

Lorsqu'il prit le contrôle de l'Allemagne en janvier 1933, la Bavière se vit accorder un statut spécial. Munich fut déclarée "capitale du Mouvement" et Nuremberg devint le lieu des grands rassemblements du parti nazi. En 1935, les dirigeants du parti promulguèrent les lois de Nuremberg, qui introduisaient la répression systématique des Juifs. Le premier camp de concentration d'Allemagne fut construit à Dachau, au nord de Munich, en 1933. De nombreux autres hauts responsables nazis étaient originaires de Bavière, dont le chef des *Sturmabteilung* (S.A.) Ernst Röhm (assassiné par Hitler par la suite), Heinrich Himmler et Hermann Göring. Hitler lui-même avait vu le jour de l'autre côté de la frontière, à Braunau, en Autriche. Les nazis bénéficiaient d'un soutien massif en Bavière, même s'il existait quelques poches de résistance, notamment par le biais du groupe munichois *Die Weisse Rose* (La Rose blanche).

En 1938, les troupes d'Hitler ne rencontrèrent aucune résistance lorsqu'elles marchèrent sur l'Autriche pour l'annexer à l'Allemagne

1958

Le crash aérien de Munich, sur une piste enneigée de l'aéroport de Riem, fait 23 morts parmi les Busby Babes de Manchester United, des journalistes et des supporters.

1950-1980

La Bavière ouvre la voie du *Wirtschaftswunder* (miracle économique) allemand, grâce aux grosses entreprises, comme Adidas, Puma et Playmobil, basées dans l'État.

1972

La Bavière dévoile son architecture dernier-cri lors des Jeux olympiques, mais l'événement est entaché par le massacre de Munich, où des membres de l'équipe d'Israël sont assassinés lors d'une attaque terroriste.

1974

Deux ans seulement après la tragédie des JO de Munich, la ville accueille la finale de la Coupe du monde de football. L'Allemagne de l'Ouest bat les Pays-Bas 2 à 1 à l'Olympiastadion.

nazie. Au cours de la même année, Neville Chamberlain, au Royaume-Uni, Benito Mussolini, en Italie, et Édouard Daladier, en France, poursuivirent leur politique d'apaisement dans le but d'éviter un nouveau conflit, en accordant à Hitler la mainmise sur une grande partie de la Tchécoslovaquie avec les accords de Munich. Imaginant que cette décision apporterait la paix, Chamberlain vit ses espoirs anéantis le 1er septembre 1939 lorsque les troupes allemandes envahirent la Pologne, déclenchant ainsi la Seconde Guerre mondiale.

La catastrophe aérienne de Munich

L'une des pires tragédies du monde du sport européen s'est produite en février 1958, par un temps glacial, à l'aéroport de Munich-Riem. L'équipe de football de Manchester United, les Busby Babes, ainsi que des journalistes et des supporters revenaient d'un match de Coupe d'Europe de l'UEFA (ancêtre de l'actuelle Ligue des champions) à Belgrade, lorsque leur avion dut faire une escale à Munich pour faire le plein. Une fois ravitaillé, l'avion reprend la piste par deux fois, mais des problèmes de moteur l'empêchent de décoller. Après avoir trouvé une solution au problème, les passagers purent remonter dans l'avion. Malheureusement, lors de la troisième tentative, l'avion ne put jamais atteindre la vitesse de décollage sur la piste couverte de neige, il glissa à l'extrémité de la piste et heurta une maison ainsi que d'autres bâtiments. Vingt-trois personnes trouvèrent la mort, y compris huit joueurs, huit journalistes et trois entraîneurs. Bobby Charlton fut l'un des survivants ; il remporta la Coupe du monde pour l'Angleterre en 1966. Les autorités allemandes ouvrirent une enquête contre le pilote qui avait survécu, le capitaine James Thain ; l'enquête dura jusqu'en 1968, puis l'affaire fut abandonnée.

Le grand historien britannique Ian Kershaw a publié une passionnante étude sur l'impact du IIIe Reich dans la région : *L'Opinion publique allemande sous le nazisme : Bavière 1933-1945* (CNRS Éditions, 2010).

Un Land à part

Bien que la Bavière actuelle soit aujourd'hui parfaitement intégrée à la structure politique allemande, ses habitants tirent toujours une grande fierté de leurs spécificités. Son histoire, ses traditions, ses comportements, ses priorités politiques et sa culture sont, à de nombreux égards, différents de ceux du reste de l'Allemagne. Même s'ils se considèrent comme Allemands, les Bavarois restent des Bavarois en premier lieu. La situation est différente de l'autre côté de la "frontière", dans le Bade-Wurtemberg.

Après la Seconde Guerre mondiale, la Bavière fit partie de la zone d'occupation américaine et fut autorisée à adopter sa propre Constitution en décembre 1946. En 1949, il s'agissait de l'unique *Land* allemand n'ayant pas ratifié la Constitution du pays car, à ses yeux, elle imposait des restrictions inacceptables aux pouvoirs des *Länder*. La Bavière

1992

Ouverture de l'aéroport de Munich, le deuxième du pays et le septième d'Europe en termes de fréquentation. Il porte le nom de l'ancien ministre-président bavarois Franz Josef Strauss, qui a aidé à fonder Airbus.

2005

Le cardinal Joseph Ratzinger, né en 1927 dans la ville de Marktl am Inn près de la frontière autrichienne, devient le pape Benoît XVI. Il renonce au pontificat en février 2013.

2006

Le nouveau stade Allianz Arena de Munich accueille le premier match de la Coupe du monde de football.

2007

Après 14 années en tant que ministre-président de Bavière et président de la CSU, Edmund Stoiber se retire à la suite d'une remise en question de ses capacités de dirigeant.

accepta toutefois de respecter et de se conformer à la Constitution fédérale, ainsi qu'elle l'a toujours fait depuis. Afin de souligner sa fibre indépendante, elle s'est qualifiée de *Freistaat* (État libre) *Bayern*, bien que cette appellation ne corresponde à aucune réalité politique.

Dans *Munich* (2005), Steven Spielberg décrit la suite de la prise d'otages qui a endeuillé les Jeux olympiques de 1972.

Depuis 1946, l'ultraconservatrice Union chrétienne-sociale (Christlich-Soziale Union ; CSU) domine tous les échelons de la scène politique bavaroise, des communes au *Land*. Bien qu'elle soit propre à la Bavière, la formation est très proche de la CDU nationale (Christlich-Demokratische Union, l'Union chrétienne-démocrate).

Au nombre des grandes figures de la CSU, Franz-Josef Strauss fut *Ministerpräsident* (ministre-président, sorte de gouverneur) de Bavière de 1978 à sa mort en 1988, et son protégé, Edmund Stoiber, dirigea le parti de 1999 à 2007. Malgré leur immense popularité et leurs réussites en Bavière, aucun des deux ne parvint à décrocher le titre de chancelier fédéral : Strauss s'inclina face à Helmut Schmidt en 1980, et Stoiber se vit écarté par Gerhard Schröder en 2002. Depuis octobre 2008, la Bavière est dirigée par Horst Seehofer.

Le film *Sophie Scholl, les Derniers Jours* (2005) recrée avec force détails les six derniers jours de la vie de cette courageuse résistante, exécutée à l'âge de 21 ans.

Après la guerre, la Bavière a connu une reprise économique sans comparaison avec celle des autres *Länder* allemands. En quelques décennies, d'une société essentiellement agraire, elle est devenue un État progressiste, s'appuyant sur des activités de haute technologie. Cette évolution a, au moins en partie, été permise par l'arrivée de deux millions d'Allemands expulsés, pour la plupart, des Sudètes de Bohême et de Moravie et qui constituèrent une main-d'œuvre indispensable. La Bavière est aujourd'hui réputée pour son ingénierie de pointe, sa production manufacturière de haute qualité et ses voitures haut de gamme. Mais l'essentiel de son histoire réside dans ses coutumes traditionnelles et dans les trésors architecturaux légués par ses anciens dirigeants.

2008-2013

La CSU est obligée de former une coalition avec le FDP pour la première fois depuis le début des années 1960. Tout revient à la normale en 2013, lorsque le parti regagne sa majorité absolue au *Landtag*.

2016

Alors qu'ils appartenaient à la Bavière, les droits de *Mein Kampf* sont tombés dans le domaine public. Le texte peut être publié librement par n'importe quel éditeur dans le monde.

Culture bavaroise

La culture de l'Allemagne du Sud est un ensemble composé d'éléments véritablement composites. S'y côtoient les flonflons que l'on entend dans les tavernes, les sculptures gothiques, les galeries présentant des œuvres d'art contemporaines et les boutiques vendant les costumes bavarois traditionnels (que la population porte réellement). L'histoire mouvementée a laissé beaucoup de traces dans la culture, certaines provenant d'un passé bucolique, d'autres de périodes plus sombres et plus récentes de l'histoire. Quel que soit votre bagage culturel, vous ne pourrez qu'être intrigué par la Bavière.

Identité régionale

Rares sont les *Länder* allemands à revendiquer leur identité propre avec autant de force que la Bavière. Au carrefour des échanges entre l'Europe du Nord, le monde méditerranéen et le sud-est de l'Europe depuis la nuit des temps, le *Land* le plus méridional du pays a toujours joué un rôle commercial important. Les Alpes n'ont jamais représenté un obstacle infranchissable, et très tôt la culture méditerranéenne a influencé la Bavière. Ici, le sentiment patriotique est exacerbé et, au moindre soupçon d'affront, les Bavarois resserrent les rangs. Les habitants affirment se sentir bavarois avant tout, même si ce sentiment s'atténue en remontant vers le nord de la Franconie.

Les Bavarois nés en Bavière affichent ouvertement leur fierté et désignent toute personne née ailleurs par le sobriquet *Wald a Zuagroaste* ("nouveau venu" en bavarois).

De l'extérieur, on imagine mal que la Bavière rurale traditionnelle et la Bavière moderne du monde de l'industrie et des technologies de pointe puissent ne faire qu'une, cette terre qu'en un slogan le gouvernement fédéral désignait comme la "terre des *Lederhosen* (culottes courtes en cuir) et des ordinateurs portables". Cette image des fermiers et des informaticiens travaillant (virtuellement) main dans la main a rencontré un franc succès. La Bavière moderne reste certes la patrie de l'Oktoberfest, de la bière et des traditions, mais elle n'est pas peu fière de ses bâtiments ultramodernes tout d'acier et de verre, de ses stylistes branchés et de sa renommée sportive au plan international. Jeune et dynamique, la région est moins portée sur l'introspection que le reste de l'Allemagne.

Formé en 1952 des petits États de Württemberg-Baden, Württemberg-Hohenzollern et Baden, le Baden-Württemberg actuel n'affiche aucun des sentiments nationalistes que l'on rencontre en Bavière. Ici, les régions revêtent une grande importance, la Souabe et l'Allgäu possédant leurs propres traditions.

Distinctif, le drapeau bavarois compte au moins 21 losanges bleus et blancs.

Religion

La population bavaroise est en grande majorité catholique, et plus de la moitié affirme suivre les dogmes du Vatican. Toutefois, des villes comme Munich, Augsbourg ou Nuremberg, ainsi que les régions d'Oberfranken et de Mittelfranken, en Bavière, comptent un certain nombre de luthériens. En augmentation ces 30 dernières années, avec l'arrivée des émigrés venus des anciennes républiques soviétiques, la communauté juive munichoise s'élève à quelque 10 000 personnes. Les musulmans représentent environ 4,2% de la population et ce nombre augmente rapidement.

MULTICULTURALISME

Malgré une grande tolérance et une véritable volonté d'intégration de la part du gouvernement, qui propose des cours à l'intention des immigrants afin de leur permettre de mieux appréhender la culture allemande et de valider leur statut de réfugiés, les communautés se mélangent peu dans la vie de tous les jours, et les tensions raciales ne cessent de croître, en particulier dans les villes. Par ailleurs, le néonazisme prend de l'ampleur et un nombre croissant de cas d'intimidation sur des étrangers non blancs a été rapporté.

La population du Baden-Württemberg se divise en deux communautés à parts quasi égales : les luthériens dans le Nord et le Centre, et les catholiques dans le Sud. L'islam est la troisième religion de l'État : 6% de la population se déclare musulmane.

Décliné en langue allemande ou anglaise, le portail de la culture bavaroise a pour adresse Internet : www.kulturportal-bayern.de. Théâtre, littérature, musique, cinéma, musées, monuments ou traditions... il suffit de lancer une recherche pour accéder à différents événements en cours.

Conventions sociales

Les Bavarois, tout comme les habitants de la Forêt-Noire, passent pour être assez conservateurs sur le plan culturel. Pour se sentir à l'aise dans un contexte professionnel, dans une réunion mondaine, à l'opéra ou au théâtre, il sied de porter des vêtements de ville élégants. Et pour franchir le seuil des boîtes glamour munichoises, une tenue habillée est de rigueur.

Plutôt conciliants, les Bavarois montrent une certaine obligeance envers les visiteurs, surtout perdus ! En public, les gens conservent néanmoins une certaine réserve. Rares sont les conversations engagées spontanément dans le bus ou dans les files d'attente au supermarché. En revanche, la population jeune discutera volontiers avec vous, en particulier là où se retrouvent les étudiants.

Entre hommes comme entre femmes, on peut se serrer la main comme s'embrasser sur la joue, voire se serrer dans les bras, en particulier entre jeunes gens. Au téléphone, il est une règle incontournable sous peine de paraître impoli : se présenter par son nom avant même de dire bonjour. Par exemple : "Dupont, Grüss Gott" ("Ici Dupont, bonjour").

Volontiers employé, en particulier dans le cadre du travail, le vouvoiement ("*Sie*") marque le respect. Entre jeunes gens et dans la vie sociale, l'usage du *Sie* et du *du* (tu) est beaucoup plus souple.

Sport

Football

En Bavière, la simple mention du *Fussball* (football) suscite les plus vives passions. Son équipe la plus célèbre est le Bayern Munich où se sont illustrées bien des stars du ballon rond (Franz Beckenbauer, Lothar Matthaus...). Vainqueur de la Bundesliga (ligue de football allemand) masculine à 22 reprises, la dernière fois en 2015, le club brille aussi régulièrement dans les compétitions européennes, accédant 5 fois à la prestigieuse Ligue des champions, qu'il a remportée 2 fois. En 2015, le football féminin est apparu sur le devant de la scène en Bavière lorsque le Bayern Munich a remporté le Bundesliga féminin pour la première fois depuis 1976.

Golfeur le plus célèbre du pays, Bernhard Langer est le fils d'un prisonnier de guerre russe qui sauta d'un train à destination de la Sibérie et s'installa en Bavière.

Si le Bayern domine les discussions, il existe d'autres bons clubs en Allemagne du Sud. Le FC Augsbourg, le FC Ingolstadt 04 et le VfB Stuttgart figurent actuellement parmi les meilleures équipes. Le SpVgg Greuther Fürth et le 1. FC Nuremberg (Nürnberg en allemand) jouent en deuxième division.

La saison footballistique dure de septembre à juin, avec une trêve hivernale de Noël à la mi-février.

Ski

Les sublimes pentes bavaroises de Garmisch-Partenkirchen, Reit im Winkl ou Berchtesgaden accueillent traditionnellement les compétitions de la Coupe du monde et tous les ans les plus grands skieurs. Le jour du Nouvel An se déroule à Garmisch-Partenkirchen une épreuve attendue de saut à ski, l'une des quatre compétitions de la Vierschanzen-Tournee (Tournée des quatre tremplins) comptant pour la Coupe du monde. Parmi les championnes de ski bavaroises, citons Rosi Mittermaier, deux fois médaille d'or aux Jeux olympiques de 1976 et, plus récemment, Maria Höfl-Riesch, double championne olympique de super-combiné et de slalom lors des Jeux olympiques de Vancouver 2010.

Arts

Littérature

La littérature allemande doit à Hans Jacob Christoffel von Grimmelshausen (1622-1676) son premier grand roman picaresque, *Simplicissimus* (*Les Aventures de Simplicius Simplicissimus,* 1668), dont la célèbre revue satirique (fondée en 1896) tira son nom. Originaire de la Forêt-Noire, ce génie des lettres décrit avec une modernité étonnante les bouleversements de la guerre de Trente Ans. Si, aux XVIIIe et XIXe siècles, un certain nombre de grands écrivains allemands, dont Jean Paul (pseudonyme de Johann Paul Friedrich Richter, 1763-1825) et E.T.A. Hoffmann (1776-1822), ont vécu en Allemagne du Sud, la littérature bavaroise n'a vraiment connu son âge d'or que dans la seconde moitié du XIXe siècle. Une époque qui fut aussi celle de la satire, avec quelques auteurs majeurs tels que Thomas Mann et Frank Wedekind (auteur de *L'Éveil du printemps,* 1891) qui contribuèrent à dénoncer dans *Simplicissimus,* revue à l'emblématique bouledogue rouge, l'autocrate Guillaume II. La censure mit fin aux critiques et envoya même Wedekind derrière les barreaux. Fin connaisseur de Munich, Thomas Mann, qui y passa 40 ans, a su explorer avec finesse les velléités de la ville à devenir une sorte de Florence de Bavière, dans l'une de ses délicieuses œuvres bavaroises, la nouvelle *Gladius Dei* (1902). Il y écrivit quantité de livres unanimement salués, dont son grand roman, *Les Buddenbrook,* et obtint en 1929 le prix Nobel de littérature.

Bien qu'il ait passé la plus grande partie de sa vie en Suisse, Hermann Hesse (1877-1962), prix Nobel de littérature, était originaire de la Forêt-Noire et ses romans les plus célèbres, *Siddhartha* et *Le Loup des steppes,* furent cultes pour la génération hippie. Le philosophe Martin Heidegger (1889-1976), auteur d'*Être et Temps,* l'une des œuvres majeures de l'existentialisme allemand, venait lui aussi de Forêt-Noire.

> La très catholique Bavière n'a pas été le berceau de beaucoup de grands écrivains juifs, si ce n'est Jakob Wassermann (1873-1934), romancier apprécié du début du XXe siècle.

Immense dramaturge, Bertolt Brecht (1898-1956), né à Augsbourg, est lui aussi bavarois ; s'il fit jouer ses premières pièces à Munich, il prit le chemin de l'exil à l'arrivée des nazis et s'installa à Berlin-Est à la fin de la guerre. Après la Seconde Guerre mondiale, les écrivains allemands connurent une période de repli (et parlèrent alors d'"exil intérieur") ou, à l'instar de Hans Carossa et Ernst Wiechert, s'essayèrent à une forme de renouveau politique et intellectuel.

La scène littéraire contemporaine se caractérise par son éclectisme, rendant impossible toute étiquette. L'ancien juge munichois Herbert Rosendorfer (1934-2012) a écrit de nombreux romans, dont certains ont été traduits en français, comme *Grand solo pour Anton* (Fayard, 1994). Né à Mannheim, le romancier Wilhelm Genazino a obtenu le prix Georg-Büchner pour son œuvre romanesque, traduite en français chez Christian Bourgois (*Léger mal du pays,* 2007). Anna Rosmus (née en 1960) est l'auteure d'un livre sur l'époque du IIIe Reich à Passau, sa ville natale, pour lequel elle a reçu, à 20 ans, le prestigieux prix Scholl pour

HEIMATFILM

Les beaux paysages montagneux du sud de l'Allemagne ont inspiré la création d'un genre cinématographique unique : l'*Heimatfilm*, ou film de terroir, le terme *Heimat* désignant tout à la fois le foyer et la mère-patrie. Ce courant a connu son apogée dans les années 1950, contribuant ainsi à répandre les doux clichés sur la Bavière.

La plupart des *Heimatfilme* présentent un monde en paix avec lui-même, qui s'attache à des questions essentielles comme l'amour, la famille et les plaisirs de la vie rurale traditionnelle. Un intrus, par exemple un prêtre, devient un agent perturbateur pour les principaux personnages (une vachère et son fiancé, ou encore un braconnier), qui vont mobiliser les valeurs de la communauté pour résoudre la question. Dans ces récits ayant pour cadre les montagnes d'Autriche, de Bavière ou de Suisse, les intrigues sont relativement prévisibles et accompagnées d'une musique souvent sirupeuse.

Parmi les productions de ce filon cinématographique : *La lande est verte* (*Grün ist die Heide*, 1951) ou *La Bergère de Sankt Kathrein* (*Die Sennerin von St. Kathrein*, 1955).

le courage et l'indépendance dont elle a fait preuve (elle a dû quitter la ville sous les menaces). Elle l'a transformé en une œuvre romanesque qui rencontra un grand succès, dont *Was ich denke* (Ce que je pense – non traduit en français). Parmi les plus célèbres résidents de Munich, citons Patrick Süskind (né en 1949) dont le roman *Le Parfum* (1985) a été lu dans le monde entier, ou Hans Magnus Enzensberger (né en 1929), dont l'œuvre foisonnante mêle romans, essais, théâtre et poésie.

Dans son autobiographie *Was ich denke* (Ce que je pense), Anna Rosmus raconte comment, adolescente, elle a écrit un texte révélant des crimes choquants dont Passau fut le théâtre avant guerre.

Cinéma et télévision

Certes, le dernier grand succès du septième art allemand, *La Vie des autres* (2006), auréolé de nombreux prix, a été tourné à Berlin. Les studios Bavaria Film de Munich sont toutefois très actifs et ont notamment produit le long-métrage de Marc Rothemund intitulé *Sophie Scholl – Les derniers jours* (2005) et l'adaptation par Tom Twyker du roman de Süskind, *Le Parfum : histoire d'un meurtrier* (2006).

Fondés en 1919, les studios de Munich ont attiré de nombreux grands réalisateurs, parmi lesquels Alfred Hitchcock (*Le Jardin du plaisir,* 1925), Billy Wilder (*Fedora,* 1978), Rainer Werner Fassbinder (*La Femme du chef de gare,* 1977) ou encore Wolfgang Petersen (*Le Bateau,* 1981, et *L'Histoire sans fin,* 1984). Beaucoup de productions télévisées allemandes, comme la série policière *Polizeiruf 110* ou le soap-opéra *Marienhof,* ont été réalisées à Munich. Les studios abritent le Bavaria Filmstadt, un parc à thème consacré au cinéma où l'on retrouve des décors originaux et des accessoires de productions célèbres, comme *Le Bateau.*

Musique

Florian von Donnersmarck, réalisateur de *La Vie des autres* (2006, oscar du Meilleur film étranger), a été formé à l'École du cinéma de Munich.

Richard Wagner (1813-1883) semble incarner la Bavière alors qu'il est né à Leipzig et mort à Venise. C'est en fait le mécénat de Louis II, fervent admirateur du maître depuis son enfance, qui lia le compositeur à la Bavière et surtout à Bayreuth, où le roi finança la construction du *Festspielhaus* ("palais des festivals"), véritable temple de la musique qu'exigeait le compositeur pour donner sa *Tétralogie* des Nibelungen. Wagner s'inspire de thèmes mythologiques pour ses opéras (*Lohengrin, Tristan et Isolde*), mais il cherche surtout à réaliser son grand œuvre, le *Gesamtkunstwerk*, œuvre d'"art total" où tout est lié, musique, peinture, théâtre et poésie. Entre autres compositeurs, Liszt (son beau-père), Bruckner, Tchaïkovski, Mahler sont présents dans la salle au milieu des têtes couronnées.

Alors que les partitions destinées aux symphonies devenaient de plus en plus élaborées, les compositeurs bavarois entrèrent dans la danse.

Enfant de Munich, Richard Strauss (1864-1949) composa de célèbres symphonies comme *Don Juan* et *Macbeth* avant de se consacrer à l'opéra, *Der Rosenkavalier* (*Le Chevalier à la rose, 1910*) étant le plus connu.

Enfin, le Munichois Carl Orff (1895-1982) eut la chance d'embrasser la notoriété avec une seule œuvre : *Carmina Burana,* cantate de 1935 caractérisée par des harmonies simples, des rythmes puissants et des sonorités répétitives envoûtantes. Un festival Orff est organisé chaque année dans la ville où le compositeur est inhumé, dans l'abbaye d'Andechs.

Impossible de ne pas parler de Mozart, prodige né en 1756 à Salzbourg, ville allemande devenue définitivement autrichienne en 1816. Au cours de ses voyages, la famille Mozart se rendit plusieurs fois en Bavière et joua à Munich en 1762, à la cour du prince-électeur Maximilien III. À Salzbourg, lieu du Festival Mozart, il est possible de visiter la maison natale d'Amadeus et la demeure familiale ultérieure.

Les passionnés de musique classique ne manqueront pas de faire halte à Munich, à la Philharmonie ou au Bayerische Staatsoper. La scène musicale de Nuremberg s'est épanouie en 2005, lorsque les autorités bavaroises ont transformé le théâtre municipal en Staatstheater (théâtre national), dont les opéras, les concerts et les ballets sont salués par la critique et le public.

L'Allemagne du Sud affiche un calendrier riche en festivals, mais l'événement majeur demeure le Festival Richard-Wagner de Bayreuth. Inauguré par le maître lui-même en 1876 avec son cycle *L'Anneau du Nibelung*, il fut dirigé par son petit-fils, Wolfgang Wagner, de 1951 à sa mort en 2010.

L'un des rares Bavarois à s'être fait connaître dans le monde de la pop est Harold Faltermeyer, né à Munich en 1952. Il est principalement connu pour avoir composé "Axel F", thème du film *Le Flic de Beverly Hills* (1984), et le titre "Top Gun Anthem", qui lui ont tous les deux valu un Grammy. Dans les années 1980, il a travaillé comme musicien

LA VOLKSMUSIK

Aucun autre genre musical n'est aussi étroitement associé à la Bavière que la *Volksmusik* (musique folklorique), un patrimoine musical que le *Land* tient à préserver. Chorales et harmonies réunissent plus de 600 000 Bavarois, des amateurs essentiellement. La Bavière compte ainsi 11 000 formations musicales, majoritairement alpines. La forme musicale classique est une mesure à ¾, le *Landler*, couramment appelé "danse allemande". C'est aussi une danse enlevée qui implique de sauter et de frapper le sol de ses pieds ; les hommes se frappent également les genoux, c'est le *Platteln*. Les instruments typiques sont l'accordéon et la cithare ; certaines chansons s'achèvent par une tyrolienne. Au nombre des artistes et groupes de *Volksmusik* réputés figurent le Rehm Buam, Sepp Eibl et Ruperti Blech.

Dans les années 1970 et 1980, un nouveau style de *Volksmusik* est né sur de petites scènes munichoises (le pub Fraunhofer, par exemple). De jeunes artistes lui ont donné une note plus politique et internationale en l'associant à des traditions folkloriques externes comme celles d'Irlande ou du Ghana. Pionnier, le Biermösl Blosn est connu pour ses chansons satiriques. Si vous le pouvez, allez écouter le Fraunhofer Saitenmusik, qui joue des mélodies traditionnelles sur des instruments acoustiques et fut le groupe attitré du pub Fraunhofer.

Depuis les années 1990, le genre va plus loin. Des fusions éclectiques entre folklore bavarois et musiques pop, rock, punk, hip-hop et techno ont défini le nouveau courant de l'"Alpine New Wave". Guettez les rockeurs folk d'Hundsbuam, ou le trio jazzy munichois Die Interpreten. Rudi Zapf se sert d'un tympanon martelé qui vous emporte dans un voyage musical à travers le monde. Le groupe le plus délirant de tous s'appelle Attwenge et mélange punk et folklore hardcore.

et producteur pour certains des plus grands noms du moment, comme Billy Idol, Barbra Streisand et les Pet Shop Boys.

Peinture et sculpture

Art roman

Du IXe au XIIIe siècle, fresques et enluminures diffusent largement l'iconographie médiévale. La crypte de l'abbaye bénédictine Saint-Magne à Füssen a conservé l'une des plus anciennes fresques de Bavière (980). Les vitraux des "Prophètes" (fin du XIe siècle) de la cathédrale d'Augsbourg inaugurent la technique du vitrail en Europe centrale, peu après le plus ancien spécimen connu, celui de la cathédrale de Strasbourg (1060).

Art gothique

L'art du portrait et la peinture de retables prennent de l'ampleur à partir de 1300. Venu de Pologne, Jan Polack (vers 1450-1519), l'un des maîtres en la matière, exprime tout un art de la mise en scène dans le grand retable de la chapelle du château de Blutenburg, à Munich.

Important sculpteur de l'art gothique, Erasmus Grasser (vers 1450-vers 1515) a réalisé le saint Pierre du maître-autel de l'église Saint-Pierre à Munich, comme cette extraordinaire série de *Danseurs mauresques* conservée au Müncher Stadtmuseum. Sculpteur, peintre et graveur, le Franconien Veit Stoss (vers 1445-1533) confère un réalisme pathétique à son médaillon de l'*Annonciation* à Nuremberg (Saint-Laurent) comme au *Retable de la Vierge* de la cathédrale de Bamberg, sa pièce maîtresse.

Renaissance

L'humanisme de la Renaissance accorde une place croissante à la représentation de l'être humain désormais largement présent, y compris dans les tableaux religieux. Né à Nuremberg, Albrecht Dürer (1471-1528) fut le maître incontesté de son temps, aussi bon peintre que graveur ou aquarelliste. À la croisée des chemins entre l'étude de l'antique, la Renaissance italienne et la gravité nordique, il traite tous ses sujets, mythologiques, religieux ou animaliers, avec force précisions anatomiques, une perspective naturelle et des couleurs vives. L'Ancienne Pinacothèque de Munich conserve nombre de ses œuvres les plus célèbres et la maison de l'artiste se visite à Nuremberg.

CULOTTES DE CUIR ET ROBES À CORSELET

À regarder les brochures touristiques, on dirait que Bavarois et Bavaroises arborent en permanence les fameux *Trachten* (vêtements folkloriques), *Lederhose* (culotte courte à bretelles) pour les hommes et *Dirndl* (robe à corselet lacé et blouse décolletée) pour les femmes. Ce cliché remonte en fait aux années 1960. À l'époque, la Bavière cherchait à séduire le monde entier avec ses belles blondes, très sexy dans cette tenue soulignant les formes, afin d'obtenir l'attribution des prochains Jeux olympiques d'hiver. Même si la mode est depuis passée par là, revisitant les classiques pour les mettre au goût du jour, vous croiserez rarement des dames en *Dirndl* dans les rues de Nuremberg, d'Ingolstadt ou de Passau.

Si quantité de jeunes Munichois possèdent un costume traditionnel, ils ne le revêtent que pour l'Oktoberfest ou des occasions particulières. De plus authentiques *Trachten* sont portés par les générations plus âgées dans les campagnes, à l'office religieux du dimanche à Oberammergau ou Berchtesgaden ou encore pour les fêtes folkloriques.

Munich possède plusieurs grands magasins spécialisés dans les tenues traditionnelles, où l'on trouve aussi bien de véritables pièces brodées à la main que des imitations fabriquées à l'étranger sur des machines.

QUELQUES BAVAROIS CONNUS

- Franz Beckenbauer (né en 1945 à Munich) – "Der Kaiser" est le footballeur et sélectionneur le plus connu d'Allemagne
- Le pape Benoît XVI (né en 1927 à Marktl am Inn) – À la tête de l'Église catholique de 2005 à 2013, année de sa démission.
- Edmund Stoiber (né en 1941 à Oberaudorf) – L'homme politique le plus influent dans la Bavière de l'après-guerre.
- Uschi Disl (né en 1970 à Bad Tölz) – Le sportif bavarois qui a remporté le plus de médailles aux Jeux olympiques : 2 or, 4 argent et 3 bronze en biathlon.

Universellement connu pour le portrait qu'il fit de son ami Luther comme pour ses Vénus au regard énigmatique, Lucas Cranach l'Ancien (1472-1553) se distingua auparavant par la qualité de ses paysages où la précision du détail ne retire rien au mystère de la nature. C'est dans la lignée de la *Donauschule* (école du Danube), mouvement artistique qui se développa à Passau et à Regensburg. Dans ces paysages, les détails sont à la fois si sombres et précis qu'ils deviennent le point central du tableau, et non un simple arrière-plan.

Immense sculpteur, Tilman Riemenschneider (vers 1460-1531) sut imiter le bois avec de la pierre et obtenir des compositions jouant sur l'ombre et la lumière. Parmi ses œuvres incontournables, citons les retables de la Jakobskirche à Rothenburg ob der Tauber et de la Herrgottskirche de Creglingen, toutes deux situées sur la Route romantique. Le musée du Main franconien de Wurtzbourg possède également une remarquable collection de sculptures de Riemenschneider.

Baroque et rococo

Les courants baroque et rococo ont tous deux laissé leur empreinte sur l'architecture bavaroise, en particulier dans l'art sacré. Caractérisés par une ornementation foisonnante, ils jouent notamment sur les effets d'illusion et les contrastes entre ombre et lumière.

Artistes les plus achevés et les plus prolifiques de la période, les frères Asam appartenaient à une génération d'Allemands formés à Rome dans la tradition du baroque italien. Leur père, Hans Georg, grand maître de l'art des fresques, transforma la basilique bénédictine de Benediktbeuern. Les liens de la famille avec l'ordre bénédictin et la réputation de leur immense talent étaient tels que les deux frères recevaient de très nombreuses commandes. Cosmas (1686-1739) était avant tout un peintre de fresques, tandis qu'Egid (1692-1750) excellait comme architecte et stucateur. Des exemples de leur riche collaboration sont visibles en Bavière, plus particulièrement à l'église Saint-Jean-Népomucène (Asamkirche) dans le centre de Munich et à Ingolstadt avec l'immense plafond de Notre-Dame-des-Victoires (autre Asamkirche).

Autre fratrie d'artistes de la période baroque, Dominikus et Johann Baptist Zimmermann (respectivement 1685-1766 et 1680-1758) ont atteint l'apogée de leur collaboration avec les œuvres réalisées pour l'église de Wies (sur la Route romantique), inscrite au patrimoine mondial de l'Humanité. Johann Baptist a également déployé son art dans l'église Saint-Pierre de Munich et au château de Nymphenburg. Les deux frères appartenaient à l'école de Wessobrunn, qui comptait parmi ses membres fondateurs l'architecte et stucateur Josef Schmuzer (1683-1752), dont on peut voir le travail dans l'abbaye d'Ettal et dans l'église Saint-Martin de Garmisch-Partenkirchen.

CORNELIUS GURLITT – UN COLLECTIONNEUR D'ART PEU ORDINAIRE

Des milliers d'œuvres d'art ont été volées par les nazis dans toute l'Europe durant la Seconde Guerre mondiale et beaucoup d'entre elles restent perdues. Toutefois, le mystère quant au destin de certaines d'entre elles a été résolu en mars 2012 quand presque 1 400 toiles ont été découvertes dans l'appartement de Cornelius Gurlitt, situé dans le quartier munichois de Schwabing. Parmi ces œuvres figuraient des tableaux de Chagall, Matisse, Dix, Lieberman, etc. Cornelius était le fils du marchand d'art et collectionneur Hildebrand Gurlitt, qui a vendu, contre des devises étrangères, des œuvres considérées comme "dégénérées" par les nazis. Il fut capturé par l'armée américaine avec 20 caisses d'œuvres d'art après la Seconde Guerre mondiale, mais fut relâché en raison de ses origines juives et les œuvres d'art lui furent rendues. Hildebrand mourut en 1956 et Cornelius cacha les toiles dans son appartement de Munich, vendant parfois quelques peintures à l'étranger pour renflouer ses comptes. C'est lors de l'un de ses voyages "commerciaux" qu'il fut intercepté par des douaniers allemands, lors d'une inspection aléatoire d'un train qui traversait la frontière germano-suisse. Cornelius Gurlitt fut pris en possession de 9 000 €. Méfiant vis-à-vis de ce Bavarois sans emploi qui transportait autant d'espèces, le procureur de Munich ordonna une fouille de son appartement.

Le XIXe siècle

Fondé sur un idéalisme rêveur et l'expression des émotions, le romantisme domine l'art au XIXe siècle. Né en Autriche, Moritz von Schwind (1804-1871) est réputé pour ses scènes sombres représentant des légendes et contes de fées allemands. Son maître, Peter Cornelius (1824-1874), était un disciple des Nazaréens, groupe de peintres religieux qui trouvaient leur inspiration chez les primitifs. Une immense fresque de Cornelius est visible dans la Ludwigskirche de Munich. Pour une découverte plus approfondie de l'art romantique, faites un détour par le musée voisin, Sammlung Schack.

Le romantisme a peu à peu cédé la place aux traits plus âpres du réalisme et, par la suite, à la précision méticuleuse du naturalisme. Les grands représentants de ces courants furent Wilhelm Leibl (1844-1900), spécialiste des scènes de campagne bavaroise, et Hans Thoma (1839-1924), qui rejoignit Leibl à Munich, mais privilégiait les paysages de sa Forêt-Noire natale. Découvrez leurs œuvres à la galerie Lenbachhaus de Munich.

Sécession munichoise et Jugendstil

Dans les années 1890, un groupe composé d'une centaine d'artistes provoqua une petite révolution dans le monde de l'art en quittant la *Künstlergesellschaft* (société d'artistes) munichoise, organisation traditionaliste dirigée par le portraitiste Franz von Lenbach (1836-1904). Les "sécessionnistes" n'étaient pas liés par un style artistique commun, mais par leur rejet des attitudes réactionnaires qui empêchaient les nouvelles formes d'expression artistiques de s'épanouir. Préférant les scènes de la vie quotidienne aux représentations historiques ou religieuses, ces artistes boudaient les ateliers au profit de la lumière naturelle des extérieurs.

Ils contribuèrent fortement à inspirer de nouveaux courants artistiques, dont le *Jugendstil* (Art nouveau), influencé par la gravure et une ornementation fonctionnelle et linéaire, proche de l'art japonais. Le courant doit son nom à la revue hebdomadaire *Die Jugend,* publiée à Munich de 1896 à 1940, qui donnait le ton dans l'univers de l'art et de la littérature. Dans la capitale bavaroise, la Nouvelle Pinacothèque est le meilleur endroit où découvrir des exemples de ce courant raffiné.

Expressionnisme

Au début du XXe siècle, les artistes allemands ont adopté une approche plus épurée, plus libre, de la peinture, en recourant à l'abstraction, aux couleurs vives et à la traduction des expressions. En Bavière, le père du courant fut *Der Blaue Reiter* (Le Cavalier bleu), groupe d'artistes fondé en 1911 par Wassily Kandinsky (1866-1944) et Franz Marc (1880-1916), que vinrent rejoindre par la suite Paul Klee (1879-1940) et Gabriele Münter (1877-1962) entre autres grands artistes. À Munich, le Lenbachhaus possède la collection expressionniste la plus complète, que l'on doit en grande partie à Münter, qui parvint à cacher les toiles de ses confrères aux nazis. Une belle sélection des œuvres de Münter est exposée dans la petite ville de Murnau au nord de Garmisch. Le musée Buchheim, sur les rives du lac Starnberg, rend hommage à un autre groupe d'artistes d'avant-garde, *Die Brücke* (Le Pont), fondé en 1905 à Dresde par Ernst Ludwig Kirchner (1880-1938), Erich Heckel (1883-1970) et Karl Schmidt-Rottluff (1884-1976).

La période nazie

Après l'élan créatif des années 1920, la montée et l'installation du régime nazi ont paralysé la puissance artistique de l'Allemagne dans les années 1930 et 1940. Plusieurs artistes de renommée internationale, comme Paul Klee et Max Beckmann (1884-1950), étaient alors considérés comme des “dégénérés” et leurs œuvres ont été confisquées, vendues ou brûlées (voir encadré p. 65).

Moderne et contemporain

La créativité de l'après-Seconde Guerre mondiale a redonné sa place à des artistes comme Nolde (1867-1956), Kandinsky et Schmidt-Rottluff (1884-1976), tout en engendrant une nouvelle forme d'expressionnisme abstrait, notamment à travers l'œuvre de Willi Baumeister (1889-1955). Agrandi et entièrement rénové, le Franz Marc Museum de Kochel am See retrace l'évolution de l'expressionnisme dans l'avant et l'après-guerre.

Apparu dans les années 1950, l'art concret, qui pousse l'art abstrait à l'extrême, refuse toute forme naturelle et ne recourt qu'à des surfaces planes et à des couleurs, a été particulièrement représenté en Bavière. Le musée d'Art concret d'Ingolstadt et le musée du Kulturspeicher de Wurtzbourg mettent cet art à l'honneur. Le Nouveau Musée de Nuremberg, la Pinacothèque d'Art moderne et le superbe musée Brandhorst de Munich exposent également des œuvres d'art contemporaines.

INVENTIONS HISTORIQUES

Au cours des cinq derniers siècles, la Bavière a fait figure de foyer d'inventeurs et d'inventions, donnant au monde certains de ses objets et engins les plus essentiels. Si vous portez des jeans, écoutez un MP3 ou conduisez une voiture Diesel, sachez que ce sont des inventions bavaroises (que l'on doit respectivement à Levi Strauss, Karlheinz Brandenburg et Rudolf Diesel). Le globe terrestre (Martin Behaim en 1493), la montre (Peter Henlein en 1505) et les machines volantes (Gustav Weisskopf en 1901) sont d'autres créations sans lesquelles nous ne pourrions imaginer vivre. Cela dit, certaines inventions ne sont plus vraiment capitales à notre époque, comme le char à bœuf dirigeable (Georg Lankensperger en 1816) et le jeu de société Ludo (Josef Schmidt en 1908).

Théâtre

Le théâtre sous toutes ses formes rencontre de nombreux adeptes en Bavière, en particulier à Munich, qui abrite le célèbre Münchener Kammerspiele, mais aussi à Nuremberg, Regensburg et Bamberg. La plus vieille pièce jouée en Bavière, *Passionsspiele* (*La Passion*), se donne à Oberammergau une fois tous les dix ans depuis le XVIIe siècle.

Si vous recherchez un peu de folklore, sachez que le *Bauerntheater* ("théâtre de paysans") a pour spécialité des contes champêtres assez loufoques, dans un dialecte presque incompréhensible aux non-Bavarois. Le scénario est néanmoins si simple que l'on arrive généralement à suivre. Le plus ancien *Bauerntheater* est celui de Garmisch-Partenkirchen.

Le site Web www.theaterparadies-deutschland.de (en allemand) est un portail dédié au théâtre, dont les liens renvoient vers les centaines de théâtres présents dans le monde germanophone.

Si vous voyagez avec des enfants, ne passez pas à côté de l'un des nombreux et remarquables théâtres de marionnettes, dont les poupées sont souvent fabriquées à la main. Le plus célèbre est l'Augsburger Puppenkiste d'Augsbourg, mais le Marionettentheater Bad Tölz et le Münchener Marionetten Theater sont tout aussi enchanteurs.

Le Staatstheater de Stuttgart accueille le Stuttgart Ballet, généralement considéré comme l'une des meilleures compagnies d'Europe.

Architecture

Antiquité

En Bavière, les zones situées au sud du Danube faisaient partie de la province romaine de Rhétie. Une poignée de villes localisées sur le *limes* (la frontière fortifiée de l'Empire) conservent quelques vestiges de cette période, notamment Passau avec les ruines d'un fort (Kastell Boiotro) et Ratisbonne, où subsistent la Porta Praetoria et des remparts romains. Plus à l'ouest, le Bade-Wurtemberg offre quelques exemples de la maîtrise romaine dans le domaine des thermes : les ruines les plus remarquables sont à Baden-Baden et à Rottweil.

Roman

Nourri de l'héritage carolingien et ottonien ainsi que d'influences de l'Orient chrétien, le style roman s'est développé dans le sud de l'Allemagne aux XIe et XIIe siècles. Il trouve son incarnation principale dans les nombreux édifices religieux construits durant cette période. L'expression du sacré a parfois atteint un grand raffinement dans l'ornementation, à l'instar des animaux étranges du portail de l'église Saint-Jacques à Ratisbonne. La restauration récente de l'église Saint-Kilian de Wurtzbourg a fait la part belle aux éléments romans d'origine.

Gothique

Le style gothique, caractérisé par la prédominance de l'arc brisé et par des constructions à la fois plus fines et plus massives, s'est développé en Allemagne du Sud à partir du XIIIe siècle. Le principal apport allemand est l'église-halle, dont les bas-côtés sont de même hauteur que la nef centrale. Ce type d'édifice permettait à la fois de créer un effet de grande amplitude et d'accueillir de nombreux fidèles. Si la plus ancienne est l'église Notre-Dame de Nuremberg (1361), la cathédrale Notre-Dame d'Ingolstadt et l'église Saint-Jacques de Straubing sont également de beaux exemples, cette dernière affichant toujours ses vitraux d'origine. Le gothique tardif allemand se distingue par une évolution vers des motifs de voûtes de plus en plus complexes : la voûte en réseau de la cathédrale Saint-Georges de Dinkelsbühl est un chef-d'œuvre du genre. Le gothique s'est également imposé dans l'architecture civile. Vous verrez de nombreuses façades ornées de colombages, de fresques, de sculptures et de pignons datant de cette époque. On peut aussi citer le Château Neuf d'Ingolstadt et ses croisées d'ogives, le Haut-Château

LOUIS II : LA FOLIE DES GRANDEURS

Édifices emblématiques du sud de l'Allemagne, les grandioses châteaux bavarois édifiés au XIXe siècle par Louis II occupent pourtant une place à part dans l'histoire architecturale de la région. Le monarque était en effet inspiré d'abord par le romantisme et la musique de Richard Wagner : ses palais furent avant tout conçus comme des mises en scène de ses obsessions. Leur style se caractérise donc souvent par un ébouriffant éclectisme. Ainsi, Neuschwanstein mélange allègrement les styles néogothique, roman et néobyzantin. D'obédience plutôt baroque, rococo et néoclassique, les châteaux de Herrenchiemsee et Linderhof sont eux fortement marqués par la fascination du souverain pour Louis XIV et Versailles. Enfin, la maison royale de Schachen, plutôt sobre de prime abord, surprend par son extravagant salon mauresque. Reflétant en partie l'éclectisme de la fin du XIXe siècle, ces constructions souvent démesurées ne composent pas une œuvre architecturale cohérente mais plutôt un paysage mental et artistique fascinant.

de Füssen ou encore de nombreux hôtels de ville et autres portes gothiques. Le style néogothique est revenu en vogue au XIXe siècle, comme dans certaines réalisations de Louis II ou encore à Munich avec le nouvel hôtel de ville.

Renaissance

Le précurseur de la Renaissance en Bavière est le banquier d'Augsbourg Jakob Fugger, dit le Riche (1459-1525). Actif en affaires dans toute l'Europe, et notamment à Venise, il fut le fils le plus célèbre d'une famille qui passait pour être le pendant allemand des Médicis. On lui doit la première construction Renaissance dans le pays, la somptueuse chapelle de l'église Sainte-Anne d'Augsbourg, où il est enterré. Elle allie des influences gothiques (la voûte à croisée d'ogives) et des éléments empruntés à l'Italie (les sculptures de l'autel). À l'exception notable de la Stadtresidenz italianisante de Landshut, les édifices Renaissance sont toutefois restés relativement peu nombreux dans la région jusqu'à la période faste qui débuta à la fin du XVIe siècle. En 1583, l'église Saint-Michel de Munich fut la première grande église Renaissance au nord des Alpes. Elle est l'œuvre de Frederick Sustris, un architecte formé en Italie qui s'inspira de l'église du Gesù de Rome. On notera aussi le superbe antiquarium du musée de la Résidence de Munich ou encore la salle dorée de l'hôtel de ville d'Augsbourg, construit dans un style maniériste en 1615. Le mouvement a par ailleurs vu l'essor des cabinets de curiosités, ancêtres des musées : des exemples sont visibles au château de Trausnitz de Landshut ou encore au musée de la cathédrale de Salzbourg.

Le château de Hohenschwangau est l'œuvre à dominante néogothique de l'architecte italien Domenico Quaglio le Jeune (1787-1837).

Baroque et rococo

La Bavière est un haut lieu du baroque, style dont le développement a coïncidé avec l'essor de la Contre-Réforme catholique et du mouvement jésuite. Dans cette période prospère, les souverains bavarois, nourris d'art italien, ont eu à cœur de se doter de luxueuses résidences, de construire des théâtres et des opéras et d'embellir villes et églises avec un sens du faste non démenti. Outre les frères Asam qui ont donné leur nom à plusieurs chefs-d'œuvre religieux du genre, les grands noms du baroque de Bavière sont Balthasar Neumann (1687-1753) et Johann Michael Fischer (1692-1766). À Salzbourg, le maître autrichien du baroque Johann Bernard Fischer von Erlach (1656-1723) a marqué de nombreuses églises de son empreinte, telles que l'église collégiale, l'église franciscaine et l'église de la Sainte-Trinité. On assista par ailleurs à l'époque à un grand mouvement d'architectes italiens vers le nord :

citons par exemple Carlo Lurago (1615-1684), a qui l'on doit la cathédrale Saint-Étienne de Passau, Giuseppe Bibiena (1696-1757), qui réalisa le flamboyant Opéra des Margraves de Bayreuth, ou encore Carlo Solari, maître d'œuvre de la cathédrale de Salzbourg. Parmi les nombreuses résidences construites à l'époque pour les princes-évêques, la Résidence de Wurtzbourg et le château de Mirabell à Salzbourg sont des chefs-d'œuvre du baroque tardif. Leur décoration riche en marbre et en stuc et leurs escaliers monumentaux sont de magnifiques illustrations des figures obligées du style.

Émanation du baroque mettant encore plus l'accent sur l'ornementation intérieure, le rococo fut tout aussi florissant en Allemagne du Sud, sous l'égide notamment d'un maître natif de Belgique, François de Cuvilliés (1695-1768). On lui doit des œuvres exceptionnelles visibles notamment à Munich où il travaillait pour la cour, comme la Résidence, le pavillon d'Amalienburg, aux somptueuses dorures et cristaux, ou encore les Reichezimmer du musée de la Résidence. Les nombreuses églises des incontournables frères Asam constituent de véritables théâtres du sacré : voir par exemple Saint-Jean-Népomucène à Munich, où la Trinité s'élève au-dessus de l'autel, ou l'église éponyme d'Ingolstadt. L'église de Wies (1746), réalisée par les frères Zimmermann, constitue pour beaucoup l'apogée de ce style resté ensuite populaire jusqu'à l'avènement du romantisme.

Néoclassique

À partir de la fin du XVIIIe siècle et au début du XIXe siècle, le néoclassicisme se développe progressivement. Ce style épuré qui marque un retour aux sources gréco-romaines. Les fleurons néoclassiques de Bavière sont les deux musées munichois du Bavarois Leo Von Klenze (1784-1864) – la Glyptothèque et l'Ancienne Pinacothèque – et le fameux Walhalla, panthéon proche de Ratisbonne fortement inspiré par le Parthénon d'Athènes. Dans les années 1930, les nazis ont développé sous l'égide de l'architecte officiel Albert Speer leur propre avatar du style néoclassique à des fins de propagande, marqué par un gigantisme dont l'immense complexe du Reichsparteitagsgelände de Nuremberg est l'exemple le plus tristement emblématique.

XXe et XXIe siècles

Le *Jugendstil* (Art nouveau) s'est imposé au début du XXe siècle, privilégiant l'inventivité et les formes courbes : une réaction à la reproduction des grands styles anciens qui eut cours pendant une grande partie du siècle précédent. À Munich, ce style plein de fantaisie et de couleur est à l'honneur dans des rues entières des quartiers de Schwabing et de Bogenhausen. Les amateurs apprécieront aussi non loin les villas Art nouveau du village de Feldafing. La ville de Karlsruhe recèle aussi de nombreux exemples de ce style.

L'école du Bauhaus (années 1920), adepte d'une architecture dépouillée et fonctionnelle, est assez peu représentée dans le sud de l'Allemagne. Exception notable : les immeubles d'habitation conçus par son fondateur Walter Gropius (1883-1969) près de l'arrêt de tramway Dammerstock à Karlsruhe. Si de nombreuses villes du Sud ont payé un lourd tribut à la Seconde Guerre mondiale, la créativité des architectes a pu ensuite se libérer. Les exemples d'architecture moderne audacieuse ne manquent pas, en particulier à Munich – voir en particulier le BMW Welt et le centre commercial Fünf Höfe – et à Stuttgart – avec la Galerie nationale de James Stirling ou le Mercedes-Benz-Museum. Ces créations qui donnent la part belle au verre illustrent la capacité de renouvellement de l'architecture allemande.

Saveurs bavaroises

Saucisses et bière mousseuse au coude-à-coude dans une brasserie munichoise, beignets bavarois, choucroute et porc rôti dans les Alpes, forêt-noire truffée de chocolat, de crème et de cerises... le sud de l'Allemagne a de quoi contenter tous les gourmets. Mais, si les cartes des tables de campagne font la part belle à la tradition, la situation a changé dans les villes. À Munich, on passe en un clin d'œil des rustiques pieds de porc aux mets raffinés servis dans les restaurants étoilés au Michelin. Le paysage culinaire de Nuremberg et de Fribourg est également loin d'être banal, oscillant entre échoppes de rue et cuisine de grands chefs.

Mets régionaux et de saison

Plats de résistance traditionnels

"Dans le cochon tout est bon", dit le dicton qui tourne rond dans les cuisines de Bavière. Des *Schweinshaxe* (jarrets) aux *Rippchen* (côtes), de la *Züngerl* (langue) au *Wammerl* (poitrine), pas un morceau du porc n'échappe à la sagacité des maîtres-queux. Le porc est aussi préparé sous forme de *Schweinebraten* (porc rôti) et de *Leberkäse* (littéralement "fromage de foie"), savoureux pain de viande qui ne contient ni foie ni fromage. La région de la Forêt-Noire est réputée pour son *Schwarzwälder Schinken*, un jambon salé, séché et fumé sur environ deux semaines.

Parmi les plats sans porc, on trouvera du *Hendl* (poulet rôti) et des *Fleischpflanzerl,* équivalent bavarois du hamburger. Les poissons lacustres sont appréciés, particulièrement la *Forelle* (truite), cuisinée en Forêt-Noire sous des formes diverses : *Forelle Müllerin (*au four), *Forelle Blau* (bouillie) ou *Räucherforelle* (fumée). Les *Biergarten* bavarois proposent souvent des *Steckerlfisch* - brochettes de maquereau grillées.

Heures d'ouverture

Cafés : 8h-20h

Bars : 18h-1h minimum

Prix

€ – moins de 8 €

€€ – de 8 à 18 €

€€€ – plus de 18 €

AU GRÉ DES SAISONS

Mai marque la consécration de la *Spargel* (asperge blanche), classiquement accompagnée de pommes de terre à la vapeur, de sauce hollandaise et parfois de *Schinken* (jambon fumé ou cuit). Le printemps apporte son lot de plats au *Bärlauch,* un ail sauvage donnant un merveilleux pesto. Les champignons sauvages de fin d'été et de début d'automne viennent agrémenter nombre de plats, tels les *Pfifferlinge* (chanterelles) et *Steinpilze* (cèpes). D'autres saveurs automnales chatouillent aussi les papilles : la citrouille, le gibier et les *Zwiebelkuchen* (tartes aux oignons), favorites de la campagne souabe, surtout avec un verre de *Neuer Süsser* (vin nouveau) sucré ou de *Most* (cidre).

La Bavière rime bien sûr avec fête de la Bière. L'Oktoberfest de septembre réunit entre 6 et 7 millions de personnes qui dévorent d'innombrables cochons, bœufs et poulets et boivent des *Masse* (litres) de bière. En mars, les festivités qui précèdent le Carême s'arrosent à la *Starkbier* (bière forte), bière maltée de 7,5 degrés, que les moines appelaient jadis le *flüssiges Brot* (pain liquide) !

Originaires de la Souabe, mais désormais servis dans tout le sud de l'Allemagne, les *Maultaschen* sont des sortes de ravioles, tandis que les *Kässpätzle* sont de solides hybrides entre des nouilles et des *Knödel* (boulettes), nappés de fromage fondu.

En juin 2015, la Commission européenne a accordé le label Appellation d'origine protégée au fromage *Obatzda*.

Accompagnements

La *Kartoffel* (pomme de terre) est l'ingrédient numéro un dans tous les plats à base de viande et de légumes. Vous demanderez des *Salzkartoffeln* (bouillies) ou bien des *Bratkartoffeln* (frites), à moins que vous ne préfériez une *Kartoffelpüree* (purée) ou des *Knödel*. Ces sortes de quenelles existent aussi à base de pain (*Semmelknödel*) et il y a une variante avec du foie (*Leberknödel*). Le chou fermenté est aussi un accompagnement classique, sous forme de choucroute (chou blanc) ou de *Rotkohl* et *Blaukraut* (chou rouge). Le riz est un accompagnement à moitié traditionnel que vous rencontrerez parfois.

Un monde de saucisses

Chaque ville de Bavière a sa propre saucisse, et il faut reconnaître que nulle part ailleurs on ne trouve une telle variété de cette spécialité régionale. La *Weisswurst* de veau est la star des tables bavaroises. Dans l'est de la Bavière et en Franconie, la *Bratwurst*, plus petite et légèrement épicée, se taille la part du lion. Nuremberg et Ratisbonne s'enorgueillissent des versions les plus célèbres : de la taille d'un doigt et servies par six ou douze, mais il est possible d'en commander "*drei im Weggla*" (trois dans un petit pain). Cobourg est réputée pour proposer les plus grandes saucisses : longues de 30 cm, elles sont grillées sur un feu de pommes de pin et servies dans un minuscule petit pain avec une bonne dose de moutarde. Bayreuth entre aussi dans le jeu avec sa propre *Bratwurst*, tout comme la plupart des petites villes de Franconie.

Les Bavarois aiment le cochon, les chiffres le prouvent : sur 60 kg de viande consommée chaque année par le citoyen lambda, les deux tiers sont du porc.

Certaines saucisses ne proviennent pas du sud de l'Allemagne, mais constituent tout de même un excellent en-cas, notamment la *Bockwurst*, mélange de veau et de porc hachés assaisonnés d'herbes aromatiques ; la *Thüringer*, une sorte de grosse *Bratwurst* très peu grasse qui bénéficie de l'Appellation d'origine protégée (AOP) de l'Union européenne ; la *Frankfurter* ; la *Krakauer* et la *Wiener*, semblable à un hot-dog.

Quelle que soit la forme sous laquelle est présentée la saucisse, à table ou à une échoppe de rue, entourée d'une petite serviette, elle sera invariablement servie avec de la moutarde (*Senf*). Et même ce

LA WEISSWURST

La plus bavaroise de toutes les saucisses reines, c'est la *Weisswurst* ou saucisse de veau. D'ailleurs, il existe même une frontière imaginaire au-delà de laquelle elle n'est plus (à peu près au nord de Francfort, mais on en trouve rarement en Franconie, où la *Bratwurst* règne en maître). Contrairement à la plupart des saucisses, à base de porc, la *Weisswurst* (la plus ancienne saucisse de Bavière) est faite avec du veau et du gras de porc puis assaisonnée avec de l'oignon et du persil, et parfois du citron, de la muscade, du gingembre et de la cardamome. Avant l'invention de la réfrigération, sa fragilité nécessitait de la consommer sitôt faite. Désormais, on en mange à toute heure du jour, mais les *Weisswürste* sont toujours apportées à table dans leur eau de cuisson. Une fois servies, on leur ôte la peau et on les mange avec des bretzels frais et de la moutarde douce, tout en sirotant une Weissbier (bière blanche). Ce mariage étonnant constitue un petit-déjeuner très apprécié des personnes qui se lèvent à l'heure du brunch. Sa couleur grisâtre est due au fait qu'elle ne contient aucun conservateur.

condiment existe sous plusieurs formes ; assortir les saucisses et les moutardes en Bavière revient à marier les vins et les plats en France et en Italie. La *Weisswurst* se mange traditionnellement avec de la *süsser* (moutarde à l'ancienne douce), tandis que les autres s'accompagnent normalement de *mittelscharfer Senf* (moyennement forte). La moutarde à l'anglaise est assez rare. Les saucisses s'accompagnent généralement de choucroute et de salade de pommes de terre, avec ou sans tranche de pain.

Il est possible d'acheter des saucisses un peu partout dans tout le sud de l'Allemagne, mais chaque ville possède un kiosque, un café ou un restaurant considéré comme la meilleure adresse pour la saucisse locale. À Nuremberg ce sont le Bratwursthäusle (p. 145) et le Goldenes Posthorn (p. 145), à Munich c'est le Weisses Brauhaus (p. 77), et à Cobourg et Bayreuth, les kiosques sans prétention installés sur la place principale.

De l'*Allerseelenzopf* (miche de pain sucré) à la *Zwickelbier* (bière non filtrée), tous les secrets de la gastronomie bavaroise sont révélés sur le site www.food-from-bavaria.de.

Desserts

Schwarzwälder Kirschtorte, bitte : une forêt-noire, s'il vous plaît. Vous salivez déjà à l'idée de laisser fondre en bouche ces trois couches de biscuits au chocolat fourrées de crème et parfumées de griottes au kirsch… qui n'ont rien à voir avec les versions surgelées que l'on peut trouver chez nous.

Pâtisserie d'origine autrichienne, l'*Apfelstrudel* (strudel aux pommes) eut tôt fait de conquérir l'Allemagne du Sud, souvent accompagné d'une boule de glace. Aussi savoureuses, les *Dampfnudeln* sont de petites brioches cuites à la vapeur à plonger dans une crème anglaise et les *Apfelkrapfen* de l'Allgäu, des beignets aux pommes saupoudrés de sucre. La réputation du *Lebkuchen* (pain d'épices) de Nuremberg, confectionné avec des noix, des zestes d'agrumes, du miel et des épices, n'est plus à faire. Quant aux *Schneeballen* (boules de neige) de Rothenburg ob der Tauber, ce sont des boules de pâte saupoudrées de sucre, parfois recouvertes d'enrobages de diverses saveurs sucrées. La *Bayerische Creme* est une création à base de crème et de gélatine, parfumée à la liqueur et habituellement servie avec des fraises ou des framboises. La *Prinzregententorte*, originaire de Munich, fait alterner au moins sept couches de génoise et de crème au beurre chocolatée, l'ensemble étant recouvert d'un glaçage au chocolat.

Dans les tavernes et les *Biergärten*, les desserts ne sont pas de très grande qualité. Dans les restaurants, les créations sont un peu meilleures, mais les becs sucrés préféreront se rendre dans un café ou une boulangerie pour obtenir leur dose de sucre.

Pour tester vos papilles avant le voyage, rien de tel que la préparation d'une des recettes détaillées sur www.bavariankitchen.com.

Cuisine ethnique

Munich est sans conteste la ville où il est le plus facile de varier les menus pour changer de la bière et du porc. Là, les voyageurs s'apercevront vite que les Bavarois sont de grands amateurs de cuisine italienne. Les *trattorie, ristoranti* et *pizzerie* italiennes sont si répandus que dans certains quartiers, il est plus simple de s'offrir des lasagnes que du *Leberkäse* ! La plupart de ces tables sont tenues par des Italiens et la qualité de la cuisine, réalisée à base d'ingrédients provenant de tous les coins des Alpes, est très bonne. L'inconvénient est que les tarifs sont plus élevés que sur la péninsule italienne. Les restaurants français ne manquent pas non plus, notamment dans les quartiers plus chics. Parallèlement, les cuisines thaïlandaise, coréenne et indienne commencent à gagner en popularité. Pour une expérience culinaire originale, optez pour un des restaurants afghans de Munich, où vit une importante communauté afghane.

LA CARTE DES BIERGÄRTEN

Premier point quand vous entrez : les tables avec nappe et couverts sont réservées aux personnes souhaitant manger. Installez-vous ailleurs si vous ne désirez que boire ou avez apporté de quoi picorer.

Les *Biergärten* affichent à peu près tous la même courte carte : poulet rôti, travers de porc, *Schweinebraten* (porc rôti) et *Schnitzel* (escalope panée).

Le *Radi* proposé en accompagnement du bock de bière est tout simplement du radis noir joliment présenté. Un ustensile appelé *Radimesser* permet d'obtenir ces rosaces de radis. Si vous le préparez vous-même, salez-en l'extrémité pour en réduire l'amertume (mais ça donne soif !).

À étaler sur un bretzel ou sur du pain, l'*Obatzda* inscrit à la carte correspond à un "mélange" de camembert bien fait, de beurre, d'oignon et de cumin. Son goût surprend lorsqu'on ne connaît pas.

Le *Presssack* (avec trois "s") est un mélange de jambon et d'une autre viande cuite en gelée, servi avec du raifort et de l'oignon coupé. Le *Saure Zipfel* ou le *Blaue Zipfel* est une *Bratwurst* cuite dans du vinaigre et des épices, et accompagnée d'un bretzel. Vous en trouverez essentiellement en Franconie.

Écoles de cuisine

Dans la région, les écoles de cuisine commencent à avoir le vent en poupe. Comptez en moyenne 140 à 240 € pour passer une journée aux fourneaux, qui comprend habituellement le déjeuner et quelques recettes à emporter à la maison. Voici nos trois coups de cœur, mais vous pouvez chercher le cours qui vous convient dans une région précise sur www.kochschule.de ou www.die-kochschulen.de (deux sites en allemand). Publication annuelle, le guide des restaurants de Munich *Munich Geht Aus* ("Munich sort") fournit aussi une liste exhaustive des options de la capitale bavaroise.

➡ **Schwarzwaldstube** (p. 224). Une légende récompensée de trois étoiles Michelin à Baiersbronn, en Forêt-Noire. Les cours sont axés sur un thème comme les asperges ou la fabrication des pâtes.

➡ **Wirthaus in der Au** (☎089-448 14 00 ; www.wirtshausinderau.de/de ; Lilienstrasse 51). Roi des *Knödel* (boulettes) depuis 1901, ce restaurant munichois vous invite à confectionner cette spécialité dans son atelier.

➡ **Magazin** (p. 201). Un petit saut en Autriche jusqu'à Salzbourg le temps d'une leçon de cuisine en petit groupe, autour d'un thème comme le poisson, les crustacés ou les desserts autrichiens.

Du grain et du vin

La patrie de la bière

> La région bavaroise d'Oberfranken compte 163 brasseries – c'est trois fois plus qu'en République tchèque, le pays voisin.

Les Bavarois ont élevé la fabrication de la bière au statut de science, et ce bien avant le *Reinheitsgebot*. Promulgué à Ingolstadt en 1516, ce "décret sur la pureté de la bière" limitait sa composition à trois ingrédients : la levure, le houblon et l'eau. Depuis 1987 et sa dénonciation par l'Union européenne comme réglementation anticoncurrentielle, le *Reinheitsgebot* n'a plus rien d'obligatoire, mais nombre de brasseurs bavarois continuent de le respecter. Si de grosses brasseries ont racheté les petites affaires familiales (leur nombre en Bavière a chuté de 1 500, en 1960, à seulement 600 en 2010), certains petits producteurs ont survécu, notamment les monastères, telles l'abbaye de Weltenburg dans le parc de l'Altmühltal et celle d'Andechs près de Munich.

Les chiffres de la consommation de bière en Bavière sont stupéfiants. On estime que la population consomme environ 170 l de bière par an et par personne, soit environ 20 l par personne de plus que les Tchèques, leurs voisins. Et pourtant, la République tchèque se place en tête du classement mondial, dépassant les autres pays d'environ 50 l par personne et par an (l'Autriche est en deuxième et l'Allemagne en troisième place). La Bavière produit environ 22,3 millions d'hectolitres de bière chaque année, dont une partie est destinée à l'exportation.

Les amateurs de bière auront un choix impressionnant, particulièrement en Franconie, où quasiment chaque village possède sa propre brasserie. Voici un petit glossaire des bières les plus fréquentes. La teneur en alcool est généralement de 5 à 5,5 degrés, mais atteint parfois 8 degrés.

La brasserie Weihenstaphan, à Freising, prétend être la plus ancienne au monde ; elle produit des bières depuis 1040. Les célébrations pour son millénaire, en 2040, risquent d'être grandioses !

Glossaire de la bière

➡ **Alkoholfreies Bier** – Bière sans alcool.

➡ **Bockbier/Doppelbock** – Bière forte (*doppel* signifie "double", donc la Doppelbock est deux fois plus forte), de couleur blonde, ambrée ou brune, à la saveur douce-amère.

➡ **Dampfbier (bière vapeur)** – Originaire de Bayreuth, bière à fermentation haute (la levure remonte à la surface pendant le processus de fermentation) et à la saveur fruitée.

➡ **Dunkles (lager brune)** – Lager corsée, rougeâtre, maltée et légèrement houblonnée.

➡ **Helles (lager blonde)** – Lager légèrement houblonnée, avec de forts arômes maltés et un petit goût sucré.

➡ **Hofbräu** – Type de brasserie appartenant à une cour royale.

➡ **Klosterbräu** – Type de brasserie appartenant à un monastère.

➡ **Malzbier** – Bière maltée sucrée, parfumée et corsée.

➡ **Märzen** – Bière corsée aux forts arômes maltés, dite "de mars" en raison du mois de brassage.

➡ **Pils (pilsener)** – Lager à fermentation basse et à forte saveur de houblon.

➡ **Rauchbier (bière au malt fumé)** – Bière brune à la saveur fraîche, épicée et "fumée", que l'on trouve essentiellement à Bamberg.

➡ **Weissbier/Weizen (bière blanche)** – Environ 5,4 degrés d'alcool. Une *Hefeweizen* trouble a une couche de levure encore en fermentation au fond de la bouteille, tandis qu'une *Kristallweizen* est plus claire et plus pétillante. Fruitées et épicées, ces bières blanches rappellent souvent le goût de la banane et du clou de girofle. Les puristes refusent l'ajout d'une tranche de citron, qui altère la saveur et détruit la mousse.

Forte de quelque 14 000 distillateurs, la Forêt-Noire réunit la plus importante concentration de fabricants de schnaps au monde.

OSEZ GOÛTER

Vous voulez émoustiller vos papilles ? Testez ces trois spécialités régionales :

➡ **Sauere Kuttlen/Nierle/Züngerl** (tripes/rognons/poumons à l'aigre) Une fête de la bière ne saurait être complète sans ces plats à base d'abats, mijotés dans du vinaigre ou du vin mélangé à des feuilles de laurier, des baies de genièvre et des épices.

➡ **Bubespitzle** Également appelé *Schupfnudeln*, ce plat souabe contient des ingrédients très simples : nouilles à base de pomme de terre, sautées au beurre de sauge et servies avec de la choucroute et des lardons. Son nom signifie littéralement "pénis de petits garçons".

➡ **Leberknödelsuppe** Cet épais bouillon de bœuf s'accompagne de *Knödel* au foie de bœuf, de veau ou de porc, agrémentés d'oignons, de persil et de marjolaine.

Si vous voulez limiter votre consommation d'alcool, commandez une *Radler*, assez sucrée, servie au demi-litre ou au litre. C'est un mélange de *Helles Lagerbier* et de limonade. Une *Russe* (russe) correspond généralement à un litre de mélange *Helles Weissbier* et de limonade.

Cépages, régions viticoles, fêtes du vin... consultez le site du Deutsches Weininstitute (Institut allemand du vin, www.vinallemand.be).

Du riesling au pinot

La seule région viticole de la Bavière se situe en Franconie, à Wurtzbourg et dans les environs. On y produit quelques vins blancs secs exceptionnels, conditionnés dans des bouteilles vertes caractéristiques appelées *Bocksbeutel*. Si le silvaner est le roi des raisins dans ces contrées, le müller-thurgau en est le prince, et le riesling, le *Weissburgunder* (pinot blanc) et le *Bacchus*, les courtisans. Ces trois cépages poussent surtout sur les coteaux escarpés en bordure du Main. Les vins rouges jouent un rôle secondaire. Près de 80% du vin bavarois est consommé dans la région.

Principale région viticole de Forêt-Noire, Kaiserstuhl produit surtout du *Spätburgunder* (pinot noir) et du *Grauburgunder* (pinot gris).

Café et gâteau

Quiconque a passé un peu de temps en Bavière ou dans la Forêt-Noire sait à quel point on y vénère le rituel du *Kaffee und Kuchen* (café et gâteau), le week-end à 15h. Plus qu'une simple gourmandise, c'est une institution comparable au *five o'clock* britannique. Les *Cafe-Konditoreien* (cafés-pâtisseries) existent quasiment partout : dans les châteaux, au milieu de la forêt, voire au sommet de la montagne. Les habitants vous indiqueront aisément la meilleure adresse alentour si vous leur demandez où les gâteaux sont *hausgemacht* (faits maison). D'ordinaire, le café est proposé sous toutes ses formes, du cappuccino au café au lait (*Milchkaffee*).

Le thé est généralement servi en sachet, dans un verre d'eau chaude ou une théière, avec une tranche de citron. Si vous désirez du lait, demandez un *Tee mit Milch*.

Plats de fête

Les fêtes se célèbrent à la maison et en famille autour de bons plats bien arrosés. La période du Carême reste très traditionnelle, le poisson remplaçant la viande dans les familles catholiques, tandis qu'on se régale de spécialités sucrées comme le *Rohrnudeln* (brioches servies avec de la compote de prune et de la crème anglaise). À Pâques, l'agneau rôti est souvent l'invité d'honneur. La carpe, bouillie, au four ou frite, est populaire à Noël, quoique l'oie ou la dinde rôties restent plus traditionnelles. *Lebkuchen* (pain d'épices) et *Spekulatius* (spéculoos) caractérisent l'*Advent* (Avent). Côté boissons, le *Glühwein* (vin chaud) est un incontournable du marché de Noël et de l'hiver en général.

C'EST TENDANCE

- Les burgers gastronomiques à Munich.
- Les restaurants asiatiques fusion au décor design.
- La cuisine végétarienne et végétalienne créative.
- Les *ristoranti* italiens imaginatifs – apparemment Munich en compte plus que certaines villes italiennes de la même taille.
- Le mouvement Slow Food (qui prône la production responsable d'une nourriture saine).
- Le site Internet www.biergartenguide.com (en allemand) est le meilleur guide de tous les *Biergärten* de Munich. La version imprimée est disponible dans les librairies de toute la région.

Où manger et boire ?

➡ **Gastätte et Gasthöfe** Des auberges rurales à l'atmosphère décontractée. Clientèle locale et solide menu de *gutbürgerliche Küche* (cuisine maison). Parfois un *Biergarten* à l'arrière.

➡ **Eiscafé** Des cafés italiens ou de style italien. Glaces et cappuccinos à déguster sur place ou à emporter.

➡ **Stehcafé** Un bar bon marché où l'on ne peut pas s'asseoir. Cafés ou en-cas sur le pouce. À certaines heures, il faut parfois partager une table avec de parfaits inconnus.

➡ **Cafe-Konditorei** Une pâtisserie traditionnelle doublée d'un café.

➡ **Ratskeller** Un sympathique restaurant au sous-sol d'un hôtel de ville. Plus de touristes que d'habitants désormais.

➡ **Restaurant** Des repas informels aux *gehobene Küche* (repas gastronomiques). Fréquent *Tagesmenü* (menu du jour) d'un bon rapport qualité-prix.

➡ **Bierkeller et Weinkeller** Priorité à la bière (pour le premier) et au vin (pour le second). Saucisses, bretzels, charcuterie... à grignoter.

➡ **Imbiss** Échoppe pour un repas rapide, mais savoureux – hot-dog, kebab ou pizza –, habituellement sans table.

En Bavière, on ne considère pas la bière comme de l'alcool, mais comme un aliment de base, à l'instar du pain !

À quelle heure ?

Le *Frühstück* (petit-déjeuner) traditionnel comporte une grande variété de mets savoureux, sucrés et salés : pain, fromage, salami, saucisse, confitures, yaourt et muesli. Le week-end, ce moment est souvent plus décontracté et familial. La mode du brunch a fait fleurir dans les cafés les buffets à volonté avec petits pains frais, œufs, poisson fumé, salade de fruits, et même du vin prosecco. Le must des petits-déjeuners bavarois comprend une *Weisswurst,* des bretzels et de la bière.

En ville, le rythme de travail moderne a largement modifié le *Mittagessen* (déjeuner), jadis repas principal. Cependant, beaucoup de restaurants continuent de servir à midi des plats ou des menus fixes (*Mittagsmenü* ou *Tagesmenü*), pour un prix très raisonnable, même dans des restaurants huppés.

À la maison, le dîner est servi vers 19h. Ceux qui ont fait un repas copieux à midi se contentent d'un *Abendbrot,* du pain et de la charcuterie. Les Allemands vont au restaurant plus tôt que les autres Européens. À la campagne, le service ne s'étend pas souvent au-delà de 21h, mais en ville bien des établissements servent plus tard. À la maison, la décontraction à table est de mise, et l'échange de "*Guten Appetit*" ("bon appétit") de rigueur avant d'entamer le repas.

À table

La carte

Même dans les grandes villes, les menus sont souvent en allemand, mais serveuses et serveurs pourront traduire la plupart du temps. Il reste utile de connaître quelques mots d'allemand, surtout à la campagne où le personnel est souvent moins polyglotte. Cela dit, en Bavière, de nombreux serveurs ne viennent pas d'Allemagne et pourraient très bien parler votre langue.

L'addition

Il peut arriver d'être invité, mais il est très courant que les convives partagent les frais du repas. Soit chacun verse son dû et tout le monde règle en commun, soit chaque commensal demande à régler séparément (*getrennte Rechnung*). Dans les bars, il n'est pas très courant de "payer

PAS D'IMPAIRS

- Apportez un petit cadeau (des fleurs ou une bouteille de vin) quand vous êtes invités à manger.
- Dites *Guten Appetit!* (Bon appétit !) avant de commencer à manger.
- Ne demandez pas d'eau du robinet au restaurant.
- Ne comptez pas sur le fait que tous les restaurants acceptent la carte bancaire.
- À Munich, si vous voyagez avec des enfants, regardez si le restaurant affiche un panneau "pas de poussette".

sa tournée", mais cela se fait parfois entre amis. Le service à table reste assez répandu dans les bars et les *Biergärten,* où les serveurs viennent généralement *abkassieren* (encaisser) aux tables. Assurez-vous toujours qu'il est possible de payer par carte bancaire avant d'aller dîner : une grande partie des restaurants acceptent désormais ce moyen de paiement, mais c'est loin d'être général.

Les réservations

Si vous souhaitez manger dans un restaurant chic ou très couru, il est prudent de réserver un à deux jours avant. Les restaurants étoilés au Michelin affichent souvent complet des semaines à l'avance, surtout le week-end, et, pour certains, la réservation est obligatoire. En revanche, on est souvent placé rapidement à l'arrivée dans la plupart des *Gasthöfe, Gaststätten,* cafés et brasseries, sauf le samedi soir, la majorité des établissements étant bondés.

Pour trinquer un bock à la main, on dit *Prost!* et *Zum Wohl!* si c'est un verre de vin.

Le pourboire

Laissé à la discrétion de chacun, le pourboire n'est absolument pas obligatoire. En général, dans les restaurants, les cafés et les bars, les Allemands arrondissent l'addition aux 5 ou 10 € supérieurs. En fonction du service et du cadre, laissez directement la somme qui vous semble adéquate en payant votre addition au serveur. Annoncez le montant que vous souhaitez payer ou dites "*Stimmt so*" si vous ne voulez pas récupérer la monnaie. Ne laissez de pourboire que si vous avez été réellement satisfait du service et que le personnel s'est mis en quatre pour que votre dîner soit agréable. La qualité du service varie énormément dans tout le sud de l'Allemagne.

Paysages et vie sauvage

Des sommets alpins à la plaine du Danube, de la Forêt-Noire aux lacs du sud de la Bavière, le sud de l'Allemagne possède une grande variété de paysages typiques de l'Europe centrale qu'il est fabuleux d'explorer. Également reconnue au niveau national, cette diversité est protégée par trois parcs nationaux, dont le plus récent, le parc naturel de la Forêt-Noire (Nationalpark Schwarzwald), a été inauguré en 2014. La région abrite aussi des animaux sauvages assez facilement observables ; ayez toujours des jumelles et un appareil photo à portée de main.

Géographie

En Bavière et dans la Forêt-Noire, la nature a été particulièrement féconde et créative. Singulièrement impressionnante, la chaîne des Alpes bavaroises toute hérissée de pics dentelés dus à un soulèvement tectonique il y a quelque 770 millions d'années, a ensuite été creusée par les glaciers et l'érosion. Plusieurs massifs calcaires s'élèvent telles des sentinelles dans le reste de la région, avec notamment, d'ouest en est : les Alpes d'Allgäu, les Alpes de Wetterstein-Karwendel (et le Zugspitze culminant à 2 962 m) et les Alpes de Berchtesgaden. Beaucoup de sommets dépassent les 2 000 m et sont recouverts d'un manteau neigeux toute l'année.

Plus au nord, les Préalpes sont une mosaïque luxuriante de landes, collines ondoyantes, plaines alluviales et forêts de pins, ponctuée de lacs glaciaires tels les vastes Chiemsee, Starnberger See et Ammersee. Elles sont prises en sandwich entre le lac de Constance à l'ouest et les rivières Inn et Salzach à l'est.

À l'est de la Bavière, la Forêt bavaroise est un massif de moyenne montagne (*Mittelgebirge*), aussi beau que méconnu. Son point culminant est le Grosse Arber (1 456 m), en grande partie couvert par d'épaisses forêts sombres, qui s'éclaircissent en arrivant dans les régions peu peuplées de Frankenwald et Fichtelgebirge, plus au nord. En revanche, la forêt reste tout aussi dense de l'autre côté de la frontière, en République tchèque.

Au sud-ouest de l'Allemagne, la Forêt-Noire, autre *Mittelgebirge*, dévoile un paysage à l'atmosphère mystérieuse : cascades, collines, lacs étincelants, vignobles verdoyants et forêts de chênes, de pins et de hêtres s'étagent sur différents niveaux. La petite rivière Kinzig marque la limite entre le Nord et le Sud, beaucoup plus élevé, qui culmine au sommet du Feldberg (1 493 m).

La majeure partie de la Franconie et de la Souabe est un patchwork complexe de massifs bas, de fissures et de profondes vallées sinueuses. Un massif calcaire jurassique est à l'origine de formations rocheuses, comme celles de la région de la Suisse franconienne, au nord de Nuremberg.

Le sud de l'Allemagne est traversé par sept grands cours d'eau, dont les plus longs sont le Danube, qui prend sa source en Forêt-Noire, et le Main. Prenant leur source dans les Alpes, l'Inn et l'Isar vont se jeter dans le Danube, la première à Passau, la seconde près de Deggendorf, à proximité de la Forêt bavaroise. Majestueuse frontière naturelle séparant la Forêt-Noire de la France et de la Suisse, le Rhin, principal fleuve de l'Allemagne, coule du sud au nord.

Quelques statistiques

Plus haut sommet : Zugspitze (2 962 m), Alpes bavaroises

Plus grand lac : lac de Constance (536 km^2), 3e d'Europe par la superficie

Plus haute cascade : chutes d'eau de Triberg (163 m)

Plus longue frontière : 815 km avec l'Autriche

Par sa superficie de 70 550 km^2, la Bavière est plus vaste que l'Irlande, le Portugal ou le Danemark. En comparaison, la Forêt-Noire et ses 13 500 km^2 font bien modestes.

Faune

Maître des forêts, le cerf, animal à la fois leste et robuste, est le plus courant des grands mammifères. Tomber nez à nez avec un sanglier n'est pas rare en Forêt bavaroise. Rappelez-vous qu'ils ont un odorat très développé mais une fort mauvaise vue.

Finie la menace d'extinction qui pesait sur les castors chassés non seulement pour leur fourrure, mais aussi pour leur chair dans les foyers catholiques dans lesquels elle faisait office de poisson le vendredi ! Leur réintroduction au milieu des années 1960 a porté ses fruits et les rives du Danube, entre Ingolstadt et Kelheim, comme celles de ses affluents, se sont repeuplées de leurs bâtisseurs préférés.

Pour découvrir la flore et la faune allemandes de chez vous, consultez les sites www.bund-naturschutz.de, www.heimische-tiere.de, www.baumkunde.de et www.deutschewildtier-stiftung.de (tous en allemand).

Disparue d'Allemagne au XIXe siècle, l'espèce des lynx a bénéficié dans les années 1980 de la réintroduction par les Tchèques de 17 félins en forêt de Bohême. Un petit groupe de courageux individus en a profité pour tenter sa chance de l'autre côté de la frontière, en Forêt bavaroise. Des lynx ont même été repérés, à de rares occasions, autour du mont Feldberg, au sud de la Forêt-Noire.

Dans les Alpes, la marmotte alpine occupe des terriers aux étages montagnards et subalpin, tandis que les bouquetins évoluent plus haut. Autre habitant du paysage alpin : le lièvre variable ("des neiges" en allemand), dont la fourrure est blanche en hiver. Espèce menacée, l'*Auerhuhn* (grand tétras, un oiseau gallinacé) a élu domicile dans les Alpes et la Forêt bavaroise. Les lézards, mantes religieuses et guêpiers d'Europe se plaisent dans la région ensoleillée du Kaiserstuhl.

Les cieux de la région accueillent plus de 400 espèces d'oiseaux, dont le pic à dos blanc, la chouette pygmée (ou chevêchette), l'épervier, le héron cendré, le geai et le rouge-queue noir. Les gorges de Wutach, dans la Forêt-Noire, constituent un habitat unique pour des oiseaux rares comme le grimpereau et le martin-pêcheur, ainsi que pour de nombreuses espèces de papillons, scarabées et lézards.

Flore

En dépit des pressions environnementales, les forêts du sud de l'Allemagne demeurent des espaces superbes et paisibles, parfaits pour échapper à la foule. À basse altitude, hêtres, chênes, bouleaux, châtaigniers, tilleuls, érables et frênes donnent lieu à une explosion de couleurs en automne. Plus haut, sapins, pins, épicéas et autres conifères les remplacent. À l'abri de la canopée poussent au ras du sol fougères, bruyères, trèfles et digitales.

Le véritable maître du ciel est l'aigle royal. Surveillez attentivement les sommets du parc national de Berchtesgaden (p. 115), avec un peu de chance vous en apercevrez un.

Au printemps, les prairies des régions alpines s'égaient de mille et une fleurs sauvages : orchidées, cyclamens, gentianes, pulsatiles, roses des Alpes, edelweiss et boutons d'or. Limitez les conséquences de votre présence dans la nature en restant bien sur les sentiers.

Aliments sauvages

Les bois de Bavière et de Forêt-Noire regorgent de baies, herbes et champignons, en très grande partie comestibles. L'été et l'automne, les meilleures saisons pour la cueillette, produisent à foison diverses baies comme les myrtilles, les framboises, les mûres et les fraises sauvages, et des herbes sauvages comme l'ail des ours, le pissenlit, l'aneth, le plantain lancéolé et l'oseille poussent en grande quantité dans les prairies et les sous-bois. La saison des champignons démarre en juin-juillet avec les fameuses *Pfifferlinge* (chanterelles) en forme de trompette orangée, se poursuit en août avec les *Steinpilze* (cèpes) très recherchés et se termine à l'automne avec des trésors comme le *Maronen* (bolet bai).

Sachez cependant que chaque année, plusieurs personnes meurent dans le sud de l'Allemagne après avoir consommé (parfois juste touché) des champignons vénéneux. Si vous souhaitez en cueillir, mieux vaut accompagner un habitant du coin qui saura vous dire ceux que vous pouvez ramasser. Ne laissez jamais un enfant toucher des champignons. Vous pouvez aussi vous en remettre à différentes associations répertoriées auprès des offices du tourisme, qui organisent *Kräuterwanderungen* et *Pilzwanderung* (marches axées sur les herbes et les champignons), notamment le Club alpin allemand (www.alpenverein.de) ou le Schwarzwaldverein (www.schwarzwaldverein.de) – l'adhésion préalable est indispensable.

Bien entendu, un grand nombre des animaux qui peuplent la Forêt-Noire finissent dans les assiettes des restaurants. La venaison et le sanglier sont des plats communs, notamment dans l'est de la Bavière. Viande souvent onéreuse dans les autres pays, la venaison coûte ici à peine plus cher que le bœuf et le porc. Elle se marie à merveille avec des sauces et des Knödel aux baies sauvages… une expérience culinaire à ne pas manquer.

Parmi les 15 réserves de biosphère de l'Unesco que compte l'Allemagne figurent la Forêt bavaroise, les Alpes de Berchtesgaden et les Alpes souabes. Pour en savoir plus, rendez-vous sur www.unesco.org.

PARCS NATIONAUX ET NATURELS

PARC	CARACTÉRISTIQUES	ACTIVITÉS	MEILLEURE PÉRIODE	SITE INTERNET
Parc national de la Forêt bavaroise (Nationalpark Bayerischer Wald ; p. 178)	forêt de montagne, marais, cours d'eau (243 km²) ; cerf, renard, loutre, gélinotte des bois, chouette pygmée, pic tridactyle	randonnée, VTT, ski de fond	toute l'année	www.nationalpark-bayerischer-wald.de
Parc national de Berchtesgaden (Nationalpark Berchtesgaden ; p. 115)	lacs, forêt mixte, falaises, prairies (210 km²) ; aigle, chamois, marmotte, lièvre variable, salamandre	randonnée, ski, observation de la faune	toute l'année	www.nationalpark-berchtesgaden.de
Parc naturel d'Altmühltal (Naturpark Altmühltal ; p. 155)	forêt mixte, cours d'eau, formations rocheuses, ruines romaines (2 962 km²)	randonnée, vélo, canoë, kayak, escalade, ski de fond, géologie	de la fin du printemps à l'automne	www.naturpark-altmuehltal.de
Parc naturel de la Forêt bavaroise (Naturpark Bayerischer Wald)	surface de forêt ininterrompue la plus vaste d'Allemagne (englobe le Nationalpark Bayerischer Wald), lande, prairies, collines (3 077 km²)	randonnée, vélo, ski de fond, marche nordique	de la fin du printemps à l'automne	www.naturpark-bayer-wald.de
Parc naturel de la Forêt-Noire Centre/Nord (Naturpark Schwarzwald Mitte/Nord)	forêt mixte, vallées profondes, lacs (3 750 km²) ; cerf, sanglier, corbeau, grand tétras	randonnée, marche nordique, VTT	de la fin du printemps à l'automne	www.naturparkschwarzwald.de
Parc naturel de la Forêt-Noire Sud (Naturpark Südschwarzwald)	forêt mixte, pâturages, vignes, lac, lande (3 700 km²) ; cerf, lynx, coq de bruyère	randonnée, marche nordique, raquettes, VTT	toute l'année	www.naturpark-suedschwarzwald.de
Parc national de la Forêt-Noire (Nationalpark Schwarzwald ; p. 223)	plateaux de forêt mixte, lande et lacs (100 km²)	marche	toute l'année	www.schwarzwald-nationalpark.de

Parcs naturels et nationaux

La Bavière a été pionnière en la matière avec la fondation en 1970 du premier parc national en Allemagne, le Nationalpark Bayerischer Wald. Sur les 16 parcs nationaux du pays, elle en abrite deux en tout dont l'exceptionnel Nationalpark Berchtesgaden, à la frontière autrichienne, magnifique massif composé de hautes montagnes et de lacs aux couleurs fantastiques, pareils à des fjords. Les deux parcs s'enorgueillissent de sites d'une incroyable beauté, aux caractéristiques géographiques rares et à la faune variée.

Pour tout savoir sur les parcs naturels et nationaux de la région, consultez les sites suivants, en allemand : www.naturparke.de et www.nationalpark-deutschland.com.

En 2014 a été inauguré un tout nouveau parc national allemand dans le Baden-Württemburg : le parc naturel de la Forêt-Noire (Nationalpark Schwarzwald), une petite étendue de 100 km² divisée en deux parties situées à environ 3,5 km de distance l'une de l'autre. Le projet de création d'un parc national dans cette région avait été très mal reçu par les sociétés forestières, par deux grands partis politiques du Land (la CDU, l'Union chrétienne-démocrate, et le FDP, le parti libéral-démocrate) et par de nombreux habitants. Le parc n'englobe que 0,7% de l'immense forêt bavaroise, mais c'est une zone désormais entièrement retournée à l'état sauvage.

La Forêt-Noire compte aussi pour sa part deux parcs naturels, qui bénéficient d'un degré moindre de protection environnementale et sont surtout des espaces de loisirs extérieurs. Il s'agit de vastes paysages ruraux sillonnés de routes et émaillés de villages. On y pratique l'exploitation forestière sélective (pas de coupe claire) et une agriculture raisonnée et respectueuse de l'environnement.

Bavière et Forêt-Noire pratique

Carnet pratique

CATÉGORIES DE PRIX

Les tarifs suivants s'entendent en haute saison, pour une chambre double. Sauf mention contraire, le petit-déjeuner est compris.

- **Petit budget (€)** moins de 80 €
- **Catégorie moyenne (€€)** 80-160 €
- **Catégorie supérieure (€€€)** plus de 160 €

Ambassades et consulats

Si la plupart des ambassades sont à Berlin, de nombreux pays possèdent un consulat à Munich. Pour connaître la liste des autres représentations diplomatiques étrangères en Allemagne, consultez le site embassy-finder.com/fr/in_munich_germany (en français).

Consulat honoraire de Belgique (☎089 2104 1603 ; Pacellistrasse 16 ; Munich)

Consulat du Canada (☎089-219 9570 ; Tal 29 ; Munich)

Consulat de France (☎089-419 4110 ; Heimeranstrasse 31 ; Munich)

Consulat général de Suisse (☎089-286 6200 ; Prinzregentenstrasse 20 ; Munich)

Argent

- L'Allemagne fait partie des 17 pays de l'Union européenne ayant adopté l'euro.
- Si vous venez d'un pays ne faisant pas partie de la zone euro, vous pourrez changer de l'argent dans les aéroports, dans certaines banques et dans les bureaux de change comme Reisebank, American Express et TravelEx. Ces établissements étant rares en zone rurale, pensez à emporter suffisamment d'espèces.

Cartes bancaires

Ces petits rectangles de plastique peuvent se révéler indispensables en cas d'urgence, mais aussi pour faire une réservation par téléphone ou sur Internet. En cas de perte ou de vol, contactez les numéros suivants :

American Express ☎069 9797 1000

MasterCard ☎0800 819 1040

Visa ☎0800 814 9100

Chèques de voyage

À l'ère des réseaux internationaux de distributeurs de billets, ce moyen de paiement est presque totalement tombé en obsolescence et sa réputation de sécurité n'en vaut plus vraiment la chandelle. De plus, la plupart des commerçants allemands refusent les chèques de voyage, même libellés en euros, et les banques appliquent des commissions exorbitantes pour les changer (les bureaux de change sont généralement plus avantageux). Les agences American Express changent les chèques Amex contre une commission très modique, voire gratuitement.

Distributeurs automatiques de billets (DAB)

Vous trouverez partout des DAB, accessibles 24 heures sur 24 : c'est le moyen le plus simple et le plus rapide d'obtenir de l'argent liquide. Cela dit, certains DAB n'acceptent pas toutes les cartes bancaires. Renseignez-vous sur les éventuelles commissions auprès de votre banque ou de l'organisme de gestion de votre carte bancaire.

Espèces

En Bavière, on paie encore à peu près tout en espèces : veillez à en avoir toujours suffisamment sur vous, pour éviter de vous retrouver à chercher de l'argent au distributeur pour payer votre bière ou une saucisse. Même dans les supermarchés, les caissiers (et les autres clients derrière vous) vous feront sentir leur agacement si vous n'avez pas de liquide, surtout si vous ne dépensez que de petites sommes.

Assurance

Quelle que soit la durée de votre séjour, vérifiez que vous possédez une assurance voyage couvrant les dépenses médicales et la perte et le vol de vos bagages, mais aussi les annulations ou les retards dans vos réservations et déplacements. Pensez-y avant de partir, car d'autres contrats (assurance médicale, habitation, etc.) incluent parfois ces garanties.

Cartes et plans

La plupart des offices du tourisme distribuent des plans de ville gratuits (et souvent très sommaires), mais si vous êtes motorisé, il vous faudra une carte ou un atlas routier détaillé comme en éditent Michelin, Falkplan, Freytag & Berndt, RV Verlag ou ADAC. Vous les trouverez en librairie, dans les offices du tourisme, chez les marchands de journaux et dans les stations-service. Les sites www.viamichelin.com et www.stadtplandienst.de proposent cartes téléchargeables et itinéraires routiers.

Cours d'allemand

À Munich, plusieurs établissements proposent des cours d'allemand de qualité.

DESK (☎089 263 334 ; www.desk-sprachkurse.de ; Blumenstrasse 1). Forte d'une bonne trentaine d'années d'expérience, cette école située dans le centre a fait ses preuves. Site Internet en allemand ou anglais.

Deutschakademie (☎089 2601 8989 ; www.deutschakademie.de ; Sonnenstrasse 8). Des cours assurés toute la journée, en petits groupes, par des professeurs diplômés.

Inlingua (☎089 231 1530 ; www.inlingua-muenchen.de ; Sendlinger-Tor-Platz 6). Réseau national s'adressant davantage à une clientèle professionnelle.

Ludwig-Maximilians-Universität München (☎089 2180 2143 ; www.sprachenzentrum.uni-muenchen.de ; Schellingstrasse 3). À l'université, stages d'été et pendant l'année. Site Internet en allemand ou anglais.

Climat

Salzbourg

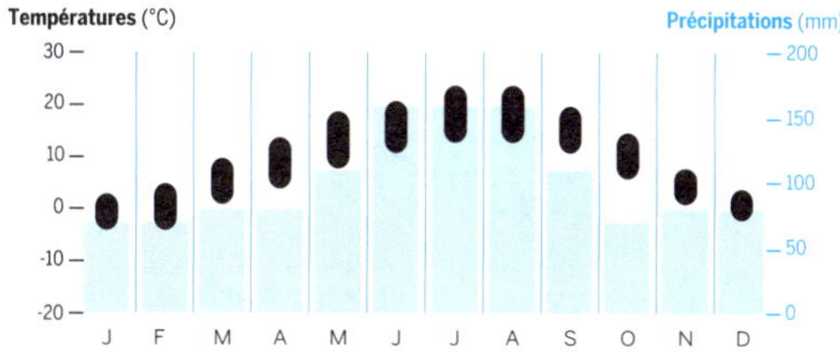

Munich

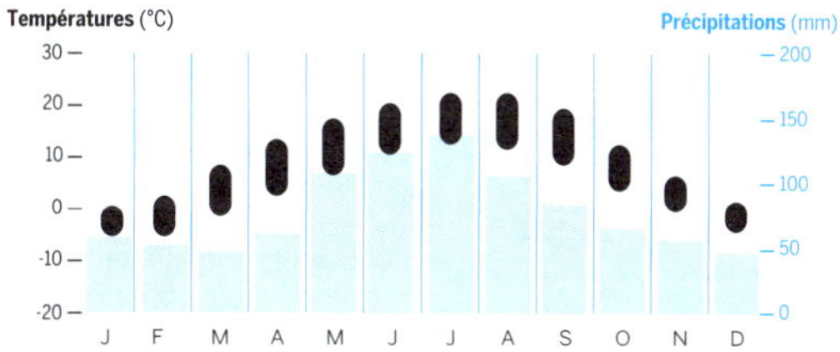

Zugspitze

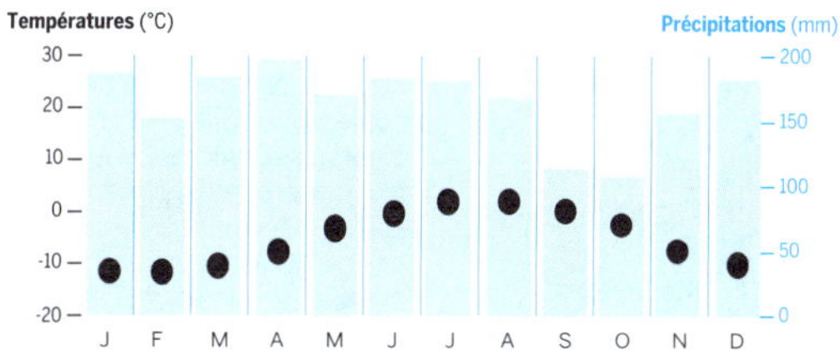

Douane

La plupart des produits que vous apportez en Allemagne pour votre usage personnel sont exemptés de taxe et droits de douane. Sont également exemptés les alcools et cigarettes achetées dans un pays hors Union européenne dans les quantités indiquées ci-dessous. La franchise de taxe s'applique aussi aux autres produits (dont le thé, le café et le parfum) dans la limite de 430 euros. Il est interdit de faire entrer dans l'UE de la viande et du lait, ou des produits carnés ou laitiers.

➡ **Alcool** 1 litre d'alcool fort, ou 2 litres d'alcool titrant moins de 22° et 4 litres de vin.

➡ **Tabac** 200 cigarettes ou 100 cigarillos ou 50 cigares ou 250 g de tabac à rouler.

Électricité

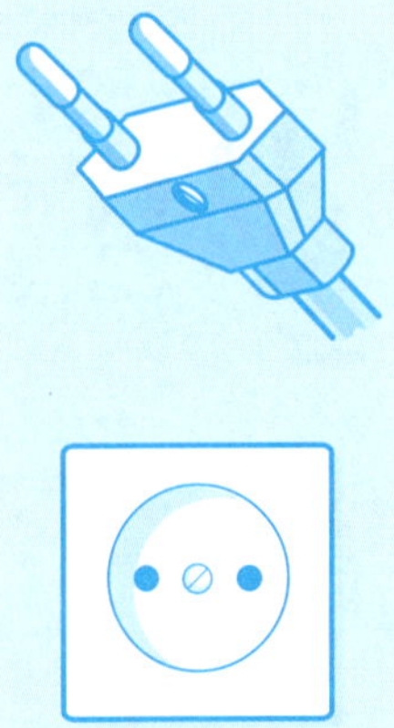

230 V/50 Hz

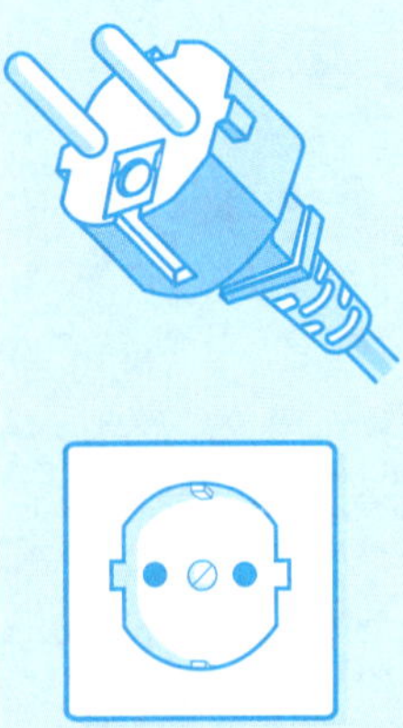

220 V/50 Hz

Formalités et visas

Pour entrer sur le territoire allemand, les ressortissants français, suisses et belges devront produire une carte d'identité ou un passeport valide (le permis de conduire n'est pas une pièce d'identité). Les Canadiens, entre autres, ont seulement besoin d'un passeport en règle (et pas de visa) pour un séjour touristique de trois mois maximum par période de six mois. Le passeport doit être valable plus de quatre mois après la date prévue de votre départ d'Allemagne.

Les ressortissants d'autres pays doivent se procurer un "visa Schengen", du nom de l'accord signé en 1995 qui abolit les contrôles de passeport entre la plupart des pays européens. Vous trouverez des renseignements complets sur www.auswaertiges-amt.de, ou bien auprès d'un consulat d'Allemagne dans votre pays.

Nous vous conseillons de photocopier tous vos documents importants (pages d'introduction de votre passeport, cartes bancaires, numéros de chèques de voyage, police d'assurance, billets de train/d'avion/de bus, permis de conduire, etc.). Emportez un jeu de ces copies, que vous conserverez à part des originaux. Vous remplacerez ainsi plus aisément ces documents en cas de perte ou de vol. Vous pouvez également en laisser une copie dans une fichier attaché à un courriel envoyé sur votre propre messagerie.

Handicapés

➡ En règle générale, les habitants de l'Allemagne du Sud se montrent attentifs aux besoins des *Behinderte* (handicapés).

➡ De nombreux lieux publics, notamment les gares, musées, théâtres et cinémas, sont équipés de rampes d'accès et d'ascenseurs.

➡ Les hôtels récents, et certains établissements rénovés, possèdent des ascenseurs et des chambres dotées de portes larges et d'une salle de bains accessible.

➡ La quasi-totalité des trains est accessible, et les bus locaux ainsi que l'U-Bahn le sont de plus en plus. Les chiens d'aveugle sont acceptés dans tous les transports publics.

➡ De nombreux offices du tourisme, qu'ils soient locaux ou régionaux, éditent des brochures spécifiques à l'attention des visiteurs handicapés, mais elles sont souvent en allemand. Il existe en ligne de bonnes sources d'information générale, parmi lesquelles :

Service d'aide à la mobilité de la Deutsche Bahn (☎0180 6 512 512 ; ⏲ 6h-22h ; www.bahn.com). Information sur l'accessibilité des trains et recherche d'itinéraire. Le site est bien fourni en anglais (cherchez "barrier-free travel" sous "services"), un peu moins en français (rubrique "Voyagez avec un handicap").

Office du tourisme national allemand (www.germany.travel). Premier site à visiter. Fournit des renseignements et de bonnes idées (en anglais).

Munich pour les touristes handicapés physiques (www.munich.de). Le site officiel du tourisme à Munich fournit, en anglais ou en allemand, de nombreuses informations pour les voyageurs handicapés, qu'il s'agisse de l'Oktoberfest, des associations et clubs locaux ou des transports spécifiques.

➡ L'APF (www.vacances-accessibles.apf.asso.fr) peut vous fournir d'utiles informations sur les voyages accessibles.

Yanous (www.yanous.com/pratique/tourisme/tourisme160122.html) est un site Internet francophone dédié aux personnes handicapées qui comporte une rubrique consacrée au voyage et constitue une bonne source d'information.

Hébergement

Auberges de jeunesse, campings et auberges traditionnelles, chaînes hôtelières, hôtels d'affaires et complexes de luxe, la Bavière et la Forêt-Noire offrent un large éventail d'établissements où poser vos valises. Il est conseillé de réserver de juin à septembre et autour des principaux jours fériés et des grandes festivités, mais aussi, dans les grandes villes, lors des foires et salons.

➡ Le portail de réservation www.sightsleeping.by rassemble de belles demeures hôtelières de Bavière, parmi lesquelles des châteaux, des palais et des monuments historiques.

➡ Sur les sites de nombreux hôtels et offices du tourisme, vous pourrez consulter la disponibilité des chambres et faire une réservation en ligne. Sur place, en dehors des heures d'ouverture des offices du tourisme, le personnel affiche à l'extérieur, dans une vitrine ou à la porte, les adresses ayant des chambres libres.

➡ Des bornes de réservation en ligne, particulièrement répandues dans les Alpes, vous mettent directement et gratuitement en contact avec des hébergements, mais leur fiabilité est très aléatoire.

➡ La distinction chambres fumeurs/non-fumeurs est désormais la norme. Dans les adresses pour petits budgets, demandez à visiter la chambre pour vous assurer qu'elle ne sent pas le tabac.

➡ Fin septembre, pendant l'Oktoberfest, il peut être très compliqué de trouver un hébergement à la dernière minute.

➡ Les chambres climatisées sont rares.

➡ Le petit-déjeuner figure toujours à part sur les tarifs et n'est jamais inclus dans le prix de la chambre, quel que soit l'hébergement, en raison de la législation fiscale locale.

➡ Vous devrez aussi payer, en plus, la Kurtaxe (taxe de séjour), très pratiquée dans les Alpes en particulier. Cette taxe de 1 à 3 € n'est pas comprise dans le tarif des chambres mais offre souvent une carte de réduction sur les transports et les visites.

➡ Le Wi-Fi est garanti dans presque toutes les catégories d'adresses et il est gratuit quasiment partout. Toutefois, la connexion peut être irrégulière dans les hébergements de catégorie petits budgets, à l'exception des auberges de jeunesse où elle est généralement excellente.

Auberges de jeunesse

La Bavière possède de nombreuses auberges de jeunesse. Le lit en dortoir affiche des tarifs imbattables (à certains moments de la semaine ou de l'année, c'est même plus avantageux que le camping), mais les chambres privatives reviennent parfois aussi cher, sinon plus, qu'une chambre d'hôtel de catégorie moyenne réservée en ligne ou à la dernière minute.

➡ Vous trouverez des auberges de jeunesse pour routards partout dans la région, mais un peu moins dans le Bade-Wurtemberg qu'en Bavière. Offrant des dortoirs mixtes et des chambres privées, ces adresses généralement équipées de cuisines communes, de casiers, d'un accès à Internet, d'une laverie et d'une salle commune attirent une clientèle internationale dans une ambiance conviviale.

➡ Pour réserver une place en auberge de jeunesse, le mieux est de commencer vos recherches sur des sites internationaux tels que www.hostelworld.com te www.hostelbookers.com.

➡ La plupart des auberges de jeunesse proposent des circuits et promenades thématiques à petits prix.

➡ Les auberges du réseau Hostelling International sont gérées par le **Deutsches Jugendherbergswerk** (www.jugendherberge.de) et s'adressent principalement aux groupes scolaires allemands et aux familles.

➡ Si la plupart ont été modernisées, les auberges DJH peinent à se débarrasser de leur atmosphère impersonnelle, et certaines sont parfois bruyantes et leur personnel est grincheux.

➡ En dortoir non mixte ou en chambre familiale, comptez 17 à 27 € par personne, linge de lit et petit-déjeuner compris. Un supplément de 2-4 € est appliqué aux plus de 27 ans. Si les places manquent, la priorité est donnée aux moins de 27 ans et aux familles.

➡ À moins d'être membre du réseau HI dans votre pays, il vous faudra acheter une carte Hostelling International (15,50 €, valable un an) ou bien six "timbres de bienvenue", à 3,10 € l'unité (un par nuit). La carte comme les timbres sont vendus dans toutes les auberges DJH.

➡ Les auberges DJH sont désormais ouvertes à la réservation en ligne.

Camping

Dans le sud de l'Allemagne, vous trouverez des campings accessibles en bus à proximité de la moindre bourgade. Les campings allemands sont globalement bien entretenus et bien équipés.

➡ La saison va de mai à septembre. Peu de campings ouvrent toute l'année. Le pic de fréquentation se situe en juillet-août.

➡ Les campings distinguent généralement un tarif par personne, par tente et par véhicule, auquel il faut ajouter la taxe de séjour, l'électricité et le traitement des eaux usées.

➡ La carte Camping Card International offre parfois des réductions.

➡ Pour les germanophones, l'*ADAC Camping & Caravanning Führer*, vendu en librairie, est un guide exhaustif du camping. Pensez aussi aux sites www.alanrogers.com et www.eurocampings.eu.

➡ Les pratiques sont floues, mais le camping sauvage est bien interdit en Allemagne. Certains agriculteurs accepteront peut-être de vous laisser camper sur leurs terres si vous leur en demandez la permission.

Hôtels

Du petit établissement familial à la chaîne de luxe, la grande majorité des hôtels sont propres et bien tenus. Dans les établissements indépendants d'un certain âge, les chambres peuvent énormément varier en termes de superficie, de décor et de confort. Les moins chères peuvent avoir des sanitaires communs, ou bien être équipées d'une cabine de douche mais pas de toilettes, et seules les plus onéreuses posséderont leur salle de bains privative. Si possible, demandez à voir plusieurs chambres avant de faire votre choix.

Les établissements de catégorie supérieure se distinguent par des installations luxueuses et, selon les cas, un cadre spectaculaire, une décoration particulièrement soignée et/ou une ambiance chargée d'histoire. Vous y trouverez souvent, aussi, une piscine, un sauna, un centre d'affaires et autres services haut de gamme.

Locations

Pour un séjour d'au moins une semaine, si vous souhaitez vous préparer vos repas ou que vous voyagez en famille ou en petit groupe, le *Ferienwohnung* (appartement meublé) est une bonne option. Une surtaxe est généralement imposée aux séjours de moins d'une semaine, et des "frais de ménage" vous seront demandés lors de votre départ.

Pensions, auberges et "chambres privées"

➡ *Pensionen* (pensions) et *Gasthöfe*, ou *Gasthäuser*, (auberges) sont des adresses plus modestes, plus décontractées et plus abordables que les hôtels, généralement doublées d'un restaurant pour ces dernières. Vous y trouverez des chambres bien tenues, mais un équipement souvent minimal (une radio peut-être, éventuellement une petite TV, mais rarement de téléphone). Certaines installations sont communes. Mais ces établissements compensent le plus souvent leur manque de confort moderne par leur charme et leur authenticité.

➡ Les *Privatzimmer* (des chambres chez des particuliers, pour l'essentiel), très répandues, sont une solution idéale pour connaître le quotidien des Allemands – à condition de ne pas rechercher vous-même un summum d'intimité. La liste des chambres disponibles est disponible dans les offices du tourisme, mais prêtez aussi attention aux pancartes *Zimmer Frei* ("chambres libres") sur les maisons ou dans les vitrines des magasins. Comptez 25 à 40 € par personne.

Séjours à la ferme

Les enfants adorent séjourner sur une exploitation agricole, où ils peuvent voir des animaux et participer aux tâches quotidiennes. La gamme d'hébergements est large, de la chambre la plus austère, avec sanitaires communs, à l'appartement de vacances tout équipé. Beaucoup imposent un séjour minimum de trois jours. Pour en savoir plus (en allemand), rendez-vous sur www.landtourismus.de.

Heure locale

L'Allemagne est sur le même fuseau horaire que la France, la Suisse et la Belgique. Il y a six heures de décalage entre le Québec et l'Allemagne.

Heures d'ouverture

Les musées ferment généralement le lundi et font souvent une nocturne par semaine. De nombreux restaurants gardent un *Ruhetag* (jour de repos) hebdomadaire, le lundi ou le mardi. Tous les supermarchés ferment le dimanche, ce qui est loin d'être pratique lorsqu'on prépare soi-même ses repas.

Banques 8h30-16h lun-mer et ven, 8h30-17h30 ou 18h jeu

Bars à partir de 18h et jusqu'à 1h minimum

Clubs à partir de 23h et jusqu'au petit matin

Bureaux de poste 9h-18h lun-ven, 9h-13h sam

Restaurants 11h-23h (horaires variables)

Principaux magasins et supermarchés 9h30-20h lun-sam (horaires variables)

Homosexualité

La scène gay et lesbienne est bien plus modeste en Bavière et dans le Bade-Wurtemberg qu'à Berlin ou Cologne par exemple. Nuremberg, Ratisbonne et Fribourg sont relativement ouvertes, mais en zone rurale, les homosexuels se font généralement discrets. Les sites Internet spécialisés sont pléthoriques, mais le plus souvent en allemand. Allez jeter un œil sur www.gayscape.com, www.gay-web.de et, pour les femmes, www.lesarion.de.

Internet (accès)

Il est assez facile de trouver à se connecter dans le sud de l'Allemagne, mais comme un peu partout en Europe, les cybercafés se font rares – il n'en reste parfois qu'un seul dans certaines villes.

➡ Des ordinateurs connectés sont mis à disposition

gratuitement dans les bibliothèques publiques, qui offrent aussi parfois le Wi-Fi. Connexion limitée dans le temps, réservations et files d'attente sont cependant à prévoir.

- Certains offices du tourisme proposent un accès Internet gratuit.
- Dans les grandes villes, les centres d'appels situés aux abords des gares font aussi cybercafés, bien qu'ils puissent paraître parfois un peu glauques.
- De nombreux hôtels et auberges de jeunesse sont connectés au haut débit et au Wi-Fi (W-LAN en allemand – le mot " Wi-Fi " n'est pas compris du plus grand nombre), l'accès y est généralement gratuit. Dans certains hôtels d'affaires, il est possible de payer pour un plus haut débit. Plus la catégorie de votre hôtel est basse, plus les chances d'avoir une connexion qui fonctionne sont minces. Les auberges de jeunesse, en revanche, disposent d'une excellente connexion Wi-Fi.
- Certains cafés et bars possèdent le Wi-Fi, souvent utilisable gratuitement si vous consommez.
- Il existe des hot-spots gratuit dans le sud de l'Allemagne, mais il faut parfois se pré-enregistrer. Les aéroports offrent un certain nombre de minutes gratuites (à l'aéroport de Nuremberg, par exemple, vous bénéficiez de 15 minutes de connexion gratuites, pour vérifier vos mails). Une fois le temps écoulé, les frais de connexion sont très élevés.

PRATIQUE

Quotidiens Le *Süddeutsche Zeitung*, dont la rédaction est implantée à Munich, est l'un des principaux quotidiens allemands avec *Die Welt* et le *Frankfurter Allgemeine Zeitung*. Vous trouverez les principaux quotidiens français dans les grandes villes.

Magazines *Der Spiegel* et *Focus* sont des hebdomadaires d'information très lus en Allemagne. Vous les trouverez dans les gares et dans les principaux kiosques.

Radio Les stations de radio sont régionales et mêlent infos, entretiens et musique.

Poids et mesures L'Allemagne utilise le système métrique.

Tabac Le tabac est interdit dans tous les espaces publics fermés depuis 2010 en Bavière. L'interdiction est en vigueur dans le Bade-Wurtemberg depuis 2007.

Jours fériés

Commerces et bureaux sont fermés les jours suivants :

- **Neujahrstag** (Nouvel An) 1er janvier
- **Heilige Drei Könige** (Épiphanie) 6 janvier
- **Ostern** (Pâques) mars/avril– vendredi saint, dimanche et lundi de Pâques
- **Maifeiertag** (fête du Travail) 1er mai
- **Christi Himmelfahrt** (Ascension) 40 jours après Pâques
- **Pfingsten** (Pentecôte) entre mi-mai et mi-juin– dimanche et lundi de Pentecôte
- **Fronleichnam** (Fête-Dieu) 10 jours après la Pentecôte
- **Mariä Himmelfahrt** (Assomption, en Bavière seulement) 15 août
- **Tag der Deutschen Einheit** (fête de l'Unité allemande) 3 octobre
- **Allerheiligen** (Toussaint) 1er novembre
- **Weihnachtstag** (Noël) 25 décembre
- **Stephanitag** (lendemain de Noël, jour de la Saint-Étienne) 26 décembre

Offices du tourisme

Toute ville de taille raisonnable (même si elle n'est pas touristique) possède en Allemagne du Sud un office du tourisme financé par la municipalité, parfois doublé d'un centre d'information pour la population locale. L'immense majorité de leurs employés parle anglais et certains pourront vous répondre dans la langue de Molière. La plupart du personnel chargé de conseiller les visiteurs est bien renseigné, accueillant et efficace. En revanche, la qualité des sites Internet des autorités touristiques est très variable.

Pour préparer votre voyage, les sites www.baviere-tourisme.fr et www.germany.travel/fr sont de bon conseil.

Consultez notamment les sites suivants :

Office du tourisme en Forêt-Noire (www.foretnoire.info)

Office du tourisme du Bade-Wurtemberg (www.tourisme-bw.fr)

Office du tourisme de la Bavière orientale (www.ostbayern-tourismus.de, en allemand)

Office du tourisme de Franconie (fr.frankentourismus.com)

Office du tourisme Allgäu-Souabe bavaroise (www.bavarian-alps.info, en allemand ou anglais)

Office du tourisme de Haute-Bavière (www.oberbayern-tourismus.de, en allemand)

Office du tourisme de la Route romantique (www.romantischestrasse.de, en allemand ou anglais)

Poste

- Le service postal, très fiable, est assuré en Allemagne par Deutsche Post (www.deutschepost.de).
- Les bureaux de poste principaux sont souvent situés à proximité des gares.
- Les bureaux les plus fréquentés possèdent généralement un guichet dédié à l'envoi de lettres et cartes postales, vous épargnant une longue file d'attente parmi les habitants venus, par exemple, payer des factures.
- Vous pouvez même vous passer d'aller à la poste en vous connectant au site Internet de Deutsche Post pour imprimer vous-même des *Internetmarke* (timbres Internet).

Problèmes juridiques

La loi exige que vous ayez toujours sur vous une pièce d'identité avec photo, comme votre passeport ou carte nationale d'identité (le permis de conduire n'est pas toujours jugé suffisant par la police). En cas d'arrestation, vous avez droit à un coup de téléphone et bénéficiez de la présomption d'innocence.

Téléphone

Appels nationaux et internationaux

Les numéros de téléphone en Allemagne se composent d'un indicatif régional qui commence par 0, suivi du numéro local. Les indicatifs régionaux peuvent atteindre six chiffres, et les numéros locaux neuf chiffres. Si vous appelez dans la même ville depuis une ligne fixe, vous n'avez pas à composer l'indicatif régional, indispensable en revanche depuis un téléphone portable.

- Pour appeler en Allemagne de l'étranger, composez d'abord l'indicatif international en vigueur dans votre pays, puis le 49 (indicatif de l'Allemagne), l'indicatif régional (sans le 0 initial) et enfin le numéro. En Allemagne, l'indicatif international est le 00.
- Pour appeler l'étranger depuis l'Allemagne, composez le code d'accès international ☎00, puis l'indicatif du pays (☎33 pour la France, ☎32 pour la Belgique, ☎41 pour la Suisse et ☎1 pour le Canada), le code régional (sans le 0) et le numéro désiré.
- Les numéros qui commencent par 0800 sont gratuits, mais les 0190 et les 900 affichent des coûts d'appel exorbitants. Les appels passés depuis les chambres d'hôtel sont généralement surfacturés.
- Si vous avez accès à une ligne fixe privée, vous bénéficierez de tarifs plus avantageux en utilisant une carte téléphonique à code. Vous trouverez les tarifs sur www.billiger-telefonieren.de.
- Avec une connexion Internet haut débit, vous pouvez passer des appels téléphoniques entre ordinateurs gratuitement via **Skype** (www.skype.com), et à un prix modique à la minute vers les fixes et les mobiles depuis votre ordinateur.

Cartes téléphoniques

La plupart des téléphones publics fonctionnent avec les cartes téléphoniques Deutsche Telecom (DT), déclinées en versions 5 €, 10 € et 20 € et vendues dans les boutiques DT, les bureaux de poste, les marchands de journaux et les offices du tourisme.

Pour des appels longue distance et à l'international, les cartes prépayées des autres opérateurs sont souvent plus avantageuses : renseignez-vous chez un marchand de journaux ou dans les centres d'appels. Elles peuvent être assorties d'un coût de connexion, et la plupart fonctionnent, avec une majoration, dans les téléphones publics.

Téléphones portables

- Les portables utilisent ici le réseau GSM 900/1800. Si ce n'est pas celui en vigueur dans votre pays, il vous faudra en Allemagne un GSM multibande.
- Avec un téléphone multibande débloqué, une carte SIM prépayée rechargeable achetée auprès d'un opérateur allemand vous revient moins cher que d'appeler sur votre propre abonnement. Ces cartes, vendues dans toutes les boutiques de téléphonie mobile (comme T-Mobile, Vodafone, E-Plus et O2), vous attribuent un numéro local sans que vous ayez à signer de contrat.
- Si vous possédez une carte SIM provenant d'un autre pays européen, les tarifs sont désormais peu élevés et devraient s'aligner sur les tarifs des appels nationaux dès juin 2017.

Toilettes

- Les toilettes pour hommes sont indiquées "Herren" (ou H), celles pour femmes "Damen" (ou D).
- Les toilettes publiques sont quasi inexistantes dans le centre des grandes villes du sud de l'Allemagne. Pensez à celles des lieux publics comme les grands magasins, les gares, les marchés ou les brasseries.
- Les toilettes sont rarement gratuites – dans les grandes gares, il pourra vous en coûter 1 € ! Vous serez parfois libre de donner ce que vous voulez, à moins que le prix soit affiché.

Transports

DEPUIS/VERS LA BAVIÈRE ET LA FORÊT NOIRE

Grâce à sa situation au cœur du Vieux Continent, l'Allemagne du Sud est très bien reliée au reste de l'Europe. Entre l'avion, le train ou le bus, vous aurez l'embarras du choix, et l'excellent réseau allemand d'autoroutes (*autobahn*) rend les trajets en voiture plus rapides et plus avantageux qu'ailleurs. Pour les visiteurs venus d'autres continents, l'avion est évidemment la meilleure option, et de nombreuses compagnies aériennes bien installées desservent l'aéroport de Munich.

Entrer en Allemagne

Les formalités d'entrée en Allemagne sont simples. Les ressortissants des pays occidentaux n'ont pas besoin de visa et, même si vous n'êtes pas de ceux-là, le passage au contrôle est rapide.

Si vous arrivez en Allemagne en provenance d'un pays de l'espace Schengen (26 États européens), vous n'aurez pas à passer par le contrôle des passeports ni la douane, et ce quelle que soit votre nationalité.

Voie aérienne

Aéroports

L'Allemagne du Sud possède plusieurs aéroports :

- La région a pour principal aéroport le **Flughafen München** (MUC ; ☎089-975 00 ; www.munich-airport.de), à 30 km au nord-est du centre-ville.
- Si Munich accueille de nombreux vols transcontinentaux, la plupart atterrissent toutefois à l'**aéroport de Francfort** (FRA ; www.frankfurt-airport.com ; 📶 🚆Flughafen Regionalbahnhof), d'ailleurs plus commode pour rejoindre le nord de la Bavière et le début de la Route romantique.
- L'**aéroport de Salzbourg** (☎662-858 00 ; www.salzburg-airport.com ; Innsbrucker Bundesstrasse 95) est plus pratique pour visiter le sud-est de la région et les Alpes.
- Ne vous fiez pas à son nom : l'**aéroport de Francfort-Hahn** (HHN ; www.hahn-airport.de), à près de 100 km à l'ouest de Francfort, n'est pas du tout indiqué pour visiter cette partie de l'Allemagne.
- Le principal aéroport de Franconie est celui de **Nuremberg** (NUE ; www.airport-nuernberg.de).
- Les trois aéroports du Bade-Wurtemberg sont ceux de **Stuttgart** (STR ; www.stuttgart-airport.com), de **Karlsruhe-Baden-Baden** (Baden Airpark ; ☎07229 66 20 00 ; www.badenairpark.de) et l'**EuroAirport Bâle-Mulhouse-Fribourg** (BSL ; ☎+33 (0)3 89 90 31 11 ; www.euroairport.com) pour Fribourg et le Sud.
- Ryanair passe par l'**aéroport d'Allgäu** (FMM ; ☎08331-984 2000 ; www.allgaeu-airport.de), à 125 km à l'ouest de Munich près de la ville de Memmingen.

AVERTISSEMENT

Les informations contenues dans ce chapitre sont particulièrement susceptibles de changements. Vérifiez directement auprès de la compagnie aérienne ou de l'agence de voyages les modalités d'utilisation de votre billet d'avion. N'hésitez pas à comparer les prestations. Les détails fournis ici doivent être considérés à titre indicatif et ne remplacent en rien une recherche personnelle attentive.

AGENCES EN LIGNE

Vous pouvez réserver votre vol via une agence en ligne ou vous renseigner auprès d'un comparateur de vols :

www.anyway.com

www.ebookers.fr

www.illicotravel.com

www.sprice.fr

www.opodo.fr

www.voyages-sncf.com

voyages.kelkoo.fr

www.govoyage.com

Compagnies aériennes

La principale compagnie allemande, **Lufthansa** (www.lufthansa.com) assure de nombreux vols nationaux et internationaux, et a un bon niveau de sécurité. Munich est aussi un important centre pour **Air Berlin** (www.airberlin.com) et **Germanwings** (www.germanwings.com).

La plupart des compagnies aériennes nationales du monde desservent Munich, tandis que les compagnies aériennes low cost favorisent plutôt les petits aéroports de la région.

Billets

➡ Trouver un vol aux environs de l'Oktoberfest (de fin septembre à début octobre) est quasi impossible, même très en avance. Il existe d'autres périodes très chargées, notamment fin août, Noël et le Nouvel An.

➡ Lorsque tous les vols pour Munich affichent complet ou que les tarifs sont hors budget, la majorité des voyageurs achètent des billets moins chers à destination d'autres aéroports, comme Francfort, Salzbourg ou Nuremberg, puis prennent un train pour leur destination finale.

➡ Les billets d'avion pour l'Allemagne ne sont pas forcément moins chers sur les compagnies low cost que sur les autres transporteurs. Lufthansa propose souvent d'excellents tarifs et ne facture pas les services supplémentaires, comme les bagages en soute ou le paiement par carte bancaire, contrairement aux petites compagnies.

Depuis la France

Air France (☎36 54 ; www.airfrance.fr) propose plusieurs vols directs quotidiens opérés depuis Paris à destination de Munich (à partir de 100 €, durée 1 heure 40), Nuremberg (à partir de 160 €, durée 1 heure 20) ou Stuttgart (à partir de 120 €, durée 1 heure 30). En guettant les fréquentes promotions affichées sur le site de la compagnie, vous pourrez réaliser de substantielles économies. La principale compagnie allemande, **Lufthansa** (☎0826 10 33 34 ; www.lufthansa.fr), dessert également Munich depuis Paris, Lyon, Marseille, Montpellier, Nice ou Toulouse tandis qu'**Air Berlin** (☎0826 10 33 34 ; www.airberlin.com) assure des liaisons entre Munich et Paris ou Nice.

Depuis la Belgique

Munich est desservie par vols directs depuis Bruxelles par **Brussels Airlines** (☎070 35 11 11 ; www.brusselsairlines.com), et **Lufthansa**. Comptez 1 heure 15 de vol et des tarifs aller-retour démarrant à 168 €. **Germanwings** (☎825 109 888) opère également plusieurs liaisons quotidiennes entre Stuttgart et la capitale belge, en 1 heure 05 de vol à partir de 95 €.

Depuis la Suisse

La voie aérienne n'est pas la façon la plus commode ni la plus économique de rallier cette région frontalière. Depuis Genève, **Swiss International Airlines** (☎0848 852 000 ; www.swiss.com) et **Lufthansa** assurent des vols directs en direction de Munich. Comptez un budget moyen d'au moins 250 CHF. Il est aussi possible de gagner la capitale bavaroise depuis l'aéroport de Bâle-Mulhouse-Fribourg.

Depuis le Canada

➡ **Lufthansa** et **Air Canada** (☎888 247 2262 ; www.aircanada.com) proposent plusieurs vols hebdomadaires directs entre Montréal et Munich (7 heures 30 ; à partir de 680 $C). Si vous devez transiter via Francfort, faites des économies (et gagnez du temps) en prenant le train, plutôt qu'un vol intérieur à destination de Munich. L'aéroport de Francfort possède une gare ferroviaire.

Voie maritime

Bateau

Le ferry Romanshorn-Friedrichshafen, sur le lac de Constance, est un moyen rapide de gagner la Suisse depuis l'Allemagne. Avec la compagnie **SBS Schifffahrt** (www.sbsag.ch), la traversée prend 40 minutes.

Voie terrestre

Bus

➡ Plus lent et moins confortable que le train ou l'avion, le bus permet néanmoins de rejoindre le sud de l'Allemagne à des tarifs souvent très avantageux. À titre d'exemple, vous pourrez rejoindre Munich depuis Paris, Lyon ou Bruxelles avec Eurolines pour 100 € l'aller-retour en réservant suffisamment en avance (compter environ 13 heures de trajet depuis Paris). En Allemagne, Eurolines est représentée par **Deutsche Touring** (www.eurolines.de).

➡ Si vous passez par le sud de l'Allemagne dans le cadre d'un grand périple européen, l'Eurolines Pass (pass 15/30 jours en haute saison plus de 26 ans 320/425 €, moins de 26 ans 270/350 €, tarifs haute saison) vous permettra d'économiser et de voyager à volonté entre 53 villes européennes sur une période de 15 ou 30 jours. Il est vendu en ligne et par les agences de voyages.

➡ **Busabout** (www.busabout.com), en service de mai à octobre, est une compagnie dont les cars circulent à travers l'Europe sur plusieurs circuits interconnectés, et à bord desquels vous montez et descendez librement. Six des sept circuits passent par Munich ; Stuttgart et Salzbourg se trouvent sur le parcours de quatre d'entre eux.

➡ La compagnie de bus low cost **Meinfernbus/ Flixbus** (☎0180 515 9915 ; www.meinfernbus.de ; Zentraler Omnibusbahnhof, Arnulfstrasse21) assure des liaisons entre la région et de nombreuses villes des pays voisins.

Train

Gagner le sud de l'Allemagne en train depuis Paris et l'est de la France, la Belgique ou la Suisse s'avère très simple et représente un moindre coût écologique. Les trains longue distance reliant les grandes villes d'Allemagne à celles d'autres pays sont appelés EuroCity (EC). Sachez qu'en plus des liaisons décrites ci-dessous, des trains de nuit directs relient Munich à Amsterdam, Copenhague, Belgrade, Budapest, Bucarest, Florence, Milan, Rome, Venise et Vienne.

➡ Pour organiser votre voyage dans le sud de l'Allemagne, rendez-vous sur sur les sites de la **Deutsche Bahn** (www.bahn.de), de l'**ÖBB** (chemins de fer autrichiens ; www.oebb.at) ou encore sur www.voyages-sncf.com.

DEPUIS LA FRANCE

Munich est desservie chaque jour par de nombreux trains en provenance de la capitale française, dont plusieurs sont directs (soit 6 heures de trajet). Les TGV desservent Strasbourg, Karlsruhe, Stuttgart, Ulm, Augsbourg avant d'arriver dans la capitale bavaroise. Des trains à couchettes accomplissent le trajet de nuit en 10-13 heures. En faisant vos réservations très à l'avance, vous pourrez profiter de tarifs très avantageux commençant à moins de 100 € l'aller-retour. Plusieurs trains relient également chaque jour Paris à Stuttgart (3 heures 40 ; à partir de 78 € l'aller-retour). Enfin, Strasbourg n'est qu'à quarante minutes de train de Baden-Baden et de Karlsruhe en train InterCity ou en TGV.

Notez également qu'il est également possible de rejoindre Salzbourg et l'Autriche depuis Paris avec une correspondance à Stuttgart, Munich ou Zurich (environ 9 heures ; à partir de 150 € l'aller-retour). Informations et réservations sur les sites cités ci-dessus.

DEPUIS LA BELGIQUE

Si la capitale belge n'est pas reliée directement à Munich et au sud de l'Allemagne, des Thalys vous conduiront à Cologne ou à Francfort, d'où vous pourrez prendre une correspondance pour les villes de Bavière ou du Bade-Wurtemberg.

DEPUIS LA SUISSE

➡ Il existe des liaisons directes entre Zurich et Munich (4 heures 20 ; environ 100 CHF), mais pas depuis Genève, d'où vous devrez probablement d'abord gagner la ville de Saint-Gall pour prendre une correspondance vers l'Allemagne (7 heures ; à partir de 150 CHF). Plusieurs trains directs de la société des chemins de fer autrichiens relient chaque jour Zurich à Salzbourg (5 heures 23). Enfin, Bâle n'est qu'à une quarantaine de minutes de Fribourg en train.

Voiture et moto

➡ À titre indicatif, Munich est à 820 km de Paris, 740 km de Lyon, 770 km de Bruxelles et 590 km de Bruxelles.

VOYAGES ET CHANGEMENTS CLIMATIQUES

Tous les moyens de transport fonctionnant à l'énergie fossile génèrent du CO_2 – la principale cause du changement climatique induit par l'homme. L'industrie du voyage est aujourd'hui dépendante des avions. Si ceux-ci ne consomment pas nécessairement plus de carburant par kilomètre et par personne que la plupart des voitures, ils parcourent en revanche des distances bien plus grandes et relâchent quantité de particules et de gaz à effet de serre dans les couches supérieures de l'atmosphère. De nombreux sites Internet utilisent des "compteurs de carbone" permettant aux voyageurs de compenser le niveau des gaz à effet de serre dont ils sont responsables par une contribution financière à des projets respectueux de l'environnement. Lonely Planet "compense" les émissions de tout son personnel et de ses auteurs.

FORFAITS FERROVIAIRES

Cartes InterRail

Les cartes InterRail (www.interrailnet.com) sont accessibles à tous les Européens et aux personnes vivant en Europe depuis au moins 6 mois. Elles sont en vente dans la plupart des grandes gares, dans les agences de voyages étudiantes et sur le site Internet.

InterRail propose un Pass Allemagne permettant de voyager 3/4/6/8 jours sur un mois dans toute l'Allemagne. Pass 8 jours sur un mois adulte/moins de 26 ans en 2e : 313/232 €. Les enfants entre 0 et 11 ans voyagent gratuitement.

Pour que cette carte soit rentable, il faut couvrir un maximum de trajets. Une fois votre itinéraire fixé, vous pouvez comparer avec les tarifs des billets à l'unité sur le site Internet de la **Deutsche Bahn** (www.bahn.de).

German Rail Pass

Si vous êtes un résident permanent d'un pays extra-européen, vous avez droit au **German Rail Pass** (www.germanrailpasses.com), qui permet de voyager à volonté pendant 4 à 10 jours sur une période de quatre semaines. Par exemple, pour 4/7/10 jours de voyage, cela coûte 178/237/303 € en 2e classe (demi-tarif pour les enfants de six à 11 ans). Ce pass est valable sur tous les trains circulant en Allemagne, ainsi que sur les lignes ralliant Salzbourg et Bâle et sur certains ferries. Il offre aussi des réductions pour l'Europabus de la Route romantique et le train à crémaillère du Zugspitze.

Le pass est décliné en version 12-25 ans (German Rail Youth Pass) et en formule duo pour deux adultes voyageant ensemble (German Rail Twin Pass). Informations et réservations sur le site de la **Deutsche Bahn** (www.bahn.de).

- Pour circuler en Allemagne avec votre véhicule personnel, il faut vous munir de votre permis de conduire en règle, de votre carte grise et d'une attestation d'assurance.
- À moins d'avoir une plaque d'immatriculation européenne, les voitures étrangères doivent être pourvues d'un autocollant précisant leur nationalité.
- La législation impose d'avoir dans sa voiture une trousse de secours, des ampoules de rechange et un triangle de signalisation.
- Entre novembre et mai, même en dehors des Alpes, veillez à équiper votre véhicule de pneus hiver et à avoir des chaînes dans le coffre. Les pneus cloutés sont interdits.
- Pour plus d'informations sur les équipements requis et les règles de conduite spécifiques à l'Allemagne, consultez la carte interactive établie par la Commission européenne sur http://ec.europa.eu/transport/road_safety/going_abroad/index_fr.htm.

COMMENT CIRCULER

Pour vous déplacer en Bavière et en Forêt-Noire, préférez la voiture ou le train. Des lignes de bus régionales comblent les lacunes dans les zones mal desservies par le réseau ferroviaire.

Avion

S'il existe bien des vols reliant, par exemple, Francfort à Munich ou Salzbourg, l'avion n'est ni le moyen le plus économique ni le plus rapide de se déplacer dans le sud de l'Allemagne.

À moins de venir en Bavière ou en Forêt-Noire depuis le nord de l'Allemagne, l'avion ne représente qu'un gain de temps marginal par rapport au train, dès lors qu'on tient compte du temps qu'il faut pour rallier et quitter les aéroports. La **Lufthansa** (www.lufthansa.com), **Air Berlin** (www.airberlin.com) et **Germanwings** (www.germanwings.com), notamment, proposent des vols intérieurs.

Bus

En règle générale, si votre voyage peut se faire en train, ne cherchez pas plus loin. Les bus sont globalement plus lents, moins fiables et plus polluants, mais, dans certaines régions rurales, vous n'aurez parfois pas le choix, en particulier dans la Forêt bavaroise, en Forêt-Noire, dans certaines parties du Piémont alpin et dans les Alpes elles-mêmes. Chaque région a ses compagnies de bus, chacune avec ses tarifs et ses horaires, mais avec un peu d'efforts, il est possible de dénicher tous les horaires et les prix sur le site de la Deutsche Bahn (www.bahn.de).

Dans les grandes villes, la *Busbahnhof* ou *Zentraler Omnibus Bahnhof/ZOB* (gare routière centrale) est souvent située à proximité de l'Hauptbahnhof (gare ferroviaire centrale). La fréquence des bus est extrêmement variable. Les lignes surtout empruntées aux horaires de bureau ne circulent pas, ou peu, les soirs et week-ends. C'est une bonne idée de se renseigner systématiquement sur d'éventuels tarifs spéciaux, comme les forfaits à la journée ou à la semaine ou les billets touristiques.

Stop et covoiturage

L'autostop (*Trampen*), jamais totalement sans danger, n'est pas une solution que nous recommandons. Les auto-stoppeurs doivent être conscients que cette pratique peut comporter des risques graves. Cependant, dans certaines zones reculées de Bavière et de Forêt-Noire mal couvertes par les transports publics (notamment le Piémont alpin et la forêt de Bavière), vous verrez parfois des piétons tendre le pouce sur le bord des routes. Rappelez-vous qu'il est toujours plus prudent de voyager à deux, mais aussi de mettre quelqu'un au courant de vos projets de voyage.

Plus sûr et plus organisé, le covoiturage vous permettra de prendre place dans une voiture en participant aux frais d'essence. Il s'organise désormais principalement sur Internet, par exemple sur les sites www.mitfahrzentrale.de, www.mitfahrgelegenheit.de ou www.drive2day.de. Vous pouvez publier une demande sur un trajet ou bien contacter un automobiliste se rendant au même endroit que vous.

Train

Les chemins de fer du sud de l'Allemagne sont principalement gérés par la Deutsche Bahn (www.bahn.com), mais des compagnies privées, telles que BLB (www.blb.info), Meridian (www.der-meridian.de) et Agilis (www.agilis.de) s'occupent d'un nombre croissant de lignes. Les trains de la Deutsche Bahn, qui classés selon un déroutant système de lettres, sillonnent la région et le pays tout entier. Le système fonctionne bien, mais son automatisation quasi généralisée est parfois problématique : en cas de perturbation par exemple, il n'y a souvent personne vers qui se tourner pour en savoir plus.

La plupart des gares possèdent une consigne automatique à casiers ; comptez entre 1,50 € et 4 € les 24 heures.

- Les trains grandes lignes sont soit des ICE (InterCity Express) à grande vitesse, soit des IC (InterCity) ou des EC (EuroCity), un peu moins rapides. Tous circulent toutes les heures ou toutes les demi-heures.
- Les liaisons régionales sont assurées par les IRE (InterRegio Express), les RB (RegionalBahn), les SE (StadtExpress) et la S-Bahn.

LA ROUTE ROMANTIQUE EN BUS

La compagnie **Romantic Road Coach** (www.romanticroadcoach.de) permet aux voyageurs en solo de parcourir d'avril à octobre la Route romantique de Wurtzbourg à Füssen.

Un seul bus par jour fait ce trajet dans chaque sens. Les billets sont vendus par téléphone ou en ligne, soit pour la totalité du trajet, soit par tronçons entre les différents arrêts. Il existe des tarifs réduits.

Billets

- Les grandes gares possèdent un *Reisezentrum* ("centre de voyages") où le personnel assure la vente de billets et vous aidera à planifier votre itinéraire (vous pouvez demander un agent qui parle français ou anglais). Les plus petites n'ont parfois que quelques guichets et pas de personnel.
- Faute d'autre chose, il vous faudra parfois acheter votre billet à un guichet automatique. Toutes les gares, avec ou sans personnel, possèdent ces machines en grand nombre, d'ailleurs pratiques pour éviter les queues aux guichets traditionnels. Les instructions sont aussi données en français, mais si le système de vente de billets a été grandement simplifié, il peut encore dérouter les personnes novices.
- Les grandes cartes bancaires sont acceptées à tous les guichets, automatiques ou non, mais les machines ne prennent pas les billets de 50 €. Les billets sont vendus à bord (espèces uniquement) moyennant un supplément (3-8 €), sauf si votre gare de départ n'avait pas de personnel ou en cas de panne du guichet automatique.
- Les billets sont aussi vendus en ligne jusqu'à 10 minutes avant le départ, mais vous devrez les imprimer.
- Les contrôles de billets sont quasi systématiques. En cas de défaut de titre de transport en règle, l'amende est de 40 €.
- Le billet de train standard, sans réduction, revient cher, mais des promotions, réductions et offres spéciales sont proposées en permanence. Renseignez-vous sur le site Internet ou en gare.

EXEMPLES DE PRIX

Ces formules tarifaires sont valables en permanence :

Billet	Prix	Validité
Bayern-Ticket	23 €+5 € par pers supplémentaire	9h-3h lun-ven, dès minuit le week-end
Baden-Württemberg-Ticket	23 €+5 € par pers supplémentaire	9h-3h lun-ven, dès minuit le week-end
Bayern-Ticket Nacht	23 €+2 € par pers supplémentaire	18h-6h
Baden-Württemberg-Ticket Nacht	20 €+5 € par pers supplémentaire	18h-6h

Tous ces billets sont valables en 2e classe à bord des trains IRE, SE, RB et de S-Bahn, mais aussi pour tous les bus publics, tramways, U-Bahn et lignes ferroviaires gérées par des sociétés privées dans le *Land* concerné. Achetez de préférence vos billets à un guichet automatique, car les prix sont majorés de 2 € lorsqu'on les achète à un guichet traditionnel. N'oubliez pas qu'avec les billets journée, vous économiserez des dizaines d'euros en reportant votre départ après 9h, surtout sur les longues distances à l'intérieur de la Bavière. Le Bayern-Ticket est valable jusqu'à la gare de Salzbourg.

À BORD DES TRAINS

Il existe à bord des trains des wagons de 1re et de 2e classe, tous modernes et confortables. Ils sont organisés soit en compartiments de six places maximum, soit en "salles" avec fenêtres panoramiques. Les trains sont désormais totalement non-fumeurs. Les ICE, IC et EC sont climatisés et dotés d'un restaurant ou d'une cafétéria en self-service.

RÉSERVATIONS

Sur les grandes lignes, il est conseillé de réserver sa place assise (4,50 € par personne), surtout les vendredis et dimanches après-midi, en période de vacances et festivités et en été. La réservation peut s'effectuer jusqu'à 10 minutes avant le départ par téléphone, en ligne ou aux guichets.

Transports urbains

- La plupart des agglomérations possèdent un bon réseau de transports publics. Les grandes villes comme Munich et Nuremberg ont unifié en un seul réseau les transports en bus, tramways et liaisons ferrées d'U-Bahn (métro) et S-Bahn (trains de banlieue).
- Les billets s'achètent généralement aux distributeurs automatiques avant de monter à bord et doivent être compostés avant ou à la montée, sous peine de ne pas être valables.
- Le tarif dépend du nombre de zones ou de la durée du trajet, parfois des deux. Les *Tageskarten* (pass à la journée) sont souvent plus avantageux que les tickets à l'unité.
- Si vous n'avez pas de ticket valable, vous risquez 40 € d'amende.
- Les taxis sont équipés de compteurs et facturent un forfait prise en charge puis un prix au kilomètre. Ces tarifs sont fixes dans chaque ville, mais varient de l'une à l'autre. Certains taxis facturent un supplément pour bagages encombrants ou courses de nuit. Il est rare d'obtenir un taxi en lui faisant signe dans la rue : vous devrez plutôt attendre à une station ou bien le commander par téléphone.

Vélo

Le vélo est un moyen de locomotion très prisé dans la région, tant par les habitants que par les visiteurs, et le sud de l'Allemagne est l'une des régions d'Europe les plus adaptées aux cyclistes.

- Les vélos sont autorisés sur toutes les routes, quelle que soit leur importance, mais pas sur l'*autobahn* (autoroute). Les cyclistes sont soumis au même code de la route que les véhicules motorisés.
- Les pistes cyclables font totalement partie du paysage dans les grandes villes.
- Les phares sont obligatoires, mais pas le casque, pas même pour les enfants. Mais n'hésitez pas à faire du zèle.
- Sur la plupart des lignes, il est possible de prendre le train avec son vélo avec un billet spécifique en plus, le *Fahrradkarte* (billet vélo). Ce n'est en revanche pas le cas à bord des trains à grande vitesse ICE. Pour plus de détails, renseignez-vous sur place dans une gare, ou appelez la Deutsche Bahn (DB) sur sa **DB Radfahrer-Hotline** (Numéro d'assistance aux cyclistes ; ☎0180-699 6633 ; ⌚8h-20h).
- De nombreuses compagnies de bus régionales équipent leurs véhicules de porte-vélos. Les petites reines sont aussi

acceptées sur quasiment tous les ferrys circulant sur les lacs et cours d'eau.

- Environ 250 gares ferroviaires, dans toute l'Allemagne, proposent un service de location de vélos. Renseignements sur www.bahn.de.
- Les loueurs de vélos sont très répandus ; comptez entre 10 et 25 € par jour.
- Bett & Bike (Bed & Bike ; www.bettundbike.de) recense les adresses d'hébergement équipées pour l'accueil des cyclistes (garages à vélos, équipements d'entretien et de réparation).

LES AUTOROUTES BIENTÔT PAYANTES ?

Les autoroutes allemandes ont toujours été gratuites : il n'y a aucun péage et il n'est pas nécessaire d'avoir une vignette collée sur le pare-brise pour les emprunter. Toutefois, cela pourrait bientôt changer. En effet, Alexander Dobrindt, le ministre allemand des Transports qui vient de la CSU bavaroise, est déterminé à rendre payant tout le réseau autoroutier, sans doute en imposant l'achat d'une vignette qui coûterait environ 130 € par an. Le projet a commencé à péricliter lorsque l'UE a mis en avant sa nature discriminatoire : tous les utilisateurs, qu'ils soient Allemands ou étrangers, devraient payer, mais les conducteurs allemands se verraient remboursés via une réduction d'impôt. Prévue pour 2016, l'entrée en vigueur de la vignette a été stoppée en juin 2015 par la Commission européenne qui a indiqué que la législation de Berlin allait à l'encontre de la loi européenne. Les deux parties se préparent, semble-t-il, à une épreuve de force devant la Cour de Justice de l'UE.

Voiture et moto

- Les autoroutes allemandes (*autobahnen*) sont généralement de bonne qualité, malgré quelques bémols, comme les virages en lacets dans les bretelles d'accès.
- L'important réseau de *Bundesstrassen* (routes secondaires A et B) est également bien entretenu.
- Pour l'instant, les routes publiques n'ont pas de péage, mais cela pourrait bientôt changer pour les autoroutes.
- La circulation peut être très dense aux heures de pointe sur les *Bundesstrassen*.
- Des informations sur les itinéraires et travaux routiers en temps réel sont disponibles en anglais et en allemand sur www.bayerninfo.de. À la radio, un point circulation est généralement diffusé (en allemand) juste après les flashs d'info, à chaque heure ; cela devrait enclencher le système TMC (Traffic Message Channel) de la radio de votre voiture.
- Des aires d'autoroute bien équipées (station essence, toilettes, restaurants), parfois ouvertes 24 heures sur 24, sont aménagées tous les 40 à 60 km sur les *autobahnen*. Dans l'intervalle, les *Rastplätze* (aires de repos) sont généralement dotées de tables de pique-nique et de toilettes. Les toilettes des stations-service ne sont jamais gratuites et vous devrez avoir de la monnaie pour y entrer.

Assurance

- En vertu de la législation allemande, tous les véhicules immatriculés doivent être assurés au moins au tiers.
- Si vous louez un véhicule, vérifiez que votre contrat inclut, au minimum, une assurance responsabilité civile.
- L'assurance dommages (CDW) pour les voitures de location est en option et facturée en sus, au moment du retrait du véhicule.

Automobile-clubs

La principale organisation d'automobilistes en Allemagne, l'**Allgemeiner Deutscher Automobil-Club** (Allgemeiner Deutscher Automobil-Club ; ☎renseignements 0800 510 1112, assistance 0180 222 2222 ; www.adac.de) a des antennes dans toutes les grandes villes et dans nombre de bourgades plus modestes.

Code de la route

- Respectez scrupuleusement le code de la route : les radars de vitesse et aux feux rouges sont nombreux, et les contraventions sont envoyées à l'adresse d'immatriculation du véhicule, où qu'elle se trouve. Si vous louez une voiture, la police demandera votre adresse personnelle au loueur, et des agents de recouvrement peuvent être envoyés chez vous pour percevoir l'amende.
- Propos ou actes injurieux, panne d'essence sur l'*autobahn*, etc. : la liste des infractions passibles d'amende est longue.
- La vitesse est limitée à 50 km/h en agglomération, à 100 km/h sur les routes principales et secondaires et à 130 km/h sur les autoroutes, sauf indication contraire. Elle n'est pas limitée du tout sur certains tronçons d'autoroute, mais prêtez toujours attention aux panneaux.

- Les conducteurs peu accoutumés à la grande vitesse sur les *autobahnen* devront faire preuve de la plus grande prudence quand ils doublent. D'abord lointain dans votre rétroviseur, un véhicule lancé à 200 km/h sera derrière vous en quelques secondes : doublez le plus rapidement possible avant de vous rabattre sur la voie de droite.
- Ignorez les automobilistes qui vous font des appels de phares pour vous inciter à accélérer ou à vous rabattre. C'est une pratique interdite, tout comme le dépassement par la droite.
- En cas de panne, rangez-vous immédiatement sur le bas-côté et installez votre triangle de signalisation à environ 100 m derrière la voiture. Les bornes d'appel d'urgence sont implantées tous les 2 km.
- Le taux maximum d'alcoolémie autorisé au volant est de 0,05%, soit un verre de vin ou deux petites bières pour un individu lambda. La tolérance zéro est appliquée aux moins de 21 ans et aux conducteurs ayant leur permis depuis moins de deux ans.
- Aux passages cloutés, tous les véhicules motorisés doivent céder la priorité aux piétons. Quand vous tournez à droite, vérifiez toujours qu'il n'y a pas de cyclistes – eux aussi ont la priorité.

Location

- Grâce à l'excellent réseau de transports publics dans le sud de l'Allemagne, il n'est pas indispensable d'y louer une voiture. Il y a cependant une exception : sur la Route romantique, avoir son propre moyen de transport facilite grandement les choses.
- Comme partout ailleurs, les tarifs de location varient énormément selon le modèle, la période et l'endroit.
- Les véhicules de la classe la plus économique sont loués à partir de 35 € par jour, auxquels il faut ajouter d'éventuels suppléments (conducteur additionnel, retour dans une agence différente, etc.).
- En réservant sur des sites Internet comme www.auto-europe.fr ou www.rentalcars.com, vous pourrez faire baisser le prix jusqu'à 20 €, en fonction de la durée de location.
- Les sièges bébé et les rehausseurs sont généralement fournis gratuitement ou à un prix symbolique. La location d'un GPS est facturée à un tarif modique à la journée. Tous ces accessoires sont à demander dès la réservation.
- Le conducteur qui loue le véhicule doit souvent avoir 21 ans minimum ; un permis de conduire en règle et une carte bancaire appartenant à un grand réseau seront demandés lors du retrait.
- Il est généralement interdit de faire entrer un véhicule de location dans les pays de l'Est, comme la République tchèque ou la Pologne. Renseignez-vous si tels sont vos projets.
- Tous les grands loueurs internationaux ont des agences dans les aéroports, les principales gares et les villes moyennes et grandes.

Permis de conduire

Les conducteurs doivent posséder un permis de conduire valable. Le permis de conduire international (délivré en France par la préfecture de police) n'est pas du tout obligatoire, mais il pourra aider les Allemands à déchiffrer votre permis national et simplifiera vos démarches de location de voiture.

Langue

Parlé par quelque 100 millions de personnes, l'allemand appartient à la branche occidentale des langues germaniques et se rapproche à la fois de l'anglais et du néerlandais. On en distingue généralement deux formes : le bas allemand *(Plattdeutsch)* et le haut allemand *(Hochdeutsch)*. Le bas allemand désigne les dialectes parlés dans le nord de l'Allemagne. Utilisé dans ce chapitre, le haut allemand est considéré comme la langue standard, comprise par l'ensemble des communautés germanophones.

La prononciation de l'allemand est assez simple pour les francophones car la plupart des sons se prononcent comme ils s'écrivent. Attention tout de même au "ch", qui se prononce comme un "r" raclé après les voyelles a, o et u. Si vous aimez Bach, ne dites donc pas *bak* mais plutôt *BaRch*. Le "h" se prononce quand il est en début de mot : imaginez faire de la buée sur un miroir. Pour vous éviter l'apprentissage difficile des règles d'accentuation (et de leurs nombreuses exceptions), nous avons indiqué en *italique* la syllabe qui porte l'accent tonique.

RENCONTRES

Bonjour	*Guten Tag*	*gou*·ténn tâk
(sud du pays)	*Grüss Gott*	*gruss*·gott
Salut	*Hallo*	*hâ*·lo
Au revoir	*Auf Wiedersehen*	aof *vî*·der·zé·énn
	(fam) *Tschüss*	*tchuss*
Oui/non	*Ja/Nein*	ya/nayn
S'il vous/ te plaît	*Bitte*	*bi*·te
Merci	*Danke*	*dang*·ke
De rien/ avec plaisir	*Bitte.*	*bi*·te
Excusez-moi/ désolé(e)	*Entschuldigung.*	énnt·*chul*·di·goung

Comment allez-vous/vas-tu ?
Wie geht es Ihnen/dir? (pol/fam) — vî gét ess *î*·nénn/dîr

Bien, merci. Et vous/toi ?
Danke, gut. — *dang*·ke goute
Und Ihnen/dir? (pol/fam) — unt *î*·nen/dîr

Comment vous appelez-vous/t'appelles-tu ?
Wie ist Ihr Name? (pol) — vî ist îr *nâ*·me
Wie heißt du? (fam) — vî hayst dou

Je m'appelle...
Mein Name ist... (pol) — mayn *nâ*·me isst ...
Ich heiße... (fam) — ich *hay*·sse ...

Parlez-vous/parles-tu français/anglais ?
Sprechen Sie Französisch/ Englisch? (pol) — *chpré*·chén zi *frann*·tseuh·zich/ *eng*·lich
Sprichst du Französisch/ Englisch? (fam) — *chprichst* dou *frann*·tseuh·zich/ *eng*·lich

Je ne comprends pas
Ich verstehe nicht. — ich fer·*chté*·e nicht

SE LOGER

Auberge	*Gasthof*	*gast*·hôf
Auberge de jeunesse	*Jugendherberge*	*you*·guénnt·hér·bér·gue
Camping	*Campingplatz*	*kémm*·pinng·plats
Chambre d'hôtes	*Privatzimmer*	pri·*vât*·tsi·mer
Hôtel	*Hotel*	ho·*tél*
Pension	*Pension*	pâng·*zyôn*

Avez-vous une	*Haben Sie ein...?*	*hâ*·bén zê ayn ...
chambre double ?	*Doppelzimmer*	*do*·pel·tsi·mer
chambre simple ?	*Einzelzimmer*	*ayn*·tsel·tsi·mer
Combien est-ce par... ?	*Wie viel kostet es pro...?*	vi fil *kos*·tet ess prô ...
nuit	*Nacht*	narcht
personne	*Person*	per·*zôn*

Le petit-déjeuner est-il compris ?
Ist das Frühstück inklusive?
isst dass *fru*·chtuk in·klou·*zi*·ve

S'ORIENTER

Où est... ?	*Wo ist...?*	vô isst...

Quelle est l'adresse ?
Wie ist die Adresse? vî isst dî a·*dré*·sseu

À quelle distance se trouve-t-il/elle ?
Wie weit ist es? vî *vayt* isst ess

Pourriez-vous me le montrer sur le plan ?
Können Sie es mir (auf der Karte) zeigen? *keu*·nen zî ess mîr (aof dér *kar*·te) *tsay*·guénn

Quel est le chemin ?
Wie kann ich da hinkommen? vî kan ich dâ *hin*·ko·mén

Tournez	*Biegen Sie... ab.*	*bî*·guénn zî ... ap
à l'angle	*an der Ecke*	an dér *é*·ke
au feu	*bei der Ampel*	bay dér *amm*·pél
à gauche	*links*	lingks
à droite	*rechts*	rechts

FORMULATIONS COURANTES

Pour vous débrouiller en allemand, utilisez ces simples canevas avec les mots de votre choix :

Quand (le prochain vol) part-il ?
Wann ist (der nächste Flug)?
vann isst (dér *nérchs*·té flouk)

Où est (la gare) ?
Wo ist (der Bahnhof)?
vô ist (dér *bânn*·hôf)

Où puis-je (acheter un ticket) ?
Wo kann ich (eine Fahrkarte kaufen)?
vô kan ich (*ay*·ne *fâr*·kar·te *kao*·fén)

Avez-vous (une carte) ?
Haben Sie (eine Karte)?
hâ·bén zî (*ay*·ne *kar*·te)

Y-a-t-il (des toilettes) ?
Gibt es (eine Toilette)?
gipt ess (*ay*·ne to·a·*le*·te)

Je voudrais (un café).
Ich möchte (einen Kaffee).
ich *meuch*·té(*ay*·nén *ka*·fé)

Je voudrais (louer une voiture).
Ich möchte (ein Auto mieten).
ich *meuch*·té (ayn *ao*·to *mî*·tén)

Puis-je (entrer) ?
Darf ich (hereinkommen)?
darf ich (her·*ayn*·ko·ménn)

Pouvez-vous (m'aider), s'il vous plaît ?
Könnten Sie (mir helfen) bitte ?
keuhnn·ténn zî (mîr *hél*·fénn) *bi*·te

Dois-je (réserver) ?
Muss ich (einen Platz reservieren) ?
mouss ich (*ay*·nén plats re·zer·*vî*·ren)

SE RESTAURER

Je voudrais réserver une table pour...	*Ich möchte einen Tisch für... reservieren*	ich *meuhch*·te ay·nénn tich . fur .. ré·zer·*vî*·rénn
(20) heures	*(acht) Uhr*	(acht) our
(2) personnes	*(zwei) Personen*	(tsvai) per·*zô*·nénn

Je voudrais la carte, s'il vous plaît.
Ich hätte gern die Speisekarte, bitte.
ich *hé*·teuh guérn dî chpay·ze·kar·teuh, *bi*·te

Que me conseillez-vous ?
Was empfehlen Sie?
vas emp·*fé*·lénn zi

Qu'y a-t-il dans ce plat ?
Was ist in diesem Gericht?
vas ist in *dî*·zémm gué·*richt*

Je suis végétarien/végétarienne.
Ich bin Vegetarier/Vegetarierin.
ich bin vé·gué·tâ·ri·ér/ vé·gué·*tâ*·ri·é·rin

C'était délicieux.
Das hat hervorragend geschmeckt. das hat hér·*fôr*·râ·guént gué·*chmékt*

Tchin tchin !	*Prost!*	prôst

Pourriez-vous m'apporter l'addition ?
Bitte bringen Sie die Rechnung.
bi·te *bring*·énn zî ... dî *rech*·noung

Mots utiles

Assiette	*Teller*	*té*·ler
Avec/sans	*mit/ohne*	mit/*ô*·ne
Bar (pub)	*Kneipe*	*knay*·pe
Bouteille	*Flasche*	*fla*·che
Carte des boissons	*Getränke karte*	gué·*treng*·keuh·kar·te
Chaud	*warm*	varm
Coupe	*Schüssel*	*chu*·*sel*
Couteau	*Messer*	*mé*·sér
Cuillère	*Löffel*	*leuh*·fél
Dessert	*Nachspeisen*	*nârch*·chpay·zen
Déjeuner	*Mittagessen*	*mi*·tâk·è·ssénn
Dîner	*Abendessen*	*â*·bénnt·è·ssénn
Épicé	*würzig*	*vur*·tsikh
Épicerie	*Lebensmittel-laden*	*lé*·bénns·mi·tel·lâ·dén
Épicerie fine	*Feinkost-geschäft*	*fayn*·kost·gué·cheft
Fourchette	*Gabel*	*gâ*·bel
Froid	*kalt*	kalt
Marché	*Markt*	markt
Menu	*Menü*	may·*nu*
Petit-déjeuner	*Frühstück*	*fru*·chtuk

Plat du jour	*Tagesgericht*	tâ·gues gué·richt
Restaurant	*Restaurant*	res·to·râng
Tasse	*Tasse*	ta·seu
Verre	*Glas*	glâs

Viande et poisson

Agneau	*Lammfleisch*	lam·flaych
Bœuf	*Rindfleisch*	rint·flaich
Carpe	*Karpfen*	karp·fénn
Crustacés	*Schalentier*	châ lênn·tîre
Fruits de mer	*Meeres früchte*	mér·res·fruch·te
Hareng	*Hering*	hé·rinng
Poisson	*Fisch*	fich
Porc	*Schweine fleisch*	chvay·ne·flaych
Saucisse	*Wurst*	vourst
Saumon	*Lachs*	laks
Truite	*Forelle*	fo·ré·le
Veau	*Kalbfleisch*	kalp·flaich
Viande	*Fleisch*	flaich
Volaille	*Geflügel*	gué·flu·guél·

Fruits et légumes

Banane	*Banane*	ba·nâ·ne
Carotte	*Möhre*	meuh·reu
Champignon	*Pilz*	pilts
Chou	*Kraut*	kroat
Citron	*Zitrone*	tsi·trô·ne
Concombre	*Gurke*	gour·ke
Épinards	*Spinat*	chpi·nât
Fraise	*Erdbeere*	ért·bér·re
Fruit	*Frucht/Obst*	frucht/ôpst
Haricot	*Bohne*	bô·ne
Laitue	*Kopfsalat*	kopf·za·lât
Légume	*Gemüse*	gué·mu·ze
Lentilles	*Linsen*	lin·zen
Noix	*Nüsse*	nu·se
Oignon	*Zwiebel*	tsvî·bel
Orange	*Orange*	o·râng·zhe
Pastèque	*Wasser melone*	va·ser·me·lô·ne
Petits pois	*Erbse*	érp·se
Poivron	*Paprika*	pap·ri·kâ
Pomme	*Apfel*	ap·fel
Pomme de terre	*Kartoffel*	kar·to·fél

Panneaux

Ausgang	Sortie
Damen	Dames
Eingang	Entrée
Geschlossen	Fermé
Herren	Messieurs
Toiletten (WC)	Toilettes
Offen	Ouvert
Verboten	Interdit

Prune	*Pflaume*	pflao·meu
Raisins	*Weintrauben*	vain·trao·bénn
Tomate	*Tomate*	to·mâ·te

Divers

Beurre	*Butter*	bou·tér
Confiture	*Marmelade*	mar·me·lâ·de
Fromage	*Käse*	ké·ze
Miel	*Honig*	hô·nich
Œuf/œufs	*Ei/Eier*	ay/ay·ér
Pain	*Brot*	brôt
Pâtes	*Nudeln*	nou·deln
Poivre	*Pfeffer*	pfè·fer
Riz	*Reis*	rays
Sel	*Salz*	zalts
Soupe	*Suppe*	zou·peu
Sucre	*Zucker*	tsou·ker

Boissons

Bière	*Bier*	bîr
Café	*Kaffee*	ka·fé
Eau	*Wasser*	va·ser
Jus	*Saft*	zaft
Jus d'orange	*Orangensaft*	o·rang·gênn·zaft
Lait	*Milch*	milch
Thé	*Tee*	té
Vin blanc	*Weisswein*	vais·vén
Vin mousseux	*Sekt*	zekt
Vin rouge	*Rotwein*	rôt·vayn

URGENCES

Au secours ! *Hilfe!* hil·feu

Allez-vous-en !
Gehen Sie weg! gué·énn zî vék

Appelez la police !
Rufen Sie die Polizei! rou·fénn zî dî po·li·tsay

Mots interrogatifs

Comment ?	*Wie?*	vî
Où ?	*Wo?*	vô
Pourquoi ?	*Warum?*	va·roum
Quand ?	*Wann?*	van
Qui ?	*Wer?*	vér
Quoi ?	*Was?*	Vas

Appelez un médecin !
Rufen Sie einen Arzt! rou·fénn zî ay·nénn artst

J'ai mal là.
Es tut hier weh. ess tout hîr vé

Je suis allergique à...
Ich bin allergisch gegen... ich bin a·lér·guich guégénn...

Je suis malade.
Ich bin krank. ich bin krank

Je suis perdu/e.
Ich habe mich verirrt. ich hâ·beu mich fer·irt

Où sont les toilettes ?
Wo ist die Toilette? vo ist dî to·a·le·te

COMMERCES ET ADMINISTRATIONS

Je voudrais acheter...
Ich möchte... kaufen.
ich meuhch·te... kao·fén

Je regarde juste.
Ich schaue mich nur um.
ich chao·é mich nour oum

Pouvez-vous me montrer ?
Können Sie es mir zeigen?
keuh·nénn zî es mir tsay·guénn

Combien coûte ceci ?
Wie viel kostet das? vî fîl kos·tét dass

C'est trop cher.
Das ist zu teuer. das isst tsou toy·er

Pouvez-vous baisser le prix ?
Können Sie mit dem Preis heruntergehen?
keuh·nénn zî mit demprais he·roun·tér·gué·énn

Il y a une erreur dans l'addition.
Da ist ein Fehler in der Rechnung.
dâ ist ayn fé·ler in dér rech·noung

DAB	*Geldautomat*	gelt·ao·to·mât
Poste	*Postamt*	post·amt

Office du tourisme
Fremden verkehrsbüro frémm·dénn·fer·kérs·bu·rô

HEURE ET DATES

Quelle heure est-il ?
Wie spät ist es? vî chpét isst ess

Il est (10) heures.
Es ist (zehn) Uhr. éss isst (tsén) our

À quelle heure ? *Um wie viel Uhr?* oum vî fîl our

À...	*Um ...*	oum ...
Matin	*Morgen*	mor·guénn
Après-midi	*Nachmittag*	narch·mi·tâk
Soir	*Abend*	â·bennt
Hier	*gestern*	gués·terne
Aujourd'hui	*heute*	hoy·te
Demain	*morgen*	mor·guénn
Lundi	*Montag*	môn·tâk
Mardi	*Dienstag*	dîns·tâk
Mercredi	*Mittwoch*	mite·vorch
Jeudi	*Donnerstag*	do·nérss·tâk
Vendredi	*Freitag*	fray·tâk
Samedi	*Samstag*	zamms·tâk
Dimanche	*Sonntag*	zon·tâk
Janvier	*Januar*	yânn·ou·âr
Février	*Februar*	fé·brou·âr
Mars	*März*	mérts
Avril	*April*	a·pril
Mai	*Mai*	may
Juin	*Juni*	you·ni
Juillet	*Juli*	you·li
Août	*August*	ao·goust
Septembre	*September*	zépe·témm·bér
Octobre	*Oktober*	ok·tô·bér
Novembre	*November*	no·vemm·bér
Décembre	*Dezember*	dé·tsémm·bér

TRANSPORTS

Transports en commun

Avion	*Flugzeug*	flouk·tsoyk
Bateau	*Boot*	bôt
Bus	*Bus*	bouss
Métro	*U-Bahn*	ou·bânn
Train	*Zug*	tsouk

À quelle heure part le bus... ?
Wann fährt der... Bus? van fért dér... bouss

premier	*erste*	ers·té
dernier	*letzte*	lets·té
Un... pour (Berlin).	*Eine... nach (Berlin).*	ay·né... narch (ber·lîn)

billet 1re classe
Fahrkarte erster Klasse
fâr·kar·té ers·ter kla·sse

billet 2e classe
Fahrkarte fâr zweiter Klasse
fâr kar·té tsvay·ter kla·sse

billet aller
einfache Fahrkarte aynn·farché fâr·kar·té

billet aller-retour
Rückfahrkarte ruk·fâr·kar·té

À quelle heure arrive-t-il ?
Wann kommt er an?
van komt er ânn

Est-il direct ?
Ist es eine direkte Verbindung?
isst ess ay·né di·rek·té fer·bin·doung

S'arrête-t-il à (Fribourg) ?
Hält er in (Freiburg)?
hélt er in (fray·bourg)

Quelle gare est-ce ?
Welcher Bahnhof ist das?
vèl·cher bânn·hôf isst dass

Quel est le prochain arrêt ?
Was ist der nächste Halt?
vas isst dér nèchs·té halt

Je veux descendre ici.
Ich möchte hier aussteigen.
ich meuhch·te hîr aos·chtay·guén

Pouvez-vous me dire quand nous arriverons à (Kiel) ?
Könnten Sie mir bitte sagen, wann wir in (Kiel) ankommen?
keun·tén zî mir bi·te zâ·gén vann vîr in (kîl) ann·ko·mén

Amenez-moi à (cette adresse), s'il vous plaît.
Bitte bringen Sie mich zu (dieser Adresse).
bi·te bring·en zî mich tsou (dî·zer a·dre·se)

Vente de billets
Fahrkarten verkauf fâr·kar·ténn·fer·kaof

Horaires	*Fahrplan*	fâr·plân
Quai	*Bahnsteig*	bân-chtayk

Nombres

1	*eins*	aynts
2	*zwei*	tsvay
3	*drei*	dray
4	*vier*	fîr
5	*fünf*	funf
6	*sechs*	zeks
7	*sieben*	zî·ben
8	*acht*	acht
9	*neun*	noyn
10	*zehn*	tsén
20	*zwanzig*	tsvan·tsikh
30	*dreißig*	dray·tsikh
40	*vierzig*	fîr·tsikh
50	*fünfzig*	funf·tsikh
60	*sechzig*	zech·tsikh
70	*siebzig*	zîp·tsikh
80	*achtzig*	acht·tsikh
90	*neunzig*	noyn·tsikh
100	*hundert*	houn·dért
1000	*tausend*	tao·zénnt

Voiture, moto et vélo

Je voudrais louer un/une...	*Ich möchte ein... mieten.*	ich meuhch·té ayn... mî·tén
4×4	*Allradfahrzeug*	al·rât·fâr·tsoyk
moto	*Motorrad*	mô·tor·rât
vélo	*Fahrrad*	fâr·rât
voiture	*Auto*	ao·to

Quel est le prix par...	*Wie viel kostet es pro...?*	vî fîl kos·tét es prô...
jour	*Tag*	tâk
semaine	*Woche*	vo·rchè

casque	*Helm*	hélm
essence	*Benzin*	ben·tsîn
pompe à vélo	*Fahrrad pumpe*	fâr·rât· poum-peuh
siège enfant	*Kindersitz*	kin·der·zits

Est-ce la route pour... ?
Führt diese Straße nach...?
furt dî·ze chtrâ·ssé nârch...

(Combien de temps) puis-je stationner ici ?
(Wie lange) Kann ich hier parken?
(vî lang·e) kan ich hîr par·ken

Où puis-je trouver une station-service ?
Wo ist eine Tankstelle?
vô ist ay·ne tangk·chte·le

J'ai besoin d'un mécanicien.
Ich brauche einen Mechaniker.
ich brao·rchè ay·nén me·châ·ni·ker

Ma voiture/moto est en panne (à...)
Ich habe (in...) eine Panne mit meinem Auto/Motorrad.
ich hâ·beu (in...) ay·ne pa·neu mit may·ném ao·to/ mô·tor·rât

Je suis en panne d'essence.
Ich habe kein Benzin mehr.
ich hâ·bé kayn ben·tsîn mér

J'ai un pneu crevé.
Ich habe eine Reifenpanne.
ich hâ·beu ay·ne rai·fen·pa·ne

Y a-t-il des pistes cyclables ?
Gibt es Fahrradwege?
gîpt ess fâr·rât·vé·gué

Y a-t-il des places de stationnement pour vélos ?
Gibt es Fahrrad-Parkplätze?
gîpt ess fâr·rât·park·plé·tsé

GLOSSAIRE

(pl) indique le pluriel

Abtei – abbaye
ADAC – Allgemeiner Deutscher Automobil Club (automobile-club allemand)
Allee – avenue
Altstadt – vieille ville
Apotheke – pharmacie
Arzt – docteur
Ausgang – sortie

Bad – spa, bain, salle de bains
Bahnhof – gare
Basilika – basilique
Bedienung – service, serveur, serveuse
Berg – montagne
Bibliothek – bibliothèque
Biergarten – brasserie en plein air
Bierkeller – cave à bière
Brauerei – brasserie
Brotzeit – littéralement "l'heure du pain", en général un en-cas pris le soir et composé de pain avec charcuterie, fromage ou saucisses
Brücke – pont
Brunnen – fontaine, puits
Burg – château
Busbahnhof – gare routière

Christkindlmarkt – marché de Noël d'alimentation et d'artisanat, parfois écrit *Christkindlesmarkt*

DB – Deutsche Bahn (compagnie allemande des chemins de fer)
Denkmal – mémorial
Deutsches Reich – Empire allemand, désigne la période 1871-1918
DJH – Deutsches Jugendherbergswerk (association des auberges de jeunesse allemandes)
Dom – cathédrale
Dorf – village

Eingang – entrée

Fahrrad – vélo
Ferienwohnung – appartement de vacances
Fest – fête
Flohmarkt – marché aux puces
Flughafen – aéroport

Krankenhaus – hôpital
Kunst – art
Kurhaus – littéralement "maison de soins", généralement le bâtiment principal d'une ville thermale, utilisé pour les fêtes et les rassemblements
Kurort – station thermale
Kurtaxe – taxe de séjour
Kurverwaltung – administration d'une station thermale
Kurzentrum – centre d'une station thermale

Land, **Länder** (pl) – État, région (d'Allemagne)
Landtag – parlement régional

Markgraf – margrave ; noble allemand, équivalent d'un marquis
Markt – marché ; plus utilisé que *Marktplatz*
Marktplatz – lieu ou place de marché ; souvent abrégé *Markt*
Mass – chope de bière d'un litre
Mensa – cafétéria de l'université
Milchcafé – café au lait
Münster – grande église, cathédrale

Nord – nord
Notdienst – service des urgences
NSDAP – Parti national-socialiste des travailleurs allemands, parti nazi

Ost – est

Pension, **Pensionen** (pl) – pension bon marché
Pfarrkirche – église paroissiale
Platz – place
Postamt – bureau de poste

Radwandern – cyclotourisme
Rathaus – hôtel de ville
Ratskeller – restaurant de l'hôtel de ville
Reisezentrum – guichets pour voyageurs dans les gares ferroviaires et routières
Ruhetag – jour de repos, de fermeture hebdomadaire dans un magasin ou restaurant

Saal, Säle (pl) – salle
Sammlung – collection
S-Bahn – *Schnellbahn* ; réseau interurbain de métro/train
Schatzkammer – trésor
Schloss – château, palais
Schnellimbiss – fast-food
See – lac
Seilbahn – téléphérique, funiculaire
Speisekarte – carte
Stadt – ville
Stadtbad, Stadtbäder (pl) – piscine municipale
Staumauer – digue
Strasse – rue ; souvent abrégé Str
Süd – sud

Tal – vallée
Tor – porte (de ville)
Tracht, Trachten (pl) – costume traditionnel
Turm – tour

U-Bahn – métro

Verboten – interdit
Viertel – quartier
Volksmusik – musique folklorique

Wald – forêt
Wasserfall – cascade
Weg – chemin, sentier
Weinstube – bar à vins ou taverne traditionnelle
West – ouest
Zimmer Frei – chambre(s) à louer (hébergement)

En coulisses

VOS RÉACTIONS ?

Vos commentaires nous sont très précieux et nous permettent d'améliorer constamment nos guides. Notre équipe lit toutes vos lettres avec la plus grande attention. Nous ne pouvons pas répondre individuellement à tous ceux qui nous écrivent, mais vos commentaires sont transmis aux auteurs concernés. Tous les lecteurs qui prennent la peine de nous communiquer des informations sont remerciés dans l'édition suivante, et ceux qui nous fournissent les renseignements les plus utiles se voient offrir un guide.

Pour nous faire part de vos réactions, prendre connaissance de notre catalogue et vous abonner à notre newsletter, consultez notre site Internet : **www.lonelyplanet.fr**

Nous reprenons parfois des extraits de notre courrier pour les publier dans nos produits, guides ou sites web. Si vous ne souhaitez pas que vos commentaires soient repris ou que votre nom apparaisse, merci de nous le préciser. Notre politique en matière de confidentialité est disponible sur notre site Internet.

À NOS LECTEURS

Merci à tous les voyageurs qui ont utilisé la dernière édition de ce guide et qui nous ont écrit pour nous faire part de leurs conseils, de leurs suggestions et de leurs anecdotes : Régis Deshayes, Camille Barthe, Pierre Hugon, M. Josse, Christophe et Élisabeth Leblanc.

UN MOT DES AUTEURS

Kerry Christiani

Dankeschön du fond du cœur à tous mes amis et mes proches de la *Schwarzwald*, en particulier à Hans et Monika à Villingen, ainsi qu'à Anja à l'auberge de jeunesse Brickstone Hostel, à Ulm. Un grand merci à Claus Schäfer, à Triberg, et à Christiana Schneeweiss, à Salzbourg, pour les entretiens. J'aimerais également remercier tous ces pros que j'ai rencontrés dans les offices du tourisme et à mes collaborateurs à Lonely Planet pour avoir facilité mon travail. Pour conclure, merci à mon mari pour son indéfectible soutien et pour m'avoir fait découvrir la Forêt-Noire il y a déjà bien longtemps.

Marc Di Duca

Un énorme merci à mes beaux-parents Mykola et Vira, qui se sont occupés de mes fils durant mon absence. Je tiens aussi à exprimer ma gratitude à Oleksandr, à Erding, pour cette nuit de "recherche" sur les productions des brasseries bavaroises, à Andrea, à Nuremberg, et au personnel des offices du tourisme de la région, et en particulier aux employés de celui de Cobourg, Passau, Ratisbonne et Bayreuth.

REMERCIEMENTS

Carte du climat adaptée de Peel MC, Finlayson BL & McMahon TA (2007) "Updated World Map of the Köppen-Geiger Climate Classification", *Hydrology and Earth System Sciences*, 11, 163344.

Photographie de couverture : Grand Hall du château de Nymphenburg à Munich, Claudio Cassaro/4Corners © Bayerische Schlösserverwaltung.

À PROPOS DE CET OUVRAGE

Cette 2e édition française du guide *Munich, Bavière et Forêt-Noire* est une traduction-adaptation de la 5e édition du guide *Munich, Bavaria & the Black Forest* (en anglais), commandé par le bureau de Londres de Lonely Planet. Kerry Christiani et Marc Di Duca ont mis à jour cette nouvelle édition du guide, ainsi que la précédente.

Traduction Marie Chouteau, Florence Delahoche, Cécile Giroldi et Giuseppe Ardiri.

Direction éditoriale Didier Férat

Adaptation française Julie Pomme Séramour

Responsable prépresse Jean-Noël Doan

Maquette Denis Montagner

Cartographie Cartes originales Valentina Kremenchutskaya, adaptées en français par Nicolas Chauveau.

Couverture Adaptée par Sébastienne Ocampo pour la version française

Remerciements à Christiane Mouttet, Agnès Mauxion-Poujol, Ségolène Roy et Claire Reach pour leur précieuse contribution au texte, ainsi qu'à Claire Chevanche pour sa préparation du texte. Danke schön à Jean-Yves Bart pour la rédaction des pages sur l'architecture, ainsi qu'à Dominique Spaety, Jean-Noël Doan, Nicolas Guérin et Dominique Bovet pour leur précieuse aide. Enfin, merci à Clare Mercer, Joe Revill, Sarah Nicholson et Luan Angel du bureau de Londres ainsi qu'à Andy Nielsen, Darren O'Connell, Chris Love, Sasha Baskett, Angela Tinson, Jacqui Saunders, Ruth Cosgrave et Glenn van der Knijff du bureau australien.

Index

Références des cartes
Références des photos

Références des cartes
Références des photos

INDEX DES ENCADRÉS

À ne pas manquer

Culture et société

Saveurs locales

Histoire

Insolite

Interviews

Nature et environnement

Sports et activités

Vaut le détour

Vie pratique

Légende des cartes

À voir
- Château
- Monument
- Musée/galerie/édifice historique
- Ruines
- Église
- Mosquée
- Synagogue
- Temple bouddhiste
- Temple confucéen
- Temple hindou
- Temple jaïn
- Temple shintoïste
- Temple sikh
- Temple taoïste
- Sentō (bain public)
- Cave/vignoble
- Plage
- Réserve ornithologique
- Zoo
- Autre site

Activités, cours et circuits organisés
- Bodysurfing
- Plongée/snorkeling
- Canoë/kayak
- Cours/circuits organisés
- Ski
- Snorkeling
- Surf
- Piscine/baignade
- Randonnée
- Planche à voile
- Autres activités

Où se loger
- Hébergement
- Camping

Où se restaurer
- Restauration

Où prendre un verre
- Bar
- Café

Où sortir
- Salle de spectacle

Achats
- Magasin

Renseignements
- Banque
- Ambassade/consulat
- Hôpital/centre médical
- Accès Internet
- Police
- Bureau de poste
- Centre téléphonique
- Toilettes
- Office du tourisme
- Autre adresse pratique

Géographie
- Plage
- Refuge/gîte
- Phare
- Point de vue
- Montagne/volcan
- Oasis
- Parc
- Col
- Aire de pique-nique
- Cascade

Agglomérations
- Capitale (pays)
- Capitale (région/ État/province)
- Grande ville
- Petite ville/village

Transports
- Aéroport
- Poste frontière
- Bus
- Téléphérique/funiculaire
- Piste cyclable
- Ferry
- Métro
- Monorail
- Parking
- Station-service
- Station de métro
- Taxi
- Gare/chemin de fer
- Tramway
- U-Bahn
- Autre moyen de transport

Les symboles recensés ci-dessus ne sont pas tous utilisés dans ce guide

Routes
- Autoroute à péage
- Voie rapide
- Nationale
- Route secondaire
- Petite route
- Chemin
- Route non goudronnée
- Route en construction
- Place/rue piétonne
- Escalier
- Tunnel
- Passerelle
- Promenade à pied
- Promenade à pied (variar
- Sentier

Limites et frontières
- Pays
- État/province
- Frontière contestée
- Région/banlieue
- Parc maritime
- Falaise
- Rempart

Hydrographie
- Fleuve/rivière
- Rivière intermittente
- Canal
- Étendue d'eau
- Lac asséché/salé/ intermittent
- Récif

Topographie
- Aéroport/aérodrome
- Plage/désert
- Cimetière (chrétien)
- Cimetière (autre)
- Glacier
- Marais/mangrove
- Parc/forêt
- Site (édifice)
- Terrain de sport

LES GUIDES LONELY PLANET

Une vieille voiture déglinguée, quelques dollars en poche et le goût de l'aventure, c'est tout ce dont Tony et Maureen Wheeler eurent besoin pour réaliser, en 1972, le voyage d'une vie : rallier l'Australie par voie terrestre via l'Europe et l'Asie. De retour après un périple harassant de plusieurs mois, et forts de cette expérience formatrice, ils rédigèrent sur un coin de table leur premier guide, *Across Asia on the Cheap*, qui se vendit à 1 500 exemplaires en l'espace d'une semaine. Ainsi naquit Lonely Planet, dont les guides sont aujourd'hui traduits en 12 langues.

NOS AUTEURS

Kerry Christiani

Forêt-Noire et Bade-Wurtemberg, Salzbourg et ses environs Kerry, qui a vécu six ans en Forêt-Noire, n'a pas hésité une seconde à retourner dans ce coin de verdure (sa seconde patrie) pour écrire les chapitres qui lui avaient été confiés. Pour cette édition, elle a fait le tour du lac de Constance à vélo, a effectué des randonnées dans la forêt et a marché dans les pas de Mozart et de Maria, à Salzbourg. Elle twitte (@kerrychristiani) et tient à jour la liste de ses travaux sur www.kerrychristiani.com.

Pour en savoir plus sur Kerry :
auth.lonelyplanet.com/profiles/Kerry Christiani

Marc Di Duca

Munich, Bavière Auteur rompu aux guides de voyage, Marc a exploré bien des régions allemandes au cours des 25 dernières années, mais c'est vers la Bavière, sa douce excentricité et sa chaleur qu'il retourne avec le plus d'enthousiasme. Lorsqu'il n'est pas en train de randonner pas dans une vallée des Alpes, en pleine bataille de boules de neige à Rothenburg ob der Tauber ou absorbé par les visites des brasseries de Bamberg, on le trouvera à Sandwich, dans le Kent (Angleterre), où il vit avec Tanya, son épouse, et leurs deux fils.

Pour en savoir plus sur Marc :
auth.lonelyplanet.com/profiles/Madidu

PAGE 371 AUTEURS (suite)

Munich, Bavière et Forêt-Noire
2e édition
Traduit et adapté de l'ouvrage *Munich, Bavaria & the Black Forest, 5th edition March 2016*

Dépôt légal Mai 2016
ISBN 978-2-81615-439-9
Imprimé par Pollina, Luçon, France - L80437
Réimpression 02, avril 2017

En Voyage Éditions | un département place des éditeurs